5년 최다 **전체 수석** 합격자 배출

브랜드만족 **1위** 박문각

근거자료 후면표기

2025

1차 문제집

백운정 민법총칙

박문각 행정사연구소 편_백운정

동영상 강의 www.pmg.co.kr

박문각

박문각 행정사

머리말

본 교재는 행정사 1차 시험 합격을 목적으로 출간되었습니다.

시험에 대비하기 위해서는 우선 어디에서, 어떻게 출제될 것인지를 알아야 공부할 범위와 공부할 양뿐만 아니라 공부 방법이 결정되기 때문에 기출문제 분석이 필요합니다. 이를 위해 본서는 2013년부터 2024년까지 행정사 기출문제에 대한 모든 문제와 해설을 수록하였습니다.
이와 더불어 최신 출제경향을 반영하기 위하여 최근 5년 이내의 세무사, 감정평가사, 주택관리사, 가맹거래사, 공인중개사 등의 기출문제도 수록하였습니다.

특히, 본서의 특징은 다음과 같습니다.

1. 문제의 배치
   문제의 배치 순서는 개념 이해를 위해 중요한 것이므로, 가급적 기본서 순서에 따르되 각 주제별로 기본적인 개념 중심의 문제부터 어려운 문제 순으로 배치하려고 노력하였습니다.

2. 주요 조문 수록
   조문은 대단히 중요합니다. 특히나 기출문제에 등장하는 조문은, 절대적으로 암기하다시피 그 내용을 숙지하고 있어야만 합니다. 이를 위해서 주요 조문은 학습 효율성과 암기력을 극대화할 수 있도록 반복하여 수록하였습니다.

3. 기출 표시
   기출 표시로 연도별 흐름을 확인할 수 있도록 하였고, 구체적으로 반복되는 중요 지문을 본인이 확인함으로써 스스로 중요도를 습득할 수 있도록 하였습니다.

4. 비교·정리 박스로 차별화
   객관식 문제는, 혼동되는 개념들을 확실하게 구별하는 것이 고득점의 길입니다. 명확히 구별할 필요가 있는 것들은 특별히 비교하여 별도로 비교·정리 박스 등으로 묶어서 가시화·차별화하였습니다. 이러한 부분은 중요한 사항들이므로 반드시 숙지해 두어야 할 것이며, 또한 시험 직전에도 확인이 필요한 부분입니다.

본서의 목적은 수험생이 스스로 시험에 나올 부분을 확인함으로써 공부 방향과 방법을 설정하고, 그 내용을 정확하게 숙지하여 공부의 효율성을 높이는 것입니다. 따라서 기본서와 함께 활용한다면 방대한 기본서의 양을 효과적으로 줄일 수 있어 그 효율성이 배가 될 것입니다.

본서가 수험생 여러분의 비장의 무기가 되길 바라며, 여러분의 합격을 기원해 봅니다. 또한 본서의 출간을 위하여 도움을 주신 출판사 관계자분들과 항상 옆에서 응원해 주시는 박문각 법무사에서 강의하고 계시는 오상훈 선생님께도 감사의 인사를 드립니다.

신림동 연구실에서

백운정 올림

행정사 개요

| 국가자격시험 "행정사" |

행정사 자격시험을 통과하면 국민 누구나 행정사 사무소 영업이 가능합니다.

행정사란?

행정사는 행정업무의 원활한 운영과 국민의 권리구제를 목적으로 행정기관에 제출하는 서류의 작성·번역 및 제출 대행, 행정 관계법령 및 행정에 대한 상담 및 자문, 법령으로 위탁받은 사무의 사실조사 및 확인의 업무를 하는 등 대국민행정서비스를 통한 국민의 편의를 도모하기 위한 자격사제도이다. 행정사 자격증은 지난 1961년에 도입되었고, 1995년도 '행정서사'에서 '행정사'로 명칭이 변경되었다. 과거 행정사 자격시험은 퇴직 공무원들이 독점해 왔으나 헌재의 위헌판결로 일반인도 행정사 자격시험을 통해서 행정사 자격증을 취득할 수 있게 되었다.

행정사가 하는 일

행정사는 다른 사람의 위임을 받아 다음 각 호의 업무를 수행한다. 다만, 다른 법률에 따라 제한된 업무는 할 수 없다. 행정사가 아닌 사람은 다른 법률에 따라 허용되는 경우를 제외하고는 다음의 업무를 업(業)으로 하지 못한다.

1. 행정기관에 제출하는 서류의 작성
   ① 진정·건의·질의·청원 및 이의신청에 관한 서류
   ② 출생·혼인·사망 등 가족관계의 발생 및 변동사항에 관한 신고 등의 각종 서류
2. 권리·의무나 사실증명에 관한 서류의 작성
   ① 각종 계약·협약·확약 및 청구 등 거래에 관한 서류
   ② 그 밖에 권리관계에 관한 각종 서류 또는 일정한 사실관계가 존재함을 증명하는 각종 서류
3. 행정기관의 업무에 관련된 서류의 번역
4. 제1호부터 제3호까지의 규정에 따라 작성된 서류의 제출 대행
5. 인가·허가 및 면허 등을 받기 위하여 행정기관에 하는 신청·청구 및 신고 등의 대리
6. 행정 관계 법령 및 행정에 대한 상담 또는 자문에 대한 응답
7. 법령에 따라 위탁받은 사무의 사실 조사 및 확인

행정사의 종류 및 소관업무

종류	의의	업무 영역
일반행정사	민원인의 부탁을 받고 행정기관에 제출하는 서류 작성, 또는 주민의 권리·의무 사실의 증명에 관한 서류 작성 및 대리 제출 등을 업무로 하는 전문자격사	• 행정기관에 제출하는 서류의 작성 및 제출 대행 • 권리·의무나 사실증명에 관한 서류의 작성 및 제출 대행 • 인가·허가 및 면허 등을 받기 위하여 행정기관에 하는 신청·청구 및 신고 등의 대리(代理) • 행정 관계 법령 및 행정에 대한 상담 또는 자문에 대한 응답 • 법령에 따라 위탁받은 사무의 사실 조사 및 확인
해사행정사	일반행정사의 업무뿐 아니라 해운 및 해양안전심판과 관련한 업무를 겸하는 전문자격사	• 일반행정사와 동일한 업무 • 해운 또는 해양안전심판에 관한 업무
외국어 번역행정사	행정기관의 업무에 관련된 서류의 번역 및 제출을 대행하는 전문자격사	• 행정기관의 업무에 관련된 서류의 번역 • 다른 사람의 위임에 따라 행정사가 작성하거나 번역한 서류를 위임자를 대행하여 행정기관에 제출하는 일 • 외국 서류의 번역과 관련된 인·허가 및 면허 등 행정기관에 제출하는 신고, 신청, 청구 등의 대리행위 • 외국의 행정 업무와 관련된 법령 및 행정에 대한 상담 또는 자문

행정사 시험 정보

1. **자격 분류**: 국가 전문 자격증
2. **시험 기관 소관부처**: 행정안전부
3. **실시 기관**: 한국산업인력공단
4. **시험 일정**: 매년 1차, 2차 실시

구분	원서 접수	시험 일정	합격자 발표
1차	2025년 4월 14일~4월 18일	2025년 5월 31일	2025년 7월 2일
2차	2025년 7월 28일~8월 1일	2025년 9월 27일	2025년 12월 10일

〈2025년 제13회 행정사 시험 기준〉

5. **응시자격**: 제한 없음. 다만, 행정사법 제5·6조의 결격사유가 있는 자와 행정사법 시행령 제19조에 따라 부정행위자로 처리되어, 그 처분이 있은 날부터 5년이 지나지 않은 자는 시험에 응시할 수 없다.

6. **시험 면제대상**
   - 1차 시험에 합격한 사람에 대하여는 다음 회의 시험에서만 1차 시험을 면제한다(단, 경력서류 제출로 1차 시험이 면제된 자는 행정사법이 개정되지 않는 한 계속 면제).
   - 행정사 자격이 있는 사람으로서 다른 종류의 행정사 자격시험에 응시하는 사람은 1차 시험을 면제한다.
   - 행정사법 제9조 및 동법 부칙 제3조에 따라, 공무원으로 재직하였거나 외국어 전공 학위를 받고 외국어 번역 업무에 종사한 경력이 있는 사람 등은 행정사 자격시험의 전부 또는 일부가 면제된다(1차 시험 면제, 1차 시험 전부와 2차 시험 일부 면제, 1·2차 시험 전부 면제).

7. **시험 과목 및 시간**
   - **1차 시험(공통)**

교시	입실 시간	시험 시간	시험 과목	문항 수	시험 방법
1교시	09:00	09:30~10:45 (75분)	① 민법(총칙) ② 행정법 ③ 행정학개론(지방자치행정 포함)	과목당 25문항	5지택일

● 2차 시험

교시	입실 시간	시험 시간	시험 과목	문항 수	시험 방법
1교시	09:00	09:30~11:10 (100분)	**[공통]** ① 민법(계약) ② 행정절차론(행정절차법 포함)	과목당 4문항 (논술 1문제, 약술 3문제)	논술형 및 약술형 혼합
2교시	11:30	• 일반·해사행정사 11:40~13:20 (100분) • 외국어번역행정사 11:40~12:30 (50분)	**[공통]** ③ 사무관리론 (민원 처리에 관한 법률, 행정업무의 운영 및 혁신에 관한 규정 포함) **[일반행정사]** ④ 행정사실무법 (행정심판사례, 비송사건절차법) **[해사행정사]** ④ 해사실무법 (선박안전법, 해운법, 해사안전기본법, 해사교통안전법, 해양사고의 조사 및 심판에 관한 법률) **[외국어번역행정사]** ④ 해당 외국어(외국어능력검정시험으로 대체하며 영어, 중국어, 일본어, 프랑스어, 독일어, 스페인어, 러시아어의 7개 언어에 한함)		

8. 합격 기준

- 과목당 100점을 만점으로 하여 모든 과목의 점수가 40점 이상이고, 전 과목의 평균 점수가 60점 이상인 사람(2차 시험의 '해당 외국어' 시험 제외)
- 단, 제2차 시험 합격자가 최소선발인원보다 적은 경우, 최소선발인원이 될 때까지 전 과목의 점수가 40점 이상인 사람 중에서 전 과목 평균 점수가 높은 순으로 합격자를 추가로 결정한다. 동점자로 인해 최소선발인원을 초과하는 경우 동점자 모두를 합격자로 한다.

9. 외국어능력검정시험 성적표 제출(외국어번역행정사)

외국어번역행정사 2차 시험의 '해당 외국어' 과목은 원서접수 마감일부터 거꾸로 계산하여 5년이 되는 날이 속하는 해의 1월 1일 이후에 실시된 외국어능력검정시험에서 취득한 성적으로 대체(행정사법 시행령 제9조 제3항, 별표 2)

● 외국어 과목을 대체하는 외국어능력검정시험 종류 및 기준점수

시험명	기준점수	시험명	기준점수
TOEFL	쓰기 시험 부문 25점 이상	IELTS	쓰기 시험 부문 6.5점 이상
TOEIC	쓰기 시험 부문 150점 이상	신HSK	6급 또는 5급 쓰기 영역 60점 이상
		DELE	C1 또는 B2 작문 영역 15점 이상
TEPS	쓰기 시험 부문 71점 이상 ※ 청각장애인: 쓰기 시험 부문 64점 이상	DELF/ DALF	• C2 독해와 작문 영역 25점 이상 • C1 또는 B2 작문 영역 12.5점 이상
G-TELP	GWT 작문 시험 3등급 이상	괴테어학	• C2 또는 B2 쓰기 모듈 60점 이상 • C1 쓰기 영역 15점 이상
FLEX	쓰기 시험 부문 200점 이상	TORFL	4단계 또는 3단계 또는 2단계 또는 1단계 쓰기 영역 66% 이상

민법총칙 1차 시험 총평

1. 2024년 민법총칙 1차 시험 총평

1) 2024년 기출분석

2024년 문제는 다음 표에서 볼 수 있듯이, 두드러진 특징은 예년에 2문제 정도 출제되던 박스형 문제가 4문제 출제되었을 뿐만 아니라 그중 2문제는 사례형으로 출제되어 처음 문제를 접했을 때는 다소 어렵다고 느껴질 수 있었습니다. 그러나 실질적으로는 작년과 같이 기존에 출제되지 않던 영역이 없으며, 소멸시효 파트에서 다소 많은 4문제가 출제된 것을 제외하고는 출제 영역의 편중도 없었습니다. 조문과 판례 출제비율은 작년보다 판례가 비중이 더 높아졌을 뿐 최신 판례는 출제되지 않았습니다.

2) 총평

결론적으로 조금은 어렵게 나오리라 예상했으나, 작년과 비교하자면, 다소 쉽게 출제되어 민법총칙에서는 무난히 원하시는 점수를 얻으셨으리라 예상됩니다.

2. 향후 공부방법론

1) 단계별 학습방법론

① 먼저 기본서 학습을 통하여 전체적인 틀과 개념을 익히고,

② 다음으로 기출문제를 진도별로 풀어가며 기본서를 통하여 배운 부분이 어떻게 출제되는지 알아야 하고, 자신이 제대로 이해하고 있지 못하는 부분은 하나씩 정리해 나가야 합니다.

③ 마지막으로 실전과 동일한 형태의 모의고사(동형모의고사)를 통하여 문제를 푸는 감각을 익혀나가셔야 합니다.

④ 이후 시험 직전 1~2주 동안에는 그동안 자신이 공부하여 왔던 교재를 반복학습하여 암기하여야 합니다. 특히 틀린 문제나 틀린 지문은 마지막 1~2주 동안 전부 반복학습하여 암기하고 시험장에 들어가야 합니다. 혼자 정리하기 어렵다고 느끼는 경우에는 학원의 특강 등을 통하여 출제예상지문을 정리하거나 마무리특강을 통하여 전체적으로 중요사항을 정리하여야 합니다.

2) 기출문제의 분석를 통한 향후 공부전략

“모든 시험의 시작과 끝은 기출문제다”라는 말이 있을 정도로 시험공부에 있어 기출문제의 분석과 정리는 중요한 부분입니다. 이를 통하여 출제되는 테마들을 알 수 있으므로 평소 공부할 때에도 출제 테마들을 중심으로 효과적으로 학습할 수 있고, 기출지문들 중 중요지문들은 반복출제되므로 마지막 정리 시에도 도움이 됩니다. 그러므로 공부시간의 70~80%를 기출문제에 투자하여야 합니다. 최근 5개년 기출분석으로 알 수 있듯이 사례의 비중이 높아져 어려워지고 있다고 하더라도 행정사 민법시험문제는 여전히 조문과 판례에서 출제되고 있습니다. 또한 사례문제도 조문과 판례에 기초한 적용의 문제이기 때문에, 70~80점은 기출지문만 숙지하면 가능합니다. 결국 조문을 기본으로 하여 기출판례를 중심으로 반복학습하고, 사례형 문제에 적응을 높여 나아가면 고득점도 가능합니다.

민법총칙 출제 경향 분석

5개년 기출분석표

구분			2020년	2021년	2022년	2023년	2024년
민법총칙	통칙	민법의 법원	1		1		
		법률관계 등	1	2	1	1	1
	권리주체	자연인	2	2	2	5	3
		법인	3	3	3	2	3
	권리객체(물건)		1	1	1	1	1
	권리변동	법률행위	3	1	2	5	2
		의사표시	3	3	5	3	4
		대리	3	7	3	2	2
		무효와 취소	3	2	2	1	2
		조건과 기한	1		1	1	2
	기간		1	1	1	1	1
	소멸시효	요건	3	1	1	2	2
		중단·정지		1	1	1	1
		시효완성효과					1

출제 유형 분석

문제구성		2020년	2021년	2022년	2023년	2024년
형식	지문나열형	19(76%)	20(80%)	20(80%)	21(84%)	21(84%)
	사례형	2(8%)	3(12%)	3(12%)	2(8%)	2(8%)
	박스형	4(16%)	2(8%)	2(8%)	2(8%)	4(16%) 사례형 포함

STRUCTURE

구성 및 활용법

1

체계적인 교재 구성

2013~2024년의 총 12개년 행정사 민법총칙 기출문제 및 해설을 주제별로 나누어 수록하였다. 이를 통해 방대한 민법총칙 학습내용 중 빈출·중요 문제를 학습자 스스로 파악할 수 있도록 하였다. 또한 최근 5년 이내의 세무사, 감정평가사, 주택관리사시험 기출문제를 수록하여 학습자의 더욱 풍부한 학습을 도울 뿐만 아니라 광범위한 최신 출제경향 파악이 가능하도록 하였다.

Chapter 01 통칙

제1절 민법의 의의

01 **민법의 법원(法源)에 관한 설명으로 옳지 않은 것은? (다툼이 있으면 판례에 따름)**

2015 행정사

① 민사에 관하여 법률에 규정이 없으면 관습법에 의하고 관습법이 없으면 조리에 의한다.
② 헌법에 의하여 체결·공포된 조약이나 일반적으로 승인된 국제법규가 민사에 관한 것이라도 민법의 법원이 될 수 없다.
③ 공동선조와 성과 본을 같이 하는 후손은 성별의 구별 없이 성년이 되면 당연히 종중의 구성원이 된다고 보는 것이 조리에 합당하다.
④ 법령과 같은 효력을 갖는 관습법은 특별한 사정이 없으면 당사자의 주장·증명을 기다릴 필요 없이 직권으로 이를 확정하여야 한다.
⑤ 헌법을 최상위 규범으로 하는 전체 법질서에 반하는 사회생활규범은 사회의 거듭된 관행으로 생성된 것일지라도 관습법으로서의 효력이 인정될 수 없다.

정답해설

① **제1조 【법원】** 민사에 관하여 법률에 규정이 없으면 관습법에 의하고 관습법이 없으면 조리에 의한다.
② 민법 제1조의 '법률'이란 형식적 의미의 법률에 한정하지 않고 모든 성문법(제정법)을 의미한다. 따라서 명령, 규칙, 조례, 조약도 포함한다. 헌법에 의하여 체결·공포된 조약이나 일반적으로 승인된 국제법규가 민사에 관한 것이라도 민법의 법원이 될 수 있다.

헌법 제6조
① 헌법에 의하여 체결·공포된 조약과 일반적으로 승인된 국제법규는 국내법과 같은 효력을 가진다.

③ 종중이란 공동선조의 분묘수호와 제사 및 종원 상호 간의 친목 등을 목적으로 하여 구성되는 자연발생적인 종족집단이므로, 종중의 이러한 목적과 본질에 비추어 볼 때 공동선조와 성과 본을 같이 하는 후손은 성별의 구별 없이 성년이 되면 당연히 그 구성원이 된다고 보는 것이 조리에 합당하다(대판(전) 2005.7.21. 2002다1178).
④ 법령과 같은 효력을 갖는 관습법은 당사자의 주장 입증을 기다림이 없이 법원이 직권으로 이를 확정하여야 하고 사실인 관습은 그 존재를 당사자가 주장 입증하여야 하나, 관습은 그 존부자체도 명확하지 않을 뿐만 아니라 그 관습이 사회의 법적 확신이나 법적 인식에 의하여 법적 규범으로까지 승인되었는지의 여부를 가리기는 더욱 어려운 일이므로, 법원이 이를 알 수 없는 경우 결국은 당사자가 이를 주장 입증할 필요가 있다(대판 1983.6.14. 80다3231).

2

풍부한 해설

정답해설뿐 아니라 오답해설까지, 각 문제마다 모든 선지의 해설을 수록하여 출제되는 이론들을 정확히 이해하고 넘어갈 수 있도록 하였다.

행정사 박문각 민법총칙 문제집

42 **甲은 乙을 강박하여 乙소유의 X토지를 무상으로 자신에게 증여하도록 강요하였다. 이에 乙은 자신의 재산을 甲에게 강제로 빼앗긴다는 인식을 하였지만 그래도 어쩔 수 없다고 생각하면서 X토지를 무상으로 증여하였다. 다음 설명 중 옳은 것은? (다툼이 있으면 판례에 의함)**

2012 감정평가사

① 乙의 증여의 의사표시는 비진의 의사표시에 해당한다.
② 甲의 불법적인 해악의 고지로 말미암아 乙이 공포심을 느꼈다면 그것이 乙의 의사결정에 큰 영향을 주지 않았더라도 乙의 증여행위는 무효가 된다.
③ 불공정한 법률행위를 이유로 乙의 증여행위를 무효로 할 수 없다.
④ 乙은 강박에 의한 의사표시를 이유로 증여행위를 취소할 수 없다.
⑤ 乙의 증여의 의사표시는 통정허위표시에 해당하여 무효이다.

정답해설

① 표의자의 의사, 즉 진의에 관해서 판례는 진의란 특정한 내용의 의사표시를 하고자 하는 표의자의 생각을 말하는 것이지 표의자가 진정으로 마음속에서 바라는 사항을 뜻하는 것은 아니므로, 표의자가 의사표시의 내용을 진정으로 마음속에서 바라지는 아니하였다고 하더라도 당시의 상황에서는 그것을 최선이라고 판단하여 그 의사표시를 하였을 경우에는 이를 내심의 효과의사가 결여된 비진의 의사표시라고 할 수 없다고 하였다(대판 1996.12.20. 95누16059; 대판 2000.4.25. 99다34475). 이에 따르면 비록 재산을 강제로 빼앗긴다는 것이 표의자의 본심으로 잠재되어 있었다 하더라도 표의자가 강제에 의해서나마 증여하기로 하였으므로 진의가 없다고 할 수 없다(대판 1993.7.16. 92다41528).
②, ④ 강박에 의한 의사표시라고 하려면 상대방이 불법으로 어떤 해악을 고지함으로 말미암아 공포를 느끼고 의사표시를 한 것이어야 한다. 강박에 의한 법률행위가 하자 있는 의사표시로서 취소되는 것에 그치지 않고 나아가 무효로 되기 위하여는, 강박의 정도가 단순한 불법적 해악의 고지로 상대방으로 하여금 공포를 느끼도록 하는 정도가 아니고, 의사표시자로 하여금 의사결정을 스스로 할 수 있는 여지를 완전히 박탈한 상태에서 의사표시가 이루어져 단지 법률행위의 외형만이 만들어진 것에 불과한 정도이어야 한다. (따라서) 제반 사정을 고려하여 의무부담의 의사표시가 강박으로 인하여 의사결정을 스스로 할 수 있는 여지를 완전히 박탈당한 상태에서 이루어진 것으로 보기 어렵다면 강박에 의한 의사표시로서 취소할 수 있을 뿐이다(대판 2003.5.13. 2002다73708·73715). 甲의 불법적인 해악의 고지로 말미암아 乙이 공포심을 느꼈다면 그것이 乙의 의사결정에 큰 영향을 주지 않았다면 乙의 증여행위는 무효로 되지 않고, 단지 강박에 의한 의사표시를 이유로 취소할 수 있을 뿐이다.
③ 불공정한 법률행위에 해당하기 위해서는 급부와 반대급부와의 사이에 현저히 균형을 잃을 것이 요구되므로 이 사건 증여와 같이 상대방에 의한 대가적 의미의 재산관계의 출연이 없이 당사자 일방의 급부만 있는 경우에는 급부와 반대급부 사이의 불균형의 문제는 발생하지 않는다(대판 1993.7.16. 92다41528). 따라서 불공정한 법률행위를 이유로 乙의 증여행위를 무효로 할 수 없다.
⑤ 허위표시가 되기 위해서는 표시행위의 의미에 대응하는 표의자의 의사가 존재하지 않아야 한다. 따라서 표시행위에 대응하는 진정한 의사가 있으면 그에 따른 법률적 효과와 경제적 목적이 서로 상이하더라도 허위표시가 아니다. 따라서 乙은 자신의 재산을 甲에게 강제로 빼앗긴다는 인식을 하였지만 그래도 어쩔 수 없다고 생각하면서 X토지를 무상으로 증여하였다면 허위표시에 해당하지 않는다.

Chapter 05

Answer 41 ⑤ 42 ③

3

기출문제 관련 조문 수록

각 문제별로 이론과 함께 알아두면 도움이 될 조문을 수록하여, 한 문제마다 확실히 이해할 수 있도록 하였다. 또한 이를 통해 개념에 대한 심층적인 이해를 돕고자 하였으며 나아가 실전에서도 막힘없는 풀이가 가능하도록 하였다.

행정사 백운정 민법총칙 문제집

19 복대리에 관한 설명으로 옳은 것은? 2023 행정사

① 복대리인은 대리인의 대리인이다.
② 법정대리인은 언제나 복임권이 있다.
③ 대리인이 파산하여도 복대리권은 소멸하지 않는다.
④ 임의대리인은 본인의 승낙이 있는 때에 한하여 복임권을 갖는다.
⑤ 복대리인이 선임되면 특별한 사정이 없는 한 대리인의 대리권은 소멸한다.

정답해설

① 복대리인은 대리인의 대리인이 아니라 본인의 대리인이다(제123조 제1항).

> **제123조【복대리인의 권한】**
> ① 복대리인은 그 권한 내에서 본인을 대리한다.

② 법정대리인은 언제든지 복대리인을 선임할 수 있으나, 법정대리인은 선임, 감독에 있어서의 과실의 유무를 묻지 않고서 모든 책임을 진다(제122조 본문).

> **제122조【법정대리인의 복임권과 그 책임】**
> 법정대리인은 그 책임으로 복대리인을 선임할 수 있다. 그러나 부득이한 사유로 인한 때에는 전조 제1항에 정한 책임만이 있다.

③ 복대리권은 대리인의 대리권을 전제로 인정되는 권리이므로, 복대리인의 대리권은 대리인의 대리권의 범위보다 넓을 수 없고, 대리인의 대리권이 소멸하면 당연히 복대리권도 소멸한다. 따라서 대리권은 파산 사유가 있으면 소멸하고(제127조 제2호), 복대리권도 소멸한다

> **제127조【대리권의 소멸사유】**
> 대리권은 다음 각 호의 어느 하나에 해당하는 사유가 있으면 소멸된다.
> 1. 본인의 사망
> 2. 대리인의 사망, 성년후견의 개시 또는 파산

④ 임의대리인은 원칙적으로 복대리인을 선임할 수 없으나, 예외적으로 본인의 승낙이 있는 경우뿐만 아니라 부득이한 사유가 있는 경우 복대리인을 선임할 수 있다.

> **제120조【임의대리인의 복임권】**
> 대리권이 법률행위에 의하여 부여된 경우에는 대리인은 본인의 승낙이 있거나 부득이한 사유가 있는 때가 아니면 복대리인을 선임하지 못한다.

⑤ 대리인이 복대리인을 선임하더라도 대리인의 대리권은 소멸하지 않는다(제127조, 제128조 반대해석).

Chapter 05

Answer 18 ③ 19 ②

4

이해를 돕는 개념 정리

비교학습이 필요한 개념이나 함께 알아두면 좋을 용어 등을 표로 구성하였다. 이를 통해 압축적인 학습이 가능하도록 하였으며, 개념의 포인트가 되는 키워드를 통해 보다 수월한 암기를 돕고자 하였다.

행정사 백운정 민법총칙 문제집

✦사단법인과 재단법인의 비교

	사단법인	재단법인
의의	일정한 목적 위해 결합한 사람의 단체	일정한 목적 위해 바쳐진 재산의 단체
종류	영리법인[5], 비영리법인	비영리법인만 존재[6]
설립요건	• 비영리성 • 설립행위 ➡ 정관작성 • 주무관청의 허가 • 설립등기	• 비영리성 • 설립행위 ➡ 출연행위+ 정관작성 • 주무관청의 허가 • 설립등기
정관작성	1. 목적 2. 명칭 3. 사무소의 소재지 4. 자산에 관한 규정 5. 이사의 임면에 관한 규정 6. 사원자격의 득실에 관한 규정 7. 존립시기나 해산사유를 정하는 때에는 그 시기 또는 사유	1. 목적 2. 명칭 3. 사무소의 소재지 4. 자산에 관한 규정 5. 이사의 임면에 관한 규정 ×[7] ×
설립의 법적성질	합동행위, 요식행위	상대방 없는 단독행위, 요식행위
정관보충	없음[8]	• 이해관계인과 검사의 청구로 법원이 함 • 보충대상 ① 명칭 ② 사무소 소재지 ③ 이사의 임면방법 • 목적과 대상은 정해져 있어야 함
정관변경	• 원칙적으로 정관변경 허용 • 총사원 2/3 동의 + 주무관청의 허가	• 원칙적으로 정관변경 불가 • 예외적으로 주무관청의 허가로 가능 ① 정관에 그 변경방법을 규정한 경우 ② 명칭, 사무소 소재지 변경 ③ 목적달성 불가능시 목적도 포함하여 변경가능
해산사유	• 존립기간의 만료 • 법인의 목적 달성 또는 달성의 불능 • 기타 정관에 정한 해산사유의 발생 • 파산 • 설립허가의 취소 • 사원이 없게 된 때 • 총사원 3/4 결의로도 해산가능	• 존립기간의 만료 • 법인의 목적 달성 또는 달성의 불능 • 기타 정관에 정한 해산사유의 발생 • 파산 • 설립허가의 취소 ×[9] ×

5 상법에서 규율
6 사원이 없으므로 영리법인은 개념적으로 성립 불가
7 사원이 없으므로 준용하지 않음
8 사원 스스로가 보충할 수 있기 때문
9 사원이 없으므로 해산사유 안 됨

Chapter 03

Answer 03 ⑤

CONTENTS

차 례

Chaper 05 권리의 변동

Chaper 06 기간

Chaper 07 소멸시효

행정사
백운정 민법총칙

CHAPTER

01

통칙

Chapter

01 통칙

제1절 민법의 의의

01 민법의 법원(法源)에 관한 설명으로 옳지 않은 것은? (다툼이 있으면 판례에 따름)

2015 행정사

① 민사에 관하여 법률에 규정이 없으면 관습법에 의하고 관습법이 없으면 조리에 의한다.

② 헌법에 의하여 체결·공포된 조약이나 일반적으로 승인된 국제법규가 민사에 관한 것이라도 민법의 법원이 될 수 없다.

③ 공동선조와 성과 본을 같이 하는 후손은 성별의 구별 없이 성년이 되면 당연히 종중의 구성원이 된다고 보는 것이 조리에 합당하다.

④ 법령과 같은 효력을 갖는 관습법은 특별한 사정이 없으면 당사자의 주장·증명을 기다릴 필요 없이 직권으로 이를 확정하여야 한다.

⑤ 헌법을 최상위 규범으로 하는 전체 법질서에 반하는 사회생활규범은 사회의 거듭된 관행으로 생성된 것일지라도 관습법으로서의 효력이 인정될 수 없다.

정답해설

① **제1조 【법원】** 민사에 관하여 법률에 규정이 없으면 관습법에 의하고 관습법이 없으면 조리에 의한다.

② 민법 제1조의 '법률'이란 형식적 의미의 법률에 한정하지 않고 모든 성문법(제정법)을 의미한다. 따라서 명령, 규칙, 조례, 조약도 포함한다. 헌법에 의하여 체결·공포된 조약이나 일반적으로 승인된 국제법규가 민사에 관한 것이라도 민법의 법원이 될 수 있다.

헌법 제6조
① 헌법에 의하여 체결·공포된 조약과 일반적으로 승인된 국제법규는 국내법과 같은 효력을 가진다.

③ 종중이란 공동선조의 분묘수호와 제사 및 종원 상호 간의 친목 등을 목적으로 하여 구성되는 자연발생적인 종족집단이므로, 종중의 이러한 목적과 본질에 비추어 볼 때 공동선조와 성과 본을 같이 하는 후손은 성별의 구별 없이 성년이 되면 당연히 그 구성원이 된다고 보는 것이 조리에 합당하다(대판(전) 2005.7.21. 2002다1178).

④ 법령과 같은 효력을 갖는 관습법은 당사자의 주장 입증을 기다림이 없이 법원이 직권으로 이를 확정하여야 하고 사실인 관습은 그 존재를 당사자가 주장 입증하여야 하나, 관습은 그 존부자체도 명확하지 않을 뿐만 아니라 그 관습이 사회의 법적 확신이나 법적 인식에 의하여 법적 규범으로까지 승인되었는지의 여부를 가리기는 더욱 어려운 일이므로, 법원이 이를 알 수 없는 경우 결국은 당사자가 이를 주장 입증할 필요가 있다(대판 1983.6.14. 80다3231).

⑤ 관습법이란 사회의 거듭된 관행으로 생성한 사회생활규범이 사회의 법적 확신과 인식에 의하여 법적 규범으로 승인·강행되기에 이른 것을 말하고, 그러한 관습법은 법원으로서 법령에 저촉되지 아니하는 한 법칙으로서의 효력이 있는 것이고, 또 사회의 거듭된 관행으로 생성한 어떤 사회생활규범이 법적 규범으로 승인되기에 이르렀다고 하기 위하여는 헌법을 최상위 규범으로 하는 전체 법질서에 반하지 아니하는 것으로서 정당성과 합리성이 있다고 인정될 수 있는 것이어야 하고, 그렇지 아니한 사회생활규범은 비록 그것이 사회의 거듭된 관행으로 생성된 것이라고 할지라도 이를 법적 규범으로 삼아 관습법으로서의 효력을 인정할 수 없다(대판(전) 2005.7.21. 2002다1178).

✦ 관습법과 사실인 관습

	관습법	사실인 관습
의의	사회생활에서 자연적으로 발생하고 반복적으로 행하여진 관행이 사회구성원의 법적 확신에 의한 지지를 받아 법적 규범화된 것 **판례 인정**: 관습법상 법정지상권, 분묘기지권, 동산의 양도담보 명인방법[1], 명의신탁 **부정**: 온천권, 소유권에 준하는 관습상의 물권 등	사회의 관행에 의하여 발생한 사회생활규범인 점에서 관습법과 같으나 사회의 법적 확신에 의하여 법적 규범으로서 승인된 정도에 이르지 않은 것
성립요건	① 관행 + 법적 확신 ② 헌법을 최상위 규범으로 하는 전체 법질서에 반하지 아니하여야 함(판례) ➡ 법원의 재판(국가승인)은 성립요건 ×	① 관행 ② 선량한 풍속 기타 사회질서에 반하지 않아야 함 ➡ 법적 확신은 不要
효력	① 성문법과의 우열관계 ➡ 보충적 효력설(판례) ② 사실인 관습과의 관계 ➡ 양자의 구별 긍정설(판례)	법령으로서의 효력 × ➡ 법률행위의 해석기준 사적자치가 인정되는 분야에서 법률행위의 의사를 보충하는 기능
법원성 유무	제1조 문언상 법원성 ○	법원성 ×
입증책임	**원칙**: 법원이 직권으로 확정 **예외**: 법원이 이를 알 수 없는 경우 당사자의 주장·입증 필요(판례)	**원칙**: 그 존재를 당사자가 주장·입증 **예외**: 경험칙에 속하는 사실인 관습은 법관 스스로 직권 판단가능(판례)

1 **비교** 명인방법에 의한 경우는 저당권을 설정할 수 없다.

Answer 01 ②

02 민법의 법원(法源)에 관한 설명으로 옳지 않은 것은? (다툼이 있으면 판례에 따름)

2019 행정사

① 관습법은 법률에 대하여 열후적 · 보충적 성격을 가진다.

② 헌법에 의하여 체결 · 공포된 조약으로서 민사에 관한 것은 민법의 법원이 된다.

③ 관습법은 원칙적으로 당사자의 주장 · 입증을 기다림이 없이 법원이 직권으로 이를 확정할 수 있다.

④ 민법 제1조 소정의 '법률'은 헌법이 정하는 절차에 따라서 제정 · 공포되는 형식적 의미의 법률만을 뜻한다.

⑤ 사회의 거듭된 관행으로 생성된 사회생활규범은 전체 법질서에 반하지 않아야 관습법으로서의 효력이 인정될 수 있다.

정답해설

① 관습법은 바로 법원으로서 법령과 같은 효력을 갖는 관습으로서 법령에 저촉되지 않는 한 법칙으로서의 효력이 있는 것으로(대판 1983.6.14. 80다3231), 법률에 대하여 열후적 · 보충적 효력을 가진다.

②, ④ 민법 제1조의 '법률'이란 형식적 의미의 법률에 한정하지 않고 모든 성문법(제정법)을 의미한다. 따라서 명령, 규칙, 조례, 조약도 포함한다.

> **제1조 【법원】**
> 민사에 관하여 법률에 규정이 없으면 관습법에 의하고 관습법이 없으면 조리에 의한다.
> **헌법 제6조**
> ① 헌법에 의하여 체결 · 공포된 조약과 일반적으로 승인된 국제법규는 국내법과 같은 효력을 가진다.

| 비교 | 민법 제185조 물권법정주의에서의 법률은 국회에서 제정한 형식적 의미의 법률을 말한다.
→ 제185조의 법률이란 국회가 제정하는 형식적 의미의 법률만을 의미

③ 법령과 같은 효력을 갖는 관습법은 당사자의 주장 입증을 기다림이 없이 법원이 직권으로 이를 확정하여야 하고 사실인 관습은 그 존재를 당사자가 주장 입증하여야 하나, 관습은 그 존부 자체도 명확하지 않을 뿐만 아니라 그 관습이 사회의 법적 확신이나 법적 인식에 의하여 법적 규범으로까지 승인되었는지의 여부를 가리기는 더욱 어려운 일이므로, 법원이 이를 알 수 없는 경우 결국은 당사자가 이를 주장 입증할 필요가 있다(대판 1983.6.14. 80다3231).

⑤ 관습법이란 사회의 거듭된 관행으로 생성한 사회생활규범이 사회의 법적 확신과 인식에 의하여 법적 규범으로 승인 · 강행되기에 이른 것을 말하고, 그러한 관습법은 법원으로서 법령에 저촉되지 아니하는 한 법칙으로서의 효력이 있는 것이고, 또 사회의 거듭된 관행으로 생성한 어떤 사회생활규범이 법적 규범으로 승인되기에 이르렀다고 하기 위하여는 헌법을 최상위 규범으로 하는 전체 법질서에 반하지 아니하는 것으로서 정당성과 합리성이 있다고 인정될 수 있는 것이어야 하고, 그렇지 아니한 사회생활규범은 비록 그것이 사회의 거듭된 관행으로 생성된 것이라고 할지라도 이를 법적 규범으로 삼아 관습법으로서의 효력을 인정할 수 없다(대판(전) 2005.7.21. 2002다1178).

03 민법의 법원(法源)에 관한 설명으로 옳은 것은? (다툼이 있으면 판례에 따름) 2023 감정평가사

① 민법 제1조에서 민법의 법원으로 규정한 '민사에 관한 법률'은 민법전만을 의미한다.

② 민법 제1조에서 민법의 법원으로 규정한 '관습법'에는 사실인 관습이 포함된다.

③ 대법원이 정한 「공탁규칙」은 민법의 법원이 될 수 없다.

④ 헌법에 의하여 체결·공포된 국제조약은 그것이 민사에 관한 것이더라도 민법의 법원이 될 수 없다.

⑤ 미등기무허가 건물의 양수인에게는 소유권에 준하는 관습법상의 물권이 인정되지 않는다.

정답해설

① 민법 제1조의 민사에 관한 '법률'이란 형식적 의미의 법률에 한정하지 않고 모든 성문법(제정법)을 의미한다. 따라서 명령, 규칙, 조례, **조약도 포함한다**. 민법전만을 의미하지는 않는다.

> **제1조 【법원】**
> 민사에 관하여 법률에 규정이 없으면 관습법에 의하고 관습법이 없으면 조리에 의한다.

| 비교 | 제185조 물권법정주의에서의 법률은 국회에서 제정한 형식적 의미의 법률을 말한다.
→ 제185조의 법률이란 국회가 제정하는 형식적 의미의 법률만을 의미
→ 제185조의 관습법은 ① 관습법상 법정지상권, ② 분묘기지권, ③ 동산의 양도담보만 해당한다.

② 관습법이란 사회의 거듭된 관행으로 생성한 사회생활규범이 **사회의 법적 확신과 인식에 의하여 법적 규범으로 승인·강행되기에 이른 것**을 말하고, **사실인 관습**은 사회의 관행에 의하여 발생한 사회생활규범인 점에서 관습법과 같으나 **사회의 법적 확신이나 인식에 의하여 법적 규범으로서 승인된 정도에 이르지 않은** 것을 말하는 바, 관습법은 바로 법원으로서 법령과 같은 효력을 갖는 관습으로서 법령에 저촉되지 않는 한 법칙으로서의 효력이 있는 것이며, 이에 반하여 **사실인 관습은 법령으로서의 효력이 없는 단순한 관행으로서 법률행위의 당사자의 의사를 보충함에 그치는 것이다**(대판 1983.6.14. 80다3231). 민법 제1조에서 민법의 법원으로 규정한 '관습법'에는 사실인 관습이 포함되지 않는다.

③ 대법원은 법률에 저촉되지 않는 범위 안에서 소송에 관한 절차, 법원의 내부규율과 사무처리에 관한 규정을 제정할 수 있다(헌법 제108조). 이 규칙이 민사에 관한 사항을 정한 것이면 민법의 법원이 된다. 대법원이 정한 「공탁규칙」도 이러한 민사에 관한 사항을 정한 것으로 민법의 법원이 될 수 있다.

> **헌법 제108조**
> 대법원은 법률에 저촉되지 아니하는 범위 안에서 소송에 관한 절차, 법원의 내부규율과 사무처리에 관한 규칙을 제정할 수 있다.

Answer 02 ④ 03 ⑤

④ 헌법에 의하여 체결·공포된 조약과 일반적으로 승인된 국제법규는 국내법과 같은 효력을 가지므로(헌법 제6조), 그것이 민사에 관한 것이더라도 민법의 법원이 될 수 있다.

헌법 제6조
① 헌법에 의하여 체결·공포된 조약과 일반적으로 승인된 국제법규는 국내법과 같은 효력을 가진다.

⑤ 미등기 무허가건물의 양수인에게 소유권에 준하는 관습법상의 물권을 인정할 수 없다(대판 2006.10.7. 2006다49000).

비교 관습법상 물권: 분묘기지권, 관습법상 법정지상권, 동산의 양도담보

04 관습법과 사실인 관습에 관한 설명으로 옳지 않은 것은? (다툼이 있으면 판례에 따름)

2017 행정사

① 관습법은 성문법에 대하여 보충적 효력을 가진다.
② 관습법이 성립하기 위해서는 사회구성원의 법적 확신과 인식이 있어야 한다.
③ 사실인 관습은 법원(法源)으로서의 효력이 인정된다.
④ 사실인 관습은 그 존재를 당사자가 주장·증명하여야 한다.
⑤ 사실인 관습은 당사자의 의사가 명확하지 아니한 때에 그 의사를 보충함에 그친다.

정답해설

① 관습법은 바로 법원으로서 법령과 같은 효력을 갖는 관습으로서 법령에 저촉되지 않는 한 법칙으로서의 효력이 있는 것으로(대판 1983.6.14. 80다3231), 성문법에 대하여 보충적 효력을 가진다.

②, ③, ⑤ 관습법이란 사회의 거듭된 관행으로 생성한 사회생활규범이 사회의 법적 확신과 인식에 의하여 법적 규범으로 승인·강행되기에 이른 것을 말하고, 사실인 관습은 사회의 관행에 의하여 발생한 사회생활규범인 점에서 관습법과 같으나 사회의 법적 확신이나 인식에 의하여 법적 규범으로서 승인된 정도에 이르지 않은 것을 말하는 바, 관습법은 바로 법원으로서 법령과 같은 효력을 갖는 관습으로서 법령에 저촉되지 않는 한 법칙으로서의 효력이 있는 것이며, 이에 반하여 ⑤ 사실인 관습은 법령으로서의 효력이 없는 단순한 관행으로서 법률행위의 당사자의 의사를 보충함에 그치는 것이다(대판 1983.6.14. 80다3231). ③ 사실인 관습은 법원(法源)으로서의 효력이 인정되지 않는다.

④ 법령과 같은 효력을 갖는 관습법은 당사자의 주장 입증을 기다림이 없이 법원이 직권으로 이를 확정하여야 하고 사실인 관습은 그 존재를 당사자가 주장 입증하여야 하나, 관습은 그 존부 자체도 명확하지 않을 뿐만 아니라 그 관습이 사회의 법적 확신이나 법적 인식에 의하여 법적 규범으로까지 승인되었는지의 여부를 가리기는 더욱 어려운 일이므로, 법원이 이를 알 수 없는 경우 결국은 당사자가 이를 주장 입증할 필요가 있다(대판 1983.6.14. 80다3231).

05 **민법의 법원(法源)에 관한 설명으로 옳지 않은 것은? (다툼이 있으면 판례에 의함)** 2022 행정사

① 헌법에 의하여 체결·공포된 민사에 관한 조약은 민법의 법원(法源)이 될 수 있다.
② 관습법은 헌법재판소의 위헌법률심판의 대상이 아니다.
③ 관습법의 존재는 특별한 사정이 없으면 당사자의 주장·증명을 기다릴 필요 없이 법원이 직권으로 확정하여야 한다.
④ 사실인 관습은 법원(法源)으로서 법령에 저촉되지 않는 한 법칙으로서의 효력이 있다.
⑤ 공동선조와 성과 본을 같이 하는 후손은 성별의 구별 없이 성년이 되면 당연히 종중의 구성원이 된다고 보는 것이 조리에 합당하다.

정답해설

① 민법 제1조의 '법률'이란 형식적 의미의 법률에 한정하지 않고 모든 성문법(제정법)을 의미한다. 따라서 명령, 규칙, 조례, 조약도 포함한다.

> **제1조 【법원】**
> 민사에 관하여 법률에 규정이 없으면 관습법에 의하고 관습법이 없으면 조리에 의한다.
> **헌법 제6조**
> ① 헌법에 의하여 체결·공포된 조약과 일반적으로 승인된 국제법규는 국내법과 같은 효력을 가진다.

비교 민법 제185조 물권법정주의에서의 법률은 국회에서 제정한 형식적 의미의 법률을 말한다.
→ 제185조의 법률이란 국회가 제정하는 형식적 의미의 법률만을 의미

② 헌법 제111조 제1항 제1호 및 헌법재판소법 제41조 제1항에서 규정하는 위헌심사의 대상이 되는 '법률'은 국회의 의결을 거친 이른바 형식적 의미의 법률을 의미하고 또한 민사에 관한 관습법은 법원에 의하여 발견되고 성문의 법률에 반하지 아니하는 경우에 한하여 보충적인 법원이 되는 것에 불과하여 관습법이 헌법에 위반되는 경우 법원이 그 관습법의 효력을 부인할 수 있으므로 결국 관습법은 헌법재판소의 위헌법률심판의 대상이 아니다(대결 2009.5.28. 2007카기 134).
헌법 제111조 제1항 제1호, 제5호 및 헌법재판소법 제41조 제1항, 제68조 제2항에 의하면 위헌심판의 대상을 '법률'이라고 규정하고 있는데, 여기서 '법률'이라고 함은 국회의 의결을 거친 이른바 형식적 의미의 법률뿐만 아니라 법률과 동일한 효력을 갖는 조약 등도 포함된다. 이처럼 법률과 동일한 효력을 갖는 조약 등을 위헌심판의 대상으로 삼음으로써 헌법을 최고규범으로 하는 법질서의 통일성과 법적 안정성을 확보할 수 있을 뿐만 아니라 합헌적인 법률에 의한 재판을 가능하게 하여 궁극적으로는 국민의 기본권 보장에 기여할 수 있게 된다. 그런데 이 사건 관습법은 민법 시행 이전에 상속을 규율하는 법률이 없는 상황에서 재산상속에 관하여 적용된 규범으로서 비록 형식적 의미의 법률은 아니지만 실질적으로는 법률과 같은 효력을 갖는 것이므로 위헌법률심판의 대상이 된다(헌법재판소 2013.2.28. 2009헌바129).
결국 대법원은 위헌법률심사제청 사건에서 "관습법은 헌법재판소의 위헌법률심판의 대상이 아니다"라고 판시하였지만, 바로 그 사건에 대한 위헌법률심판을 구하는 취지의 헌법재판소법 제68조 제2항에 의한 헌법소원에서 "법률과 같은 효력을 가지는 관습법도 당연히 위헌법률심판을 구하는 취지의 헌법소원심판의 대상이 된다"라고 판시하였다. '위헌법률심판이나 (위헌법률심판을 구하는 취지의)헌법소원의 대상인지 여부'에 관하여는 헌법재판소 판례를 우선하는 것이 타당하므로 ②번도 틀린 지문이다.

Answer 04 ③ 05 ②, ④

③, ④ **【대판 1983.6.14. 80다3231】** [1] 관습법이란 사회의 거듭된 관행으로 생성한 사회생활규범이 사회의 법적 확신과 인식에 의하여 법적 규범으로 승인·강행되기에 이른 것을 말하고, 사실인 관습은 사회의 관행에 의하여 발생한 사회생활규범인 점에서 관습법과 같으나 사회의 법적 확신이나 인식에 의하여 법적 규범으로서 승인된 정도에 이르지 않은 것을 말하는 바, 관습법은 바로 법원으로서 법령과 같은 효력을 갖는 관습으로서 법령에 저촉되지 않는 한 법칙으로서의 효력이 있는 것이며, 이에 반하여 사실인 관습은 법령으로서의 효력이 없는 단순한 관행으로서 법률행위의 당사자의 의사를 보충함에 그치는 것이다.
[2] 법령과 같은 효력을 갖는 관습법은 당사자의 주장 입증을 기다림이 없이 법원이 직권으로 이를 확정하여야 하고 사실인 관습은 그 존재를 당사자가 주장 입증하여야 하나, 관습은 그 존부자체도 명확하지 않을 뿐만 아니라 그 관습이 사회의 법적 확신이나 법적 인식에 의하여 법적 규범으로까지 승인되었는지의 여부를 가리기는 더욱 어려운 일이므로, 법원이 이를 알 수 없는 경우 결국은 당사자가 이를 주장 입증할 필요가 있다.

| 비교 | **제106조 【사실인 관습】** 법령 중의 선량한 풍속 기타 사회질서에 관계없는 규정과 다른 관습이 있는 경우에 당사자의 의사가 명확하지 아니한 때에는 그 관습에 의한다.
→ 법률해석: 사실인 관습 > 임의규정(대판 1983.6.14. 80다3231).

⑤ 종중이란 공동선조의 분묘수호와 제사 및 종원 상호 간의 친목 등을 목적으로 하여 구성되는 자연발생적인 종족집단이므로, 종중의 이러한 목적과 본질에 비추어 볼 때 공동선조와 성과 본을 같이 하는 후손은 성별의 구별 없이 성년이 되면 당연히 그 구성원이 된다고 보는 것이 조리에 합당하다(대판(전) 2005.7.21. 2002다1178).

06 관습법과 사실인 관습에 관한 설명으로 옳지 않은 것은? (다툼이 있는 경우에는 판례에 의함)

2014 행정사

① 관습법은 헌법을 최상위규범으로 하는 전체 법질서에 반하지 않고 정당성과 합리성이 있어야 한다.

② 관습법은 바로 법원(法源)으로서 법령과 같은 효력을 갖는 관습이므로 법령에 저촉하는 관습법도 법칙으로서 효력이 있다.

③ 사실인 관습은 사회의 관행에 의하여 발생한 사회생활규범인 점에서 관습법과 같다.

④ 사실인 관습은 단순한 관행으로서 법률행위의 당사자의 의사를 보충한다.

⑤ 관습법도 사회구성원이 그러한 관행의 법적 구속력에 대하여 확신을 갖지 않게 된 경우 그 법적 규범으로서 효력을 잃는다.

정답해설

①, ② 관습법이란 사회의 거듭된 관행으로 생성한 사회생활규범이 사회의 법적 확신과 인식에 의하여 법적 규범으로 승인·강행되기에 이른 것을 말하고, ② 그러한 관습법은 법원으로서 법령에 저촉되지 아니하는 한 법칙으로서의 효력이 있는 것이고, ① 또 사회의 거듭된 관행으로 생성한 어떤 사회생활규범이 법적 규범으로 승인되기에 이르렀다고 하기 위하여는 헌법을 최상위규범으로 하는 전체 법질서에 반하지 아니하는 것으로서 정당성과 합리성이 있다고 인정될 수 있는 것이어야 하고, 그렇지 아니한 사회생활규범은 비록 그것이 사회의 거듭된 관행으로 생성된 것이라고 할지라도 이를 법적 규범으로 삼아 관습법으로서의 효력을 인정할 수 없다(대판(전) 2005.7.21. 2002다1178). 따라서 법령에 저촉하는 관습법은 법칙으로서 효력이 없다.

③, ④ 관습법이란 사회의 거듭된 관행으로 생성한 사회생활규범이 사회의 법적 확신과 인식에 의하여 법적 규범으로 승인·강행되기에 이른 것을 말하고, ③ 사실인 관습은 사회의 관행에 의하여 발생한 사회생활규범인 점에서 관습법과 같으나 사회의 법적 확신이나 인식에 의하여 법적 규범으로서 승인된 정도에 이르지 않은 것을 말하는 바, 관습법은 바로 법원으로서 법령과 같은 효력을 갖는 관습으로서 법령에 저촉되지 않는 한 법칙으로서의 효력이 있는 것이며, 이에 반하여 ④ 사실인 관습은 법령으로서의 효력이 없는 단순한 관행으로서 법률행위의 당사자의 의사를 보충함에 그치는 것이다(대판 1983.6.14. 80다3231).

⑤ 사회의 거듭된 관행으로 생성된 사회생활규범이 관습법으로 승인되었다고 하더라도 사회 구성원들이 그러한 관행의 법적 구속력에 대하여 확신을 갖지 않게 되었다거나, 사회를 지배하는 기본적 이념이나 사회질서의 변화로 인하여 그러한 관습법을 적용하여야 할 시점에 있어서의 전체 법질서에 부합하지 않게 되었다면 그러한 관습법은 법적 규범으로서의 효력이 부정될 수밖에 없다(대판(전) 2005.7.21. 2002다1178).

07 민법의 법원(法源)인 관습법에 관한 설명으로 옳지 않은 것은? (다툼이 있으면 판례에 따름)

2018 행정사

① 관습법이란 사회의 거듭된 관행으로 생성된 사회생활규범이 사회의 법적 확신과 인식에 의하여 법적 규범으로 승인·강행되기에 이른 것을 말한다.

② 어떤 관행이 관습법으로 승인된 이상, 사회구성원들이 그러한 관행의 법적 구속력에 대하여 확신을 갖지 않게 되었더라도, 그 관습법은 법규범으로서의 효력에 영향을 받지 않는다.

③ 관습법의 존재는 당사자의 주장·증명이 없어도 법원이 직권으로 이를 확정할 수 있다.

④ 수목의 집단에 대한 공시방법인 명인방법은 판례에 의하여 확인된 관습법이다.

⑤ 관습법은 법령에 저촉되지 아니하는 한 법칙으로서의 효력이 있다.

정답해설

①, ③, ⑤ **【대판 1983.6.14. 80다3231】** [1] **관습법**이란 사회의 거듭된 **관행**으로 생성한 사회생활규범이 사회의 **법적 확신**과 인식에 의하여 **법적 규범으로 승인·강행**되기에 이른 것을 말하고, **사실인 관습**은 사회의 관행에 의하여 발생한 사회생활규범인 점에서 관습법과 같으나 사회의 법적 확신이나 인식에 의하여 법적 규범으로서 승인된 정도에 이르지 않은 것을 말하는 바, **관습법**은 바로 법원으로서 **법령과 같은 효력**을 갖는 관습으로서 법령에 저촉되지 않는 한 법칙으로서의 효력이 있는 것이며, 이에 반하여 사실인 관습은 법령으로서의 효력이 없는 단순한 관행으로서 법률행위의 당사자의 의사를 보충함에 그치는 것이다.

[2] 법령과 같은 효력을 갖는 **관습법**은 당사자의 주장 입증을 기다림이 없이 **법원이 직권**으로 이를 확정하여야 하고 **사실인 관습**은 그 존재를 당사자가 주장 입증하여야 하나, 관습은 그 존부자체도 명확하지 않을 뿐만 아니라 그 관습이 사회의 법적 확신이나 법적 인식에 의하여 법적 규범으로까지 승인되었는지의 여부를 가리기는 더욱 어려운 일이므로, 법원이 이를 알 수 없는 경우 결국은 당사자가 이를 주장 입증할 필요가 있다.

Answer 06 ② 07 ②

② 사회의 거듭된 관행으로 생성된 사회생활규범이 관습법으로 승인되었다고 하더라도 사회 구성원들이 그러한 관행의 법적 구속력에 대하여 확신을 갖지 않게 되었다거나, 사회를 지배하는 기본적 이념이나 사회질서의 변화로 인하여 그러한 관습법을 적용하여야 할 시점에 있어서의 전체 법질서에 부합하지 않게 되었다면 그러한 관습법은 법적 규범으로서의 효력이 부정될 수밖에 없다(대판(전) 2005.7.21. 2002다1178).

④ 입목의 이중매매에 있어서는 관습법에 의하여 입목소유권 변동에 관한 공시방법으로 인정되어 있는 명인방법을 먼저 한 사람에게 입목의 소유권이 이전된다(대판 1967.2.28. 66다2442).

08 관습법과 사실인 관습에 설명으로 옳은 것을 모두 고른 것은? (다툼이 있으면 판례에 따름)

2020 행정사

> ㄱ. 관습법은 사회의 거듭된 관행으로 생성된 사회생활규범이 법적 확신과 인식에 의하여 법적 규범으로 승인된 것이다.
> ㄴ. 종래 관습법으로 승인되었더라도 그 관습법을 적용하여야 할 시점에서 전체 법질서에 부합하지 않게 되었다면 법적 규범으로서의 효력이 부정된다.
> ㄷ. 사실인 관습은 법령으로서의 효력이 없는 단순한 관행으로서 당사자의 의사를 보충하는 데 그친다.

① ㄱ ② ㄱ, ㄴ ③ ㄱ, ㄷ
④ ㄴ, ㄷ ⑤ ㄱ, ㄴ, ㄷ

정답해설

ㄱ. (○), ㄷ. (○): 관습법이란 사회의 거듭된 관행으로 생성한 사회생활규범이 사회의 법적 확신과 인식에 의하여 법적 규범으로 승인·강행되기에 이르른 것을 말하고, 사실인 관습은 사회의 관행에 의하여 발생한 사회생활규범인 점에서 관습법과 같으나 사회의 법적 확신이나 인식에 의하여 법적 규범으로서 승인된 정도에 이르지 않은 것을 말하는 바, **관습법은 바로 법원으로서 법령과 같은 효력을 갖는 관습으로서 법령에 저촉되지 않는 한 법칙으로서의 효력이 있는 것이며, 이에 반하여 사실인 관습은 법령으로서의 효력이 없는 단순한 관행으로서 법률행위의 당사자의 의사를 보충함에 그치는 것이다**(대판 1983.6.14. 80다3231).

ㄴ. (○): 사회의 거듭된 관행으로 생성된 사회생활규범이 관습법으로 승인되었다고 하더라도 사회 구성원들이 그러한 관행의 법적 구속력에 대하여 확신을 갖지 않게 되었다거나, 사회를 지배하는 기본적 이념이나 사회질서의 변화로 인하여 그러한 관습법을 적용하여야 할 시점에 있어서의 전체 법질서에 부합하지 않게 되었다면 그러한 관습법은 법적 규범으로서의 효력이 부정될 수밖에 없다(대판(전) 2005.7.21. 2002다1178).

09 민법의 적용과 해석방법에 관한 설명으로 옳지 않은 것은? (다툼이 있으면 판례에 따름)

2017 세무사

① 민사에 관한 특별법은 민법에 우선하여 적용하여야 한다.

② 민법은 원칙적으로 대한민국의 영토 내에 있는 외국인에 대하여도 적용된다.

③ 민법을 해석함에 있어서 조문의 통상적인 의미에 따라 해석하는 것을 문리해석(문언적 해석, 문법적 해석)이라고 한다.

④ 어떤 법률요건에 관한 규정을 이와 유사한 다른 것에 적용하는 민법의 해석방법을 준용이라고 한다.

⑤ 민법의 해석은 구체적 타당성과 법적 안정성이 조화될 수 있도록 하여야 한다.

정답해설

① 민법은 일반법으로 사람·사항·장소 등에 특별한 제한 없이 일반적으로 적용되는 법이다. 한편 특정한 사람·사항·장소에 관하여만 적용되는 사법을 특별사법이라 한다. 일반법과 특별법을 구별하는 실익은 일반법과 특별법이 충돌되면 특별법 우선의 원칙에 따라 특별법이 먼저 적용되고, 특별법이 규율하지 않는 사항에 대하여 일반법이 적용되는 데 있다.

② 민법은 우리 국민 모두에게 적용되고, 외국에 있는 국민에게도 적용된다(속인주의). 민법은 대한민국의 전 영토 내에 그 효력이 미친다.

③ 문리해석(문언적 해석, 문법적 해석)은 법규의 문언의 사전적 의미를 명확히 하는 해석방법, 법해석의 출발점이다.

④ 준용이란 이미 규정되어 있는 내용과 동일한 내용을 다른 규정에서 다시 두고자 할 때 그 내용을 반복적으로 정하지 않고 유추적용할 것을 밝히는 입법기술의 하나이다. 반면 유추적용이란 어떤 사안에 대해 적용할 규정이 없는 경우 그와 유사한 사안에 관한 규정을 적용하는 것으로서 법률 해석의 방법 중 하나이다.

⑤ 법은 원칙적으로 불특정 다수인에 대하여 동일한 구속력을 갖는 사회의 보편타당한 규범이므로 이를 해석함에 있어서는 법의 표준적 의미를 밝혀 객관적 타당성이 있도록 하여야 하고, 가급적 모든 사람이 수긍할 수 있는 일관성을 유지함으로써 법적 안정성이 손상되지 않도록 하여야 한다. 한편 실정법은 보편적이고 전형적인 사안을 염두에 두고 규정되기 마련이므로 사회현실에서 일어나는 다양한 사안에서 그 법을 적용함에 있어서는 구체적 사안에 맞는 가장 타당한 해결이 될 수 있도록 해석할 것도 또한 요구된다. 요컨대 법해석의 목표는 어디까지나 법적 안정성을 저해하지 않는 범위 내에서 구체적 타당성을 찾는 데 두어야 한다(대판(전) 2013.1.17. 2011다83431).

Answer 08 ⑤ 09 ④

행정사
백운정 민법총칙

CHAPTER

02

법률관계와 권리·의무

Chapter

02 법률관계와 권리 · 의무

01 권리의 효력에 따른 분류에 의할 경우 '계약해제권'의 법적 성질은? 2022 세무사

① 지배권
② 청구권
③ 형성권
④ 항변권
⑤ 인격권

정답해설

계약이 해제되면 그 효력이 소급적으로 소멸함에 따라 그 계약상 의무에 기하여 실행된 급부는 원상회복을 위하여 부당이득으로 반환되어야 한다(대판 2014.3.13. 2013다34143). 계약해제권은 일방적인 의사표시로써 법률관계를 발생 · 변경 · 소멸시킬 수 있는 형성권이다.

02 형성권의 행사에 해당하는 것을 모두 고른 것은? 2018 행정사

ㄱ. 무권대리행위에 대한 본인의 추인
ㄴ. 미성년자의 법률행위에 대한 법정대리인의 취소
ㄷ. 상계적상에 있는 채무의 대등액에 관한 채무자 일방의 상계
ㄹ. 채무불이행을 원인으로 한 계약의 해제

① ㄱ, ㄷ
② ㄴ, ㄹ
③ ㄱ, ㄴ, ㄷ
④ ㄴ, ㄷ, ㄹ
⑤ ㄱ, ㄴ, ㄷ, ㄹ

정답해설

ㄱ. (○), ㄴ. (○), ㄷ. (○), ㄹ. (○): 형성권이란 권리자의 일방적 의사표시에 의하여 법률관계의 발생 · 변경 · 소멸을 일으키는 권리를 말한다. 제한능력자의 법률행위에 대한 법정대리인의 동의권(제5조, 제10조, 제13조), 제한능력을 이유로 한 제한능력자와 그 대리인 및 그 승계인의 취소권(제5조, 제10조, 제13조, 제140조), 착오에 의해 의사표시를 한 표의자와 그 대리인 및 승계인의 취소권(제109조 제1항, 제140조), 무권대리행위에 대한 본인의 추인권(제143조), 제한능력자 상대방의 최고권(제15조)과 철회권 및 거절권(제16조), 상계권(제492조), 계약의 해제권과 해지권(제543조), 매매의 일방예약완결권(제564조), 약혼해제권(제805조) 등이 이에 속한다.

03 다음 중 형성권이 아닌 것은?

2021 행정사

① 물권적 청구권 ② 취소권 ③ 추인권
④ 동의권 ⑤ 계약해지권

정답해설

① 물권적 청구권은 물권자가 그 방해자에 대하여 그 방해의 제거 또는 예방에 필요한 일정한 행위를 청구할 수 있는 권리로 물권에 기한 청구권이다.

②, ③, ④, ⑤ 형성권이란 권리자의 일방적 의사표시에 의하여 법률관계의 발생·변경·소멸을 일으키는 권리를 말한다. 제한능력자의 법률행위에 대한 법정대리인의 동의권(제5조, 제10조, 제13조), 제한능력을 이유로 한 제한능력자와 그 대리인 및 그 승계인의 취소권(제5조, 제10조, 제13조, 제140조), 착오에 의해 의사표시를 한 표의자와 그 대리인 및 승계인의 취소권(제109조 제1항, 제140조), 추인권(제143조), 제한능력자 상대방의 최고권(제15조)과 철회권 및 거절권(제16조), 상계권(제492조), 계약의 해제권과 해지권(제543조), 매매의 일방예약완결권(제564조), 약혼해제권(제805조) 등이 이에 속한다.

04 형성권에 관한 설명으로 옳은 것을 모두 고른 것은? (다툼이 있으면 판례에 따름)

2020 감정평가사

ㄱ. 형성권의 행사는 상대방에 대한 일방적 의사표시로 한다.
ㄴ. 다른 사정이 없으면, 형성권의 행사에 조건 또는 기한을 붙이지 못한다.
ㄷ. 다른 사정이 없으면, 형성권은 그 일부를 행사할 수 있다.
ㄹ. 다른 사정이 없으면, 형성권은 제척기간의 적용을 받는다.

① ㄱ, ㄴ, ㄷ ② ㄱ, ㄴ, ㄹ
③ ㄱ, ㄷ, ㄹ ④ ㄴ, ㄷ, ㄹ
⑤ ㄱ, ㄴ, ㄷ, ㄹ

정답해설

ㄱ. (O), ㄷ. (×): 형성권이란 권리자의 일방적 의사표시에 의하여 법률관계의 발생·변경·소멸을 일으키는 권리를 말한다. 따라서 상대방의 동의나 승낙은 필요 없다. 형성권은 권리자의 일방적인 의사에 의해 법률관계의 변동이 생긴다는 점에서 사적자치에 반할 소지가 있어 반드시 당사자의 약정 또는 법률의 근거가 있어야 한다. 따라서 형성권은 상대방의 동의가 없는 한 그 일부만을 행사할 수 없고, 전부를 행사하여야 한다.

ㄴ. (O): 형성권은 단독행위이며, 단독행위는 일방적으로 하는데 여기에다가 조건을 붙이면 상대방의 지위가 조건에 좌우되어 너무 불안하므로 상대방을 지나치게 불리하게 만들 수 있으므로 형성권 행사의 의사표시에는 조건을 붙일 수 없는 것이 원칙이다.

ㄹ. (O): 형성권은 제척기간의 적용을 받는다.

Answer 01 ③ 02 ⑤ 03 ① 04 ②

05 **형성권에 관한 설명으로 옳지 않은 것은? (다툼이 있으면 판례에 따름)** 2015 감정평가사

① 형성권의 효력 발생에는 상대방의 동의나 승낙을 요하지 않는다.
② 형성권의 행사는 단독행위이므로 조건은 붙일 수 없음이 원칙이나, 계약의 정지조건부 해제는 인정된다.
③ 공유물분할청구권은 형성권이다.
④ 형성권은 반드시 재판상 행사해야 한다.
⑤ 취소할 수 있는 법률행위의 취소권의 존속기간은 제척기간이다.

정답해설

① 형성권은 일방적 의사표시에 의하여 효력이 발생하므로, 상대방의 동의나 승낙은 필요 없다.
② 형성권의 행사는 행위자의 일방적 의사에 따라 효력이 발생하는 단독행위이므로 원칙적으로 조건을 붙일 수 없으나, 상대방의 이익을 해하지 않는 경우에는 조건을 붙이는 것을 예외적으로 허용한다. ① 채무의 면제 또는 유증(단독행위)과 같이 상대방에게 이익만 주는 경우와 상대방의 동의가 있을 경우에는 단독행위에 조건을 붙일 수 있다. 이러한 이유로 판례는 정지조건부 해제를 인정하고 있다(대판 1970.9.29. 70다1508).
③ 형성권이란 권리자의 일방적 의사표시에 의하여 법률관계의 발생·변경·소멸을 일으키는 권리를 말한다. 청구권이라는 명칭에 구애받지 않고 그 성질에 따라 공유물분할청구권(제268조)은 형성권에 해당한다.
④ 형성권이라도 원칙적으로 재판외 행사가 가능하고, 예외적으로 반드시 재판상 행사해야 하는 것이 있을 뿐이다. 채권자취소권(제406조), 혼인취소권(제816조), 재판상 이혼청구권(제840조), 친생부인권(제846조), 재판상 파양청구권(제905조) 등이 이에 속한다.
⑤ 법률행위를 취소할 수 있는 권리는 형성권으로서 민법 제146조에 규정된 취소권의 존속기간은 제척기간이라고 보아야 할 것이다(대판 1993.7.27. 92다52795).

✦ 명칭은 청구권이지만 형성권인 권리

명칭에 구애받지 않고 그 성질에 따라 공유물분할청구권(제268조), 지상권자의 지상물매수청구권(제283조), 지료증감청구권(제286조), 부속물매수청구권(제316조), 임차인과 전차인의 매수청구권(제643조~제647조)은 형성권이다.

06 **甲은 2010. 1. 1. 乙과 乙의 토지에 관하여 매매예약을 하였다. 이에 관한 설명으로 옳지 않은 것은? (다툼이 있으면 판례에 의함)** 2024 세무사

① 甲의 예약완결권은 형성권에 속한다.

② 甲의 예약완결권은 제척기간에 걸린다.

③ 특별한 사정이 없는 한 甲의 예약완결권의 행사기간은 10년이다.

④ 만일 甲과 乙이 합의로 예약완결권의 행사기간을 20년으로 정했다면 그 행사기간은 20년이 된다.

⑤ 만일 甲과 乙이 합의로 예약완결권 행사의 기산일을 2012. 1. 1.로 정했다면 그 기산일은 2012. 1. 1.이다.

정답해설

①, ②, ③, ④ 매매의 일방예약에서 예약자의 상대방이 매매예약완결의 의사표시를 하여 매매의 효력을 생기게 하는 권리, 즉 매매예약의 완결권은 일종의 형성권으로서 당사자 사이에 그 행사기간을 약정한 때에는 그 기간 내에, 그러한 약정이 없는 때에는 그 예약이 성립한 때부터 10년 내에 이를 행사하여야 하고 그 기간이 지난 때에는 예약완결권은 제척기간의 경과로 인하여 소멸한다(대판 2019.7.25, 2019다227817).

⑤ 제척기간은 권리자로 하여금 당해 권리를 신속하게 행사하도록 함으로써 법률관계를 조속히 확정시키려는 데 그 제도의 취지가 있는 것으로서, 소멸시효가 일정한 기간의 경과와 권리의 불행사라는 사정에 의하여 권리소멸의 효과를 가져오는 것과는 달리 그 기간의 경과 자체만으로 곧 권리소멸의 효과를 가져오게 하는 것이므로 그 기간 진행의 기산점은 특별한 사정이 없는 한 원칙적으로 권리가 발생한 때이고, 당사자 사이에 매매예약 완결권을 행사할 수 있는 시기를 특별히 약정한 경우에도 그 제척기간은 당초 권리의 발생일로부터 10년간의 기간이 경과되면 만료되는 것이지 그 기간을 넘어서 약정에 따라 권리를 행사할 수 있는 때로부터 10년이 되는 날까지로 연장된다고 볼 수 없다(대판 1995.11.10, 94다22682, 22699). 甲과 乙이 합의로 예약완결권 행사의 기산일을 2012. 1. 1.로 정했더라도 제척기간의 기산일은 2010. 1. 1.이다(초일불산입의 원칙에 따라 정확한 기산일은 2010. 1. 2.이다).

07 **상대방 없는 단독행위인 것은?** 2012 감정평가사

① 소유권의 포기
② 해제
③ 동의
④ 추인
⑤ 채무면제

정답해설

단독행위는 1개의 의사표시만으로 성립하는 법률행위로서, 상대방의 존재 유무를 기준으로 상대방 있는 단독행위로 취소, 상계, 해제, 해지, 추인, 동의, 채무면제 등이 있고, 상대방 없는 단독행위로는 재단법인의 설립행위, 유언, 권리의 포기, 즉 소유권 포기 등으로 나뉜다.

Answer 05 ④ 06 ⑤ 07 ①

08 상대방 없는 단독행위에 해당하는 것을 모두 고른 것은? (다툼이 있으면 판례에 따름)

2017 주택관리사

ㄱ. 계약의 해지 ㄴ. 1인의 설립자에 의한 재단법인 설립행위 ㄷ. 상속받은 골동품 소유권의 포기 ㄹ. 유언

① ㄱ, ㄴ
② ㄴ, ㄷ
③ ㄷ, ㄹ
④ ㄱ, ㄴ, ㄷ
⑤ ㄴ, ㄷ, ㄹ

정답해설

ㄱ. (×), ㄴ. (○), ㄷ. (○), ㄹ. (○): 단독행위는 1개의 의사표시만으로 성립하는 법률행위로서, 상대방의 존재 유무를 기준으로 상대방 있는 단독행위로는 취소, 상계, 해제, 해지, 추인 등이 있고, 상대방 없는 단독행위로는 재단법인의 설립행위, 유언, 권리의 포기, 즉 소유권 포기 등으로 나뉜다.

09 권리의 충돌과 경합에 관한 설명으로 옳은 것은? (다툼이 있으면 판례에 따름)

2017 세무사

① 권리가 경합되는 경우에는 권리자는 그 중 가장 먼저 성립한 권리를 행사하여야 한다.
② 동일한 목적을 위하여 경합되는 권리 중 하나를 행사하여 그 목적을 달성한 경우에는 나머지 권리는 모두 소멸한다.
③ 일반채권이 서로 충돌하는 경우에는 먼저 성립한 채권이 우선한다.
④ 소유권과 제한물권이 충돌하면 소유권이 제한물권에 우선한다.
⑤ 물권과 채권이 충돌하는 경우에는 원칙적으로 채권이 물권에 우선한다.

정답해설

① 권리의 경합이란 하나의 사실에 대하여 수 개의 법규(권리근거규정)의 요건을 충족하여 동일한 목적을 가지는 여러 개의 권리가 발생하여 1인에게 귀속하게 되는 경우를 말한다. 경합의 모습은 청구권 경합과 법조경합이 있으며, 청구권 경합의 경우 경합하는 여러 개의 권리는 각각 독립해서 존재하므로 따로 행사할 수 있고 소멸시효기간도 각각 별도로 진행한다.
② 경합하는 여러 개의 권리 중 하나의 권리를 행사함으로써 만족을 얻게 되면 다른 권리는 소멸한다.
③, ④, ⑤ 권리의 충돌이란 동일한 객체에 여러 개의 권리가 존재하는 경우를 말한다.
1. 물권 상호간에는 순위의 원칙이 적용된다. 다만 소유권과 제한물권 사이에는 제한물권의 성질상 언제나 소유권에 우선한다.
2. 채권 상호간에는 채권평등의 원칙에 따라 선행주의가 적용되며,
3. 물권과 채권 상호간에는 원칙적으로 물권이 우선한다.
다만 예외적으로 등기된 부동산임차권(제621조)과 대항력(주택인도와 주민등록)을 갖춘 주택임차권(주임법 제3조)은 뒤에 성립된 물권보다 우선한다.

10 신의성실의 원칙(이하 "신의칙"이라 함)에 관한 설명으로 옳지 않은 것은? (다툼이 있는 경우에는 판례에 의함) 2014 행정사

① 신의칙이란 법률관계의 당사자로서 형평에 어긋나거나 신뢰를 버리는 내용 또는 방법으로 권리를 행사하거나 의무를 이행하여서는 아니 된다는 추상적 규범을 말한다.

② 신의칙에 관한 제2조는 강행규정이므로 법원은 그 위반 여부를 직권으로 판단할 수 있다.

③ 강행규정을 위반한 행위를 한 사람이 그 무효를 주장하는 것은 특별한 사정이 없으면, 신의칙에 반하지 아니한다.

④ 권리의 행사로 권리자가 얻는 이익보다 상대방이 잃은 이익이 현저하게 크다는 사정만으로 권리남용이 인정된다.

⑤ 본인을 상속한 무권대리인이 무권대리행위의 무효를 주장하는 것은 신의칙에 반한다.

정답해설

① 민법상 신의성실의 원칙은 법률관계의 당사자는 상대방의 이익을 배려하여 형평에 어긋나거나, 신뢰를 저버리는 내용 또는 방법으로 권리를 행사하거나 의무를 이행하여서는 아니 된다는 추상적 규범으로서, 신의성실의 원칙에 위배된다는 이유로 그 권리의 행사를 부정하기 위하여는 상대방에게 신의를 공여하였다거나, 객관적으로 보아 상대방이 신의를 가짐이 정당한 상태에 있어야 하고, 이러한 상대방의 신의에 반하여 권리를 행사하는 것이 정의관념에 비추어 용인될 수 없는 정도의 상태에 이르러야 하며, 또한 특별한 사정이 없는 한, 법령에 위반되어 무효임을 알고서도 그 법률행위를 한 자가 강행법규 위반을 이유로 무효를 주장한다 하여 신의칙 또는 금반언의 원칙에 반하거나 권리남용에 해당한다고 볼 수는 없다(대판 2003.8.22. 2003다19961).

② 신의성실의 원칙에 반하는 것 또는 권리남용은 강행규정에 위배되는 것이므로 당사자의 주장이 없더라도 법원은 직권으로 판단할 수 있다(대판 1995.12.22. 94다42129).

③ 강행법규를 위반한 자가 스스로 그 약정의 무효를 주장하는 것이 신의칙에 위배되는 권리의 행사라는 이유로 그 주장을 배척한다면, 이는 오히려 강행법규에 의하여 배제하려는 결과를 실현시키는 셈이 되어 입법 취지를 완전히 몰각하게 되므로 달리 특별한 사정이 없는 한 위와 같은 주장은 신의칙에 반하는 것이라고 할 수 없다(대판 2007.11.29. 2005다64552).

④ 권리행사가 권리의 남용에 해당한다고 할 수 있으려면, 주관적으로 그 권리행사의 목적이 오직 상대방에게 고통을 주고 손해를 입히려는 데 있을 뿐, 행사하는 사람에게 아무런 이익이 없을 경우이어야 하고, 객관적으로는 그 권리행사가 사회질서에 위반된다고 볼 수 있어야 하는 것이며, 이와 같은 경우에 해당하지 않는 한 비록 그 권리의 행사에 의하여 권리행사자가 얻는 이익보다 상대방이 입을 손해가 현저히 크다 하여도 그러한 사정만으로는 권리남용이라 할 수 없는 것이다(대판 1986.7.22. 85다카2307).

Answer 08 ⑤ 09 ② 10 ④

⑤ 甲이 대리권 없이 乙 소유 부동산을 丙에게 매도하여 부동산소유권이전등기 등에 관한 특별조치법에 의하여 소유권이전등기를 마쳐주었다면 그 매매계약은 무효이고 이에 터잡은 이전등기 역시 무효가 되나, 甲은 乙의 무권대리인으로서 민법 제135조 제1항의 규정에 의하여 매수인인 丙에게 부동산에 대한 소유권이전등기를 이행할 의무가 있으므로 그러한 지위에 있는 甲이 乙로부터 부동산을 상속받아 그 소유자가 되어 소유권이전등기이행의무를 이행하는 것이 가능하게 된 시점에서 자신이 소유자라고 하여 자신으로부터 부동산을 전전매수한 丁에게 원래 자신의 매매행위가 무권대리행위여서 무효였다는 이유로 丁 앞으로 경료된 소유권이전등기가 무효의 등기라고 주장하여 그 등기의 말소를 청구하거나 부동산의 점유로 인한 부당이득금의 반환을 구하는 것은 금반언의 원칙이나 신의성실의 원칙에 반하여 허용될 수 없다(대판 1994.9.27. 94다20617).

→ 무권대리인이 본인의 지위를 상속한 후 본인의 지위에서 추인거절권을 행사하는 것은 신의칙상 허용되지 않는다고 본 사례

11 신의성실의 원칙에 관한 설명으로 옳지 않은 것은? (다툼이 있으면 판례에 의함) 2024 행정사

① 신의칙 위반 여부는 당사자의 주장이 없더라도 법원이 직권으로 판단할 수 있다.

② 사정변경의 원칙에서의 사정이란 계약을 체결하게 된 일방 당사자의 주관적 · 개인적 사정을 의미한다.

③ 실효의 원칙은 공법관계인 권력관계에도 적용될 수 있다.

④ 여행계약상 기획여행업자는 여행자의 안전을 확보하기 위한 합리적 조치를 할 신의칙상 안전배려의무가 있다.

⑤ 주로 자기의 채무 이행만을 회피하기 위한 수단으로 동시이행항변권을 행사하는 경우 그 항변권의 행사는 권리남용이 될 수 있다.

정답해설

① 신의성실의 원칙에 반하는 것 또는 권리남용은 강행규정에 위배되는 것이므로 당사자의 주장이 없더라도 법원은 직권으로 판단할 수 있다(대판 1995.12.22. 94다42129).

② 사정변경의 원칙에서 사정이라 함은 계약의 기초가 되었던 객관적인 사정으로서 일방 당사자의 주관적 또는 개인적인 사정을 의미하는 것은 아니다(대판 2014.5.16. 2011다5578).

③ 실권 또는 실효의 법리는 법의 일반원리인 신의성실의 원칙에 바탕을 둔 파생원칙인 것이므로 공법관계 가운데 관리관계는 물론이고 권력관계에도 적용되어야 함을 배제할 수는 없다(대판 1988.4.27. 87누915).

④ 기획여행업자는 여행자의 생명 · 신체 · 재산 등의 안전을 확보하기 위하여 여행목적지 · 여행일정 · 여행행정 · 여행서비스기관의 선택 등에 관하여 미리 충분히 조사 · 검토하여 여행계약 내용의 실시 도중에 여행자가 부딪칠지 모르는 위험을 미리 제거할 수단을 강구하거나, 여행자에게 그 뜻을 고지함으로써 여행자 스스로 위험을 수용할지에 관하여 선택할 기회를 주는 등 합리적 조치를 취할 신의칙상 안전배려의무를 부담한다(대판 2011.5.26. 2011다1330).

⑤ 일반적으로 동시이행의 관계가 인정되는 경우에 그러한 항변권을 행사하는 자의 상대방이 그 동시이행의 의무를 이행하기 위하여 과다한 비용이 소요되거나 또는 그 의무의 이행이 실제적으로 어려운 반면 그 의무의 이행으로 인하여 항변권자가 얻는 이득은 별달리 크지 아니하여 동시이행의 항변권의 행사가 주로 자기 채무의 이행만을 회피하기 위한 수단이라고 보여지는 경우에는 그 항변권의 행사는 권리남용으로서 배척되어야 할 것이다(대판 2001.9.18. 2001다9304).

12 신의성실의 원칙(이하 "신의칙"이라 한다)에 관한 설명으로 옳지 않은 것은? (다툼이 있으면 판례에 따름)

2020 행정사

① 신의칙은 당사자의 주장이 없어도 법원이 직권으로 판단할 수 있다.

② 일반 행정법률관계에 관한 관청의 행위에 대하여 신의칙은 특별한 사정이 있는 경우 예외적으로 적용될 수 있다.

③ 사용자는 특별한 사정이 없는 한 근로계약에 수반되는 신의칙상의 부수적 의무로서 피용자의 안전에 대한 보호의무를 부담한다.

④ 숙박업자는 신의칙상 부수적 의무로서 투숙객의 안전을 배려할 보호의무를 부담한다.

⑤ 항소권과 같은 소송법상의 권리에는 신의칙 내지 실효의 원칙이 적용될 수 없다.

정답해설

① 신의성실의 원칙에 반하는 것 또는 권리남용은 강행규정에 위배되는 것이므로 당사자의 주장이 없더라도 법원은 직권으로 판단할 수 있다(대판 1995.12.22. 94다42129).

② 신의성실의 원칙은 법률관계의 당사자는 상대방의 이익을 배려하여 형평에 어긋나거나 신뢰를 저버리는 내용 또는 방법으로 권리를 행사하거나 의무를 이행하여서는 아니된다는 추상적 규범을 말하는 것으로서, 신의성실의 원칙에 위배된다는 이유로 그 권리의 행사를 부정하기 위하여는 상대방에게 신의를 주었다거나 객관적으로 보아 상대방이 그러한 신의를 가짐이 정당한 상태에 이르러야 하고, 이와 같은 상대방의 신의에 반하여 권리를 행사하는 것이 정의 관념에 비추어 용인될 수 없는 정도의 상태에 이르러야 하고, 일반 행정법률관계에서 관청의 행위에 대하여 신의칙이 적용되기 위해서는 합법성의 원칙을 희생하여서라도 처분의 상대방의 신뢰를 보호함이 정의의 관념에 부합하는 것으로 인정되는 특별한 사정이 있을 경우에 한하여 예외적으로 적용된다(대판 2004.7.22. 2002두11233).

③ 사용자는 근로계약에 수반되는 신의칙상의 부수적 의무로서 피용자가 노무를 제공하는 과정에서 생명, 신체, 건강을 해치는 일이 없도록 인적·물적 환경을 정비하는 등 필요한 조치를 강구하여야 할 보호의무를 부담하고, 이러한 보호의무를 위반함으로써 피용자가 손해를 입은 경우 이를 배상할 책임이 있다(대판 2001.7.27. 99다56734).

Answer 11 ② 12 ⑤

④ 공중접객업인 숙박업을 경영하는 자가 투숙객과 체결하는 숙박계약은 숙박업자가 고객에게 숙박을 할 수 있는 객실을 제공하여 고객으로 하여금 이를 사용할 수 있도록 하고 고객으로부터 그 대가를 받는 일종의 일시사용을 위한 임대차계약으로서, 여관의 객실 및 관련시설, 공간은 오로지 숙박업자의 지배 아래 놓여 있는 것이므로 숙박업자는 통상의 임대차와 같이 단순히 여관의 객실 및 관련시설을 제공하여 고객으로 하여금 이를 사용수익하게 할 의무를 부담하는 것에서 한 걸음 더 나아가 고객에게 위험이 없는 안전하고 편안한 객실 및 관련시설을 제공함으로써 고객의 안전을 배려하여야 할 보호의무를 부담하며 이러한 의무는 숙박계약의 특수성을 고려하여 신의칙상 인정되는 부수적인 의무로서 숙박업자가 이를 위반하여 고객의 생명, 신체를 침해하여 손해를 입힌 경우 불완전이행으로 인한 채무불이행책임을 부담한다(대판 2004.7.22. 2002두11233).

⑤ 실효의 원칙이라 함은 권리자가 장기간에 걸쳐 그 권리를 행사하지 아니함에 따라 그 의무자인 상대방이 더 이상 권리자가 권리를 행사하지 아니할 것으로 신뢰할 만한 정당한 기대를 가지게 된 경우에 새삼스럽게 권리자가 그 권리를 행사하는 것은 법질서 전체를 지배하는 신의성실의 원칙에 위반되어 허용되지 아니한다는 것을 의미하고, 항소권과 같은 소송법상의 권리에 대하여도 이러한 원칙은 적용될 수 있다(대판 1996.7.30. 94다51840).

13 신의성실의 원칙(이하 '신의칙')에 관한 설명으로 옳지 않은 것은? (다툼이 있으면 판례에 의함)

2023 행정사

① 사적 자치의 영역을 넘어 공공질서를 위하여 공익적 요구를 선행시켜야 할 경우에도 특별한 사정이 없는 한 신의칙이 합법성의 원칙보다 우월하다.

② 신의칙이란 "법률관계의 당사자는 상대방의 이익을 고려하여 형평에 어긋나거나 신의를 저버리는 내용 또는 방법으로 권리를 행사하거나 의무를 이행하여서는 안 된다."는 추상적 규범을 말한다.

③ 숙박업자는 신의칙상 부수적 의무로서 고객의 안전을 배려할 보호의무를 부담한다.

④ 인지청구권에는 실효의 법리가 적용되지 않는다.

⑤ 이사가 회사 재직 중에 채무액과 변제기가 특정되어 있는 회사채무를 보증한 후 사임한 그 이사는 사정변경을 이유로 그 보증계약을 일방적으로 해지할 수 없다.

정답해설

①, ② 신의성실의 원칙은 법률관계의 당사자는 상대방의 이익을 배려하여 형평에 어긋나거나 신뢰를 저버리는 내용 또는 방법으로 권리를 행사하거나 의무를 이행하여서는 안 된다는 추상적 규범을 말하는 것인바, 사적자치의 영역을 넘어 공공질서를 위하여 공익적 요구를 선행시켜야 할 사안에서는 원칙적으로 합법성의 원칙은 신의성실의 원칙보다 우월한 것이므로 신의성실의 원칙은 합법성의 원칙을 희생하여서라도 구체적 신뢰보호의 필요성이 인정되는 경우에 비로소 적용된다(대판 2021.6.10. 2021다207489. 207496).

③ 공중접객업인 숙박업을 경영하는 숙박업자는 통상의 임대차와 같이 단순히 여관 등의 객실 및 관련 시설을 제공하여 고객으로 하여금 이를 사용·수익하게 할 의무를 부담하는 것에서 한 걸음 더 나아가 고객에게 위험이 없는 안전하고 편안한 객실 및 관련 시설을 제공함으로써 고객의 안전을 배려하여야 할 보호의무를 부담하며 이러한 의무는 숙박계약의 특수성을 고려하여 신의칙상 인정되는 부수적인 의무로서 숙박업자가 이를 위반하여 고객의 생명·신체를 침해하여 투숙객에게 손해를 입힌 경우 불완전이행으로 인한 채무불이행책임을 부담한다(대판 2000.11.24. 2000다38718·38725).

④ 인지청구권은 본인의 일신전속적인 신분관계상의 권리로서 포기할 수도 없으며 포기하였더라도 그 효력이 발생할 수 없는 것이고, 이와 같이 인지청구권의 포기가 허용되지 않는 이상 거기에 실효의 법리가 적용될 여지도 없다(대판 2001.11.27. 2001므1353).

⑤ 사정변경을 이유로 보증계약을 해지할 수 있는 것은 포괄근보증이나 한정근보증과 같이 채무액이 불확정적이고 계속적인 거래로 인한 채무에 대하여 보증한 경우에 한하고, 회사의 이사로 재직하면서 보증 당시 그 채무가 특정되어 있는 확정채무에 대하여 보증을 한 후 이사직을 사임하였다 하더라도 사정변경을 이유로 보증계약을 해지할 수 없는 것이다(대판 2006.7.27. 2004다30675 등).

14 신의성실의 원칙(이하 '신의칙'이라 함)에 관한 설명으로 옳은 것은? (다툼이 있는 경우에는 판례에 의함) 2013 행정사

① 신의칙 위반에 대해서도 변론주의 원칙이 적용되므로 당사자의 주장이 없으면 법원이 직권으로 이를 판단할 수 없다.

② 회사의 이사로 재직하면서 보증 당시 그 채무액과 변제기가 특정되어 있는 회사의 확정채무에 대하여 보증을 한 후 이사직을 사임하였다면, 사정변경을 이유로 그 보증계약을 해지할 수 있다.

③ 법정대리인의 동의 없이 신용구매계약을 체결한 미성년자가 사후에 법정대리인의 동의 없음을 사유로 들어 이를 취소하는 것은 신의칙에 반하지 않는다.

④ 국가는 국민을 보호할 의무가 있기 때문에 소멸시효가 완성되었더라도 국가가 이를 주장하는 것은 신의칙에 반한다.

⑤ 사정변경이 해제권을 취득하는 당사자의 책임 있는 사유로 생긴 경우에도 그 당사자는 사정변경을 이유로 계약을 해제할 수 있다.

정답해설

① 신의성실의 원칙에 반하는 것 또는 권리남용은 강행규정에 위배되는 것이므로 당사자의 주장이 없더라도 법원은 직권으로 판단할 수 있다(대판 1995.12.22. 94다42129).

② 사정변경을 이유로 보증계약을 해지할 수 있는 것은 포괄근보증이나 한정근보증과 같이 채무액이 불확정적이고 계속적인 거래로 인한 채무에 대하여 보증한 경우에 한하고, 회사의 이사로 재직하면서 보증 당시 그 채무가 특정되어 있는 확정채무에 대하여 보증을 한 후 이사직을 사임하였다 하더라도 사정변경을 이유로 보증계약을 해지할 수 없는 것이다(대판 2006.7.27. 2004다30675 등).

Answer 13 ① 14 ③

③ 행위무능력자 제도는 사적자치의 원칙이라는 민법의 기본이념, 특히, 자기책임 원칙의 구현을 가능케 하는 도구로서 인정되는 것이고, 거래의 안전을 희생시키더라도 행위무능력자를 보호하고자 함에 근본적인 입법 취지가 있는바, 미성년자의 법률행위에 법정대리인의 동의를 요하도록 하는 것은 강행규정인데, 위 규정에 반하여 이루어진 신용구매계약을 미성년자 스스로 취소하는 것을 신의칙 위반을 이유로 배척한다면, 이는 오히려 위 규정에 의해 배제하려는 결과를 실현시키는 셈이 되어 미성년자 제도의 입법 취지를 몰각시킬 우려가 있으므로, 법정대리인의 동의 없이 신용구매계약을 체결한 미성년자가 사후에 법정대리인의 동의 없음을 사유로 들어 이를 취소하는 것이 신의칙에 위배된 것이라고 할 수 없다(대판 2007.11.16. 2005다71659 · 71666 · 71673).

④ 국가에게 국민을 보호할 의무가 있다는 사유만으로 국가가 소멸시효의 완성을 주장하는 것 자체가 신의성실의 원칙에 반하여 권리남용에 해당한다고 할 수는 없으므로, 국가의 소멸시효 완성 주장이 신의칙에 반하고 권리남용에 해당한다고 하려면 일반 채무자의 소멸시효 완성 주장에서와 같은 특별한 사정이 인정되어야 할 것이고, 또한 그와 같은 일반적 원칙을 적용하여 법이 두고 있는 구체적인 제도의 운용을 배제하는 것은 법해석에 있어 또 하나의 대원칙인 법적 안정성을 해할 위험이 있으므로 그 적용에는 신중을 기하여야 한다(대판 2005.5.13. 2004다71881).

⑤ 이른바 사정변경으로 인한 계약해제는, 계약 성립 당시 당사자가 예견할 수 없었던 현저한 사정의 변경이 발생하였고 그러한 사정의 변경이 해제권을 취득하는 당사자에게 책임 없는 사유로 생긴 것으로서, 계약내용대로의 구속력을 인정한다면 신의칙에 현저히 반하는 결과가 생기는 경우에 계약준수 원칙의 예외로서 인정되는 것이다(대판 2007.3.29. 2004다31302). 사정변경이 해제권을 취득하는 당사자의 책임 있는 사유로 생긴 경우에는 그 당사자는 사정변경을 이유로 계약을 해제할 수 없다.

15 신의성실의 원칙에 관한 설명으로 옳지 않은 것은? (다툼이 있으면 판례에 따름) 2017 행정사

① 제한능력자의 행위라는 이유로 법률행위를 취소하는 것은 신의성실의 원칙에 위배되지 않는다.

② 강행법규에 위반하여 약정을 체결한 당사자가 그 약정의 무효를 주장하는 것은 신의성실의 원칙에 반하지 아니한다.

③ 무권대리인이 본인을 단독 상속한 경우 본인의 지위에서 추인을 거절하는 것은 신의성실의 원칙에 위배된다.

④ 이사가 회사재직 중 회사의 확정채무를 보증한 후 사임한 경우에 사정변경을 이유로 보증계약을 해지할 수 있다.

⑤ 법원은 당사자의 주장이 없더라도 직권으로 신의성실의 원칙에 위반되는지 여부를 판단할 수 있다.

정답해설

① 미성년자가 법정대리인의 동의를 얻지 않고 신용카드 가맹점과 신용구매계약을 체결한 미성년자가 사후에 법정대리인의 동의 없음을 들어 그 계약을 취소하는 것은 신의칙에 반하지 않는다 (대판 2007.11.16. 2005다 71659 · 71666 · 71673).

② 강행법규를 위반한 자가 스스로 그 약정의 무효를 주장하는 것이 신의칙에 위배되는 권리의 행사라는 이유로 그 주장을 배척한다면, 이는 오히려 강행법규에 의하여 배제하려는 결과를 실현시키는 셈이 되어 입법 취지를 완전히 몰각하게 되므로 달리 특별한 사정이 없는 한 위와 같은 주장은 신의칙에 반하는 것이라고 할 수 없다(대판 2007.11.29. 2005다64552).

③ 甲이 대리권 없이 乙 소유 부동산을 丙에게 매도하여 부동산소유권이전등기등에관한특별조치법에 의하여 소유권이전등기를 마쳐주었다면 그 매매계약은 무효이고 이에 터잡은 이전등기 역시 무효가 되나, 甲은 乙의 무권대리인으로서 민법 제135조 제1항의 규정에 의하여 매수인인 丙에게 부동산에 대한 소유권이전등기를 이행할 의무가 있으므로 그러한 지위에 있는 甲이 乙로부터 부동산을 상속받아 그 소유자가 되어 소유권이전등기이행의무를 이행하는 것이 가능하게 된 시점에서 자신이 소유자라고 하여 자신으로부터 부동산을 전전매수한 丁에게 원래 자신의 매매행위가 무권대리행위여서 무효였다는 이유로 丁 앞으로 경료된 소유권이전등기가 무효의 등기라고 주장하여 그 등기의 말소를 청구하거나 부동산의 점유로 인한 부당이득금의 반환을 구하는 것은 금반언의 원칙이나 신의성실의 원칙에 반하여 허용될 수 없다(대판 1994.9.27. 94다20617).

→ 무권대리인이 본인의 지위를 상속한 후 본인의 지위에서 추인거절권을 행사하는 것은 신의칙상 허용되지 않는다고 본 사례

④ 사정변경을 이유로 보증계약을 해지할 수 있는 것은 포괄근보증이나 한정근보증과 같이 채무액이 불확정적이고 계속적인 거래로 인한 채무에 대하여 보증한 경우에 한하고, 회사의 이사로 재직하면서 보증 당시 그 채무가 특정되어 있는 확정채무에 대하여 보증을 한 후 이사직을 사임하였다 하더라도 사정변경을 이유로 보증계약을 해지할 수 없는 것이다(대판 2006.7.27. 2004다30675 등).

⑤ 신의성실의 원칙에 반하는 것 또는 권리남용은 강행규정에 위배되는 것이므로 당사자의 주장이 없더라도 법원은 직권으로 판단할 수 있다(대판 1995.12.22. 94다42129).

16 신의성실의 원칙에 관한 설명으로 옳은 것은? (다툼이 있으면 판례에 따름) 2019 행정사

① 신의성실의 원칙에 반하는지 여부는 당사자의 주장이 없더라도 법원이 직권으로 판단할 수 있다.

② 특정채무를 보증하는 일반보증의 경우에는 채권자의 권리행사가 신의성실의 원칙에 비추어 용납할 수 없는 성질의 것인 때에도 보증인의 책임은 제한될 수 없다.

③ 강행규정에 위반하여 계약을 체결한 자가 스스로 그 계약의 성립을 부정하는 것은 특별한 사정이 없는 한 신의성실의 원칙에 반한다.

④ 종전 토지 소유자가 자신의 권리를 행사하지 않았다는 사정은 그 토지의 소유권을 적법하게 취득한 새로운 권리자에게 실효의 원칙을 적용함에 있어서 고려되어야 한다.

⑤ 계약의 성립에 기초가 되지 아니한 사정이 현저히 변경되어 일방당사자가 계약목적을 달성할 수 없게 된 경우에는 특별한 사정이 없는 한 신의성실의 원칙상 계약을 해제할 수 있다.

Answer 15 ④ 16 ①

정답해설

① 신의성실의 원칙에 반하는 것 또는 권리남용은 강행규정에 위배되는 것이므로 당사자의 주장이 없더라도 법원은 직권으로 판단할 수 있다(대판 1995.12.22. 94다42129).

② 채권자와 채무자 사이에 계속적인 거래관계에서 발생하는 불확정한 채무를 보증하는 이른바 계속적 보증의 경우뿐만 아니라 특정채무를 보증하는 일반보증의 경우에 있어서도, 채권자의 권리행사가 신의칙에 비추어 용납할 수 없는 성질의 것인 때에는 보증인의 책임을 제한하는 것이 예외적으로 허용될 수 있을 것이나, 일단 유효하게 성립된 보증계약에 따른 책임을 신의칙과 같은 일반원칙에 의하여 제한하는 것은 자칫 잘못하면 사적 자치의 원칙이나 법적 안정성에 대한 중대한 위협이 될 수 있으므로 신중을 기하여 극히 예외적으로 인정하여야 한다(대판 2004.1.27. 2003다45410).

③ 강행법규를 위반한 자가 스스로 그 약정의 무효를 주장하는 것이 신의칙에 위배되는 권리의 행사라는 이유로 그 주장을 배척한다면, 이는 오히려 강행법규에 의하여 배제하려는 결과를 실현시키는 셈이 되어 입법 취지를 완전히 몰각하게 되므로 달리 특별한 사정이 없는 한 위와 같은 주장은 신의칙에 반하는 것이라고 할 수 없다(대판 2007.11.29. 2005다64552).

④ 종전 권리자의 권리 불행사에 따른 실효의 원칙은 그 권리를 취득한 새로운 권리자에게 적용되는 것은 아니다. 판례도 "송전선이 토지 위를 통과하고 있다는 점을 알고서 토지를 취득하였다고 하여 그 취득자가 그 소유 토지에 대한 소유권의 행사가 제한된 상태를 용인하였다고 할 수 없고, 종전 토지소유자가 자신의 권리를 행사하지 않았다는 사정은 그 토지의 소유권을 취득한 새로운 권리자에게 실효의 원칙을 적용함에 있어서 고려할 것은 아니다"라고 하여 마찬가지이다(대판 1995.8.25. 94다27069).

⑤ 이른바 사정변경으로 인한 계약해제는, 계약성립 당시 당사자가 예견할 수 없었던 현저한 사정의 변경이 발생하였고 그러한 사정의 변경이 해제권을 취득하는 당사자에게 책임 없는 사유로 생긴 것으로서, 계약 내용대로의 구속력을 인정한다면 신의칙에 현저히 반하는 결과가 생기는 경우에 계약준수 원칙의 예외로서 인정되는 것이고, 여기에서 말하는 사정이라 함은 계약의 기초가 되었던 객관적인 사정으로서, 일방당사자의 주관적 또는 개인적인 사정을 의미하는 것은 아니다. 또한, 계약의 성립에 기초가 되지 아니한 사정이 그 후 변경되어 일방당사자가 계약 당시 의도한 계약목적을 달성할 수 없게 됨으로써 손해를 입게 되었다 하더라도 특별한 사정이 없는 한 그 계약내용의 효력을 그대로 유지하는 것이 신의칙에 반한다고 볼 수도 없다(대판 2007.3.29. 2004다31302).

17 **신의성실에 원칙에 관한 설명으로 옳은 것은?** 2015 행정사

① 병원은 입원환자의 휴대폰 등의 도난을 방지하는 데 필요한 적절한 조치를 강구할 신의성실의 원칙상의 보호의무가 없다.

② 채무자의 소멸시효에 기한 항변권의 행사에는 신의성실의 원칙이 적용되지 않는다.

③ 강행법규를 위반한 자가 스스로 그 약정의 무효를 주장하는 것은 특별한 사정이 없는 한 신의성실의 원칙에 반한다.

④ 송전선이 토지 위를 통과하고 있다는 점을 알면서 그 토지를 시가대로 취득한 자의 송전선 철거 청구는 신의성실의 원칙에 반하거나 권리남용으로서 허용될 수 없다.

⑤ 미성년자가 법정대리인의 동의 없이 신용구매계약을 체결한 후에 법정대리인의 동의 없음을 사유로 이를 취소하는 것은 신의성실의 원칙에 반하지 않는다.

정답해설

① 환자가 병원에 입원하여 치료를 받는 경우에 있어서, 병원은 진료뿐만 아니라 환자에 대한 숙식의 제공을 비롯하여 간호, 보호 등 입원에 따른 포괄적 채무를 지는 것인 만큼, 병원은 병실에의 출입자를 통제·감독하든가 그것이 불가능하다면 최소한 입원환자에게 휴대품을 안전하게 보관할 수 있는 시정장치가 있는 사물함을 제공하는 등으로 입원환자의 휴대품 등의 도난을 방지함에 필요한 적절한 조치를 강구하여 줄 신의칙상의 보호의무가 있다고 할 것이고, 이를 소홀히 하여 입원환자와는 아무런 관련이 없는 자가 입원환자의 병실에 무단출입하여 입원환자의 휴대품 등을 절취하였다면 병원은 그로 인한 손해배상책임을 면하지 못한다(대판 2003.4.11. 2002다63275).

② 채무자의 소멸시효에 기한 항변권의 행사도 우리 민법의 대원칙인 신의성실의 원칙과 권리남용금지의 원칙의 지배를 받는 것이어서, 채무자가 시효완성 전에 채권자의 권리행사나 시효중단을 불가능 또는 현저히 곤란하게 하였거나, 그러한 조치가 불필요하다고 믿게 하는 행동을 하였거나, 객관적으로 채권자가 권리를 행사할 수 없는 장애사유가 있었거나, 또는 일단 시효완성 후에 채무자가 시효를 원용하지 아니할 것 같은 태도를 보여 권리자로 하여금 그와 같이 신뢰하게 하였거나, 채권자보호의 필요성이 크고, 같은 조건의 다른 채권자가 채무의 변제를 수령하는 등의 사정이 있어 채무이행의 거절을 인정함이 현저히 부당하거나 불공평하게 되는 등의 특별한 사정이 있는 경우에는 채무자가 소멸시효의 완성을 주장하는 것이 신의성실의 원칙에 반하여 권리남용으로서 허용될 수 없다(대판 2005.5.13. 2004다71881).

③ 강행법규를 위반한 자가 스스로 그 약정의 무효를 주장하는 것이 신의칙에 위배되는 권리의 행사라는 이유로 그 주장을 배척한다면, 이는 오히려 강행법규에 의하여 배제하려는 결과를 실현시키는 셈이 되어 입법 취지를 완전히 몰각하게 되므로 달리 특별한 사정이 없는 한 위와 같은 주장은 신의칙에 반하는 것이라고 할 수 없다(대판 2007.11.29. 2005다64552).

④ 송전선이 토지 위를 통과하고 있다는 점을 알고서 토지를 취득하였다고 하여 그 취득자가 그 소유 토지에 대한 소유권의 행사가 제한된 상태를 용인하였다고 할 수 없으므로, 그 취득자의 송전선 철거 청구 등 권리행사가 신의성실의 원칙에 반하지 않는다(대판 1995.8.25. 94다27069).

⑤ 미성년자가 법정대리인의 동의를 얻지 않고 신용카드 가맹점과 신용구매계약을 체결한 미성년자가 사후에 법정대리인의 동의 없음을 들어 그 계약을 취소하는 것은 신의칙에 반하지 않는다(대판 2007.11.16. 2005다 71659·71666·71673).

Answer 17 ⑤

18 신의칙에 관한 설명으로 옳은 않은 것은? (다툼이 있으면 판례에 의함) 2022 행정사

① 신의칙에 반하는 것은 강행규정에 위반하는 것이므로 당사자의 주장이 없더라도 법원이 직권으로 판단할 수 있다.

② 법정대리인의 동의 없이 신용구매계약을 체결한 미성년자가 나중에 법정대리인의 동의 없음을 이유로 그 계약을 취소하는 것은 신의칙에 반한다.

③ 무권대리인이 본인을 단독상속한 경우 본인의 지위에서 자신이 한 무권대리행위의 추인을 거절하는 것은 신의칙에 반한다.

④ 병원은 입원환자의 휴대품 등의 도난을 방지하기 위하여 필요한 적절한 조치를 강구하여 신의칙상 보호의무가 있다.

⑤ 채권자가 유효하게 성립한 계약에 따른 급부의 이행을 청구하는 경우 법원이 신의칙에 의하여 그 급부의 일부를 감축하는 것은 원칙적으로 허용되지 않는다.

정답해설

① 신의성실의 원칙에 반하는 것 또는 권리남용은 강행규정에 위배되는 것이므로 당사자의 주장이 없더라도 법원은 직권으로 판단할 수 있다(대판 1995.12.22. 94다42129).

② 미성년자의 법률행위에 법정대리인의 동의를 요하도록 하는 것은 강행규정인데, 위 규정에 반하여 이루어진 신용구매계약을 미성년자 스스로 취소하는 것을 신의칙 위반을 이유로 배척한다면, 이는 오히려 위 규정에 의해 배제하려는 결과를 실현시키는 셈이 되어 미성년자 제도의 입법취지를 몰각시킬 우려가 있으므로, 법정대리인의 동의 없이 신용구매계약을 체결한 미성년자가 사후에 법정대리인의 동의 없음을 사유로 들어 이를 취소하는 것이 신의칙에 위배된 것이라고 할 수 없다(대판 2007.11.16. 2005다71659 · 71666 · 71673).

③ 甲이 대리권 없이 乙 소유 부동산을 丙에게 매도하여 부동산소유권 이전등기 등에 관한 특별조치법에 의하여 소유권 이전등기를 마쳐주었다면 그 매매계약은 무효이고 이에 터잡은 이전등기 역시 무효가 되나, 甲은 乙의 무권대리인으로서 민법 제135조 제1항의 규정에 의하여 매수인인 丙에게 부동산에 대한 소유권 이전등기를 이행할 의무가 있으므로 그러한 지위에 있는 甲이 乙로부터 부동산을 상속받아 그 소유자가 되어 소유권 이전등기 이행의무를 이행하는 것이 가능하게 된 시점에서 자신이 소유자라고 하여 자신으로부터 부동산을 전전매수한 丁에게 원래 자신의 매매행위가 무권대리행위여서 무효였다는 이유로 丁 앞으로 경료된 소유권 이전등기가 무효의 등기라고 주장하여 그 등기의 말소를 청구하거나 부동산의 점유로 인한 부당이득금의 반환을 구하는 것은 금반언의 원칙이나 신의성실의 원칙에 반하여 허용될 수 없다(대판 1994.9.27. 94다20617).

→ 무권대리인이 본인의 지위를 상속한 후 본인의 지위에서 추인거절권을 행사하는 것은 신의칙상 허용되지 않는다고 본 사례

④ 환자가 병원에 입원하여 치료를 받는 경우에 있어서, 병원은 진료뿐만 아니라 환자에 대한 숙식의 제공을 비롯하여 간호, 보호 등 입원에 따른 포괄적 채무를 지는 것인 만큼, 병원은 병실에의 출입자를 통제·감독하든가 그것이 불가능하다면 최소한 입원환자에게 휴대품을 안전하게 보관할 수 있는 시정장치가 있는 사물함을 제공하는 등으로 입원환자의 휴대품 등의 도난을 방지함에 필요한 적절한 조치를 강구하여 줄 신의칙상의 보호의무가 있다고 할 것이고, 이를 소홀히 하여 입원환자와는 아무런 관련이 없는 자가 입원환자의 병실에 무단출입하여 입원환자의 휴대품 등을 절취하였다면 병원은 그로 인한 손해배상책임을 면하지 못한다(대판 2003.4.11. 2002다63275).

⑤ 유효하게 성립한 계약상의 책임을 공평의 이념 또는 신의칙과 같은 일반원칙에 의하여 제한하는 것은 사적 자치의 원칙이나 법적 안정성에 대한 중대한 위협이 될 수 있으므로, 채권자가 유효하게 성립한 계약에 따른 급부의 이행을 청구하는 때에 법원이 급부의 일부를 감축하는 것은 원칙적으로 허용되지 않는다(대판 2016.12.1. 2016다240543).

19 신의성실의 원칙 등에 관한 설명으로 옳은 것을 모두 고른 것은? (다툼이 있으면 판례에 따름)

2016 행정사

ㄱ. 병원은 병실에의 출입자를 통제·감독하든가 그것이 불가능하다면 입원환자의 휴대품 등의 도난을 방지함에 필요한 적절한 조치를 강구하여 줄 신의칙상의 보호의무가 있다.
ㄴ. 인지청구권에는 실효의 법리가 적용된다.
ㄷ. 매매계약체결 후 9년이 지났고 시가가 올랐다는 사정만으로 계약을 해제할 만한 사정변경이 있다고 볼 수 없다.
ㄹ. 실효의 원칙은 항소권과 같은 소송법상의 권리에도 적용될 수 있다.

① ㄱ, ㄷ　② ㄴ, ㄹ　③ ㄱ, ㄴ, ㄹ
④ ㄱ, ㄷ, ㄹ　⑤ ㄱ, ㄴ, ㄷ, ㄹ

정답해설

ㄱ. (○): 환자가 병원에 입원하여 치료를 받는 경우에 있어서, 병원은 진료뿐만 아니라 환자에 대한 숙식의 제공을 비롯하여 간호, 보호 등 입원에 따른 포괄적 채무를 지는 것인 만큼, 병원은 병실에의 출입자를 통제·감독하든가 그것이 불가능하다면 최소한 입원환자에게 휴대품을 안전하게 보관할 수 있는 시정장치가 있는 사물함을 제공하는 등으로 입원환자의 휴대품 등의 도난을 방지함에 필요한 적절한 조치를 강구하여 줄 신의칙상의 보호의무가 있다고 할 것이고, 이를 소홀히 하여 입원환자와는 아무런 관련이 없는 자가 입원환자의 병실에 무단출입하여 입원환자의 휴대품 등을 절취하였다면 병원은 그로 인한 손해배상책임을 면하지 못한다(대판 2003.4.11. 2002다63275).

Answer 18 ② 19 ④

ㄴ. (×): 인지청구권은 본인의 일신전속적인 신분관계상의 권리로서 포기할 수도 없으며 포기하였더라도 그 효력이 발생할 수 없는 것이고, 이와 같이 인지청구권의 포기가 허용되지 않는 이상 거기에 실효의 법리가 적용될 여지도 없다(대판 2001.11.27. 2001므1353).

ㄷ. (○): 매매계약체결 후 9년이 지났고 시가가 올랐다는 사정만으로 계약을 해제할 만한 사정변경이 있다고 볼 수 없고, 매수인의 소유권 이전등기 절차이행 청구가 신의칙에 위배된다고도 할 수 없다(대판 1991.2.26. 90다19664).

ㄹ. (○): 실효의 원칙이라 함은 권리자가 장기간에 걸쳐 그 권리를 행사하지 아니함에 따라 그 의무자인 상대방이 더 이상 권리자가 권리를 행사하지 아니할 것으로 신뢰할 만한 정당한 기대를 가지게 된 경우에 새삼스럽게 권리자가 그 권리를 행사하는 것은 법질서 전체를 지배하는 신의성실의 원칙에 위반되어 허용되지 아니한다는 것을 의미하고, 항소권과 같은 소송법상의 권리에 대하여도 이러한 원칙은 적용될 수 있다(대판 1996.7.30. 94다51840).

20 권리남용에 관한 설명으로 옳지 않은 것은? (다툼이 있으면 판례에 따름) 2021 행정사

① 확정판결에 따른 강제집행도 특별한 사정이 있으면 권리남용이 될 수 있다.
② 주로 자기의 채무 이행만을 회피할 목적으로 동시이행항변권을 행사하는 경우에 그 항변권의 행사는 권리남용이 될 수 있다.
③ 권리남용이 인정되기 위해서는 권리행사로 인한 권리자의 이익과 상대방의 불이익 사이에 현저한 불균형이 있어야 한다.
④ 권리남용이 불법행위가 되어 발생한 손해배상청구권은 1년의 단기소멸시효가 적용된다.
⑤ 토지소유자의 건물철거 청구가 권리남용으로 인정된 경우라도 토지소유자는 그 건물의 소유자에 대해 그 토지의 사용대가를 부당이득으로 반환청구할 수 있다.

정답해설

① 확정판결에 의한 권리라 하더라도 신의에 좇아 성실히 행사되어야 하고 그 판결에 기한 집행이 권리남용이 되는 경우에는 허용되지 않으므로 집행채무자는 청구이의의 소에 의하여 그 집행의 배제를 구할 수 있다(대판 1997.9.12. 96다4862).

② 일반적으로 동시이행의 관계가 인정되는 경우에 그러한 항변권을 행사하는 자의 상대방이 그 동시이행의 의무를 이행하기 위하여 과다한 비용이 소요되거나 또는 그 의무의 이행이 실제적으로 어려운 반면 그 의무의 이행으로 인하여 항변권자가 얻는 이득은 별달리 크지 아니하여 동시이행의 항변권의 행사가 주로 자기 채무의 이행만을 회피하기 위한 수단이라고 보여지는 경우에는 그 항변권의 행사는 권리남용으로서 배척되어야 할 것이다(대판 2001.9.18. 2001다9304).

③ 권리행사가 권리의 남용에 해당한다고 할 수 있으려면, 주관적으로 그 권리행사의 목적이 오직 상대방에게 고통을 주고 손해를 입히려는 데 있을 뿐, 행사하는 사람에게 아무런 이익이 없을 경우이어야 하고, 객관적으로는 그 권리행사가 사회질서에 위반된다고 볼 수 있어야 하는 것이며, 이와 같은 경우에 해당하지 않는 한 비록 그 권리의 행사에 의하여 권리행사자가 얻는 이익보다 상대방이 입을 손해가 현저히 크다 하여도 그러한 사정만으로는 권리남용이라 할 수 없는 것이다(대판 1986.7.22. 85다카2307). 권리남용이 인정되기 위해서는 주관적 요건과 객관적 요건으로 권리행사로 인한 권리자의 이익과 상대방의 불이익 사이에 현저한 불균형이 있어야 한다.

④ 권리남용이 불법행위가 되어 발생한 손해배상청구권은 1년의 단기소멸시효가 적용되지 않는다(제766조).

第766條【손해배상청구권의 소멸시효】
① 불법행위로 인한 손해배상의 청구권은 피해자나 그 법정대리인이 그 손해 및 가해자를 안 날로부터 3년간 이를 행사하지 아니하면 시효로 인하여 소멸한다.
② 불법행위를 한 날로부터 10년을 경과한 때에도 전항과 같다.
③ 미성년자가 성폭력, 성추행, 성희롱, 그 밖의 성적(性的) 침해를 당한 경우에 이로 인한 손해배상청구권의 소멸시효는 그가 성년이 될 때까지는 진행되지 아니한다. 〈신설 2020. 10. 20.〉

⑤ 권리행사가 권리남용으로 인정되면 그 권리행사로서의 법률효과가 발생하지 않는다. 그러나 권리자체를 박탈시키는 것은 아니다. 따라서 권리자체가 소멸되지는 않으므로 부당이득의 문제는 발생할 수 있다. 그러므로 토지소유자의 건물철거 청구가 권리남용으로 인정된 경우라도 권리행사로서 건물철거가 인정되지 않을 뿐 토지소유자는 그 건물의 소유자에 대해 그 토지의 사용대가를 부당이득으로 반환청구할 수 있다.

21 신의칙에 관한 설명으로 옳은 것을 모두 고른 것은? (다툼이 있으면 판례에 따름)

2022 감정평가사

ㄱ. 법원은 당사자의 주장이 없으면 직권으로 신의칙 위반 여부를 판단할 수 없다.
ㄴ. 무권대리인이 무권대리행위 후 단독으로 본인의 지위를 상속한 경우, 본인의 지위에서 그 무권대리행위의 추인을 거절하는 것은 신의칙에 반한다.
ㄷ. 부동산거래에서 신의칙상 고지의무의 대상은 직접적인 법령의 규정뿐만 아니라 계약상, 관습상 또는 조리상의 일반원칙에 의해서도 인정될 수 있다.

① ㄱ
② ㄴ
③ ㄱ, ㄷ
④ ㄴ, ㄷ
⑤ ㄱ, ㄴ, ㄷ

정답해설

ㄱ. (×): 신의성실의 원칙에 반하는 것 또는 권리남용은 강행규정에 위배되는 것이므로 당사자의 주장이 없더라도 법원은 직권으로 판단할 수 있다(대판 1995.12.22. 94다42129).

ㄴ. (○): 甲이 대리권 없이 乙 소유 부동산을 丙에게 매도하여 부동산소유권 이전등기 등에 관한 특별조치법에 의하여 소유권이전등기를 마쳐주었다면 그 매매계약은 무효이고 이에 터잡은 이전등기 역시 무효가 되나, 甲은 乙의 무권대리인으로서 민법 제135조 제1항의 규정에 의하여 매수인인 丙에게 부동산에 대한 소유권이전등기를 이행할 의무가 있으므로 그러한 지위에 있는 甲이 乙로부터 부동산을 상속받아 그 소유자가 되어 소유권이전등기이행의무를 이행하는 것이 가능하게 된 시점에서 자신이 소유자라고 하여 자신으로부터 부동산을 전전매수한 丁에게 원래 자신의 매매행위가 무권대리행위여서 무효였다는 이유로 丁 앞으로 경료된 소유권이전등기가 무효의 등기라고 주장하여 그 등기의 말소를 청구하거나 부동산의 점유로 인한 부당이득금의 반환을 구하는 것은 금반언의 원칙이나 신의성실의 원칙에 반하여 허용될 수 없다(대판 1994.9.27. 94다20617).

Answer 20 ④ 21 ④

⟶ 무권대리인이 본인의 지위를 상속한 후 본인의 지위에서 추인거절권을 행사하는 것은 신의칙상 허용되지 않는다고 본 사례

ㄷ. (○): 부동산 거래에 있어 거래 상대방이 일정한 사정에 관한 고지를 받았더라면 그 거래를 하지 않았을 것임이 경험칙상 명백한 경우에는 신의성실의 원칙상 사전에 상대방에게 그와 같은 사정을 고지할 의무가 있으며, 그와 같은 고지의무의 대상이 되는 것은 직접적인 법령의 규정뿐 아니라 널리 계약상, 관습상 또는 조리상의 일반원칙에 의하여도 인정될 수 있다(대판 2006.10.12. 2004다48515).

22 신의칙에 관한 설명 중 옳은 것을 모두 고른 것은? (다툼이 있는 경우에는 판례에 의함)

ㄱ. 대항력 있는 주택임차권을 가진 甲이 임대인 乙의 부탁으로 그 주택에 관하여 저당권을 취득하려는 丙에게 임차권이 없다는 각서를 써 주었다. 그 후 丙이 경매절차에서 그 주택을 매수하여 甲에게 그 인도를 청구한 경우, 甲은 丙에게 임차권의 대항력을 주장할 수 있다.

ㄴ. 계약 성립 당시 당사자가 예견할 수 없었던 현저한 사정의 변경이 발생하였고, 그러한 사정의 변경이 해제권을 취득하는 당사자에게 책임 없는 사유로 생긴 것으로서 계약내용대로의 구속력을 인정한다면 신의칙에 현저히 반하는 결과가 생기는 경우, 사정변경으로 인한 계약해제가 인정될 수 있다.

ㄷ. 甲이 자신의 토지에 불법으로 건물을 소유하고 있는 乙을 상대로 건물철거를 청구하는 것이 권리남용에 해당하더라도, 甲은 특별한 사정이 없는 한 乙에 대하여 임료 상당의 부당이득반환을 청구할 수 있다.

ㄹ. 회사의 이사로 재직하면서 회사의 확정채무를 보증한 자는 이사직을 사임한 후에 사정변경을 이유로 그 보증계약을 해지할 수 있다.

ㅁ. 상속인 중의 1인이 피상속인의 생존 시에 상속을 포기하기로 피상속인과 약정하였으나 상속개시 후에 법정절차에 따라 상속포기를 하지 아니하였다면, 상속개시 후에 자신의 상속권을 주장하는 것은 정당한 권리행사로 볼 수 있다.

ㅂ. 인지(認知)청구권을 장기간 행사하지 않아서 상대방에게 더 이상 그 권리를 행사하지 않을 것이라고 신뢰할 만한 정당한 기대가 형성되었다면, 인지청구권은 실효된다.

① ㄴ
② ㄱ, ㄹ, ㅂ
③ ㄴ, ㄷ, ㅂ
④ ㄱ, ㄹ, ㅁ
⑤ ㄴ, ㄷ, ㅁ

정답해설

[ㄴ, ㄷ, ㅁ]이 타당하다.

ㄱ. (×): 근저당권자가 담보로 제공된 건물에 대한 담보가치를 조사할 당시 대항력을 갖춘 임차인이 그 임대차사실을 부인하고 임차보증금에 대한 권리주장을 않겠다는 내용의 확인서를 작성해 준 경우, 그 후 그 건물에 대한 경매절차에서 이를 번복하여 대항력 있는 임대차의 존재를 주장함과 아울러 근저당권자보다 우선적 지위를 가지는 확정일자부 임차인임을 주장하여 그 임차보증금반환채권에 대한 배당요구를 하는 것은 특별한 사정이 없는 한 금반언 및 신의칙에 위반되어 허용될 수 없다(대판 1997.6.27. 97다12211).

ㄴ. (○): 이른바 사정변경으로 인한 계약해제는, 계약 성립 당시 당사자가 예견할 수 없었던 현저한 사정의 변경이 발생하였고 그러한 사정의 변경이 해제권을 취득하는 당사자에게 책임 없는 사유로 생긴 것으로서, 계약내용대로의 구속력을 인정한다면 신의칙에 현저히 반하는 결과가 생기는 경우에 계약준수 원칙의 예외로서 인정되는 것이다(대판 2007.3.29. 2004다31302).

ㄷ. (○): 이를 강제조정기능이라고 한다. 즉 권원 없이 타인의 토지를 불법점유하고 있는 지상물소유자를 상대로 한 토지소유자의 지상물철거청구 및 대지인도청구가 권리의 남용으로 인정되어 청구기각판결을 받았다고 하여 그 토지소유권이 상실되는 것은 아닐 뿐만 아니라 지상물소유자에게 그 토지를 무상으로 사용·수익할 수 있는 권원이 생기는 것도 아니므로, 토지소유자는 지상물소유자에 대하여 임료 상당의 부당이득반환청구나 불법점유로 인한 손해배상청구를 할 수 있다(대판 1997.1.24. 95다30314).

ㄹ. (×): 사정변경을 이유로 보증계약을 해지할 수 있는 것은 포괄근보증이나 한정근보증과 같이 채무액이 불확정적이고 계속적인 거래로 인한 채무에 대하여 보증한 경우에 한하고, 회사의 이사로 재직하면서 보증 당시 그 채무가 특정되어 있는 확정채무에 대하여 보증을 한 후 이사직을 사임하였다 하더라도 사정변경을 이유로 보증계약을 해지할 수 없는 것이다(대판 2006.7.27. 2004다30675 등).

ㅁ. (○): 상속인 중의 1인이 피상속인의 생존시에 피상속인에 대하여 상속을 포기하기로 약정하였다고 하더라도, 상속개시 후 민법이 정하는 절차와 방식에 따라 상속포기를 하지 아니한 이상, 상속개시 후에 자신의 상속권을 주장하는 것은 정당한 권리행사로서 권리남용에 해당하거나 또는 신의칙에 반하는 권리의 행사라고 할 수 없다(대판 1998.7.24. 98다9021).

ㅂ. (×): 인지청구권은 본인의 일신전속적인 신분관계상의 권리로서 포기할 수도 없으며 포기하였더라도 그 효력이 발생할 수 없는 것이고, 이와 같이 인지청구권의 포기가 허용되지 않는 이상 거기에 실효의 법리가 적용될 여지도 없다(대판 2001.11.27. 2001므1353).

Answer 22 ⑤

행정사
백운정 민법총칙

CHAPTER

03

권리의 객체

Chapter

03 권리의 주체

제1절 자연인

01 권리능력에 관한 설명으로 옳지 않은 것은? (다툼이 있으면 판례에 따름) 2019 감정평가사

① 사람은 생존한 동안 권리와 의무의 주체가 된다.

② 사람이 권리능력을 상실하는 사유로는 사망이 유일하다.

③ 수인(數人)이 동일한 위난으로 사망한 경우, 그들은 동시에 사망한 것으로 추정되므로 이 추정이 깨어지지 않는 한 그들 사이에는 상속이 일어나지 않는다.

④ 의사의 과실로 태아가 사망한 경우, 태아의 부모는 태아의 의사에 대한 손해배상채권을 상속하여 행사할 수 있다.

⑤ 인정사망에 의한 가족관계등록부에의 기재는 그 기재된 사망일에 사망한 것으로 추정하는 효력을 가진다.

정답해설

① **제3조【권리능력의 존속기간】** 사람은 생존한 동안 권리와 의무의 주체가 된다.

② 민법은 사망의 입증곤란을 구제하기 위해 인정사망, 실종선고 등의 각종 제도를 마련하여 일정한 경우 사망한 것으로 추정하거나 간주하는 경우가 있다. 그러나 자연인인 사람이 권리능력을 상실하는 사유는 사망이 유일하다.

③ 2인 이상이 동일한 위난으로 사망한 경우에는 동시에 사망한 것으로 추정되며, 동시사망자 사이에는 상속의 문제가 발생하지 않는다. 다만 동시사망으로 추정되는 경우 대습상속이 가능하다 (대판 2001.3.9. 99다13157).

> **제30조【동시사망】**
> 2인 이상이 동일한 위난으로 사망한 경우에는 동시에 사망한 것으로 추정한다.

④ 태아가 특정한 권리에 있어서 이미 태어난 것으로 본다는 것은 살아서 출생한 때에 출생시기가 문제의 사건의 시기까지 소급하여 그 때에 태아가 출생한 것과 같이 법률상 보아 준다고 해석하여야 상당하므로 그가 모체와 같이 사망하여 출생의 기회를 못 가진 이상 배상청구권을 논할 여지 없다 (대판 1976.9.14. 76다1365). 따라서 상속의 대상인 권리 자체가 없어 상속의 문제는 생기지 않는다.

> **제762조【손해배상청구권에 있어서의 태아의 지위】**
> 태아는 손해배상의 청구권에 관하여는 이미 출생한 것으로 본다.
> **제1000조【상속의 순위】**
> ③ 태아는 상속순위에 관하여는 이미 출생한 것으로 본다.

⑤ 인정사망은 수해, 화재나 그 밖의 재난으로 사망한 자가 있는 경우에 이를 조사한 관공서의 사망보고에 의하여 가족관계등록부에 사망의 기재를 하여 사망한 것으로 추정하는 제도이다.

| 비교 | 실종선고는 사망을 의제하는 제도라는 차이가 있다.

✦ 사망의 입증곤란 구제

	동시사망 추정(제30조)	인정사망	실종선고(제28조)
사망확실여부	사망확실	사망 거의 확실(확인 ×)	사망 사실 자체 불분명
입증곤란구제	사망시기	사망사실	사망사실
추정의 범위	법률상 동시사망 추정	사실상 사망 추정	법률상 사망의제(간주)

02 권리능력에 관한 설명으로 옳은 것은?

2016 행정사

① 2인 이상이 동일한 위난으로 사망한 경우 동시에 사망한 것으로 본다.
② 태아는 모든 법률관계에서 권리의 주체가 될 수 있다.
③ 의사능력이 없는 자는 권리능력도 인정되지 않는다.
④ 외국인은 대한민국의 도선사(導船士)가 될 수 있다.
⑤ 우리 민법은 외국인의 권리능력에 관하여 명문규정을 두고 있지 않다.

정답해설

① **제30조【동시사망】** 2인 이상이 동일한 위난으로 사망한 경우에는 동시에 사망한 것으로 추정한다.

② 판례는 태아의 수증능력을 부정하며, 또 태아인 동안에는 법정대리인이 있을 수 없으므로, 법정대리인에 의한 수증행위도 할 수 없다고 한다. 즉 민법은 태아의 권리능력에 관하여 개별주의를 취하여 태아에게는 일반적으로 권리능력이 인정되지 아니하고 손해배상청구권 또는 상속 등 특별한 경우에 한하여 제한된 권리능력을 인정하였을 따름이므로 증여에 관하여는 태아의 수증능력이 인정되지 아니하고, 또 태아일 동안에는 법정대리인이 있을 수 없으므로 법정대리인에 의한 수증행위도 할 수 없다(대판 1982.2.9. 81다534).

③ 권리능력이 없는 자는 의사능력도 인정될 수 없으나, 의사능력이 없는 자도 권리능력은 인정된다.

④ 외국인은 대한민국의 도선사가 될 수 없다(도선법 제6조 제1호).

> **도선법 제6조【결격사유】**
> 다음 각 호의 어느 하나에 해당하는 사람은 도선사가 될 수 없다.
> 1. 대한민국 국민이 아닌 사람

⑤ 우리 민법은 외국인의 권리능력에 관하여 명문규정을 두고 있지 않다. 외국인은 국제법과 조약이 정하는 바에 의하여 그 지위가 헌법상 보장된다.

> **헌법 제6조**
> ② 외국인은 국제법과 조약이 정하는 바에 의하여 그 지위가 보장된다.

Answer 01 ④ 02 ⑤

03 자연인의 권리능력에 관한 설명으로 옳은 것은? (다툼이 있으면 판례에 따름) 2018 행정사

① 권리능력은 가족관계등록부의 기재로 그 취득이 추정되므로, 그 기재가 진실에 반하는 사정이 있더라도 번복하지 못한다.

② 동시사망이 추정되는 경우에도 대습상속은 인정될 수 있다.

③ 태아인 동안에 부(父)가 교통사고로 사망한 경우, 태아는 살아서 출생하더라도 그 정신적 고통에 대한 위자료를 청구할 수 없다.

④ 태아가 사산된 경우에도 태아인 동안의 권리능력은 인정된다.

⑤ 실종선고를 받은 자는 실종기간이 만료한 때에 사망한 것으로 추정한다.

정답해설

① 자연인은 출생한 때부터 권리능력을 취득하며, 가족관계등록부의 기재로 그 취득이 추정되는 것은 아니다. 그 기재가 진실에 반한다면 정정할 수 있다.

> **제3조 【권리능력의 존속기간】**
> 사람은 생존한 동안 권리와 의무의 주체가 된다.

② 2인 이상이 동일한 위난으로 사망한 경우에는 동시에 사망한 것으로 추정되며, 동시사망자 사이에는 상속의 문제가 발생하지 않는다. 다만 동시사망으로 추정되는 경우 대습상속이 가능하다 (대판 2001.3.9. 99다13157).

③ 태아도 손해배상청구권에 관하여는 이미 출생한 것으로 보는 바, 부가 교통사고로 상해를 입을 당시 태아가 출생하지 아니하였다고 하더라도 그 뒤에 출생한 이상 부의 부상으로 인하여 입게 될 정신적 고통에 대한 위자료를 청구할 수 있다(대판 1993.4.27. 93다4663).

➡ 판례는 태아가 피해 당시 정신상 고통에 대한 감수성을 갖추고 있지 않더라도 장래 감수할 것임이 현재 합리적으로 기대할 수 있는 경우에 있어서는 즉시 그 청구를 할 수 있다고 하여 태아의 위자료 청구권을 긍정하고 있다(대판 1962.3.15. 4294민상903).

> **제762조 【손해배상청구권에 있어서의 태아의 지위】**
> 태아는 손해배상의 청구권에 관하여는 이미 출생한 것으로 본다.

비교 제762조는 태아 자신이 불법행위의 직접적인 피해자인 경우에 한하여 적용되는 규정이다. 父의 생명침해로 인하여 父에게 발생한 손해배상청구권은 상속규정(제1000조 제3항)에 의하여 태아에게 상속된다.

④ 태아가 사산된 때에는 권리능력이 인정될 수 없으므로 견해 대립 없이 태아 자신은 손해배상청구권을 가지지 못한다.
태아가 특정한 권리에 있어서 이미 태어난 것으로 본다는 것은 살아서 출생한 때에 출생시기가 문제의 사건의 시기까지 소급하여 그 때에 태아가 출생한 것과 같이 법률상 보아 준다고 해석하여야 상당하므로 그가 모체와 같이 사망하여 출생의 기회를 못가진 이상 배상청구권을 논할 여지 없다(대판 1976.9.14. 76다1365).

⑤ **제28조 【실종선고의 효과】** 실종선고를 받은 자는 전조의 기간이 만료한 때에 사망한 것으로 본다.

04 태아의 권리능력이 인정되지 않는 경우는? (다툼이 있으면 판례에 따름)

2020 가맹거래사

① 태아 자신이 입은 불법행위에 대한 손해배상청구
② 직계존속의 생명침해에 대한 태아 자신의 위자료 청구
③ 대습상속을 받을 권리
④ 유류분에 관한 권리
⑤ 법정대리인에 의한 수증행위

정답해설

① 제762조(태아는 손해배상의 청구권에 관하여는 이미 출생한 것으로 본다)는 태아 자신이 불법행위의 직접적인 피해자인 경우에 한하여 적용되는 규정이다.

> **제762조 【손해배상청구권에 있어서의 태아의 지위】**
> 태아는 손해배상의 청구권에 관하여는 이미 출생한 것으로 본다.

② 태아도 손해배상청구권에 관하여는 이미 출생한 것으로 보는 바, 부가 교통사고로 상해를 입을 당시 태아가 출생하지 아니하였다고 하더라도 그 뒤에 출생한 이상 부의 부상으로 인하여 입게 될 정신적 고통에 대한 위자료를 청구할 수 있다(대판 1993.4.27. 93다4663).
➡ 판례는 태아가 피해 당시 정신상 고통에 대한 감수성을 갖추고 있지 않더라도 장래 감수할 것임이 현재 합리적으로 기대할 수 있는 경우에 있어서는 즉시 그 청구를 할 수 있다고 하여 태아의 위자료 청구권을 긍정하고 있다(대판 1962.3.15. 4294민상903).

③, ④ 태아는 상속순위에 관하여 이미 출생한 것으로 보며, 이 규정은 유증에 준용된다(제1064조). 통설은 상속과 관련하여 발생하는 대습상속(제1001조) · 유류분반환청구권(제1118조)에 있어서도 태아의 권리능력을 인정한다.

> **제1000조 【상속의 순위】**
> ③ 태아는 상속순위에 관하여는 이미 출생한 것으로 본다.
> **제1001조 【대습상속】**
> 전조 제1항 제1호와 제3호의 규정에 의하여 상속인이 될 직계비속 또는 형제자매가 상속개시 전에 사망하거나 결격자가 된 경우에 그 직계비속이 있는 때에는 그 직계비속이 사망하거나 결격된 자의 순위에 갈음하여 상속인이 된다.
> **제1118조 【준용규정】**
> 제1001조, 제1008조, 제1010조의 규정은 유류분에 이를 준용한다.

⑤ 증여(생전증여)에 관하여 태아는 수증능력이 인정되지 아니하고, 또 태아인 동안에는 법정대리인이 있을 수 없으므로 법정대리인에 의한 수증행위도 할 수 없다(대판 1982.2.9. 81다534).

Answer 03 ② 04 ⑤

05 **권리의 주체에 관한 설명으로 옳지 않은 것은? (다툼이 있으면 판례에 따름)** 2021 가맹거래사

① 2인 이상이 동일한 위난으로 사망한 경우에는 동시에 사망한 것으로 추정한다.
② 동물은 위자료 청구권의 귀속주체가 될 수 없다.
③ 법인은 법률의 규정에 좇아 정관으로 정한 목적의 범위 내에서 권리와 의무의 주체가 된다.
④ 추락한 항공기 중에 있던 자의 생사가 추락이 종료한 후 1년간 분명하지 아니한 때에는 법원은 이해관계인이나 검사의 청구에 의하여 실종선고를 하여야 한다.
⑤ 실종선고의 취소가 있을 때에 실종선고를 직접원인으로 하여 재산을 취득한 자는 선의인 경우에도 그 받은 이익에 이자를 붙여서 반환해야 한다.

정답해설

① **제30조 【동시사망】** 2인 이상이 동일한 위난으로 사망한 경우에는 동시에 사망한 것으로 추정한다.
② 동물의 생명보호, 안전 보장 및 복지 증진을 꾀하고 동물의 생명 존중 등 국민의 정서를 함양하는 데에 이바지함을 목적으로 한 동물보호법의 입법 취지나 그 규정 내용 등을 고려하더라도, 민법이나 그 밖의 법률에 동물에 대하여 권리능력을 인정하는 규정이 없고 이를 인정하는 관습법도 존재하지 아니하므로, 동물 자체가 위자료 청구권의 귀속주체가 된다고 할 수 없다. 그리고 이는 그 동물이 애완견 등 이른바 반려동물이라고 하더라도 달리 볼 수 없다(대판 2013.4.25. 2012다118594).
③ **제34조 【법인의 권리능력】** 법인은 법률의 규정에 좇아 정관으로 정한 목적의 범위 내에서 권리와 의무의 주체가 된다.
④ **제27조 【실종의 선고】** ② 전지에 임한 자, 침몰한 선박 중에 있던 자, 추락한 항공기 중에 있던 자 기타 사망의 원인이 될 위난을 당한 자의 생사가 전쟁종지 후 또는 선박의 침몰, 항공기의 추락 기타 위난이 종료한 후 1년간 분명하지 아니한 때에도 제1항과 같다.
⑤ 실종선고의 취소가 있을 때에 실종의 선고를 직접원인으로 하여 재산을 취득한 자가 선의인 경우에는 그 받은 이익이 현존하는 한도에서 반환할 의무가 있고, 그 받은 이익에 이자를 붙여서 반환해야 하는 것은 아니다.

제29조 【실종선고의 취소】
② 실종선고의 취소가 있을 때에 실종의 선고를 직접원인으로 하여 재산을 취득한 자가 선의인 경우에는 그 받은 이익이 현존하는 한도에서 반환할 의무가 있고 악의인 경우에는 그 받은 이익에 이자를 붙여서 반환하고 손해가 있으면 이를 배상하여야 한다.

06 권리능력에 관한 설명으로 옳지 않은 것은? (다툼이 있으면 판례에 따름) 2016 주택관리사

① 출생신고는 권리능력 취득의 요건이 아니다.

② 태아가 의사의 과실로 인하여 모체(母體) 내에서 사망하였다면, 태아는 그 의사에 대한 손해배상청구권을 취득하지 못한다.

③ 태아인 동안에는 법정대리인이 있을 수 없으므로, 법정대리인에 의한 수증(受贈)행위를 할 수 없다.

④ 인정사망이란 사망의 확증은 없으나 재난으로 인하여 사망이 확실시되는 경우에 관공서의 보고에 의하여 가족관계등록부에 기재하여 사망한 것으로 의제하는 제도이다.

⑤ 실종선고를 받아도 실종자의 권리능력은 소멸하지 않는다.

정답해설

① 자연인은 출생한 때부터 권리능력을 취득하며, 출생신고는 요건이 아니다.

> **제3조【권리능력의 존속기간】**
> 사람은 생존한 동안 권리와 의무의 주체가 된다.

② 태아가 사산된 때에는 권리능력이 인정될 수 없으므로 태아 자신은 손해배상청구권을 가지지 못한다.
태아가 특정한 권리에 있어서 이미 태어난 것으로 본다는 것은 살아서 출생한 때에 출생시기가 문제의 사건의 시기까지 소급하여 그 때에 태아가 출생한 것과 같이 법률상 보아 준다고 해석하여야 상당하므로 그가 모체와 같이 사망하여 출생의 기회를 못 가진 이상 배상청구권을 논할 여지 없다(대판 1976.9.14. 76다1365).

③ 판례는 태아의 수증능력을 부정하며, 또 태아인 동안에는 법정대리인이 있을 수 없으므로, 법정대리인에 의한 수증행위도 할 수 없다고 한다. 즉 민법은 태아의 권리능력에 관하여 개별주의를 취하여 태아에게는 일반적으로 권리능력이 인정되지 아니하고 손해배상청구권 또는 상속 등 특별한 경우에 한하여 제한된 권리능력을 인정하였을 따름이므로 증여에 관하여는 태아의 수증능력이 인정되지 아니하고, 또 태아인 동안에는 법정대리인이 있을 수 없으므로 법정대리인에 의한 수증행위도 할 수 없다(대판 1982.2.9. 81다534).

④ 인정사망은 수해, 화재나 그 밖의 재난으로 사망한 자가 있는 경우에 이를 조사한 관공서의 사망보고에 의하여 가족관계등록부에 사망의 기재를 하여 사망한 것으로 추정하는 제도이다.
비교 실종선고는 사망을 의제하는 제도라는 차이가 있다.

⑤ 실종선고는 종래의 주소와 거소를 중심으로 한 사법상의 법률관계에 관하여만 사망한 것으로 간주할 뿐 권리능력을 박탈하는 제도는 아니다.

Answer 05 ⑤ 06 ④

07 **부부 사이인 甲과 그의 아이 丙을 임신한 乙은 A의 과실로 교통사고를 당했다. 이에 관한 설명으로 옳은 것을 모두 고른 것은? (다툼이 있으면 판례에 따름)** 2020 행정사

> ㄱ. 이 사고로 丙이 출생 전 乙과 함께 사망하였더라도 丙은 A에 대하여 불법행위로 인한 손해배상청구권을 가진다.
> ㄴ. 사고 후 살아서 출생한 丙은 A에 대하여 甲의 부상으로 입게 될 자신의 정신적 고통에 대한 위자료를 청구할 수 있다.
> ㄷ. 甲이 사고로 사망한 후 살아서 출생한 丙은 甲의 A에 대한 불법행위로 인한 손해배상청구권을 상속받지 못한다.

① ㄱ ② ㄴ ③ ㄷ
④ ㄱ, ㄴ ⑤ ㄴ, ㄷ

정답해설

ㄱ. (×): 태아가 특정한 권리에 있어서 이미 태어난 것으로 본다는 것은 살아서 출생한 때에 출생시기가 문제의 사건의 시기까지 소급하여 그 때에 태아가 출생한 것과 같이 법률상 보아 준다고 해석하여야 상당하므로 그가 모체와 같이 사망하여 출생의 기회를 못 가진 이상 배상청구권을 논할 여지 없다(대판 1976.9.14. 76다1365). 교통사고로 태아 丙이 출생 전 乙과 함께 사망하였다면 태아 丙은 출생한 적이 없기 때문에 A에 대하여 불법행위로 인한 손해배상청구권을 가질 수 없다.

ㄴ. (○): 태아도 손해배상청구권에 관하여는 이미 출생한 것으로 보는 바, 父가 교통사고로 상해를 입을 당시 태아가 출생하지 아니하였다고 하더라도 그 뒤에 출생한 이상 父의 부상으로 인하여 입게 될 정신적 고통에 대한 위자료를 청구할 수 있다(대판 1993.4.27. 93다4663).

➡ 판례는 태아가 피해 당시 정신상 고통에 대한 감수성을 갖추고 있지 않더라도 장래 감수할 것임이 현재 합리적으로 기대할 수 있는 경우에 있어서는 즉시 그 청구를 할 수 있다고 하여 태아의 위자료 청구권을 긍정하고 있다(대판 1962.3.15. 4294민상903). 결국 사고 후 살아서 출생한 丙은 A에 대하여 甲의 부상으로 입게 될 자신의 정신적 고통에 대한 위자료를 청구할 수 있다.

> **제762조【손해배상청구권에 있어서의 태아의 지위】**
> 태아는 손해배상의 청구권에 관하여는 이미 출생한 것으로 본다.

ㄷ. (×): 제762조(태아는 손해배상의 청구권에 관하여는 이미 출생한 것으로 본다)는 태아 자신이 불법행위의 직접적인 피해자인 경우에 한하여 적용되는 규정이다. 父의 생명침해로 인하여 父에게 발생한 손해배상청구권은 상속규정(제1000조 제3항)에 의하여 태아에게 상속된다.

> **제1000조【상속의 순위】**
> ③ 태아는 상속순위에 관하여는 이미 출생한 것으로 본다.

08 권리주체에 관한 설명으로 옳지 않은 것은? (다툼이 있으면 판례에 따름) 2020 감정평가사

① 의사능력은 자신의 행위의 의미와 결과를 합리적으로 판단할 수 있는 정신적 능력으로 구체적인 법률행위와 관련하여 개별적으로 판단되어야 한다.

② 어떤 법률행위가 일상적인 의미만으로 알기 어려운 특별한 법률적 의미나 효과를 가진 경우, 이를 이해할 수 있을 때 의사능력이 인정된다.

③ 현행 민법은 태아의 권리능력에 관하여 일반적 보호주의를 취한다.

④ 태아의 상태에서는 법정대리인이 있을 수 없고, 법정대리인에 의한 수증행위도 할 수 없다.

⑤ 피상속인과 그의 직계비속 또는 형제자매가 동시에 사망한 것으로 추정되는 경우에도 대습상속이 인정된다.

정답해설

①, ② 의사능력이란 자신의 행위의 의미나 결과를 정상적인 인식력과 예기력을 바탕으로 합리적으로 판단할 수 있는 정신적 능력 내지는 지능을 말하는 바, 특히 어떤 법률행위가 그 일상적인 의미만을 이해하여서는 알기 어려운 특별한 법률적인 의미나 효과가 부여되어 있는 경우 의사능력이 인정되기 위하여는 그 행위의 일상적인 의미뿐만 아니라 법률적인 의미나 효과에 대하여도 이해할 수 있을 것을 요한다고 보아야 하고, 의사능력의 유무는 구체적인 법률행위와 관련하여 개별적으로 판단되어야 할 것이다(대판 2006.9.22. 2006다29358).

③, ④ 판례는 태아의 수증능력을 부정하며, 또 태아인 동안에는 법정대리인이 있을 수 없으므로, 법정대리인에 의한 수증행위도 할 수 없다고 한다. 즉 민법은 태아의 권리능력에 관하여 개별주의를 취하여 태아에게는 일반적으로 권리능력이 인정되지 아니하고 손해배상청구권 또는 상속 등 특별한 경우에 한하여 제한된 권리능력을 인정하였을 따름이므로 증여에 관하여는 태아의 수증능력이 인정되지 아니하고, 또 태아인 동안에는 법정대리인이 있을 수 없으므로 법정대리인에 의한 수증행위도 할 수 없다(대판 1982.2.9. 81다534).

⑤ 원래 대습상속제도는 대습자의 상속에 대한 기대를 보호함으로써 공평을 꾀하고 생존 배우자의 생계를 보장하여 주려는 것이고, 또한 동시사망 추정규정도 자연과학적으로 엄밀한 의미의 동시사망은 상상하기 어려운 것이나 사망의 선후를 입증할 수 없는 경우 동시에 사망한 것으로 다루는 것이 결과에 있어 가장 공평하고 합리적이라는 데에 그 입법 취지가 있는 것인바, 상속인이 될 직계비속이나 형제자매(피대습자)의 직계비속 또는 배우자(대습자)는 피대습자가 상속개시 전에 사망한 경우에는 대습상속을 하고, 피대습자가 상속개시 후에 사망한 경우에는 피대습자를 거쳐 피상속인의 재산을 본위상속을 하므로 두 경우 모두 상속을 하는데, 만일 피대습자가 피상속인의 사망, 즉 상속개시와 동시에 사망한 것으로 추정되는 경우에만 그 직계비속 또는 배우자가 본위상속과 대습상속의 어느 쪽도 하지 못하게 된다면 동시사망 추정 이외의 경우에 비하여 현저히 불공평하고 불합리한 것이라 할 것이고, 이는 앞서 본 대습상속제도 및 동시사망 추정규정의 입법 취지에도 반하는 것이므로, 민법 제1001조의 '상속인이 될 직계비속이 상속개시 전에 사망한 경우'에는 '상속인이 될 직계비속이 상속개시와 동시에 사망한 것으로 추정되는 경우'도 포함하는 것으로 합목적적으로 해석함이 상당하다(대판 2001.3.9. 99다13157). 즉 동시사망으로 추정되는 경우에도 대습상속이 인정된다.

Answer 07 ② 08 ③

✦ 의사능력과 행위능력 비교

	의사능력	행위능력
능력없는 자의 행위	무효	취소
판단기준	개별적 · 구체적으로 판단	획일적 규정(강행규정)
신의칙과 관계	민법의 기본원칙 > 신의칙	강행규정 > 신의칙
선의의 제3자	대항 가능	대항 가능
법정추인	×	○
부당이득 141조 단서 적용여부	141조 단서 유추적용	141조 단서 적용

09 **의사무능력자 甲은 乙로부터 금전을 차용하는 소비대차계약을 乙과 체결하고 차용금을 전부 수령하였다. 이에 관한 설명으로 옳지 않은 것을 모두 고른 것은? (다툼이 있으면 판례에 의함)** 2024 행정사

ㄱ. 甲의 특별대리인 丙이 甲의 의사무능력을 이유로 계약의 무효를 주장하는 것은 특별한 사정이 없는 한 신의칙에 반한다.
ㄴ. 甲의 의사무능력을 이유로 계약이 무효가 된 경우 甲은 그 선의 · 악의를 불문하고 乙에게 그 현존이익을 반환할 책임이 있다.
ㄷ. 甲이 수령한 차용금을 모두 소비한 경우 乙은 甲에게 그 이익이 현존한다는 사실에 관한 증명책임을 부담한다.

① ㄴ ② ㄷ ③ ㄱ, ㄴ
④ ㄱ, ㄷ ⑤ ㄱ, ㄴ, ㄷ

정답해설

[ㄱ, ㄷ] 2 항목이 옳지 않다.

ㄱ. (×): 무효 주장이 거래관계에 있는 당사자의 신뢰를 배신하고 정의의 관념에 반하는 예외적인 경우에 해당하지 않는 한 의사무능력자에 의하여 행하여진 법률행위의 무효를 주장하는 것이 신의칙에 반하여 허용되지 않는다고 할 수 없다(대판 2006.9.22. 2004다51627).

ㄴ. (○): ㄷ. (×): 무능력자의 책임을 제한하는 민법 제141조 단서는 부당이득에 있어 수익자의 반환범위를 정한 민법 제748조의 특칙으로서 무능력자의 보호를 위해 그 선의 · 악의를 묻지 아니하고 반환범위를 현존 이익에 한정시키려는 데 그 취지가 있으므로, 의사능력의 흠결을 이유로 법률행위가 무효가 되는 경우에도 유추적용되어야 할 것이나, 법률상 원인 없이 타인의 재산 또는 노무로 인하여 이익을 얻고 그로 인하여 타인에게 손해를 가한 경우에 그 취득한 것이 금전상의 이득인 때에는 그 금전은 이를 취득한 자가 소비하였는가의 여부를 불문하고 현존하는 것으로 추정되므로, 위 이익이 현존하지 아니함은 이를 주장하는 자, 즉 의사무능력자 측에 입증책임이 있다(대판 2009.1.15. 2008다58367).

10 미성년자의 법률행위에 관한 설명으로 옳은 것은? 2023 행정사

① 법정대리인이 취소한 미성년자의 법률행위는 취소한 때로부터 그 효력을 상실한다.

② 법정대리인이 재산의 범위를 정하여 미성년자에게 처분을 허락한 경우 법정대리인은 그 재산에 관하여 유효한 대리행위를 할 수 없다.

③ 법정대리인이 미성년자에게 특정한 영업을 허락한 경우 법정대리인은 그 영업에 관하여 유효한 대리행위를 할 수 있다.

④ 미성년자가 자신의 주민등록증을 변조하여 자기를 능력자로 믿게 하여 법률행위를 한 경우 미성년자는 그 법률행위를 취소할 수 없다.

⑤ 미성년자가 오직 권리만을 얻는 법률행위를 할 경우에도 특별한 사정이 없는 한 법정대리인의 동의가 필요하다.

정답해설

① 취소된 법률행위는 취소한 때로부터가 아니라 처음부터 무효되어 효력이 상실된다(제141조).

> **제141조【취소의 효과】**
> 취소된 법률행위는 처음부터 무효인 것으로 본다. 다만, 제한능력자는 그 행위로 인하여 받은 이익이 현존하는 한도에서 상환할 책임이 있다.

② 법정대리인이 범위를 정하여 처분을 허락한 재산은 미성년자가 임의로 처분할 수 있지만(제6조), 법정대리인은 처분을 허락하였더라도 그 재산에 관한 대리권을 상실하지 않는다. 여전히 유효한 대리행위를 할 수 있다.

> **제6조【처분을 허락한 재산】**
> 법정대리인이 범위를 정하여 처분을 허락한 재산은 미성년자가 임의로 처분할 수 있다.

③ 미성년자가 법정대리인으로부터 허락을 얻은 특정한 영업에 관하여는 성년자와 동일한 행위능력이 있다(제8조 제1항). 미성년자는 성년자와 동일한 행위능력이 있으므로 그 범위 내에서 법정대리인의 법정대리권은 소멸하여 유효한 대리행위를 할 수 없다.

> **제8조【영업의 허락】**
> ① 미성년자가 법정대리인으로부터 허락을 얻은 특정한 영업에 관하여는 성년자와 동일한 행위능력이 있다.

④ 민법 제17조에 이른바 "무능력자가 사술로써 능력자로 믿게 한 때"에 있어서의 사술을 쓴 것이라 함은 적극적으로 사기수단을 쓴 것을 말하는 것이고 단순히 자기가 능력자라 사언함은 사술을 쓴 것이라고 할 수 없다(대판 1971.12.14. 71다2045). 미성년자가 자신의 주민등록증을 변조하여 능력자로 믿게 한 것은 적극적 속임수에 해당하여 제17조 제1항의 취소권 배제사유에 해당한다. 따라서 미성년자라도 취소권은 단독으로 행사할 수 있으나, 사안의 경우는 취소권 자체가 없어 취소권을 행사할 수 없게 된다.

Answer 09 ④ 10 ④

> **제17조【제한능력자의 속임수】**
> ① 제한능력자가 속임수로써 자기를 능력자로 믿게 한 경우에는 그 행위를 취소할 수 없다.

⑤ **제5조【미성년자의 능력】** ① 미성년자가 법률행위를 함에는 법정대리인의 동의를 얻어야 한다. 그러나 권리만을 얻거나 의무만을 면하는 행위는 그러하지 아니하다.

11 **16세인 미성년자가 단독으로 유효하게 할 수 없는 법률행위는?** 2018 감정평가사

① 유언행위
② 대리행위
③ 의무만을 면하는 행위
④ 권리만을 얻는 행위
⑤ 법정대리인이 범위를 정하여 처분을 허락한 재산의 처분행위

정답해설

① 제1061조에 따라 만 17세에 달하지 못한 16세인 미성년자는 단독으로 유언할 수 없다.

> **제1061조【유언적령】**
> 만 17세에 달하지 못한 자는 유언을 하지 못한다.

② **제117조【대리인의 행위능력】** 대리인은 행위능력자임을 요하지 아니한다(필요하지 않다).
③, ④ **제5조【미성년자의 능력】** ① 미성년자가 법률행위를 함에는 법정대리인의 동의를 얻어야 한다. 그러나 권리만을 얻거나 의무만을 면하는 행위는 그러하지 아니하다.
⑤ **제6조【처분을 허락한 재산】** 법정대리인이 범위를 정하여 처분을 허락한 재산은 미성년자가 임의로 처분할 수 있다.

12 **만 18세의 甲이 법정대리인의 동의 없이 단독으로 할 수 있는 행위가 아닌 것은? (다툼이 있는 경우에는 판례에 의함)** 2013 행정사

① 甲이 타인의 대리인으로 체결하는 부동산 매매계약
② 모(母)와 공동으로 받는 상속에 대한 甲의 승인
③ 甲이 법정대리인의 동의 없이 체결한 오토바이 매매계약에 대한 취소
④ 부양의무를 이행하지 않는 친권자 乙에 대한 甲의 부양료 청구
⑤ 甲이 자신의 재산에 대하여 행하는 유언

정답해설

① 대리인은 행위능력자임을 요하지 아니하므로(제117조), 甲이 미성년자라 하더라도 타인의 대리인의 지위에서 체결하는 부동산 매매계약행위는 대리행위로서 단독으로 유효하게 할 수 있다.

제117조 【대리인의 행위능력】
대리인은 행위능력자임을 요하지 아니한다.

② 상속의 승인은 권리도 얻을 뿐만 아니라 의무도 부담하게 되는 행위이므로 단독으로 할 수 있는 행위가 아니다.

제5조 【미성년자의 능력】
① 미성년자가 법률행위를 함에는 법정대리인의 동의를 얻어야 한다. 그러나 권리만을 얻거나 의무만을 면하는 행위는 그러하지 아니하다.

③ 제한능력자 자신도 단독으로 유효하게 취소권을 행사할 수 있다(제140조). 미성년자 甲이 법정대리인의 동의 없이 체결한 오토바이 매매계약에 대한 취소는 유효하다.

제140조 【법률행위의 취소권자】
취소할 수 있는 법률행위는 제한능력자, 착오로 인하거나 사기·강박에 의하여 의사표시를 한 자, 그의 대리인 또는 승계인만이 취소할 수 있다.

④ 미성년자라 하더라도 권리만을 얻는 행위는 법정대리인의 동의가 필요 없으며 친권자와 자 사이에 이해상반되는 행위를 함에는 그 자의 특별대리인을 선임하도록 하는 규정이 있는 점에 비추어 볼 때, 청구인(미성년자인 혼인외의 자)은 피청구인(생부)이 인지를 함으로써 청구인의 친권자가 되어 법정대리인이 된다 하더라도 피청구인이 청구인을 부양하고 있지 않은 이상 그 부양료를 피청구인에게 직접 청구할 수 있다 할 것이다(대판 1972.7.11. 72므5). 즉 부양을 받을 미성년자라 하더라도 부양의무자인 친권자가 그를 부양하고 있지 않은 이상 그 부양료를 부양의무자인 친권자에게 직접 청구할 수 있다.
⑤ 제1061조에 따라 甲은 18세인 미성년자이므로 만 17세이상 자로서 단독으로 유언할 수 있다.

제1061조 【유언적령】
만 17세에 달하지 못한 자는 유언을 하지 못한다.

Answer 11 ① 12 ②

13 **미성년자 甲과 그의 유일한 법정대리인인 乙에 관한 설명으로 옳은 것은? (다툼이 있으면 판례에 따름)** 2021 감정평가사

① 甲이 그 소유 물건에 대한 매매계약을 체결한 후에 미성년인 상태에서 매매대금의 이행을 청구하여 대금을 모두 지급받았다면 乙은 그 매매계약을 취소할 수 없다.

② 乙이 甲에게 특정한 영업에 관한 허락을 한 경우에도 乙은 그 영업에 관하여 여전히 甲을 대리할 수 있다.

③ 甲이 乙의 동의 없이 타인의 적법한 대리인으로서 법률행위를 했더라도 乙은 甲의 제한능력을 이유로 그 법률행위를 취소할 수 있다.

④ 甲이 乙의 동의 없이 신용구매계약을 체결한 이후에 乙의 동의 없음을 이유로 그 계약을 취소하는 것은 신의칙에 반한다.

⑤ 乙이 재산의 범위를 정하여 甲에게 처분을 허락한 경우, 甲이 그에 관한 법률행위를 하기 전에는 乙은 그 허락을 취소할 수 있다.

정답해설

① 취소할 수 있는 행위에서 추인(제144조)이나 법정추인(제145조)은 취소의 원인이 소멸한 후이어야 한다. 그런데 甲이 그 소유 물건에 대한 매매계약을 체결한 후에 미성년인 상태에서 매매대금의 이행을 청구하여 대금을 모두 지급받았다면 취소원인인 제한능력 상태가 소멸한 후가 아니므로, 위 경우가 제145조의 제1호의 전부의 이행에 해당한다 하더라도 법정추인이 인정될 수 없어 취소권은 소멸하지 않는다. 법정대리인 乙은 여전히 그 매매계약을 취소할 수 있다.

제144조【추인의 요건】
① 추인은 취소의 원인이 소멸된 후에 하여야만 효력이 있다.
② 제1항은 법정대리인 또는 후견인이 추인하는 경우에는 적용하지 아니한다.

제145조【법정추인】
취소할 수 있는 법률행위에 관하여 전조의 규정에 의하여 추인할 수 있는 후에 다음 각 호의 사유가 있으면 추인한 것으로 본다. 그러나 이의를 보류한 때에는 그러하지 아니하다.

1. 전부나 일부의 이행 → 상대방의 이행을 수령하는 것을 포함한다.
2. 이행의 청구 → 취소권자가 상대방에게 청구한 경우만 포함된다.
3. 경개
4. 담보의 제공 → 물적 담보나 인적 담보를 불문한다.
5. 취소할 수 있는 행위로 취득한 권리의 전부나 일부의 양도 → 취소권자가 취득한 권리의 전부나 일부의 양도한 경우만 포함된다.
6. 강제집행

② 법정대리인으로부터 허락을 얻은 특정한 영업에 관하여는 미성년자는 성년자와 동일한 행위능력을 가지므로, 그 범위에서 법정대리권이 소멸한다(제8조). 따라서 법정대리인 乙이 미성년자 甲에게 특정한 영업에 관한 허락을 한 경우에는 법정대리인 乙은 그 영업에 관하여 甲을 대리할 수 없다.

제8조【영업의 허락】
① 미성년자가 법정대리인으로부터 허락을 얻은 특정한 영업에 관하여는 성년자와 동일한 행위능력이 있다.

③ 대리인은 행위능력자임을 요하지 아니하므로(제117조), 미성년자라 하더라도 타인의 대리인의 지위에서 하는 대리행위는 단독으로 유효하게 할 수 있다. 따라서 법정대리인 乙의 동의 없이 타인의 적법한 대리인으로서 법률행위를 했더라도 乙은 미성년자 甲의 제한능력을 이유로 그 법률행위를 취소할 수 없다.

제117조【대리인의 행위능력】
대리인은 행위능력자임을 요하지 아니한다.

④ 미성년자의 법률행위에 법정대리인의 동의를 요하도록 하는 것은 강행규정인데, 위 규정에 반하여 이루어진 신용구매계약을 미성년자 스스로 취소하는 것을 신의칙 위반을 이유로 배척한다면, 이는 오히려 위 규정에 의해 배제하려는 결과를 실현시키는 셈이 되어 미성년자 제도의 입법취지를 몰각시킬 우려가 있으므로, 법정대리인의 동의 없이 신용구매계약을 체결한 미성년자가 사후에 법정대리인의 동의 없음을 사유로 들어 이를 취소하는 것이 신의칙에 위배된 것이라고 할 수 없다(대판(전) 2007.11.16. 2005다71659·71666·71673). 미성년자 甲이 법정대리인 乙의 동의 없이 신용구매계약을 체결한 이후에 乙의 동의 없음을 이유로 그 계약을 취소하는 것은 신의칙에 반하지 않는다.

⑤ 법정대리인이 범위를 정하여 처분을 허락한 재산은 미성년자가 임의로 처분할 수 있으나, 미성년자가 아직 법률행위를 하기 전에는 법정대리인은 허락을 취소할 수 있다(제7조). 따라서 법정대리인 乙이 재산의 범위를 정하여 미성년자 甲에게 처분을 허락한 경우라도 미성년자 甲이 그에 관한 법률행위를 하기 전에는 법정대리인 乙은 그 허락을 취소할 수 있다.

제6조【처분을 허락한 재산】
법정대리인이 범위를 정하여 처분을 허락한 재산은 미성년자가 임의로 처분할 수 있다.
제7조【동의와 허락의 취소】
법정대리인은 미성년자가 아직 법률행위를 하기 전에는 전2조의 동의와 허락을 취소할 수 있다.

Answer 13 ⑤

14 피성년후견인에 관한 설명으로 옳은 것은?

2018 행정사

① 가정법원은 청구권자의 청구가 없더라도 직권으로 성년후견개시의 심판을 한다.

② 정신적 제약으로 사무처리능력이 일시적으로 결여된 경우, 성년후견개시의 심판을 해야 한다.

③ 법인은 성년후견인이 될 수 없다.

④ 일상생활에 필요하고 그 대가가 과도하지 아니한 피성년후견인의 법률행위는 성년후견인이 취소할 수 없다.

⑤ 가정법원은 청구권자의 청구가 없더라도 피성년후견인의 취소할 수 없는 법률행위의 범위를 임의로 변경할 수 있다.

정답해설

①, ② 가정법원은 정신적 제약으로 사무를 처리할 능력이 지속적으로 결여된 사람에 대하여 직권인 아닌 일정한 청구권자의 청구가 있어야 성년후견개시의 심판을 한다(제9조 제1항).

제9조【성년후견개시의 심판】
① 가정법원은 질병, 장애, 노령, 그 밖의 사유로 인한 정신적 제약으로 사무를 처리할 능력이 지속적으로 결여된 사람에 대하여 본인, 배우자, 4촌 이내의 친족, 미성년후견인, 미성년후견감독인, 한정후견인, 한정후견감독인, 특정후견인, 특정후견감독인, 검사 또는 지방자치단체의 장의 청구에 의하여 성년후견개시의 심판을 한다.

③ 법인은 피성년후견인은 될 수 없으나, 성년후견인은 될 수 있다.

제936조【성년후견인의 선임】
④ 가정법원이 성년후견인을 선임할 때에는 피성년후견인의 의사를 존중하여야 하며, 그 밖에 피성년후견인의 건강, 생활관계, 재산상황, 성년후견인이 될 사람의 직업과 경험, 피성년후견인과의 이해관계의 유무(법인이 성년후견인이 될 때에는 사업의 종류와 내용, 법인이나 그 대표자와 피성년후견인 사이의 이해관계의 유무를 말한다) 등의 사정도 고려하여야 한다.

비교 미성년자후견인: 1인에 한정, 법인 ×

④ 성년후견인이 단독으로 한 법률행위는 성년후견인이 취소할 수 있다(제10조 제2항). 다만 일용품의 구입 등 일상생활에 필요하고 그 대가가 과도하지 아니한 법률행위는 피성년후견인이 단독으로 할 수 있다(제10조 제4항). 또한 가정법원은 피성년후견인이 단독으로 할 수 있는 법률행위의 범위를 정할 수 있고, 일정한 자의 청구에 의해 그 범위를 변경할 수도 있다(제10조 제2항). 그러므로 취소할 수 없는 법률행위의 범위를 지정받지 않은 피성년후견인은 단독으로 행위를 한 경우 취소할 수 있다.

제10조【피성년후견인의 행위와 취소】
① 피성년후견인의 법률행위는 취소할 수 있다.
② 제1항에도 불구하고 가정법원은 취소할 수 없는 피성년후견인의 법률행위의 범위를 정할 수 있다.
④ 제1항에도 불구하고 일용품의 구입 등 일상생활에 필요하고 그 대가가 과도하지 아니한 법률행위는 성년후견인이 취소할 수 없다.

⑤ 가정법원은 피성년후견인의 취소할 수 없는 법률행위의 범위를 청구권자의 청구가 없이 직권에 의해 임의로 변경할 수는 없다(제10조 제3항).

제10조 【피성년후견인의 행위와 취소】
③ 가정법원은 본인, 배우자, 4촌 이내의 친족, 성년후견인, 성년후견감독인, 검사 또는 지방자치단체의 장의 청구에 의하여 제2항의 범위를 변경할 수 있다.

✦ 피후견인의 비교

내용	피성년후견인	피한정후견인	피특정후견인
요건	정신적 제약		
	사무처리능력 지속적 결여	사무처리능력 부족	일시적 후원 또는 특정한 사무에 관한 후원 필요
청구권자[2]	본인, 배우자, 4촌 이내 친족 미성년후견인, 미성년후견감독인, 한정후견인, 한정후견감독인, 특정후견인, 특정후견감독인, 검사 또는 지방자치단체의 장	본인, 배우자, 4촌 이내 친족 미성년후견인, 미성년후견감독인, 성년후견인, 성년후견감독인, 특정후견인, 특정후견감독인, 검사 또는 지방자치단체의 장	본인, 배우자, 4촌 이내 친족 미성년후견인, 미성년후견감독인, × ×[3] 검사 또는 지방자치단체의 장
심판	• 개시심판 시 본인 의사 고려 • 개시심판과 종료심판이 있음	• 개시심판 시 본인 의사 고려 • 개시심판과 종료심판이 있음	• 본인 의사에 반하면 안 됨 • 개시심판과 종료심판이 없음[4]
능력	• 원칙: 제한능력자로서 단독으로 법률행위 불가 • 예외 ① 법원이 단독으로 할 수 있는 범위 정할 수 있음 ② 일용품 구입 등 일상행위는 단독 가능	• 원칙: 행위능력 있음 • 예외: 법원이 한정후견인의 동의를 받도록 정한 행위에 한하여 한정후견인의 동의가 필요 • 예외의 예외: 일용품 구입 등 일상행위는 단독 가능	• 제한능력자 아님 행위능력 있고 제한되지 않음
후견인	• 성년후견개시심판 시 가정법원인 직권으로 선임 • 성년후견인은 법정대리인임	• 한정후견개시심판 시 가정법원인 직권으로 선임 • 한정후견인은 법정대리인 × 한정후견인에게 가정법원의 대리권 수여심판 시 대리권 인정	• 특정후견 따른 보호조치로 가정법원 특정후견인 선임 가능 • 특정후견인은 법정대리인 × 특정후견인에게 가정법원의 대리권 수여심판 시 대리권 인정

Answer 14 ④

2 법원의 직권으로는 안 됨
3 유의: 성년후견인, 성년후견감독인, 한정후견인, 한정후견감독인은 청구권자 아님
4 특정후견의 기간이나 사무의 범위를 정한 이후, 기간이 지나거나 사무처리의 종결에 의해 특정후견도 자연히 종결됨

15 **피성년후견인과 피한정후견인에 관한 설명으로 옳지 않은 것은?** 2023 행정사

① 가정법원은 성년후견개시의 심판을 할 때 본인의 의사를 고려하여야 한다.

② 성년후견개시의 심판은 일정한 사유로 인한 정신적 제약으로 사무처리능력이 일시적으로 부족한 사람에게 허용된다.

③ 가정법원은 피한정후견인이 한정후견인의 동의를 받아야 하는 행위의 범위를 정할 수 있다.

④ 일상생활에 필요하고 그 대가가 과도하지 아니한 피성년후견인의 법률행위는 성년후견인이 취소할 수 없다.

⑤ 가정법원이 피성년후견인에 대하여 한정후견개시의 심판을 할 때에는 종전의 성년후견의 종료 심판을 한다.

정답해설

① **제9조 【성년후견개시의 심판】** ② 가정법원은 성년후견개시의 심판을 할 때 본인의 의사를 고려하여야 한다.

> **제12조 【한정후견개시의 심판】**
> ② 한정후견개시의 경우에 제9조 제2항을 준용한다.

| 비교 | **제14조의2 【특정후견의 심판】** ② 특정후견은 본인의 의사에 반하여 할 수 없다.

② **제9조 【성년후견개시의 심판】** ① 가정법원은 질병, 장애, 노령, 그 밖의 사유로 인한 정신적 제약으로 사무를 처리할 능력이 지속적으로 결여된 사람에 대하여 본인, 배우자, 4촌 이내의 친족, 미성년후견인, 미성년후견감독인, 한정후견인, 한정후견감독인, 특정후견인, 특정후견감독인, 검사 또는 지방자치단체의 장의 청구에 의하여 성년후견개시의 심판을 한다.

③ **제13조 【피한정후견인의 행위와 동의】** ① 가정법원은 피한정후견인이 한정후견인의 동의를 받아야 하는 행위의 범위를 정할 수 있다.

④ **제10조 【피성년후견인의 행위와 취소】** ④ 제1항(피성년후견인의 법률행위는 취소할 수 있다)에도 불구하고 일용품의 구입 등 일상생활에 필요하고 그 대가가 과도하지 아니한 법률행위는 성년후견인이 취소할 수 없다.

| 비교 | **제13조 【피한정후견인의 행위와 동의】** ④ 한정후견인의 동의가 필요한 법률행위를 피한정후견인이 한정후견인의 동의 없이 하였을 때에는 그 법률행위를 취소할 수 있다. 다만, 일용품의 구입 등 일상생활에 필요하고 그 대가가 과도하지 아니한 법률행위에 대하여는 그러하지 아니하다.

⑤ **제14조의3 【심판 사이의 관계】** ② 가정법원이 피성년후견인 또는 피특정후견인에 대하여 한정후견개시의 심판을 할 때에는 종전의 성년후견 또는 특정후견의 종료 심판을 한다.

16 **성년후견, 한정후견, 특정후견에 관한 설명으로 옳은 것은?** 2015 행정사

① 지방자치단체의 장은 성년후견개시의 원인이 소멸된 경우에는 성년후견종료의 심판을 청구할 수 없다.

② 성년후견인은 피성년후견인의 법률행위가 일용품의 구입 등 일상생활에 필요하고 그 대가가 과도하지 않더라도 그 행위를 취소할 수 있다.

③ 가정법원은 피한정후견인이 한정후견인의 동의를 받아야 하는 행위의 범위를 정할 수 없다.

④ 가정법원은 취소할 수 없는 피성년후견인의 법률행위의 범위를 정할 수 있다.

⑤ 가정법원은 성년후견개시의 심판을 할 때 본인의 의사를 고려할 필요가 없다.

정답해설

① **제11조【성년후견종료의 심판】** 성년후견개시의 원인이 소멸된 경우에는 가정법원은 본인, 배우자, 4촌 이내의 친족, 성년후견인, 성년후견감독인, 검사 또는 지방자치단체의 장의 청구에 의하여 성년후견종료의 심판을 한다.

②, ④ 성년후견인이 단독으로 한 법률행위는 성년후견인이 취소할 수 있다(제10조 제2항). 다만 일용품의 구입 등 일상생활에 필요하고 그 대가가 과도하지 아니한 법률행위는 피성년후견인이 단독으로 할 수 있다(제10조 제4항). 또한 가정법원은 취소할 수 없는 피성년후견인의 법률행위의 범위를 정하여 단독으로 할 수 있는 법률행위의 범위를 정할 수 있고, 일정한 자의 청구에 의해 그 범위를 변경할 수도 있다(제10조 제2항).

> **제10조【피성년후견인의 행위와 취소】**
> ① 피성년후견인의 법률행위는 취소할 수 있다.
> ② 제1항에도 불구하고 가정법원은 취소할 수 없는 피성년후견인의 법률행위의 범위를 정할 수 있다.
> ④ 제1항에도 불구하고 일용품의 구입 등 일상생활에 필요하고 그 대가가 과도하지 아니한 법률행위는 성년후견인이 취소할 수 없다.

③ **제13조【피한정후견인의 행위와 동의】** ① 가정법원은 피한정후견인이 한정후견인의 동의를 받아야 하는 행위의 범위를 정할 수 있다.

⑤ **제9조【성년후견개시의 심판】** ② 가정법원은 성년후견개시의 심판을 할 때 본인의 의사를 고려하여야 한다.

> **제12조【한정후견개시의 심판】**
> ② 한정후견개시의 경우에 제9조 제2항을 준용한다.

| 비교 | **제14조의2【특정후견의 심판】** ② 특정후견은 본인의 의사에 반하여 할 수 없다.

Answer 15 ② 16 ④

17 민법상 성년후견종료의 심판을 청구할 수 있는 자로 명시되지 않은 자는?

2019 행정사

① 성년후견인
② 성년후견감독인
③ 지방의회 의장
④ 4촌 이내의 친족
⑤ 검사

정답해설

제11조【성년후견종료의 심판】
성년후견개시의 원인이 소멸된 경우에는 가정법원은 본인, 배우자, 4촌 이내의 친족, 성년후견인, 성년후견감독인, 검사 또는 지방자치단체의 장의 청구에 의하여 성년후견종료의 심판을 한다.
제9조【성년후견개시의 심판】
① 가정법원은 질병, 장애, 노령, 그 밖의 사유로 인한 정신적 제약으로 사무를 처리할 능력이 지속적으로 결여된 사람에 대하여 본인, 배우자, 4촌 이내의 친족, 미성년후견인, 미성년후견감독인, 한정후견인, 한정후견감독인, 특정후견인, 특정후견감독인, 검사 또는 지방자치단체의 장의 청구에 의하여 성년후견개시의 심판을 한다.

18 성년후견, 한정후견, 특정후견에 관한 설명으로 옳지 않은 것은?

2016 행정사

① 가정법원은 한정후견개시의 심판을 직권으로 하지 못한다.
② 한정후견종료의 심판은 장래에 향하여 효력을 가진다.
③ 특정후견은 본인의 의사에 반하여 할 수 있다.
④ 가정법원은 취소할 수 없는 피성년후견인의 법률행위의 범위를 정할 수 있다.
⑤ 정신적 제약으로 사무를 처리할 능력이 지속적으로 결여된 사람에 대하여 지방자치단체의 장도 성년후견개시의 심판을 청구할 수 있다.

정답해설

① 가정법원은 일정한 청구권자의 청구가 없이 직권으로 한정후견개시의 심판을 할 수 없다(제12조 제1항).

제12조【한정후견개시의 심판】
① 가정법원은 질병, 장애, 노령, 그 밖의 사유로 인한 정신적 제약으로 사무를 처리할 능력이 부족한 사람에 대하여 본인, 배우자, 4촌 이내의 친족, 미성년후견인, 미성년후견감독인, 성년후견인, 성년후견감독인, 특정후견인, 특정후견감독인, 검사 또는 지방자치단체의 장의 청구에 의하여 한정후견개시의 심판을 한다.

② 한정후견종료의 심판으로 피한정후견인은 제한받고 있던 행위능력을 회복하며, 이는 장래에 향하여 효력을 가진다.

제14조【한정후견종료의 심판】
한정후견개시의 원인이 소멸된 경우에는 가정법원은 본인, 배우자, 4촌 이내의 친족, 한정후견인, 한정후견감독인, 검사 또는 지방자치단체의 장의 청구에 의하여 한정후견종료의 심판을 한다.

③ **제14조의2 【특정후견의 심판】** ② 특정후견은 본인의 의사에 반하여 할 수 없다.

| 비교 | **제9조 【성년후견개시의 심판】** ② 가정법원은 성년후견개시의 심판을 할 때 본인의 의사를 고려하여야 한다.

제12조 【한정후견개시의 심판】 ② 한정후견개시의 경우에 제9조 제2항을 준용한다.

④ **제10조 【피성년후견인의 행위와 취소】** ② 제1항에도 불구하고 가정법원은 취소할 수 없는 피성년후견인의 법률행위의 범위를 정할 수 있다.

⑤ **제9조 【성년후견개시의 심판】** ① 가정법원은 질병, 장애, 노령, 그 밖의 사유로 인한 정신적 제약으로 사무를 처리할 능력이 지속적으로 결여된 사람에 대하여 본인, 배우자, 4촌 이내의 친족, 미성년후견인, 미성년후견감독인, 한정후견인, 한정후견감독인, 특정후견인, 특정후견감독인, 검사 또는 지방자치단체의 장의 청구에 의하여 성년후견개시의 심판을 한다.

Chapter 03

19 후견에 관한 설명으로 옳지 않은 것은?

2022 행정사

① 가정법원은 성년후견개시의 심판을 할 때 본인의 의사를 고려하여야 한다.

② 가정법원이 피성년후견인에 대하여 한정후견개시의 심판을 할 때에는 종전의 성년후견의 종료 심판을 하여야 한다.

③ 피성년후견인의 법률행위는 원칙적으로 취소할 수 있지만, 가정법원은 취소할 수 없는 법률행위의 범위를 정할 수 있다.

④ 가정법원은 피한정후견인이 한정후견인의 동의를 받아야 하는 행위의 범위를 정할 수 있다.

⑤ 가정법원은 정신적 제약으로 특정한 사무에 관하여 후원이 필요한 자에 대하여는 본인의 의사에 반하더라도 특정후견의 심판을 할 수 있다.

정답해설

① **제9조 【성년후견개시의 심판】** ② 가정법원은 성년후견개시의 심판을 할 때 본인의 의사를 고려하여야 한다.

> **제12조 【한정후견개시의 심판】**
> ② 한정후견개시의 경우에 제9조 제2항을 준용한다.

| 비교 | **제14조의2 【특정후견의 심판】** ② 특정후견은 본인의 의사에 반하여 할 수 없다.

② 가정법원이 피성년후견인에 대하여 한정후견개시의 심판을 할 때에는 종전의 성년후견의 종료 심판을 할 필요가 있다. 왜냐하면 능력의 범위가 차이가 있기 때문이다(제14조의3).

> **제14조의3 【심판 사이의 관계】**
> ② 가정법원이 피성년후견인 또는 피특정후견인에 대하여 한정후견개시의 심판을 할 때에는 종전의 성년후견 또는 특정후견의 종료 심판을 한다.

Answer 17 ③ 18 ③ 19 ⑤

③ 피성년후견인이 행한 모든 재산법상의 법률행위는 원칙적으로 취소할 수 있다(제10조 제1항). 그러나 가정법원이 취소할 수 없는 피성년후견인의 법률행위의 범위를 정할 수 있다(제10조 제2항).

> **제10조【피성년후견인의 행위와 취소】**
> ① 피성년후견인의 법률행위는 취소할 수 있다.
> ② 제1항에도 불구하고 가정법원은 취소할 수 없는 피성년후견인의 법률행위의 범위를 정할 수 있다.

④ **제13조【피한정후견인의 행위와 동의】** ① 가정법원은 피한정후견인이 한정후견인의 동의를 받아야 하는 행위의 범위를 정할 수 있다

⑤ 가정법원은 정신적 제약으로 일시적 후원 또는 특정한 사무에 관한 후원이 필요한 사람에 대하여 일정한 자의 청구에 의하여 특정후견의 심판을 할 수 있으나, 특정후견은 제한능력자가 아니므로 본인의 의사에 반하여는 할 수 없다(제14조의2 제1항・제2항).

> **제14조의2【특정후견의 심판】**
> ① 가정법원은 질병, 장애, 노령, 그 밖의 사유로 인한 정신적 제약으로 일시적 후원 또는 특정한 사무에 관한 후원이 필요한 사람에 대하여 본인, 배우자, 4촌 이내의 친족, 미성년후견인, 미성년후견감독인, 검사 또는 지방자치단체의 장의 청구에 의하여 특정후견의 심판을 한다.
> ② 특정후견은 본인의 의사에 반하여 할 수 없다.

20 성년후견, 한정후견, 특정후견에 관한 설명으로 옳지 않은 것은?

2014 행정사

① 피성년후견인의 법률행위는 취소할 수 있다.
② 가정법원은 한정후견개시의 심판을 할 때 본인의 의사를 고려하여야 한다.
③ 가정법원이 피한정후견인에 대하여 성년후견개시의 심판을 할 때에는 종전의 한정후견의 종료 심판을 한다.
④ 특정후견은 본인의 의사에 반하여 할 수 있다.
⑤ 특정후견의 심판을 하는 경우에는 특정후견의 기간 또는 사무의 범위를 정하여야 한다.

정답해설

① **제10조【피성년후견인의 행위와 취소】** ① 피성년후견인의 법률행위는 취소할 수 있다.
② 가정법원은 한정후견개시의 심판을 할 때 본인의 의사를 고려하여야 한다(제12조 제2항, 제9조 제2항).

> **제9조【성년후견개시의 심판】**
> ② 가정법원은 성년후견개시의 심판을 할 때 본인의 의사를 고려하여야 한다.
> **제12조【한정후견개시의 심판】**
> ② 한정후견개시의 경우에 제9조 제2항을 준용한다.

| 비교 | **제14조의2【특정후견의 심판】** ② 특정후견은 본인의 의사에 반하여 할 수 없다.

③ **제14조의3【심판 사이의 관계】** ① 가정법원이 피한정후견인 또는 피특정후견인에 대하여 성년후견개시의 심판을 할 때에는 종전의 한정후견 또는 특정후견의 종료 심판을 한다.

④ **제14조의2【특정후견의 심판】** ② 특정후견은 본인의 의사에 반하여 할 수 없다.
⑤ **제14조의2【특정후견의 심판】** ③ 특정후견의 심판을 하는 경우에는 특정후견의 기간 또는 사무의 범위를 정하여야 한다.

21 성년후견에 관한 설명으로 옳지 않은 것은?

2024 행정사

① 피성년후견인도 의사능력이 있으면 유효하게 임의대리행위를 할 수 있다.
② 가정법원은 본인의 의사에 반하더라도 특정후견의 심판을 할 수 있다.
③ 검사나 지방자치단체의 장도 특정후견의 심판을 청구할 수 있는 자에 포함된다.
④ 특정후견은 특정후견의 심판에서 정한 기간이 경과하면 가정법원의 종료심판 없이도 종료한다.
⑤ 특정후견의 심판을 하는 경우에는 특정후견의 기간 또는 사무의 범위를 정하여야 한다.

정답해설

① 대리인은 행위능력자임을 요하지 아니하므로(제117조), 피성년후견인이라도 의사능력이 있으면 타인의 대리행위는 단독으로 유효하게 할 수 있다.

제117조【대리인의 행위능력】 대리인은 행위능력자임을 요하지 아니한다.

② **제14조의2【특정후견의 심판】** ② 특정후견은 본인의 의사에 반하여 할 수 없다.
비교 **제9조【성년후견개시의 심판】** ② 가정법원은 성년후견개시의 심판을 할 때 본인의 의사를 고려하여야 한다.
제12조【한정후견개시의 심판】 ② 한정후견개시의 경우에 제9조 제2항을 준용한다.
③ **제14조의2【특정후견의 심판】** ① 가정법원은 질병, 장애, 노령, 그 밖의 사유로 인한 정신적 제약으로 일시적 후원 또는 특정한 사무에 관한 후원이 필요한 사람에 대하여 본인, 배우자, 4촌 이내의 친족, 미성년후견인, 미성년후견감독인, 검사 또는 지방자치단체의 장의 청구에 의하여 특정후견의 심판을 한다.
④ 특정후견은 지속적인 것이 아닌 일시적인 것이거나 특정한 사무에 관한 것이므로, 개시와 종료를 별도로 심판할 필요는 없고, 특정후견의 기간이나 사무의 범위를 정하면 족하다(제14조의 2 제3항). 이후 기간이 지나거나 사무처리가 종결에 의해 특정후견도 자연히 종결된다.
⑤ **제14조의2【특정후견의 심판】** ③ 특정후견의 심판을 하는 경우에는 특정후견의 기간 또는 사무의 범위를 정하여야 한다.

Answer 20 ④ 21 ②

22 제과점을 경영하는 자가 단독으로 제빵용 기계를 새로 구입하는 계약을 체결하였으나, 그 계약을 취소하고자 한다. 제한능력자임을 이유로 취소권을 행사할 수 있는 경영자인 경우는?

2017 세무사

① 미성년자이지만 법정대리인으로부터 제과점의 영업허락을 얻은 경우
② 미성년자이지만 혼인한 경우
③ 법원으로부터 취소할 수 없는 법률행위의 범위를 지정받지 않은 피성년후견인이지만 혼인한 경우
④ 부동산 거래로 국한하여 후견범위가 정하여진 피특정후견인인 경우
⑤ 법률행위를 함에 있어서 한정후견인의 동의를 받을 필요가 없는 피한정후견인인 경우

정답해설

① **제8조 【영업의 허락】** ① 미성년자가 법정대리인으로부터 허락을 얻은 특정한 영업에 관하여는 성년자와 동일한 행위능력이 있다.
② **제826조의2 【성년의제】** 미성년자가 혼인을 한 때에는 성년자로 본다.
③ 피성년후견인이 단독으로 한 법률행위는 성년후견인이 취소할 수 있다. 다만 일용품의 구입 등 일상생활에 필요하고 그 대가가 과도하지 아니한 법률행위는 피성년후견인이 단독으로 할 수 있다(제10조). 또한 가정법원은 피성년후견인이 단독으로 할 수 있는 법률행위의 범위를 정할 수 있고, 일정한 자의 청구에 의해 그 범위를 변경할 수도 있다(제10조). 그러므로 피성년후견인에게는 제826조의2 성년의제 규정이 적용되지 않으므로, 취소할 수 없는 법률행위의 범위를 지정받지 않은 피성년후견인은 제한능력자로서 단독으로 행위를 한 경우 취소할 수 있다.
④ 피특정후견인은 완전한 행위능력자이다. 일시적으로 또는 특정한 사무에 대하여 후원을 받을 뿐이다. 따라서 특정후견인이 대리권을 수여받은 영역의 행위이더라도 피특정후견인은 단독으로 유효하게 법률행위를 할 수 있다.
⑤ 피한정후견인은 원칙적으로 행위능력을 유지하며, 가정법원이 한정후견인의 동의를 받도록 정한 행위만 제외하고 독자적으로 행위할 수 있다.

23 제한능력자의 상대방 보호에 관한 설명으로 옳은 것을 모두 고른 것은?

2015 행정사

ㄱ. 상대방은 제한능력자가 능력자로 된 후에 그에게 유예기간을 정하여 취소할 수 있는 행위에 대한 추인여부의 확답을 원칙적으로 촉구할 수 없다.
ㄴ. 상대방은 제한능력자가 능력자로 된 후에 그 법정대리인이었던 자에게 취소할 수 있는 행위에 대한 추인여부의 확답을 촉구한 경우 그 촉구는 유효하다.
ㄷ. 계약 당시에 제한능력자임을 상대방이 알지 못한 경우, 제한능력자가 맺은 계약은 추인이 있을 때까지 상대방이 그 의사표시를 철회할 수 있다.
ㄹ. 제한능력자가 속임수로써 자기를 능력자로 믿게 한 경우에는 그 행위를 취소할 수 없다.

① ㄱ, ㄴ
② ㄴ, ㄹ
③ ㄷ, ㄹ
④ ㄱ, ㄴ, ㄷ
⑤ ㄱ, ㄷ, ㄹ

정답해설

ㄱ. (×): 상대방은 제한능력자가 능력자로 된 후에는 그에게 1개월 이상의 유예기간을 정하여 취소할 수 있는 행위에 대한 추인여부의 확답을 원칙적으로 촉구할 수 있다(제16조 제1항).

제15조【제한능력자의 상대방의 확답을 촉구할 권리】
① 제한능력자의 상대방은 제한능력자가 능력자가 된 후에 그에게 1개월 이상의 기간을 정하여 그 취소할 수 있는 행위를 추인할 것인지 여부의 확답을 촉구할 수 있다. 능력자로 된 사람이 그 기간 내에 확답을 발송하지 아니하면 그 행위를 추인한 것으로 본다.

ㄴ. (×): 제한능력자가 능력자로 되면 법정대리인의 대리권이 소멸하므로, 상대방이 대리권이 소멸한 법정대리인에게 한 취소할 수 있는 행위에 대한 추인여부의 확답을 촉구하였다 하여도 이 경우 그러한 촉구는 효력이 없다.

제15조【제한능력자의 상대방의 확답을 촉구할 권리】
② 제한능력자가 아직 능력자가 되지 못한 경우에는 그의 법정대리인에게 제1항의 촉구를 할 수 있고, 법정대리인이 그 정하여진 기간 내에 확답을 발송하지 아니한 경우에는 그 행위를 추인한 것으로 본다.

ㄷ. (○): 제한능력자와 계약을 맺은 선의의 상대방은 제한능력자 측에서 추인하기 전까지 제한능력자를 상대로 그 의사표시를 철회할 수 있다(제16조 제1항).

제16조【제한능력자의 상대방의 철회권과 거절권】
① 제한능력자가 맺은 계약은 추인이 있을 때까지 상대방이 그 의사표시를 철회할 수 있다. 다만, 상대방이 계약 당시에 제한능력자임을 알았을 경우에는 그러하지 아니하다.

Answer 22 ③ 23 ③

ㄹ. (○): **제17조【제한능력자의 속임수】** ① 제한능력자가 속임수로써 자기를 능력자로 믿게 한 경우에는 그 행위를 취소할 수 없다.

✦ 제한능력자의 상대방의 확답촉구권 · 철회권 · 거절권

	권리	권리행사의 요건	권리행사의 상대방	대상행위
제한능력자의 상대방의 권리	확답촉구권	선·악의 모두 가능	능력자, 법정대리인	계약, 단독행위
	철회권	선의만 가능	제한능력자 포함	계약
	거절권	선·악의 모두 가능	제한능력자 포함	단독행위

24 민법상 미성년자의 법률행위에 관한 설명으로 옳지 않은 것은? (다툼이 있으면 판례에 의함)

2024 행정사

① 미성년자의 법률행위에 법정대리인의 동의를 요하도록 하는 규정은 강행규정이다.

② 법정대리인의 동의를 요하는 미성년자의 법률행위에 있어서 법정대리인의 동의는 묵시적으로는 할 수 없다.

③ 미성년자가 법정대리인으로부터 허락을 얻은 특정한 영업에 관해서는 성년자와 동일한 행위능력이 있다.

④ 법정대리인이 미성년자에게 한 특정한 영업의 허락을 취소하는 경우 그 취소는 선의의 제3자에게 대항할 수 없다.

⑤ 미성년자와 계약을 체결한 상대방은 계약 당시 미성년자임을 알았을 경우에는 그 의사표시를 철회할 수 없다.

정답해설

① 행위무능력자 제도는 사적자치의 원칙이라는 민법의 기본이념, 특히, 자기책임 원칙의 구현을 가능케 하는 도구로서 인정되는 것이고, 거래의 안전을 희생시키더라도 행위무능력자를 보호하고자 함에 근본적인 입법 취지가 있는바, 미성년자의 법률행위에 법정대리인의 동의를 요하도록 하는 것은 강행규정인데, 위 규정에 반하여 이루어진 신용구매계약을 미성년자 스스로 취소하는 것을 신의칙 위반을 이유로 배척한다면, 이는 오히려 위 규정에 의해 배제하려는 결과를 실현시키는 셈이 되어 미성년자 제도의 입법 취지를 몰각시킬 우려가 있으므로, 법정대리인의 동의 없이 신용구매계약을 체결한 미성년자가 사후에 법정대리인의 동의 없음을 사유로 들어 이를 취소하는 것이 신의칙에 위배된 것이라고 할 수 없다(대판 2007.11.16. 2005다71659, 71666, 71673).

② 미성년자가 법률행위를 함에 있어서 요구되는 법정대리인의 동의는 언제나 명시적이어야 하는 것은 아니고 묵시적으로도 가능하다(대판 2007.11.16, 2005다71659, 71666, 71673).

③ **제8조【영업의 허락】** ① 미성년자가 법정대리인으로부터 허락을 얻은 특정한 영업에 관하여는 성년자와 동일한 행위능력이 있다.

④ 법정대리인은 미성년자에게 특정한 영업을 허락할 수 있고(제8조 제1항), 또한 영업허락을 취소나 제한함에도 단독으로 가능하다(제8조 제2항 본문). 그러나 영업허락의 취소나 제한을 모르는 선의의 제3자에게는 영업허락이 취소되었다고 주장하지 못한다(제8조 제2항 단서).

> **제8조【영업의 허락】** ① 미성년자가 법정대리인으로부터 허락을 얻은 특정한 영업에 관하여는 성년자와 동일한 행위능력이 있다.
> ② 법정대리인은 전항의 허락을 취소 또는 제한할 수 있다. 그러나 선의의 제3자에게 대항하지 못한다.

⑤ **제16조【제한능력자의 상대방의 철회권과 거절권】** ① 제한능력자가 맺은 **계약**은 **추인이 있을 때까지** 상대방이 그 의사표시를 **철회**할 수 있다. 다만, 상대방이 계약 당시에 제한능력자임을 **알았을 경우에는 그러하지 아니하다.**

25 제한능력자에 관한 설명으로 옳지 않은 것은?

2021 행정사

① 권리만을 얻는 법률행위는 미성년자가 단독으로 할 수 있다.
② 미성년자가 법정대리인으로부터 허락을 얻은 특정한 영업에 관하여는 성년자와 동일한 행위능력이 있다.
③ 법정대리인이 미성년자에게 한 특정한 영업의 허락을 취소하는 경우 그 취소로 선의의 제3자에게 대항할 수 있다.
④ 제한능력자의 상대방은 계약 당시 제한능력자임을 알았을 경우에는 그 의사표시를 철회할 수 없다.
⑤ 상대방이 거절의 의사표시를 할 수 있는 경우 제한능력자를 상대로 그 의사표시를 할 수 있다.

정답해설

① 권리만을 얻는 법률행위는 미성년자라도 법정대리인의 동의 없이 단독으로 할 수 있다(제5조 제1항 단서).

> **제5조【미성년자의 능력】**
> ① 미성년자가 법률행위를 함에는 법정대리인의 동의를 얻어야 한다. 그러나 권리만을 얻거나 의무만을 면하는 행위는 그러하지 아니하다.

② **제8조【영업의 허락】** ① 미성년자가 법정대리인으로부터 허락을 얻은 특정한 영업에 관하여는 성년자와 동일한 행위능력이 있다.
③ 법정대리인이 미성년자에게 한 특정한 영업의 허락을 취소하는 경우 그 취소로 선의의 제3자에게 대항할 수 없다(제8조 제2항).

> **제8조【영업의 허락】**
> ② 법정대리인은 전항의 허락을 취소 또는 제한할 수 있다. 그러나 선의의 제3자에게 대항하지 못한다.

Answer 24 ② 25 ③

④ 제한능력자의 상대방의 철회권은 선의자가 가능하므로, 계약 당시 제한능력자임을 알았을 경우에는 그 의사표시를 철회할 수 없다.

제16조【제한능력자의 상대방의 철회권과 거절권】
① 제한능력자가 맺은 계약은 추인이 있을 때까지 상대방이 그 의사표시를 철회할 수 있다. 다만, 상대방이 계약 당시에 제한능력자임을 알았을 경우에는 그러하지 아니하다.

⑤ 상대방의 단독행위의 거절의 의사표시는 확답촉구권과 달리 제한능력자를 상대로도 그 의사표시를 할 수 있다.

26 제한능력자에 관한 설명으로 옳은 것을 모두 고른 것은? (다툼이 있으면 판례에 따름)

2017 행정사

ㄱ. 미성년자의 법률행위에 법정대리인의 묵시적 동의가 인정되는 경우에는 미성년자는 제한능력을 이유로 그 법률행위를 취소할 수 없다.
ㄴ. 법정대리인이 취소한 미성년자의 법률행위는 취소시부터 효력을 상실한다.
ㄷ. 피성년후견인의 법률행위 중 일상생활에 필요하고, 대가가 과도하지 아니한 법률행위는 성년후견인이 취소할 수 없다.
ㄹ. 제한능력자가 맺은 계약은 제한능력자 측에서 추인하기 전까지 상대방이 이를 거절할 수 있다.
ㅁ. 제한능력자와 계약을 맺은 선의의 상대방은 제한능력자 측에서 추인하기 전까지 제한능력자를 상대로 그 의사표시를 철회할 수 있다.

① ㄱ, ㄴ, ㄷ　② ㄱ, ㄷ, ㅁ　③ ㄱ, ㄹ, ㅁ
④ ㄴ, ㄷ, ㄹ　⑤ ㄴ, ㄹ, ㅁ

정답해설

ㄱ. (○): 미성년자의 법률행위에 법정대리인의 묵시적 동의가 인정되는 경우는 제5조 제1항에 따라 유효한 행위로 미성년자는 제한능력을 이유로 그 법률행위를 취소할 수 없다.

제5조【미성년자의 능력】
① 미성년자가 법률행위를 함에는 법정대리인의 동의를 얻어야 한다. 그러나 권리만을 얻거나 의무만을 면하는 행위는 그러하지 아니하다.
② 전항의 규정에 위반한 행위는 취소할 수 있다.

ㄴ. (×): 법정대리인이 취소한 미성년자의 법률행위는 취소시부터가 아니라 처음부터 효력을 상실하는 소급효가 있다(제141조).

제141조【취소의 효과】
취소된 법률행위는 처음부터 무효인 것으로 본다. 다만, 제한능력자는 그 행위로 인하여 받은 이익이 현존하는 한도에서 상환할 책임이 있다.

ㄷ. (○): 피성년후견인의 법률행위 중 일상생활에 필요하고, 대가가 과도하지 아니한 법률행위는 성년후견인이 취소할 수 없다(제10조 제4항).

제10조 【피성년후견인의 행위와 취소】
① 피성년후견인의 법률행위는 취소할 수 있다.
② 제1항에도 불구하고 가정법원은 취소할 수 없는 피성년후견인의 법률행위의 범위를 정할 수 있다.
④ 제1항에도 불구하고 일용품의 구입 등 일상생활에 필요하고 그 대가가 과도하지 아니한 법률행위는 성년후견인이 취소할 수 없다.

ㄹ. (×): 상대방의 거절권은 단독행위에 가능하고(제16조 제2항), 계약은 철회할 수 있을 뿐이다.

제16조 【제한능력자의 상대방의 철회권과 거절권】
② 제한능력자의 단독행위는 추인이 있을 때까지 상대방이 거절할 수 있다.

ㅁ. (○): 제한능력자와 계약을 맺은 선의의 상대방은 제한능력자 측에서 추인하기 전까지 제한능력자를 상대로 그 의사표시를 철회할 수 있다(제16조 제1항).

제16조 【제한능력자의 상대방의 철회권과 거절권】
① 제한능력자가 맺은 계약은 추인이 있을 때까지 상대방이 그 의사표시를 철회할 수 있다. 다만, 상대방이 계약 당시에 제한능력자임을 알았을 경우에는 그러하지 아니하다.

27 **미성년자 甲이 법정대리인 乙의 동의 없이 자신의 노트북 컴퓨터를 丙에게 매각하였다. 다음 설명 중 옳은 것은?** 2014 행정사

① 丙은 乙이 추인하기 전에 거절권을 행사할 수 있다.
② 丙이 그 물건을 다시 丁에게 증여한 경우, 甲은 丁을 상대로 매매계약을 취소할 수 있다.
③ 계약체결 시에 甲이 미성년자임을 안 丙은 그의 의사표시를 철회할 수 있다.
④ 甲이 속임수로써 乙의 동의가 있는 것으로 믿게 한 경우, 甲은 계약을 원인으로 얻은 모든 이득을 반환하고 계약을 취소할 수 있다.
⑤ 丙은 19세가 된 甲에게 1개월 이상의 기간을 정하여 매매계약을 추인할 것인지 여부의 확답을 촉구할 수 있다.

Answer 26 ② 27 ⑤

정답해설

① 상대방의 거절권은 단독행위에 가능하므로(제16조 제2항), 매매계약을 체결한 상대방 丙은 추인 전이라도 거절권을 행사할 수 없다.

> **제16조【제한능력자의 상대방의 철회권과 거절권】**
> ② 제한능력자의 단독행위는 추인이 있을 때까지 상대방이 거절할 수 있다.

② 취소는 그 상대방에 대한 의사표시로 하여야 한다(제142조). 미성년자 甲이 취소하려는 매매계약의 상대방은 丙이므로, 丁이 아니라 丙을 상대로 매매계약을 취소하여야 한다.

> **제142조【취소의 상대방】**
> 취소할 수 있는 법률행위의 상대방이 확정된 경우에는 그 취소는 그 상대방에 대한 의사표시로 하여야 한다.

③ 철회권은 계약을 맺은 선의의 상대방에게만 인정되므로, 계약체결 시에 甲이 미성년자임을 안 丙은 그의 의사표시를 철회할 수 없다(제16조 제1항).

> **제16조【제한능력자의 상대방의 철회권과 거절권】**
> ① 제한능력자가 맺은 계약은 추인이 있을 때까지 상대방이 그 의사표시를 철회할 수 있다. 다만, 상대방이 계약 당시에 제한능력자임을 알았을 경우에는 그러하지 아니하다.

④ 미성년자가 속임수로써 법정대리인의 동의가 있는 것으로 믿게 한 경우에는 취소권이 배제된다(제17조 제2항). 따라서 미성년자 甲이 속임수로써 법정대리인 乙의 동의가 있는 것으로 믿게 한 경우, 甲은 제17조 제2항에 의해 계약을 취소할 수 없다.

> **제17조【제한능력자의 속임수】**
> ② 미성년자나 피한정후견인이 속임수로써 법정대리인의 동의가 있는 것으로 믿게 한 경우에도 제1항과 같다.

⑤ 상대방 丙은 능력자가 된 19세인 甲에게 1개월 이상의 기간을 정하여 매매계약을 추인할 것인지 여부의 확답을 촉구할 수 있다(제16조 제1항).

> **제15조【제한능력자의 상대방의 확답을 촉구할 권리】**
> ① 제한능력자의 상대방은 제한능력자가 능력자가 된 후에 그에게 1개월 이상의 기간을 정하여 그 취소할 수 있는 행위를 추인할 것인지 여부의 확답을 촉구할 수 있다. 능력자로 된 사람이 그 기간 내에 확답을 발송하지 아니하면 그 행위를 추인한 것으로 본다.

28 **미성년자 甲은 법정대리인 乙의 동의 없이 자신의 디지털 카메라를 丙에게 매도하는 내용의 계약(이하 '계약')을 丙과 체결하였다. 이에 관한 설명으로 옳은 것은? (다툼이 있으면 판례에 따름)** 2019 행정사

① 甲이 위 계약을 취소하려는 경우, 乙의 동의의 유무에 대한 증명책임은 甲에게 있다.
② 계약 당시 甲이 미성년자임을 알고 있었던 丙은 乙에 대하여 자신의 의사표시를 철회할 수 있다.
③ 丙이 성년자가 된 甲에게 1개월의 기간을 정하여 계약의 추인 여부의 확답을 촉구한 경우, 甲이 그 기간 내에 확답을 발송하지 않으면 계약을 취소한 것으로 본다.
④ 丙이 미성년자인 甲에게 1개월의 기간을 정하여 계약의 추인 여부의 확답을 촉구한 경우, 甲이 그 기간 내에 확답을 발송하지 않으면 계약을 추인한 것으로 본다.
⑤ 甲이 위조하여 제시한 乙의 동의서를 丙이 신뢰하여 계약을 체결하였다면 乙은 미성년자의 법률행위임을 이유로 계약을 취소할 수 없다.

정답해설

① 미성년자의 행위에 대해 법정대리인의 동의에 관한 입증책임은 미성년자에게 있는 것이 아니라 동의가 있었음을 주장하는 상대방에게 있다(대판 1970.2.24. 69다1568). 법정대리인 乙의 동의의 유무에 대한 증명책임은 미성년자 甲에게 있는 것이 아니라, 상대방인 丙에게 있다.
② 상대방의 철회권은 계약의 경우에 선의인 경우에 한하여 추인 전까지만 할 수 있다(제16조 제1항). 그러므로 계약 당시 甲이 제한능력자임을 상대방 丙이 알았다면 丙은 乙을 상대로 자기의 의사표시를 철회할 수 없다.

> **제16조 【제한능력자의 상대방의 철회권과 거절권】**
> ① 제한능력자가 맺은 계약은 추인이 있을 때까지 상대방이 그 의사표시를 철회할 수 있다. 다만, 상대방이 계약 당시에 제한능력자임을 알았을 경우에는 그러하지 아니하다.

③ 상대방 丙이 성년자가 된 甲에게 1개월의 기간을 정하여 계약의 추인 여부의 확답을 촉구한 경우, 甲이 그 기간 내에 확답을 발송하지 않으면 계약을 취소가 아니라 추인한 것으로 본다(제15조 제1항).

> **제15조 【제한능력자의 상대방의 확답을 촉구할 권리】**
> ① 제한능력자의 상대방은 제한능력자가 능력자가 된 후에 그에게 1개월 이상의 기간을 정하여 그 취소할 수 있는 행위를 추인할 것인지 여부의 확답을 촉구할 수 있다. 능력자로 된 사람이 그 기간 내에 확답을 발송하지 아니하면 그 행위를 추인한 것으로 본다.
> ② 제한능력자가 아직 능력자가 되지 못한 경우에는 그의 법정대리인에게 제1항의 촉구를 할 수 있고, 법정대리인이 그 정하여진 기간 내에 확답을 발송하지 아니한 경우에는 그 행위를 추인한 것으로 본다.

④ 미성년자인 동안에는 확답촉구의 대상이 될 수 없기 때문에 확답촉구의 효력이 발생하지 않는다. 아직 미성년자인 경우에는 법정대리인에게 하여야 한다(제15조 제2항).

Answer 28 ⑤

⑤ 민법 제17조에서 이른바 속임수를 쓴 것이라 함은 적극적으로 사기수단을 쓴 것을 말하는 것이고 단순히 자기가 능력자라 사언함은 속임수(사술)를 쓴 것이라고 할 수 없다(대판 1971.12.14. 71다2045). 甲이 위조하여 제시한 乙의 동의서를 丙이 신뢰하여 계약을 체결하였다면 乙은 제17조 제2항에 해당하여 미성년자의 법률행위임을 이유로 계약을 취소할 수 없다.

> **제17조 【제한능력자의 속임수】**
> ① 제한능력자가 속임수로써 자기를 능력자로 믿게 한 경우에는 그 행위를 취소할 수 없다.
> ② 미성년자나 피한정후견인이 속임수로써 법정대리인의 동의가 있는 것으로 믿게 한 경우에도 제1항과 같다.

29 미성년자 乙은 친권자 甲의 처분동의가 필요한 자기 소유의 물건을 甲의 동의 없이 丙에게 매도하는 계약을 체결하였다. 이에 관한 설명으로 옳지 않은 것은? (다툼이 있으면 판례에 의함) 2023 행정사

① 丙은 乙이 성년이 된 후에 그에게 1개월 이상의 기간을 정하여 계약의 추인 여부의 확답을 촉구할 수 있다.

② 성년이 된 乙이 ①에서 丙이 정한 기간 내에 확답을 발송하지 아니하면 계약을 추인한 것으로 본다.

③ 丙이 계약 당시에 乙이 미성년자임을 알았더라도 丙은 자신의 의사표시를 철회할 수 있다.

④ 丙이 계약 당시에 乙이 미성년자임을 알지 못한 경우 丙은 乙에게도 철회의 의사표시를 할 수 있다.

⑤ 乙이 계약 당시에 甲의 동의서를 위조하여 甲의 동의가 있는 것으로 丙을 믿게 한 경우 甲은 그 계약을 취소할 수 없다.

정답해설

①, ② 제한능력자의 상대방인 丙은 제한능력자 乙이 성년이 되어 능력자가 된 후에 그에게 1개월 이상의 기간을 정하여 그 취소할 수 있는 행위를 추인할 것인지 여부의 확답을 촉구할 수 있다. 성년이 된 乙이 ①에서 丙이 정한 기간 내에 확답을 발송하지 아니하면 계약을 추인한 것으로 본다(제15조 제1항).

> **제15조 【제한능력자의 상대방의 확답을 촉구할 권리】**
> ① 제한능력자의 상대방은 제한능력자가 능력자가 된 후에 그에게 1개월 이상의 기간을 정하여 그 취소할 수 있는 행위를 추인할 것인지 여부의 확답을 촉구할 수 있다. 능력자로 된 사람이 그 기간 내에 확답을 발송하지 아니하면 그 행위를 추인한 것으로 본다.

③ 상대방의 철회권은 계약의 경우에 선의인 경우에 한하여 추인 전까지만 할 수 있다(제16조 제1항). 丙이 계약 당시에 乙이 미성년자임을 알았더라도 丙은 자신의 의사표시를 철회할 수 없다.

제16조【제한능력자의 상대방의 철회권과 거절권】
① 제한능력자가 맺은 계약은 추인이 있을 때까지 상대방이 그 의사표시를 철회할 수 있다. 다만, 상대방이 계약 당시에 제한능력자임을 알았을 경우에는 그러하지 아니하다.

④ 선의의 상대방은 철회할 수 있고, 철회의 의사표시는 제한능력자인 乙에게도 할 수 있다(제16조 제3항).

제16조【제한능력자의 상대방의 철회권과 거절권】
③ 제1항의 철회나 제2항의 거절의 의사표시는 제한능력자에게도 할 수 있다.

⑤ 미성년자 乙이 계약 당시에 법정대리인 甲의 동의서를 위조하여 甲의 동의가 있는 것으로 丙을 믿게 한 경우 법정대리인 甲은 그 계약을 취소할 수 없다(제17조 제2항).

제17조【제한능력자의 속임수】
② 미성년자나 피한정후견인이 속임수로써 법정대리인의 동의가 있는 것으로 믿게 한 경우에도 제1항과 같다.

30 미성년자 甲은 그 소유의 토지를 법정대리인 丙의 동의 없이 乙에게 매도하는 계약을 체결하였다. 이에 관한 설명으로 옳지 않은 것은? (다툼이 있으면 판례에 의함) 2022 세무사

① 甲은 매매계약을 취소할 수 있다.
② 丙이 乙로부터 매매대금의 일부를 수령한 경우에도 丙은 甲이 제한능력자임을 이유로 매매계약을 취소할 수 있다.
③ 甲은 丙의 동의가 있더라도 단독으로 매매대금의 이행을 구하는 소를 제기할 수 없다.
④ 甲이 丙의 동의가 있는 것처럼 속여서 乙이 이를 믿고 매매계약을 체결한 경우 丙은 매매계약을 취소할 수 없다.
⑤ 丙이 매매계약을 추인하기 전에는 甲이 미성년자임을 알지 못하였던 乙은 매매의 의사표시를 철회할 수 있다.

정답해설

① 법정대리인 丙의 동의 없이 미성년자 甲이 한 매매계약은 취소할 수 있는 법률행위(제5조 제1항·제2항)이고, 甲이 미성년자라도 단독으로 유효하게 취소권을 행사할 수 있다(제140조).

제140조【법률행위의 취소권자】
취소할 수 있는 법률행위는 제한능력자, 착오로 인하거나 사기·강박에 의하여 의사표시를 한 자, 그의 대리인 또는 승계인만이 취소할 수 있다.

Answer 29 ③ 30 ②

② 취소할 수 있는 행위에서 추인(제144조)이나 법정추인(제145조)은 취소의 원인이 소멸한 후이어야 한다. 그러나 법정대리인 또는 후견인이 추인하는 경우에는 적용하지 아니한다. 따라서 법정대리인 丙이 乙로부터 매매대금의 일부를 수령한 것도 민법 제145조 1호 사유인 '일부의 이행'에 해당하여 확정적 유효가 되었으므로, 丙은 甲이 제한능력자임을 이유로 매매계약을 취소할 수 없다.

제144조【추인의 요건】
① **추인은** 취소의 원인이 소멸된 후에 하여야만 **효력이 있다.**
② 제1항은 법정대리인 또는 후견인이 추인하는 경우에는 적용하지 아니한다.
제145조【법정추인】
취소할 수 있는 법률행위에 관하여 전조의 규정에 의하여 추인할 수 있는 후에 다음 각 호의 사유가 있으면 추인한 것으로 본다. 그러나 이의를 보류한 때에는 그러하지 아니하다.
1. 전부나 일부의 이행 → 상대방의 이행을 수령하는 것을 포함한다.
2. 이행의 청구 → 취소권자가 상대방에게 청구한 경우만 포함된다.
3. 경개
4. 담보의 제공 → 물적 담보나 인적 담보를 불문한다.
5. 취소할 수 있는 행위로 취득한 권리의 전부나 일부의 양도 → 취소권자가 취득한 권리의 전부나 일부의 양도한 경우만 포함된다.
6. 강제집행

③ 미성년자 또는 피성년후견인은 원칙적으로 법정대리인에 의해서만 소송행위를 할 수 있다(「민사소송법」 제55조 제1항). 미성년자인 甲은 소송능력이 없으므로 丙의 동의가 있더라도 단독으로 매매대금의 이행을 구하는 소를 제기할 수 없다.

민사소송법 제55조【제한능력자의 소송능력】
① 미성년자 또는 피성년후견인은 법정대리인에 의해서만 소송행위를 할 수 있다. 다만, 다음 각 호의 경우에는 그러하지 아니하다.
1. 미성년자가 독립하여 법률행위를 할 수 있는 경우
2. 피성년후견인이 「민법」 제10조 제2항에 따라 취소할 수 없는 법률행위를 할 수 있는 경우
② 피한정후견인은 한정후견인의 동의가 필요한 행위에 관하여는 대리권 있는 한정후견인에 의해서만 소송행위를 할 수 있다.

④ 미성년자 甲이 법정대리인 丙의 동의가 있는 것처럼 속여서 乙이 이를 믿고 매매계약을 체결한 경우, 제17조 2항에 의해 취소권이 배제되어 법정대리인 丙은 매매계약을 취소할 수 없다.

제17조【제한능력자의 속임수】
① 제한능력자가 속임수로써 자기를 능력자로 믿게 한 경우에는 그 행위를 취소할 수 없다.
② 미성년자나 피한정후견인**이 속임수로써** 법정대리인의 동의**가 있는 것으로 믿게 한 경우에도 제1항과 같다.**

⑤ 제한능력자가 맺은 계약은 추인이 있을 때까지 선의의 상대방 乙은 매매의 의사표시를 철회할 수 있다(제16조 제1항).

제16조【제한능력자의 상대방의 철회권과 거절권】
① 제한능력자가 맺은 계약은 추인이 있을 때까지 상대방이 그 의사표시를 철회할 수 있다. 다만, 상대방이 계약 당시에 제한능력자임을 알았을 경우에는 그러하지 아니하다.

31 **甲은 취소할 수 없는 법률행위의 범위를 정함이 없이 성년후견개시심판을 받았다. 그 후 甲은 법정대리인 乙의 동의서를 위조하는 방법으로 乙의 동의가 있는 것처럼 믿게 하여 자기 소유 건물을 丙에게 매각하는 계약을 체결하였다. 이에 관한 설명으로 옳지 않은 것을 모두 고른 것은? (다툼이 있으면 판례에 따름)** 2018 감정평가사

ㄱ. 乙은 丙을 상대로 계약을 취소할 수 있다.
ㄴ. 丙은 甲을 상대로 계약의 추인여부에 대한 확답을 촉구할 수 있다.
ㄷ. 계약 당시 甲이 제한능력자임을 丙이 알았더라도 그 추인이 있기 전까지 丙은 乙을 상대로 자기의 의사표시를 철회할 수 있다.

① ㄱ ② ㄷ ③ ㄱ, ㄴ
④ ㄴ, ㄷ ⑤ ㄱ, ㄴ, ㄷ

정답해설

ㄱ. (○): 제한능력자의 법률행위라 하더라도 적극적으로 속임수를 써서 자기를 능력자로 믿게 한 경우는 제17조 제1항이 적용되어 취소가 제한된다. 그러나 속임수를 써서 법정대리인의 동의가 있는 것으로 믿게 한 경우에는 모든 제한능력자가 포함되는 것이 아니라, 동의를 얻어 단독으로 법률행위를 할 수 없는 피성년후견인은 제외된다(제17조 제2항). 즉 피성년후견인의 법률행위는 원칙적으로 취소할 수 있으므로(제10조 제1항), 그가 속임수로써 법정대리인의 동의가 있는 것으로 믿게 한 경우라도 제17조 제2항은 적용되지 않아 법정대리인 乙은 丙을 상대로 계약을 취소할 수 있다.

제17조【제한능력자의 속임수】
① 제한능력자가 속임수로써 자기를 능력자로 믿게 한 경우에는 그 행위를 취소할 수 없다.
② 미성년자나 피한정후견인이 속임수로써 법정대리인의 동의가 있는 것으로 믿게 한 경우에도 제1항과 같다.

ㄴ. (×): 제한능력자의 상대방은 제한능력자가 아직 능력자가 되지 못한 경우에는 제한능력자에게는 계약의 추인여부에 대한 확답을 촉구할 수 없으나, 법정대리인 乙을 상대로는 확답을 촉구할 수 있다.

제15조【제한능력자의 상대방의 확답을 촉구할 권리】
① 제한능력자의 상대방은 제한능력자가 능력자가 된 후에 그에게 1개월 이상의 기간을 정하여 그 취소할 수 있는 행위를 추인할 것인지 여부의 확답을 촉구할 수 있다. 능력자로 된 사람이 그 기간 내에 확답을 발송하지 아니하면 그 행위를 추인한 것으로 본다.
② 제한능력자가 아직 능력자가 되지 못한 경우에는 그의 법정대리인에게 제1항의 촉구를 할 수 있고, 법정대리인이 그 정하여진 기간 내에 확답을 발송하지 아니한 경우에는 그 행위를 추인한 것으로 본다.

ㄷ. (×): 상대방의 철회권은 계약의 경우에 선의인 경우에 한하여 추인 전까지만 할 수 있다(제16조 제1항). 그러므로 계약 당시 甲이 제한능력자임을 상대방 丙이 알았다면 추인이 있기 전까지라도 丙은 乙을 상대로 자기의 의사표시를 철회할 수 없다.

제16조【제한능력자의 상대방의 철회권과 거절권】
① 제한능력자가 맺은 계약은 추인이 있을 때까지 상대방이 그 의사표시를 철회할 수 있다. 다만, 상대방이 계약 당시에 제한능력자임을 알았을 경우에는 그러하지 아니하다.

Answer 31 ④

제2절 주소

01 주소에 관한 설명으로 옳지 않은 것은? 2013 주택관리사

① 주소는 동시에 두 곳 이상 있을 수 있다.
② 주소를 알 수 없는 경우에는 거소를 주소로 본다.
③ 주소란 사람의 생활의 근거가 되는 곳을 말한다.
④ 주소는 부재와 실종이나 변제장소를 정하는 표준이 된다.
⑤ 어느 법률행위에 있어서 가주소를 정한 때에는 그 행위에 관하여서는 이를 주소로 추정한다.

정답해설

①, ③ **제18조【주소】**

> ① 생활의 근거가 되는 곳을 주소로 한다.
> ② 주소는 동시에 두 곳 이상 있을 수 있다. → 복수주의

② **제19조【거소】** 주소를 알 수 없으면 거소를 주소로 본다.

④ **제22조【부재자의 재산의 관리】** ① 종래의 주소나 거소를 떠난 자가 재산관리인을 정하지 아니한 때에는 법원은 이해관계인이나 검사의 청구에 의하여 재산관리에 관하여 필요한 처분을 명하여야 한다. 본인의 부재중 재산관리인의 권한이 소멸한 때에도 같다.

제27조【실종의 선고】 ① 부재자의 생사가 5년간 분명하지 아니한 때에는 법원은 이해관계인이나 검사의 청구에 의하여 실종선고를 하여야 한다.

제467조【변제의 장소】 ② 전항의 경우에 특정물인도 이외의 채무변제는 채권자의 현주소에서 하여야 한다. 그러나 영업에 관한 채무의 변제는 채권자의 현영업소에서 하여야 한다.

⑤ **제21조【가주소】** 어느 행위에 있어서 가주소를 정한 때에는 그 행위에 관하여는 이를 주소로 본다.

02 주소에 관한 설명으로 옳은 것은?

2023 소방간부후보

① 주소는 동시에 두 곳 이상 있을 수 없다.
② 법인의 주소는 그 주된 사무소의 소재지에 있는 것으로 한다.
③ 특정 거래에서 활용되는 가주소는 생활의 근거가 되는 곳이므로 주소의 일종이다.
④ 국내에 주소가 없는 자에 대하여는 현재지를 주소로 본다.
⑤ 자연인의 민법상 주소는 주민등록지로 본다.

정답해설

① **제18조【주소】** ② 주소는 동시에 두 곳 이상 있을 수 있다.
② **제36조【법인의 주소】** 법인의 주소는 그 주된 사무소의 소재지에 있는 것으로 한다.
③ 가주소는 당사자의 의사에 의하여 설정되며(따라서 제한능력자는 단독으로 가주소를 설정할 수 없다), 특정행위(당해 거래관계)에 관하여만 가주소를 주소로 본다(제21조). 가주소는 '생활의 근거가 되는 곳이 아니므로' 진정한 의미의 주소가 아니다.

> **제21조【가주소】**
> 어느 행위에 있어서 가주소를 정한 때에는 그 행위에 관하여는 이를 주소로 본다.

④ **제20조【거소】** 국내에 주소 없는 자에 대하여는 국내에 있는 거소를 주소로 본다.
⑤ 주소를 결정함에 있어 주민등록이 중요한 자료가 되기는 하지만 그것만으로 주소가 결정되는 것은 아니다(대판 1990.8.14. 89누8064). 주민등록지는 공법상 개념이므로 주소와는 다르지만 반증이 없는 한 주소로 추정된다. 따라서 달리 반증이 있으면 실제 거주지가 주소로 되므로 양자가 차이가 있게 된다.

> **제18조【주소】**
> ① 생활의 근거가 되는 곳을 주소로 한다.

Answer 01 ⑤ 02 ②

제3절 부재와 실종

01 부재에 관한 설명으로 옳지 않은 것은? 2021 행정사

① 부재자가 정한 재산관리인의 권한이 부재자의 부재 중에 소멸한 때에는 법원은 이해관계인이나 검사의 청구에 의하여 재산관리에 관하여 필요한 처분을 명하여야 한다.

② 부재자가 재산관리인을 정한 경우 부재자의 생사가 분명하지 아니하게 되어 이해관계인이 청구를 하더라도 법원은 그 재산관리인을 개임할 수 없다.

③ 부재자의 생사가 분명하지 아니한 경우 부재자가 정한 재산관리인이 권한을 넘는 행위를 할 때에는 법원의 허가를 얻어야 한다.

④ 법원이 선임한 재산관리인은 관리할 재산목록을 작성하여야 한다.

⑤ 법원이 선임한 재산관리인에 대하여 법원은 부재자의 재산으로 상당한 보수를 지급할 수 있다.

정답해설

① 부재자가 정한 재산관리인의 권한이 부재자의 부재 중에 소멸한 때에는 법원은 이해관계인이나 검사의 청구에 의하여 재산관리에 관하여 필요한 처분을 명하여야 한다(제22조 제1항 단서).

> **제22조【부재자의 재산의 관리】**
> ① 종래의 주소나 거소를 떠난 자가 재산관리인을 정하지 아니한 때에는 법원은 이해관계인이나 검사의 청구에 의하여 재산관리에 관하여 필요한 처분을 명하여야 한다. 본인의 부재중 재산관리인의 권한이 소멸한 때에도 같다.

② **제23조【관리인의 개임】** 부재자가 재산관리인을 정한 경우에 부재자의 생사가 분명하지 아니한 때에는 법원은 재산관리인, 이해관계인 또는 검사의 청구에 의하여 재산관리인을 개임할 수 있다.

③ 부재자의 생사가 분명하지 아니한 경우 부재자가 정한 재산관리인이 권한을 넘는 행위를 할 때에는 법원의 허가를 얻어야 한다(제25조 후문).

> **제25조【관리인의 권한】**
> 법원이 선임한 재산관리인이 제118조에 규정한 권한을 넘는 행위를 함에는 법원의 허가를 얻어야 한다. 부재자의 생사가 분명하지 아니한 경우에 부재자가 정한 재산관리인이 권한을 넘는 행위를 할 때에도 같다.

④ **제24조【관리인의 직무】** ① 법원이 선임한 재산관리인은 관리할 재산목록을 작성하여야 한다.

⑤ **제26조【관리인의 담보제공, 보수】** ② 법원은 그 선임한 재산관리인에 대하여 부재자의 재산으로 상당한 보수를 지급할 수 있다.

02 법원이 선임한 부재자의 재산관리인이 법원의 허가 없이도 유효하게 할 수 있는 행위가 아닌 것은?
2016 주택관리사

① 부재자의 채무를 담보하기 위하여 부재자 소유의 부동산에 저당권을 설정해주는 행위
② 비가 새는 부재자 소유 건물의 지붕 수선을 도급주는 행위
③ 부재자 소유의 미등기 건물에 대하여 보존등기를 신청하는 행위
④ 부재자가 가진 채권의 소멸시효를 중단시키는 행위
⑤ 부재자가 한 무이자 금전대여를 이자부로 바꾸는 행위

정답해설

법원이 선임한 재산관리인은 일종의 법정대리인에 해당하고, 재산관리인의 권한은 법원의 명령에 의해 정해지지만, 그 정함이 없는 경우에는 제118조에서 정한 관리행위(보존 · 이용 · 개량 행위)만을 할 수 있는 것이 원칙이다. 따라서 그 범위를 넘어 처분행위인 재산의 매각 · 담보제공 등의 행위를 한 경우에는 법원의 허가를 받아야 한다. 만일 이를 위반한 경우에는 무권대리행위로서 원칙적으로 무효이다. 다만 기왕의 처분행위에 대한 추인으로서 법원의 허가를 받으면 유효하다.
①은 담보제공 행위이므로 처분행위에 해당하여 법원의 허가가 필요하나, ②, ③, ④는 보존행위로, ⑤는 이용 · 개량행위로 법원의 허가가 요구되지 않는다.

제25조【관리인의 권한】
법원이 선임한 재산관리인이 제118조에 규정한 권한을 넘는 행위를 함에는 법원의 허가를 얻어야 한다.

03 부재자의 재산관리에 관한 설명으로 옳지 않은 것은? (다툼이 있으면 판례에 의함)
2023 행정사

① 법원이 선임한 재산관리인은 법원의 허가 없이 재산의 보존행위를 할 수 없다.
② 법원은 그 선임한 재산관리인으로 하여금 재산의 관리 및 반환에 관하여 상당한 담보를 제공하게 할 수 있다.
③ 법원이 선임한 재산관리인은 관리할 재산목록을 작성하여야 한다.
④ 법원은 그 선임한 재산관리인에 대하여 부재자의 재산으로 상당한 보수를 지급할 수 있다.
⑤ 법원이 선임한 부재자의 재산관리인은 그 부재자의 사망이 확인된 후라도 그에 대한 선임결정이 취소되지 않는 한 그 관리인으로서의 권한이 소멸되지 않는다.

Answer 01 ② 02 ① 03 ①

정답해설

① 법원이 선임한 재산관리인이 부재자의 재산에 대해 보존행위와 이용·개량하는 관리행위를 함에는 처분행위와는 달리 법원의 허가없이 할 수 있다(제25조).

> **제25조【관리인의 권한】**
> 법원이 선임한 재산관리인이 제118조에 규정한 권한을 넘는 행위를 함에는 법원의 허가를 얻어야 한다.
> **제118조【대리권의 범위】**
> 권한을 정하지 아니한 대리인은 다음 각 호의 행위만을 할 수 있다.
> 1. 보존행위
> 2. 대리의 목적인 물건이나 권리의 성질을 변하지 아니하는 범위에서 그 이용 또는 개량하는 행위

② **제26조【관리인의 담보제공, 보수】** ① 법원은 그 선임한 재산관리인으로 하여금 재산의 관리 및 반환에 관하여 상당한 담보를 제공하게 할 수 있다.

③ **제24조【관리인의 직무】** ① 법원이 선임한 재산관리인은 관리할 재산목록을 작성하여야 한다.

④ **제26조【관리인의 담보제공, 보수】** ② 법원은 그 선임한 재산관리인에 대하여 부재자의 재산으로 상당한 보수를 지급할 수 있다.

⑤ 법원에 의하여 부재자재산관리인으로 선임된 자는 그 부재자의 사망이 확인된 후라 할지라도 위 선임결정이 취소되지 않는 한 관리인으로서의 권한이 소멸하지 않고 계속하여 권한을 행사할 수 있다(대판 1991.11.26. 91다11810).

04 부재자의 재산관리에 관한 설명으로 옳지 않은 것은? (다툼이 있으면 판례에 따름)

2023 감정평가사

① 부재자로부터 재산처분권한을 수여받은 재산관리인은 그 재산을 처분함에 있어 법원의 허가를 받을 필요가 없다.

② 부재자가 재산관리인을 정하지 않은 경우, 부재자의 채권자는 재산관리에 필요한 처분을 명할 것을 법원에 청구할 수 있다.

③ 법원이 선임한 재산관리인은 법원의 허가 없이 부재자의 재산에 대한 차임을 청구할 수 있다.

④ 재산관리인의 처분행위에 대한 법원의 허가는 이미 행한 처분행위를 추인하는 방법으로 할 수 있다.

⑤ 부재자가 사망한 사실이 확인되면 부재자 재산관리인 선임결정이 취소되지 않더라도 관리인의 권한은 당연히 소멸한다.

정답해설

① 부재자 스스로 위임한 재산관리인이 있는 경우에는, 그 재산관리인의 권한은 그 위임의 내용에 따라 결정될 것이며 그 위임관리인에게 재산처분권까지 위임된 경우에는 그 재산관리인이 그 재산을 처분함에 있어 법원의 허가를 요하는 것은 아니라 할 것이므로 재산관리인이 법원의 허가 없이 부동산을 처분하는 행위를 무효라고 할 수 없다(대판 1973.7.24. 72다2136).

② 종래의 주소나 거소를 떠난 부재자가 재산관리인을 정하지 아니한 때에는 법원은 이해관계인이나 검사의 청구에 의하여 재산관리에 관하여 필요한 처분을 명하여야 한다(제22조). 이때 이해관계인에는 부재자의 재산보존에 법률상 이해관계를 가진 자로서 추정상속인, 배우자, 수증자, 채권자, 공동채무자, 보증인 등이 포함된다. 따라서 부재자가 재산관리인을 정하지 아니한 때에는 부재자의 채권자는 법률상 이해관계인으로서 재산관리에 필요한 처분을 명할 것을 법원에 청구할 수 있다.

> **제22조【부재자의 재산의 관리】**
> ① 종래의 주소나 거소를 떠난 자가 재산관리인을 정하지 아니한 때에는 법원은 이해관계인이나 검사의 청구에 의하여 재산관리에 관하여 필요한 처분을 명하여야 한다. 본인의 부재중 재산관리인의 권한이 소멸한 때에도 같다.

③ 법원이 선임한 재산관리인이 부재자의 재산에 대해 보존행위와 이용·개량하는 관리행위를 함에는 처분행위와는 달리 법원의 허가를 받을 필요가 없다(제25조). 따라서 '부재자 재산에 대한 차임청구나 불법행위로 인한 손해배상청구'는 보존행위인 점에서 법원의 허가 없이 할 수 있다.

> **제25조【관리인의 권한】**
> 법원이 선임한 재산관리인이 제118조에 규정한 권한을 넘는 행위를 함에는 법원의 허가를 얻어야 한다.
>
> **제118조【대리권의 범위】**
> 권한을 정하지 아니한 대리인은 다음 각 호의 행위만을 할 수 있다.
> 1. 보존행위
> 2. 대리의 목적인 물건이나 권리의 성질을 변하지 아니하는 범위에서 그 이용 또는 개량하는 행위

④ 법원의 재산관리인의 초과행위허가의 결정은 그 허가받은 재산에 대한 장래의 처분행위뿐 아니라 기왕의 처분행위를 추인하는 방법으로도 할 수 있다. 따라서 관리인이 허가 없이 부재자 소유 부동산을 매각한 경우라도 사후에 법원의 허가를 얻어 이전등기절차를 경료케 하였다면 추인에 의하여 유효한 처분행위로 된다(대판 1982.9.14. 80다3063; 대판 1982.12.14. 80다1872).

⑤ 법원에 의하여 부재자재산관리인으로 선임된 자는 그 부재자의 사망이 확인된 후라 할지라도 위 선임결정이 취소되지 않는 한 관리인으로서의 권한이 소멸하지 않고 계속하여 권한을 행사할 수 있다(대판 1991.11.26. 91다11810).

Answer 04 ⑤

05 법원에 의한 부재자재산관리가 종료될 수 있는 사유가 아닌 것은? (다툼이 있으면 판례에 따름) 2017 세무사

① 부재자가 재산관리인을 선임한 경우
② 부재자가 스스로 재산관리를 할 수 있게 된 경우
③ 부재자가 사망한 경우
④ 부재자에 대하여 실종선고가 행하여진 경우
⑤ 부재자가 행방불명이 된 경우

정답해설

①, ②, ③, ④ 부재자 스스로 그의 재산을 관리하게 된 때 또는 그의 사망이 분명하게 되거나 실종선고가 있는 때에는, 부재자 본인 또는 이해관계인의 청구에 의하여 그 명한 처분을 취소하여야 한다(「가사소송규칙」 제50조). 이러한 경우에는 부재자의 재산을 관리할 필요가 없기 때문이다.
⑤ 부재자의 행방불명은 실종선고의 요건은 될 수 있어도, 아직 실종선고가 있는 것은 아니므로 부재자재산관리의 종료사유는 아니다.

06 X부동산을 소유한 甲은 재산관리인을 선임하지 않고 장기간 해외출장을 떠났다. 다음 설명 중 옳은 것은? (다툼이 있는 경우에는 판례에 의함) 2013 행정사

① 법원은 직권으로 X부동산의 관리에 필요한 처분을 명하여야 한다.
② 甲의 채권자의 청구에 의하여 법원이 선임한 재산관리인은 甲의 임의대리인이다.
③ 법원이 선임한 재산관리인은 원칙적으로 법원의 허가 없이 X부동산을 처분할 수 있다.
④ 甲의 재산관리인이 甲을 위해 법원의 허가 없이 X부동산을 처분하였다면, 그 후 법원의 허가를 얻더라도 그 처분은 효력이 없다.
⑤ 甲이 사망한 경우, 재산관리인이 그 사실을 확인하였더라도 법원에 의하여 재산관리인 선임 결정이 취소되지 않는 한, 재산관리인은 계속하여 X부동산을 관리할 수 있다.

정답해설

① 법원은 이해관계인이나 검사의 청구에 의하여 필요한 처분을 명할 수 있을 뿐 직권으로는 할 수 없다(제22조 참조).

> **제22조 【부재자의 재산의 관리】**
> ① 종래의 주소나 거소를 떠난 자가 재산관리인을 정하지 아니한 때에는 법원은 이해관계인이나 검사의 청구에 의하여 재산관리에 관하여 필요한 처분을 명하여야 한다. 본인의 부재중 재산관리인의 권한이 소멸한 때에도 같다.

②, ③ 법원이 선임한 재산관리인은 일종의 법정대리인에 해당하고, 재산관리인의 권한은 법원의 명령에 의해 정해지지만, 그 정함이 없는 경우에는 제118조에서 정한 관리행위(보존・이용・개량행위)만을 할 수 있는 것이 원칙이다. 따라서 그 범위를 넘어 처분행위인 재산의 매각・담보제공 등의 행위를 한 경우에는 법원의 허가를 받아야 한다. 만일 이를 위반한 경우에는 무권대리행위로서 원칙적으로 무효이다. 다만 기왕의 처분행위에 대한 추인으로서 법원의 허가를 받으면 유효하다.

제25조【관리인의 권한】
법원이 선임한 재산관리인이 제118조에 규정한 권한을 넘는 행위를 함에는 법원의 허가를 얻어야 한다.
제118조【대리권의 범위】
권한을 정하지 아니한 대리인은 다음 각 호의 행위만을 할 수 있다.
1. 보존행위
2. 대리의 목적인 물건이나 권리의 성질을 변하지 아니하는 범위에서 그 이용 또는 개량하는 행위

④ 법원의 재산관리인의 초과행위허가의 결정은 그 허가받은 재산에 대한 장래의 처분행위뿐 아니라 기왕의 처분행위를 추인하는 방법으로도 할 수 있다. 따라서 관리인이 허가 없이 부재자 소유 부동산을 매각한 경우라도 사후에 법원의 허가를 얻어 이전등기절차를 경료케 하였다면 추인에 의하여 유효한 처분행위로 된다(대판 1982.9.14. 80다3063; 대판 1982.12.14. 80다1872).
따라서 甲의 재산관리인이 甲을 위해 법원의 허가 없이 X부동산을 처분하였다면, 그 후 법원의 허가를 얻으면 그 처분은 효력이 있다.

⑤ 甲이 사망한 경우, 재산관리인이 그 사실을 확인하였더라도 법원에 의하여 재산관리인 선임 결정이 취소되지 않는 한, 재산관리인은 계속하여 X부동산을 관리할 수 있고 그 효과는 상속인에게 미친다(대판 1970.1.27. 69다719 등).

Answer 05 ⑤ 06 ⑤

07 실종선고에 관한 설명으로 옳지 않은 것은? (다툼이 있으면 판례에 의함)

2014 감정평가사

① 선박 침몰로 인한 실종기간은 1년이고, 그 기간은 선박이 침몰한 때부터 기산한다.

② 실종선고가 취소되지 않는 한, 실종선고의 효과가 반증을 통하여 번복되는 것은 아니다.

③ 법원이 실종선고 및 그 취소를 할 때에는 반드시 공시최고의 절차를 거쳐야 한다.

④ 실종선고를 받은 자는 실종기간이 만료한 때에 사망한 것으로 본다.

⑤ 실종선고에 의한 사망의 효과는 실종자의 종래의 주소나 거소를 중심으로 하는 사법적 법률관계에 국한된다.

정답해설

① 선박 침몰의 경우이므로 특별실종에 해당하여 보통실종기간인 5년이 아니라, 특별실종기간 1년이 적용된다(제27조 제2항).

> **제27조【실종의 선고】**
> ① 부재자의 생사가 5년간 분명하지 아니한 때에는 법원은 이해관계인이나 검사의 청구에 의하여 실종선고를 하여야 한다.
> ② 전지에 임한 자, 침몰한 선박 중에 있던 자, 추락한 항공기 중에 있던 자 기타 사망의 원인이 될 위난을 당한 자의 생사가 전쟁종지 후 또는 선박의 침몰, 항공기의 추락 기타 위난이 종료한 후 1년간 분명하지 아니한 때에도 제1항과 같다.

② 민법 제28조는 "실종선고를 받은 자는 민법 제27조 제1항 소정의 생사불명기간이 만료된 때에 사망한 것으로 본다"고 규정하고 있으므로 실종선고가 취소되지 않는 한 반증을 들어 실종선고의 효과를 다툴 수는 없다(대판 1995.2.17. 94다52751).

→ 실종선고를 받은 자가 생존하여 돌아오더라도 실종선고 자체가 취소되지 않는 한 사망한 것으로 간주하는 효과는 그대로 존속한다.

③ 실종선고를 할 때에는 공시최고가 반드시 필요하나, 실종선고취소를 할 때에는 공시최고를 요하지 아니한다(「가사소송규칙」 제53조 참조).

④ 실종선고를 받은 자는 실종선고 시가 아니라 제27조의 실종기간이 만료한 때에 사망한 것으로 본다.

> **제28조【실종선고의 효과】**
> 실종선고를 받은 자는 전조의 기간이 만료한 때에 사망한 것으로 본다.

⑤ 실종선고는 종래의 주소와 거소를 중심으로 한 사법상의 법률관계에 관하여만 사망한 것으로 간주할 뿐 권리능력을 박탈하는 제도는 아니다. 따라서 선거권 등 공법상의 법률관계에는 영향을 미치지 않는다.

→ 실종선고는 실종자의 종래의 주소와 거소를 중심으로 한 사법상의 법률관계만을 종료케 한다. (○)

→ 실종선고를 받은 자가 살아서 돌아온 경우에 그 자가 형성한 새로운 법률관계는 실종선고의 취소가 없더라도 유효하다. (○)

08 실종선고에 관한 설명으로 옳지 않은 것은? (다툼이 있으면 판례에 의함) 2023 행정사

① 부재자의 제1순위 상속인이 따로 있는 경우 제2순위 상속인은 특별한 사정이 없는 한 부재자에 대하여 실종선고를 청구할 수 있는 이해관계인이 아니다.

② 실종선고가 취소되지 않았더라도 반증을 들어 실종선고의 효과를 다툴 수 있다.

③ 실종선고의 요건이 충족되면 법원은 이해관계인이나 검사의 청구에 의하여 실종선고를 하여야 한다.

④ 실종선고를 받은 자는 특별한 사정이 없는 한 실종기간이 만료한 때에 사망한 것으로 본다.

⑤ 실종선고가 취소된 때 실종선고를 직접원인으로 재산을 취득한 자가 선의인 경우에는 그 받은 이익이 현존하는 한도에서 반환할 의무가 있다.

Chapter 03

정답해설

① 실종선고의 청구권자로서 이해관계인이란 부재자의 사망으로 직접적으로 신분상 또는 경제상의 권리를 취득하거나 의무를 면하게 되는 자만을 뜻한다. 따라서 제2순위 내지 제3순위 상속인에 불과한 자는 부재자에 대한 실종선고의 여부에 따라 상속지분에 차이가 생긴다고 하더라도 위 부재자의 사망 간주시기에 다른 간접적인 영향에 불과하고 부재자의 실종선고 자체를 원인으로 한 직접적인 결과는 아니므로 부재자에 대한 실종선고를 청구할 이해관계인이 될 수 없다(대결 1992.4.14. 92스4 · 92스5 · 92스6).

② 민법 제28조는 "실종선고를 받은 자는 민법 제27조 제1항 소정의 생사불명기간이 만료된 때에 사망한 것으로 본다"고 규정하고 있으므로 실종선고가 취소되지 않는 한 반증을 들어 실종선고의 효과를 다툴 수는 없다(대판 1995.2.17. 94다52751).

③ 실종선고의 요건이 충족되면 법원은 이해관계인이나 검사의 청구에 의하여 실종선고를 하여야 한다(제27조 제1항 · 제2항).

> **제27조 【실종의 선고】**
> ① 부재자의 생사가 5년간 분명하지 아니한 때에는 법원은 이해관계인 또는 검사의 청구에 의하여 실종선고를 하여야 한다.
> ② 전지에 임한 자, 침몰한 선박 중에 있던 자, 추락한 항공기 중에 있던 자 기타 사망의 원인이 될 위난을 당한 자의 생사가 전쟁종지 후 또는 선박의 침몰, 항공기의 추락 기타 위난이 종료한 후 1년간 분명하지 아니한 때에도 제1항과 같다.

④ **제28조 【실종선고의 효과】** 실종선고를 받은 자는 전조의 기간이 만료한 때에 사망한 것으로 본다.

⑤ **제29조 【실종선고의 취소】** ② 실종선고의 취소가 있을 때에 실종의 선고를 직접원인으로 하여 재산을 취득한 자가 선의인 경우에는 그 받은 이익이 현존하는 한도에서 반환할 의무가 있고 악의인 경우에는 그 받은 이익에 이자를 붙여서 반환하고 손해가 있으면 이를 배상하여야 한다.

Answer 07 ③ 08 ②

09 부재와 실종에 관한 설명으로 옳지 않은 것은? (다툼이 있으면 판례에 의함) 2022 행정사

① 부재자로부터 재산처분권을 위임받은 재산관리인은 그 재산을 처분함에 있어 법원의 허가를 받지 않아도 된다.

② 법원이 선임한 부재자 재산관리인의 권한초과행위에 대한 법원의 허가 결정은 기왕의 법률행위를 추인하는 방법으로는 할 수 없다.

③ 법원은 법원이 선임한 부재자 재산관리인으로 하여금 부재자의 재산관리 및 반환에 관하여 상당한 담보를 제공하게 할 수 있다.

④ 실종선고를 받은 자는 실종기간이 만료된 때에 사망한 것으로 본다.

⑤ 부재자의 제1순위 상속인이 있는 경우 제2순위 상속인은 특별한 사정이 없는 한 부재자에 관한 실종선고를 청구할 수 있는 이해관계인이 아니다.

정답해설

① 부재자 스스로 위임한 재산관리인이 있는 경우에는, 그 재산관리인의 권한은 그 위임의 내용에 따라 결정될 것이며 그 위임관리인에게 재산처분권까지 위임된 경우에는 그 재산관리인이 그 재산을 처분함에 있어 법원의 허가를 요하는 것은 아니라 할 것이므로 재산관리인이 법원의 허가 없이 부동산을 처분하는 행위를 무효라고 할 수 없다(대판 1973.7.24. 72다2136).

② 법원의 재산관리인의 초과행위허가의 결정은 그 허가받은 재산에 대한 장래의 처분행위뿐 아니라 기왕의 처분행위를 추인하는 방법으로도 할 수 있다. 따라서 관리인이 허가없이 부재자 소유 부동산을 매각한 경우라도 사후에 법원의 허가를 얻어 이전등기절차를 경료케 하였다면 추인에 의하여 유효한 처분행위로 된다(대판 1982.9.14. 80다3063; 대판 1982.12.14. 80다1872).

③ **제26조 【관리인의 담보제공, 보수】** ② 법원은 그 선임한 재산관리인에 대하여 부재자의 재산으로 상당한 보수를 지급할 수 있다.

④ **제28조 【실종선고의 효과】** 실종선고를 받은 자는 전조의 기간이 만료한 때에 사망한 것으로 본다.

⑤ 실종선고의 청구권자로서 이해관계인이란 부재자의 사망으로 직접적으로 신분상 또는 경제상의 권리를 취득하거나 의무를 면하게 되는 자만을 뜻한다. 따라서 제2순위 내지 제3순위 상속인에 불과한 자는 부재자에 대한 실종선고의 여부에 따라 상속지분에 차이가 생긴다고 하더라도 위 부재자의 사망 간주시기에 다른 간접적인 영향에 불과하고 부재자의 실종선고 자체를 원인으로 한 직접적인 결과는 아니므로 부재자에 대한 실종선고를 청구할 이해관계인이 될 수 없다(대판 1992.4.14. 92스4).

10 부재와 실종에 관한 설명으로 옳은 것은? (다툼이 있으면 판례에 따름) 2017 행정사

① 실종선고를 받은 사람은 사망한 것으로 추정되므로 반증을 들어 실종선고의 효과를 다툴 수 있다.
② 부재자 재산관리인의 권한초과행위에 대한 법원의 허가 결정은 기왕의 법률행위를 추인하는 방법으로는 할 수 없다.
③ 법원이 선임한 재산관리인은 재산의 보존행위를 하는 경우에 법원의 허가를 얻어야 한다.
④ 부재자 재산관리인으로서 권한초과행위의 허가를 받고 그 선임결정이 취소되기 전에 그 권한에 의하여 이루어진 행위는 부재자에 대한 실종기간이 만료된 뒤에 이루어졌다고 하더라도 유효하다.
⑤ 실종선고 확정 전 실종자를 당사자로 하여 선고된 판결은 효력이 없다.

정답해설

① 민법 제28조는 "실종선고를 받은 자는 민법 제27조 제1항 소정의 생사불명기간이 만료된 때에 사망한 것으로 본다"고 규정하고 있으므로 실종선고가 취소되지 않는 한 반증을 들어 실종선고의 효과를 다툴 수는 없다(대판 1995.2.17. 94다52751).
⋯› 실종선고를 받은 자가 생존하여 돌아오더라도 실종선고 자체가 취소되지 않는 한 사망한 것으로 간주하는 효과는 그대로 존속한다.
② 법원의 재산관리인의 초과행위허가의 결정은 그 허가받은 재산에 대한 장래의 처분행위뿐 아니라 기왕의 처분행위를 추인하는 방법으로도 할 수 있다. 따라서 관리인이 허가 없이 부재자 소유 부동산을 매각한 경우라도 사후에 법원의 허가를 얻어 이전등기절차를 경료케 하였다면 추인에 의하여 유효한 처분행위로 된다(대판 1982.9.14. 80다3063; 대판 1982.12.14. 80다1872).
③ 법원이 선임한 재산관리인이 부재자의 재산에 대해 보존행위와 이용·개량하는 관리행위를 함에는 처분행위와는 달리 법원의 허가를 받을 필요가 없다(제25조).

> **제25조【관리인의 권한】**
> 법원이 선임한 재산관리인이 제118조에 규정한 권한을 넘는 행위를 함에는 법원의 허가를 얻어야 한다.
> **제118조【대리권의 범위】**
> 권한을 정하지 아니한 대리인은 다음 각 호의 행위만을 할 수 있다.
> 1. 보존행위
> 2. 대리의 목적인 물건이나 권리의 성질을 변하지 아니하는 범위에서 그 이용 또는 개량하는 행위

④ 부재자 재산관리인으로서 권한초과 행위의 허가를 받고 그 선임결정이 취소되기 전에 위 권한에 의하여 이루어진 행위는 부재자에 대한 실종선고기간이 만료된 뒤에 이루어졌다고 하더라도 유효하다(대판 1981.7.28. 80다2668).
⑤ 실종선고의 효력이 발생하기 전에는 실종기간이 만료된 실종자라 하여도 소송상 당사자능력을 상실하는 것은 아니므로 실종선고 확정 전에는 실종기간이 만료된 실종자를 상대로 하여 제기된 소도 적법하고 실종자를 당사자로 하여 선고된 판결도 유효하며 그 판결이 확정되면 기판력도 발생한다(대판 1992.7.14. 92다2455).

Answer 09 ② 10 ④

11 부재와 실종에 관한 설명으로 옳지 않은 것은? (다툼이 있으면 판례에 따름) 2016 행정사

① 법원이 선임한 재산관리인은 관리할 재산목록을 작성하여야 한다.

② 특별실종의 경우 실종선고를 받은 자는 실종선고일부터 1년의 기간이 만료한 때에 사망한 것으로 본다.

③ 실종자의 범죄 또는 실종자에 대한 범죄의 성부 등은 실종선고와 관계없이 결정된다.

④ 실종선고가 확정되면 선고 자체가 취소되지 않는 한 실종자의 생존 기타 반증을 들어 선고의 효과를 다툴 수 없다.

⑤ 부재자가 스스로 재산관리인을 둔 경우 그 재산관리인은 부재자의 임의대리인이다.

정답해설

① **제24조 【관리인의 직무】** ① 법원이 선임한 재산관리인은 관리할 재산목록을 작성하여야 한다.

② 실종선고를 받은 자는 실종선고 시가 아니라 제27조의 실종기간이 만료한 때에 사망한 것으로 본다. 특별실종의 경우 실종선고를 받은 자는 실종선고일부터가 아니라 위난이 종료한 후 1년의 기간이 만료한 때에 사망한 것으로 본다.

> **제27조 【실종의 선고】**
> ② 전지에 임한 자, 침몰한 선박 중에 있던 자, 추락한 항공기 중에 있던 자 기타 사망의 원인이 될 위난을 당한 자의 생사가 전쟁종지 후 또는 선박의 침몰, 항공기의 추락 기타 위난이 종료한 후 1년간 분명하지 아니한 때에도 제1항과 같다.
> **제28조 【실종선고의 효과】**
> 실종선고를 받은 자는 전조의 기간이 만료한 때에 사망한 것으로 본다.

③ 실종선고는 종래의 주소와 거소를 중심으로 한 사법상의 법률관계에 관하여만 사망한 것으로 간주할 뿐 권리능력을 박탈하는 제도는 아니다. 따라서 선거권 등 공법상의 법률관계에는 영향을 미치지 않는다. 또한 실종자의 범죄 또는 실종자에 대한 범죄의 성부 등은 실종선고와 관계없이 결정된다.

④ 민법 제28조는 "실종선고를 받은 자는 민법 제27조 제1항 소정의 생사불명기간이 만료된 때에 사망한 것으로 본다"고 규정하고 있으므로 실종선고가 취소되지 않는 한 반증을 들어 실종선고의 효과를 다툴 수는 없다(대판 1995.2.17. 94다52751).

⑤ 부재자 자신이 재산관리인을 둔 경우 그 재산관리인은 부재자의 수임인으로서 임의대리인이므로, 대리권의 범위는 당사자의 약정에 의하여 정해진다.

12 **부재와 실종에 관한 설명으로 옳은 것은? (다툼이 있으면 판례에 따름)** 2021 주택관리사

① 생존하고 있음이 분명한 자는 부재자가 될 수 없다.

② 법원이 선임한 부재자의 재산관리인은 일종의 법정대리인이므로 자유로이 사임할 수 없다.

③ 법원이 선임한 부재자의 재산관리인은 법원에 의한 별도의 허가가 없더라도 부재자의 재산에 대한 처분행위를 자유롭게 할 수 있다.

④ 실종선고를 받은 자가 종전의 주소에서 새로운 법률행위를 하기 위해서는 실종선고를 취소하여야 한다.

⑤ 잠수장비를 착용하고 바다에 입수한 후 행방불명되었다고 하여 이를 특별실종의 원인되는 사유에 해당한다고 할 수 없다.

정답해설

① 부재자의 생사불명의 상태가 일정기간 계속되고 있는 경우 가정법원의 선고에 의해 사망한 것으로 간주함으로써, 부재자란 종래의 주소나 거소를 떠나 당분간 돌아올 가망이 없는 자로서 그의 재산을 관리할 필요가 있는 자를 말한다.

② 법원이 선임한 부재자의 재산관리인은 부재자 본인의 의사에 의하여서가 아니고 가정법원에 의하여 선임된 자이므로 일종의 법정대리인이다. 그러나 관리인은 언제나 사임할 수 있고, 법원도 얼마든지 개임할 수 있다.

③ 법원이 선임한 재산관리인이 부재자의 재산에 대해 처분행위를 함에는 보존행위와 이용·개량하는 관리행위와는 달리 법원의 허가를 받아야 할 수 있다(제25조).

> **제25조【관리인의 권한】**
> 법원이 선임한 재산관리인이 제118조에 규정한 권한을 넘는 행위를 함에는 법원의 허가를 얻어야 한다.
> **제118조【대리권의 범위】**
> 권한을 정하지 아니한 대리인은 다음 각 호의 행위만을 할 수 있다.
> 1. 보존행위
> 2. 대리의 목적인 물건이나 권리의 성질을 변하지 아니하는 범위에서 그 이용 또는 개량하는 행위

④ 실종선고는 종래의 주소와 거소를 중심으로 한 사법상의 법률관계에 관하여만 사망한 것으로 간주할 뿐 권리능력을 박탈하는 제도는 아니다. 따라서 실종선고를 받은 자가 종전의 주소에서 새로운 법률행위를 하는 것은 가능하고, 실종선고를 취소하여야 하는 것은 아니다.

Answer 11 ② 12 ⑤

⑤ 민법 제27조의 문언이나 규정의 체계 및 취지 등에 비추어, 그 제2항에서 정하는 "사망의 원인이 될 위난"이라고 함은 화재·홍수·지진·화산 폭발 등과 같이 일반적·객관적으로 사람의 생명에 명백한 위험을 야기하여 사망의 결과를 발생시킬 가능성이 현저히 높은 외부적 사태 또는 상황을 가리킨다. 甲이 잠수장비를 착용한 채 바다에 입수하였다가 부상하지 아니한 채 행방불명되었다 하더라도, 이는 "사망의 원인이 될 위난"이라고 할 수 없다(대결 2011.1.31. 2010스165).

제27조【실종의 선고】
② 전지에 임한 자, 침몰한 선박 중에 있던 자, 추락한 항공기 중에 있던 자 기타 사망의 원인이 될 위난을 당한 자의 생사가 전쟁종지 후 또는 선박의 침몰, 항공기의 추락 기타 위난이 종료한 후 1년간 분명하지 아니한 때에도 제1항과 같다.

13 **甲이 탄 비행기가 2006년 6월 7일 추락하여, 2010년 4월 12일 법원에 甲의 실종선고가 청구되었고, 2011년 2월 13일 실종선고가 내려졌다. 다음 설명 중 옳은 것은? (다툼이 있는 경우에는 판례에 의함)** 2013 행정사

① 甲은 2011년 2월 13일에 사망한 것으로 본다.
② 甲에게 선순위의 상속인이 있는 경우 특별한 사정이 없는 한 후순위의 상속인은 甲의 실종선고를 청구할 수 없다.
③ 실종선고는 甲의 사법상의 법률관계뿐만 아니라 공법상의 법률관계에도 효과를 미친다.
④ 甲이 살아 돌아온 사실만으로 甲에 대한 실종선고는 그 효력을 상실한다.
⑤ 甲의 실종선고가 취소되면 실종선고를 직접원인으로 하여 재산을 취득한 자가 악의인 경우에는 그 받은 이익이 현존하는 한도에서 반환할 의무가 있다.

정답해설

① 비행기가 추락한 2006년 6월 7일이나 초일은 불산입하므로 2006년 6월 8일을 기산점으로 하여 특별 실종기간인 1년의 기간이 만료하는 2007년 6월 7일 24시에 사망한 것으로 간주된다.

제28조【실종선고의 효과】
실종선고를 받은 자는 전조의 기간이 만료한 때에 사망한 것으로 본다.

② 실종선고의 청구권자로서 이해관계인이란 부재자의 사망으로 직접적으로 신분상 또는 경제상의 권리를 취득하거나 의무를 면하게 되는 자만을 뜻한다. 따라서 제2순위 내지 제3순위 상속인에 불과한 자는 부재자에 대한 실종선고의 여부에 따라 상속지분에 차이가 생긴다고 하더라도 위 부재자의 사망 간주시기에 따른 간접적인 영향에 불과하고 부재자의 실종선고 자체를 원인으로 한 직접적인 결과는 아니므로 부재자에 대한 실종선고를 청구할 이해관계인이 될 수 없다(대판 1992.4.14. 92스4). 특별한 사정이 없는 한 후순위의 상속인은 甲의 실종선고를 청구할 수 없다.
③ 실종선고는 종래의 주소와 거소를 중심으로 한 사법상의 법률관계에 관하여만 사망한 것으로 간주할 뿐 권리능력을 박탈하는 제도는 아니다. 따라서 선거권 등 공법상의 법률관계에는 영향을 미치지 않는다.

④ 민법 제28조는 "실종선고를 받은 자는 민법 제27조 제1항 소정의 생사불명기간이 만료된 때에 사망한 것으로 본다"고 규정하고 있으므로 실종선고가 취소되지 않는 한 반증을 들어 실종선고의 효과를 다툴 수는 없다(대판 1995.2.17. 94다52751). 실종선고가 취소되지 않는 한 甲이 살아 돌아온 사실만으로 甲에 대한 실종선고는 그 효력을 상실하지 않는다.

⑤ 甲의 실종선고가 취소되면 실종선고를 직접원인으로 하여 재산을 취득한 자가 악의인 경우에는 그 받은 이익에 이자를 붙여서 반환하고 손해가 있으면 이를 배상하여야 한다(제29조 제2항).

> **제29조 【실종선고의 취소】**
> ② 실종선고의 취소가 있을 때에 실종의 선고를 직접원인으로 하여 재산을 취득한 자가 선의인 경우에는 그 받은 이익이 현존하는 한도에서 반환할 의무가 있고 악의인 경우에는 그 받은 이익에 이자를 붙여서 반환하고 손해가 있으면 이를 배상하여야 한다.

14 **어부 甲은 2015년 7월 1일 조업 중 태풍으로 인하여 선박이 침몰하여 실종된 후 2017년 10월 1일 실종선고를 받았다. 이 사안에 관한 설명으로 옳은 것은? (다툼이 있으면 판례에 따름)**

2019 감정평가사

① 위 실종선고를 위해 필요한 실종기간은 1년이다.

② 甲은 2017년 10월 1일에 사망한 것으로 간주된다.

③ 1순위 상속인이 있더라도 2순위 상속인은 위 실종선고를 신청할 수 있다.

④ 甲이 극적으로 살아서 종래의 주소지로 돌아오면 위 실종선고는 자동으로 취소된다.

⑤ 甲의 생환으로 실종선고가 취소되면 甲의 상속인은 악의인 경우에만 상속재산을 甲에게 반환할 의무가 있다.

정답해설

① 사안은 선박 침몰의 경우이므로 특별실종에 해당한다. 따라서 보통실종기간인 5년이 아니라, 특별실종기간 1년이 적용된다.

> **제27조 【실종의 선고】**
> ① 부재자의 생사가 5년간 분명하지 아니한 때에는 법원은 이해관계인이나 검사의 청구에 의하여 실종선고를 하여야 한다.
> ② 전지에 임한 자, 침몰한 선박 중에 있던 자, 추락한 항공기 중에 있던 자 기타 사망의 원인이 될 위난을 당한 자의 생사가 전쟁종지 후 또는 선박의 침몰, 항공기의 추락 기타 위난이 종료한 후 1년간 분명하지 아니한 때에도 제1항과 같다.

Answer 13 ② 14 ①

② **제28조【실종선고의 효과】** 실종선고를 받은 자는 전조의 기간이 만료한 때에 사망한 것으로 본다. 따라서 선박이 침몰한 2015년 7월 1일이나 초일은 불산입하므로 2015년 7월 2일을 기산점으로 하여 특별실종기간인 1년의 기간이 만료하는 2016년 7월 1일 24시에 사망한 것으로 간주된다.

③ 실종선고의 청구권자로서 이해관계인이란 부재자의 사망으로 직접적으로 신분상 또는 경제상의 권리를 취득하거나 의무를 면하게 되는 자만을 뜻한다. 따라서 제2순위 내지 제3순위 상속인에 불과한 자는 부재자에 대한 실종선고의 여부에 따라 상속지분에 차이가 생긴다고 하더라도 위 부재자의 사망 간주시기에 따른 간접적인 영향에 불과하고 부재자의 실종선고 자체를 원인으로 한 직접적인 결과는 아니므로 부재자에 대한 실종선고를 청구할 이해관계인이 될 수 없다(대판 1992.4.14. 92스4).

④ 민법 제28조는 "실종선고를 받은 자는 민법 제27조 제1항 소정의 생사불명기간이 만료된 때에 사망한 것으로 본다"고 규정하고 있으므로 실종선고가 취소되지 않는 한 반증을 들어 실종선고의 효과를 다툴 수는 없다(대판 1995.2.17. 94다52751).

→ 실종선고를 받은 자가 생존하여 돌아오더라도 실종선고 자체가 취소되지 않는 한 사망한 것으로 간주하는 효과는 그대로 존속한다.

⑤ 상속인과 같이 실종선고를 직접원인으로 하여 재산을 취득한 자는 실종선고가 취소된 경우 선의든 악의든 반환의무가 있으나, 반환범위의 차이만 있을 뿐이다.

제4절 법인

01 민법상 비영리법인의 설립에 관한 입법주의는? 2022 세무사

① 특허주의 ② 준칙주의
③ 인가주의 ④ 허가주의
⑤ 자유설립주의

정답해설

민법은 법인설립에 관해 비영리법인의 경우 허가주의를 채택하고 있다(제32조).

제32조 【비영리법인의 성립과 허가】
학술, 종교, 자선, 기예, 사교 기타 영리 아닌 사업을 목적으로 하는 사단 또는 재단은 주무관청의 허가를 얻어 이를 법인으로 할 수 있다.

02 민법상 비영리사단법인이 법인격을 취득하는 시기는? 2017 세무사

① 설립자들이 단체를 결성하기로 합의한 때
② 설립자들이 사단법인의 정관을 작성한 때
③ 주무관청으로부터 설립에 관한 허가를 받은 때
④ 주된 사무소의 소재지에서 설립등기를 마친 때
⑤ 기본 재산이 법인의 명의로 등기된 때

정답해설

비영리사단법인은 설립행위와 주무관청의 허가를 받아, 주된 사무소의 소재지에서 설립등기를 함으로써 성립한다(제33조).

제31조 【법인성립의 준칙】
법인은 법률의 규정에 의함이 아니면 성립하지 못한다. → 법인설립에 관한 자유설립주의의 배제
제32조 【비영리법인의 성립과 허가】
학술, 종교, 자선, 기예, 사교 기타 영리 아닌 사업을 목적으로 하는 사단 또는 재단은 주무관청의 허가를 얻어 이를 법인으로 할 수 있다. → 법인설립에 관해 비영리법인의 경우 허가주의를 채택
제33조 【법인설립의 등기】
법인은 그 주된 사무소의 소재지에서 설립등기를 함으로써 성립한다. → 등기사항은 제49조 제2항에 규정되어 있다.

Answer 01 ④ 02 ④

03 민법상 사단법인 설립시 정관의 필요적 기재사항이 아닌 것은?

2017 행정사

① 목적 ② 명칭

③ 사무소의 소재지 ④ 자산에 관한 규정

⑤ 이사자격의 득실에 관한 규정

정답해설

①, ②, ③, ④, ⑤ 이사자격의 득실에 관한 규정이 아니라, 이사의 임면에 관한 규정이 사단법인 정관의 필요적 기재사항에 해당한다(제40조 제5호).

제40조【사단법인의 정관】

사단법인의 설립자는 다음 각 호의 사항을 기재한 정관을 작성하여 기명날인하여야 한다.

1. 목적
2. 명칭
3. 사무소의 소재지
4. 자산에 관한 규정
5. 이사의 임면에 관한 규정
6. 사원자격의 득실에 관한 규정
7. 존립시기나 해산사유를 정하는 때에는 그 시기 또는 사유

✦ 사단법인과 재단법인의 비교

	사단법인	재단법인
의의	일정한 목적 위해 결합한 사람의 단체	일정한 목적 위해 바쳐진 재산의 단체
종류	영리법인[5], 비영리법인	비영리법인만 존재[6]
설립요건	• 비영리성 • 설립행위 ➡ 정관작성 • 주무관청의 허가 • 설립등기	• 비영리성 • 설립행위 ➡ 출연행위 + 정관작성 • 주무관청의 허가 • 설립등기
정관작성	1. 목적 2. 명칭 3. 사무소의 소재지 4. 자산에 관한 규정 5. 이사의 임면에 관한 규정 6. 사원자격의 득실에 관한 규정 7. 존립시기나 해산사유를 정하는 때에는 그 시기 또는 사유	1. 목적 2. 명칭 3. 사무소의 소재지 4. 자산에 관한 규정 5. 이사의 임면에 관한 규정 ×[7] ×
설립의 법적성질	합동행위, 요식행위	상대방 없는 단독행위, 요식행위
정관보충	없음[8]	• 이해관계인과 검사의 청구로 법원이 함 • 보충대상 ① 명칭 ② 사무소 소재지 ③ 이사의 임면방법 • 목적과 대상은 정해져 있어야 함
정관변경	• 원칙적으로 정관변경 허용 • 총사원 2/3 동의 + 주무관청의 허가	• 원칙적으로 정관변경 불가 • 예외적으로 주무관청의 허가로 가능 ① 정관에 그 변경방법을 규정한 경우 ② 명칭, 사무소 소재지 변경 ③ 목적달성 불가능시 목적도 포함하여 변경가능
해산사유	• 존립기간의 만료 • 법인의 목적 달성 또는 달성의 불능 • 기타 정관에 정한 해산사유의 발생 • 파산 • 설립허가의 취소 • 사원이 없게 된 때 • 총사원 3/4 결의로도 해산가능	• 존립기간의 만료 • 법인의 목적 달성 또는 달성의 불능 • 기타 정관에 정한 해산사유의 발생 • 파산 • 설립허가의 취소 ×[9] ×

5 상법에서 규율
6 사원이 없으므로 영리법인은 개념적으로 성립 불가
7 사원이 없으므로 준용하지 않음
8 사원 스스로가 보충할 수 있기 때문
9 사원이 없으므로 해산사유 안 됨

Answer 03 ⑤

04 민법상 법인의 설립등기사항이 아닌 것은?

2012 감정평가사

① 법인의 목적
② 법인의 사무소
③ 자산의 총액
④ 설립허가의 연월일
⑤ 감사의 성명과 주소

정답해설

①, ②, ③, ④ **제49조【법인의 등기사항】**

> ① 법인설립의 허가가 있는 때에는 3주간 내에 주된 사무소 소재지에서 설립등기를 하여야 한다.
> ② 전항의 등기사항은 다음과 같다.
> 1. 목적
> 2. 명칭
> 3. 사무소
> 4. 설립허가의 연월일
> 5. 존립시기나 해산사유를 정한 때에는 그 시기 또는 사유
> 6. 자산의 총액
> 7. 출자의 방법을 정한 때에는 그 방법
> 8. 이사의 성명, 주소
> 9. 이사의 대표권을 제한한 때에는 그 제한

⑤ 감사는 임의기관이므로 감사의 성명과 주소는 설립등기사항이 아니다.

05 법인에 관한 설명으로 옳지 않은 것은?

2021 행정사

① 영리 아닌 사업을 목적으로 하는 재단은 주무관청의 허가를 얻어 이를 법인으로 할 수 있다.
② 법인은 그 주된 사무소의 소재지에서 설립등기를 함으로써 성립한다.
③ 법인은 법률의 규정에 좇아 정관으로 정한 목적의 범위 내에서 권리와 의무의 주체가 된다.
④ 재단법인의 존립시기는 정관의 필요적 기재사항이다.
⑤ 재단법인의 설립자가 그 명칭만 정하지 아니하고 사망한 때에는 이해관계인 또는 검사의 청구에 의하여 법원이 이를 정한다.

정답해설

① **제32조【비영리법인의 성립과 허가】** 학술, 종교, 자선, 기예, 사교 기타 영리 아닌 사업을 목적으로 하는 사단 또는 재단은 주무관청의 허가를 얻어 이를 법인으로 할 수 있다.
② **제33조【법인설립의 등기】** 법인은 그 주된 사무소의 소재지에서 설립등기를 함으로써 성립한다.
③ **제34조【법인의 권리능력】** 법인은 법률의 규정에 좇아 정관으로 정한 목적의 범위 내에서 권리와 의무의 주체가 된다.

④ 재단법인의 필요적 기재사항은 제40조 제1호 내지 제5호의 사항까지이므로 7호 사유인 재단법인의 존립시기는 필요적 기재사항이 아니다.

제40조【사단법인의 정관】
사단법인의 설립자는 다음 각 호의 사항을 기재한 정관을 작성하여 기명날인하여야 한다.
1. 목적
2. 명칭
3. 사무소의 소재지
4. 자산에 관한 규정
5. 이사의 임면에 관한 규정
6. 사원자격의 득실에 관한 규정
7. 존립시기나 해산사유를 정하는 때에는 그 시기 또는 사유

제43조【재단법인의 정관】
재단법인의 설립자는 일정한 재산을 출연하고 제40조 제1호 내지 제5호의 사항을 기재한 정관을 작성하여 기명날인하여야 한다.

⑤ 사단법인과 달리 재단법인의 경우는 목적과 자산은 정해진 상태에서 그 명칭만 정하지 아니하고 사망한 때에는 이해관계인 또는 검사의 청구에 의하여 법원이 이를 정할 수 있다(제44조).

제44조【재단법인의 정관의 보충】
재단법인의 설립자가 그 명칭, 사무소 소재지 또는 이사임면의 방법을 정하지 아니하고 사망한 때에는 이해관계인 또는 검사의 청구에 의하여 법원이 이를 정한다.

06 민법상 재단법인에 관한 설명으로 옳지 않은 것은? (다툼이 있으면 판례에 따름)

2016 주택관리사

① 재단법인은 영리법인이 아니다.
② 재단법인 설립을 위한 설립자의 재산출연행위는 상대방 없는 단독행위이다.
③ 재단법인의 설립자가 재단법인의 목적을 정하지 아니하고 사망한 경우, 이해관계인 또는 검사의 청구에 의하여 법원이 이를 정한다.
④ 유언으로 특정 부동산을 출연하여 재단법인을 설립하는 경우 제3자에 대한 관계에서 그 부동산이 재단법인에 귀속되기 위해서는 소유권이전등기가 필요하다.
⑤ 비영리재단법인도 그 목적을 달성하기 위하여 본질에 반하지 않는 정도의 영리활동은 할 수 있다.

Answer 04 ⑤ 05 ④ 06 ③

정답해설

①, ⑤ 영리법인이라 함은 오로지 구성원의 경제적 이익을 기하고, 종국적으로는 법인의 이익을 이익배당 기타 어떠한 방법으로든지 구성원 개인에게 분배하여 경제적 이익을 주는 것을 목적으로 하는 법인을 말한다. 따라서 구성원의 개념이 없는 재단법인은 비영리법인일 수밖에 없다. 그러나 필요한 범위에서 본질에 반하지 않는 정도의 영리행위를 하는 것은 무방하다.

② 재단법인의 설립행위는 '재산의 출연과 정관의 작성'으로 이루어져 있다. 이러한 재단법인의 설립행위는 재단에 법인격취득의 효과를 발생시키려는 의사표시를 요소로 하는 '상대방 없는 단독행위'에 해당한다(대판 1999.7.9. 98다9045).

③ 재단법인의 정관을 법원이 보충할 수 있는 경우는 재단법인의 설립자가 그 명칭, 사무소 소재지 또는 이사임면의 방법을 정하지 아니하고 사망한 때에 한하여 인정된다. 목적과 대상을 정하지 아니한 경우에는 정관을 보충할 수 없다.

> **제44조【재단법인의 정관의 보충】**
> → 사단법인의 경우에는 정관의 보충에 관한 규정이 없다.
> 재단법인의 설립자가 그 명칭, 사무소 소재지 또는 이사임면의 방법을 정하지 아니하고 사망한 때에는 이해관계인 또는 검사의 청구에 의하여 법원이 이를 정한다.

④ 유언으로 재단법인을 설립하는 경우에도 제3자에 대한 관계에서는 출연재산이 부동산인 경우는 그 법인에의 귀속에는 법인의 설립 외에 등기를 필요로 하는 것이므로, 재단법인이 그와 같은 등기를 마치지 아니하였다면 유언자의 상속인의 한 사람으로부터 부동산의 지분을 취득하여 이전등기를 마친 선의의 제3자에 대하여 대항할 수 없다(대판 1993.9.14. 93다8054).

> **제48조【출연재산의 귀속시기】**
> ② 유언으로 재단법인을 설립하는 때에는 출연재산은 유언의 효력이 발생한 때(→ 유언자의 사망시)로부터 법인에 귀속한 것으로 본다.

07 법인의 정관에 관한 설명으로 옳지 않은 것은? (다툼이 있으면 판례에 따름) 2016 행정사

① 법인의 존립시기나 해산사유는 재단법인 정관의 필요적 기재사항이다.

② 사단법인의 정관의 변경은 주무관청의 허가를 얻지 아니하면 그 효력이 없다.

③ 재단법인의 설립자가 그 명칭, 사무소 소재지 또는 이사임면의 방법을 정하지 아니하고 사망한 때에는 이해관계인 또는 검사의 청구에 의하여 법원이 이를 정한다.

④ 사단법인의 정관은 정수에 관하여 정관에 다른 규정이 없는 한 총사원 3분의 2 이상의 동의가 있는 때에 한하여 이를 변경할 수 있다.

⑤ 재단법인의 목적을 달성할 수 없는 때에는 설립자나 이사는 주무관청의 허가를 얻어 설립의 취지를 참작하여 그 목적 기타 정관의 규정을 변경할 수 있다.

정답해설

① 재단법인은 사단법인과 달리 사원자격의 득실에 관한 규정과 존립시기나 해산사유를 정하는 때에는 그 시기 또는 사유는 정관에 필수적 기재사항이 아니다(제43조, 제40조).

제43조【재단법인의 정관】
재단법인의 설립자는 일정한 재산을 출연하고 제40조 제1호 내지 제5호의 사항을 기재한 정관을 작성하여 기명날인하여야 한다.
제40조【사단법인의 정관】
사단법인의 설립자는 다음 각 호의 사항을 기재한 정관을 작성하여 기명날인하여야 한다.
1. 목적
2. 명칭
3. 사무소의 소재지
4. 자산에 관한 규정
5. 이사의 임면에 관한 규정
6. 사원자격의 득실에 관한 규정
7. 존립시기나 해산사유를 정하는 때에는 그 시기 또는 사유

② **제42조【사단법인의 정관의 변경】** ② 정관의 변경은 주무관청의 허가를 얻지 아니하면 그 효력이 없다.

③ **제44조【재단법인의 정관의 보충】** 재단법인의 설립자가 그 명칭, 사무소 소재지 또는 이사임면의 방법을 정하지 아니하고 사망한 때에는 이해관계인 또는 검사의 청구에 의하여 법원이 이를 정한다.

④ **제42조【사단법인의 정관의 변경】** ① 사단법인의 정관은 총사원 3분의 2 이상의 동의가 있는 때에 한하여 이를 변경할 수 있다. 그러나 정수에 관하여 정관에 다른 규정이 있는 때에는 그 규정에 의한다.

⑤ **제46조【재단법인의 목적 기타의 변경】** 재단법인의 목적을 달성할 수 없는 때에는 설립자나 이사는 주무관청의 허가를 얻어 설립의 취지를 참작하여 그 목적 기타 정관의 규정을 변경할 수 있다.

Answer 07 ①

08 민법상 법인의 정관에 관한 설명으로 옳은 것을 모두 고른 것은? (다툼이 있으면 판례에 따름)

2019 행정사

ㄱ. 정관의 변경사항이 등기사항인 경우에는 등기하여야 정관변경의 효력이 생긴다.
ㄴ. 재단법인의 기본재산에 관한 저당권 설정행위는 특별한 사정이 없는 한 정관의 기재사항을 변경하여야 하는 경우에 해당하지 않는다.
ㄷ. 사단법인의 정관을 변경하기 위해서는 정관에 다른 규정이 없는 한 사원총회에서 총사원 3분의 2 이상의 동의가 있어야 한다.

① ㄷ ② ㄱ, ㄴ ③ ㄱ, ㄷ
④ ㄴ, ㄷ ⑤ ㄱ, ㄴ, ㄷ

정답해설

ㄱ. (×): 정관변경의 효력요건은 주무관청의 허가이고(제42조 제2항), 등기는 대항요건일 뿐이다.

제42조 【사단법인의 정관의 변경】
② 정관의 변경은 주무관청의 허가를 얻지 아니하면 그 효력이 없다.
제54조 【설립등기 이외의 등기의 효력과 등기사항의 공고】
① 설립등기 이외의 본 절의 등기사항은 그 등기 후가 아니면 제3자에게 대항하지 못한다.

ㄴ. (○): 재단법인의 기본재산에 관한 저당권 설정행위는 특별한 사정이 없는 한 정관의 기재사항을 변경하여야 하는 경우에 해당하지 않는다.

ㄷ. (○): **제42조 【사단법인의 정관의 변경】** ① 사단법인의 정관은 총사원 3분의 2 이상의 동의가 있는 때에 한하여 이를 변경할 수 있다. 그러나 정수에 관하여 정관에 다른 규정이 있는 때에는 그 규정에 의한다.

| 비교 | **제78조 【사단법인의 해산결의】** 사단법인은 총사원 4분의 3 이상의 동의가 없으면 해산을 결의하지 못한다. 그러나 정관에 다른 규정이 있는 때에는 그 규정에 의한다.
→ 사단법인의 정관은 총사원 4분의 3이상의 동의가 있는 때에 한하여 이를 변경할 수 있다. (×)

09 부산에 주소를 둔 甲 외 11인이 자신들을 구성원으로 하고 甲을 대표자로 하여 서울에 주된 사무소를 두는 민법상 A사단법인을 설립하고자 한다. 이에 관한 설명으로 옳은 것은? (다툼이 있으면 판례에 의함)

2022 세무사

① A법인의 설립을 위하여 작성한 정관의 법적 성질은 계약이다.
② A법인은 甲의 주소지에서 설립등기를 하여야 비로소 성립한다.
③ A법인의 정관이 유효하기 위해서는 자산에 관한 규정이 반드시 기재되어야 한다.
④ A법인은 특별한 사정이 없는 한 총사원 3분의 2에 해당하는 8인 이상의 동의를 얻으면 해산을 결의할 수 있다.
⑤ A법인은 정관의 작성 이외에 재산의 출연을 그 설립요건으로 한다.

정답해설

① 사단법인의 정관은 법적 성질이 계약이 아니라 자치법규로 보는 것이 타당하므로, 어느 시점의 사단법인의 사원들이 정관의 규범적인 의미내용과 다른 해석을 사원총회의 결의라는 방법으로 표명하였다고 하더라도 그 결의에 의한 해석은 그 사단법인의 구성원인 사원이나 법인을 구속할 수 없다(대판 2000.11.24. 99다12437).

② 법인은 그 주된 사무소의 소재지에서 설립등기를 함으로써 성립한다(제33조). 법인등기에 관하여는 법인의 사무소 소재지를 관할하는 지방법원, 그 지원 또는 등기소를 관할등기소로 한다(비송사건절차법 제60조 제1항). A사단법인은 대표자 甲의 주소지가 아니라, 주된 사무소의 소재지인 서울을 관할하는, 예를 들어 서울중앙지방법원에 설립등기를 하여야 비로소 성립한다.

제33조 【법인설립의 등기】
법인은 그 주된 사무소의 소재지에서 설립등기를 함으로써 성립한다.

③ A법인은 사단법인으로 자산에 관한 규정은 정관에 필수적 기재사항에 해당한다(제40조 제4호).

제40조 【사단법인의 정관】
사단법인의 설립자는 다음 각 호의 사항을 기재한 정관을 작성하여 기명날인하여야 한다.

1. 목적
2. 명칭
3. 사무소의 소재지
4. 자산에 관한 규정
5. 이사의 임면에 관한 규정
6. 사원자격의 득실에 관한 규정
7. 존립시기나 해산사유를 정하는 때에는 그 시기 또는 사유

④ A법인은 사단법인으로 특별한 사정이 없는 한 총사원 4분의 3 이상의 동의가 있으면 해산할 수 있다(제78조). 총사원 12인의 4분의 3 이상에 해당하는 9인 이상의 동의가 있으면 해산을 결의할 수 있다.

제78조 【사단법인의 해산결의】
사단법인은 총사원 4분의 3 이상의 동의가 없으면 해산을 결의하지 못한다. 그러나 정관에 다른 규정이 있는 때에는 그 규정에 의한다.

⑤ A법인은 사단법인이므로 재산의 출연을 그 설립요건으로 하지 않는다(제43조 반대해석).

제43조 【재단법인의 정관】
재단법인의 설립자는 일정한 재산을 출연하고 제40조 제1호 내지 제5호의 사항을 기재한 정관을 작성하여 기명날인하여야 한다.

Chapter 03

Answer 08 ④ 09 ③

10 **甲이 생전처분으로 그 소유의 부동산을 출연하여 민법상 재단법인을 설립하고자 한다. 이에 관한 설명으로 옳은 것을 모두 고른 것은? (다툼이 있으면 판례에 의함)** 2022 세무사

ㄱ. 甲이 A법인의 명칭을 정하지 않고 사망한 경우 이해관계인의 청구에 의해 법원이 이를 보충할 수 있다.
ㄴ. X부동산의 소유권은 A법인의 설립등기와는 무관하게 甲의 출연의 의사표시가 있은 때로부터 A법인에 귀속된다.
ㄷ. A법인의 성립 후 기본재산인 X부동산에 관한 저당권 설정 행위에 대해서는 특별한 사정이 없는 한 주무관청의 허가를 얻어야 한다.

① ㄱ ② ㄴ ③ ㄷ
④ ㄱ, ㄷ ⑤ ㄴ, ㄷ

정답해설

ㄱ. (○): 甲이 A 재단법인의 명칭을 정하지 않고 사망한 경우 이해관계인의 청구에 의해 법원이 이를 보충할 수 있다(제44조).

> **제44조【재단법인의 정관의 보충】**
> 재단법인의 설립자가 그 명칭, 사무소 소재지 또는 이사임면의 방법을 정하지 아니하고 사망한 때에는 이해관계인 또는 검사의 청구에 의하여 법원이 이를 정한다.

ㄴ. (×): 생전처분으로 재단법인을 설립하는 때에는 출연재산은 법인이 성립된 때로부터 법인의 재산이 된다(제48조 제1항). X부동산의 소유권은 甲의 출연의 의사표시가 있은 때로부터가 아니라 A법인이 성립한 때, 즉 법인설립등기를 한 때에 A법인에게 귀속된다.

> **제48조【출연재산의 귀속시기】**
> ① 생전처분으로 재단법인을 설립하는 때에는 출연재산은 법인이 성립된 때로부터 법인의 재산이 된다.

ㄷ. (×): 민법상 재단법인의 기본재산에 관한 저당권 설정행위는 특별한 사정이 없는 한 정관의 기재사항을 변경하여야 하는 경우에 해당하지 않으므로 그에 관하여는 주무관청의 허가를 얻을 필요가 없다(대판 2018.7.20. 2017마1565). X부동산이 기본재산이라고 하더라도 단지 그에 관하여 저당권을 설정할 때에는 자산의 변동이 일어나지 않아 주무관청의 허가를 얻을 필요가 없다.

11 **법인의 이사에 관한 설명으로 옳지 않은 것은? (다툼이 있는 경우에는 판례에 의함)**

2014 행정사

① 이사의 임면에 관한 사항은 정관의 필요적 기재사항이다.
② 이사의 대표권의 제한은 이를 등기하지 않으면 악의의 제3자에게도 대항할 수 없다.
③ 이사가 그의 권한으로 선임한 대리인은 법인의 기관이다.
④ 특별한 사정이 없으면, 법인과 이사의 이익이 상반하는 사항에 관하여는 그 이사는 대표권이 없다.
⑤ 이사의 직무대행자는 원칙적으로 법인의 통상사무에 속하는 행위만을 할 수 있다.

정답해설

① 이사의 임면에 관한 사항은 제40조 제5호로 정관의 필요적 기재사항이다(제40조 제5호).

제40조【사단법인의 정관】
사단법인의 설립자는 다음 각 호의 사항을 기재한 정관을 작성하여 기명날인하여야 한다.
1. 목적
2. 명칭
3. 사무소의 소재지
4. 자산에 관한 규정
5. 이사의 임면에 관한 규정
6. 사원자격의 득실에 관한 규정
7. 존립시기나 해산사유를 정하는 때에는 그 시기 또는 사유

② **제60조【이사의 대표권에 대한 제한의 대항요건】** 이사의 대표권에 대한 제한은 등기하지 아니하면 **제3자에게** 대항하지 못한다.
③ 이사는 원칙적으로 법인의 대표자이다. 다만, 정관 또는 총회의 결의로 금지하지 아니한 사항에 한하여 타인으로 하여금 특정한 행위를 대리하게 할 수 있다(제62조). 이 경우 이사에 의해 선임된 대리인은 법인의 대표기관이 아니다. 단지 이사의 대리인일 뿐이다.

제62조【이사의 대리인선임】
이사는 정관 또는 총회의 결의로 금지하지 아니한 사항에 한하여 타인으로 하여금 특정한 행위를 대리하게 할 수 있다.

④ **제64조【특별대리인의 선임】** 법인과 이사의 **이익이 상반하는 사항**에 관하여는 이사는 대표권이 없다. 이 경우에는 전조의 규정에 의하여 **특별대리인**을 선임하여야 한다.
⑤ 이사의 직무대행자는 원칙적으로 법인의 통상사무에 속하는 행위만을 할 수 있다(제62조).

제60조의2【직무대행자의 권한】
① 제52조의2의 직무대행자는 가처분명령에 다른 정함이 있는 경우 외에는 법인의 통상사무에 속하지 아니한 행위를 하지 못한다. 다만, 법원의 허가를 얻은 경우에는 그러하지 아니하다.

Answer 10 ① 11 ③

12 법인의 이사에 관한 설명으로 옳은 것은?

2013 행정사

① 법인이 설립허가의 취소로 해산하는 경우 원칙적으로 이사는 청산인이 될 수 없다.
② 이사가 여러 명인 경우, 법인의 사무에 관하여 공동으로 법인을 대표하는 것이 원칙이다.
③ 이사는 정관 또는 총회의 결의로 금지하지 아니한 사항에 한하여 타인으로 하여금 특정한 행위를 대리하게 할 수 있다.
④ 이사의 대표권에 대한 제한은 정관의 기재만으로도 선의의 제3자에게 대항할 수 있다.
⑤ 법인과 이사의 이익이 상반하는 사항에 대해서는 법원이 이해관계인이나 검사의 청구에 의하여 임시이사를 선임하여야 한다.

정답해설

① 법인이 설립허가의 취소로 해산하는 경우 파산 이외의 사유이므로 원칙적으로 이사는 청산인이 된다(제82조).

제82조【청산인】
법인이 해산한 때에는 파산의 경우를 제하고는 이사가 청산인이 된다. 그러나 정관 또는 총회의 결의로 달리 정한 바가 있으면 그에 의한다.

② 이사가 여러 명인 경우, 법인의 사무에 관하여 각자 법인을 대표하는 것이 원칙이다(제59조 제1항).

제59조【이사의 대표권】
① 이사는 법인의 사무에 관하여 각자 법인을 대표한다.

| 비교 | 제58조【이사의 사무집행】 ② 이사가 수인인 경우에는 정관에 다른 규정이 없으면 법인의 사무집행은 이사의 과반수로써 결정한다.

③ **제62조【이사의 대리인선임】** 이사는 정관 또는 총회의 결의로 금지하지 아니한 사항에 한하여 타인으로 하여금 특정한 행위를 대리하게 할 수 있다.

④ 법인의 정관에 법인 대표권의 제한에 관한 규정이 있으나 그와 같은 취지가 등기되어 있지 않다면 법인은 그와 같은 정관의 규정에 대하여 선의냐 악의냐에 관계없이 제3자에 대하여 대항할 수 없다(대판 1992.2.14. 91다24564).

제60조【이사의 대표권에 대한 제한의 대항요건】
이사의 대표권에 대한 제한은 등기하지 아니하면 제3자에게 대항하지 못한다.

⑤ 법인과 이사의 이익이 상반하는 사항에 대해서는 법원이 이해관계인이나 검사의 청구에 의하여 임시이사가 아니라 특별대리인을 선임하여야 한다(제64조).

제64조【특별대리인의 선임】
법인과 이사의 이익이 상반하는 사항에 관하여는 이사는 대표권이 없다. 이 경우에는 전조의 규정에 의하여 특별대리인을 선임하여야 한다.

13 민법상 법인의 이사에 관한 설명으로 옳지 않은 것은? (다툼이 있으면 판례에 의함)

2024 행정사

① 이사가 여러 명인 경우 정관에 다른 정함이 없으면 법인의 사무집행은 이사의 과반수로써 결정한다.

② 이사의 결원으로 법인에게 손해가 생길 염려가 있는 경우 법원은 이해관계인이나 검사의 청구에 의하여 임시이사를 선임하여야 한다.

③ 이사는 정관 또는 총회의 결의로 금지하지 아니한 사항에 한하여 타인으로 하여금 특정한 행위를 대리하게 할 수 있다.

④ 법인의 정관에 이사의 해임사유에 관한 규정이 있는 경우 법인은 특별한 사정이 없는 한 정관에서 정하지 아니한 사유로 이사를 해임할 수 없다.

⑤ 이사의 사임은 특별한 사정이 없는 한 주무관청의 승인이 있어야 그 효력이 발생한다.

정답해설

① **제58조【이사의 사무집행】** ② 이사가 수인인 경우에는 정관에 다른 규정이 없으면 법인의 사무집행은 이사의 과반수로써 결정한다.

| 비교 | 제59조【이사의 대표권】 ① 이사는 법인의 사무에 관하여 각자 법인을 대표한다.

② **제63조【임시이사의 선임】** 이사가 없거나 결원이 있는 경우에 이로 인하여 손해가 생길 염려가 있는 때에는 법원은 이해관계인이나 검사의 청구에 의하여 임시이사를 선임하여야 한다.

③ **제62조【이사의 대리인선임】** 이사는 정관 또는 총회의 결의로 금지하지 아니한 사항에 한하여 타인으로 하여금 특정한 행위를 대리하게 할 수 있다.

④ 법인과 이사의 법률관계는 신뢰를 기초로 하는 위임 유사의 관계이다. 민법 제689조 제1항에 따르면 위임계약은 각 당사자가 언제든지 해지할 수 있다. 그러므로 법인은 원칙적으로 이사의 임기 만료 전에도 언제든지 이사를 해임할 수 있다. 다만 이러한 민법 규정은 임의규정이므로 법인이 자치법규인 정관으로 이사의 해임사유 및 절차 등에 관하여 별도 규정을 둘 수 있다. 이러한 규정은 법인과 이사의 관계를 명확히 하는 것 외에 이사의 신분을 보장하는 의미도 아울러 가지고 있으므로 이를 단순히 주의적 규정으로 볼 수는 없다. 따라서 법인의 정관에 이사의 해임사유에 관한 규정이 있는 경우 이사의 중대한 의무위반 또는 정상적인 사무집행 불능 등의 특별한 사정이 없는 이상 법인은 정관에서 정하지 아니한 사유로 이사를 해임할 수 없다(대판 2024.1.4. 2023다263537).

⑤ 학교법인의 이사는 법인에 대한 일방적인 사임의 의사표시에 의하여 법률관계를 종료시킬 수 있고 그 의사표시는 수령권한 있는 기관에 도달됨으로써 바로 효력을 발생하는 것이며, 그 효력발생을 위하여 이사회의 결의나 관할관청의 승인이 있어야 하는 것은 아니다(대판 2013.7.25. 2011두22334).

Answer 12 ③ 13 ⑤

14 법인에 관한 설명으로 옳은 것을 모두 고른 것은?

2021 행정사

ㄱ. 임시이사는 법인과 이사의 이익이 상반하는 사항에 관하여 선임되는 법인의 기관이다.
ㄴ. 법인의 이사가 여러 명인 경우에는 정관에 다른 규정이 없으면 법인의 사무집행은 이사의 과반수로써 결정한다.
ㄷ. 법인의 대표에 관하여는 대리에 관한 규정을 준용한다.
ㄹ. 이사는 정관 또는 총회의 결의로 금지하지 아니한 사항에 한하여 타인으로 하여금 특정한 행위를 대리하게 할 수 있다.

① ㄱ, ㄴ ② ㄷ, ㄹ ③ ㄱ, ㄴ, ㄷ
④ ㄴ, ㄷ, ㄹ ⑤ ㄱ, ㄴ, ㄷ, ㄹ

정답해설

ㄱ. (×): 임시이사는 법인과 이사의 이익이 상반하는 사항에 관하여 선임되는 법인의 기관이 아니라, 이사가 없거나 결원이 있는 경우에 이로 인하여 손해가 생길 염려가 있는 때에 선임되는 법인의 기관이다.

제63조【임시이사의 선임】
이사가 없거나 결원이 있는 경우에 이로 인하여 손해가 생길 염려가 있는 때에는 법원은 이해관계인이나 검사의 청구에 의하여 임시이사를 선임하여야 한다.
제64조【특별대리인의 선임】
법인과 이사의 이익이 상반하는 사항에 관하여는 이사는 대표권이 없다. 이 경우에는 전조의 규정에 의하여 특별대리인을 선임하여야 한다.

ㄴ. (○): **제58조【이사의 사무집행】** ② 이사가 수인인 경우에는 정관에 다른 규정이 없으면 법인의 **사무집행**은 이사의 **과반수**로써 결정한다.
ㄷ. (○): **제59조【이사의 대표권】** ② 법인의 대표에 관하여는 대리에 관한 규정을 준용한다.
ㄹ. (○) : **제62조【이사의 대리인선임】** 이사는 정관 또는 총회의 결의로 금지하지 아니한 사항에 한하여 타인으로 하여금 **특정**한 행위를 대리하게 할 수 있다.

15 민법상 법인의 대표권에 관한 설명으로 옳지 않은 것은? (다툼이 있으면 판례에 따름)

2018 행정사

① 이사의 대표권 제한에 관한 정관의 규정이 등기되어 있지 않으면, 법인은 그 규정으로 악의의 제3자에게도 대항할 수 없다.

② 법인과 이사의 이익상반행위로 특별대리인을 선임하는 경우, 법원은 이해관계인이나 검사의 청구에 의하여 선임하여야 한다.

③ 민법 규정에 의하여 선임된 직무대행자가 그 권한을 정한 규정에 위반하여 법인의 통상사무 범위를 벗어난 행위를 한 경우, 법인은 선의의 제3자에 대하여 책임을 진다.

④ 대표자의 행위가 직무에 관한 행위에 해당하지 아니함을 피해자가 중과실로 알지 못한 경우에도, 피해자는 법인에게 손해배상책임을 물을 수 있다.

⑤ 법인의 대표에 관하여는 대리에 관한 규정을 준용한다.

정답해설

① 법인의 정관에 법인 대표권의 제한에 관한 규정이 있으나 그와 같은 취지가 등기되어 있지 않다면 법인은 그와 같은 정관의 규정에 대하여 선의냐 악의냐에 관계없이 제3자에 대하여 대항할 수 없다(대판 1992.2.14. 91다24564).

> **제60조【이사의 대표권에 대한 제한의 대항요건】**
> 이사의 대표권에 대한 제한은 등기하지 아니하면 제3자에게 대항하지 못한다.

② **제64조【특별대리인의 선임】** 법인과 이사의 이익이 상반하는 사항에 관하여는 이사는 대표권이 없다. 이 경우에는 전조의 규정에 의하여 특별대리인을 선임하여야 한다.

③ **제60조의2【직무대행자의 권한】**

> ① 제52조의2의 직무대행자는 가처분명령에 다른 정함이 있는 경우 외에는 법인의 통상사무에 속하지 아니한 행위를 하지 못한다. 다만, 법원의 허가를 얻은 경우에는 그러하지 아니하다.
> ② 직무대행자가 제1항의 규정에 위반한 행위를 한 경우에도 법인은 선의의 제3자에 대하여 책임을 진다.

④ 법인의 대표자의 행위가 직무에 관한 행위에 해당하지 아니함을 피해자 자신이 알았거나 또는 중대한 과실로 인하여 알지 못한 경우에는 법인에게 손해배상책임을 물을 수 없다(대판 2004.3.26. 2003다34045).

> **제35조【법인의 불법행위능력】**
> ① 법인은 이사 기타 대표자가 그 직무에 관하여 타인에게 가한 손해를 배상할 책임이 있다. 이사 기타 대표자는 이로 인하여 자기의 손해배상책임을 면하지 못한다.

⑤ **제59조【이사의 대표권】** ② 법인의 대표에 관하여는 대리에 관한 규정을 준용한다.

Answer 14 ④ 15 ④

16 민법상 사단법인의 사원총회에 관한 설명으로 옳지 않은 것은? 2022 세무사

① 이사는 매년 1회 이상 통상총회를 소집하여야 한다.

② 사단법인의 사무는 정관으로 이사 또는 기타 임원에게 위임한 사항 외에는 총회의 결의에 의하여야 한다.

③ 총사원의 5분의 1 이상이 회의의 목적사항을 제시하여 총회의 소집을 요구하는 경우 정관에 다른 규정이 없는 한 이사는 임시총회를 소집하여야 한다.

④ 총회의 의사에 관하여는 의사록을 작성하여야 하며, 이사는 의사록을 주된 사무소에 비치하여야 한다.

⑤ 총회에서의 결의가 유효하기 위해서는 원칙적으로 총회의 소집일 1주일 전까지 총회 소집 통지가 과반수 이상의 사원에게 도달하여야 한다.

정답해설

① **제69조【통상총회】** 사단법인의 이사는 매년 1회 이상 통상총회를 소집하여야 한다.

② **제68조【총회의 권한】** 사단법인의 사무는 정관으로 이사 또는 기타임원에게 위임한 사항 외에는 총회의 결의에 의하여야 한다.

③ **제70조【임시총회】** ② **총사원의 5분의 1 이상**으로부터 **회의의 목적사항을 제시**하여 **청구**한 때에는 **이사는** 임시총회를 **소집하여야** 한다. 이 정수는 정관으로 증감할 수 있다.

④ **제76조【총회의 의사록】**

> ① 총회의 의사에 관하여는 의사록을 작성하여야 한다.
> ③ 이사는 의사록을 주된 사무소에 비치하여야 한다.

⑤ 총회에서의 결의가 유효하기 위해서는 원칙적으로 총회의 소집일 1주일 전까지 회의의 목적사항을 기재하여 소집 통지가 과반수 이상의 사원이 아니라 전원에게 도달하여야 하는 것이 아니라 발하면 된다.

> **제71조【총회의 소집】**
> 총회의 소집은 1주간 전에 그 회의의 목적사항을 기재한 **통지**를 **발**하고 기타 정관에 정한 방법에 의하여야 한다.

17 **사단법인의 사원총회에 관한 설명으로 옳지 않은 것은?** 2016 감정평가사

① 사원총회에는 대외적인 대표권이나 대내적인 업무집행권이 없다.

② 각 사원은 평등한 결의권을 가지며, 정관으로도 달리 정할 수 없다.

③ 정관에 다른 규정이 없는 한, 총사원의 5분의 1 이상이 회의의 목적사항을 제시하여 총회 소집을 청구한 경우에 이사는 임시총회를 소집하여야 한다.

④ 총회는, 정관에 규정이 있으면, 소집 통지에 기재한 목적사항 이외에 대해서도 결의할 수 있다.

⑤ 정관에 다른 규정이 없는 한, 정관변경을 위해서는 총사원의 3분의 2 이상의 동의가 있어야 한다.

정답해설

① 이사가 대외적으로 법인을 대표하고(제59조), 법인의 사무를 대내적으로 집행한다(제58조). 사원총회는 모든 사원으로 구성되는 사법법인의 최고의사결정기관이며, 법인을 대표하거나 업무를 집행할 권한은 없다.

② 법인의 각 사원의 결의권은 평등으로 하나, 정관으로 각 사원의 결의권을 불평등하게 정할 수 있다.

> **제73조 【사원의 결의권】**
> ① 각 사원의 결의권은 평등으로 한다.
> ② 사원은 서면이나 대리인으로 결의권을 행사할 수 있다.
> ③ 전2항의 규정은 정관에 다른 규정이 있는 때에는 적용하지 아니한다.

③, ④ 총회의 소집은 1주간 전에 그 회의의 목적사항을 기재한 통지를 발해야 하고(제71조), 통지한 사항에 관해서만 결의할 수 있으나, 정관의 규정으로 달리 정할 수 있다(제72조). 즉, 정관에 규정 시 목적사항 이외의 결의도 가능하다.

> **제71조 【총회의 소집】**
> 총회의 소집은 1주간 전에 그 회의의 목적사항을 기재한 통지를 발하고 기타 정관에 정한 방법에 의하여야 한다.
> **제72조 【총회의 결의사항】**
> 총회는 전조의 규정에 의하여 통지한 사항에 관하여서만 결의할 수 있다. 그러나 정관에 다른 규정이 있는 때에는 그 규정에 의한다.

⑤ 사단법인의 정관의 변경은 사원총회의 전권사항이다. 이때 총사원 3분의 2 이상의 동의가 있어야 가능하나, 정관의 규정으로 달리 정할 수 있다(제42조 제1항).

> **제42조 【사단법인의 정관의 변경】**
> ① 사단법인의 정관은 총사원 3분의 2 이상의 동의가 있는 때에 한하여 이를 변경할 수 있다. 그러나 정수에 관하여 정관에 다른 규정이 있는 때에는 그 규정에 의한다.
> ② 정관의 변경은 주무관청의 허가를 얻지 아니하면 그 효력이 없다.

→ 사단법인의 정관은 총사원 4분의 3 이상의 동의가 있는 때에 한하여 이를 변경할 수 있다. (×)

Answer 16 ⑤ 17 ②

18 민법상 법인의 기관에 관한 설명으로 옳지 않은 것은? (다툼이 있으면 판례에 따름)

2019 행정사

① 민법상 이사의 임기를 제한하는 규정은 없다.

② 사원총회의 결의는 민법 또는 정관에 다른 규정이 없으면 사원 과반수의 출석과 출석사원의 결의권의 과반수로써 한다.

③ 이사는 정관 또는 총회의 결의로 금지하지 아니한 사항에 한하여 타인으로 하여금 특정한 행위를 대리하게 할 수 있다.

④ 임시이사 선임의 요건인 '이사가 없거나 결원이 있는 경우'란 이사가 전혀 없거나 정관에서 정한 인원수에 부족이 있는 경우를 말한다.

⑤ 정관에 이사의 해임사유에 관한 규정이 있는 경우에는 이사의 중대한 의무위반이 있어도 법인은 정관에서 정하지 아니한 사유로 이사를 해임할 수 없다.

정답해설

① 이사의 임기를 제한하는 규정은 민법상 없다.

② **제75조【총회의 결의방법】** ① 총회의 결의는 본법 또는 정관에 다른 규정이 없으면 사원과반수의 출석과 출석사원의 결의권의 과반수로써 한다.

③ **제62조【이사의 대리인선임】** 이사는 정관 또는 총회의 결의로 금지하지 아니한 사항에 한하여 타인으로 하여금 특정한 행위를 대리하게 할 수 있다.

④ 민법 제63조에서 임시이사 선임의 요건으로 정하고 있는 '이사가 없거나 결원이 있는 경우'라 함은 이사가 전혀 없거나 정관에서 정한 인원수에 부족이 있는 경우를 말하고, '이로 인하여 손해가 생길 염려가 있는 때'라 함은 통상의 이사선임절차에 따라 이사가 선임되기를 기다릴 때에 법인이나 제3자에게 손해가 생길 우려가 있는 것을 의미한다(대결(전) 2009.11.19. 2008마699).

⑤ 법인과 이사의 법률관계는 신뢰를 기초로 한 위임 유사의 관계로 볼 수 있는데, 민법 제689조 제1항에서는 위임계약은 각 당사자가 언제든지 해지할 수 있다고 규정하고 있으므로, 법인은 원칙적으로 이사의 임기 만료 전에도 이사를 해임할 수 있지만, 이러한 민법의 규정은 임의규정에 불과하므로 법인이 자치법규인 정관으로 이사의 해임사유 및 절차 등에 관하여 별도의 규정을 두는 것도 가능하다. 그리고 이와 같이 법인이 정관에 이사의 해임사유 및 절차 등을 따로 정한 경우 그 규정은 법인과 이사와의 관계를 명확히 함은 물론 이사의 신분을 보장하는 의미도 아울러 가지고 있어 이를 단순히 주의적 규정으로 볼 수는 없다. 따라서 법인의 정관에 이사의 해임사유에 관한 규정이 있는 경우 법인으로서는 이사의 중대한 의무위반 또는 정상적인 사무집행 불능 등의 특별한 사정이 없는 이상, 정관에서 정하지 아니한 사유로 이사를 해임할 수 없다(대판 2013.11.28. 2011다41741). 정관에 이사의 해임사유에 관한 규정이 있는 경우에는 법인은 정관에서 정하지 아니한 사유로 이사를 해임할 수 없는 것이 원칙이나, 이사의 중대한 의무위반이라는 특별한 사정이 있는 경우에는 해임할 수 있다.

19 **민법상 사단법인에 관한 설명으로 옳지 않은 것은? (다툼이 있으면 판례에 따름)** 2020 행정사

① 이사는 원칙적으로 법인의 제반 업무처리를 대리인에게 포괄적으로 위임할 수 없다.

② 정관의 규범적 의미와 다른 해석이 사원총회의 결의에 의해 표명되었더라도 이는 법원을 구속하는 효력이 없다.

③ 이사의 임면에 관한 사항은 정관의 임의적 기재사항이다.

④ 이사회의 결의사항에 이해관계가 있는 이사는 의결권이 없다.

⑤ 민법상 청산절차에 관한 규정에 반하는 잔여재산 처분행위는 특단의 사정이 없는 한 무효이다.

정답해설

① 비법인사단에 대하여는 사단법인에 관한 민법 규정 가운데서 법인격을 전제로 하는 것을 제외하고는 이를 유추적용하여야 할 것인바, 민법 제62조의 규정에 비추어 보면 비법인사단의 대표자는 정관 또는 총회의 결의로 금지하지 아니한 사항에 한하여 타인으로 하여금 특정한 행위를 대리하게 할 수 있을 뿐 비법인사단의 제반 업무처리를 포괄적으로 위임할 수는 없다 할 것이므로, 비법인사단 대표자가 행한 타인에 대한 업무의 포괄적 위임과 그에 따른 포괄적 수임인의 대행행위는 민법 제62조의 규정에 위반된 것이어서 비법인사단에 대하여는 그 효력이 미치지 아니한다(대판 1996.9.6. 94다18522).

제62조【이사의 대리인선임】
이사는 정관 또는 총회의 결의로 금지하지 아니한 사항에 한하여 타인으로 하여금 특정한 행위를 대리하게 할 수 있다.

② 사단법인의 정관은 법적 성질이 계약이 아니라 자치법규로 보는 것이 타당하므로, 어느 시점의 사단법인의 사원들이 정관의 규범적인 의미내용과 다른 해석을 사원총회의 결의라는 방법으로 표명하였다고 하더라도 그 결의에 의한 해석은 그 사단법인의 구성원인 사원이나 법인을 구속할 수 없다(대판 2000.11.24. 99다12437).

③ 이사의 임면에 관한 사항은 정관의 필수적 기재사항이다.

제40조【사단법인의 정관】
사단법인의 설립자는 다음 각 호의 사항을 기재한 정관을 작성하여 기명날인하여야 한다.

1. 목적
2. 명칭
3. 사무소의 소재지
4. 자산에 관한 규정
5. 이사의 임면에 관한 규정
6. 사원자격의 득실에 관한 규정
7. 존립시기나 해산사유를 정하는 때에는 그 시기 또는 사유

Answer 18 ⑤ 19 ③

④ 민법 제74조는 사단법인과 어느 사원과의 관계사항을 의결하는 경우 그 사원은 의결권이 없다고 규정하고 있으므로, 민법 제74조의 유추해석상 민법상 법인의 이사회에서 법인과 어느 이사와의 관계사항을 의결하는 경우에는 그 이사는 의결권이 없다. 이때 의결권이 없다는 의미는 상법 제368조 제4항, 제371조 제2항의 유추해석상 이해관계 있는 이사는 이사회에서 의결권을 행사할 수는 없으나 의사정족수 산정의 기초가 되는 이사의 수에는 포함되고, 다만 결의 성립에 필요한 출석이사에는 산입되지 아니한다고 풀이함이 상당하다(대판 2009.4.9. 2008다1521).

제74조【사원이 결의권 없는 경우】
사단법인과 어느 사원과의 관계사항을 의결하는 경우에는 그 사원은 결의권이 없다.

⑤ 민법상의 청산절차에 관한 규정은 모두 제3자의 이해관계에 중대한 영향을 미치기 때문에 이른바 강행규정이라고 해석되므로 이에 반하는 잔여재산의 처분행위는 특단의 사정이 없는 한 무효라고 보아야 한다(대판 1995.2.10. 94다13473).

20 민법상 사단법인의 기관에 관한 설명으로 옳지 않은 것은? (다툼이 있으면 판례에 따름)

2018 행정사

① 이사의 임면에 관한 사항은 정관의 임의적 기재사항이다.

② 사단법인의 이사는 매년 1회 이상 통상총회를 소집하여야 한다.

③ 이사가 수인인 경우, 정관에 다른 규정이 없으면 법인의 사무집행은 이사의 과반수로써 결정한다.

④ 감사는 필요기관이 아니다.

⑤ 사원총회의 의결사항은 정관에 다른 규정이 없으면, 총회를 소집할 때 미리 통지된 사항에 한한다.

정답해설

① 이사의 임면에 관한 사항은 정관의 필요적 기재사항이다(제40조 제5호).

제40조【사단법인의 정관】
사단법인의 설립자는 다음 각 호의 사항을 기재한 정관을 작성하여 기명날인하여야 한다.
1. 목적
2. 명칭
3. 사무소의 소재지
4. 자산에 관한 규정
5. 이사의 임면에 관한 규정
6. 사원자격의 득실에 관한 규정
7. 존립시기나 해산사유를 정하는 때에는 그 시기 또는 사유

② **제69조【통상총회】** 사단법인의 이사는 매년 1회 이상 통상총회를 소집하여야 한다.

③ **제58조【이사의 사무집행】** ② 이사가 수인인 경우에는 정관에 다른 규정이 없으면 법인의 사무집행은 이사의 과반수로써 결정한다.

④ 감사는 필요기관인 이사와 달리 임의기관이다.

제66조【감사】
법인은 정관 또는 총회의 결의로 감사를 둘 수 있다.

⑤ 사원총회의 의결사항은 정관에 다른 규정이 없으면, 총회를 소집할 때 미리 통지된 사항에 한한다(제72조).

제72조【총회의 결의사항】
총회는 전조의 규정에 의하여 통지한 사항에 관하여서만 결의할 수 있다. 그러나 정관에 다른 규정이 있는 때에는 그 규정에 의한다.

21 법인의 기관에 관한 설명으로 옳은 것은? (다툼이 있으면 판례에 따름) 2015 행정사

① 사단법인의 이사와 감사는 필수기관이다.
② 이사가 없거나 결원이 있는 경우에 이로 인하여 손해가 생길 염려가 있는 때에는 법원은 이해관계인이나 검사의 청구에 의하여 직무대행자를 선임하여야 한다.
③ 사단법인의 사원의 지위는 양도 또는 상속할 수 없다는 민법의 규정은 강행규정이므로, 정관으로 이에 반하는 규정을 둘 수 없다.
④ 법인과 이사의 이익이 상반하는 사항에 관하여는 임시이사를 선임하여야 한다.
⑤ 사원총회에서 결의할 수 있는 것은 정관에 다른 규정이 없는 한 총회를 소집할 때 미리 통지한 사항에 한정된다.

정답해설

① 이사는 상설필수기관이나, 감사는 임의기관이다.

제57조【이사】
법인은 이사를 두어야 한다.
제66조【감사】
법인은 정관 또는 총회의 결의로 감사를 둘 수 있다.

② **제63조【임시이사의 선임】** 이사가 없거나 결원이 있는 경우에 이로 인하여 손해가 생길 염려가 있는 때에는 법원은 이해관계인이나 검사의 청구에 의하여 임시이사를 선임하여야 한다.
③ 사단법인의 사원의 지위는 양도 또는 상속할 수 없다고 한 민법 제56조의 규정은 강행규정은 아니라고 할 것이므로, 정관에 의하여 이를 인정하고 있을 때에는 양도·상속이 허용된다(대판 1992.4.14. 91다26850).

제56조【사원권의 양도, 상속금지】
사단법인의 사원의 지위는 양도 또는 상속할 수 없다.

Answer 20 ① 21 ⑤

④ **제64조 【특별대리인의 선임】** 법인과 이사의 이익이 상반하는 사항에 관하여는 이사는 대표권이 없다. 이 경우에는 전조의 규정에 의하여 특별대리인을 선임하여야 한다.

⑤ 정관에 다른 규정이 없는 한 사원총회에서 결의할 수 있는 것은 총회를 소집할 때 미리 통지한 사항에 한정된다(제72조).

> **제71조 【총회의 소집】**
> 총회의 소집은 1주간 전에 그 회의의 목적사항을 기재한 통지를 발하고 기타 정관에 정한 방법에 의하여야 한다.
> **제72조 【총회의 결의사항】**
> 총회는 전조의 규정에 의하여 통지한 사항에 관하여서만 결의할 수 있다. 그러나 정관에 다른 규정이 있는 때에는 그 규정에 의한다.

22 민법상 법인에 관한 설명으로 옳은 것을 모두 고른 것은? (다툼이 있으면 판례에 따름)

2019 감정평가사

ㄱ. 재단법인의 설립을 위해 부동산의 출연이 행해진 경우, 그 부동산의 소유권은 그 출연 시에 곧바로 설립중인 재단법인에게 귀속된다.
ㄴ. 법인의 불법행위책임이 성립하기 위해서는 대표기관의 행위일 것이 요구되며, 여기서의 대표기관에는 사실상의 대표자도 포함된다.
ㄷ. 사단법인 이사의 대표권 제한은 등기되지 않았다고 하더라도 정관에 그 기재가 있는 한, 악의의 제3자에게 대항할 수 있다.
ㄹ. 재단법인의 감사는 임의기관이다.

① ㄱ, ㄴ ② ㄱ, ㄷ ③ ㄴ, ㄷ
④ ㄴ, ㄹ ⑤ ㄷ, ㄹ

정답해설

ㄱ. (×): 민법 제48조는 재단법인 성립에 있어서 재산출연자와 법인과의 관계에 있어서의 출연재산의 귀속에 관한 규정이고, 이 규정은 그 기능에 있어서 출연재산의 귀속에 관하여 출연자와 법인과의 관계를 상대적으로 결정함에 있어서의 기준이 되는 것에 불과하여, 출연재산은 출연자와 법인과의 관계에 있어서 그 출연행위에 터잡아 법인이 성립되면 그로써 출연재산은 민법의 위 조항에 의하여 법인성립시에 법인에게 귀속되어 법인의 재산이 되는 것이고, 출연재산이 부동산인 경우에 있어서도 위 양당사자 간의 관계에 있어서는 위 요건(법인의 성립) 외에 등기를 필요로 하는 것이 아니나, 제3자에 대한 관계에 있어서는 출연행위가 법률행위이므로 출연재산의 법인에의 귀속에는 부동산의 권리에 관해서는 법인성립 외에 등기를 필요로 한다(대판 1993.9.14. 93다8054).

제48조【출연재산의 귀속시기】
① 생전처분으로 재단법인을 설립하는 때에는 출연재산은 법인이 성립된 때로부터 법인의 재산이 된다.

ㄴ. (○): 민법 제35조에서 말하는 '법인의 대표자'에는 그 명칭이나 직위 여하, 또는 대표자로 등기되었는지 여부를 불문하고 당해 법인을 실질적으로 운영하면서 법인을 사실상 대표하여 법인의 사무를 집행하는 사람을 포함한다고 해석함이 상당하다(대판 2011.4.28. 2008다15438).

제35조【법인의 불법행위능력】
① 법인은 이사 기타 대표자가 그 직무에 관하여 타인에게 가한 손해를 배상할 책임이 있다. 이사 기타 대표자는 이로 인하여 자기의 손해배상책임을 면하지 못한다.

ㄷ. (×): 법인의 정관에 법인 대표권의 제한에 관한 규정이 있으나 그와 같은 취지가 등기되어 있지 않다면 법인은 그와 같은 정관의 규정에 대하여 선의냐 악의냐에 관계없이 제3자에 대하여 대항할 수 없다(대판 1992.2.14. 91다24564).

제60조【이사의 대표권에 대한 제한의 대항요건】
이사의 대표권에 대한 제한은 등기하지 아니하면 제3자에게 대항하지 못한다.

ㄹ. (○): **제66조【감사】** 법인은 정관 또는 총회의 결의로 감사를 둘 수 있다.

| 비교 | 재단법인의 필수기관: 이사

23 사단법인 A의 대표이사 甲이 A를 대표하여 乙과 매매계약을 체결하였다. 이에 관한 설명으로 옳은 것을 모두 고른 것은? (다툼이 있으면 판례에 의함)

2024 행정사

ㄱ. 매매계약을 체결하는 것이 甲과 A의 이익이 상반하는 사항인 경우 甲은 A를 대표할 권한이 없다.
ㄴ. 甲이 A를 위하여 매수인 乙로부터 매매대금을 수령한 경우에 A의 채무불이행을 이유로 乙이 매매계약을 유효하게 해제하면 특별한 사정이 없는 한 해제로 인한 원상회복의무는 甲이 부담한다.
ㄷ. 만약 A가 정관에 甲의 매매계약체결에 관한 대표권을 제한하는 규정을 두었지만 이를 등기하지 않은 경우 A는 이러한 사실을 알았던 乙에게 그 대표권 제한 사실로써 대항할 수 있다.

① ㄱ
② ㄷ
③ ㄱ, ㄴ
④ ㄴ, ㄷ
⑤ ㄱ, ㄴ, ㄷ

Answer 22 ④ 23 ①

정답해설

ㄱ. (○): 만약 계약의 체결이 대표자 甲과 법인 A의 이해가 상반하는 사항인 경우, 甲은 계약체결에 대해 대표권이 없다(제64조). 이 경우 특별대리인을 선임하여야 한다.

> **제64조 【특별대리인의 선임】** 법인과 이사의 이익이 상반하는 사항에 관하여는 이사는 대표권이 없다. 이 경우에는 전조의 규정에 의하여 특별대리인을 선임하여야 한다.

ㄴ. (×): 법인이 대표기관을 통하여 법률행위를 한 때에는 대리에 관한 규정이 준용된다(민법 제59조 제2항). 따라서 **적법한 대표권을 가진 자와 맺은 법률행위의 효과**는 대표자 개인이 아니라 **본인인 법인에 귀속하고,** 마찬가지로 그러한 법률행위상의 의무를 위반하여 발생한 채무불이행으로 인한 손해배상책임도 대표기관 개인이 아닌 법인만이 책임의 귀속주체가 되는 것이 원칙이다(대판 2019.5.30. 2017다53265). 계약상 채무의 불이행을 이유로 계약이 상대방 당사자에 의하여 유효하게 해제되었다면 해제로 인한 원상회복의무는 대리인이 아니라 계약의 당사자인 본인이 부담한다(대판 2011.8.18. 2011다30871). 원상회복의무는 대표자 甲이 아니라 법인 A가 부담한다.

ㄷ. (×): 법인의 정관에 법인 대표권의 제한에 관한 규정이 있으나 그와 같은 취지가 등기되어 있지 않다면, 법인은 그와 같은 정관의 규정에 대하여 선의냐 악의냐에 관계없이 제3자에 대하여 대항할 수 없다(대판 1992.2.14. 91다24564). 정관에 대표권 제한에 대한 악의의 乙에게도 법인 A는 대표권 제한 사실로써 대항할 수 없다.

24 **甲사단법인이 3인의 이사(乙, 丙, 丁)를 두고 있는 경우에 관한 설명으로 옳지 않은 것은? (다툼이 있으면 판례에 따름)**

2022 감정평가사

① 乙, 丙, 丁은 甲의 사무에 관하여 원칙적으로 각자 甲을 대표한다.

② 甲의 대내적 사무집행은 정관에 다른 규정이 없으면 乙, 丙, 丁의 과반수로써 결정한다.

③ 甲의 정관에 乙의 대표권 제한에 관한 규정이 있더라도 이를 등기하지 않으면 그와 같은 정관의 규정에 대해 악의인 제3자에 대해서도 대항할 수 없다.

④ 丙이 제3자에게 甲의 제반 사무를 포괄 위임한 경우, 그에 따른 제3자의 사무대행행위는 원칙적으로 甲에게 효력이 없다.

⑤ 甲의 토지를 丁이 매수하기로 한 경우, 이 사항에 관하여 丁은 대표권이 없으므로 법원은 이해관계인이나 검사의 청구에 의하여 임시이사를 선임하여야 한다.

정답해설

① 정관으로 정한 이사의 수가 여럿인 경우, 특별한 사정이 없는 한 법인의 사무에 관하여 각자 법인을 대표한다(제59조 제1항).

제59조 【이사의 대표권】
① 이사는 법인의 사무에 관하여 각자 법인을 대표한다. 그러나 정관에 규정한 취지에 위반할 수 없고 특히 사단법인은 총회의 의결에 의하여야 한다.

② 이사가 수인인 경우에는 정관에 다른 규정이 없으면 법인의 사무집행은 이사의 과반수로써 결정한다(제58조 제2항).

제58조 【이사의 사무집행】
② 이사가 수인인 경우에는 정관에 다른 규정이 없으면 법인의 사무집행은 이사의 과반수로써 결정한다.

③ 법인의 정관에 법인 대표권의 제한에 관한 규정이 있으나 그와 같은 취지가 등기되어 있지 않다면 법인은 그와 같은 정관의 규정에 대하여 선의냐 악의냐에 관계없이 제3자에 대하여 대항할 수 없다(대판 1992.2.14. 91다24564). 즉 등기 없이는 대표권 제한에 관한 정관의 규정에 대해 악의인 제3자에 대해서도 대항할 수 없다.

제60조 【이사의 대표권에 대한 제한의 대항요건】
이사의 대표권에 대한 제한은 등기하지 아니하면 제3자에게 대항하지 못한다.

④ 이사는 정관 또는 총회의 결의로 금지하지 아니한 사항에 한하여 타인으로 하여금 특정한 행위를 대리하게 할 수 있을 뿐 포괄적으로 대리할 수는 없다(제62조). 따라서 이사 丙이 제3자에게 甲의 제반 사무를 포괄 위임한 경우, 그에 따른 제3자의 사무대행행위는 원칙적으로 甲에게 효력이 없다.

제62조 【이사의 대리인선임】
이사는 정관 또는 총회의 결의로 금지하지 아니한 사항에 한하여 타인으로 하여금 특정한 행위를 대리하게 할 수 있다.

⑤ 법인과 이사의 이익이 상반하는 사항에 관하여는 이사는 대표권이 없다. 이 경우에는 전조의 규정에 의하여 특별대리인을 선임하여야 한다(제64조). 甲사단법인의 토지를 이사 丁이 매수하기로 한 경우, 법인과 이사의 이익이 상반하는 사항이므로 이사 丁은 이러한 사항에서는 대표권이 없으므로 법원은 이해관계인이나 검사의 청구에 의하여 특별대리인을 선임하여야 한다.

제64조 【특별대리인의 선임】
법인과 이사의 이익이 상반하는 사항에 관하여는 이사는 대표권이 없다. 이 경우에는 전조의 규정에 의하여 특별대리인을 선임하여야 한다.
제63조 【임시이사의 선임】
이사가 없거나 결원이 있는 경우에 이로 인하여 손해가 생길 염려가 있는 때에는 법원은 이해관계인이나 검사의 청구에 의하여 임시이사를 선임하여야 한다.

Answer 24 ⑤

25 사단법인과 재단법인의 공통된 해산사유를 모두 고른 것은?

2017 세무사

ㄱ. 총회의 결의	ㄴ. 법인의 목적달성
ㄷ. 설립허가의 취소	ㄹ. 대표이사에 대한 직무집행정지처분

① ㄱ, ㄴ
② ㄱ, ㄷ
③ ㄱ, ㄹ
④ ㄴ, ㄷ
⑤ ㄷ, ㄹ

정답해설

ㄱ. (×): 사원이 없는 재단법인은 사원총회 결의로 인한 해산은 인정될 수 없다.

> **제77조 【해산사유】**
> ② 사단법인은 사원이 없게 되거나 총회의 결의로도 해산한다.

ㄴ. (○), ㄷ. (○): **제77조 【해산사유】** ① 법인은 존립기간의 만료, 법인의 목적의 달성 또는 달성의 불능 기타 정관에 정한 해산사유의 발생, 파산 또는 설립허가의 취소로 해산한다.

ㄹ. (×): 대표이사에 대한 직무집행정지처분은 있으면 대표이사의 직무를 대행할 자를 선임할 사유이지 법인의 해산사유는 아니다(제60조의 2).

26 법인의 해산 및 청산에 관한 민법규정의 설명으로 옳지 않은 것은? (다툼이 있으면 판례에 따름)

2016 주택관리사

① 파산은 사단법인과 재단법인에 공통하는 해산사유이다.
② 해산한 법인은 청산의 목적범위 내에서만 권리능력이 인정된다.
③ 청산 중의 법인은 변제기에 이르지 아니한 채권도 변제할 수 있다.
④ 청산종결등기가 경료되었다면, 청산사무가 완전히 종결하지 않았다고 하더라도 법인은 소멸한다.
⑤ 법인의 청산에 관한 민법 규정은 강행규정이다.

정답해설

① **제77조 【해산사유】**

> ① 법인은 존립기간의 만료, 법인의 목적의 달성 또는 달성의 불능 기타 정관에 정한 해산사유의 발생, 파산 또는 설립허가의 취소로 해산한다.
> ② 사단법인은 사원이 없게 되거나 총회의 결의로도 해산한다. → 이사가 하나도 없게 된 때는 해산사유가 되지 않는다.

② **제81조 【청산법인】** 해산한 법인은 청산의 목적범위 내에서만 권리가 있고 의무를 부담한다.
③ **제91조 【채권변제의 특례】** ① 청산중의 법인은 변제기에 이르지 아니한 채권에 대하여도 변제할 수 있다.

④ 법인이 소멸하는 것은 청산종결등기가 된 때가 아니고 청산사무가 사실상 종결된 때이다. 청산종결의 등기가 종료한 후에도 청산사무가 종결되었다고 할 수 없는 경우에는 청산법인으로 계속 존속한다(대판 1980.4.8. 79다2036).

⑤ 민법상의 청산절차에 관한 규정은 모두 제3자의 이해관계에 중대한 영향을 미치기 때문에 이른바 강행규정이다(대판 1995.2.10. 94다13473).

27 민법상 법인의 소멸에 관한 설명으로 옳지 않은 것은? (다툼이 있으면 판례에 따름)

2019 행정사

① 사단법인은 사원총회의 결의로도 해산할 수 있다.

② 법원은 법인의 해산 및 청산을 검사, 감독한다.

③ 법인에 대한 청산종결등기가 경료되었다면 청산사무가 종결되지 않았더라도 그 법인은 소멸한다.

④ 법인이 채무를 완제하지 못하게 된 때에는 이사는 지체없이 파산신청을 하여야 한다.

⑤ 청산인은 청산법인의 능력 범위 내에서 대내적으로 청산사무를 집행하고 대외적으로 청산법인을 대표한다.

정답해설

① **제77조 【해산사유】** ② 사단법인은 사원이 없게 되거나 총회의 결의로도 해산한다.

② **제95조 【해산, 청산의 검사, 감독】** 법인의 해산 및 청산은 법원이 검사, 감독한다.

| 비교 | 법인의 사무는 주무관청이 검사 · 감독

③ 법인이 소멸하는 것은 청산종결등기가 된 때가 아니고 청산사무가 사실상 종결된 때이다. 청산종결의 등기가 종료한 후에도 청산사무가 종결되었다고 할 수 없는 경우에는 청산법인으로 계속 존속한다(대판 1980.4.8. 79다2036).

④ **제79조 【파산신청】** 법인이 채무를 완제하지 못하게 된 때에는 이사는 지체 없이 파산신청을 하여야 한다.

⑤ 청산인은 청산법인의 능력의 범위 내에서 내부의 사무를 집행하고, 외부에 대하여는 청산법인을 대표한다(제87조 제2항).

제87조 【청산인의 직무】

① 청산인의 직무는 다음과 같다.

1. 현존사무의 종결
2. 채권의 추심 및 채무의 변제
3. 잔여재산의 인도

② 청산인은 전항의 직무를 행하기 위하여 필요한 모든 행위를 할 수 있다.

Answer 25 ④ 26 ④ 27 ③

28 민법상 법인의 소멸에 관한 설명으로 옳지 않은 것은? (다툼이 있으면 판례에 따름)

2015 행정사

① 법인이 목적 이외의 사업을 하거나 설립허가의 조건에 위반하거나 기타 공익을 해하는 행위를 한 경우, 주무관청은 법인의 설립허가를 취소할 수 있다.

② 청산이 종결한 때에는 청산인은 3주간 내에 이를 등기하고 주무관청에 신고하여야 한다.

③ 청산 중의 법원은 채권신고기간이 경과하더라도 변제기에 이르지 않은 채권에 대해서는 변제할 수 없다.

④ 청산절차에 관한 규정은 모두 제3자의 이해관계에 중대한 영향을 미치는 것으로서 강행규정이다.

⑤ 법인에 대한 청산종결등기가 마쳐졌더라도 청산사무가 종결되지 않는 한 그 범위 내에서 청산법인으로 존속한다.

정답해설

① **제38조【법인의 설립허가의 취소】** 법인이 목적 이외의 사업을 하거나 설립허가의 조건에 위반하거나 기타 공익을 해하는 행위를 한 때에는 주무관청은 그 허가를 취소할 수 있다.

② **제94조【청산종결의 등기와 신고】** 청산이 종결한 때에는 청산인은 3주간 내에 이를 등기하고 주무관청에 신고하여야 한다.

③ 청산 중의 법인은 채권신고기간 내에는 채권자에 대하여 변제하지 못하나(제90조), 채권신고기간이 경과한 후에는 변제기에 이르지 않은 채권에 대해서는 변제할 수 있다(제91조).

> **제90조【채권신고기간 내의 변제금지】**
> 청산인은 제88조 제1항의 채권신고기간 내에는 채권자에 대하여 변제하지 못한다. 그러나 법인은 채권자에 대한 지연손해배상의 의무를 면하지 못한다.
> **제91조【채권변제의 특례】**
> ① 청산 중의 법인은 변제기에 이르지 아니한 채권에 대하여도 변제할 수 있다.

④ 민법상의 청산절차에 관한 규정은 모두 제3자의 이해관계에 중대한 영향을 미치기 때문에 이른바 강행규정이라고 해석되므로 이에 반하는 잔여재산의 처분행위는 특단의 사정이 없는 한 무효라고 보아야 한다(대판 1995.2.10. 94다13473).

⑤ 법인이 소멸하는 것은 청산종결등기가 된 때가 아니고 청산사무가 사실상 종결된 때이다. 청산종결의 등기가 종료한 후에도 청산사무가 종결되었다고 할 수 없는 경우에는 청산법인으로 계속 존속한다(대판 1980.4.8. 79다2036).

29 **민법상 법인의 해산과 청산에 관한 설명으로 옳지 않은 것은? (다툼이 있으면 판례에 의함)**

2022 행정사

① 해산한 법인은 청산의 목적범위 내에서만 권리가 있고 의무를 부담한다.

② 사단법인 총회의 해산결의는 정관에 다른 규정이 없는 한 총사원의 4분의 3 이상의 동의가 필요하다.

③ 민법상 청산절차에 관한 규정에 반하는 잔여재산의 처분행위는 특별한 사정이 없는 한 무효이다.

④ 청산 중의 법인은 변제기에 이르지 아니한 채권에 대해서도 변제할 수 있다.

⑤ 법인의 청산인은 채권신고기간 내에는 채권자에 대하여 변제하지 못하므로 법인은 그 기간 동안의 지연손해배상의무를 면한다.

정답해설

① **제81조【청산법인】** 해산한 법인은 청산의 목적범위 내에서만 권리가 있고 의무를 부담한다.

② **제78조【사단법인의 해산결의】** 사단법인은 **총사원 4분의 3 이상의 동의**가 없으면 해산을 결의하지 못한다. 그러나 정관에 다른 규정이 있는 때에는 그 규정에 의한다.

③ 민법상의 청산절차에 관한 규정은 모두 제3자의 이해관계에 중대한 영향을 미치기 때문에 이른바 강행규정이라고 해석되므로 이에 반하는 잔여재산의 처분행위는 특단의 사정이 없는 한 무효라고 보아야 한다(대판 1995.2.10. 94다13473).

④ **제91조【채권변제의 특례】** ① 청산 중의 법인은 변제기에 이르지 아니한 채권에 대하여도 변제할 수 있다.

⑤ **제90조【채권신고기간 내의 변제금지】** 청산인은 제88조 제1항의 채권신고기간 내에는 채권자에 대하여 변제하지 못한다. 그러나 법인은 채권자에 대한 지연손해배상의 의무를 면하지 못한다.

Answer 28 ③ 29 ⑤

30 법인에 관한 설명으로 옳지 않은 것은? (다툼이 있는 경우에는 판례에 의함) 2014 행정사

① 영리법인은 모두 사단법인이다.

② 감사는 법인의 임의 기관이다.

③ 특별한 사정이 없으면, 사단법인의 사원의 지위는 양도 또는 상속할 수 없다.

④ 특별한 사정이 없으면, 사단법인의 해산결의는 총사원 4분의 3 이상의 동의로 한다.

⑤ 법인의 해산과 청산은 청산인이 감독한다.

정답해설

① 영리법인이라 함은 오로지 구성원의 경제적 이익을 기하고, 종국적으로는 법인의 이익을 이익배당 기타 어떠한 방법으로든지 구성원 개인에게 분배하여 경제적 이익을 주는 것을 목적으로 하는 법인을 말한다. 따라서 구성원의 개념이 없는 재단법인은 비영리법인일 수밖에 없다. 그러므로 영리법인은 모두 사단법인이다.

② 감사는 필요기관인 이사와 달리 임의기관이다.

> **제66조【감사】**
> 법인은 정관 또는 총회의 결의로 감사를 둘 수 있다.

③ 사단법인의 사원의 지위는 양도 또는 상속할 수 없다고 규정한 민법 제56조의 규정은 강행규정이라고 할 수 없으므로(대판 1997.9.26. 95다6205), 정관에 정함이 있는 경우에는 사원의 지위는 양도 또는 상속될 수 있다.

> **제56조【사원권의 양도, 상속금지】**
> 사단법인의 사원의 지위는 양도 또는 상속할 수 없다.

④ **제78조【사단법인의 해산결의】** 사단법인은 총사원 4분의 3 이상의 동의가 없으면 해산을 결의하지 못한다. 그러나 정관에 다른 규정이 있는 때에는 그 규정에 의한다.

⑤ 법인의 해산과 청산은 청산인이 아니라 법원이 감독한다.

> **제95조【해산, 청산의 검사, 감독】**
> 법인의 해산 및 청산은 법원이 검사, 감독한다.

31 민법상 법인에 관한 설명으로 옳은 것은? 2016 행정사

① 사교 등 비영리를 목적으로 하는 사단은 주무관청의 허가 없이 신고만으로 법인을 설립할 수 있다.

② 이사가 없는 경우에 이로 인하여 손해가 생길 염려 있는 경우, 법원은 이해관계인의 청구에 의하여 특별대리인을 선임하여야 한다.

③ 법인이 주사무소소재지를 관할하는 등기소의 관할구역 외로 주사무소를 이전하는 경우, 구소재지에서는 3주간 내에 이전등기를 하고 신소재지에서는 3주간 내에 설립등기사항에 게기한 사항을 등기하여야 한다.

④ 이사의 대표권에 대한 제한은 이를 정관에 기재하지 아니하여도 그 효력이 있다.

⑤ 법인은 정관 또는 총회의 결의로 감사를 두어야 한다.

정답해설

① 법인은 신고만으로는 설립할 수 없고, 주무관청의 허가가 필요하다.

> **제32조【비영리법인의 성립과 허가】**
> 학술, 종교, 자선, 기예, 사교 기타 영리 아닌 사업을 목적으로 하는 사단 또는 재단은 주무관청의 허가를 얻어 이를 법인으로 할 수 있다.

② **제63조【임시이사의 선임】** 이사가 없거나 결원이 있는 경우에 이로 인하여 손해가 생길 염려가 있는 때에는 법원은 이해관계인이나 검사의 청구에 의하여 임시이사를 선임하여야 한다.

③ **제51조【사무소이전의 등기】** ① 법인이 주사무소를 이전한 경우에는 종전 소재지 또는 새 소재지에서 3주일 내에 새 소재지와 이전 연월일을 등기하여야 한다. ② 법인이 분사무소를 이전한 경우에는 주사무소 소재지에서 3주일 내에 새 소재지와 이전 연월일을 등기하여야 한다.

④ **제41조【이사의 대표권에 대한 제한】** 이사의 대표권에 대한 제한은 이를 정관에 기재하지 아니하면 그 효력이 없다.

⑤ **제66조【감사】** 법인은 정관 또는 총회의 결의로 감사를 둘 수 있다.

Answer 30 ⑤ 31 정답 없음

32 민법상 법인에 관한 설명으로 옳은 것은? (다툼이 있으면 판례에 의함) 2022 행정사

① 재단법인의 기본재산을 새롭게 편입하는 행위는 주무관청의 허가를 받지 않아도 유효하다.

② 재단법인의 감사는 민법상 필수기관이다.

③ 사단법인의 사원권은 정관에 정함이 있는 경우 상속될 수 있다.

④ 사단법인이 정관에 이사의 대표권에 관한 제한을 규정한 경우에는 이를 등기하지 않더라도 악의의 제3자에게 대항할 수 있다.

⑤ 이사 전원의 의결에 의하여 잔여재산을 처분하도록 한 사단법인의 정관 규정은 성질상 등기하여야만 제3자에게 대항할 수 있는 청산인의 대표권에 관한 제한으로 보아야 한다.

정답해설

① 재단법인의 기본재산에 관한 사항은 정관의 기재사항으로서 기본재산의 변경은 정관의 변경을 초래하기 때문에 주무장관(현 주무관청)의 허가를 받아야 하고 따라서 기존의 기본재산을 처분하는 행위는 물론 새로이 기본재산으로 편입하는 행위도 주무장관의 허가가 있어야 유효하다(대판 1991.5.28. 90다8558 한국침례회 유지재단 사건).

제45조【재단법인의 정관변경】
① 재단법인의 정관은 그 변경방법을 정관에 정한 때에 한하여 변경할 수 있다.
③ 제42조 제2항의 규정은 전2항의 경우에 준용한다.
제42조【사단법인의 정관의 변경】
① 사단법인의 정관은 총사원 3분의 2 이상의 동의가 있는 때에 한하여 이를 변경할 수 있다. 그러나 정수에 관하여 정관에 다른 규정이 있는 때에는 그 규정에 의한다.
② 정관의 변경은 주무관청의 허가를 얻지 아니하면 그 효력이 없다.

② 재단법인의 감사는 임의기관이다(제66조).

제66조【감사】
법인은 정관 또는 총회의 결의로 감사를 둘 수 있다.

③ 사단법인의 사원의 지위는 양도 또는 상속할 수 없다고 한 「민법」 제56조의 규정은 강행규정이라 할 수 없으므로 비법인사단에서도 사원의 지위는 양도 또는 상속할 수 있다 할 것이지만(대판 2008.5.29. 2006다76606), 따라서 사단법인의 사원권은 정관에 정함이 있는 경우 상속될 수 있다.

제56조【사원권의 양도, 상속금지】
사단법인의 사원의 지위는 양도 또는 상속할 수 없다.

④ 법인의 정관에 법인 대표권의 제한에 관한 규정이 있으나 그와 같은 취지가 등기되어 있지 않다면, 법인은 그와 같은 정관의 규정에 대하여 선의냐 악의냐에 관계없이 제3자에 대하여 대항할 수 없다(대판 1992.2.14 91다24564 애탁보건병원 사건).

⑤ 이사 전원의 의결에 의하여 잔여재산을 처분하도록 한 정관 규정은 성질상 등기하여야만 제3자에게 대항할 수 있는 청산인의 대표권에 관한 제한이라고 볼 수 없다(대판 1995.2.10. 94다13473 해인학원 사건).

33 **민법상 법인에 관한 설명으로 옳지 않은 것은? (다툼이 있으면 판례에 의함)** 2024 행정사

① 재단법인은 법률의 규정에 의함이 아니면 성립하지 못한다.
② 재단법인의 설립자가 정관에 필요적 기재사항 중 이사임면의 방법만 정하지 않고 사망한 경우 이해관계인 또는 검사의 청구에 의하여 법원이 이를 정한다.
③ 재단법인의 목적을 달성할 수 없는 경우 설립자나 이사는 주무관청의 허가를 얻어 설립의 취지를 참작하여 그 목적에 관한 정관규정을 변경할 수 있다.
④ 사단법인의 감사는 법인의 재산상황에 관하여 부정한 것이 있음을 발견한 경우 이를 총회에 보고하기 위해 필요하더라도 임시총회를 소집할 권한은 없다.
⑤ 법인에 대한 청산종결등기가 경료되었더라도 청산사무가 종결되지 않는 한 법인은 그 범위 내에서는 청산법인으로 존속한다.

정답해설

① **제31조【법인성립의 준칙】** 법인은 법률의 규정에 의함이 아니면 성립하지 못한다.
② 재단법인의 정관을 법원이 보충할 수 있는 경우는 재단법인의 설립자가 그 명칭, 사무소 소재지 또는 이사임면의 방법을 정하지 아니하고 사망한 때에 한하여 인정된다. 목적과 대상을 정하지 아니한 경우에는 정관을 보충할 수 없다.

제44조【재단법인의 정관의 보충】 → 사단법인의 경우에는 정관의 보충에 관한 규정이 없다.
재단법인의 설립자가 그 명칭, 사무소 소재지 또는 이사임면의 방법을 정하지 아니하고 사망한 때에는 이해관계인 또는 검사의 청구에 의하여 법원이 이를 정한다.

③ **제46조【재단법인의 목적 기타의 변경】** 재단법인의 목적을 달성할 수 없는 때에는 설립자나 이사는 주무관청의 허가를 얻어 설립의 취지를 참작하여 그 목적 기타 정관의 규정을 변경할 수 있다.
④ 감사는 법인의 재산상황에 관하여 부정한 것이 있음을 발견한 경우 이를 총회에 보고하기 위해 필요한 경우 임시총회를 소집할 권한은 있다(제67조 제4호).

제67조【감사의 직무】 감사의 직무는 다음과 같다(제67조).
1. 법인의 재산상황을 감사하는 일
2. 이사의 업무집행의 상황을 감사하는 일
3. 재산상황 또는 업무집행에 관하여 부정, 불비한 것이 있음을 발견한 때에는 이를 총회 또는 주무관청에 보고하는 일
4. 전호의 보고를 하기 위하여 **필요있는 때에는** 총회를 소집하는 일

⑤ 법인이 소멸하는 것은 청산종결등기가 된 때가 아니고 청산사무가 사실상 종결된 때이다. 청산종결의 등기가 종료한 후에도 청산사무가 종결되었다고 할 수 없는 경우에는 청산법인으로 계속 존속한다(대판 1980.4.8. 79다2036).

Answer 32 ③ 33 ④

34 민법상 법인의 권리능력과 불법행위능력에 관한 설명으로 옳지 않은 것은? (다툼이 있으면 판례에 따름) 2016 행정사

① 법인은 법률의 규정에 좇아 정관으로 정한 목적의 범위 내에서 권리와 의무의 주체가 된다.

② 법인의 피용자가 사무집행에 관하여 불법행위를 한 경우, 법인은 민법 제756조의 책임을 부담한다.

③ 법인의 목적범위 외의 행위로 인하여 타인에게 손해를 가한 때에는 그 사항의 의결에 찬성하거나 그 의결을 집행한 사원, 이사 및 기타 대표자가 연대하여 배상하여야 한다.

④ 법인의 대표자의 행위가 직무에 관한 행위에 해당하지 아니함을 피해자가 중대한 과실로 인하여 알지 못한 경우에도 법인에게 불법행위책임을 물을 수 있다.

⑤ 민법 제35조 제1항의 법인의 대표자에는 그 명칭이나 직위 여하 또는 대표자로 등기되었는지 여부를 불문하고 당해 법인을 실질적으로 운영하면서 법인을 사실상 대표하여 법인의 사무를 집행하는 사람을 포함한다고 해석함이 상당하다.

정답해설

① **제34조【법인의 권리능력】** 법인은 법률의 규정에 좇아 정관으로 정한 목적의 범위 내에서 권리와 의무의 주체가 된다.

② 민법 제35조 제1항은 "법인은 이사 기타 대표자가 그 직무에 관하여 개인에게 가한 손해를 배상할 책임이 있다"고 규정하고 있고, 민법 제756조 제1항은 "타인을 사용하여 어느 사무에 종사하게 한 자는 피용자가 그 사무집행에 관하여 제3자에게 가한 손해를 배상할 책임이 있다"고 규정하고 있다. 따라서 법인에 있어서 그 대표자가 직무에 관하여 불법행위를 한 경우에는 민법 제35조 제1항에 의하여, 법인의 피용자가 사무집행에 관하여 불법행위를 한 경우에는 민법 제756조 제1항에 의하여 각기 손해배상책임을 부담한다(대판 2009.11.26. 2009다57033).

> **제756조【사용자의 배상책임】**
> ① 타인을 사용하여 어느 사무에 종사하게 한 자는 피용자가 그 사무집행에 관하여 제3자에게 가한 손해를 배상할 책임이 있다. 그러나 사용자가 피용자의 선임 및 그 사무감독에 상당한 주의를 한 때 또는 상당한 주의를 하여도 손해가 있을 경우에는 그러하지 아니하다.

③ **제35조【법인의 불법행위능력】** ② 법인의 목적범위 외의 행위로 인하여 타인에게 손해를 가한 때에는 그 사항의 의결에 찬성하거나 그 의결을 집행한 사원, 이사 및 기타 대표자가 연대하여 배상하여야 한다. 이 경우 제35조 제1항과는 달리 법인의 불법행위책임은 인정되지 않는다.

④ 법인의 대표자의 행위가 직무에 관한 행위에 해당하지 아니함을 피해자 자신이 알았거나 또는 중대한 과실로 인하여 알지 못한 경우에는 법인에게 손해배상책임을 물을 수 없다(대판 2004.3.26. 2003다34045).

⑤ 민법 제35조에서 말하는 '법인의 대표자'에는 그 명칭이나 직위 여하, 또는 대표자로 등기되었는지 여부를 불문하고 당해 법인을 실질적으로 운영하면서 법인을 사실상 대표하여 법인의 사무를 집행하는 사람을 포함한다고 해석함이 상당하다(대판 2011.4.28. 2008다15438).

35 **민법 제35조(법인의 불법행위능력)에 관한 설명으로 옳지 않은 것은? (다툼이 있는 경우에는 판례에 의함)** 2013 행정사

① 법인을 실질적으로 운영하면서 법인을 사실상 대표하여 법인 사무를 집행하는 사람도 법인의 대표자에 포함된다.

② 대표권 없는 이사의 행위에 대해서는 법인의 불법행위가 성립하지 않는다.

③ 대표기관의 행위가 외형상 법인의 직무에 관한 행위로 인정될 수 있더라도, 그것이 개인의 사리를 도모하기 위한 것이라면 직무에 관한 행위에 해당하지 않는다.

④ 대표기관이 강행규정을 위반한 계약을 체결하여 그 상대방이 손해를 입은 경우에도 직무관련성이 인정되면 법인의 불법행위책임이 인정된다.

⑤ 법인이 대표자의 선임·감독에 주의를 다하였음을 증명하더라도 법인의 불법행위책임으로부터 면책되지 않는다.

정답해설

① '법인의 대표자'에는 그 명칭이나 직위 여하, 또는 대표자로 등기되었는지 여부를 불문하고 당해 법인을 실질적으로 운영하면서 법인을 사실상 대표하여 법인의 사무를 집행하는 사람을 포함한다고 해석함이 상당하다(대판 2011.4.28. 2008다15438).

제35조【법인의 불법행위능력】
① 법인은 이사 기타 대표자가 그 직무에 관하여 타인에게 가한 손해를 배상할 책임이 있다. 이사 기타 대표자는 이로 인하여 자기의 손해배상책임을 면하지 못한다.

② 민법 제35조에서 말하는 '이사 기타 대표자'는 법인의 대표기관을 의미하는 것이고 대표권이 없는 이사는 법인의 기관이기는 하지만 대표기관은 아니기 때문에 그들의 행위로 인하여 법인의 불법행위는 성립하지 않는다(대판 2005.12.23. 2003다30159).

③ 행위의 외형상 법인의 대표자의 직무행위라고 인정할 수 있는 것이라면 설사 그것이 대표자 개인의 사리를 도모하기 위한 것이었거나 혹은 법령의 규정에 위배된 것이었다 하더라도 직무행위에 해당한다(대판 1969.8.26. 68다2320).

④ 행위의 외형상 법인의 대표자의 직무행위라고 인정할 수 있는 것이라면 설사 그것이 대표자 개인의 사리를 도모하기 위한 것이었거나 혹은 법령의 규정에 위배된 것이었다 하더라도 직무행위에 해당한다(대판 1969.8.26. 68다2320). 대표기관이 강행규정을 위반한 계약을 체결하여 그 상대방이 손해를 입은 경우에도 직무관련성이 인정되면 법인의 불법행위책임이 인정된다.

⑤ 사용자책임에 관해서는 제756조 제1항의 명문상 면책이 허용되지만, 제35조 제1항의 법인의 불법행위책임에 있어서는 이러한 면책규정이 없다. 따라서 법인이 대표자의 선임감독에 과실이 없어도 그 책임을 면할 수 없다.

Answer 34 ④ 35 ③

36 민법 제35조(법인의 불법행위능력)에 관한 설명으로 옳은 것은? (다툼이 있으면 판례에 따름)

2020 행정사

① 대표권이 없는 이사가 직무행위로 타인에게 손해를 가한 경우 법인은 불법행위책임을 진다.

② 법인의 불법행위책임이 성립하는 경우 가해행위를 한 대표기관은 손해배상책임을 면한다.

③ 외형상 대표자의 직무행위로 인정되더라도 법령에 위반한 행위는 직무에 관한 행위가 아니다.

④ 대표자의 행위가 직무행위에 해당하지 않음을 피해자가 중대한 과실로 알지 못한 경우에는 법인에게 손해배상책임을 물을 수 없다.

⑤ 법인의 불법행위책임에는 과실상계의 법리가 적용되지 않는다.

정답해설

① 민법 제35조에서 말하는 '이사 기타 대표자'는 법인의 대표기관을 의미하는 것이고 대표권이 없는 이사는 법인의 기관이기는 하지만 대표기관은 아니기 때문에 그들의 행위로 인하여 법인의 불법행위는 성립하지 않는다(대판 2005.12.23. 2003다30159).

> **제35조【법인의 불법행위능력】**
> ① 법인은 이사 기타 대표자가 그 직무에 관하여 타인에게 가한 손해를 배상할 책임이 있다. 이사 기타 대표자는 이로 인하여 자기의 손해배상책임을 면하지 못한다.
> ② 법인의 목적범위 외의 행위로 인하여 타인에게 손해를 가한 때에는 그 사항의 의결에 찬성하거나 그 의결을 집행한 사원, 이사 및 기타 대표자가 연대하여 배상하여야 한다.

② **제35조【법인의 불법행위능력】** ① 법인은 이사 기타 대표자가 그 직무에 관하여 타인에게 가한 손해를 배상할 책임이 있다. 이사 기타 대표자는 이로 인하여 자기의 손해배상책임을 면하지 못한다.

③ 행위의 외형상 법인의 대표자의 직무행위라고 인정할 수 있는 것이라면 설사 그것이 대표자 개인의 사리를 도모하기 위한 것이었거나 혹은 법령의 규정에 위배된 것이었다 하더라도 직무행위에 해당한다(대판 1969.8.26. 68다2320).

④ 법인의 대표자의 행위가 직무에 관한 행위에 해당하지 아니함을 피해자 자신이 알았거나 또는 중대한 과실로 인하여 알지 못한 경우에는 법인에게 손해배상책임을 물을 수 없다(대판 2004.3.26. 2003다34045).

⑤ 법인은 피해자에게 무과실 손해배상책임을 진다. 법인에 대한 손해배상책임원인이 대표기관의 고의적인 불법행위라고 하여도, 피해자에게 그 불법행위 내지 손해발생에 과실이 있다면 법원은 과실상계의 법리에 좇아 손해배상의 책임 및 그 금액을 정함에 있어 이를 참작하여야 한다(대판 1987.12.8. 86다카1170).

37 **민법 제35조(법인의 불법행위능력)에 관한 설명으로 옳은 것은? (다툼이 있으면 판례에 따름)**

2019 행정사

① 민법 제35조 소정의 '이사 기타 대표자'에는 대표권 없는 이사가 포함된다.

② 법인의 불법행위가 성립하는 경우, 대표자의 행위가 피해자에 대한 불법행위를 구성한다면 그 대표자도 피해자에 대하여 손해배상책임을 면하지 못한다.

③ 법인의 불법행위가 성립하여 법인이 피해자에게 배상한 경우, 법인은 대표자 개인에 대하여 구상권을 행사할 수 없다.

④ 법인의 대표자의 행위가 직무에 관한 행위에 해당하지 아니함을 피해자가 경과실로 알지 못한 경우 법인의 불법행위책임은 성립하지 않는다.

⑤ 법인의 대표자의 행위가 법령의 규정에 위배된 것이라면 외관상, 객관적으로 직무에 관한 행위라고 인정되더라도 민법 제35조 제1항의 직무에 관한 행위에 해당하지 않는다.

정답해설

① 민법 제35조에서 말하는 '이사 기타 대표자'는 법인의 대표기관을 의미하는 것이고 대표권이 없는 이사는 법인의 기관이기는 하지만 대표기관은 아니기 때문에 그들의 행위로 인하여 법인의 불법행위는 성립하지 않는다(대판 2005.12.23. 2003다30159).

> **제35조【법인의 불법행위능력】**
> ① 법인은 이사 기타 대표자가 그 직무에 관하여 타인에게 가한 손해를 배상할 책임이 있다. 이사 기타 대표자는 이로 인하여 자기의 손해배상책임을 면하지 못한다.
> ② 법인의 목적범위 외의 행위로 인하여 타인에게 손해를 가한 때에는 그 사항의 의결에 찬성하거나 그 의결을 집행한 사원, 이사 및 기타 대표자가 연대하여 배상하여야 한다.

② 법인의 대표자가 그 직무에 관하여 타인에게 손해를 가함으로써 법인에 손해배상책임이 인정되는 경우에, 대표자의 행위가 제3자에 대한 불법행위를 구성한다면 그 대표자도 제3자에 대하여 손해배상책임을 면하지 못하며(민법 제35조 제1항), 또한 사원도 위 대표자와 공동으로 불법행위를 저질렀거나 이에 가담하였다고 볼 만한 사정이 있으면 제3자에 대하여 위 대표자와 연대하여 손해배상책임을 진다(대결 2009.1.30. 2006마930).

③ 이사 기타 대표자도 그 자신의 제750조의 손해배상책임을 면하지 못하며, 법인과 경합하여 피해자에게 배상책임을 진다. 양자의 관계는 부진정연대채무의 관계이며, 법인이 피해자에게 배상을 하면 법인은 기관 개인에 대하여 선량한 관리자의 주의의무 위반을 이유로 구상권을 행사할 수 있다(제35조 제1항 후단 참조).

> **제61조【이사의 주의의무】**
> 이사는 선량한 관리자의 주의로 그 직무를 행하여야 한다.

Answer 36 ④ 37 ②

④ 법인의 대표자의 행위가 직무에 관한 행위에 해당하지 아니함을 피해자 자신이 알았거나 또는 중대한 과실로 인하여 알지 못한 경우에는 법인에게 손해배상책임을 물을 수 없다(대판 2004.3.26. 2003다34045). 단지 법인의 대표자의 행위가 직무에 관한 행위에 해당하지 아니함을 피해자가 경과실로 알지 못한 경우에는 법인의 불법행위책임은 성립할 수 있다.

⑤ 행위의 외형상 법인의 대표자의 직무행위라고 인정할 수 있는 것이라면 설사 그것이 대표자 개인의 사리를 도모하기 위한 것이었거나 혹은 법령의 규정에 위배된 것이었다 하더라도 직무행위에 해당한다(대판 1969.8.26. 68다2320).

38 법인의 불법행위능력(민법 제35조)에 관한 설명으로 옳지 않은 것은? (다툼이 있으면 판례에 따름) 2015 행정사

① 법인을 실질적으로 운영하면서 법인을 사실상 대표하여 법인의 사무를 집행하는 자가 대표자로 등기되어 있지 않은 경우, 그가 그 직무에 관하여 타인에게 손해를 가하더라도 법인의 불법행위가 성립하지 않는다.

② 대표권 없는 이사는 법인의 기관이기는 하지만 대표기관은 아니기 때문에 그 이사의 행위로 인하여 법인의 불법행위가 성립하지 않는다.

③ 대표자의 행위가 대표자의 개인의 사리를 도모하기 위한 것이었다 하더라도 외관상, 객관적으로 직무에 관한 행위라고 인정할 수 있는 것이라면, 특별한 사정이 없는 한 그 직무에 관한 행위에 해당한다.

④ 법인의 대표자의 행위가 직무에 관한 행위에 해당하지 아니함을 피해자 자신이 알았거나 또는 중대한 과실로 인하여 알지 못한 경우에는 법인에게 손해배상책임을 물을 수 없다.

⑤ 법인의 목적범위 외의 행위로 인하여 타인에게 손해를 가한 경우, 그 사항의 의결에 찬성하거나 그 의결을 집행한 사원, 이사 및 기타 대표자가 연대하여 배상책임을 진다.

정답해설

① '법인의 대표자'에는 그 명칭이나 직위 여하, 또는 대표자로 등기되었는지 여부를 불문하고 당해 법인을 실질적으로 운영하면서 법인을 사실상 대표하여 법인의 사무를 집행하는 사람을 포함한다고 해석함이 상당하다(대판 2011.4.28. 2008다15438). 법인을 실질적으로 운영하면서 법인을 사실상 대표하여 법인의 사무를 집행하는 자가 대표자로 등기되어 있지 않은 경우라 하더라도, 그가 그 직무에 관하여 타인에게 손해를 가하면 법인의 불법행위가 성립한다.

② 민법 제35조에서 말하는 '이사 기타 대표자'는 법인의 대표기관을 의미하는 것이고 대표권이 없는 이사는 법인의 기관이기는 하지만 대표기관은 아니기 때문에 그들의 행위로 인하여 법인의 불법행위는 성립하지 않는다(대판 2005.12.23. 2003다30159).

③ 행위의 외형상 법인의 대표자의 직무행위라고 인정할 수 있는 것이라면 설사 그것이 대표자 개인의 사리를 도모하기 위한 것이었거나 혹은 법령의 규정에 위배된 것이었다 하더라도 직무행위에 해당한다(대판 1969.8.26. 68다2320).

④ 법인의 대표자의 행위가 직무에 관한 행위에 해당하지 아니함을 피해자 자신이 알았거나 또는 중대한 과실로 인하여 알지 못한 경우에는 법인에게 손해배상책임을 물을 수 없다(대판 2004.3.26. 2003다34045).

⑤ **제35조 【법인의 불법행위능력】** ② 법인의 목적범위 외의 행위로 인하여 타인에게 손해를 가한 때에는 그 사항의 의결에 찬성하거나 그 의결을 집행한 사원, 이사 및 기타 대표자가 연대하여 배상하여야 한다.

39 법인의 불법행위책임에 관한 설명으로 옳지 않은 것은? (다툼이 있으면 판례에 따름)

2017 행정사

① 대표권이 없는 이사의 행위로 인하여는 법인의 불법행위가 성립하지 않는다.

② 외형상 법인의 대표자의 직무행위라고 인정할 수 있는 것이라면 그것이 법령규정에 위반한 행위라도 직무에 관한 행위에 해당한다.

③ 법인의 대표자의 행위가 직무에 관한 행위에 해당하지 아니함을 피해자가 중대한 과실로 인하여 알지 못한 경우에 법인은 손해배상책임을 부담하지 않는다.

④ 이사의 대표권에 대한 제한은 정관에 기재하여야 효력이 발생하고, 등기하면 제3자에게 대항할 수 있다.

⑤ 법인의 권리능력을 벗어나는 행위의 효과는 법인에게 귀속되지 않기 때문에 이로 인하여 상대방이 손해를 입었더라도 그 행위를 집행한 대표기관은 책임을 부담하지 않는다.

정답해설

① 민법 제35조에서 말하는 '이사 기타 대표자'는 법인의 대표기관을 의미하는 것이고 대표권이 없는 이사는 법인의 기관이기는 하지만 대표기관은 아니기 때문에 그들의 행위로 인하여 법인의 불법행위는 성립하지 않는다(대판 2005.12.23. 2003다30159).

② 행위의 외형상 법인의 대표자의 직무행위라고 인정할 수 있는 것이라면 설사 그것이 대표자 개인의 사리를 도모하기 위한 것이었거나 혹은 법령의 규정에 위배된 것이었다 하더라도 직무행위에 해당한다(대판 1969.8.26. 68다2320).

③ 법인의 대표자의 행위가 직무에 관한 행위에 해당하지 아니함을 피해자 자신이 알았거나 또는 중대한 과실로 인하여 알지 못한 경우에는 법인에게 손해배상책임을 물을 수 없다(대판 2004.3.26. 2003다34045).

④ 법인의 정관에 법인 대표권의 제한에 관한 규정이 있으나 그와 같은 취지가 등기되어 있지 않다면 법인은 그와 같은 정관의 규정에 대하여 선의냐 악의냐에 관계없이 제3자에 대하여 대항할 수 없다(대판 1992.2.14. 91다24564). 이사의 대표권에 대한 제한은 정관에 기재하여야 효력이 발생하고, 등기하면 제3자에게 대항할 수 있다.

Answer 38 ① 39 ⑤

> **제60조【이사의 대표권에 대한 제한의 대항요건】**
> 이사의 대표권에 대한 제한은 등기하지 아니하면 제3자에게 대항하지 못한다.

⑤ 법인의 권리능력을 벗어나는 행위의 효과는 법인에게 귀속되지 않기 때문에 그 사항의 의결에 찬성하거나 그 의결을 집행한 사원, 이사 및 기타 대표자가 연대하여 배상하여야 한다. 즉 행위를 집행한 대표기관은 책임가 면제되는 것은 아니다.

> **제35조【법인의 불법행위능력】**
> ② 법인의 목적범위 외의 행위로 인하여 타인에게 손해를 가한 때에는 그 사항의 의결에 찬성하거나 그 의결을 집행한 사원, 이사 및 기타 대표자가 연대하여 배상하여야 한다. 이 경우 제35조 제1항과는 달리 법인의 불법행위책임은 인정되지 않는다.

40 민법상 법인의 불법행위능력에 관한 설명으로 옳은 것은? (다툼이 있으면 판례에 의함)

2023 행정사

① 법인의 대표자는 법인을 사실상 대표하는지 여부와 관계없이 대표자로 등기되었는지 여부만을 기준으로 판단하여야 한다.

② 법인의 대표자가 부정한 대표행위를 한 경우에 그 행위가 직무범위 내에 있더라도 법인의 불법행위가 성립될 여지가 없다.

③ 행위의 외형상 법인의 대표자의 직무행위라고 인정되더라도 법령의 규정에 위배된 것이라면 직무에 관한 행위에 해당하지 않는다.

④ 법인의 대표자의 행위로 법인의 불법행위책임이 성립하는 경우 특별한 사정이 없는 한 법인만이 피해자에게 불법행위책임을 진다.

⑤ 법인의 대표자의 행위가 직무행위에 해당하지 아니함을 피해자 자신이 경과실로 알지 못한 경우에는 법인에게 손해배상책임을 물을 수 있다.

정답해설

① 민법 제35조 제1항은 법인은 "이사 기타 대표자가 그 직무에 관하여 타인에게 가한 손해를 배상할 책임이 있다"라고 정한다. 여기서 '법인의 대표자'에는 그 명칭이나 직위 여하 또는 대표자로 등기되었는지 여부를 불문하고 당해 법인을 실질적으로 운영하면서 법인을 사실상 대표하여 법인의 사무를 집행하는 사람을 포함한다(대판 2011.4.28. 2008다15438).

②, ③ 법인이 그 대표자의 불법행위로 인하여 손해배상의무를 지는 것은 그 대표자의 직무에 관한 행위로 인하여 손해가 발생한 것임을 요한다 할 것이나, 그 직무에 관한 것이라는 의미는 행위의 외형상 법인의 대표자의 직무행위라고 인정할 수 있는 것이라면 설사 그것이 대표자 개인의 사리를 도모하기 위한 것이었거나 혹은 법령의 규정에 위배된 것이었다 하더라도 위의 직무에 관한 행위에 해당한다(대판 2004.2.27. 2003다15280).

④ 이사 기타 대표자도 그 자신의 제750조의 손해배상책임을 면하지 못하며, 법인과 경합하여 피해자에게 배상책임을 진다. 양자의 관계는 부진정연대채무의 관계이다.

제35조 【법인의 불법행위능력】
① 법인은 이사 기타 대표자가 그 직무에 관하여 타인에게 가한 손해를 배상할 책임이 있다. 이사 기타 대표자는 이로 인하여 자기의 손해배상책임을 면하지 못한다.

⑤ 법인의 대표자의 행위가 직무에 관한 행위에 해당하지 아니함을 피해자 자신이 알았거나 또는 중대한 과실로 인하여 알지 못한 경우에는 법인에게 손해배상책임을 물을 수 없다(대판 2004.3.26. 2003다34045). 따라서 피해자 자신이 경과실로 알지 못한 경우에는 법인에게 손해배상책임을 물을 수 있다.

41 민법 제35조(법인의 불법행위능력)에 관한 설명으로 옳지 않은 것은? (다툼이 있는 경우에는 판례에 의함)

2014 행정사

① "법인의 대표자"에는 법인을 실질적으로 운영하면서 법인을 사실상 대표하여 법인의 사무를 집행하는 사람을 포함한다.
② "직무에 관하여"는 행위의 외형상 대표자의 직무행위로 인정할 수 있는 행위이면 된다.
③ 법인의 불법행위가 성립하게 되면 가해행위를 한 대표자는 손해배상책임을 면한다.
④ 비법인사단의 대표자의 행위가 직무에 관한 행위에 해당하지 아니함을 피해자가 알았거나 중대한 과실로 인하여 알지 못한 때에는 비법인사단에 손해배상책임을 물을 수 없다.
⑤ 법인의 목적범위 외의 행위로 인하여 타인에게 손해를 가한 때에는 그 사항의 의결에 찬성하거나 그 의결을 집행한 사원, 이사 및 기타 대표자가 연대하여 배상하여야 한다.

정답해설

① '법인의 대표자'에는 그 명칭이나 직위 여하, 또는 대표자로 등기되었는지 여부를 불문하고 당해 법인을 실질적으로 운영하면서 법인을 사실상 대표하여 법인의 사무를 집행하는 사람을 포함한다고 해석함이 상당하다(대판 2011.4.28. 2008다15438).
② 법인이 그 대표자의 불법행위로 인하여 손해배상의무를 지는 것은 그 대표자의 직무에 관한 행위로 인하여 손해가 발생한 것임을 요한다 할 것이나, 그 직무에 관한 것이라는 의미는 행위의 외형상 법인의 대표자의 직무행위라고 인정할 수 있는 것이라면 설사 그것이 대표자 개인의 사리를 도모하기 위한 것이었거나 혹은 법령의 규정에 위배된 것이었다 하더라도 위의 직무에 관한 행위에 해당한다고 보아야 한다(대판 1969.8.26. 68다2320).
③ 법인의 대표자가 그 직무에 관하여 타인에게 손해를 가함으로써 법인에 손해배상책임이 인정되는 경우에, 대표자의 행위가 제3자에 대한 불법행위를 구성한다면 그 대표자도 제3자에 대하여 손해배상책임을 면하지 못하며(민법 제35조 제1항), 또한 사원도 위 대표자와 공동으로 불법행위를 저질렀거나 이에 가담하였다고 볼 만한 사정이 있으면 제3자에 대하여 위 대표자와 연대하여 손해배상책임을 진다(대결 2009.1.30. 2006마930). 이사 기타 대표자도 그 자신의 제750조의 손해배상책임을 면하지 못하며, 법인과 경합하여 피해자에게 배상책임을 진다. 양자의 관계는 부진정연대채무이다.

Answer 40 ⑤ 41 ③

제35조 【법인의 불법행위능력】
① 법인은 이사 기타 대표자가 그 직무에 관하여 타인에게 가한 손해를 배상할 책임이 있다. 이사 기타 대표자는 이로 인하여 자기의 손해배상책임을 면하지 못한다.

④ 사단법인에 관한 민법의 규정 중에서 법인격을 전제로 하는 것을 제외하고는 법인격 없는 사단에 유추적용 해야 한다. 따라서 권리능력 없는 사단의 경우에도 제35조가 유추적용될 수 있으나(대판 2003.7.25. 2002다27088), 민법 제35조의 외형이론은 피해자를 보호하기 위한 것인데 피해자로 볼 수 없는 것이 피해자가 악의이거나 또는 중대한 과실이 있는 경우이다. 따라서 판례는 법인의 대표자의 행위가 직무에 관한 행위에 해당하지 아니함을 피해자 자신이 알았거나 또는 중대한 과실로 인하여 알지 못한 경우에는 법인에게 손해배상책임을 물을 수 없다고 한다(대판 2008.1.18. 2005다34711 등).

⑤ **제35조 【법인의 불법행위능력】** ② 법인의 목적범위 외의 행위로 인하여 타인에게 손해를 가한 때에는 그 사항의 의결에 찬성하거나 그 의결을 집행한 사원, 이사 및 기타 대표자가 연대하여 배상하여야 한다.

42 **사단법인 甲의 대표자 乙이 직무에 관한 불법행위로 丙에게 손해를 가하였다. 甲의 불법행위능력(민법 제35조)에 관한 설명으로 옳지 않은 것은? (다툼이 있으면 판례에 따름)**

2021 행정사

① 甲의 불법행위가 성립하여 甲이 丙에게 손해를 배상하면 甲은 乙에게 구상할 수 있다.
② 乙이 법인을 실질적으로 운영하면서 사실상 대표하여 사무를 집행하였더라도 대표자로 등기되지 않았다면 민법 제35조에서 정한 '대표자'에 해당하지 않는다.
③ 甲의 불법행위책임은 그가 乙의 선임·감독에 주의를 다하였음을 이유로 면책되지 않는다.
④ 乙의 행위가 외형상 대표자의 직무행위로 인정되는 경우라면 그것이 乙 개인의 이익만을 도모하기 위한 것이라도 직무에 관한 행위에 해당한다.
⑤ 乙이 청산인인 경우에도 위의 불법행위책임이 성립할 수 있다.

정답해설

① 甲의 불법행위가 성립하여 甲이 丙에게 손해를 배상하면 甲은 乙에게 구상할 수 있다. 대표기관이 선량한 관리자의 주의의무를 다하지 못하여 임무를 게을리 하였기 때문이다(제61조, 제65조).
② '법인의 대표자'에는 그 명칭이나 직위 여하, 또는 대표자로 등기되었는지 여부를 불문하고 당해 법인을 실질적으로 운영하면서 법인을 사실상 대표하여 법인의 사무를 집행하는 사람을 포함한다고 해석함이 상당하다(대판 2011.4.28. 2008다15438). 乙이 법인을 실질적으로 운영하면서 사실상 대표하여 사무를 집행하였다면 대표자로 등기되지 않았더라도 민법 제35조에서 정한 '대표자'에 해당한다.
③ 법인은 피해자에게 무과실 손해배상책임을 진다. 따라서 甲 법인이 대표기관의 선임·감독에 주의를 다한 경우에도 면책되지 않고 법인의 불법행위책임이 성립한다.

④ 법인이 그 대표자의 불법행위로 인하여 손해배상의무를 지는 것은 그 대표자의 직무에 관한 행위로 인하여 손해가 발생한 것임을 요한다 할 것이나, 그 직무에 관한 것이라는 의미는 행위의 외형상 법인의 대표자의 직무행위라고 인정할 수 있는 것이라면 설사 그것이 대표자 개인의 사리를 도모하기 위한 것이었거나 혹은 법령의 규정에 위배된 것이었다 하더라도 위의 직무에 관한 행위에 해당한다고 보아야 한다(대판 1969.8.26. 68다2320). 즉 외형상 직무행위로 인정되는 대표자의 권한 남용행위에 대해서도 법인의 불법행위책임이 인정될 수 있다.

⑤ 청산인도 청산법인의 대표자이므로, 乙이 청산인인 경우에도 제35조의 불법행위책임이 성립할 수 있다.

43 甲법인의 대표이사 乙은 대표자로서의 모든 권한을 丙에게 포괄적으로 위임하여 丙이 실질적으로 甲법인의 사실상 대표자로서 그 사무를 집행하고 있다. 이에 관한 설명으로 옳은 것을 모두 고른 것은? (다툼이 있으면 판례에 의함)

2022 행정사

ㄱ. 甲의 사무에 관한 丙의 대행행위는 원칙적으로 甲에게 효력이 미치지 않는다.
ㄴ. 丙이 외관상 직무행위로 인하여 丁에게 손해를 입힌 경우 甲은 특별한 사정이 없는 한 丁에 대하여 법인의 불법행위책임에 관한 민법 제35조의 손해배상책임을 진다.
ㄷ. 만약 甲이 비법인사단이라면 乙은 甲의 사무 중 정관에서 대리를 금지한 사항의 처리에 대해서도 丙에게 포괄적으로 위임할 수 있다.

① ㄱ　② ㄴ　③ ㄱ, ㄴ
④ ㄱ ,ㄷ　⑤ ㄴ, ㄷ

정답해설

ㄱ. (O): 이사는 정관 또는 총회의 결의로 금지하지 아니한 사항에 한하여 타인으로 하여금 특정한 행위를 대리하게 할 수 있을 뿐 포괄적으로 대리할 수는 없다(제62조). 따라서 대표이사 乙이 丙에게 甲의 제반 사무를 포괄 위임한 경우, 그에 따른 제3자 丙의 사무대행행위는 원칙적으로 甲에게 효력이 없다.

제62조【이사의 대리인선임】
이사는 정관 또는 총회의 결의로 금지하지 아니한 사항에 한하여 타인으로 하여금 특정한 행위를 대리하게 할 수 있다.

Answer 42 ② 43 ③

ㄴ. (○): (1) 민법 제35조 제1항은 "법인은 이사 기타 대표자가 그 직무에 관하여 타인에게 가한 손해를 배상할 책임이 있다"라고 정한다. 여기서 '법인의 대표자'에는 그 명칭이나 직위 여하 또는 대표자로 등기되었는지 여부를 불문하고 당해 법인을 실질적으로 운영하면서 법인을 사실상 대표하여 법인의 사무를 집행하는 사람을 포함한다(대판 2011.4.28. 2008다15438). (2) 법인이 그 대표자의 불법행위로 인하여 손해배상의무를 지는 것은 그 대표자의 직무에 관한 행위로 인하여 손해가 발생한 것임을 요한다 할 것이나, 그 직무에 관한 것이라는 의미는 행위의 외형상 법인의 대표자의 직무행위라고 인정할 수 있는 것이라면 설사 그것이 대표자 개인의 사리를 도모하기 위한 것이었거나 혹은 법령의 규정에 위배된 것이었다 하더라도 위의 직무에 관한 행위에 해당한다(대판 2004.2.27. 2003다15280). 따라서 민법 제62조의 위반하여 대표이사 乙로부터 포괄적 위임을 받은 丙이라도 甲법인의 사실상 대표자로서 외관상 직무행위로 인하여 丁에게 손해를 입힌 경우라면, 甲은 특별한 사정이 없는 한 丁에 대하여 법인의 불법행위책임에 관한 민법 제35조 제1항의 손해배상책임을 진다.

ㄷ. (×): 비법인사단에 대하여는 사단법인에 관한 민법 규정 가운데 법인격을 전제로 하는 것을 제외하고는 이를 유추적용하여야 하는데, 민법 제62조에 비추어 보면 비법인사단의 대표자는 정관 또는 총회의 결의로 금지하지 아니한 사항에 한하여 타인으로 하여금 특정한 행위를 대리하게 할 수 있을 뿐 비법인사단의 제반 업무처리를 포괄적으로 위임할 수는 없으므로 비법인사단 대표자가 행한 타인에 대한 업무의 포괄적 위임과 그에 따른 포괄적 수임인의 대행행위는 민법 제62조를 위반한 것이어서 비법인사단에 대하여 그 효력이 미치지 않는다(대판 2011.4.28. 2008다15438). 따라서 乙은 甲의 사무 중 정관에서 대리를 금지한 사항의 처리에 대하여 丙에게 위임할 수 없다.

44 권리능력 없는 사단에 관한 설명으로 옳지 않은 것은? (다툼이 있는 경우에는 판례에 의함)

2013 행정사

① 권리능력 없는 사단도 그 명의로 등기할 수 있다.

② 권리능력 없는 사단의 사원은 총유물에 대한 지분권을 갖지 못한다.

③ 권리능력 없는 사단의 사원의 지위는 달리 정함이 없는 한 양도할 수 없다.

④ 달리 정함이 없는 한 권리능력 없는 사단의 대표자가 총회의 결의 없이 행한 총유물의 처분에 대해서는 권한을 넘은 표현대리에 관한 제126조의 규정이 준용된다.

⑤ 권리능력 없는 사단에 대하여는 사단법인에 관한 민법규정 가운데서 법인격을 전제로 하는 것을 제외하고는 이를 유추적용한다.

정답해설

① 부동산등기법에서는 비법인 재단·사단의 등기능력을 인정한다. 따라서 비법인사단의 경우 대표자가 있는 때에는 사단명의로 그 사단에 속하는 부동산의 등기를 할 수 있다.

> **부동산등기법 제26조 【법인 아닌 사단 등의 등기신청】**
> ① 종중(宗中), 문중(門中), 그 밖에 대표자나 관리인이 있는 법인 아닌 사단(社團)이나 재단(財團)에 속하는 부동산의 등기에 관하여는 그 사단이나 재단을 등기권리자 또는 등기의무자로 한다.
> ② 제1항의 등기는 그 사단이나 재단의 명의로 그 대표자나 관리인이 신청한다.

② 법인이 아닌 사단이 물건을 소유하는 형태는 총유로 사원이 집합체로서 소유하므로, 사원은 총유물에 대한 지분권을 갖지 못한다.

> **제275조 【물건의 총유】**
> ① 법인이 아닌 사단의 사원이 집합체로서 물건을 소유할 때에는 총유로 한다.

③ 사단법인의 사원의 지위는 양도 또는 상속할 수 없다고 규정한 민법 제56조의 규정은 강행규정이라고 할 수 없으므로, 비법인사단에서도 사원의 지위는 규약이나 관행에 의하여 양도 또는 상속될 수 있다(대판 1997.9.26. 95다6205).

④ 비법인사단인 피고 주택조합의 대표자가 조합총회의 결의를 거쳐야 하는 조합원 총유에 속하는 재산의 처분에 관하여는 조합원 총회의 결의를 거치지 아니하고는 이를 대리하여 결정할 권한이 없다 할 것이어서 피고 주택조합의 대표자가 행한 총유물인 이 사건 건물의 처분행위에 관하여는 민법 제126조의 표현대리에 관한 규정이 준용될 여지가 없다 할 것이다(대판 2003.7.11. 2001다73626).

⑤ 사단법인에 관한 민법의 규정 중에서 법인격을 전제로 하는 것을 제외하고는 법인격 없는 사단에 유추적용 해야 한다(대판 1996.9.6. 94다18522).

Answer 44 ④

45 정관이 있는 비법인사단에 유추적용할 수 없는 규정은? (다툼이 있으면 판례에 따름)

2018 감정평가사

① 이사의 대표권에 대한 제한은 등기하지 아니하면 제3자에게 대항하지 못한다는 민법 제60조

② 법인은 법률의 규정에 좇아 정관으로 정한 목적의 범위 내에서 권리와 의무의 주체가 된다는 민법 제34조

③ 법인은 이사 기타 대표자가 그 직무에 관하여 타인에게 가한 손해를 배상할 책임이 있다는 민법 제35조 제1항

④ 사단법인의 사무는 정관으로 이사 또는 기타 임원에게 위임한 사항 외에는 총회의결의에 의하여야 한다는 민법 제68조

⑤ 이사는 정관 또는 총회의 결의로 금지하지 아니한 사항에 한하여 타인으로 하여금 특정한 행위를 대리하게 할 수 있다는 민법 제62조

정답해설

①, ②, ③, ④, ⑤ 민법은 권리능력 없는 사단의 법적 지위에 관한 규정을 두고 있지 않지만, 권리능력 없는 사단은 법인등기를 하지 않았을 뿐 법인의 실질을 갖고 있는 것이므로 사단법인에 관한 민법의 규정 중에서 법인격을 전제로 하는 것을 제외하고는 법인격 없는 사단에 유추적용해야 한다. 따라서 사단의 권리능력, 행위능력, 대표기관의 권한과 그 대표의 형식, 사단의 불법행위능력 등은 모두 사단법인의 규정을 유추적용한다.
그러나 비법인사단의 경우에는 대표자의 대표권 제한에 관하여 등기할 방법이 없어 민법 제60조의 규정을 준용할 수 없고, 비법인사단의 대표자가 정관에서 사원총회의 결의를 거쳐야 하도록 규정한 대외적 거래행위에 관하여 이를 거치지 아니한 경우라도, 이와 같은 사원총회 결의사항은 비법인사단의 내부적 의사결정에 불과하다 할 것이므로, 그 거래 상대방이 그와 같은 대표권 제한 사실을 알았거나 알 수 있었을 경우가 아니라면 그 거래행위는 유효하다고 봄이 상당하다(대판 2003.7.22. 2002다64780).

제60조【이사의 대표권에 대한 제한의 대항요건】
이사의 대표권에 대한 제한은 등기하지 아니하면 제3자에게 대항하지 못한다.

46 민법상 비법인사단에 관한 설명으로 옳지 않은 것은? (다툼이 있으면 판례에 따름)

2020 행정사

① 이사가 없거나 결원이 있는 경우 임시이사의 선임에 관한 민법 제63조 규정은 비법인사단에도 유추적용될 수 있다.
② 비법인사단의 사원이 집합체로서 물건을 소유할 때에는 총유로 한다.
③ 비법인사단이 타인 간의 금전채무를 보증하는 행위는 총유물의 관리·처분행위로 볼 수 없다.
④ 비법인사단에서 사원의 지위는 규약이나 관행에 의하여 양도 또는 상속될 수 없다.
⑤ 비법인사단의 대표자가 직무에 관하여 타인에게 손해를 가한 경우, 민법 제35조 제1항의 유추적용에 의해 비법인사단은 그 손해를 배상할 책임이 있다.

정답해설

① 민법 제63조는 법인의 조직과 활동에 관한 것으로서 법인격을 전제로 하는 조항이 아니고, 법인 아닌 사단이나 재단의 경우에도 이사가 없거나 결원이 생길 수 있으며, 통상의 절차에 따른 새로운 이사의 선임이 극히 곤란하고 종전 이사의 긴급처리권도 인정되지 아니하는 경우에는 사단이나 재단 또는 타인에게 손해가 생길 염려가 있을 수 있으므로, 민법 제63조는 법인 아닌 사단이나 재단에도 유추적용할 수 있다(대결(전) 2009.11.19. 2008마699).

> **제63조 【임시이사의 선임】**
> 이사가 없거나 결원이 있는 경우에 이로 인하여 손해가 생길 염려가 있는 때에는 법원은 이해관계인이나 검사의 청구에 의하여 임시이사를 선임하여야 한다.

② **제275조 【물건의 총유】** ① 법인이 아닌 사단의 사원이 집합체로서 물건을 소유할 때에는 총유로 한다.

③ 민법 제276조 제1항에서 말하는 총유물의 관리 및 처분이라 함은 총유물 그 자체에 관한 이용·개량행위나 법률적·사실적 처분행위를 의미하는 것이므로, 비법인사단이 타인간의 금전채무를 보증하는 행위는 총유물 그 자체의 관리·처분이 따르지 아니하는 단순한 채무부담행위에 불과하여 이를 총유물의 관리·처분행위라고 볼 수는 없다. 따라서 비법인사단인 재건축조합의 조합장이 채무보증계약을 체결하면서 조합규약에서 정한 조합 임원회의 결의를 거치지 아니하였다거나 조합원총회 결의를 거치지 않았다고 하더라도 그것만으로 바로 그 보증계약이 무효라고 할 수는 없다(대판(전) 2007.4.19. 2004다60072·60089).

> **제276조 【총유물의 관리, 처분과 사용, 수익】**
> ① 총유물의 관리 및 처분은 사원총회의 결의에 의한다.
> ② 각 사원은 정관 기타의 규약에 좇아 총유물을 사용, 수익할 수 있다.

④ 사단법인의 사원의 지위는 양도 또는 상속할 수 없다고 규정한 민법 제56조의 규정은 강행규정이라고 할 수 없으므로, 비법인사단에서도 사원의 지위는 규약이나 관행에 의하여 양도 또는 상속될 수 있다(대판 1997.9.26. 95다6205).

Answer 45 ① 46 ④

제56조 【사원권의 양도, 상속금지】
사단법인의 사원의 지위는 양도 또는 상속할 수 없다.

⑤ 주택조합과 같은 비법인사단의 대표자가 직무에 관하여 타인에게 손해를 가한 경우 그 사단은 민법 제35조 제1항의 유추적용에 의하여 그 손해를 배상할 책임이 있으며, 비법인사단의 대표자의 행위가 대표자 개인의 사리를 도모하기 위한 것이었거나 혹은 법령의 규정에 위배된 것이었다 하더라도 외관상, 객관적으로 직무에 관한 행위라고 인정할 수 있는 것이라면 민법 제35조 제1항의 직무에 관한 행위에 해당한다(대판 2003.7.25. 2002다27088).

47 민법상 비법인사단에 관한 설명으로 옳지 않은 것은? (다툼이 있으면 판례에 따름)

2018 행정사

① 비법인사단의 사원이 집합체로서 물건을 소유할 때에는 총유로 한다.

② 대표자는 비법인사단의 제반 업무처리를 대리인에게 포괄적으로 위임할 수 없다.

③ 대표자 또는 관리인이 있는 비법인사단은 그 사단에 속하는 부동산에 관하여 등기능력을 가진다.

④ 비법인사단 소유의 재산에 대한 대표자의 처분행위가 사원총회의 결의를 거치지 않아 무효가 되더라도, 상대방이 선의인 경우에는 그 처분행위에 대하여 민법 제126조의 표현대리 법리가 준용된다.

⑤ 비법인사단의 대표자가 직무에 관하여 타인에게 손해를 가한 경우, 그 사단은 민법 제35조 제1항의 유추적용에 의하여 그 손해를 배상할 책임이 있다.

정답해설

① **제275조 【물건의 총유】** ① 법인이 아닌 사단의 사원이 집합체로서 물건을 소유할 때에는 총유로 한다.

② 민법 제62조의 규정에 비추어 보면 비법인사단의 대표자는 정관 또는 총회의 결의로 금지하지 아니하는 사항에 한하여 타인으로 하여금 특정한 행위를 대리하게 할 수 있을 뿐, 비법인사단의 제반 업무처리를 포괄적으로 위임할 수는 없다(대판 1996.9.6. 94다18522).

③ 종중도 그 자체 명의로 소유권취득 및 등기할 수 있고(「부동산등기법」 제26조), 그 대표자가 정해져 있으면 소송법상 당사자능력이 있다(「민사소송법」 제52조).

④ 비법인사단인 교회의 대표자는 총유물인 교회 재산의 처분에 관하여 교인총회의 결의를 거치지 아니하고는 이를 대표하여 행할 권한이 없다. 그리고 교회의 대표자가 권한 없이 행한 교회 재산의 처분행위에 대하여는 민법 제126조의 표현대리에 관한 규정이 준용되지 아니한다(대판 2009.2.12. 2006다23312).

⑤ 사단법인에 관한 민법의 규정 중에서 법인격을 전제로 하는 것을 제외하고는 법인격 없는 사단에 유추적용 해야 한다. 따라서 권리능력 없는 사단의 경우에도 제35조가 유추적용될 수 있다(대판 2003.7.25. 2002다27088).

48 비법인사단에 관한 설명으로 옳지 않은 것을 모두 고른 것은? (다툼이 있으면 판례에 따름)

2017 행정사

ㄱ. 비법인사단의 대표자가 직무에 관하여 타인에게 손해를 가한 경우에 비법인사단은 불법행위책임을 부담한다.
ㄴ. 비법인사단에 이사의 결원이 생긴 경우에는 임시이사 선임에 관한 민법규정이 유추적용되지 않는다.
ㄷ. 비법인사단에는 대표권 제한 등기에 관한 규정이 적용되지 않는다.
ㄹ. 비법인사단이 타인 간의 금전채무를 보증하는 행위는 총유물의 관리·처분행위라고 볼 수 있다.
ㅁ. 비법인사단이 성립되기 이전에 설립 주체인 개인이 취득한 권리의무는 설립 후의 비법인사단에 귀속될 수 있다.

① ㄱ, ㄴ, ㄹ ② ㄱ, ㄷ, ㅁ ③ ㄴ, ㄷ, ㄹ
④ ㄴ, ㄷ, ㅁ ⑤ ㄴ, ㄹ, ㅁ

정답해설

ㄱ. (○): 사단법인에 관한 민법의 규정 중에서 법인격을 전제로 하는 것을 제외하고는 법인격 없는 사단에 유추적용 해야 한다. 따라서 권리능력 없는 사단의 경우에도 제35조가 유추적용될 수 있다(대판 2003.7.25. 2002다27088).

ㄴ. (×): 민법 제63조는 법인의 조직과 활동에 관한 것으로서 법인격을 전제로 하는 조항이 아니고, 법인 아닌 사단이나 재단의 경우에도 이사가 없거나 결원이 생길 수 있으며, 통상의 절차에 따른 새로운 이사의 선임이 극히 곤란하고 종전 이사의 긴급처리권도 인정되지 아니하는 경우에는 사단이나 재단 또는 타인에게 손해가 생길 염려가 있을 수 있으므로, 민법 제63조는 법인 아닌 사단이나 재단에도 유추적용할 수 있다(대판(전) 2009.11.19. 2008마699).

ㄷ. (○): 비법인사단의 경우에는 대표자의 대표권 제한에 관하여 등기할 방법이 없어 민법 제60조의 규정을 준용할 수 없고, 비법인사단의 대표자가 정관에서 사원총회의 결의를 거쳐야 하도록 규정한 대외적 거래행위에 관하여 이를 거치지 아니한 경우라도, 이와 같은 사원총회 결의사항은 비법인사단의 내부적 의사결정에 불과하다 할 것이므로, 그 거래 상대방이 그와 같은 대표권 제한 사실을 알았거나 알 수 있었을 경우가 아니라면 그 거래행위는 유효하다고 봄이 상당하다(대판 2003.7.22. 2002다64780).

ㄹ. (×): 민법 제276조 제1항에서 말하는 총유물의 관리 및 처분이라 함은 총유물 그 자체에 관한 이용·개량행위나 법률적·사실적 처분행위를 의미하는 것이므로, 비법인사단이 타인간의 금전채무를 보증하는 행위는 총유물 그 자체의 관리·처분이 따르지 아니하는 단순한 채무부담행위에 불과하여 이를 총유물의 관리·처분행위라고 볼 수는 없다(대판(전) 2007.4.19. 2004다60072·60089).

제276조 【총유물의 관리, 처분과 사용, 수익】
① 총유물의 관리 및 처분은 사원총회의 결의에 의한다.

Answer 47 ④ 48 ⑤

ㅁ. (×): 교회가 그 실체를 갖추어 법인 아닌 사단으로 성립한 경우에 교회의 대표자가 교회를 위하여 취득한 권리의무는 교회에 귀속되나, 교회가 아직 실체를 갖추지 못하여 법인 아닌 사단으로 성립하기 전에 설립의 주체인 개인이 취득한 권리의무는 그것이 앞으로 성립할 교회를 위한 것이라 하더라도 바로 법인 아닌 사단인 교회에 귀속될 수는 없고, 또한 설립중의 회사의 개념과 법적 성격에 비추어, 법인 아닌 사단인 교회가 성립하기 전의 단계에서 설립중의 회사의 법리를 유추적용할 수는 없다(대판 2008.2.28. 2007다37394·37400).

49 민법상 비법인사단에 관한 설명으로 옳은 것은? (다툼이 있으면 판례에 의함) 2023 행정사

① 비법인사단에는 대표권 제한의 등기에 관한 규정이 적용되지 않는다.
② 비법인사단이 총유물에 관한 매매계약을 체결하는 행위는 총유물의 처분행위가 아니다.
③ 교회가 의결권을 가진 교인 2/3 이상의 찬성으로 소속 교단을 탈퇴한 경우 종전 교회의 재산은 탈퇴한 교회 소속 교인들의 총유로 귀속되지 않는다.
④ 비법인사단의 구성원은 지분권에 기하여 총유물의 보존행위를 할 수 있다.
⑤ 비법인사단이 타인 간의 금전채무를 보증하는 행위는 총유물의 관리·처분행위로 볼 수 있다.

정답해설

① 권리능력 없는 사단은 법인등기를 하지 않았을 뿐 법인의 실질을 갖고 있는 것이므로 사단법인에 관한 민법의 규정 중에서 법인격을 전제로 하는 것을 제외하고는 법인격 없는 사단에 유추적용해야 한다. 따라서 사단의 권리능력, 행위능력, 대표기관의 권한과 그 대표의 형식, 사단의 불법행위능력 등은 사단법인의 규정을 유추적용한다. 그러나 비법인사단의 경우에는 대표자의 대표권 제한에 관하여 등기할 방법이 없어 민법 제60조의 규정을 준용할 수 없다(대판 2003.7.22. 2002다64780).

② 총유물의 처분이라 함은 총유물을 양도하거나 그 위에 물권을 설정하는 등의 행위를 말하므로 그에 이르지 않은 단순히 총유물의 사용권을 타인에게 부여하거나 임대하는 행위는 원칙적으로 총유물의 처분이 아닌 관리행위에 해당한다(대판 2012.10.25. 2010다56686). 총유물을 양도하는 총유물에 관한 매매계약을 체결하는 행위는 총유물의 처분행위에 해당한다.

③ (1) 특정 교단에 가입한 지교회가 교단이 정한 헌법을 지교회 자신의 자치규범으로 받아들였다고 인정되는 경우에는 소속 교단의 변경은 실질적으로 지교회 자신의 규약에 해당하는 자치규범을 변경하는 결과를 초래하고, 만약 지교회 자신의 규약을 갖춘 경우에는 교단변경으로 인하여 지교회의 명칭이나 목적 등 지교회의 규약에 포함된 사항의 변경까지 수반하기 때문에 소속 교단에서의 탈퇴 내지 소속 교단의 변경은 사단법인 정관변경에 준하여 의결을 가진 교인 2/3 이상의 찬성에 의한 결의를 필요로 한다. (2) 만약 교단 탈퇴 및 변경에 관한 결의(교단변경 결의라 한다)를 하였으나 이에 찬성한 교인이 의결권을 가진 교인의 2/3에 이르지 못한다면 종전 교회의 동일성은 여전히 중진 교단에 소속되어 있는 상태로서 유지된다. 따라서 교단변경 결의에 찬성하고 나아가 종전 교회를 집단적으로 탈퇴하거나 다른 교단에 가입한 교인들은 교인으로서의 지위와 더불어 종전 교회 재산에 대한 권리를 상실하였다고 볼 수밖에 없다. (3) 위의 교단변경 결의요건을 갖추어 소속 교단에서 탈퇴하거나 다른 교단으로 변경한 경우에 종전 교회의 실체는 이와 같이 교단을 탈퇴한 교회로서 존속하고 종전 교회 재산은 탈퇴한 교회 소속 교인들의 총유로 귀속된다(대판(전) 2006.4.20. 2004다37775).

④ 총유재산에 관한 소송은 법인 아닌 사단이 그 명의로 사원총회의 결의를 거쳐 하거나 또는 그 구성원 전원이 당사자가 되어 필수적 공동소송의 형태로 할 수 있을 뿐이다. 그러므로 그 사단의 구성원은 설령 그가 사단의 대표자라거나 사원총회의 결의를 거쳤다고 하더라도 그 소송의 당사자가 될 수 없다. 이러한 법리는 총유재산의 보존행위로서 소를 제기하는 경우에도 마찬가지이다. 따라서 규약에 달리 정한 바가 없으면, 종중이 그 명의로 총유재산에 대한 보존행위로서 소송을 하기 위해서는 사원총회의 결의를 거쳐야 한다(대판(전) 2005.9.15. 2004다44971). 비법인사단의 구성원은 지분권이 없어 총유물의 보존행위를 할 수 없다.

⑤ 민법 제276조 제1항에서 말하는 총유물의 관리 및 처분이라 함은 총유물 그 자체에 관한 이용·개량행위나 법률적·사실적 처분행위를 의미하는 것이므로, 비법인사단이 타인간의 금전채무를 보증하는 행위는 총유물 그 자체의 관리·처분이 따르지 아니하는 단순한 채무부담행위에 불과하여 이를 총유물의 관리·처분행위라고 볼 수는 없다(대판(전) 2007.4.19. 2004다60072·60089).

> **제276조 【총유물의 관리, 처분과 사용, 수익】**
> ① 총유물의 관리 및 처분은 사원총회의 결의에 의한다.

50 **비법인사단에 관한 설명으로 옳지 않은 것은? (다툼이 있으면 판례에 따름)** 2023 감정평가사

① 비법인사단의 대표자는 자신의 업무를 타인에게 포괄적으로 위임할 수 있다.
② 정관이나 규약에 달리 정함이 없는 한, 사원총회의 결의를 거치지 않은 총유물의 관리행위는 무효이다.
③ 고유한 의미의 종중은 종중원의 신분이나 지위를 박탈할 수 없고, 종중원도 종중을 탈퇴할 수 없다.
④ 고유한 의미의 종중은 자연발생적 종족단체이므로 특별한 조직행위나 성문의 규약을 필요로 하지 않는다.
⑤ 비법인사단의 사원이 집합체로서 물건을 소유할 때에는 총유로 한다.

정답해설

① 비법인사단에 대하여는 사단법인에 관한 민법 규정 가운데서 법인격을 전제로 하는 것을 제외하고는 이를 유추적용하여야 할 것인바, 민법 제62조의 규정에 비추어 보면 비법인사단의 대표자는 정관 또는 총회의 결의로 금지하지 아니한 사항에 한하여 타인으로 하여금 특정한 행위를 대리하게 할 수 있을 뿐 비법인사단의 제반 업무처리를 포괄적으로 위임할 수는 없다 할 것이므로, 비법인사단 대표자가 행한 타인에 대한 업무의 포괄적 위임과 그에 따른 포괄적 수임인의 대행행위는 민법 제62조의 규정에 위반된 것이어서 비법인사단에 대하여는 그 효력이 미치지 아니한다(대판 1996.9.6. 94다18522).

> **제62조 【이사의 대리인선임】**
> 이사는 정관 또는 총회의 결의로 금지하지 아니한 사항에 한하여 타인으로 하여금 특정한 행위를 대리하게 할 수 있다.

Answer 49 ① 50 ①

② 법인 아닌 사단의 총유물의 관리 및 처분행위에 대해 정관에 달리 정한 바가 없으면 사원총회의 결의를 요하며, 비록 대표자에 의한 총유물의 처분이라도 위와 같은 절차를 거치지 않은 처분행위는 무효이다(대판 2014.2.13. 2012다112299 등).

③ 종중의 그 구성원인 종원에 대하여 그 자격을 박탈하는 소위 할종이라는 징계처분은 비록 그와 같은 관행이 있다 하더라도 이는 공동선조의 후손으로서 혈연관계를 바탕으로 하여 자연적으로 구성되는 종족단체인 종중의 본질에 반하는 것이므로 그러한 관행이나 징계처분은 위법 무효하여 피징계자의 종중원으로서의 신분이나 지위를 박탈하는 효력이 생긴다고 할 수 없다(대판 1983.2.8. 80다1194).

④ 고유 의미의 종중이란 공동선조의 분묘 수호와 제사, 종원 상호 간 친목 등을 목적으로 하는 자연발생적인 관습상 종족집단체로서 특별한 조직행위를 필요로 하는 것이 아니고, 공동선조의 후손은 그 의사와 관계없이 성년이 되면 당연히 그 구성원(종원)이 되는 것이며 그중 일부 종원을 임의로 그 종원에서 배제할 수 없다(대판 1995.12.22. 95다12736).

⑤ **제275조 【물건의 총유】** ① 법인이 아닌 사단의 사원이 집합체로서 물건을 소유할 때에는 총유로 한다.

51 **A 비법인사단은 대표자 甲을 두고 있으며, A의 구성원들은 집합체로서 X부동산을 소유하고 있다. 다음 설명 중 옳지 않은 것은? (다툼이 있으면 판례에 따름)** 2021 세무사

① A의 구성원들은 X를 총유한다.

② A명의로도 X에 대한 등기를 할 수 있다.

③ A는 민사소송에서 당사자가 될 수 있다.

④ 甲이 그 직무에 관하여 제3자에게 불법행위를 한 경우에 A는 제3자에게 손해배상 책임을 부담한다.

⑤ 甲이 정관에서 정한 대표권 제한을 위반하여 제3자와 거래행위를 한 경우에 제3자가 선의·무과실이더라도 그 거래 행위는 무효이다.

정답해설

① 비법인사단인 A의 구성원들은 X를 총유한다(제275조 제1항).

> **제275조 【물건의 총유】**
> ① 법인이 아닌 사단의 사원이 집합체로서 물건을 소유할 때에는 총유로 한다.

② 부동산등기법에서는 비법인재단·사단의 등기능력을 인정한다. 따라서 비법인사단의 경우 대표자가 있는 때에는 사단명의로 X에 대한 등기를 할 수 있다.

> **부동산등기법 제26조 【법인 아닌 사단 등의 등기신청】**
> ① 종중(宗中), 문중(門中), 그 밖에 대표자나 관리인이 있는 법인 아닌 사단(社團)이나 재단(財團)에 속하는 부동산의 등기에 관하여는 그 사단이나 재단을 등기권리자 또는 등기의무자로 한다.
> ② 제1항의 등기는 그 사단이나 재단의 명의로 그 대표자나 관리인이 신청한다.

③ 민사소송법 제52조는 "법인 아닌 사단이나 재단은 대표자 또는 관리인이 있는 경우에는 그 사단이나 재단의 이름으로 당사자가 될 수 있다"라고 규정하여 비법인사단이나 재단의 당사자능력을 인정하고 있다. 민사소송법 제52조에 따라 비법인사단인 A는 민사소송에서 당사자가 될 수 있다.

④ 사단법인에 관한 민법의 규정 중에서 법인격을 전제로 하는 것을 제외하고는 법인격 없는 사단에 유추적용 해야 한다. 따라서 권리능력 없는 사단의 경우에도 제35조가 유추적용되므로(대판 2003.7.25. 2002다27088), 대표자 甲이 그 직무에 관하여 제3자에게 불법행위를 한 경우에 비법인사단인 A는 제3자에게 손해배상 책임을 부담한다.

⑤ 비법인사단의 경우에는 대표자의 대표권 제한에 관하여 등기할 방법이 없어 민법 제60조의 규정을 준용할 수 없고, 비법인사단의 대표자가 정관에서 사원총회의 결의를 거쳐야 하도록 규정한 대외적 거래행위에 관하여 이를 거치지 아니한 경우라도, 이와 같은 사원총회 결의사항은 비법인사단의 내부적 의사결정에 불과하다 할 것이므로, 그 거래 상대방이 그와 같은 대표권 제한 사실을 알았거나 알 수 있었을 경우가 아니라면 그 거래행위는 유효하다(대판 2003.7.22. 2002다64780). 따라서 제3자가 대표권제한에 대해 선의·무과실이라면 그 거래 행위는 유효이다.

제60조【이사의 대표권에 대한 제한의 대항요건】
이사의 대표권에 대한 제한은 등기하지 아니하면 제3자에게 대항하지 못한다.

Answer 51 ⑤

행정사
백운정 민법총칙

CHAPTER

04

권리의 객체 - 물건

Chapter

04 권리의 객체 - 물건

01 물건에 관한 설명으로 옳지 않은 것은? (다툼이 있으면 판례에 따름) 2021 행정사

① 관리할 수 있는 자연력은 동산이다.

② 분묘에 안치되어 있는 선조의 유골은 그 제사주재자에게 승계된다.

③ 금전은 동산이다.

④ 주물을 점유에 의하여 시효취득하여도 종물을 점유하지 않았다면 그 효력은 종물에 미치지 않는다.

⑤ 권리의 과실(果實)은 민법상 과실(果實)이다.

정답해설

① 민법상 물건이란 유체물 및 전기 기타 관리할 수 있는 자연력을 말한다. 그러므로 관리할 수 있는 자연력도 민법상 물건이며, 물건 중 토지 및 그 정착물인 부동산 이외는 동산이므로, 관리할 수 있는 자연력은 동산이다.

> **제98조【물건의 정의】**
> 본법에서 물건이라 함은 유체물 및 전기 기타 관리할 수 있는 자연력을 말한다.
> **제99조【부동산, 동산】**
> ① 토지 및 그 정착물은 부동산이다.
> ② 부동산 이외의 물건은 동산이다.

② 사람의 유체·유골은 매장·관리·제사·공양의 대상이 될 수 있는 유체물로서, 분묘에 안치되어 있는 선조의 유체·유골은 민법 제1008조의3 소정의 제사용 재산인 분묘와 함께 그 제사주재자에게 승계되고, 피상속인 자신의 유체·유골 역시 위 제사용 재산에 준하여 그 제사주재자에게 승계된다(대판(전) 2008.11.20. 2007다27670).

③ 부동산 이외의 물건은 동산이므로, 금전은 동산이다.

④ 민법 제100조 제2항의 종물은 주물의 처분에 따른다는 것은 법률적인 운명을 함께 한다는 의미이므로 점유 기타 사실관계에 기한 권리변동에 있어서는 제100조 제2항이 적용되지 않는다. 따라서 주물을 점유에 의하여 시효취득하여도 종물을 점유하지 않았다면 그 효력은 종물에 미치지 않는다.

> **제100조【주물, 종물】**
> ② 종물은 주물의 처분에 따른다.

⑤ 민법상 과실은 물건에서 얻은 수익을 말하므로, 권리의 과실은 민법상 과실이 아니다.

02 동산에 해당하는 것을 모두 고른 것은? 2017 주택관리사

ㄱ. 관리할 수 있는 전기
ㄴ. 지중(地中)에 있는 지하수
ㄷ. 강제통용력을 상실한 주화(鑄貨)
ㄹ. 토지에 정착된 다리(橋)

① ㄱ, ㄴ
② ㄱ, ㄷ
③ ㄱ, ㄹ
④ ㄴ, ㄷ
⑤ ㄷ, ㄹ

정답해설

ㄱ. (○): 민법상 물건이란 유체물 및 전기 기타 관리할 수 있는 자연력을 말한다. 그러므로 관리할 수 있는 자연력도 민법상 물건이며, 물건 중 토지 및 그 정착물인 부동산 이외는 동산이므로, 관리할 수 있는 자연력은 동산이다.

제98조 【물건의 정의】
본법에서 물건이라 함은 유체물 및 전기 기타 관리할 수 있는 자연력을 말한다.
제99조 【부동산, 동산】
① 토지 및 그 정착물은 부동산이다.
② 부동산 이외의 물건은 동산이다.

ㄴ. (×): 토지라 함은 인위적으로 구획된 일정범위의 지면에 정당한 이익 있는 범위 내에서의 그 상하(上下)에 포함된다(제212조 참조). 따라서 토지의 구성물인 토사, 암석, 지하수 등은 당연히 토지의 일부분에 지나지 않는다. 그러므로 지중(地中)에 있는 지하수는 부동산이다.

제212조 【토지소유권의 범위】
토지의 소유권은 정당한 이익 있는 범위 내에서 토지의 상하에 미친다.

ㄷ. (○): 강제통용력을 상실한 주화라고 하더라도 유체물이며, 동산이다.
ㄹ. (×): 토지의 정착물이란 토지에 고정적으로 부착되어 쉽게 이동될 수 없는 물건을 말한다. 토지의 정착물은 부동산이다. 토지에 정착된 다리(橋)는 토지의 정착물로서 부동산이다.

Answer 01 ⑤ 02 ②

03 토지와는 별개의 독립한 물건에 해당하지 않는 것은? (다툼이 있으면 판례에 따름)

2017 세무사

① 지하수
② 명인방법이 갖추어진 미분리의 과실
③ 입목에 관한 법률에 의하여 소유권보존등기가 이루어진 수목
④ 최소한의 기둥과 지붕 그리고 주벽으로 이루어진 건축물
⑤ 권원에 의하여 타인의 토지에 식재한 명인방법을 갖춘 수목의 집단

정답해설

① 토지라 함은 인위적으로 구획된 일정범위의 지면에 정당한 이익 있는 범위 내에서의 그 상하(上下)에 포함된다(제212조 참조). 따라서 토지의 구성물인 토사, 암석, 지하수 등은 당연히 토지의 일부분에 지나지 않는다. 그러므로 지중(地中)에 있는 지하수는 부동산이다.

> **제212조 【토지소유권의 범위】**
> 토지의 소유권은 정당한 이익 있는 범위 내에서 토지의 상하에 미친다.

②, ⑤ 미분리의 천연과실과 수목의 집단은 토지의 일부이지만 명인방법을 갖춘 경우에는 독립한 부동산이다(대판 1977.4.12. 76도2887).
③ "입목"이란 토지에 부착된 수목의 집단으로서 그 소유자가 이 법에 따라 소유권보존의 등기를 받은 것을 말하며(「입목에 관한 법률」 제2조 제1항 1호), 입목의 소유자는 토지와 분리하여 입목을 양도하거나 저당권의 목적으로 할 수 있다(동법 제3조 제2항).
④ 건물은 토지와는 별개의 부동산이다. 건축의 진행단계에서 어느 순간 토지로부터 독립한 건물이 되는가에 대해서는 '사회통념'에 따라 판단할 수밖에 없는데, 판례는 최소한의 기둥과 지붕, 주벽이 이루어진 때라고 본다(대판 1986.11.11. 86누173).

04 민법상 물건에 관한 설명으로 옳지 않은 것은? (다툼이 있으면 판례에 따름)

2018 행정사

① 국립공원의 입장료는 법정과실이 아니다.
② 「입목에 관한 법률」에 따라 등기된 입목은 그 토지와 독립하여 거래의 객체가 될 수 없다.
③ 장소, 종류, 수량 등이 특정되어 있는 집합물은 양도담보의 대상이 될 수 있다.
④ 주물의 소유자의 사용에 공여되고 있더라도 주물 그 자체의 효용과 직접 관계가 없는 물건은 종물이 아니다.
⑤ 지하에서 용출되는 온천수는 토지의 구성부분일 뿐 그 토지와 독립된 권리의 객체가 아니다.

정답해설

① 「자연공원법」(1995.12.30. 법률 제5122호로 개정된 것) 제26조 및 제33조의 규정내용과 입법목적을 종합하여 보면, 국립공원의 입장료는 토지의 사용대가라는 민법상 과실이 아니라 수익자 부담의 원칙에 따라 국립공원의 유지·관리비용의 일부를 국립공원 입장객에게 부담시키고자 하는 것이어서 토지의 소유권이나 그에 기한 과실수취권과는 아무런 관련이 없고, 국립공원의 유지·관리비는 원칙적으로 국가가 부담하여야 할 것이지만 형평에 따른 수익자부담의 원칙을 적용하여 국립공원 이용자에게 입장료를 징수하여 국립공원의 유지·관리비의 일부에 충당하는 것도 가능하다고 할 것이며, 징수된 공원입장료 전부가 「자연공원법」 제33조 제2항에 의하여 국립공원의 관리와 국립공원 안에 있는 문화재의 관리·보수를 위한 비용에만 사용되고 있는 점 등에 비추어 국립공원 내 토지소유자에게 입장료 수입을 분배하지 않고 공원관리청에 전부 귀속되도록 규정한 「자연공원법」 제33조 제1항이 헌법상의 평등권이나 재산권 보장을 침해하는 규정이라고 볼 수 없다(대판 2001.12.28. 2000다27749).

② "입목"이란 토지에 부착된 수목의 집단으로서 그 소유자가 이 법에 따라 소유권보존의 등기를 받은 것을 말하며(「입목에 관한 법률」 제2조 제1항 1호), 입목의 소유자는 토지와 분리하여 입목을 양도하거나 저당권의 목적으로 할 수 있다(동법 제3조 제2항).

③ 일반적으로 일단의 증감 변동하는 동산을 하나의 물건으로 보아 이를 채권담보의 목적으로 삼으려는 이른바 집합물에 대한 양도담보설정계약 체결도 가능하며 이 경우 그 목적 동산이 담보설정자의 다른 물건과 구별될 수 있도록 그 종류, 장소 또는 수량지정 등의 방법에 의하여 특정되어 있으면 그 전부를 하나의 재산권으로 보아 이에 유효한 담보권의 설정이 된 것으로 볼 수 있다(대판 1990.12.26. 88다카20224).

④ 어느 건물이 주된 건물의 종물이기 위하여는 주물의 상용에 이바지하는 관계에 있어야 하고 이는 주물 자체의 경제적 효용을 다하게 하는 것을 말하는 것이므로, 주물의 소유자나 이용자의 사용에 공여되고 있더라도 주물 자체의 효용과 관계없는 물건은 종물이 아니다(대판 2007.12.13. 2007도7247).

⑤ 지하수의 일종인 온천은 그 용출지반과 떠나서 별개의 독립한 관습법상의 물권이나 준물권이라고 볼 수는 없고(대판 1972.8.29. 72다1243 참조), 따라서 참가인이 온천 지반의 소유권을 취득한 이상 온천에 대한 제반 권리도 참가인에게 토지라 함은 인위적으로 구획된 일정범위의 지면에 정당한 이익 있는 범위 내에서의 그 상하(上下)에 포함된다(제212조 참조). 따라서 토지의 구성물인 토사, 암석, 지하수 등은 당연히 토지의 일부분에 지나지 않는다.

Answer 03 ① 04 ②

05 물건에 관한 설명으로 옳지 않은 것은? (다툼이 있는 경우에는 판례에 의함) 2013 행정사

① 최소한의 기둥과 지붕 및 주벽이 있는 건물은 토지와는 별개의 독립한 물건으로 인정될 수 있다.

② 입목에 관한 법률에 따라 등기된 입목에는 저당권이 설정될 수 있다.

③ '종물은 주물의 처분에 따른다'는 민법의 규정은 임의규정이다.

④ 전기 기타 관리할 수 있는 자연력은 물건이다.

⑤ 물건의 사용대가로 받는 금전 기타 물건은 천연과실이다.

정답해설

① 건물은 토지와는 별개의 부동산이다. 건축의 진행단계에서 어느 순간 토지로부터 독립한 건물이 되는가에 대해서는 '사회통념'에 따라 판단할 수밖에 없는데, 판례는 최소한의 기둥과 지붕, 주벽이 이루어진 때라고 본다(대판 1986.11.11. 86누173).

② "입목"이란 토지에 부착된 수목의 집단으로서 그 소유자가 이 법에 따라 소유권보존의 등기를 받은 것을 말하며(「입목에 관한 법률」 제2조 제1항 1호), 입목의 소유자는 토지와 분리하여 입목을 양도하거나 저당권의 목적으로 할 수 있다(동법 제3조 제2항).

비교 명인방법에 의한 경우는 저당권을 설정할 수 없다.

③ 종물은 주물의 처분에 따른다는 민법 제100조의 제2항은 임의규정이므로, 당사자는 주물을 처분할 때에 특약으로 종물을 제외할 수 있고 종물만을 별도로 처분할 수 있다(대판 2012.1.26. 2009다76546).

④ **제98조 【물건의 정의】** 본법에서 물건이라 함은 유체물 및 전기 기타 관리할 수 있는 자연력을 말한다.

⑤ 물건의 사용대가로 받은 금전 기타의 물건은 법정과실이며(제101조 제2항), 물건의 용법에 의하여 수취하는 산출물이 천연과실이다(제101조 제1항).

제101조 【천연과실, 법정과실】
① 물건의 용법에 의하여 수취하는 산출물은 천연과실이다.
② 물건의 사용대가로 받은 금전 기타의 물건은 법정과실로 한다.

06 민법상 물건에 관한 설명으로 옳지 않은 것은? (다툼이 있으면 판례에 따름) 2020 행정사

① 건물의 개수(個數)를 결정함에 있어서 건축자나 소유자의 의사 등 주관적 사정은 고려되지 않는다.

② 주물 소유자의 상용에 공여되고 있더라도 주물 그 자체의 효용과 직접 관계없는 물건은 종물이 아니다.

③ 당사자는 특약으로 주물과 종물을 별도로 처분할 수 있다.

④ 국립공원의 입장료는 민법상 과실(果實)이 아니다.

⑤ 주물의 소유자가 아닌 다른 사람의 소유에 속하는 물건은 종물이 될 수 없다.

정답해설

① 건물은 일정한 면적, 공간의 이용을 위하여 지상, 지하에 건설된 구조물을 말하는 것으로서, 건물의 개수는 토지와 달리 공부상의 등록에 의하여 결정되는 것이 아니라 사회통념 또는 거래관념에 따라 물리적 구조, 거래 또는 이용의 목적물로서 관찰한 건물의 상태 등 객관적 사정과 건축한 자 또는 소유자의 의사 등 주관적 사정을 참작하여 결정되는 것이고, 그 경계 또한 사회통념상 독립한 건물로 인정되는 건물 사이의 현실의 경계에 의하여 특정되는 것이다(대판 1997.7.8. 96다36517).

② 어느 건물이 주된 건물의 종물이기 위하여는 주물의 상용에 이바지하는 관계에 있어야 하고 이는 주물 자체의 경제적 효용을 다하게 하는 것을 말하는 것이므로, 주물의 소유자나 이용자의 사용에 공여되고 있더라도 주물 자체의 효용과 관계없는 물건은 종물이 아니다(대판 2007.12.13. 2007도7247).

③ 종물은 주물의 처분에 따른다는 민법 제100조의 제2항은 임의규정이므로, 당사자는 주물을 처분할 때에 특약으로 종물을 제외할 수 있고 종물만을 별도로 처분할 수 있다(대판 2012.1.26. 2009다76546).

④ 「자연공원법」(1995.12.30. 법률 제5122호로 개정된 것) 제26조 및 제33조의 규정내용과 입법목적을 종합하여 보면, 국립공원의 입장료는 토지의 사용대가라는 민법상 과실이 아니라 수익자 부담의 원칙에 따라 국립공원의 유지·관리비용의 일부를 국립공원 입장객에게 부담시키고자 하는 것이어서 토지의 소유권이나 그에 기한 과실수취권과는 아무런 관련이 없고, 국립공원의 유지·관리비는 원칙적으로 국가가 부담하여야 할 것이지만 형평에 따른 수익자부담의 원칙을 적용하여 국립공원 이용자에게 입장료를 징수하여 국립공원의 유지·관리비의 일부에 충당하는 것도 가능하다고 할 것이며, 징수된 공원입장료 전부가 「자연공원법」 제33조 제2항에 의하여 국립공원의 관리와 국립공원 안에 있는 문화재의 관리·보수를 위한 비용에만 사용되고 있는 점 등에 비추어 국립공원 내 토지소유자에게 입장료 수입을 분배하지 않고 공원관리청에 전부 귀속되도록 규정한 「자연공원법」 제33조 제1항이 헌법상의 평등권이나 재산권 보장을 침해하는 규정이라고 볼 수 없다(대판 2001.12.28. 2000다27749).

⑤ 종물은 물건의 소유자가 그 물건의 상용에 공하기 위하여 자기 소유인 다른 물건을 이에 부속하게 한 것을 말하므로(민법 제100조 제1항) 주물과 다른 사람의 소유에 속하는 물건은 종물이 될 수 없다(대판 2008.5.8. 2007다36933·36940).

제100조 【주물, 종물】 ① 물건의 소유자가 그 물건의 상용에 공하기 위하여 자기소유인 다른 물건을 이에 부속하게 한 때에는 그 부속물은 종물이다.

Chapter 04

Answer 05 ⑤ 06 ①

07 물건에 관한 설명으로 옳지 않은 것은? (다툼이 있으면 판례에 의함)

2023 행정사

① 물건이라 함은 유체물 및 전기 기타 관리할 수 있는 자연력을 말한다.

② 주유소의 주유기는 특별한 사정이 없는 한 주유소 건물의 종물이다.

③ 타인의 토지 위에 권원 없이 식재한 수목의 소유권은 특별한 사정이 없는 한 식재한 자에게 속한다.

④ 물건의 용법에 의하여 수취하는 산출물은 천연과실이다.

⑤ 최소한의 기둥과 지붕 및 주벽이 있는 건물은 토지와는 별개의 독립한 물건으로 인정될 수 있다.

정답해설

① **제98조 【물건의 정의】** 본법에서 물건이라 함은 유체물 및 전기 기타 관리할 수 있는 자연력을 말한다.

② 주유소의 주유기가 비록 독립된 물건이기는 하나 유류저장탱크에 연결되어 유류를 수요자에게 공급하는 기구로서 주유소 영업을 위한 건물이 있는 토지의 지상에 설치되었고 그 주유기가 설치된 건물은 당초부터 주유소 영업을 위한 건물로 건축되었다는 점 등을 종합하여 볼 때, 그 주유기는 계속해서 주유소 건물 자체의 경제적 효용을 다하게 하는 작용을 하고 있으므로 주유소 건물의 상용에 공하기 위하여 부속시킨 종물이다(대판 1995.6.29. 94다6345).

| 비교 | 단, 유류저장탱크는 토지의 부합물이다.

③ 타인의 토지 상에 권원없이 식재한 수목의 소유권은 토지소유자에게 귀속되고 권원에 의하여 식재한 경우에는 그 소유권이 식재한 자에게 있다(대판 1980.9.30. 80도1874).

④ **제101조 【천연과실, 법정과실】** ① 물건의 용법에 의하여 수취하는 산출물은 천연과실이다.

⑤ 건물은 토지와는 별개의 부동산이다. 건축의 진행단계에서 어느 순간 토지로부터 독립한 건물이 되는가에 대해서는 '사회통념'에 따라 판단할 수밖에 없는데, 판례는 최소한의 기둥과 지붕, 주벽이 이루어진 때라고 본다(대판 1986.11.11. 86누173).

08 **다음 설명 중 옳지 않은 것은? (다툼이 있는 경우에는 판례에 의함)** 2014 행정사

① 주물과 종물은 모두 동일한 소유자에 속하여야 하므로 법률상 하나의 물건으로 취급된다.

② 권원 없이 타인의 토지에 한 그루의 수목을 식재한 사람은 그 소유권을 잃는다.

③ 물건의 소유자만이 아니라 그 물건의 수익권자도 과실을 수취할 수 있는 권리자이다.

④ 주물 소유자의 상용에 공여되는 물건이라도 주물 그 자체의 효용과 직접 관계없는 물건은 종물이 아니다.

⑤ 물건의 사용대가로 받는 금전 기타의 물건은 수취할 권리의 존속기간 일수의 비율로 취득한다.

정답해설

① 종물은 주물과 독립한 물건이어야 하므로, 주물의 구성부분은 종물이 될 수 없다. 따라서 주물과 종물은 모두 동일한 소유자에 속하여야 하나, 법률상 하나의 물건으로 취급될 수는 없다.

② 수목·미분리과실은 토지의 일부에 지나지 않으나 공시방법을 갖춘 경우에는 토지와 독립된 부동산으로 취급될 수 있다. 따라서 권원 없이 타인의 토지에 한 그루의 수목을 식재한 사람은 수목이 토지의 일부인 구성부분이 되어 그 소유권을 잃는다.

③ 물건의 사용·수익·처분 권능을 갖는 소유자만이 아니라 전세권, 지상권과 같은 그 물건의 수익권자도 과실을 수취할 수 있는 권리자이다.

④ 어느 건물이 주된 건물의 종물이기 위하여는 주물의 상용에 이바지하는 관계에 있어야 하고 이는 주물 자체의 경제적 효용을 다하게 하는 것을 말하는 것이므로, 주물의 소유자나 이용자의 사용에 공여되고 있더라도 주물 자체의 효용과 관계없는 물건은 종물이 아니다(대판 2007.12.13. 2007도7247).

> **제100조【주물, 종물】**
> ① 물건의 소유자가 그 물건의 상용에 공하기 위하여 자기소유인 다른 물건을 이에 부속하게 한 때에는 그 부속물은 종물이다.
> ② 종물은 주물의 처분에 따른다.

⑤ 물건의 사용대가로 받는 금전 기타의 물건은 법정과실이며, 법정과실은 수취할 권리의 존속기간 일수의 비율로 취득한다.

> **제101조【천연과실, 법정과실】**
> ② 물건의 사용대가로 받은 금전 기타의 물건은 법정과실로 한다.
> **제102조【과실의 취득】** ② 법정과실은 수취할 권리의 존속기간일수의 비율로 취득한다.

Chapter 04

Answer 07 ③ 08 ①

09 물건에 관한 설명으로 옳은 것은? (다툼이 있으면 판례에 따름) 2019 행정사

① 주물의 구성부분도 종물이 될 수 있다.

② 천연과실은 수취할 권리의 존속기간일수의 비율로 취득한다.

③ 종물은 주물의 처분에 따른다는 민법 제100조 제2항은 강행규정이다.

④ 주물 그 자체의 효용과 직접 관계가 없는 물건은 주물 소유자의 사용에 공여되고 있더라도 종물이 아니다.

⑤ 건물의 개수는 공부상의 등록에 의하여만 결정된다.

정답해설

① 종물은 주물과 독립한 물건이어야 하므로, 주물의 구성부분은 종물이 될 수 없다.

② 천연과실이 아닌 '법정과실'의 경우 수취할 권리의 존속기간일수의 비율로 취득한다(제102조 제2항).

> **제102조 【과실의 취득】**
> ① 천연과실은 그 원물로부터 분리하는 때에 이를 수취할 권리자에게 속한다.
> ② 법정과실은 수취할 권리의 존속기간일수의 비율로 취득한다.

③ 종물은 주물의 처분에 따른다는 민법 제100조의 제2항은 임의규정이므로, 당사자는 주물을 처분할 때에 특약으로 종물을 제외할 수 있고 종물만을 별도로 처분할 수 있다(대판 2012.1.26. 2009다76546).

④ 어느 건물이 주된 건물의 종물이기 위하여는 주물의 상용에 이바지하는 관계에 있어야 하고 이는 주물 자체의 경제적 효용을 다하게 하는 것을 말하는 것이므로, 주물의 소유자나 이용자의 사용에 공여되고 있더라도 주물 자체의 효용과 관계없는 물건은 종물이 아니다(대판 2007.12.13. 2007도7247).

> **제100조 【주물, 종물】**
> ① 물건의 소유자가 그 물건의 상용에 공하기 위하여 자기소유인 다른 물건을 이에 부속하게 한 때에는 그 부속물은 종물이다.

⑤ 건물은 일정한 면적, 공간의 이용을 위하여 지상, 지하에 건설된 구조물을 말하는 것으로서, 건물의 개수는 토지와 달리 공부상의 등록에 의하여 결정되는 것이 아니라 사회통념 또는 거래관념에 따라 물리적 구조, 거래 또는 이용의 목적물로서 관찰한 건물의 상태 등 객관적 사정과 건축한 자 또는 소유자의 의사 등 주관적 사정을 참작하여 결정되는 것이고, 그 경계 또한 사회통념상 독립한 건물로 인정되는 건물 사이의 현실의 경계에 의하여 특정되는 것이다(대판 1997.7.8. 96다36517).

10 물건에 관한 설명으로 옳지 않은 것은? (다툼이 있으면 판례에 따름) 2017 행정사

① 독립된 부동산으로서의 건물이라고 하기 위하여는 최소한의 기둥과 지붕 그리고 주벽이 이루어지면 된다.

② 주물과 종물을 별도로 처분하는 약정은 효력이 없다.

③ 주물과 다른 사람의 소유에 속하는 물건은 종물이 될 수 없다.

④ 법정과실은 수취할 권리의 존속기간일수의 비율로 취득한다.

⑤ 주물과 종물의 관계에 관한 법리는 주된 권리와 종된 권리 상호간에도 적용된다.

정답해설

① 독립된 부동산으로서의 건물이라고 하기 위하여는 최소한의 기둥과 지붕 그리고 주벽이 갖추어져야 한다(대판 1997.7.8. 96다36517).

② 종물은 주물의 처분에 따른다는 민법 제100조의 제2항은 임의규정이므로, 당사자는 주물을 처분할 때에 특약으로 종물을 제외할 수 있고 종물만을 별도로 처분할 수 있다(대판 2012.1.26. 2009다76546).

③ 물건의 소유자가 그 물건의 상용(常用)에 공(供)하기 위하여 자기소유인 다른 물건을 이에 부속하게 한 때에는 그 물건을 '주물'이라 하고, 주물에 부속된 다른 물건을 '종물'이라고 한다(제100조 제1항). 원칙적으로 주물, 종물 모두 동일한 소유자에 속하여야 하므로, 주물과 다른 사람의 소유에 속하는 물건은 종물이 될 수 없다.

제100조【주물, 종물】
① 물건의 소유자가 그 물건의 상용에 공하기 위하여 자기소유인 다른 물건을 이에 부속하게 한 때에는 그 부속물은 종물이다.

④ **제102조【과실의 취득】** ② 법정과실은 수취할 권리의 존속기간일수의 비율로 취득한다.

⑤ 주물과 종물의 법리는 물건 상호간에 뿐만 아니라, 권리 상호간에도 적용된다(대판 1992.7.14. 92다527).

Answer 09 ④ 10 ②

11 민법상 물건에 관한 설명으로 옳은 것은? (다툼이 있으면 판례에 따름) 2015 행정사

① 전기 기타 관리할 수 있는 자연력은 물건이 아니다.

② 주물의 소유자나 이용자의 사용에 공여되고 있으면 주물 그 자체의 효용과 직접 관계가 없는 물건이라도 종물에 해당한다.

③ 입목에 관한 법률에 따른 입목등기를 하지 않은 수목이더라도 명인방법을 갖추면 토지와 독립된 부동산으로서 거래의 객체가 된다.

④ 천연과실은 수취할 권리의 존속기간일수의 비율로 취득한다.

⑤ 당사자는 주물을 처분할 때에 특약으로 종물만을 별도로 처분할 수 없다.

정답해설

① 민법상 물건이란 유체물 및 전기 기타 관리할 수 있는 자연력을 말한다. 그러므로 관리할 수 있는 자연력도 민법상 물건이다.

> **제98조 【물건의 정의】**
> 본법에서 물건이라 함은 유체물 및 전기 기타 관리할 수 있는 자연력을 말한다.

② 어느 건물이 주된 건물의 종물이기 위하여는 주물의 상용에 이바지하는 관계에 있어야 하고 이는 주물 자체의 경제적 효용을 다하게 하는 것을 말하는 것이므로, 주물의 소유자나 이용자의 사용에 공여되고 있더라도 주물 자체의 효용과 관계없는 물건은 종물이 아니다(대판 2007.12.13. 2007도7247).

> **제100조 【주물, 종물】**
> ① 물건의 소유자가 그 물건의 상용에 공하기 위하여 자기소유인 다른 물건을 이에 부속하게 한 때에는 그 부속물은 종물이다.
> ② 종물은 주물의 처분에 따른다.

③ 수목은 반독립 정착물로서 입목에 관한 법률에 따라 등록된 입목이나 명인방법을 갖춘 경우에는 토지와 독립된 거래의 객체가 된다.

④ 천연과실이 아닌 '법정과실'의 경우 수취할 권리의 존속기간일수의 비율로 취득한다(제102조 제2항).

> **제102조 【과실의 취득】**
> ① 천연과실은 그 원물로부터 분리하는 때에 이를 수취할 권리자에게 속한다.
> ② 법정과실은 수취할 권리의 존속기간일수의 비율로 취득한다.

⑤ 종물은 주물의 처분에 따른다는 민법 제100조의 제2항은 임의규정이므로, 당사자는 주물을 처분할 때에 특약으로 종물을 제외할 수 있고 종물만을 별도로 처분할 수 있다(대판 2012.1.26. 2009다76546).

12 **물건에 관한 설명으로 옳지 않은 것은? (다툼이 있으면 판례에 따름)** 2016 행정사

① 민법상 전기(電氣)는 물건이다.

② 주물이 압류된 경우 압류의 효력은 종물에도 미친다.

③ 종물은 주물의 처분에 따른다는 민법 제100조 제2항의 규정은 권리 상호 간에 적용될 수 없다.

④ 주물을 처분할 때 특약으로 종물을 제외할 수 있고 종물만을 별도로 처분할 수도 있다.

⑤ 법정과실은 수취할 권리의 존속기간일수의 비율로 취득하고, 천연과실은 그 원물로부터 분리하는 때에 이를 수취할 권리자에 속한다.

정답해설

① 민법상 물건이란 유체물 및 전기 기타 관리할 수 있는 자연력을 말한다(제98조). 관리할 수 있는 전기는 동산이다.

> **제98조 【물건의 정의】**
> 본법에서 물건이라 함은 유체물 및 전기 기타 관리할 수 있는 자연력을 말한다.

② 종물은 주물의 처분에 따른다(제100조 제2항). 이때 처분은 물권적 처분뿐만 아니라 채권적 처분도 포함하므로 소유권양도, 저당권설정뿐만 아니라 매매, 임대차 등도 포함한다. 판례는 압류와 같은 공법상의 처분의 경우에도 처분의 수반성 원칙을 관철한다.

> **제100조 【주물, 종물】**
> ② 종물은 주물의 처분에 따른다.

③ 구분건물의 전유부분에 대한 소유권보존등기만 경료되고 대지지분에 대한 등기가 경료되기 전에 전유부분만에 대해 내려진 가압류결정의 효력은, 대지사용권의 분리처분이 가능하도록 규약으로 정하였다는 등의 특별한 사정이 없는 한, 종물 내지 종된 권리인 그 대지권에까지 미친다고 본다. 민법 제100조 제2항의 종물과 주물의 관계에 관한 법리는 물건 상호 간의 관계뿐 아니라 권리 상호 간에도 적용된다(대판 2006.10.26. 2006다29020).

④ 종물은 주물의 처분에 따른다는 민법 제100조의 제2항은 임의규정이므로, 당사자는 주물을 처분할 때에 특약으로 종물을 제외할 수 있고 종물만을 별도로 처분할 수 있다(대판 2012.1.26. 2009다76546).

⑤ 법정과실은 수취할 권리의 존속기간일수의 비율로 취득하고, 천연과실은 그 원물로부터 분리하는 때에 이를 수취할 권리자에게 속한다.

> **제102조 【과실의 취득】**
> ① 천연과실은 그 원물로부터 분리하는 때에 이를 수취할 권리자에게 속한다.
> ② 법정과실은 수취할 권리의 존속기간일수의 비율로 취득한다.

Answer 11 ③ 12 ③

13 물건에 관한 설명으로 옳은 것은? (다툼이 있으면 판례에 의함) 2022 행정사

① 주물의 소유자의 상용에 공여되고 있더라도 주물 자체의 효용과 관계가 없는 물건은 종물이 아니다.

② 원본채권이 양도되면 특별한 사정이 없는 한 이미 변제기에 도달한 이자채권도 당연히 함께 양도된다.

③ 주물을 처분할 때 종물을 제외하거나 종물만을 별도로 처분하는 특약은 무효이다.

④ 피상속인이 유언으로 자신의 유골의 매장장소를 지정한 경우 제사주재자는 피상속인의 의사에 따를 법률적 의무를 부담한다.

⑤ '종물은 주물의 처분에 따른다'고 규정한 민법 제100조 제2항의 '처분'에는 공법상 처분은 포함되지 않는다.

정답해설

① 어느 건물이 주된 건물의 종물이기 위하여는 주물의 상용에 이바지하는 관계에 있어야 하고 이는 주물 자체의 경제적 효용을 다하게 하는 것을 말하는 것이므로, 주물의 소유자나 이용자의 사용에 공여되고 있더라도 주물 자체의 효용과 관계없는 물건은 종물이 아니다(대판 2007.12.13. 2007도7247).

> **제100조 【주물, 종물】**
> ① 물건의 소유자가 그 물건의 상용에 공하기 위하여 자기소유인 다른 물건을 이에 부속하게 한 때에는 그 부속물은 종물이다.

② 이자채권은 원본채권에 대하여 종속성을 갖고 있으나 이미 변제기에 도달한 이자채권은 원본채권과 분리하여 양도할 수 있고 원본채권과 별도로 변제할 수 있으며 시효로 인하여 소멸되기도 하는 등 어느 정도 독립성을 갖게 되는 것이므로 원본채권이 양도된 경우 이미 변제기에 도달한 이자채권은 원본채권의 양도 당시 그 이자채권도 양도한다는 의사표시가 없는 한 당연히 양도되지는 않는다(대판 1989.3.28. 88다카12803).

③ 종물은 주물의 처분에 따른다는 민법 제100조의 제2항은 임의규정이므로, 당사자는 주물을 처분할 때에 특약으로 종물을 제외할 수 있고 종물만을 별도로 처분할 수 있다(대판 2012.1.26. 2009다76546).

④ 상속인이 생전행위 또는 유언으로 자신의 유체·유골을 처분하거나 매장장소를 지정한 경우에 선량한 풍속 기타 사회질서에 반하지 않는 이상 그 의사는 존중되어야 하고 이는 제사주재자로서도 마찬가지라고 할 것이지만, 피상속인의 의사를 존중해야 하는 의무는 도의적인 것에 그치고, 제사주재자가 무조건 이에 구속되어야 하는 법률적 의무까지 부담한다고 볼 수는 없다(대판 2008.11.20. 2007다27670).

⑤ 민법 제100조 제2항의 종물과 주물의 관계에 관한 법리는 물건 상호간의 관계뿐 아니라 권리 상호간에도 적용되고, 위 규정에서의 처분은 처분행위에 의한 권리변동뿐 아니라 주물의 권리관계가 압류와 같은 공법상의 처분 등에 의하여 생긴 경우에도 적용되어야 하는 점, 저당권의 효력이 종물에 대하여도 미친다는 민법 제358조 본문 규정은 같은 법 제100조 제2항과 이론적 기초를 같이한다(대판 2006.10.26. 2006다29020).

> **제100조 【주물, 종물】**
> ② 종물은 주물의 처분에 따른다.

14 민법상 물건에 관한 설명으로 옳은 것은? (다툼이 있으면 판례에 의함) 2024 행정사

① 주물의 구성부분도 종물이 될 수 있다.
② 독립한 물건이라도 부동산은 종물이 될 수 없다.
③ 주물에 대한 점유시효취득의 효력은 점유하지 않는 종물에도 미친다.
④ 천연과실은 물건의 사용대가로 받는 금전 기타의 물건을 말한다.
⑤ 당사자는 주물을 처분할 때에 특약으로 종물을 제외할 수 있다.

정답해설

① 주물과 종물은 독립한 물건이어야 하므로 주물의 구성부분은 종물이 될 수 없다(대판 1993.12.10, 93다42399).
② 낡은 가재도구 등의 보관장소로 사용되고 있는 방과 연탄창고 및 공동변소가 본채에서 떨어져 축조되어 있기는 하나 본채의 종물이다(대판 1991.5.14. 91다2779). 종물은 독립한 물건이면 되고, 동산·부동산을 불문한다.
③ **점유 기타 사실관계의 기한 권리변동에 있어서는 제110조 제2항이 적용되지 않는다**. 주물을 점유하고 있다 하더라도, 현실적으로 점유하고 있지 않는 종물에 대한 점유가 인정되지 않는다. 주물에 대한 점유취득시효의 효력은 점유하지 않은 종물에 미치지 않는다.
④ 물건의 사용대가로 받은 금전 기타의 물건은 법정과실이며(제101조 제2항), 물건의 용법에 의하여 수취하는 산출물이 천연과실이다(제101조 제1항).

제101조 【천연과실, 법정과실】
① 물건의 용법에 의하여 수취하는 산출물은 천연과실이다.
② 물건의 사용대가로 받은 금전 기타의 물건은 법정과실로 한다.

⑤ 종물은 주물의 처분에 따른다는 민법 제100조의 제2항은 임의규정이므로, 당사자는 주물을 처분할 때에 특약으로 종물을 제외할 수 있고 종물만을 별도로 처분할 수 있다(대판 2012.1.26. 2009다76546).

Answer 13 ① 14 ⑤

15 주물과 종물에 관한 설명으로 옳은 것은? (다툼이 있으면 판례에 의함) 2022 세무사

① 종물만을 별도로 처분하기로 하는 당사자 사이의 특약은 효력이 없다.

② 권리 상호간에는 주물과 종물의 관계에 관한 법리가 적용될 수 없다.

③ 어느 건물이 주된 건물의 소유자의 상용에 공여되고 있더라도 주된 건물 그 자체의 효용과 직접관계가 없으면 종물이 아니다.

④ 종물은 주물의 처분에 따른다고 하는 경우 그 처분에 채권적 처분은 포함되지 않는다.

⑤ 주물과 종물은 그 법률적 운명을 같이 하므로 하나의 물건이다.

정답해설

① 종물은 주물의 처분에 수반된다는 민법 제100조 제2항은 임의규정이므로 당사자는 주물을 처분할 때에 특약으로 종물을 제외할 수 있고 종물만을 별도로 처분할 수도 있다(대판 2012.1.26. 2009다76546). 종물만을 별도로 처분하기로 하는 당사자 사이의 특약은 유효하다.

② 민법 제100조 제2항의 종물과 주물의 관계에 관한 법리는 물건 상호간의 관계뿐 아니라 권리 상호간에도 적용된다(대판 2006.10.26. 2006다29020).

③ 어느 건물이 주된 건물의 종물이기 위하여는 주물의 상용에 이바지하는 관계에 있어야 하고 이는 주물 자체의 경제적 효용을 다하게 하는 것을 말하는 것이므로, 주물의 소유자나 이용자의 사용에 공여되고 있더라도 주물 자체의 효용과 관계없는 물건은 종물이 아니다(대판 2007.12.13. 2007도7247).

④ 종물은 주물의 처분에 따른다(제100조 제2항). 이때 처분은 물권적 처분뿐만 아니라 채권적 처분도 포함하므로 소유권양도, 저당권설정뿐만 아니라 매매, 임대차 등도 포함한다. 판례는 압류와 같은 공법상의 처분의 경우에도 처분의 수반성 원칙을 관철한다.

제100조 【주물, 종물】 ② 종물은 주물의 처분에 따른다.

⑤ 종물은 주물과 독립한 물건이어야 하므로, 주물의 구성부분은 종물이 될 수 없다. 따라서 주물과 종물은 모두 동일한 소유자에 속하여야 하나, 법률상 하나의 물건으로 취급될 수는 없다. 또한 반드시 법률적 운명을 같이 하는 것은 아니다.

Answer 15 ③

행정사
백운정 민법총칙

CHAPTER

05

권리의 변동

Chapter

05 권리의 변동

제1절 총설

01 권리의 승계취득에 해당하는 것을 모두 고른 것은? 2023 행정사

> ㄱ. 타인 소유의 부동산에 저당권을 취득한 경우
> ㄴ. 신축건물의 소유권보존등기를 마친 자로부터 그 건물에 대하여 전세권을 취득한 경우
> ㄷ. 유실물에 대하여 적법하게 소유권을 취득한 경우
> ㄹ. 점유취득시효의 완성에 의해 완전한 부동산 소유권을 취득한 경우

① ㄱ, ㄴ ② ㄴ, ㄷ ③ ㄴ, ㄹ
④ ㄴ, ㄹ ⑤ ㄱ, ㄴ, ㄹ

정답해설

ㄱ. (○), ㄴ. (○) : 승계취득은 타인의 권리에 기초로 하여 권리를 취득하는 것을 말한다. 즉, 종전 권리에 대한 제한은 존속하고, 전주의 권리 범위 내에서만 취득이 가능하며, 무권리자로부터 취득할 수 없다. 여기에는 이전적 승계(예 구권리자에 속하고 있었던 권리가 동일성을 유지하면서 신권리자에게 이전되는 것)와 설정적 승계(예 구권리자는 그대로 그의 권리를 보유하면서, 그 권리에 기초하여 제약된 새로운 권리를 발생하게 하여 이를 신권리자에게 취득하게 하는 것)가 있다.
설정적 승계는 제한물권의 설정 또는 취득이나 임대차계약 등 이에 해당한다. ㉠ 타인 소유의 부동산에 저당권을 취득한 경우와 ㉡ 신축건물의 소유권보존등기를 마친 자로부터 그 건물에 대하여 전세권을 취득한 경우가 승계취득에 해당한다.

ㄷ. (×), ㄹ. (×) : 원시취득은 타인의 권리에 기초하지 않고 원시적으로 취득하는 것을 말한다. 이에 따르면 종전 권리에 대한 제한은 소멸하게 된다. 이에 해당하는 것이 건물의 신축, 취득시효(제245조), 선의취득(제249조), 무주물 선점(제252조)에 의한 소유권취득, 유실물습득(제253조), 매장물발견(제254조), 첨부(제256조 이하) 등이 이에 해당한다.

✦ 권리의 취득

	내용		
원시취득	건물의 신축, 취득시효(제245조, 제246조), 선의취득(제249조), 무주물 선점(제252조), 유실물습득(제253조), 매장물발견(제254조), 첨부(제256조 이하) 사람의 출생, 법인의 설립 등		
승계취득	이전적 승계	특정승계	매매, 교환, 증여 등
		포괄승계	상속, 포괄유증, 회사의 합병 등
	설정적 승계	제한물권의 설정 또는 취득이나 임대차계약 등	

02 물건의 승계취득에 해당하는 것은? (다툼이 있으면 판례에 따름) 2021 감정평가사

① 무주물 선점에 의한 소유권취득
② 상속에 의한 소유권취득
③ 환지처분에 의한 국가의 소유권취득
④ 건물 신축에 의한 소유권취득
⑤ 공용징수에 의한 토지 소유권취득

정답해설

①, ③, ④, ⑤ 원시취득은 타인의 권리에 기초하지 않고 원시적으로 취득하는 것을 말한다. 이에 따르면 종전 권리에 대한 제한은 소멸하게 된다. 이에 해당하는 것이 ④ 건물의 신축, ① 무주물 선점(제252조)에 의한 소유권취득, 취득시효(제245조), 선의취득(제249조), ⑤ 공용징수에 의한 토지 소유권취득, ③ 환지처분에 의한 국가의 소유권취득 등이 이에 해당한다.

② 승계취득은 타인의 권리에 기초로 하여 권리를 취득하는 것을 말한다. 즉, 종전 권리에 대한 제한은 존속하고, 전주의 권리 범위 내에서만 취득이 가능하며, 무권리자로부터 취득할 수 없다. 여기에는 이전적 승계(예 구권리자에 속하고 있었던 권리가 동일성을 유지하면서 신권리자에게 이전되는 것)와 설정적 승계(예 구권리자는 그대로 그의 권리를 보유하면서, 그 권리에 기초하여 제약된 새로운 권리를 발생하게 하여 이를 신권리자에게 취득하게 하는 것)가 있고, 이전적 승계는 다시 특정승계와 포괄승계로 나뉜다. 매매(제563조), 증여(제554조) 등의 경우와 같은 특정승계와 달리 포괄승계는 하나의 취득원인에 의하여 다수의 권리가 일괄해서 취득되는 것을 말한다. 상속(제997조), 포괄유증(제1078조), 회사의 합병(상법 제235조) 등이 이에 해당한다.

Answer 01 ① 02 ②

03 다음 중 연결이 잘못된 것은?

2023 공인중개사

① 임차인의 필요비상환청구권 – 형성권
② 지명채권의 양도 – 준물권행위
③ 부동산 매매에 의한 소유권 취득 – 특정승계
④ 부동산 점유취득시효 완성으로 인한 소유권 취득 – 원시취득
⑤ 무권대리에서 추인 여부에 대한 확답의 최고 – 의사의 통지

정답해설

① 임차인의 필요비상환청구권(제626조)은 임차인이 임차물의 보전에 관한 필요비를 지출한 때에 임대인에게 그 상환을 청구할 수 있는 권리로 청구권이다.
② 지명채권의 양도도 채권자가 특정되어 있는 채권을 그 채권의 동일성을 유지하면서 이전하는 행위이다. 이는 물권 이외의 권리를 종국적으로 변동시키고 이행이라는 문제를 남기지 않는 법률행위로 준물권행위에 해당한다.
③ 부동산 매매에 의한 소유권 취득은 전주의 권리 범위 내에서 특정 부동산만을 이전받는 것으로 승계취득 중 특정승계에 해당한다.
④ 부동산 점유취득시효 완성으로 인한 소유권 취득은 타인의 권리에 기초하지 않고 민법 제245조 법률규정에 의해 취득하는 원시취득에 해당한다.
⑤ 준법률행위는 당사자의 의사가 아닌 법률의 규정에 의해 법적 효과가 발생하는 법률요건으로 준법률행위 중 표현행위에는 의사의 통지와 관념의 통지가 있다. 무권대리에서 추인 여부에 대한 확답의 최고(제131조)는 자기의 의사를 타인에게 통지하는 행위로 의사의 통지에 해당한다.

✦ 권리의 취득

		내용	
원시취득	건물의 신축, 취득시효(제245조, 제246조), 선의취득(제249조), 무주물 선점(제252조), 유실물습득(제253조), 매장물발견(제254조), 첨부(제256조 이하) 사람의 출생, 법인의 설립 등		
승계취득	이전적 승계	특정승계	매매, 교환, 증여 등
		포괄승계	상속, 포괄유증, 회사의 합병 등
	설정적 승계	제한물권의 설정 또는 취득이나 임대차계약 등	

Answer 03 ①

제2절 법률행위

01 다음 중 행위 그 자체로 법률행위가 아닌 것을 모두 고른 것은? 2015 행정사

ㄱ. 점유의 취득
ㄴ. 유실물의 습득
ㄷ. 매장물의 발견
ㄹ. 소유권의 포기
ㅁ. 무주물의 선점

① ㄱ, ㄴ
② ㄱ, ㄹ, ㅁ
③ ㄴ, ㄷ, ㄹ
④ ㄷ, ㄹ, ㅁ
⑤ ㄱ, ㄴ, ㄷ, ㅁ

정답해설

법률행위란 일정한 법률효과의 발생을 목적으로 하는 하나 또는 수 개의 의사표시를 본질적 요소로 하는 법률요건을 말한다. 단독행위, 계약, 합동행위가 여기에 해당한다.

ㄱ. (O), ㄴ. (O), ㄷ. (O), ㅁ. (O): 점유의 취득, 유실물의 점유를 취득하는 유실물의 습득, 매장물 발견, 무주물 선점은 의사표시가 필요 없는 모두 사실행위이다.

제192조【점유권의 취득과 소멸】
① 물건을 사실상 지배하는 자는 점유권이 있다.
제252조【무주물의 귀속】
① 무주의 동산을 소유의 의사로 점유한 자는 그 소유권을 취득한다.
제253조【유실물의 소유권취득】
유실물은 법률에 정한 바에 의하여 공고한 후 6개월 내에 그 소유자가 권리를 주장하지 아니하면 습득자가 그 소유권을 취득한다.
제254조【매장물의 소유권취득】
매장물은 법률에 정한 바에 의하여 공고한 후 1년 내에 그 소유자가 권리를 주장하지 아니하면 발견자가 그 소유권을 취득한다. 그러나 타인의 토지 기타 물건으로부터 발견한 매장물은 그 토지 기타 물건의 소유자와 발견자가 절반하여 취득한다.

ㄹ. (×): 소유권의 포기는 1개의 의사표시만으로 성립하는 상대방 없는 단독행위로 법률행위에 해당한다.

Chapter 05

Answer 01 ⑤

02 법률행위가 아닌 것은?

2015 감정평가사

① 지상권 설정의 합의
② 대리권의 수여
③ 사단법인의 설립행위
④ 동산의 가공
⑤ 의사표시의 취소

정답해설

법률행위란 일정한 법률효과의 발생을 목적으로 하는 하나 또는 수 개의 의사표시를 본질적 요소로 하는 법률요건을 말한다. 이에는 단독행위·계약·합동행위가 포함된다.

① 지상권 설정의 합의는 2인 이상의 당사자의 「청약」과 「승낙」이라는 서로 대립하는 의사표시의 합치로 성립하는 법률행위인 계약의 한 형태이다.
② 대리권의 수여는 대리인에게 표시되어야 하는 것으로, 판례는 수권행위의 성질을 상대방 있는 단독행위로 파악한다.
③ 사단법인에서의 설립행위의 법적 성질은 합동행위로 보는 것이 통설이다.
④ 동산의 가공은 행위자의 행위에 의하여 생긴 결과만이 법률에 의하여 법률상의 의미가 있는 것으로 인정되는 순수사실행위이다. 즉 의사표시를 요소로 하지 아니하므로 법률행위가 아니다.
⑤ 의사표시의 취소는 1개의 의사표시만으로 성립하는 법률행위로서, 상대방 있는 단독행위에 해당한다.

03 준법률행위에 해당하는 것을 모두 고른 것은?

2023 행정사

ㄱ. 채무의 승인
ㄴ. 채권양도의 통지
ㄷ. 매매계약의 해제
ㄹ. 무권대리인의 상대방이 본인에게 하는 무권대리행위의 추인 여부에 대한 확답의 최고

① ㄱ, ㄴ
② ㄴ, ㄷ
③ ㄷ, ㄹ
④ ㄱ, ㄴ, ㄹ
⑤ ㄴ, ㄷ, ㄹ

정답해설

ㄱ. (○), ㄴ. (○) : 준법률행위는 당사자의 의사가 아닌 법률의 규정에 의해 법적 효과가 발생하는 법률요건으로 준법률행위 중 표현행위에는 의사의 통지와 관념의 통지가 있다. 관념의 통지는 어떤 사실을 알리는 행위로 시효중단사유인 채무의 승인(제168조 3호), 채권양도의 통지나 승낙(제450조) 등이 이에 해당한다.
ㄷ. (×) : 해제권은 하나의 의사표시로 유효한 법률행위를 소급적으로 무효로 만드는 법률효과를 나타내는 상대방 있는 단독행위로서 법률행위에 해당한다.
ㄹ. (○) : 의사의 통지는 자기의 의사를 타인에게 통지하는 행위로 각종 최고(제131조) 및 거절 등이 이에 해당한다.

04 **법률행위의 효력이 유효하기 위한 요건 중에서 특별효력요건에 해당하지 않는 것은? (다툼이 있으면 판례에 따름)** 2017 세무사

① 미성년자의 법률행위에 대한 법정대리인의 동의
② 대리행위에서의 대리권의 존재
③ 시기(始期) 있는 법률행위에서의 기한의 도래
④ 재단법인의 기본재산 처분에 대한 주무관청의 허가
⑤ 법률행위에서 표의자의 의사능력의 존재

정답해설

①, ②, ③, ④ 특별효력요건은 개개의 법률행위에 특유한 효력요건으로서 미성년자의 법률행위에 있어서 법정대리인의 동의, 대리행위에 있어서 대리권의 존재, 조건부·기한부 법률행위에 있어서 조건의 성취·기한의 도래, 재단법인의 기본재산 처분에 대한 주무관청의 허가, 토지거래허가제에서 관할관청의 허가 등을 들 수 있다.
⑤ 성립된 법률행위가 유효하게 효력을 발생하기 위해서는 일반적 효력요건으로서 1. 당사자에게 의사능력·행위능력이 존재하고, 2. 법률행위의 목적이 확정·(실현)가능·적법성·사회적 타당성을 갖추어야 하며, 3. 의사표시에 관해 의사와 표시가 일치하고 사기·강박에 의한 의사표시가 아니어야 한다.

05 **법률행위 해석에 관한 설명으로 옳지 않은 것은? (다툼이 있으면 판례에 따름)** 2020 행정사

① 일반적으로 계약의 당사자가 누구인지는 그 계약에 관여한 당사자의 의사해석의 문제에 해당한다.
② 의사표시의 해석은 당사자가 그 표시행위에 부여한 객관적인 의미를 명백하게 확정하는 것이다.
③ 표의자와 그 상대방이 생각한 의미가 서로 다른 경우, 합리적인 상대방의 시각에서 표의자가 표시한 내용을 어떻게 이해하였는지 고려하여 객관적·규범적으로 해석하여야 한다.
④ 법률행위의 내용이 처분문서로 작성된 경우 문서에 부여된 객관적 의미와 관계없이 원칙적으로 당사자의 내심적 의사에 구속되어 그 내용을 해석하여야 한다.
⑤ 법률행위의 내용이 처분문서로 작성된 경우 문언의 객관적인 의미가 명확하다면, 특별한 사정이 없는 한 문언대로 의사표시의 존재와 내용을 인정하여야 한다.

Answer 02 ④ 03 ④ 04 ⑤ 05 ④

정답해설

①, ②, ④ 일반적으로 계약의 당사자가 누구인지는 그 계약에 관여한 당사자의 의사해석의 문제에 해당한다. 의사표시의 해석은 당사자가 그 표시행위에 부여한 객관적인 의미를 명백하게 확정하는 것으로서, 계약당사자 사이에 어떠한 계약 내용을 **처분문서인 서면으로 작성한 경우**에는 그 서면에 사용된 문구에 구애받는 것은 아니지만 **어디까지나 당사자의 내심적 의사의 여하에 관계없이** 그 서면의 기재 내용에 의하여 당사자가 그 표시행위에 부여한 객관적 의미를 합리적으로 해석하여야 하며(대판 1995.6.20. 94다51222; 대판 2002.6.28. 2002다23482 등 참조), 이 경우 문언의 객관적인 의미가 명확하다면, 특별한 사정이 없는 한 문언대로의 의사표시의 존재와 내용을 인정하여야 한다(대판(전) 2009.3.19. 2008다45828).

③ 계약을 체결하는 행위자가 타인의 이름으로 법률행위를 한 경우에 행위자 또는 명의인 가운데 누구를 계약의 당사자로 볼 것인가에 관하여는, 우선 행위자와 상대방의 의사가 일치한 경우에는 그 일치한 의사대로 행위자 또는 명의인을 계약의 당사자로 확정해야 하고, 행위자와 상대방의 의사가 일치하지 않는 경우에는 그 계약의 성질・내용・목적・체결 경위 등 그 계약 체결 전후의 구체적인 제반 사정을 토대로 상대방이 합리적인 사람이라면 행위자와 명의자 중 누구를 계약 당사자로 이해할 것인가에 의하여 당사자를 결정하여야 한다(대판 1998.3.13. 97다22089).

⑤ 계약당사자 사이에 어떠한 계약내용을 처분문서인 서면으로 작성한 경우에 문언의 객관적인 의미가 명확하다면, 특별한 사정이 없는 한 문언대로의 의사표시의 존재와 내용을 인정하여야 하지만, 그 문언의 객관적인 의미가 명확하게 드러나지 않는 경우에는 그 문언의 내용과 계약이 이루어지게 된 동기 및 경위, 당사자가 계약에 의하여 달성하려고 하는 목적과 진정한 의사, 거래의 관행 등을 종합적으로 고찰하여 사회정의와 형평의 이념에 맞도록 논리와 경험의 법칙, 그리고 사회일반의 상식과 거래의 통념에 따라 계약내용을 합리적으로 해석하여야 하고, 특히 당사자 일방이 주장하는 계약의 내용이 상대방에게 중대한 책임을 부과하게 되는 경우에는 그 문언의 내용을 더욱 엄격하게 해석하여야 한다(대판 2002.5.24. 2000다72572).

06 **"부동산 매매계약에서 당사자 쌍방이 모두 X토지를 그 목적물로 삼았으나 X토지의 지번에 착오를 일으켜 계약체결 시에 계약서상으로는 그 목적물을 Y토지로 표시한 경우라도 X토지를 매매 목적물로 한다는 당사자 쌍방의 의사합치가 있은 이상 그 매매계약은 X토지에 관하여 성립한 것으로 보아야 한다."고 하는 법률행위의 해석방법은?** 2023 행정사

① 문언해석 ② 통일적 해석 ③ 자연적 해석
④ 규범적 해석 ⑤ 보충적 해석

정답해설

"부동산의 매매계약에 있어 쌍방당사자가 모두 특정의 甲토지를 계약의 목적물로 삼았으나 그 목적물의 지번 등에 관하여 착오를 일으켜 계약을 체결함에 있어서는 계약서상 그 목적물을 甲토지와는 별개인 乙토지로 표시하였다 하여도 甲토지에 관하여 이를 매매의 목적물로 한다는 쌍방당사자의 의사합치가 있은 이상 위 매매계약은 甲토지에 관하여 성립한 것으로 보아야 할 것이고 乙토지에 관하여 매매계약이 체결된 것으로 보아서는 안 될 것"이라고 판시하였다(대판 1993.10.26. 93다2629・2636). 이는 표현에 구애되지 않고 표의자의 내심의 진의를 밝히는 해석방법인 자연적 해석에 해당한다.

07 **법률행위의 해석에 관한 설명으로 옳은 것은? (다툼이 있는 경우에는 판례에 의함)** 2014 행정사

① 매매계약서에 "계약사항에 대한 이의가 생겼을 때에는 매도인의 해석에 따른다"는 조항을 둔 경우, 법원은 매도인의 해석에 따라 판결하여야 한다.

② 분양약정에서 당사자들이 분양가격의 결정기준으로 합의하였던 기준들에 따른 분양가격의결정이 불가능하게 경우, 새로운 분양가격에 관한 합의가 없으면 매수인은 위 분양약정에 기하여 바로 소유권이전등기절차의 이행을 청구할 수 없다.

③ 당사자가 합의로 지명한 감정인의 감정의견에 따라 보상금을 지급하기로 약정한 경우에는 당사자의 약정 취지에 반하는 감정이 이루어진 때에도 법원은 감정결과에 따라 판결하여야 한다.

④ 어떠한 의무를 부담하는 내용의 기재가 있는 서면에 "최대 노력하겠습니다"라고 기입한 경우 특별한 사정이 없으면 이는 그러한 의무를 법적으로 부담하는 채무자의 의사표시이다.

⑤ 부동산 매매계약에서 당사자가 모두 甲토지를 계약의 목적물로 삼았으나 그 지번 등에 관하여 착오를 일으켜 계약서에 그 목적물을 乙토지로 표시하였다면 乙토지에 관한 매매계약이 성립한 것으로 보아야 한다.

Chapter 05

정답해설

① 매매계약서에 계약사항에 대한 이의가 생겼을 때에는 매도인의 해석에 따른다는 조항은 법원의 법률행위 해석권을 구속하는 조항이라고 볼 수 없다(대판 1974.9.24. 74다1057).

② 아파트 분양약정의 해석상 당사자 사이에 분양가격의 결정기준으로 합의하였던 기준들에 의하여 분양가격 결정이 불가능하게 되었다면, 당사자 사이에 새로운 분양가격에 관한 합의가 이루어지지 않는 한 그 분양약정에 기하여 당사자 일방이 바로 소유권이전등기절차의 이행을 청구할 수는 없고, 여기에 법원이 개입하여 당사자 사이에 체결된 계약의 해석의 범위를 넘어 판결로써 분양가격을 결정할 수 없다(대판 1995.9.26. 95다18222).

③ 당사자의 합의에 의하여 지명된 감정인의 감정의견에 따라 보상금을 지급하기로 약정하였다고 하더라도 당사자의 약정 취지에 반하는 감정이 이루어졌다든가 감정의견이 명백히 신빙성이 없다고 판단되는 등 특별한 사정이 있다면 당사자가 감정 결과에 따라야 하는 것은 아니다. 이 경우 수소법원으로서는 다른 합리성이 있는 전문적 의견을 보충자료로 삼아 분쟁사안을 판단하여야 한다(대판 2011.11.24. 2011다9426).

④ 어떠한 의무를 부담하는 내용의 기재가 있는 문면에 "최대 노력하겠습니다"라고 기재되어 있는 경우, 특별한 사정이 없는 한 당사자가 위와 같은 문구를 기재한 객관적인 의미는 문면 그 자체로 볼 때 그러한 의무를 법적으로는 부담할 수 없지만 사정이 허락하는 한 그 이행을 사실상 하겠다는 취지로 해석함이 상당하다(대판 1994.3.25. 93다32668).

Answer 06 ③ 07 ②

⑤ 부동산의 매매계약에 있어 쌍방당사자가 모두 특정의 甲토지를 계약의 목적물로 삼았으나 그 목적물의 지번 등에 관하여 착오를 일으켜 계약을 체결함에 있어서는 계약서상 그 목적물을 甲토지와는 별개인 乙토지로 표시하였다 하여도 甲토지에 관하여 이를 매매의 목적물로 한다는 쌍방당사자의 의사합치가 있은 이상 위 매매계약은 甲토지에 관하여 성립한 것으로 보아야 할 것이고 乙토지에 관하여 매매계약이 체결된 것으로 보아서는 안 될 것이며, 만일 乙토지에 관하여 위 매매계약을 원인으로 하여 매수인 명의로 소유권이전등기가 경료되었다면 이는 원인이 없이 경료된 것으로서 무효이다(대판 1993.10.26. 93다2629 · 2636).

08 법률행위의 해석에 관한 설명으로 옳은 것은? (다툼이 있으면 판례에 따름) 2021 주택관리사

① 사실인 관습은 법률행위 당사자의 의사를 보충할 뿐만 아니라 법칙으로서의 효력을 갖는다.
② 유언의 경우 우선적으로 규범적 해석이 이루어져야 한다.
③ 법률행위의 성립이 인정되는 경우에만 보충적 해석이 가능하다.
④ 처분문서가 존재한다면 처분문서의 기재내용과 다른 묵시적 약정이 있는 사실이 인정되더라도 그 기재내용을 달리 인정할 수는 없다.
⑤ 계약당사자 쌍방이 X토지를 계약목적물로 삼았으나, 계약서에는 착오로 Y토지를 기재하였다면, Y토지에 관하여 계약이 성립한 것이다.

정답해설

① 관습법은 바로 법원으로서 법령과 같은 효력을 갖는 관습으로서 법령에 저촉되지 않는 한 법칙으로서의 효력이 있는 것이며, 이에 반하여 사실인 관습은 법령으로서의 효력이 없는 단순한 관행으로서 법률행위의 당사자의 의사를 보충함에 그치는 것이다(대판 1983.6.14. 80다3231).
② 유언 등과 상대방 없는 단독행위에 있어서는 표시를 잘못한 때에도 언제나 진의에 따른 효과가 발생해야 하므로 자연적 해석이 적용되는 대표적인 경우이다.
③ 보충적 해석이란 이미 성립한 법률행위의 내용에 흠결이 있는 경우 당사자의 '가상적 의사'를 통하여 그 흠결을 보충하는 해석방법이다. 자연적 해석 또는 규범적 해석에 의하여 법률행위의 성립이 인정된 후에 비로소 가능하다.
④ 처분문서의 진정성립이 인정되는 이상 법원은 반증이 없는 한 그 문서기재내용에 따른 의사표시의 존재 및 내용을 인정하여야 하나, 처분문서라 할지라도 그 기재내용과 다른 특별한 명시적, 묵시적 약정이 있는 사실이 인정될 경우에는 그 기재내용과 다른 사실을 인정할 수도 있다(대판 1987.5.26. 85다카1046).
⑤ "부동산의 매매계약에 있어 쌍방당사자가 모두 특정의 甲토지를 계약의 목적물로 삼았으나 그 목적물의 지번 등에 관하여 착오를 일으켜 계약을 체결함에 있어서는 계약서상 그 목적물을 甲토지와는 별개인 乙토지로 표시하였다 하여도 甲토지에 관하여 이를 매매의 목적물로 한다는 쌍방당사자의 의사합치가 있은 이상 위 매매계약은 甲토지에 관하여 성립한 것으로 보아야 할 것이고 乙토지에 관하여 매매계약이 체결된 것으로 보아서는 안 될 것"이라고 판시하였다(대판 1993.10.26. 93다2629 · 2636). 따라서 계약당사자 쌍방이 X토지를 계약목적물로 삼았으나, 계약서에는 착오로 Y토지를 기재하였다면, Y토지가 아니라 쌍방당사자의 의사합치가 있은 X토지에 관하여 계약이 성립한 것이다.

09 법률행위의 목적에 관한 설명으로 옳은 것은? (다툼이 있으면 판례에 따름) 2017 세무사

① 법률행위가 성립하기 위해서는 법률행위 당시에 그 목적이 확정되어 있어야 한다.

② 법률행위는 효력규정에 위반한 경우는 물론이고 단속규정에 위반한 경우에도 무효로 된다.

③ 법률행위의 목적 실현이 후발적으로 불가능하게 되더라도 그로 인하여 법률행위가 무효로 되는 것은 아니다.

④ 동기가 불법인 경우에는 그 동기가 표시되지 않아 상대방이 인식하지 못하더라도 법률행위는 무효로 된다.

⑤ 법률행위의 목적이 사회적 타당성을 결여하였더라도 개별적인 강행법규에 위반하지 않았다면 그 법률행위는 유효하다.

정답해설

① 법률행위가 성립하려면 「당사자, 목적, 의사표시」라는 일반적 성립요건이 필요하며, 성립된 법률행위가 유효하게 효력을 발생하기 위해서는 일반적 효력요건으로서 1. 당사자에게 의사능력·행위능력이 존재하고, 2. 법률행위의 목적이 확정·(실현)가능·적법성·사회적 타당성을 갖추어야 하며, 3. 의사표시에 관해 의사와 표시가 일치하고 사기·강박에 의한 의사표시가 아니어야 한다.

② 강행규정은 위반시 무효가 되는 효력규정과 단지 거래행위를 금지하고 위반시 법률행위의 효력에는 영향이 없고 일정한 제재만이 따를 뿐인 단속규정으로 나눌 수 있다(다수설).

③ 법률행위의 목적이 원시적·객관적·전부불능인 경우 그 법률행위는 무효이고, 일부불능의 경우 불능 아닌 부분은 제137조의 일부무효의 법리가 적용된다. 후발적 불능의 경우는 계약체결 후 이행기 전에 불능이 된 경우에는 귀책사유가 있으면 채무불이행책임(제390조, 제546조)이 문제되고 귀책사유가 없으면 위험부담(제537조)이 문제된다.

④ '법률행위의 동기'는 법률행위를 하게 된 이유일 뿐이므로, 법률행위의 내용이 아니다. 따라서 이러한 동기가 사회질서에 위반되더라도 법률행위가 무효로 되지는 않는 것이 원칙이다. 다만 예외적으로 동기가 표시되거나 상대방에게 알려진 경우에는 제103조가 적용되어 법률행위 자체가 무효로 될 수 있다(대판 1984.12.11. 84다카140).

⑤ 개별적인 강행법규에 위반하지 않았더라도 법률행위의 목적이 사회적 타당성을 결여하였다면 제103조 위반으로 무효가 된다.

> **제103조【반사회질서의 법률행위】**
> 선량한 풍속 기타 사회질서에 위반한 사항을 내용으로 하는 법률행위는 무효로 한다.

Chapter 05

Answer 08 ③ 09 ③

10 법률행위의 목적에 관한 설명으로 옳은 것을 모두 고른 것은?

2023 감정평가사

ㄱ. 甲이 乙에게 매도한 건물이 계약체결 후 甲의 방화로 전소하여 乙에게 이전할 수 없게 된 경우, 甲의 손해배상책임이 문제될 수 있다.
ㄴ. 甲이 乙에게 매도한 토지가 계약체결 후 재결수용으로 인하여 乙에게 이전할 수 없게 된 경우, 위험부담이 문제될 수 있다.
ㄷ. 甲이 乙에게 매도하기로 한 건물이 계약체결 전에 지진으로 전파(全破)된 경우, 계약체결상의 과실책임이 문제될 수 있다.

① ㄴ
② ㄱ, ㄴ
③ ㄱ, ㄷ
④ ㄴ, ㄷ
⑤ ㄱ, ㄴ, ㄷ

정답해설

불능의 종류에는 ① 법률행위 성립 당시에 이미 불능인 원시적 불능과 법률행위 성립 당시에는 가능하였지만 그 후에 불능인 후발적 불능이 있다. 원시적 불능의 경우는 ① 법률행위의 목적이 원시적·객관적·전부불능인 경우 그 법률행위는 무효이다. ② 민법은 제535조 제1항에서 원시적·객관적·전부불능의 경우를 규율하고 있다. 즉 원시적 불능을 목적으로 하는 법률행위는 무효이지만 채무자가 그 불능을 알았거나 알 수 있었을 경우에는 그 상대방이 계약을 유효로 믿었기 때문에 받은 손해를 배상할 책임, 즉 계약체결상 과실책임을 지게 된다. 후발적 불능의 경우는 계약체결 후 이행기 전에 불능이 된 경우에는 귀책사유가 있으면 채무불이행책임(제390조, 제546조)이 문제되고 귀책사유가 없으면 위험부담(제537조)이 문제된다.

ㄱ. (○): 甲이 乙에게 매도한 건물이 계약체결 후 甲의 방화로 전소하여 乙에게 이전할 수 없게 된 경우는 후발적 불능이 채무자 甲의 방화로 전소되었으므로 채무자가 귀책사유로 인한 채무불이행에 해당하여 甲의 손해배상책임(제390조)이 문제될 수 있다.

제390조【채무불이행과 손해배상】
채무자가 채무의 내용에 좇은 이행을 하지 아니한 때에는 채권자는 손해배상을 청구할 수 있다. 그러나 채무자의 고의나 과실없이 이행할 수 없게 된 때에는 그러하지 아니하다.

ㄴ. (○): 甲이 乙에게 매도한 토지가 계약체결 후 재결수용한 경우이므로, 후발적 불능이 채무자의 귀책사유가 아닌 공용수용으로 인한 것이므로, 위험부담(제537조)이 문제될 수 있다.

제537조【채무자위험부담주의】
쌍무계약의 당사자 일방의 채무가 당사자쌍방의 책임없는 사유로 이행할 수 없게 된 때에는 채무자는 상대방의 이행을 청구하지 못한다.

ㄷ. (○): 甲이 乙에게 매도하기로 한 건물이 계약체결 전에 지진으로 전파(全破)된 경우이므로, 원시적·객관적·전부불능으로 그 법률행위는 무효이나, 계약체결상의 과실책임(제535조 제1항)이 문제될 수 있다.

제535조【계약체결상의 과실】
① 목적이 불능한 계약을 체결할 때에 그 불능을 알았거나 알 수 있었을 자는 상대방이 그 계약의 유효를 믿었음으로 인하여 받은 손해를 배상하여야 한다. 그러나 그 배상액은 계약이 유효함으로 인하여 생길 이익액을 넘지 못한다.
② 전항의 규정은 상대방이 그 불능을 알았거나 알 수 있었을 경우에는 적용하지 아니한다.

11 강행규정이 아닌 것은? (다툼이 있으면 판례에 따름)

2019 행정사

① 신의성실의 원칙에 관한 민법 제2조
② 권리능력의 존속기간에 관한 민법 제3조
③ 미성년자의 행위능력에 관한 민법 제5조
④ 사단법인의 사원권의 양도, 상속금지에 관한 민법 제56조
⑤ 법인해산 시 잔여재산의 귀속에 관한 민법 제80조

정답해설

① 신의성실의 원칙에 반하는 것 또는 권리남용은 강행규정에 위배되는 것이므로 당사자의 주장이 없더라도 법원은 직권으로 판단할 수 있다(대판 1995.12.22. 94다42129).
② 권리능력의 존속기간에 관한 민법 제3조는 강행규정이다.
③ 미성년자의 행위능력을 제한하는 제한능력자제도는 거래의 안전을 희생시키더라도 제한능력자인 미성년자의 법률행위를 취소할 수 있게 함으로써 미성년자의 개인의 이익을 보호하는 민법의 근본결단이 있다. 제한능력자제도에 관한 규정은 강행규정이다.
④ 사단법인의 사원의 지위는 양도 또는 상속할 수 없다고 한 민법 제56조의 규정은 강행규정은 아니라고 할 것이므로, 정관에 의하여 이를 인정하고 있을 때에는 양도·상속이 허용된다(대판 1992.4.14. 91다26850).

제56조【사원권의 양도, 상속금지】
사단법인의 사원의 지위는 양도 또는 상속할 수 없다.

⑤ 민법 제80조 제1항, 제81조 및 제87조 등 청산절차에 관한 규정은 모두 제3자의 이해관계에 중대한 영향을 미치는 것으로서 강행규정이므로, 해산한 법인이 잔여재산의 귀속자에 관한 정관규정에 반하여 잔여재산을 달리 처분할 경우 그 처분행위는 청산법인의 목적범위 외의 행위로서 특단의 사정이 없는 한 무효이다(대판 2000.12.8. 98두5279).

Answer 10 ⑤ 11 ④

12 민법상 강행규정을 위반한 법률행위의 효과에 관한 설명으로 옳지 않은 것은? (다툼이 있으면 판례에 의함)

2023 행정사

① 강행규정을 위반한 법률행위는 당사자의 주장이 없더라도 법원이 직권으로 판단할 수 있다.

② 강행규정을 위반하여 확정적 무효가 된 법률행위는 특별한 사정이 없는 한 당사자의 추인에 의해 유효로 할 수 없다.

③ 강행규정에 위반하여 무효인 계약의 상대방이 그 위반사실에 대하여 선의·무과실이더라도 표현대리의 법리가 적용될 여지는 없다.

④ 강행규정에 위반한 약정을 한 자가 스스로 그 약정의 무효를 주장하는 것은 특별한 사정이 없는 한 신의성실 원칙에 반하여 허용될 수 없다.

⑤ 법률의 금지에 위반되는 행위라도 그것이 선량한 풍속 기타 사회질서에 위반하지 않는 경우에는 민법 제746조가 규정하는 불법원인에 해당하지 않는다.

정답해설

① 신의성실의 원칙에 반하는 것 또는 권리남용은 강행규정에 위배되는 것이므로 당사자의 주장이 없더라도 법원은 직권으로 판단할 수 있다(대판 2015.3.20. 2013다88829).

② 강행규정을 위반하여 무효인 법률행위는 추인하여도 유효로 될 수 없다(대판 2010.2.11. 2009다74007).

③ 계약체결의 요건을 규정하고 있는 강행법규에 위반한 계약은 무효이므로 그 경우에 계약상대방이 선의·무과실이더라도 민법 제107조의 비진의표시의 법리 또는 표현대리 법리가 적용될 여지는 없다(대판 2016.5.12. 2013다49381).

④ 강행법규에 위반한 자가 스스로 그 약정의 무효를 주장하는 것이 신의칙에 위반되는 권리의 행사라는 이유로 그 주장을 배척한다면 이는 오히려 강행법규에 의하여 배제하려는 결과를 실현시키는 셈이 되어 입법 취지를 몰각하게 되므로, 달리 특별한 사정이 없는 한 위와 같은 주장은 신의칙에 반하는 것이라고 할 수 없다(대판 2006.10.12. 2005다75729).

⑤ 부당이득의 반환청구가 금지되는 사유로 민법 제746조가 규정하는 불법원인이라 함은 그 원인되는 행위가 선량한 풍속 기타 사회질서에 위반하는 경우를 말하는 것으로서, 법률의 금지에 위반하는 경우라 할지라도 그것이 선량한 풍속 기타 사회질서에 위반하지 않는 경우에는 이에 해당하지 않는다(대판 2011.1.13. 2010다77477).

✦ 민법상 추인 비교

	무효행위의 추인	제139조	효과
1.	강행법규 위반, 반사회적 법률행위, 불공정한 법률행위 등 무효	적용 ×	추인하여도 여전히 무효
2.	통정허위표시로 무효, 무효의 가등기의 유용, 무효인 명의신탁 등 무효	적용 ○	무효임을 알고 추인한 때에는 새로운 법률로 본다(소급효 없음).
3.	유동적 무효: ㉠ 무권대리행위(제133조) ㉡ 무권리자 처분행위 ㉢ 토지거래허가를 받지 않고 한 토지매매계약 등	적용 ×	추인이나 허가를 받으면 소급하여 효력 발생
	취소할 수 있는 행위의 추인(취소권의 포기)	**제143조 ○**	**유동적 유효 → 확정적 유효(소급효 ×)**

13 강행법규에 위반한 법률행위에 관한 설명으로 옳은 것은? (다툼이 있으면 판례에 따름)

2020 행정사

① 강행법규에 위반한 자가 스스로 그 약정의 무효를 주장하는 것은 특별한 사정이 없는 한 신의칙에 반한다.

② 형사사건에 대한 의뢰인과 변호사의 성공보수약정은 강행법규위반으로서 무효일 뿐 반사회적 법률행위는 아니다.

③ 부동산을 등기하지 않고 순차적으로 매도하는 중간생략등기합의는 강행법규에 위반하여 무효이다.

④ 개업공인중개사가 중개의뢰인과 직접 거래하는 행위를 금지하는 공인중개사법 규정은 강행규정이 아니라 단속규정이다.

⑤ 강행법규를 위반하여 무효인 계약에 대해서는 그 상대방의 선의, 무과실에 따라 표현대리 법리가 적용된다.

정답해설

① 강행규정에 위반한 자가 스스로 그 약정의 무효를 주장하는 것은 특별한 사정이 없는 한 신의칙위반으로 보지 않는다(신의칙의 한계 – 대판 1993.12.24. 93다44319).

② 형사사건에서의 성공보수약정은 수사·재판의 결과를 금전적인 대가와 결부시킴으로써, 기본적 인권의 옹호와 사회정의의 실현을 사명으로 하는 변호사 직무의 공공성을 저해하고, 의뢰인과 일반 국민의 사법제도에 대한 신뢰를 현저히 떨어뜨릴 위험이 있으므로, 선량한 풍속 기타 사회질서에 위배되는 것으로 평가할 수 있다(대판(전) 2015.7.23. 2015다200111).

> ※ 성공보수약정 ① 비변호사: 당연 무효
> ② 변호사: → 형사사건 – 당연 무효
> → 민사사건 – 유효

③ 부동산등기특별조치법상 조세포탈과 부동산투기 등을 방지하기 위하여 위 법률 제2조 제2항 및 제8조 제1호에서 등기하지 아니하고 제3자에게 전매하는 행위를 일정 목적범위 내에서 형사처벌하도록 되어 있으나 이로써 순차매도한 당사자 사이의 중간생략등기합의에 관한 사법상 효력까지 무효로 한다는 취지는 아니다(대판 1993.1.26. 92다39112). 즉 단속규정에 불과하다.

④ 개업공인중개사 등이 중개의뢰인과 직접 거래를 하는 행위를 금지하는 공인중개사법 제33조 제6호의 규정 취지는 개업공인중개사 등이 거래상 알게 된 정보를 자신의 이익을 꾀하는 데 이용하여 중개의뢰인의 이익을 해하는 경우가 있으므로 이를 방지하여 중개의뢰인을 보호하고자 함에 있는바, 위 규정에 위반하여 한 거래행위가 사법상의 효력까지도 부인하지 않으면 안 될 정도로 현저히 반사회성, 반도덕성을 지닌 것이라고 할 수 없을 뿐만 아니라 행위의 사법상의 효력을 부인하여야만 비로소 입법 목적을 달성할 수 있다고 볼 수 없고, 위 규정을 효력규정으로 보아 이에 위반한 거래행위를 일률적으로 무효라고 할 경우 중개의뢰인이 직접 거래임을 알면서도 자신의 이익을 위해 한 거래도 단지 직접 거래라는 이유로 효력이 부인되어 거래의 안전을 해칠 우려가 있으므로, 위 규정은 강행규정이 아니라 단속규정이다(대판 2017.2.3. 2016다259677).

Answer 12 ④ 13 ④

⑤ 계약체결의 요건을 규정하고 있는 강행법규에 위반한 계약은 무효이므로 그 경우에 계약상대방이 선의·무과실이라 하더라도 민법 제107조의 비진의표시의 법리 또는 **표현대리 법리가 적용될 여지는 없다**(대판 1983.12.27. 83다548; 대판 1996.8.23. 94다38199 등 참조).

14 반사회질서의 법률행위에 관한 설명으로 옳지 않은 것은? (다툼이 있으면 판례에 따름)

2019 행정사

① 선량한 풍속 기타 사회질서에 위반한 사항을 내용으로 하는 법률행위는 무효이다.

② 법률행위가 선량한 풍속 기타 사회질서에 위반되는지 여부는 법률행위가 이루어진 때를 기준으로 판단해야 한다.

③ 법률행위의 성립과정에 강박이라는 불법적인 방법이 사용된 경우, 그것만으로는 반사회질서의 법률행위라고 할 수 없다.

④ 다수의 보험계약을 통하여 보험금을 부정취득할 목적으로 체결된 보험계약은 그것만으로는 선량한 풍속 기타 사회질서에 반하지 않는다.

⑤ 양도소득세의 일부를 회피할 목적으로 매매계약서에 실제로 거래한 것보다 낮은 금액을 매매대금으로 기재한 경우, 그것만으로는 그 매매계약이 사회질서에 반하지 않는다.

정답해설

① **제103조 【반사회질서의 법률행위】** 선량한 풍속 기타 사회질서에 위반한 사항을 내용으로 하는 법률행위는 무효로 한다.

② 선량한 풍속 기타 사회질서는 부단히 변천하는 가치관념으로서 어느 법률행위가 이에 위반되어 민법 제103조에 의하여 무효인지 여부는 그 법률행위가 이루어진 때를 기준으로 판단하여야 하고, 또한 그 법률행위가 유효로 인정될 경우의 부작용, 거래자유의 보장 및 규제의 필요성, 사회적 비난의 정도, 당사자 사이의 이익균형 등 제반 사정을 종합적으로 고려하여 사회통념에 따라 합리적으로 판단하여야 한다(대판(전) 2015.7.23. 2015다200111).

③ 법률행위의 성립과정에서 강박이라는 불법적 방법이 사용된 데 불과한 때에는 강박에 의한 의사표시의 하자나 의사의 흠결을 이유로 효력을 논의할 수는 있을지언정 반사회질서의 법률행위로서 무효라고 할 수는 없다(대판 1992.11.27. 92다7719).

④ 보험계약자가 다수의 보험계약을 통하여 보험금을 부정취득할 목적으로 보험계약을 체결한 경우, 이러한 목적으로 체결된 보험계약에 의하여 보험금을 지급하게 하는 것은 보험계약을 악용하여 부정한 이득을 얻고자 하는 사행심을 조장함으로써 사회적 상당성을 일탈하게 될 뿐만 아니라, 또한 합리적인 위험의 분산이라는 보험제도의 목적을 해치고 위험발생의 우발성을 파괴하며 다수의 선량한 보험가입자들의 희생을 초래하여 보험제도의 근간을 해치게 되므로, 이와 같은 보험계약은 민법 제103조 소정의 선량한 풍속 기타 사회질서에 반하여 무효이다(대판 2005.7.28. 2005다23858).

⑤ 양도소득세의 일부를 회피할 목적으로 매매계약서에 실제로 거래한 가액보다 낮은 금액을 매매대금으로 기재한 것만으로 그 매매계약이 사회질서에 반하는 법률행위로서 무효로 되지 않는다(대판 2007.6.14. 2007다3285).

15 반사회질서의 법률행위에 해당하지 않는 것은? (다툼이 있으면 판례에 의함) 2024 행정사

① 행정기관에 진정서를 제출하여 상대방을 궁지에 빠뜨린 다음 이를 취하하는 조건으로 거액의 급부를 제공받기로 한 약정

② 보험계약자가 다수의 보험계약을 통하여 보험금을 부정취득할 목적으로 체결한 보험계약

③ 성매매행위를 전제로 한 선불금의 대여행위

④ 반사회질서의 법률행위에 의하여 조성된 재산인 이른바 비자금을 소극적으로 은닉하기 위하여 임치한 행위

⑤ 도박자금에 제공할 목적으로 한 금전대차계약

정답해설

① 행정기관에 진정서를 제출하여 상대방을 궁지에 빠뜨린 다음 이를 취하하는 조건으로 거액의 급부를 제공받기로 약정한 경우, 민법 제103조 소정의 반사회질서의 법률행위에 해당한다(대판 2000.2.11. 99다56833).

② 보험계약자가 다수의 보험계약을 통하여 보험금을 부정취득할 목적으로 보험계약을 체결한 경우 보험계약은 민법 제103조에서 정한 선량한 풍속 기타 사회질서에 반하여 무효이다. 이러한 보험계약에 따라 보험금을 지급하게 하는 것은 보험계약을 악용하여 부정한 이득을 얻고자 하는 사행심을 조장함으로써 사회적 상당성을 일탈하게 될 뿐만 아니라, 합리적인 위험의 분산이라는 보험제도의 목적을 해치고 위험발생의 우발성을 파괴하며 다수의 선량한 보험가입자들의 희생을 초래하여 보험제도의 근간을 무너뜨리기 때문이다(대판 2019.7.25. 2016다224350).

③ 성매매알선 등 행위의 처벌에 관한 법률 제10조는 성매매알선 등 행위를 한 사람 또는 성을 파는 행위를 할 사람을 고용한 사람이 그 행위와 관련하여 성을 파는 행위를 하였거나 할 사람에게 가지는 채권은 그 계약의 형식이나 명목에 관계없이 무효로 한다고 규정하고 있고, 부당이득의 반환청구가 금지되는 사유로 민법 제746조가 규정하는 불법원인급여는 그 원인이 되는 행위가 선량한 풍속 기타 사회질서에 반하는 경우를 말하는바, 윤락행위 및 그것을 유인·강요하는 행위는 선량한 풍속 기타 사회질서에 반하므로, 윤락행위를 할 사람을 고용하면서 성매매의 유인·권유·강요의 수단으로 이용되는 선불금 등 명목으로 제공한 금품이나 그 밖의 재산상 이익 등은 불법원인급여에 해당하여 그 반환을 청구할 수 없고, 나아가 성매매의 직접적 대가로서 제공한 경제적 이익뿐만 아니라 성매매를 전제하고 지급하였거나 성매매와 관련성이 있는 경제적 이익이면 모두 불법원인급여에 해당하여 반환을 청구할 수 없다고 보아야 한다(대판 2013.6.14. 2011다65174).

④ 이미 반사회적 행위에 의하여 조성된 재산을 소극적으로 은닉하기 위하여 임치에 이른 것만으로는 그것이 곧바로 사회질서에 반하는 법률행위라고 볼 수는 없다(대판 2001.4.10. 2000다49343).

⑤ 도박자금에 제공할 목적으로 금전의 대차를 한 때에는 그 대차계약은 민법 제103조의 반사회질서의 법률행위로 무효이다(대판 1973.5.22. 72다2249).

Chapter 05

Answer 14 ④ 15 ④

16 반사회질서의 법률행위에 관한 설명으로 옳은 것은? (다툼이 있으면 판례에 따름)

2018 행정사

① 강제집행을 면할 목적으로 부동산에 허위의 근저당권설정등기를 경료하는 행위는 반사회질서의 법률행위에 해당한다.

② 증인이 증언을 조건으로 소송당사자로부터 통상 용인될 수 있는 수준을 넘는 대가를 받기로 약정하더라도, 증인에게 증언거부권이 있다면 그 약정은 유효하다.

③ 상대방에게 표시되거나 알려진 법률행위의 동기가 사회질서에 반하더라도 반사회질서의 법률행위에 해당될 수 없다.

④ 어떠한 일이 있어도 이혼하지 아니하겠다는 각서를 써준 경우, 그와 같은 의사표시는 반사회질서의 법률행위가 아니다.

⑤ 법률행위가 사회질서에 반하여 무효인 경우, 그 법률행위를 기초로 하여 권리를 취득한 선의의 제3자에게도 그 무효를 주장할 수 있다.

정답해설

① 강제집행을 면할 목적으로 부동산에 허위의 근저당권설정등기를 경료하는 행위는 민법 제103조의 선량한 풍속 기타 사회질서에 위반한 사항을 내용으로 하는 법률행위로 볼 수 없다(대판 2004.5.28. 2003다70041).

② 소송사건에서 일방 당사자를 위하여 증인으로 출석하여 증언하였거나 증언할 것을 조건으로 어떤 대가를 받을 것을 약정한 경우, 증인은 법률에 의하여 증언거부권이 인정되지 않은 한 진실을 진술할 의무가 있는 것이므로 그 대가의 내용이 통상적으로 용인될 수 있는 수준(예컨대 증인에게 일당과 여비가 지급되기는 하지만 증인이 법원에 출석함으로써 입게 되는 손해에는 미치지 못하는 경우 그러한 손해를 전보해 주는 정도)을 초과하는 경우에는 그와 같은 약정은 금전적 대가가 결부됨으로써 선량한 풍속 기타 사회질서에 반하는 법률행위가 되어 민법 제103조에 따라 효력이 없다(대판 1999.4.13. 98다52483).

> ※ 소송상 증언 •허위 증언 대가계약 상관 없이: 당연 무효
> •사실 증언 + 대가계약: 통상 용인되는 범위 내 – 원칙 유효
> 통상 용인되는 범위 초과 시 – 무효

③ '법률행위의 동기'는 법률행위를 하게 된 이유일 뿐이므로, 법률행위의 내용이 아니다. 따라서 이러한 동기가 사회질서에 위반되더라도 법률행위가 무효로 되지는 않는 것이 원칙이다. 다만 예외적으로 동기가 표시되거나 상대방에게 알려진 경우에는 제103조가 적용되어 법률행위 자체가 무효로 될 수 있다(대판 1984.12.11. 84다카140).

> ※ 동기의 불법: 원칙 → 계약 내용의 불법 × → 제103조 포함 ×
> 예외 → 표시 or 상대방에게 알려진 경우 → 제103조 포함 ○

④ 어떠한 일이 있어도 이혼하지 아니하겠다는 각서를 써 주었다 하더라도 그와 같은 의사표시는 신분행위의 의사결정을 구속하는 것으로서 공서양속에 위배하여 무효이다(대판 1969.8.19. 69므18).

⑤ 반사회적 법률행위에 의한 무효는 절대적 무효이므로, 무효를 가지고 선의의 제3자에게도 대항할 수 있다(대판 1996.10.25. 96다29151).

17 **선량한 풍속 기타 사회질서에 반하는 법률행위에 해당하지 않는 것은? (다툼이 있으면 판례에 의함)**

① 살인할 것을 조건으로 증여한 경우
② 형사사건에 관하여 보수약정과 별개로 성공보수를 약정한 경우
③ 강제집행을 면할 목적으로 부동산에 허위의 근저당권등기를 마친 경우
④ 수증자가 매도인의 매수인에 대한 배임행위에 적극 가담하여 매매목적 부동산을 증여받은 경우
⑤ 당초부터 오로지 보험사고를 가장하여 보험금을 취득할 목적으로 생명보험계약을 체결한 경우

정답해설

① 살인할 것을 조건으로 증여한 경우, 증여계약 자체는 반사회적 행위가 아닐지라도 그 조건만이 무효가 아니라 증여계약 자체가 무효이다(제151조).

> **제151조 【불법조건, 기성조건】**
> ① 조건이 선량한 풍속 기타 사회질서에 위반한 것인 때에는 그 법률행위는 무효로 한다.

② 형사사건에서의 성공보수약정은 수사·재판의 결과를 금전적인 대가와 결부시킴으로써, 기본적 인권의 옹호와 사회정의의 실현을 사명으로 하는 변호사 직무의 공공성을 저해하고, 의뢰인과 일반 국민의 사법제도에 대한 신뢰를 현저히 떨어뜨릴 위험이 있으므로, 선량한 풍속 기타 사회질서에 위배되는 것으로 평가할 수 있다(대판(전) 2015.7.23. 2015다200111).

※ 성공보수약정 ① 비변호사: 당연 무효
② 변호사: → 형사사건 – 당연 무효
→ 민사사건 – 유효

③ 강제집행을 면할 목적으로 부동산에 허위의 근저당권설정등기를 경료하는 행위는 민법 제103조의 선량한 풍속 기타 사회질서에 위반한 사항을 내용으로 하는 법률행위로 볼 수 없다(대판 2004.5.28. 2003다70041).

④ 매도인이 매수인에게 목적부동산을 매도한 사실을 알고서 수증자가 매도인으로부터 증여를 원인으로 하여 소유권이전등기를 함으로써 매도인의 매수인에 대한 배임행위에 가담한 결과에 이르렀다면, 이는 실체관계에 부합하는 유효한 등기가 될리가 없고 반사회질서의 행위로서 무효이다(대판 1983.4.26. 83다카57).

⑤ 당초부터 오로지 보험사고를 가장하여 보험금을 취득할 목적으로 체결된 생명보험계약에 의하여 보험금을 지급하게 하는 것은 보험계약을 악용하여 부정한 이득을 얻고자 하는 사행심을 조장함으로써 사회적 상당성을 일탈하게 되므로, 이와 같은 생명보험계약은 사회질서에 위배되는 법률행위로서 무효이다(대판 2000.2.11. 99다49064).

Answer 16 ⑤ 17 ③

18 반사회적 법률행위에 관한 설명으로 옳지 않은 것은? (다툼이 있는 경우에는 판례에 의함)

2013 행정사

① 부동산의 제2매수인이 다른 사람에게 매매목적물이 이미 매도된 것을 알고 매수하였다면, 그것만으로 그 이중매매는 반사회적 법률행위로서 무효가 된다.

② 소송에서 증언을 하여 줄 것을 주된 조건으로 통상적으로 용인될 수 있는 범위를 넘어선 급부를 제공할 것을 약정한 것은 반사회적 법률행위에 해당한다.

③ 표시되거나 상대방에게 알려진 법률행위의 동기가 반사회적인 경우 그 법률행위는 무효이다.

④ 부첩관계인 부부생활의 종료를 해제조건으로 하는 증여계약은 사회질서에 반하므로 무효이다.

⑤ 당사자의 일방이 상대방에게 공무원의 직무에 관한 사항에 관하여 특별한 청탁을 하게 하고 그에 대한 보수로 돈을 지급할 것을 내용으로 한 약정은 사회질서에 반하여 무효이다.

정답해설

① 이중매매임을 알고 부동산을 매수한 것만으로 제2매매가 사회질서에 반하여 무효가 되지 않고, 제2매수인이 매도인의 배임행위에 적극 가담한 경우이어야 한다(대판 1989.11.28. 89다카14295).

② 소송사건에서 일방 당사자를 위하여 증인으로 출석하여 증언하였거나 증언할 것을 조건으로 어떤 대가를 받을 것을 약정한 경우, 증인은 법률에 의하여 증언거부권이 인정되지 않은 한 진실을 진술할 의무가 있는 것이므로 그 대가의 내용이 통상적으로 용인될 수 있는 수준(예컨대 증인에게 일당과 여비가 지급되기는 하지만 증인이 법원에 출석함으로써 입게 되는 손해에는 미치지 못하는 경우 그러한 손해를 전보해 주는 정도)을 초과하는 경우에는 그와 같은 약정은 금전적 대가가 결부됨으로써 선량한 풍속 기타 사회질서에 반하는 법률행위가 되어 민법 제103조에 따라 효력이 없다(대판 1999.4.13. 98다52483).

※ 소송상 증언 • 허위 증언 대가계약 상관 없이: 당연 무효
• 사실 증언 + 대가계약: 통상 용인되는 범위 내 – 원칙 유효
통상 용인되는 범위 초과 시 – 무효

③ '법률행위의 동기'는 법률행위를 하게 된 이유일 뿐이므로, 법률행위의 내용이 아니다. 따라서 이러한 동기가 사회질서에 위반되더라도 법률행위가 무효로 되지는 않는 것이 원칙이다. 다만 예외적으로 동기가 표시되거나 상대방에게 알려진 경우에는 제103조가 적용되어 법률행위 자체가 무효로 될 수 있다(대판 1984.12.11. 84다카140).

※ 동기의 불법: 원칙 → 계약 내용의 불법 × → 제103조 포함 ×
예외 → 표시 or 상대방에게 알려진 경우 → 제103조 포함 ○

④ 부첩관계인 부부생활의 종료를 해제조건으로 하는 증여계약은 그 조건만이 무효인 것이 아니라 증여계약 자체가 무효이다(대판 1966.6.21. 66다530).

> **제151조 【불법조건, 기성조건】**
> ① 조건이 선량한 풍속 기타 사회질서에 위반한 것인 때에는 그 법률행위는 무효로 한다.

⑤ 당사자일방이 상대방에게 공무원의 직무에 관한 사항에 관하여 특별한 청탁을 하게 하고 그에 대한 보수로 돈을 지급할 것을 내용으로 한 약정은 사회질서에 반하는 무효의 계약이라고 할 것이다(대판 1971.10.11. 71다1645).

19 반사회질서의 법률행위에 관한 설명으로 옳지 않은 것은? (다툼이 있으면 판례에 따름)

2016 행정사

① 어느 법률행위가 선량한 풍속 기타 사회질서에 위반되어 무효인지의 여부는 법률행위시를 기준으로 판단해야 한다.

② 금전소비대차시 당사자 사이의 경제력 차이로 인하여 사회통념상 허용되는 한도를 초과하여 현저하게 고율의 이자약정이 체결되었다면, 그 허용할 수 있는 한도를 초과하는 부분의 이자약정은 반사회질서의 법률행위로서 무효이다.

③ 부첩관계를 해소하면서 첩의 희생을 위자하고 첩의 장래 생활대책을 마련해 준다는 뜻에서 금원을 지급하기로 한 약정은 공서양속에 반하지 않는다.

④ 의무의 강제에 의하여 얻어지는 채권자의 이익에 비하여 약정된 위약벌이 과도하게 무거운 경우, 그 일부 또는 전부가 공서양속에 반하여 무효로 된다.

⑤ 강제집행을 면할 목적으로 부동산에 허위의 근저당권설정등기를 경료하는 행위는 반사회질서의 법률행위로서 무효이다.

정답해설

① 선량한 풍속 기타 사회질서는 부단히 변천하는 가치관념으로서 어느 법률행위가 이에 위반되어 민법 제103조에 의하여 무효인지 여부는 그 법률행위가 이루어진 때를 기준으로 판단하여야 하고, 또한 그 법률행위가 유효로 인정될 경우의 부작용, 거래자유의 보장 및 규제의 필요성, 사회적 비난의 정도, 당사자 사이의 이익균형 등 제반 사정을 종합적으로 고려하여 사회통념에 따라 합리적으로 판단하여야 한다(대판(전) 2015.7.23. 2015다200111).

② 금전 소비대차계약과 함께 이자의 약정을 하는 경우, 양쪽 당사자 사이의 경제력의 차이로 인하여 그 이율이 당시의 경제적·사회적 여건에 비추어 사회통념상 허용되는 한도를 초과하여 현저하게 고율로 정하여졌다면, 그와 같이 허용할 수 있는 한도를 초과하는 부분의 이자 약정은 대주가 그의 우월한 지위를 이용하여 부당한 이득을 얻고 차주에게는 과도한 반대급부 또는 기타의 부당한 부담을 지우는 것이므로 선량한 풍속 기타 사회질서에 위반한 사항을 내용으로 하는 법률행위로서 무효이다(대판(전) 2007.2.15. 2004다50426).

Answer 18 ① 19 ⑤

③ 피고가 원고와의 부첩관계를 해소하기로 하는 마당에 그동안 원고가 피고를 위하여 바친 노력과 비용 등의 희생을 배상 내지 위자하고 또 원고의 장래 생활대책을 마련해 준다는 뜻에서 금원을 지급하기로 약정한 것이라면 부첩관계를 해소하는 마당에 위와 같은 의미의 금전지급약정은 공서양속에 반하지 않는다고 보는 것이 상당하다(대판 1980.6.24. 80다458).

④ 위약벌의 약정은 채무의 이행을 확보하기 위하여 정하는 것으로서 손해배상의 예정과 다르므로 손해배상의 예정에 관한 민법 제398조 제2항을 유추적용하여 그 액을 감액할 수 없고, 다만 의무의 강제로 얻는 채권자의 이익에 비하여 약정된 벌이 과도하게 무거울 때에는 일부 또는 전부가 공서양속에 반하여 무효로 된다(대판 2016.1.28. 2015다239324).

⑤ 강제집행을 면할 목적으로 부동산에 허위의 근저당권설정등기를 경료하는 행위는 민법 제103조의 선량한 풍속 기타 사회질서에 위반한 사항을 내용으로 하는 법률행위로 볼 수 없다(대판 2004.5.28. 2003다70041).

20 반사회질서의 법률행위에 관한 설명으로 옳은 것은? (다툼이 있으면 판례에 따름)

2017 행정사

① 대물변제계약이 불공정한 법률행위로서 무효인 경우에도 목적부동산의 소유권을 이전받은 선의의 제3자에 대하여는 무효를 주장할 수 없다.

② 반사회질서의 법률행위라도 당사자가 그 무효임을 알고 추인하면 새로운 법률행위로서 유효하다.

③ 형사사건에 관하여 체결된 성공보수약정은 약정액이 통상적으로 용인될 수 있는 수준을 초과하여도 선량한 풍속 기타 사회질서에 위배되지 않는다.

④ 관련 법령에서 정한 한도를 초과하는 부동산 중개수수료 약정은 전부 무효이다.

⑤ 소송에서 증인이 증언을 조건으로 소송의 일방 당사자로부터 통상적으로 용인될 수 있는 수준을 넘어서는 대가를 제공받기로 하는 약정은 무효이다.

정답해설

① 대물변제계약이 불공정한 법률행위로서 무효인 경우에는 목적부동산이 제3자에 소유권이전등기가 된 여부에 불구하고 누구에 대하여서도 무효를 주장할 수 있다(대판 1963.11.7. 63다479).

② 강행규정위반이나 반사회질서의 법률행위는 당사자가 그 무효임을 알고 추인하여도 새로운 법률행위를 한 효과가 생길 수 없다(대판 1994.6.24. 94다10900).

③ 형사사건에서의 성공보수약정은 수사·재판의 결과를 금전적인 대가와 결부시킴으로써, 기본적 인권의 옹호와 사회정의의 실현을 사명으로 하는 변호사 직무의 공공성을 저해하고, 의뢰인과 일반 국민의 사법제도에 대한 신뢰를 현저히 떨어뜨릴 위험이 있으므로, 선량한 풍속 기타 사회질서에 위배되는 것으로 평가할 수 있다(대판(전) 2015.7.23. 2015다200111).

※ 성공보수약정 ① 비변호사: 당연 무효
② 변호사: → 형사사건 – 당연 무효
→ 민사사건 – 유효

④ 부동산 중개수수료 약정 중 소정의 한도를 초과하는 부분에 대한 사법상의 효력을 제한하는 규정은 이른바 강행법규에 해당하고, 따라서 구 부동산중개업법 등 관련 법령에서 정한 한도를 초과하는 부동산 중개수수료 약정은 그 한도를 초과하는 범위 내에서 무효이다(대판(전) 2007.12.20. 2005다32159).

⑤ 소송사건에서 일방 당사자를 위하여 증인으로 출석하여 증언하였거나 증언할 것을 조건으로 어떤 대가를 받을 것을 약정한 경우, 증인은 법률에 의하여 증언거부권이 인정되지 않은 한 진실을 진술할 의무가 있는 것이므로 그 대가의 내용이 통상적으로 용인될 수 있는 수준(예컨대 증인에게 일당과 여비가 지급되기는 하지만 증인이 법원에 출석함으로써 입게 되는 손해에는 미치지 못하는 경우 그러한 손해를 전보해 주는 정도)을 초과하는 경우에는 그와 같은 약정은 금전적 대가가 결부됨으로써 선량한 풍속 기타 사회질서에 반하는 법률행위가 되어 민법 제103조에 따라 효력이 없다(대판 1999.4.13. 98다52483).

※ 소송상 증언 • 허위 증언 대가계약 상관 없이: 당연 무효
• 사실 증언 + 대가계약: 통상 용인되는 범위 내 – 원칙 유효
통상 용인되는 범위 초과 시 – 무효

✦ 민법상 추인 비교

무효행위의 추인		제139조	효과
1.	강행법규 위반, 반사회적 법률행위, 불공정한 법률행위 등 무효	적용 ×	추인하여도 여전히 무효
2.	통정허위표시로 무효, 무효의 가등기의 유용, 무효인 명의신탁 등 무효	적용 ○	무효임을 알고 추인한 때에는 새로운 법률로 본다(소급효 없음).
3.	유동적 무효: ㉠ 무권대리행위(제133조) ㉡ 무권리자 처분행위 ㉢ 토지거래허가를 받지 않고 한 토지매매계약 등	적용 ×	추인이나 허가를 받으면 소급하여 효력 발생
취소할 수 있는 행위의 추인(취소권의 포기)		제143조 ○	유동적 유효 → 확정적 유효(소급효 ×)

Chapter 05

Answer 20 ⑤

21 반사회적 법률행위에 관한 설명으로 옳지 않은 것은? (다툼이 있으면 판례에 따름)

2020 행정사

① 해외파견 근로자의 귀국 후 일정기간 소속회사에 근무토록 한 약정은 특별한 사정이 없는 한 반사회적 법률행위라고 할 수 없다.

② 반사회적 법률행위로서 무효인 계약은 당사자가 무효임을 알고 추인하여도 원칙적으로는 새로운 법률행위로 볼 수 없다.

③ 매매계약의 동기가 반사회적이고 그 동기가 외부에 표시된 경우 그 매매계약은 무효이다.

④ 어느 법률행위가 선량한 풍속 기타 사회질서에 위반하는지는 특별한 사정이 없는 한 그 법률행위 당시를 기준으로 판단한다.

⑤ 수사기관에서 허위진술의 대가를 지급하기로 한 약정은 그 대가가 적정하다면 반사회적 법률행위에 해당하지 않는다.

정답해설

① 해외파견된 근로자가 귀국일로부터 일정기간 소속회사에 근무하여야 한다는 사규나 약정은 민법 제103조 또는 제104조에 위반된다고 할 수 없고, 일정기간 근무하지 않으면 해외파견 소요경비를 배상한다는 사규나 약정은 근로계약기간이 아니라 경비반환채무의 면제기간을 정한 것이므로 근로기준법 제21조에 위배하는 것도 아니다(대판 1982.6.22. 82다카90).

② 강행규정위반이나 반사회질서의 법률행위는 당사자가 그 무효임을 알고 추인하여도 새로운 법률행위를 한 효과가 생길 수 없다(대판 1994.6.24. 94다10900).

③ '법률행위의 동기'는 법률행위를 하게 된 이유일 뿐이므로, 법률행위의 내용이 아니다. 따라서 이러한 동기가 사회질서에 위반되더라도 법률행위가 무효로 되지는 않는 것이 원칙이다. 다만 예외적으로 동기가 표시되거나 상대방에게 알려진 경우에는 제103조가 적용되어 법률행위 자체가 무효로 될 수 있다(대판 1984.12.11. 84다카140).

> ※ 동기의 불법: 원칙 → 계약 내용의 불법 × → 제103조 포함 ×
> 예외 → 표시 or 상대방에게 알려진 경우 → 제103조 포함 ○

④ 선량한 풍속 기타 사회질서는 부단히 변천하는 가치관념으로서 어느 법률행위가 이에 위반되어 민법 제103조에 의하여 무효인지 여부는 그 법률행위가 이루어진 때를 기준으로 판단하여야 하고, 또한 그 법률행위가 유효로 인정될 경우의 부작용, 거래자유의 보장 및 규제의 필요성, 사회적 비난의 정도, 당사자 사이의 이익균형 등 제반 사정을 종합적으로 고려하여 사회통념에 따라 합리적으로 판단하여야 한다(대판(전) 2015.7.23. 2015다200111).

⑤ 수사기관에서 참고인으로 진술하면서 자신이 잘 알지 못하는 내용에 대하여 허위의 진술을 하는 경우에 그 허위 진술행위가 범죄행위를 구성하지 않는다고 하여도 이러한 행위 자체는 국가사회의 일반적인 도덕관념이나 국가사회의 공공질서이익에 반하는 행위라고 볼 것이니, 그 급부의 상당성 여부를 판단할 필요 없이 허위 진술의 대가로 작성된 각서에 기한 급부의 약정은 민법 제103조 소정의 반사회적 질서행위로 무효이다(대판 2001.4.24. 2000다71999).

22 반사회적 법률행위에 관한 설명으로 옳지 않은 것은? (다툼이 있으면 판례에 따름)

2021 행정사

① 형사사건의 변호사 성공보수약정은 반사회적 법률행위이다.
② 아버지 소유의 부동산이 이미 제3자에게 매도되어 제3자로부터 등기독촉을 받고 있는 사정을 잘 알고 있는 아들이 그 아버지로부터 그 부동산을 증여받은 경우, 그 증여는 반사회적 법률행위이다.
③ 살인을 포기할 것을 조건으로 한 증여는 반사회적 법률행위가 아니다.
④ 부부간에 어떠한 일이 있어도 이혼하지 않겠다는 합의는 반사회적 법률행위이다.
⑤ 수사기관에서 참고인으로 허위진술하는 대가로 돈을 받기로 한 약정은 반사회적 법률행위이다.

정답해설

① 형사사건에서의 성공보수약정은 수사·재판의 결과를 금전적인 대가와 결부시킴으로써, 기본적 인권의 옹호와 사회정의의 실현을 사명으로 하는 변호사 직무의 공공성을 저해하고, 의뢰인과 일반 국민의 사법제도에 대한 신뢰를 현저히 떨어뜨릴 위험이 있으므로, 선량한 풍속 기타 사회질서에 위배되는 것으로 평가할 수 있다(대판(전) 2015.7.23. 2015다200111).

※ 성공보수약정 ① 비변호사: 당연 무효
② 변호사: → 형사사건 – 당연 무효
→ 민사사건 – 유효

② 아버지가 부동산을 타에 처분하였다는 사실을 알고서도 아버지로부터 그 부동산을 증여받아 소유권이전등기를 경료받은 아들은, 그 아버지의 의무위배행위에 적극가담한 것이라고 볼 수밖에 없으므로, 그 증여는 반사회적 법률행위로서 무효이다(수원지법 상고심 1995.2.24. 94나6151).
③ 청부살인과 같이 범죄를 하는 것을 조건으로 재산을 증여하는 계약은 무효이다. 뿐만 아니라 범죄행위를 하지 않는다는 것을 조건으로 하는 증여계약도 무효라고 본다. 범죄행위를 하지 않는 것은 당연하므로 그 대가를 받을 수 없으며, 만약 이를 유효하다고 보게되면 범죄를 조장하는 결과가 되기 때문이다. 살인을 포기할 것을 조건으로 한 증여는 반사회적 법률행위이다.
④ 헌법상 혼인의 자유가 있듯이 이혼의 자유가 있다. 따라서 어떠한 일이 있어도 이혼하지 않겠다는 약속은 신분행위의 의사결정을 구속하는 것으로서 공서양속에 위배하여 무효이다(대판 1969.8.19. 69므18).
⑤ 수사기관에서 참고인으로 진술하면서 자신이 잘 알지 못하는 내용에 대하여 허위의 진술을 하는 경우에 그 허위 진술행위가 범죄행위를 구성하지 않는다고 하여도 이러한 행위 자체는 국가사회의 일반적인 도덕관념이나 국가사회의 공공질서이익에 반하는 행위라고 볼 것이니, 그 급부의 상당성 여부를 판단할 필요 없이 허위 진술의 대가로 작성된 각서에 기한 급부의 약정은 민법 제103조 소정의 반사회적 질서행위로 무효이다(대판 2001.4.24. 2000다71999).

Answer 21 ⑤ 22 ③

23 반사회질서의 법률행위에 해당하는 것을 모두 고른 것은? (다툼이 있으면 판례에 의함)

2022 행정사

ㄱ. 수사기관에서 참고인으로 자신이 잘 알지 못하는 내용에 대한 허위진술의 대가로 작성된 각서에 기한 급부의 약정
ㄴ. 강제집행을 면하기 위해 부동산에 허위의 근저당권설정등기를 경료하는 행위
ㄷ. 전통사찰의 주지직을 거액의 금품을 대가로 양도・양수하기로 하는 약정이 있음을 알고도 이를 묵인한 상태에서 한 종교법인의 주지 임명행위

① ㄱ
② ㄷ
③ ㄱ, ㄴ
④ ㄱ, ㄷ
⑤ ㄴ, ㄷ

정답해설

ㄱ. (○): 수사기관에서 참고인으로 진술하면서 자신이 잘 알지 못하는 내용에 대하여 허위의 진술을 하는 경우에 그 허위 진술행위가 범죄행위를 구성하지 않는다고 하여도 이러한 행위 자체는 국가사회의 일반적인 도덕관념이나 국가사회의 공공질서 이익에 반하는 행위라고 볼 것이니, 그 급부의 상당성 여부를 판단할 필요 없이 허위 진술의 대가로 작성된 각서에 기한 급부의 약정은 민법 제103조 소정의 반사회적 질서행위로 무효이다(대판 2001.4.24. 2000다71999).

ㄴ. (×): 강제집행을 면할 목적으로 부동산에 허위의 근저당권설정등기를 경료하는 행위는 민법 제103조의 선량한 풍속 기타사회질서에 위반한 사항을 내용으로 하는 법률행위로 볼 수 없다(대판 2004.5.28. 2003다70041).

ㄷ. (×): 甲과 사찰의 전임 주지이던 乙과 사이에 한 '乙이 주지직에서 사임하고 甲이 후임 주지로 취임하는 대가로 3억원을 지급하기로 한다'라는 약정은 전통사찰인 사찰의 주지직을 거액의 금품을 대가로 양도, 양수하는 계약으로서 그 내용이 선량한 풍속 기타 사회질서에 반하는 행위로서 무효이다. 그러나 대한불교법화종이 甲과 乙 사이에 위와 같은 약정이 있음을 알고 이를 묵인하거나 방조한 상태에서 甲을 주지로 임명하였다고 하더라도 그 임명행위 자체가 선량한 풍속 기타 사회질서에 반한다고 할 수는 없다(대판 2001.2.9. 99다38613).

24 **甲은 자신의 X토지를 乙에게 매도하고 중도금을 수령한 후, 다시 丙에게 매도하고 소유권 이전등기까지 경료해 주었다. 다음 설명 중 틀린 것은? (다툼이 있으면 판례에 따름)**

2015 공인중개사

① 특별한 사정이 없는 한 丙은 X토지의 소유권을 취득한다.

② 특별한 사정이 없는 한 乙은 최고 없이도 甲과의 계약을 해제할 수 있다.

③ 丙이 甲의 乙에 대한 배임행위에 적극 가담한 경우, 乙은 丙을 상대로 직접 등기의 말소를 청구할 수 없다.

④ 甲과 丙의 계약이 사회질서 위반으로 무효인 경우, 丙으로부터 X토지를 전득한 丁은 선의이더라도 그 소유권을 취득하지 못한다.

⑤ 만약 丙의 대리인 戊가 丙을 대리하여 X토지를 매수하면서 甲의 배임행위에 적극 가담하였다면, 그러한 사정을 모르는 丙은 그 소유권을 취득한다.

정답해설

① 이중매매행위는 원칙적으로 채권의 상대성 원칙 및 자유경쟁의 원리상 유효하다. 설령 제2매수인이 매도인의 배임행위에 적극 가담하지 않는 한, 매도인의 매매사실을 알고 있었더라도 제2매매가 무효로 되는 것은 아니다. 따라서 제2매수인은 완전한 소유권을 취득한다.

② 제2매매가 유효하고 제2매수인이 소유권이전등기를 경료함으로써 매도인의 제1매수인에 대한 소유권이전의무는 이행불능이 된다. 따라서 제1매수인은 매도인을 상대로 이행불능을 원인으로 한 채무불이행책임을 물을 수밖에 없다. 이 경우 계약해제권을 행사할 수 있다.

③ 판례는 부동산의 이중매매가 반사회적 법률행위로서 무효인 경우 등기하지 않은 제1매수인은 아직 소유권자는 아니므로 직접 제2매수인에 대하여 그 명의의 소유권이전등기의 말소를 구할 수 없음은 형식주의 아래서의 등기청구권의 성질에 비추어 당연하다고 한다(대판 1983.4.26. 83다카57).

④ 제103조(반사회적 법률행위), 제104조(폭리행위) 등의 경우는 절대적 무효로서 제3자를 보호하기 위한 조항이 없다. 따라서 "부동산의 매수인이 매도인의 배임행위에 적극 가담하여 그 매매계약이 반사회적 법률행위에 해당하는 경우 매매계약은 절대적으로 무효이므로, 당해 부동산을 매수인으로부터 다시 취득한 제3자는 설사 매수인이 당해 부동산의 소유권을 유효하게 취득한 것으로 믿었다고 하더라도 매매계약이 유효하다고 주장할 수 없다(대판 2008.3.27. 2007다82875)."

⑤ 대리인이 부동산을 이중으로 매수한 경우, 그 매매계약이 반사회적 법률행위로서 무효인지 여부는 대리인을 기준으로 판단한다. 즉 대리인이 본인을 대리하여 매매계약을 체결함에 있어서 매매대상 토지에 관한 저간의 사정을 잘 알고 그 배임행위에 가담하였다면, 대리행위의 하자 유무는 대리인을 표준으로 판단하여야 하므로(제116조), 설사 본인이 미리 그러한 사정을 몰랐거나 반사회성을 야기한 것이 아니라고 할지라도 그로 인하여 매매계약이 가지는 사회질서에 반한다는 장애사유가 부정되는 것은 아니다(대판 1998.2.27. 97다45532).

Chapter 05

Answer 23 ① 24 ⑤

25 **乙은 甲으로부터 부동산 X를 5,000만 원에 매수하여 점유하고 있지만 아직 소유권이전등기는 하지 않았다. 이러한 사정을 잘 아는 丙은 X의 이중매매를 적극 요청하여 1억 원에 X의 매매계약을 甲과 체결하고 丙 명의로 소유권이전등기까지 하였다. 그 후 丙은 丁에게 2억 원에 X를 매도하고 丁 명의로 소유권이전등기를 해 주었다. 이 사안에 관한 설명으로 옳지 않은 것만을 〈보기〉에서 있는 대로 고른 것은? (다툼이 있으면 판례에 의함)** 2023 소방간부후보

ㄱ. 甲의 乙에 대한 소유권이전의무는 이행지체로 되고, 그 경우 乙은 甲에 대하여 손해배상을 청구할 수 있다.
ㄴ. 丁이 丙과 X에 관한 매매계약을 체결할 당시 丙이 X의 적법한 소유권자라고 믿었고 그러한 믿음에 과실이 없었다면, 丁은 X의 소유권을 적법하게 취득한다.
ㄷ. 甲과 丙 사이의 X에 관한 매매계약은 불공정한 법률행위로서 무효이다.
ㄹ. 丁이 X의 소유권을 근거로 소유권에 기한 반환청구권을 행사하여 乙에게 X의 인도를 청구하는 경우 乙은 甲과 丙 사이의 X에 관한 매매계약이 무효라고 丁에게 항변할 수 있다.

① ㄱ, ㄴ　② ㄴ, ㄷ　③ ㄴ, ㄹ
④ ㄱ, ㄴ, ㄷ　⑤ ㄱ, ㄷ, ㄹ

정답해설

[ㄱ, ㄴ, ㄷ] 세 항목이 옳지 않다.

ㄱ. (×) : 부동산매매에 있어서 매도인이 목적물을 타인에게 이미 매도하여 그 타인에게 소유권이전등기를 하여줄 의무가 있음에도 불구하고 제3자에게 다시 양도하여 소유권이전등기를 경료한 때에는 특별한 사정이 없는 한 매도인이 그 타인에게 부담하고 있는 소유권이전등기의무는 이행불능의 상태에 있다고 봄이 상당하다(대판 1983.3.22. 80다1416). 甲의 乙에 대한 소유권이전의무는 이행불능이 되고, 乙은 甲에게 그에 대한 손해배상(전보배상)을 청구할 수 있을 뿐이다.

ㄴ. (×), ㄹ. (○) : 부동산의 제2매수인이 매도인의 배임행위에 적극 가담하여 제2매매계약이 반사회적 법률행위에 해당하는 경우에는 제2매매계약은 절대적으로 무효이므로 당해 부동산을 제2매수인으로부터 다시 취득한 제3자는 설사 제2매수인이 당해 부동산의 소유권을 유효하게 취득한 것으로 믿었다고 하더라도 제2매매계약이 유효하다고 주장할 수 없다(대판 1996.10.25. 96다29151). ㉡ 丙은 소유권자가 아니기 때문에 丁은 丙으로부터 승계취득할 수 없고, 비록 선의라도 등기의 공신력도 인정되지 않아 X의 소유권을 취득할 수 없다. ㉣ 丁이 乙에게 소유권을 근거로 X의 인도를 청구하는 경우 乙은 甲과 丙 사이의 X에 관한 매매계약이 무효라고 항변할 수 있다.

ㄷ. (×) : 매수인이 매도인에게 이중매도할 것을 적극 권유하는 등 그의 배임행위에 적극 가담하여 이루어진 매매계약은 사회정의 관념에 위반된 민법 제103조 소정 반사회적 법률행위에 해당하여 무효이다(대판 1977.1.11. 76다2083). 甲과 丙 사이의 매매계약은 반사회질서 법률행위로서 무효에 해당할 뿐 제104조의 당사자의 궁박, 경솔 또는 무경험으로 인하여 현저하게 공정을 잃은 법률행위는 문제되지 않는다.

26 불공정한 법률행위에 관한 설명으로 옳지 않은 것은? (다툼이 있으면 판례에 따름)

2018 행정사

① 당사자의 궁박, 경솔 또는 무경험으로 인하여 현저하게 공정을 잃은 법률행위는 무효이다.

② 불공정한 법률행위에 해당하는지 여부는 법률행위 당시를 기준으로 판단하여야 한다.

③ 불공정한 법률행위가 성립하기 위한 요건인 궁박, 경솔, 무경험은 그중 일부만 갖추어져도 충분하다.

④ 법률행위가 현저하게 공정을 잃었다고 하여 곧바로 그것이 궁박한 사정으로 인정되는 것은 아니다.

⑤ 급부와 반대급부 사이의 현저한 불균형은 시가와의 차액 또는 시가와의 배율에 따라 일률적으로 판단해야 한다.

정답해설

① **제104조 【불공정한 법률행위】** 당사자의 궁박, 경솔 또는 무경험으로 인하여 현저하게 공정을 잃은 법률행위는 무효로 한다.

② 어떠한 법률행위가 불공정한 법률행위에 해당하는지는 법률행위 시를 기준으로 판단하여야 한다. 따라서 계약 체결 당시를 기준으로 전체적인 계약 내용을 종합적으로 고려한 결과 불공정한 것이 아니라면 사후에 외부적 환경의 급격한 변화로 인하여 계약당사자 일방에게 큰 손실이 발생하고 상대방에게는 그에 상응하는 큰 이익이 발생할 수 있는 구조라고 하여 그 계약이 당연히 불공정한 계약에 해당한다고 말할 수 없다(대판(전) 2013.9.26. 2013다26746; 대판 2015.1.15. 2014다216072).

③ 불공정한 법률행위가 성립하기 위한 요건인 궁박, 경솔, 무경험은 모두 구비되어야 하는 요건이 아니라 그중 일부만 갖추어져도 충분하다(대판 2002.10.22. 2002다38927).

④ 불공정한 법률행위에 있어서 급부와 반대급부 사이의 현저한 불균형이 있다고 하더라도 당사자의 궁박·경솔 또는 무경험에 의한 것으로 추정되지 않는다. 따라서 매도인이 불공정한 법률행위를 이유로 계약의 무효를 주장하는 경우, 매도인은 매매가격의 현저한 불균형의 증명인 객관적 요건과 매도인의 경솔 등의 주관적 요건을 모두 입증하여야 한다(대판 2008.2.1. 2005다74863 등).

⑤ 급부와 반대급부 사이의 '현저한 불균형'은 단순히 시가와의 차액 또는 시가와의 배율로 판단할 수 있는 것은 아니고 구체적·개별적 사안에 있어서 일반인의 사회통념에 따라 결정하여야 한다. 그 판단에 있어서는 피해 당사자의 궁박·경솔·무경험의 정도가 아울러 고려되어야 하고, 당사자의 주관적 가치가 아닌 거래상의 객관적 가치에 의하여야 한다(대판 2010.7.15. 2009다50308).

Chapter 05

Answer 25 ④ 26 ⑤

27 불공정한 법률행위에 관한 설명으로 옳지 않은 것은? (다툼이 있으면 판례에 의함)

2024 행정사

① 특별한 사정이 없는 한 경매에도 불공정한 법률행위에 관한 민법 제104조가 적용된다.

② 불공정한 법률행위에 해당하는지는 법률행위가 이루어진 시점을 기준으로 약속된 급부와 반대급부 사이의 객관적 가치를 비교 평가하여 판단하여야 한다.

③ 불공정한 법률행위가 성립하기 위한 요건인 궁박, 경솔, 무경험은 그중 일부만 갖추어져도 충분하다.

④ 궁박은 급박한 곤궁을 의미하는 것으로서 심리적 원인에 기인할 수도 있다.

⑤ 무경험은 어느 특정영역에 있어서의 경험부족이 아니라 거래일반에 대한 경험부족을 뜻한다.

정답해설

① 적법한 절차에 의하여 이루어진 경매에 있어서 경락가격이 경매부동산의 시가에 비하여 저렴하다는 사유는 경락허가결정에 대한 적법한 불복이유가 되지 못하는 것이고 경매에 있어서는 불공정한 법률행위 또는 채무자에게 불리한 약정에 관한 것으로서 효력이 없다는 민법 제104조, 제608조는 적용될 여지가 없다(대결 1980.3.21. 80마77).

② 불공정 법률행위에 해당하는지는 법률행위가 이루어진 시점을 기준으로 약속된 급부와 반대급부 사이의 객관적 가치를 비교 평가하여 판단하여야 할 문제이고, 당초의 약정대로 계약이 이행되지 아니할 경우에 발생할 수 있는 문제는 달리 특별한 사정이 없는 한 채무의 불이행에 따른 효과로서 다루어지는 것이 원칙이다(대판 2013.9.26. 2010다42075).

③, ④, ⑤ 불공정한 법률행위가 성립하기 위한 요건인 궁박, 경솔, 무경험은 모두 구비되어야 하는 요건이 아니라 그중 일부만 갖추어져도 충분한데, 여기에서 '궁박'이라 함은 '급박한 곤궁'을 의미하는 것으로서 경제적 원인에 기인할 수도 있고 정신적 또는 심리적 원인에 기인할 수도 있으며, '무경험'이라 함은 일반적인 생활체험의 부족을 의미하는 것으로서 어느 특정영역에 있어서의 경험부족이 아니라 거래일반에 대한 경험부족을 뜻하고, 당사자가 궁박 또는 무경험의 상태에 있었는지 여부는 그의 나이와 직업, 교육 및 사회경험의 정도, 재산 상태 및 그가 처한 상황의 절박성의 정도 등 제반 사정을 종합하여 구체적으로 판단하여야 하며, 한편 피해 당사자가 궁박, 경솔 또는 무경험의 상태에 있었다고 하더라도 그 상대방 당사자에게 그와 같은 피해 당사자 측의 사정을 알면서 이를 이용하려는 의사, 즉 폭리행위의 악의가 없었다거나 또는 객관적으로 급부와 반대급부 사이에 현저한 불균형이 존재하지 아니한다면 불공정 법률행위는 성립하지 않는다(대판 2002.10.22. 2002다38927).

28 불공정한 법률행위에 관한 설명으로 옳은 것은? (다툼이 있으면 판례에 따름) 2019 행정사

① 증여계약도 불공정한 법률행위가 될 수 있다.

② 급부와 반대급부 사이의 현저한 불균형을 판단함에 있어서 피해 당사자의 궁박, 경솔 또는 무경험의 정도는 고려대상이 아니다.

③ 대리행위의 경우, 경솔과 무경험은 대리인을 기준으로 하여 판단하고 궁박은 본인의 입장에서 판단해야 한다.

④ 피해 당사자가 궁박, 경솔 또는 무경험의 상태에 있었다면 상대방 당사자에게 그와 같은 사정을 알면서 이를 이용하려는 의사가 없어도 불공정한 법률행위가 성립한다.

⑤ 법률행위가 현저하게 공정을 잃은 경우 그것은 당사자의 궁박, 경솔 또는 무경험으로 인한 것으로 추정된다.

정답해설

① 판례는 "불공정한 법률행위에 해당하기 위해서는 급부와 반대급부와의 사이에 현저히 균형을 잃을 것이 요구되므로 이 사건 증여와 같이 상대방에 의한 대가적 의미의 재산관계의 출연이 없이 당사자 일방의 급부만 있는 경우에는 급부와 반대급부 사이의 불균형의 문제는 발생하지 않는다"고 하여 무상행위에는 적용되지 않는다는 입장이다(대판 1993.7.16. 92다41528).

② 급부와 반대급부 사이의 '현저한 불균형'은 단순히 시가와의 차액 또는 시가와의 배율로 판단할 수 있는 것은 아니고 구체적·개별적 사안에 있어서 일반인의 사회통념에 따라 결정하여야 한다. 그 판단에 있어서는 피해 당사자의 궁박·경솔·무경험의 정도가 아울러 고려되어야 하고, 당사자의 주관적 가치가 아닌 거래상의 객관적 가치에 의하여야 한다(대판 2010.7.15. 2009다50308).

③ 대리인이 매매계약을 체결한 경우, 경솔과 무경험은 그 대리인을 기준으로 판단하고 궁박상태에 있었는지의 여부는 본인의 입장에서 판단해야 한다(대판 2002.10.22. 2002다38927).

④ 폭리자는 상대방 당사자가 궁박·경솔 또는 무경험의 상태에 있는 것을 알고서 그것을 이용하려는 의도, 즉 악의를 가지고 있어야 한다(대판 2008.3.14. 2007다11996).

⑤ 불공정한 법률행위에 있어서 급부와 반대급부 사이의 현저한 불균형이 있다고 하더라도 당사자의 궁박·경솔 또는 무경험에 의한 것으로 추정되지 않는다. 따라서 매도인이 불공정한 법률행위를 이유로 계약의 무효를 주장하는 경우, 매도인은 매매가격의 현저한 불균형의 증명인 객관적 요건과 매도인의 경솔 등의 주관적 요건을 모두 입증하여야 한다(대판 2008.2.1. 2005다74863 등)

Answer 27 ① 28 ③

29 불공정한 법률행위에 관한 설명으로 옳지 않은 것은? (다툼이 있는 경우에는 판례에 의함)

2014 행정사

① "궁박"은 "급박한 곤궁"을 의미하지만 이는 반드시 경제적 궁박으로 제한되지 않는다.

② 급부와 반대급부 간에 현저한 불균형이 있으면 궁박 · 경솔 또는 무경험으로 인한 법률행위로 추정된다.

③ 불공정한 법률행위에 해당하는지 여부는 법률행위시를 기준으로 판단하여야 한다.

④ 증여와 같이 아무런 대가 없이 의무자가 일방적으로 급부하는 법률행위는 그 공정성 여부를 논의할 수 있는 성질의 법률행위가 되지 아니한다.

⑤ 불공정한 법률행위에 해당하여 무효가 된 때에도 무효행위의 전환이 인정될 수 있다.

정답해설

① 궁박은 반드시 경제적인 곤궁일 필요는 없고, 그 이외에 신체적, 심리적, 정신적 곤궁도 포함된다(대판 2002.10.22. 2002다38927). 또한 궁박의 상태가 계속적인 것이든 일시적인 것이든 무방하다(대판 2008.3.14. 2007다11996).

② 불공정한 법률행위에 있어서 급부와 반대급부 사이의 현저한 불균형이 있다고 하더라도 당사자의 궁박 · 경솔 또는 무경험에 의한 것으로 추정되지 않는다. 따라서 매도인이 불공정한 법률행위를 이유로 계약의 무효를 주장하는 경우, 매도인은 매매가격의 현저한 불균형의 증명인 객관적 요건과 매도인의 경솔 등의 주관적 요건을 모두 입증하여야 한다(대판 2008.2.1. 2005다74863 등).

③ 어떠한 법률행위가 불공정한 법률행위에 해당하는지는 법률행위 시를 기준으로 판단하여야 한다. 따라서 계약 체결 당시를 기준으로 전체적인 계약 내용을 종합적으로 고려한 결과 불공정한 것이 아니라면 사후에 외부적 환경의 급격한 변화로 인하여 계약당사자 일방에게 큰 손실이 발생하고 상대방에게는 그에 상응하는 큰 이익이 발생할 수 있는 구조라고 하여 그 계약이 당연히 불공정한 계약에 해당한다고 말할 수 없다(대판(전) 2013.9.26. 2013다26746; 대판 2015.1.15. 2014다216072).

④ 판례는 "불공정한 법률행위에 해당하기 위해서는 급부와 반대급부와의 사이에 현저히 균형을 잃을 것이 요구되므로 이 사건 증여와 같이 상대방에 의한 대가적 의미의 재산관계의 출연이 없이 당사자 일방의 급부만 있는 경우에는 급부와 반대급부 사이의 불균형의 문제는 발생하지 않는다"고 하여 무상행위에는 적용되지 않는다는 입장이다(대판 1993.7.16. 92다41528).

⑤ 매매계약이 약정된 매매대금의 과다로 불공정한 법률행위에 해당하여 무효인 경우에 무효행위의 전환에 관한 민법 제138조가 적용될 수 있다. 이 점이 무효행위추인이 부정되는 것과 구별된다(대판 2010.7.15. 2009다50308).

30 **불공정한 법률행위(민법 제104조)에 관한 설명으로 옳지 않은 것은? (다툼이 있으면 판례에 따름)** 2015 행정사

① 법률행위가 현저하게 공정을 잃은 경우, 그것은 경솔하게 이루어졌거나 궁박한 사정이 있었던 것으로 추정된다.

② 강제경매에서 시가보다 현저하게 낮게 매각된 경우에 불공정한 법률행위가 성립될 수 없다.

③ 불공정한 법률행위가 성립하기 위한 요건인 궁박, 경솔, 무경험은 그중 일부만 갖추어도 된다.

④ 불공정한 법률행위에서 궁박이란 급박한 곤궁을 의미하는 것으로서 정신적 원인에 기인할 수도 있다.

⑤ 대리행위의 경우에 경솔 · 무경험은 대리인을 기준으로 판단하고, 궁박상태에 있었는지 여부는 본인을 기준으로 판단하여야 한다.

정답해설

① 불공정한 법률행위에 있어서 급부와 반대급부 사이의 현저한 불균형이 있다고 하더라도 당사자의 궁박 · 경솔 또는 무경험에 의한 것으로 추정되지 않는다. 따라서 매도인이 불공정한 법률행위를 이유로 계약의 무효를 주장하는 경우, 매도인은 매매가격의 현저한 불균형의 증명인 객관적 요건과 매도인의 경솔 등의 주관적 요건을 모두 입증하여야 한다(대판 2008.2.1. 2005다74863 등).

② 적법한 절차에 의하여 이루어진 경매에 있어서 경락가격이 경매부동산의 시가에 비하여 저렴하다는 사유는 경락허가결정에 대한 적법한 불복이유가 되지 못하는 것이고 경매에 있어서는 불공정한 법률행위 또는 채무자에게 불리한 약정에 관한 것으로서 효력이 없다는 민법 제104조, 제608조는 적용될 여지가 없다(대결 1980.3.21. 80마77).

③ 불공정한 법률행위가 성립하기 위한 요건인 궁박, 경솔, 무경험은 모두 구비되어야 하는 요건이 아니라 그중 일부만 갖추어져도 충분하다(대판 2010.9.30. 2009다76195. 76201).

④ 궁박은 반드시 경제적인 곤궁일 필요는 없고, 그 이외에 신체적, 심리적, 정신적 곤궁도 포함된다(대판 2002.10.22. 2002다38927).

⑤ 대리인이 매매계약을 체결한 경우, 경솔과 무경험은 그 대리인을 기준으로 판단하고 궁박상태에 있었는지의 여부는 본인의 입장에서 판단해야 한다(대판 2002.10.22. 2002다38927).

Chapter 05

Answer 29 ② 30 ①

31 **불공정한 법률행위에 관한 설명으로 옳은 것은? (다툼이 있으면 판례에 의함)** 2022 행정사

① 불공정한 법률행위는 원칙적으로 추인에 의해서 유효로 될 수 없다.

② 궁박은 경제적 원인에 기인하는 것을 말하며, 심리적 원인에 기인할 수 없다.

③ 특별한 사정이 없는 한 경솔・궁박은 본인을 기준으로 판단하고, 무경험은 대리인을 기준으로 판단한다.

④ 법률행위가 현저하게 공정성을 잃은 경우 그 법률행위 당사자의 궁박・경솔・무경험은 추정된다.

⑤ 불공정한 법률행위에는 무효행위의 전환에 관한 민법 제138조는 적용되지 않는다.

정답해설

① 불공정한 법률행위는 무효이며 선의의 제3자에게도 무효를 주장할 수 있다. 그리고 무효행위의 추인에 의하여 유효로 될 수 없고, 법정추인이 적용될 여지도 없다(대판 1994.6.24. 94다10900).

② 공정한 법률행위가 성립하기 위한 요건인 궁박, 경솔, 무경험은 모두 구비되어야 하는 요건이 아니라 그중 일부만 갖추어져도 충분한데, 여기에서 '궁박'이라 함은 '급박한 곤궁'을 의미하는 것으로서 경제적 원인에 기인할 수도 있고 정신적 또는 심리적 원인에 기인할 수도 있으며, '무경험'이라 함은 일반적인 생활체험의 부족을 의미하는 것으로서 어느 특정영역에 있어서의 경험부족이 아니라 거래일반에 대한 경험부족을 뜻하고, 당사자가 궁박 또는 무경험의 상태에 있었는지 여부는 그의 나이와 직업, 교육 및 사회경험의 정도, 재산 상태 및 그가 처한 상황의 절박성의 정도 등 제반 사정을 종합하여 구체적으로 판단하여야 하며, 한편 피해 당사자가 궁박, 경솔 또는 무경험의 상태에 있었다고 하더라도 그 상대방 당사자에게 그와 같은 피해 당사자측의 사정을 알면서 이를 이용하려는 의사, 즉 폭리행위의 악의가 없었다거나 또는 객관적으로 급부와 반대급부 사이에 현저한 불균형이 존재하지 아니한다면 불공정 법률행위는 성립하지 않는다(대판 2002.10.22. 2002다38927).

③ 대리인이 매매계약을 체결한 경우, 경솔과 무경험은 그 대리인을 기준으로 판단하고 궁박상태에 있었는지의 여부는 본인의 입장에서 판단해야 한다(대판 2002.10.22. 2002다38927).

④ 불공정한 법률행위를 주장하는 자는 스스로 궁박, 경솔, 무경험으로 인하였음을 증명하여야 하고, 그 법률행위가 현저하게 공정을 잃었다 하여 곧 그것이 경솔하게 이루어졌다고 추정하거나 궁박한 사정이 인정되는 것이 아니다(대판 1969.7.8. 69다594).

⑤ 매매계약이 약정된 매매대금의 과다로 말미암아 민법 제104조에서 정하는 불공정한 법률행위에 해당하여 무효인 경우에도 무효행위의 전환에 관한 민법 제138조가 적용되어 당사자 쌍방이 위와 같은 무효를 알았더라면 대금을 다른 액으로 정하여 매매계약에 합의하였을 것이라고 예외적으로 인정되는 경우에는 그 대금액을 내용으로 하는 매매계약이 유효하게 성립할 수 있다(대판 2011.4.28. 2010다106702).

✦ 민법상 추인 비교

	무효행위의 추인	제139조	효과
1.	강행법규 위반, 반사회적 법률행위, 불공정한 법률행위 등 무효	적용 ×	추인하여도 여전히 무효
2.	통정허위표시로 무효, 무효의 가등기의 유용, 무효인 명의신탁 등 무효	적용 ○	무효임을 알고 추인한 때에는 새로운 법률로 본다(소급효 없음).
3.	유동적 무효: ㉠ 무권대리행위(제133조) ㉡ 무권리자 처분행위 ㉢ 토지거래허가를 받지 않고 한 토지매매계약 등	적용 ×	추인이나 허가를 받으면 소급하여 효력 발생
	취소할 수 있는 행위의 추인(취소권의 포기)	제143조 ○	유동적 유효 → 확정적 유효(소급효 ×)

32 법률행위의 목적에 관한 설명으로 옳지 않은 것은? (다툼이 있으면 판례에 따름) 2017 행정사

① 불공정한 법률행위가 성립하기 위하여는 궁박·경솔·무경험의 요건이 모두 충족되어야 한다.

② 무상증여는 불공정한 법률행위가 될 수 없다.

③ 해외파견된 근로자가 귀국일로부터 3년간 회사에 근무하여야 하고, 이를 위반한 경우에는 해외파견에 소요된 경비를 배상하여야 한다는 회사의 사규는 반사회질서의 법률행위에 해당하지 않는다.

④ 공익법인이 주무관청의 허가 없이 기본재산을 처분하는 것은 무효이다.

⑤ 도박자금에 제공할 목적으로 금전의 대차를 한 때에는 그 대차계약은 반사회질서의 법률행위로 무효이다.

정답해설

① 불공정한 법률행위가 성립하기 위한 요건인 궁박, 경솔, 무경험은 모두 구비되어야 하는 요건이 아니라 그중 일부만 갖추어져도 충분하다(대판 2010.9.30. 2009다76195·76201).

② 판례는 "불공정한 법률행위에 해당하기 위해서는 급부와 반대급부와의 사이에 현저히 균형을 잃을 것이 요구되므로 이 사건 증여와 같이 상대방에 의한 대가적 의미의 재산관계의 출연이 없이 당사자 일방의 급부만 있는 경우에는 급부와 반대급부 사이의 불균형의 문제는 발생하지 않는다"고 하여 무상행위에는 적용되지 않는다는 입장이다(대판 1993.7.16. 92다41528).

③ 해외파견된 근로자가 귀국일로부터 일정기간 소속회사에 근무하여야 한다는 사규나 약정은 민법 제103조 또는 제104조에 위반된다고 할 수 없고, 일정기간 근무하지 않으면 해외 파견 소요 경비를 배상한다는 사규나 약정은 근로계약기간이 아니라 경비반환채무의 면제기간을 정한 것이므로 근로기준법 제21조에 위배하는 것도 아니다(대판 1982.6.22. 82다카90).

Answer 31 ① 32 ①

④ 공익법인은 법인세법상 비영리법인 중 상속세 및 증여세법 시행령 제12조 각 호에 열거된 공익사업을 영위하는 법인을 말한다. 종교활동을 영위하는 법인, 학교법인, 의료법인, 사회복지법인, 「공익법인의 설립 · 운영에 관한 법률」을 적용받는 공익법인, 법인세법 시행령 제36조의 지정기부금단체 등이 공익법인에 해당한다. 따라서 공익법인도 민법의 규율을 받고, 기본재산을 처분하는 것은 자산의 변경을 가져오는 것이어서 정관의 변경을 초래한다(제40조 제5호, 제43조). 정관 변경 후에는 주무관청의 허가가 필요하다(제42조 제2항, 제45조 제2항). 그러므로 주무관청의 허가 없이 기본재산을 처분하는 것은 무효이다.

⑤ 도박자금에 제공할 목적으로 금전의 대차를 한 때에는 그 대차계약은 민법 제103조의 반사회질서의 법률행위로 무효이다(대판 1973.5.22. 72다2249).

제3절 의사표시

01 비진의표시에 관한 설명으로 옳은 것은? (다툼이 있으면 판례에 따름) 2020 행정사

① 비진의표시에서 '진의'는 표의자가 진정으로 마음속에서 바라는 사항을 뜻한다.
② 비진의표시에서 '진의'는 특정한 내용의 의사표시를 하고자 하는 표의자의 생각을 의미하는 것은 아니다.
③ 표의자가 진정 마음에서 바라지는 아니하였더라도 당시의 상황에서는 최선이라고 판단하여 의사표시를 하였다면 비진의표시는 아니다.
④ 표의자가 강박에 의하여 증여를 하기로 하고 그에 따른 증여의 의사표시를 하였더라도, 재산을 강제로 뺏긴다는 본심이 잠재되어 있다면 그 증여는 비진의표시에 해당한다.
⑤ 공무원의 사직의 의사표시와 같은 공법행위에도 비진의표시에 관한 민법의 규정이 적용된다.

정답해설

①, ②, ③ 표의자의 의사, 즉 진의에 관해서 판례는 진의란 특정한 내용의 의사표시를 하고자 하는 표의자의 생각을 말하는 것이지 표의자가 진정으로 마음속에서 바라는 사항을 뜻하는 것은 아니므로, 표의자가 의사표시의 내용을 진정으로 마음속에서 바라지는 아니하였다고 하더라도 당시의 상황에서는 그것을 최선이라고 판단하여 그 의사표시를 하였을 경우에는 이를 내심의 효과의사가 결여된 비진의 의사표시라고 할 수 없다고 하였다(대판 1996.12.20. 95누16059; 대판 2000.4.25. 99다34475).

④ 비록 재산을 강제로 빼앗긴다는 것이 표의자의 본심으로 잠재되어 있었다 하더라도 표의자가 강제에 의해서나마 증여하기로 하였으므로 진의가 없다고 할 수 없다(대판 1993.7.16. 92다41528).

⑤ 공무원이 사직의 의사표시를 하여 의원면직처분을 하는 경우 그 사직의 의사표시는 그 법률관계의 특수성에 비추어 외부적·객관적으로 표시된 바를 존중하여야 할 것이므로, 비록 사직원제출자의 내심의 의사가 사직할 뜻이 아니었다고 하더라도 진의 아닌 의사표시에 관한 민법 제107조는 그 성질상 사직의 의사표시와 같은 사인의 공법행위에는 준용되지 아니하므로 그 의사가 외부에 표시된 이상 그 의사는 표시된 대로 효력을 발한다(대판 1997.12.12. 97누13962).

	조문	성립요건	적용범위
진의 아닌 의사표시	**제107조【진의 아닌 의사표시】** ① 의사표시는 표의자가 진의 아님을 알고 한 것이라도 그 효력이 있다. 그러나 상대방이 표의자의 진의 아님을 알았거나 이를 알 수 있었을 경우에는 무효로 한다. ② 전항의 의사표시의 무효는 선의의 제3자에게 대항하지 못한다. ※ 진의: 특정한 내용의 의사표시를 하고자 하는 표의자의 생각 → 진정으로 마음속에서 바라는 사항 ×	① 의사표시의 존재 ② 의사 ≠ 표시 ③ 표의자가 알고 있을 것 → 유효 ④ 상대방이 알았거나 알 수 있었을 경우 → 무효	상대방 있는 단독행위 ○ ※ 의사표시 공통 신분행위 × 공법행위 ×

Answer 01 ③

02 진의 아닌 의사표시에 관한 설명으로 옳지 않은 것은? (다툼이 있으면 판례에 따름)

2017 세무사

① 진의 아닌 의사표시는 표시된 대로 효력이 발생하는 것이 원칙이다.

② 진의와 표시가 일치하지 않음을 표의자가 알지 못한 경우에도 진의 아닌 의사표시가 성립할 수 있다.

③ 상대방이 표의자의 진의 아님을 알았거나 알 수 있었던 경우에는 무효이다.

④ 객관적으로 보아 명백히 사교적인 농담의 경우에는 상대방이 그 표시를 믿었더라도 효력이 발생하지 않는다.

⑤ 어떠한 의사표시가 진의 아닌 의사표시라는 것을 이유로 무효라고 주장하는 경우에 그 입증책임은 그 주장자에게 있다.

정답해설

①, ③ **제107조 【진의 아닌 의사표시】** ① 의사표시는 표의자가 진의 아님을 알고 한 것이라도 그 효력이 있다. 그러나 상대방이 표의자의 진의 아님을 알았거나 이를 알 수 있었을 경우에는 무효로 한다.

② 비진의표시란 표시행위의 의미가 표의자의 진의와 다르다는 것, 즉 의사와 표시의 불일치를 표의자가 스스로 알면서 하는 의사표시를 말한다.

| 비교 | 허위표시(제108조)는 상대방과 통정(통모)이 필요하고, 착오(제109조)는 표의자가 진의와 표시가 일치하지 않음을 스스로 알지 못하는 의사표시이다.

④ 비진의표시가 인정되려면 일정한 효과의사를 추단할 만한 가치 있는 행위로서 의사표시가 존재하여야 한다. 따라서 사교상의 명백한 농담, 교수가 강의 중에 행한 표시는 법률효과의 발생을 원하지 않는 것이 명백하여 비진의표시도 문제될 여지가 없다.

⑤ "상대방이 표의자의 진의 아님을 알았거나 알 수 있었을 경우"에는 그 비진의표시는 무효이다(제107조 제1항 단서). 이 경우 비진의라는 사실의 지·부지나 과실의 유무는 행위시를 표준으로 하여 결정하고, 상대방의 악의 또는 과실의 유무는 무효를 주장하는 자가 입증해야 한다(대판 1992.5.22. 92다2295).

03 **민법 제107조(진의 아닌 의사표시)에 관한 설명으로 옳지 않은 것은? (다툼이 있는 경우에는 판례에 의함)**

2013 행정사

① 대리권 남용의 경우에도 유추적용될 수 있다.

② 근로자가 사직서가 수리되지 않으리라고 믿고 제출한 사실을 상대방이 알고 있으면 그 사직서 제출행위는 무효로 된다.

③ 진의 아닌 의사표시는 원칙적으로 표시된 대로 법적 효과가 발생한다.

④ 표시가 진의와 다름을 표의자가 알고 있다는 점에서 착오와 구별된다.

⑤ 진의란 표의자가 진정으로 마음속에서 바라는 사항을 말하는 것이지 특정한 내용의 의사표시를 하고자 하는 표의자의 생각을 뜻하는 것은 아니다.

정답해설

① 진의 아닌 의사표시가 대리인에 의하여 이루어지고 대리인의 진의가 본인의 이익이나 의사에 반하여 자기 또는 제3자의 이익을 위한 배임적인 것임을 상대방이 알았거나 알 수 있었을 경우에는 민법 제107조 제1항 단서의 유추해석상 대리인의 행위에 대하여 본인은 아무런 책임을 지지 않는다고 보아야 하고, 상대방이 대리인의 표시의사가 진의 아님을 알았거나 알 수 있었는지는 표의자인 대리인과 상대방 사이에 있었던 의사표시 형성과정과 내용 및 그로 인하여 나타나는 효과 등을 객관적인 사정에 따라 합리적으로 판단하여야 한다(대판 2011.12.22. 2011다64669). 판례에 따르면 민법 제107조 제1항 단서는 대리권 남용의 경우에도 유추적용될 수 있다.

② 진의 아닌 의사표시라도 상대방이 표의자의 진의 아님을 알았거나 알 수 있었던 경우에는 무효이다(제107조 제1항 단서). 따라서 근로자가 사직서가 수리되지 않으리라고 믿고 제출한 사실을 상대방이 알고 있으면 그 사직서 제출행위는 무효로 된다.

> **제107조【진의 아닌 의사표시】**
> ① 의사표시는 표의자가 진의 아님을 알고 한 것이라도 그 효력이 있다. 그러나 상대방이 표의자의 진의 아님을 알았거나 이를 알 수 있었을 경우에는 무효로 한다.

③ 진의 아닌 의사표시는 원칙적으로 표시된 대로 법적 효과가 발생한다. 다만 상대방이 표의자의 진의 아님을 알았거나 이를 알 수 있었을 경우에는 예외적으로 무효로 된다(제107조 제1항).

> **제107조【진의 아닌 의사표시】**
> ① 의사표시는 표의자가 진의 아님을 알고 한 것이라도 그 효력이 있다. 그러나 상대방이 표의자의 진의 아님을 알았거나 이를 알 수 있었을 경우에는 무효로 한다.
> ② 전항의 의사표시의 무효는 선의의 제3자에게 대항하지 못한다.

④ 비진의표시란 표시행위의 의미가 표의자의 진의와 다르다는 것, 즉 의사와 표시의 불일치를 표의자가 스스로 알면서 하는 의사표시를 말한다. 이에 반해 착오(제109조)는 표의자가 진의와 표시가 일치하지 않음을 스스로 알지 못하는 의사표시라는 점에 차이가 있다.

Answer 02 ② 03 ⑤

⑤ 진의란 특정한 내용의 의사표시를 하고자 하는 표의자의 생각을 말하는 것이지 표의자가 진정으로 마음속에서 바라는 사항을 뜻하는 것은 아니므로, 표의자가 의사표시의 내용을 진정으로 마음속에서 바라지는 아니하였다고 하더라도 당시의 상황에서는 그것을 최선이라고 판단하여 그 의사표시를 하였을 경우에는 이를 내심의 효과의사가 결여된 비진의 의사표시라고 할 수 없다(대판 1996.12.20. 95누16059; 대판 2000.4.25. 99다34475).

04 민법상 비진의 의사표시로서 무효가 아닌 것을 모두 고른 것은? (다툼이 있으면 판례에 의함)

2024 행정사

ㄱ. 공무원이 한 사직의 의사표시
ㄴ. 학교법인이 사립학교법상의 제한규정 때문에 그 학교의 교직원들의 명의를 빌려서 금융기관으로부터 금원을 차용한 경우에 교직원들의 채무부담 의사표시
ㄷ. 재산을 강제로 뺏긴다는 것이 표의자의 본심으로 잠재되어 있었으나 표의자가 강박에 의하여서나마 증여를 하기로 하고 그에 따라 한 증여의 의사표시

① ㄱ ② ㄷ ③ ㄱ, ㄴ
④ ㄴ, ㄷ ⑤ ㄱ. ㄴ, ㄷ

정답해설

ㄱ. (○): 공무원이 사직의 의사표시를 하여 의원면직처분을 하는 경우 그 사직의 의사표시는 그 법률관계의 특수성에 비추어 외부적·객관적으로 표시된 바를 존중하여야 할 것이므로, 비록 사직원제출자의 내심의 의사가 사직할 뜻이 아니었다고 하더라도 진의 아닌 의사표시에 관한 민법 제107조는 그 성질상 사직의 의사표시와 같은 사인의 공법행위에는 준용되지 아니하므로 그 의사가 외부에 표시된 이상 그 의사는 표시된 대로 효력을 발한다(대판 1997.12.12. 97누13962).

ㄴ. (○): 학교법인이 사립학교법상의 제한규정 때문에 그 학교의 교직원들의 명의를 빌려서 은행으로부터 금원을 차용한 경우에 은행 역시 그러한 사정을 알고 있었다고 하더라도 교직원들의 의사는 금전의 대차에 관하여 그들이 주채무자로서 채무를 부담하겠다는 뜻이라고 해석함이 상당하므로 이를 진의 아닌 의사표시라고 볼 수 없다(대판 1980.7.8. 80다639).

ㄷ. (○): 표의자의 의사, 즉 진의에 관해서 판례는 진의란 특정한 내용의 의사표시를 하고자 하는 표의자의 생각을 말하는 것이지 표의자가 진정으로 마음속에서 바라는 사항을 뜻하는 것은 아니므로, 표의자가 의사표시의 내용을 진정으로 마음속에서 바라지는 아니하였다고 하더라도 당시의 상황에서는 그것을 최선이라고 판단하여 그 의사표시를 하였을 경우에는 이를 내심의 효과의사가 결여된 비진의 의사표시라고 할 수 없다고 하였다(대판 1996.12.20. 95누16059; 대판 2000.4.25. 99다34475). 이에 따르면 비록 재산을 강제로 빼앗긴다는 것이 표의자의 본심으로 잠재되어 있었다 하더라도 표의자가 강제에 의해서나마 증여하기로 하였으므로 진의가 없다고 할 수 없다(대판 1993.7.16. 92다41528).

05 통정허위표시의 성립요건이 아닌 것은? (다툼이 있으면 판례에 따름) 2017 세무사

① 사회통념상 의사표시로 인정될 수 있는 법률사실이 있어야 한다.
② 진의와 표시가 일치하지 않아야 한다.
③ 진의와 표시가 일치하지 않음을 표의자가 알고 있어야 한다.
④ 표시된 법률행위와 다른 법률행위를 은닉할 목적으로 하여야 한다.
⑤ 상대방과 통정하여 의사표시를 하여야 한다.

정답해설

① 허위표시가 인정되려면 우선 의사표시가 있어야 한다.
② 표시행위의 의미에 대응하는 표의자의 의사가 존재하지 않아야 한다. 따라서 표시행위에 대응하는 진정한 의사가 있으면 그에 따른 법률적 효과와 경제적 목적이 서로 상이하더라도 허위표시가 아니다.
③ 표의자 스스로 그의 진의와 표시행위의 의미가 일치하지 않는다는 것을 알고 있어야 한다. 이 점에서 비진의표시와 같고 착오와 다르다.

비교 비진의표시(제107조)란 의사와 표시의 불일치를 표의자가 스스로 알면서 하는 의사표시, 착오(제109조)는 표의자가 진의와 표시가 일치하지 않음을 스스로 알지 못하면서 하는 의사표시이다.

④ 증여를 하면서 증여세를 면탈하기 위하여 매매를 가장한 경우, 증여행위가 가장행위 뒤에 숨어 있는 당사자가 진실로 달성하고자 하는 법률행위로 은닉행위이다. 통정허위표시는 은닉행위를 목적으로 하는 경우도 있으나, 채무자가 채권자의 강제집행을 면하기 위하여 타인과 통정하여 그 자에게 허위로 부동산을 매도하고 소유권이전등기를 해 준 경우와 같이 은닉행위를 목적으로 하지 않는 가장행위도 가능하다.
⑤ 진의와 다른 표시를 하는 데 대하여 상대방과의 통정이 있어야 한다. 여기서 통정은 표의자가 진의 아닌 의사표시를 하는 것을 상대방이 단순히 알고 있는 것만으로는 부족하고, 그에 관해 상대방과의 사이에 합의가 있어야 한다.

	조문	성립요건	적용범위
통정허위표시	**제108조【통정한 허위의 의사표시】** ① 상대방과 통정한 허위의 의사표시는 무효로 한다(→상대방과 짜고 거짓으로 한 의사표시). ② 전항의 의사표시의 무효는 선의의 제3자에게 대항하지 못한다. ※ 선의의 제3자: 무과실은 요건 ×	① 의사표시의 존재 ② 의사 ≠ 표시 ③ 표의자가 알고 있을 것 ④ 상대방과 통정하였을 것 (알고 + 합의)	※ 의사표시 공통 신분행위× 공법행위×

Answer 04 ⑤ 05 ④

06 통정허위표시에 관한 설명으로 옳지 않은 것은? (다툼이 있으면 판례에 따름) 2016 행정사

① 통정허위표시는 무효이나, 그 무효로써 선의의 제3자에게 대항하지 못한다.
② 선의의 제3자가 되기 위해서는 선의임에 과실이 없어야 한다.
③ 제3자는 특별한 사정이 없는 한 선의로 추정할 것이므로, 제3자가 악의라는 사실에 관한 주장·입증책임은 그 허위표시의 무효를 주장하는 자에게 있다.
④ 통정허위표시에 의한 매매의 매수인으로부터 매수목적물에 대하여 선의로 저당권을 설정받은 자는 선의의 제3자에 해당된다.
⑤ 통정허위표시로 설정된 전세권에 대하여 선의로 저당권을 취득한 자는 선의의 제3자에 해당된다.

정답해설

① 통정허위표시는 무효이나(제108조 제1항), 그 무효로써 선의의 제3자에게 대항하지 못한다(제108조 제2항).

제108조【통정한 허위의 의사표시】
① 상대방과 통정한 허위의 의사표시는 무효로 한다.
② 전항의 의사표시의 무효는 선의의 제3자에게 대항하지 못한다.

② 민법 제108조 제2항의 제3자는 선의이면 족하고 무과실은 요건이 아니다(대판 2004.5.28. 2003다70041). 선의의 제3자가 되기 위해서는 선의이면 과실이 있어도 가능하다.
③ 제3자는 특별한 사정이 없는 한 선의로 추정될 것이므로, 제3자가 악의라는 사실에 관한 주장·입증책임은 그 허위표시의 무효를 주장하는 자에게 있다(대판 1978.12.26. 77다907).
④ 민법 제108조 제2항에서 말하는 제3자는 허위표시의 당사자와 그의 포괄승계인 이외의 자 모두를 가리키는 것이 아니고 그 가운데서 허위표시행위를 기초로 하여 새로운 이해관계를 맺은 자를 한정해서 가리키는 것이다. 통정허위표시에 의한 매매의 매수인으로부터 매수목적물에 대하여 선의로 저당권을 설정받은 자는 위 허위표시의 당사자와 그의 포괄승계인 이외의 자로 그 매매계약을 기초하여 새로운 권리인 저당권을 취득한 자로서 선의의 제3자에 해당된다.
⑤ 실제로는 전세권설정계약이 없으면서도 임대차계약에 기한 임차보증금 반환채권을 담보할 목적으로 임차인과 임대인 사이의 합의에 따라 임차인 명의로 전세권설정등기를 경료한 후 그 전세권에 대하여 근저당권이 설정된 경우, 설령 위 전세권설정계약만 놓고 보아 그것이 통정허위표시에 해당하여 무효라 하더라도 이로써 위 전세권설정계약에 의하여 형성된 법률관계를 토대로 별개의 법률원인에 의하여 새로운 법률상 이해관계를 갖게 된 근저당권자에 대하여는 그와 같은 사정을 알고 있었던 경우에만 그 무효를 주장할 수 있다(대판 2008.3.13. 2006다29372).

07 **통정허위표시에 관한 설명으로 옳은 것은? (다툼이 있는 경우에는 판례에 의함)** 2014 행정사

① 통정은 상대방과 짜고 함을 의미하지만, 이때 표의자의 상대방이 단순히 진의와 다른 표시가 있다는 사실을 인식하면 충분하다.

② 대리인이 그 권한 안에서 본인의 이름으로 의사표시를 함에 있어서 상대방과 통정하여 진의와 다른 의사를 표시한 경우, 그 의사표시는 본인에게 효력이 생긴다.

③ 허위표시의 당사자가 아닌 사람은 허위표시의 무효로써 허위표시에 기초하여 새로운 법률상 이해관계를 가진 선의의 제3자에게 대항할 수 있다.

④ 상대방과 허위표시로써 성립한 가장채권을 보유한 채권자에 대하여 파산이 선고된 경우 파산관재인은 허위표시의 무효로부터 보호되는 선의의 제3자가 될 수 없다.

⑤ 통정한 허위표시에 의하여 외형상 형성된 법률관계로 생긴 채권을 가압류한 경우, 그 가압류권자는 허위표시에 기초하여 새로운 법률상 이해관계를 가지게 된 제3자에 해당한다.

정답해설

① 진의와 다른 표시를 하는 데 대하여 상대방과의 통정이 있어야 한다. 여기서 통정은 표의자가 진의 아닌 의사표시를 하는 것을 상대방이 단순히 알고 있는 것만으로는 부족하고, 그에 관해 상대방과의 사이에 합의가 있어야 한다.

② 대리에 있어서 효과의사를 결정하는 자는 대리인이기 때문에 의사의 흠결, 대리행위의 하자에 관해서는 '대리인'을 표준으로 하여 하자의 유무를 결정한다(제116조 제1항). 따라서 대리인이 상대방과 통정하여 의사표시를 하였다면 대리행위는 무효이므로 본인에게 효력이 생기지 않는다.

> **제116조【대리행위의 하자】**
> ① 의사표시의 효력이 의사의 흠결, 사기, 강박 또는 어느 사정을 알았거나 과실로 알지 못한 것으로 인하여 영향을 받은 경우에 그 사실의 유무는 대리인을 표준하여 결정한다.

③ 허위표시는 당사자 사이에서는 물론 제3자에 대한 관계에서도 무효이다. 따라서 당사자뿐만 아니라 제3자도 무효를 주장할 수 있다. 다만 선의의 제3자가 있는 경우 그 선의의 제3자에 대해서는 당사자뿐만 아니라 그 누구도 무효를 주장하지 못할 뿐이다(제108조 제2항). 허위표시의 당사자가 아닌 사람도 허위표시의 무효로써 허위표시에 기초하여 새로운 법률상 이해관계를 가진 선의의 제3자에게 대항할 수 없다.

④ 파산자가 상대방과 통정한 허위의 의사표시를 통하여 가장채권을 보유하고 있다가 파산이 선고된 경우 그 가장채권도 일단 파산재단에 속하게 되고, 파산선고에 따라 파산자와는 독립한 지위에서 파산채권자 전체의 공동의 이익을 위하여 직무를 행하게 된 파산관재인은 그 허위표시에 따라 외형상 형성된 법률관계를 토대로 실질적으로 새로운 법률상 이해관계를 가지게 된 민법 제108조 제2항의 제3자에 해당한다(대판 2003.6.24. 2002다48214).

⑤ 통정한 허위표시에 의하여 외형상 형성된 법률관계로 생긴 채권을 가압류한 경우, 그 가압류권자는 허위표시에 기초하여 새로운 법률상 이해관계를 가지게 되므로 민법 제108조 제2항의 제3자에 해당한다고 봄이 상당하고, 또한 민법 제108조 제2항의 제3자는 선의이면 족하고 무과실은 요건이 아니다(대판 2004.5.28. 2003다70041).

Answer 06 ② 07 ⑤

08 허위표시에 관한 설명으로 옳은 것을 모두 고른 것은? (다툼이 있으면 판례에 따름)

2018 행정사

ㄱ. 허위표시의 무효로서 대항할 수 없는 제3자의 범위는 허위표시를 기초로 새로운 법률상 이해관계를 맺었는지에 따라 실질적으로 파악해야 한다.
ㄴ. 가장매도인이 가장매수인으로부터 부동산을 취득한 제3자에게 자신의 소유권을 주장하려면 특별한 사정이 없는 한, 가장매도인은 그 제3자의 악의를 증명하여야 한다.
ㄷ. 허위표시를 한 자는 그 의사표시가 무효라는 사실을 주장할 수 없다.

① ㄱ ② ㄴ ③ ㄱ, ㄴ
④ ㄱ, ㄷ ⑤ ㄴ, ㄷ

정답해설

ㄱ. (○): 통정허위표시의 제3자란 허위표시의 당사자 및 포괄승계인 이외의 자로서 허위표시에 의하여 외형상 형성된 법률관계를 토대로 실질적으로 새로운 법률상 이해관계를 맺은 자를 말한다(대판 1996.4.26. 94다12074).

ㄴ. (○): 허위의 매매에 의한 매수인으로부터 부동산상의 권리를 취득한 제3자는 특별한 사정이 없는 한 선의로 추정할 것이므로 허위표시를 한 부동산양도인이 제3자에 대하여 소유권을 주장하려면 그 제3자의 악의임을 입증하여야 한다(대판 1970.9.29. 70다466).

ㄷ. (×): 허위표시는 당사자 사이에서는 물론 제3자에 대한 관계에서도 무효이다. 따라서 당사자뿐만 아니라 제3자도 무효를 주장할 수 있다. 다만 선의의 제3자가 있는 경우 그 제3자에 대해서만 무효를 주장하지 못할 뿐이다(제108조 제2항). 허위표시를 한 당사자도 그 의사표시가 무효라는 사실을 주장할 수 있다.

09 통정허위표시에 기하여 새롭게 이해관계를 맺은 제3자에 해당하지 않는 사람은? (다툼이 있으면 판례에 따름) 2020 행정사

① 통정허위표시인 매매계약에 기하여 부동산 소유권을 취득한 양수인으로부터 그 부동산을 양수한 사람

② 통정허위표시인 채권양도계약의 양도인에 대하여 채무를 부담하고 있던 사람

③ 통정허위표시인 저당권 설정행위로 취득된 저당권의 실행으로 그 목적인 부동산을 경매에서 매수한 사람

④ 통정허위표시인 금전소비대차계약에서 대주가 파산한 경우 파산관재인으로 선임된 사람

⑤ 통정허위표시에 의하여 부동산 소유권을 취득한 양수인과 매매계약을 체결하고 소유권 이전등기청구권 보전을 위한 가등기를 마친 사람

정답해설

①, ⑤ 제3자란 당사자 및 포괄승계인 이외의 자로서 허위표시에 의하여 외형상 형성된 법률관계를 토대로 실질적으로 새로운 법률상 이해관계를 맺은 자를 말한다.
따라서, ① 가장매매의 매수인으로부터 그 목적부동산을 다시 매수한 자나 저당권의 설정을 받은 자, ② 가장매매의 매수인으로부터 매매계약에 의한 소유권이전청구권보전을 위한 가등기를 취득한 자, ③ 가장의 금전소비대차에 기한 대여금채권을 가압류한 자, ④ 가장의 전세권설정계약에 기하여 등기가 경료된 전세권에 관하여 저당권을 취득한 자는 모두 제3자에 해당한다.

② 제3자란 허위표시의 당사자 및 포괄승계인 이외의 자로서 허위표시에 의하여 외형상 형성된 법률관계를 토대로 실질적으로 새로운 법률상 이해관계를 맺은 자를 말한다. 따라서 **채권의 가장양도에서 채무자는** 실질적으로 새로운 법률상 이해관계를 맺은 자가 아니므로 **제3자에 해당하지 않는다**.

③ 채권자와 채무자가 통모하여 허위의 의사표시로써 저당권설정 행위를 하고 채권자가 그 저당권을 실행하여 경매절차가 적법히 진행된 결과 제3자가 경락으로 소유권을 취득코 그 이전등기를 종료한 경우에 선의의 제3자에게는 그 허위표시를 주장하여 대항할 수 없다(대판 1957.3.23. 4289민상580).

④ 파산관재인은 파산선고에 따라 파산채무자와 독립하여 그 재산에 관하여 이해관계를 가지게 된 제3자로서의 지위도 가지게 된다. 따라서 파산채무자가 상대방과 통정한 허위의 의사표시를 통하여 가장채권을 보유하고 있다가 파산이 선고된 경우 그 가장채권도 일단 파산재단에 속하게 되고, 파산선고에 따라 파산채무자와는 독립한 지위에서 파산채권자 전체의 공동의 이익을 위하여 직무를 행하게 된 **파산관재인은** 그 허위표시에 따라 외형상 형성된 법률관계를 토대로 실질적으로 새로운 법률상 이해관계를 가지게 된 **민법 제108조 제2항의 제3자에 해당**한다(대판 2013.4.26. 2013다1952).

Answer 08 ③ 09 ②

10 허위표시에 기초하여 새로운 법률상의 이해관계를 맺은 자(통정 허위표시에서의 제3자)에 해당하지 않는 것은? (다툼이 있으면 판례에 따름) 2015 행정사

① 가장매매의 매수인으로부터 목적 부동산을 다시 매수하여 소유권이전등기를 마친 자
② 가장매매의 매수인으로부터 매매계약에 의한 소유권이전 청구권보전을 위한 가등기를 마친 자
③ 허위표시인 전세권설정계약에 기하여 등기까지 마친 전세권에 대하여 저당권을 취득한 자
④ 허위표시인 근저당권설정계약이 유효하다고 믿고 그 피담보채권에 대하여 가압류한 자
⑤ 채권의 가장양도에서 가장양수인에게 채무를 변제하지 않고 있었던 채무자

정답해설

① 허위표시를 원인으로 한 가등기 및 본등기와 이를 바탕으로 그 후에 이루어진 소유권이전등기는 제108조 제2항에 의해 유효하다(대판 1996.4.26. 94다12074).

② 허위의 매매에 의한 매수인으로부터 매매계약에 인한 소유권이전청구권 보존을 위한 가등기권을 취득한 자도 허위의 매매에 의한 매수인으로부터 부동산상의 권리를 취득한 제3자이므로 특별한 사정이 없는 한 선의로 추정할 것이므로 허위표시를 한 부동산양도인이 제3자에 대하여 소유권을 주장하려면 그 제3자의 악의임을 입증하여야 한다(대판 1970.9.29. 70다466).

③ 실제로는 전세권설정계약이 없으면서도 임대차계약에 기한 임차보증금 반환채권을 담보할 목적으로 임차인과 임대인 사이의 합의에 따라 임차인 명의로 전세권설정등기를 경료한 후 그 전세권에 대하여 근저당권이 설정된 경우, 설령 위 전세권설정계약만 놓고 보아 그것이 통정허위표시에 해당하여 무효라 하더라도 이로써 위 전세권설정계약에 의하여 형성된 법률관계를 토대로 별개의 법률원인에 의하여 새로운 법률상 이해관계를 갖게 된 근저당권자에 대하여는 그와 같은 사정을 알고 있었던 경우에만 그 무효를 주장할 수 있다(대판 2008.3.13. 2006다29372).

④ 통정한 허위표시에 의하여 외형상 형성된 법률관계로 생긴 채권을 가압류한 경우, 그 가압류권자는 허위표시에 기초하여 새로운 법률상 이해관계를 가지게 되므로 민법 제108조 제2항의 제3자에 해당한다고 봄이 상당하고, 또한 민법 제108조 제2항의 제3자는 선의이면 족하고 무과실은 요건이 아니다. 따라서 근저당권설정계약이 유효하다고 믿고 그 피담보채권에 대하여 가압류하였음을 전제로 민법 제108조 제2항의 선의의 제3자에 해당한다(대판 2004.5.28. 2003다70041).

⑤ 민법 제108조 제2항에서 말하는 제3자는 허위표시의 당사자와 그의 포괄승계인 이외의 자 모두를 가리키는 것이 아니고 그 가운데서 허위표시행위를 기초로 하여 새로운 이해관계를 맺은 자를 한정해서 가리키는 것으로 새겨야 할 것이므로 이 사건 퇴직금 채무자인 피고는 원채권자인 소외(갑)이 소외(을)에게 퇴직금채권을 양도했다고 하더라도 그 퇴직금을 양수인에게 지급하지 않고 있는 동안에 위 양도계약이 허위표시란 것이 밝혀진 이상 위 허위표시의 선의의 제3자임을 내세워 진정한 퇴직금전부채권자인 원고에게 그 지급을 거절할 수 없다(대판 1983.1.18. 82다594).

11 **통정허위표시를 기초로 새로운 법률상의 이해관계를 맺은 제3자를 모두 고른 것은? (다툼이 있으면 판례에 의함)** 2022 행정사

> ㄱ. 가장매매의 매수인으로부터 그와의 매매계약에 의한 소유권이전청구권 보전을 위한 가등기를 마친 자
> ㄴ. 허위의 선급금 반환채무 부담행위에 기하여 그 채무를 보증하고 이행까지 하여 구상권을 취득한 자
> ㄷ. 가장소비대차에 있어 대주의 계약상의 지위를 이전받은 자

① ㄱ ② ㄷ ③ ㄱ, ㄴ
④ ㄱ, ㄷ ⑤ ㄴ, ㄷ

정답해설

ㄱ. (○): 허위의 매매에 의한 매수인으로부터 부동산상의 권리를 취득한 제3자는 특별한 사정이 없는 한 선의로 추정할 것이므로 허위표시를 한 부동산양도인이 제3자에 대하여 소유권을 주장하려면 그 제3자의 악의임을 입증하여야 한다(대판 1970.9.29. 70다466). 가장양수인으로부터 매매계약에 의한 소유권이전등기청구권 보전을 위한 가등기를 경료받은 자나 가장양수인으로부터 목적부동산을 전득한 자는 민법 제108조 제2항의 제3자에 해당한다.

ㄴ. (○): 보증인이 주채무자의 기망행위에 의하여 주채무가 있는 것으로 믿고 주채무자와 보증계약을 체결한 다음 그에 따라 보증채무자로서 그 채무까지 이행한 경우 그 보증인은 주채무자에 대한 구상권 취득에 관하여 법률상의 이해관계를 가지게 되었고 그 구상권 취득에는 보증의 부종성으로 인하여 주채무가 유효하게 존재할 것을 필요로 하므로 결국 그 보증인은 주채무자의 채권자에 대한 채무 부담행위라는 허위표시에 기초하여 구상권 취득에 관한 법률상 이해관계를 가지게 된 민법 제108조 제2항 소정의 제3자에 해당한다(대판 2000.7.6. 99다51258).

ㄷ. (×): 구 상호신용금고법 소정의 계약이전은 금융거래에서 발생한 계약상의 지위가 이전되는 사법상의 법률효과를 가져오는 것이므로 계약이전을 받은 금융기관은 계약이전을 요구받은 금융기관과 대출채무자 사이의 통정허위표시에 따라 형성된 법률관계를 기초로 하여 새로운 법률상 이해관계를 가지게 된 민법 제108조 제2항의 제3자에 해당하지 않는다(대판 2004.1.15. 2002다31537).

Answer 10 ⑤ 11 ③

12 **甲은 乙과 통정허위표시로 대출약정을 하고 이를 통해 乙에 대하여 가장채권을 보유하고 있다. 이에 관한 설명으로 옳은 것을 모두 고른 것은? (다툼이 있으면 판례에 의함)**

2024 행정사

ㄱ. 丙이 대출약정과 관련한 甲의 계약상 지위를 이전받은 경우 乙은 丙에게 대출약정이 무효라고 대항할 수 있다.

ㄴ. 甲의 일반채권자 丁이 대출약정이 유효하다고 믿고 가장채권을 가압류한 경우 위와 같이 믿은 것에 丁에게 과실이 있더라도 乙은 丁에게 대출약정이 무효라고 대항할 수 없다.

ㄷ. 甲에게 파산이 선고된 경우 파산관재인 戊가 대출약정이 통정허위표시라는 사실을 알았다면 파산채권자 중 일부가 선의라도 乙은 戊에 대하여 대출약정이 무효라고 대항할 수 있다.

① ㄱ ② ㄴ ③ ㄱ, ㄴ

④ ㄱ, ㄷ ⑤ ㄴ, ㄷ

정답해설

[ㄱ. ㄴ] 2 항목이 옳다.

ㄱ. (○): 구 상호신용금고법 소정의 계약이전은 금융거래에서 발생한 계약상의 지위가 이전되는 사법상의 법률효과를 가져오는 것이므로 계약이전을 받은 금융기관은 계약이전을 요구받은 금융기관과 대출채무자 사이의 통정허위표시에 따라 형성된 법률관계를 기초로 하여 새로운 법률상 이해관계를 가지게 된 민법 제108조 제2항의 제3자에 해당하지 않는다(대판 2004.1.15. 2002다31537).

ㄴ. (○): 통정한 허위표시에 의하여 외형상 형성된 법률관계로 생긴 채권을 가압류한 경우, 그 가압류권자는 허위표시에 기초하여 새로운 법률상 이해관계를 가지게 되므로 민법 제108조 제2항의 제3자에 해당한다고 봄이 상당하고, 또한 민법 제108조 제2항의 **제3자는 선의이면 족하고 무과실은 요건이 아니다**(대판 2004.5.28. 2003다70041). 대출약정이 유효하다고 믿고 가장채권을 가압류한 일반채권자 丁에게 과실이 있더라도 乙은 무효라고 대항할 수 없다.

ㄷ. (×): 파산관재인이 민법 제108조 제2항의 경우 등에 있어 제3자에 해당된다고 한 것은, 파산관재인은 파산채권자 전체의 공동의 이익을 위하여 선량한 관리자의 주의로써 그 직무를 행하여야 하는 지위에 있기 때문에 인정되는 것이므로 그 선의도 파산관재인 개인의 선의 악의를 기준으로 할 수는 없고, 총파산채권자를 기준으로 하여 파산채권자 모두가 악의로 되지 않는 한 파산관재인은 선의의 제3자라고 할 수밖에 없다(대판 2007.10.26, 2005다42545). 파산채권자 중 일부가 선의인 이상 乙은 선의 제3자 戊에게 대출약정이 무효라고 대항할 수 없다.

13 통정허위표시에 관한 설명으로 옳지 않은 것은? (다툼이 있으면 판례에 의함) 2023 행정사

① 채무자의 법률행위가 통정허위표시인 경우에도 채권자취소권의 대상이 될 수 있다.
② 가장 근저당권설정계약이 유효하다고 믿고 그 피담보채권을 가압류한 자는 허위표시의 무효로부터 보호되는 선의의 제3자에 해당한다.
③ 의사표시의 진의와 표시의 불일치에 관하여 상대방과 사이에 합의가 있으면 통정허위표시가 성립한다.
④ 통정허위표시에 따른 법률효과를 침해하는 것처럼 보이는 위법행위가 있는 경우에도 그에 따른 손해배상을 청구할 수 없다.
⑤ 자신의 채권을 보전하기 위해 가장양도인의 가장양수인에 대한 권리를 행사하는 채권자는 허위표시를 기초로 새로운 법률상의 이해관계를 맺은 제3자에 해당한다.

정답해설

① 채무자의 법률행위가 통정허위표시인 경우에도 채권자취소권의 대상이 되고, 한편 채권자취소권의 대상으로 된 채무자의 법률행위라도 통정허위표시의 요건을 갖춘 경우에는 무효라고 할 것이다(대판 1998.2.27. 97다50985).
② 통정한 허위표시에 의하여 외형상 형성된 법률관계로 생긴 채권을 가압류한 경우, 그 가압류권자는 허위표시에 기초하여 새로운 법률상 이해관계를 가지게 되므로 민법 제108조 제2항의 제3자에 해당한다고 봄이 상당하고, 또한 민법 제108조 제2항의 제3자는 선의이면 족하고 무과실은 요건이 아니다(대판 2004.5.28. 2003다70041).
③ 통정허위표시가 성립하기 위해서는 의사표시의 진의와 표시가 일치하지 아니하고 그 불일치에 관하여 상대방과 사이에 합의가 있어야 한다(대판 2018.11.29. 2018다253413).
④ 무효인 법률행위는 그 법률행위가 성립한 당초부터 당연히 효력이 발생하지 않는 것이므로, 무효인 법률행위에 따른 법률효과를 침해하는 것처럼 보이는 위법행위나 채무불이행이 있다고 하여도 법률효과의 침해에 따른 손해는 없는 것이므로 그 손해배상을 청구할 수는 없다(대판 2003.3.28. 2002다72125).
⑤ 통정허위표시의 무효를 대항할 수 없는 제3자란 허위표시의 당사자 및 포괄승계인 이외의 자로서 허위표시에 의하여 외형상 형성된 법률관계를 토대로 새로운 법률원인으로써 이해관계를 갖게 된 자를 말한다(대판 1982.5.25. 80다1403). 가장양도인의 가장양수인에 대한 권리를 대위 행사하는 채권자는 허위표시를 기초로 새로운 법률상의 이해관계를 맺은 자가 아니므로 제3자에 해당하지 않는다.

Chapter 05

Answer 12 ③ 13 ⑤

14 **甲은 채권자 丙으로부터의 강제집행을 면하기 위하여 乙과 짜고 자신의 유일한 재산인 X토지를 乙 명의로 매매를 원인으로 하는 소유권이전등기를 해 주었다. 다음 설명 중 옳지 않은 것은? (다툼이 있는 경우에는 판례에 의함)** 2013 행정사

① 甲 · 乙 간의 매매계약은 허위표시로서 당사자 간에는 언제나 무효이다.

② 丙은 乙을 상대로 매매계약의 취소와 함께 이전등기의 말소를 구하는 소송을 제기할 수 있다.

③ 乙로부터 X토지를 상속받은 자는 매매계약이 허위표시임을 몰랐던 경우에도 그 소유권을 취득할 수 없다.

④ 乙로부터 X토지에 대한 저당권을 설정받은 자가 저당권설정 당시에 매매계약이 허위표시임을 과실로 알지 못했다면 그 저당권자는 선의의 제3자로서 보호받을 수 없다.

⑤ 乙로부터 X토지를 매수하여 소유권이전청구권 보전을 위한 가등기를 마친 자에 대하여 甲이 甲 · 乙 간의 매매계약이 허위표시임을 이유로 X토지의 소유권을 주장하려면, 甲은 가등기권리자의 악의를 증명하여야 한다.

정답해설

① 허위표시는 당사자 사이에서는 언제나 무효이다(제108조 제1항). 甲은 채권자 丙으로부터의 강제집행을 면하기 위하여 甲과 乙이 짜고 자신의 유일한 재산인 X토지를 乙 명의로 매매를 원인으로 하는 소유권이전등기를 해 주었다면, 甲 · 乙 간의 매매계약은 허위표시로서 당사자 간에는 언제나 무효이다.

② 채무자가 유일한 재산인 부동산을 매각하여 소비하기 쉬운 금전으로 바꾸는 것은 특별한 사정이 없는 한 사해행위가 되는 것이고, 사해행위의 주관적인 요건인 채무자의 사해의 의사는 채권의 공동담보에 부족이 생기는 것을 인식하는 것을 말하는 것으로서 채권자를 해할 것을 기도하거나 의욕하는 것을 요하지 아니하며, 채무자가 유일한 재산인 부동산을 매각하여 소비하기 쉬운 금전으로 바꾸는 경우에는 채무자의 사해의 의사는 추정된다 할 것이므로, 채무자가 유일한 재산인 부동산을 매도한 경우 그러한 사실을 채권자가 알게 된 때에 채권자가 채무자에게 당해 부동산 이외에는 별다른 재산이 없다는 사실을 알고 있었다면 그 때 채권자는 채무자가 채권자를 해함을 알면서 사해행위를 한 사실을 알게 되었다고 할 것이다(대판 1997.5.9. 96다2606 · 2613). 사안은 채권자 丙으로부터의 강제집행을 면하기 위하여 甲은 자신의 유일한 재산인 X토지를 乙 명의로 매매를 원인으로 하는 소유권이전등기를 해 준 경우이므로, 사행행위에 해당하고, 사해의사도 추정되므로, 채권자 丙은 민법 제406조에 기하여 乙을 상대로 매매계약의 취소와 함께 이전등기의 말소를 구하는 소송을 제기할 수 있다.

> **제406조 【채권자취소권】**
> ① 채무자가 채권자를 해함을 알고 재산권을 목적으로 한 법률행위를 한 때에는 채권자는 그 취소 및 원상회복을 법원에 청구할 수 있다. 그러나 그 행위로 인하여 이익을 받은 자나 전득한 자가 그 행위 또는 전득 당시에 채권자를 해함을 알지 못한 경우에는 그러하지 아니하다.
> ② 전항의 소는 채권자가 취소원인을 안 날로부터 1년, 법률행위 있은 날로부터 5년내에 제기하여야 한다.

③ 제3자란 당사자 및 포괄승계인 이외의 자로서 허위표시에 의하여 외형상 형성된 법률관계를 토대로 실질적으로 새로운 법률상 이해관계를 맺은 자를 말한다. 乙로부터 X토지를 상속받은 자는 허위표시 당사자의 포괄승계인이므로 제3자에 해당하지 않는다. 선의라도 무효 주장에 대항할 수 없는 자이므로 소유권을 취득할 수 없다.

④ 乙로부터 X토지에 대한 저당권을 설정받은 자는 당사자 및 포괄승계인 이외의 자로서 허위표시에 의하여 외형상 형성된 법률관계를 토대로 실질적으로 새로운 법률상 이해관계를 맺은 자는 제3자에 해당한다. 제108조 제2항의 제3자는 선의이면 족하고 무과실은 요건이 아니므로(대판 2004.5.28. 2003다70041), 저당권설정 당시에 매매계약이 허위표시임을 과실로 알지 못했다면 그 저당권자는 선의의 제3자로서 보호받을 수 있다.

⑤ 제3자는 특별한 사정이 없는 한 선의로 추정될 것이므로, 제3자가 악의라는 사실에 관한 주장·입증책임은 그 허위표시의 무효를 주장하는 자에게 있다(대판 1978.12.26. 77다907). 乙로부터 X토지를 매수하여 소유권이전청구권 보전을 위한 가등기를 마친 자는 제3자에 해당하므로, 甲이 甲·乙 간의 매매계약이 허위표시임을 이유로 X토지의 소유권을 주장하려면, 甲은 가등기권리자의 악의를 증명하여야 한다.

15 甲과 乙은 강제집행을 면할 목적으로 서로 통모하여 甲 소유의 X토지를 乙에게 매도하는 내용의 허위 매매계약서를 작성하고, 이에 근거하여 乙 앞으로 소유권이전등기를 마쳤다. 이에 관한 설명으로 옳지 않은 것은? (다툼이 있으면 판례에 따름) 2017 행정사

① 甲은 X토지에 대하여 乙 명의의 소유권이전등기의 말소를 청구할 수 있다.

② 乙의 채권자 丙이 乙 명의의 X토지를 가압류하면서 丙이 甲과 乙 사이의 매매계약이 허위표시임을 알았다면 丙의 가압류는 무효이다.

③ 乙이 사망한 경우 甲은 乙의 단독상속인 丁에게 X토지에 대한 매매계약의 무효를 주장할 수 있다.

④ 乙의 채권자 丙이 乙 명의의 X토지를 가압류한 경우 丙이 보호받기 위해서는 선의이고 무과실이어야 한다.

⑤ 乙 명의의 X토지를 가압류한 丙은 특별한 사정이 없는 한 선의로 추정된다.

정답해설

① 허위표시는 당사자 사이에서는 언제나 무효이다(제108조 제1항). 甲·乙 간의 매매계약은 허위표시로서 당사자 간에는 언제나 무효이므로, 甲은 소유자로서 X토지에 대하여 乙 명의의 소유권이전등기의 말소를 청구할 수 있다.

② 허위표시는 당사자 사이에서는 물론 제3자에 대한 관계에서도 무효이다. 따라서 당사자뿐만 아니라 제3자도 무효를 주장할 수 있다. 다만 선의의 제3자가 있는 경우 그 선의의 제3자에 대해서는 당사자뿐만 아니라 그 누구도 무효를 주장하지 못할 뿐이다(제108조 제2항). 따라서 乙의 채권자 丙이 乙 명의의 X토지를 가압류하면서 丙이 甲과 乙 사이의 매매계약이 허위표시임을 알았다면 丙의 가압류는 무효이다.

Answer 14 ④ 15 ④

Chapter 05

③ 제3자란 당사자 및 포괄승계인 이외의 자로서 허위표시에 의하여 외형상 형성된 법률관계를 토대로 실질적으로 새로운 법률상 이해관계를 맺은 자를 말한다. 乙로부터 X토지를 상속받은 자는 허위표시 당사자의 포괄승계인이므로 제3자에 해당하지 않는다. 甲은 乙의 단독상속인 丁에게 X토지에 대한 매매계약의 무효를 주장할 수 있다.

④ 제108조 제2항의 제3자는 선의이면 족하고 무과실은 요건이 아니므로(대판 2004.5.28. 2003다70041), 乙의 채권자 丙이 乙 명의의 X토지를 가압류한 경우 丙은 당사자 및 포괄승계인 이외의 자로서 허위표시에 의하여 외형상 형성된 법률관계를 토대로 실질적으로 새로운 법률상 이해관계를 맺은 자는 제3자이고, 선의이면 족하고 무과실이어야 하는 것은 아니다.

⑤ 제3자는 특별한 사정이 없는 한 선의로 추정될 것이므로, 제3자가 악의라는 사실에 관한 주장·입증책임은 그 허위표시의 무효를 주장하는 자에게 있다(대판 1978.12.26. 77다907). 乙 명의의 X토지를 가압류한 丙은 특별한 사정이 없는 한 선의로 추정된다.

16 甲이 乙에게 X부동산을 허위표시로 매도하고 이전등기를 해주었다. 이에 관한 설명으로 옳지 않은 것은? (다툼이 있으면 판례에 따름)

2021 행정사

① 甲은 乙을 상대로 매매대금의 지급을 청구할 수 없다.

② 甲은 乙을 상대로 X부동산의 반환을 구할 수 있다.

③ 만약 乙과 X부동산에 대해 저당권설정계약을 체결하고 저당권설정등기를 한 丙이 허위표시에 대해 선의인 경우, 甲은 그 저당권등기의 말소를 구할 수 없다.

④ 만약 乙 명의로 등기된 X부동산을 가압류한 丙이 허위표시에 대해 선의이지만 과실이 있는 경우, 甲은 丙에 대하여 가압류의 무효를 주장할 수 없다.

⑤ 만약 X부동산이 乙로부터 丙, 丙으로부터 丁에게 차례로 매도되어 각기 그 명의로 이전등기까지 된 경우, 허위표시에 대해 丙이 악의이면 丁이 선의이더라도 甲은 丁 명의의 이전등기의 말소를 구할 수 있다.

정답해설

①, ② 허위표시는 당사자 사이에서는 항상 무효이므로(제108조 제1항), 甲은 乙을 상대로 허위표시에 의해 이루어진 매매계약에 기해 매매대금의 지급을 청구할 수는 없다. 또한 무효인 매매계약에 기해 이루어진 X부동산의 반환을 乙을 상대로 구할 수 있다.

③ 허위표시는 당사자 사이에서는 항상 무효이나(제108조 제1항), 허위표시가 포함된 가장매매계약을 기초하여 저당권설정계약과 등기를 한 丙은 새로운 법률상 이해관계를 맺은 선의의 제3자에 해당하여, 이러한 경우 甲은 丙에게 그 저당권등기의 말소를 구할 수 없다(제108조 제2항).

④ 통정한 허위표시에 의하여 외형상 형성된 법률관계로 생긴 채권을 가압류한 경우, 그 가압류권자는 허위표시에 기초하여 새로운 법률상 이해관계를 가지게 되므로 민법 제108조 제2항의 제3자에 해당한다고 봄이 상당하고, 또한 민법 제108조 제2항의 제3자는 선의이면 족하고 무과실은 요건이 아니다(대판 2004.5.28. 2003다70041). 만약 乙 명의로 등기된 X부동산을 가압류한 丙이 허위표시에 대해 선의이지만 과실이 있는 경우라도 甲은 丙에 대하여 가압류의 무효를 주장할 수 없다.

⑤ 민법 제108조 제2항의 선의의 제3자가 보호될 수 있는 법률상 이해관계는 계약의 당사자를 상대로 하여 직접 법률상 이해관계를 가지는 경우 외에도 그 법률상 이해관계를 바탕으로 하여 다시 위 계약에 의하여 형성된 법률관계와 새로이 법률상 이해관계를 가지게 되는 경우도 포함된다(대판 2013.2.15. 2012다49292). 제3자는 악의이나 제3자로부터의 전득자가 선의라면 전득자에게 통정허위표시의 무효로 대항할 수 없다. 만약 X부동산이 乙로부터 丙, 丙으로부터 丁에게 차례로 매도되어 각기 그 명의로 이전등기까지 된 경우, 허위표시에 대해 丙이 악의이고 丁이 선의이라면 甲은 민법 제108조 제2항의 선의 제3자에 해당하는 丁에게 이전등기의 말소를 구할 수 없다.

17 통정허위표시에 관한 설명으로 옳은 것은? (다툼이 있으면 판례에 따름)

2023 감정평가사

① 통정허위표시에 의한 급부는 특별한 사정이 없는 한 불법원인급여이다.

② 대리인이 대리권의 범위 안에서 현명하여 상대방과 통정허위표시를 한 경우, 본인이 선의라면 특별한 사정이 없는 한 그는 허위표시의 유효를 주장할 수 있다.

③ 가장행위인 매매계약이 무효라면 은닉행위인 증여계약도 당연히 무효이다.

④ 통정허위표시의 무효로부터 보호되는 선의의 제3자는 통정허위표시를 알지 못한 것에 대해 과실이 없어야 한다.

⑤ 가장매매계약의 매수인과 직접 이해관계를 맺은 제3자가 악의라 하더라도 그와 다시 법률상 이해관계를 맺은 전득자가 선의라면 가장매매계약의 무효로써 전득자에게 대항할 수 없다.

정답해설

① 강제집행을 면할 목적으로 부동산에 허위의 근저당권설정등기를 경료하는 행위는 민법 제103조의 선량한 풍속 기타 사회질서에 위반한 사항을 내용으로 하는 법률행위로 볼 수 없다(대판 2004.5.28. 2003다70041). 통정허위표시에 의한 급부는 특별한 사정이 없는 한 제103조 위반이 아니어서 불법원인급여에 해당하지 않는다.

② 제3자란 당사자 및 포괄승계인 이외의 자로서 허위표시에 의하여 외형상 형성된 법률관계를 토대로 실질적으로 새로운 법률상 이해관계를 맺은 자를 말한다. 그러므로 허위표시로 형성된 법률관계에 새로운 이해관계를 맺은 자가 아닌 대리인의 통정허위표시에서 본인은 계약이 당사자로서 선의라 할지라도 특별한 사정이 없는 한 그는 허위표시의 유효를 주장할 수 없다.

제116조 【대리행위의 하자】
① 의사표시의 효력이 의사의 흠결, 사기, 강박 또는 어느 사정을 알았거나 과실로 알지 못한 것으로 인하여 영향을 받은 경우에 그 사실의 유무는 **대리인을 표준하여 결정**한다.

③ 은닉행위란 가장행위 뒤에 숨어 있는 당사자가 진실로 달성하고자 하는 법률행위를 말한다. 그 예가 증여를 하면서 증여세를 면탈하기 위하여 매매를 가장한 경우, 증여행위가 이에 해당한다. 이러한 은닉행위는 허위표시와는 달리 그 법률행위의 요건을 구비하는 한 유효하다(대판 1993.8.28. 93다12930).

Answer 16 ⑤ 17 ⑤

Chapter 05

④ 민법 제108조 제2항의 제3자는 선의이면 족하고 무과실은 요건이 아니다(대판 2004.5.28. 2003다70041). 선의의 제3자는 통정허위표시를 알지 못한 것에 대해 과실이 없어야 하는 것은 아니다.

⑤ 선의의 제3자가 보호될 수 있는 법률상 이해관계는 계약의 당사자를 상대로 하여 직접 법률상 이해관계를 가지는 경우 외에도 그 법률상 이해관계를 바탕으로 하여 다시 위 계약에 의하여 형성된 법률관계와 새로이 법률상 이해관계를 가지게 되는 경우도 포함된다(대판 2013.2.15. 2012다49292). 제3자는 악의이나 제3자로부터의 전득자가 선의라면 전득자에게 통정허위표시의 무효로 대항할 수 없다.

18 **甲은 자신의 X토지를 乙에게 증여하고, 세금을 아끼기 위해 이를 매매로 가장하여 乙 명의로 소유권이전등기를 마쳤다. 그 후 乙은 X토지를 丙에게 매도하고 소유권이전등기를 마쳤다. 다음 설명 중 옳은 것을 모두 고른 것은? (다툼이 있으면 판례에 따름)** 2018 공인중개사

ㄱ. 甲과 乙 사이의 매매계약은 무효이다.
ㄴ. 甲과 乙 사이의 증여계약은 유효이다.
ㄷ. 甲은 丙에게 X토지의 소유권이전등기말소를 청구할 수 없다.
ㄹ. 丙이 甲과 乙 사이에 증여계약이 체결된 사실을 알지 못한 데 과실이 있더라도 丙은 소유권을 취득한다.

① ㄱ　② ㄱ, ㄷ　③ ㄴ, ㄹ
④ ㄴ, ㄷ, ㄹ　⑤ ㄱ, ㄴ, ㄷ, ㄹ

정답해설

ㄱ. (○), ㄴ. (○): 증여를 하면서 증여세를 면탈하기 위하여 매매를 가장한 경우, 증여행위가 가장행위 뒤에 숨어 있는 당사자가 진실로 달성하고자 하는 법률행위로 은닉행위이다. 허위표시인 매매행위는 무효이나, 은닉행위는 허위표시와는 달리 그 법률행위의 요건을 구비하는 한 유효이다(대판 1993.8.27. 93다12930).

ㄷ. (○): 가장매매의 매수인으로부터 그 목적부동산을 다시 매수한 丙은 민법 제108조 제2항의 선의의 제3자로 추정되므로 甲이 丙의 악의를 입증하여 무효를 주장하지 않는 한 丙을 상대로 이전등기의 말소를 청구할 수 없다. 그로 인해 丙이 부동산의 소유권을 취득한다.

ㄹ. (○): 민법 제108조 제2항의 제3자는 선의이면 족하고 무과실은 요건이 아니다(대판 2004.5.28. 2003다70041). 제3자 丙이 甲과 乙 사이에 증여계약이 체결된 사실을 알지 못한 데 과실이 있더라도 丙은 소유권을 취득한다.

19 **甲은 자신의 점포를 32만 달러에 팔기로 의욕하였지만, 미국인 乙에게 실수로 매매대금을 23만 달러로 표시하여 이 가격으로 계약이 체결되었다. 이 사안에 관한 설명으로 옳은 것은?**

2019 감정평가사

① 위 매매계약은 甲의 진의 아닌 의사표시로서 일단 유효하지만, 甲이 乙의 악의 또는 과실을 입증하여 무효를 주장할 수 있다.

② 甲과 乙은 모두 통정허위표시에 따른 무효를 주장할 수 있다.

③ 甲은 오표시무해의 원칙을 주장하여 '32만 달러'를 대금으로 하는 매매계약의 성립을 주장할 수 있다.

④ 甲은 착오를 주장하여 위 매매계약을 취소할 수 있지만, 乙이 甲의 중대한 과실을 증명하면 취소할 수 없다.

⑤ 위 매매계약은 불합의에 해당하므로, 매매계약 자체가 성립하지 않는다.

정답해설

사안은 甲이 32만 달러에 매도할 생각이 있었으나 23만 달러로 잘못 표기하고 상대방 乙은 23만 달러로 인식하고 계약이 체결된 경우이다. 이는 표의자가 표시를 잘못하고 상대방은 표시된 대로 이해한 경우로, 일단 표시된 대로의 법률행위가 유효하게 성립하며 다만 착오에 의한 취소가 문제되는 경우이다.

①, ②, ③ 사안은 甲이 32만 달러에 매도할 생각이 있었으나 23만 달러로 잘못 표기한 경우로, 甲과 乙의 의사의 합치가 없는 경우이므로 자연적 해석이 인정될 수 없어 오표시무해의 원칙은 적용되지 않는다. 또한 의사와 표시의 불일치를 표의자인 甲이 모른 경우로 진의 아닌 의사표시뿐만 아니라 통정허위표시에 해당하지 않고, 착오가 문제된 경우이다.

④ 원고가 피고를 상대로 매매계약의 이행을 청구하는 소송에서 피고가 착오를 이유로 매매계약의 취소를 주장하는 경우, 착오취소를 주장하는 피고는 착오가 법률행위 중요부분에 착오가 있다는 사실을 증명하여야 하고, 자신의 중대한 과실에 의한 것이 아니라는 점에 대한 증명책임을 부담하지 않는다. 중대한 과실은 착오취소의 상대방이 부담한다(대판 2008.1.17. 2007다74188).

제109조【착오로 인한 의사표시】
① 의사표시는 법률행위의 내용의 중요부분에 착오가 있는 때에는 취소할 수 있다. 그러나 그 착오가 표의자의 중대한 과실로 인한 때에는 취소하지 못한다.

⑤ 법률행위의 성립요건은 당사자, 목적, 의사표시가 모두 있기 때문에 매매계약은 성립하였으나, 의사와 표시의 불일치로 법률행위의 효력이 착오로 취소되면 무효로 될 수 있는 경우이다.

Answer 18 ⑤ 19 ④

✦ 착오에 기한 의사표시

조문	성립요건	적용범위
제109조【착오로 인한 의사표시】 ① 의사표시는 법률행위의 내용의 중요부분에 착오가 있는 때에는 취소할 수 있다. 그러나 그 착오가 표의자의 중대한 과실로 인한 때에는 취소하지 못한다. ② 전항의 의사표시의 취소는 선의의 제3자에게 대항하지 못한다.	① 의사표시의 존재 ② 의사 ≠ 표시 ③ 표의자가 불일치를 모르고(착오) ④ 법률행위의 내용 ⑤ 중요부분 → 취소 ⑥ 중과실이 없을 것: 상대방이 주장, 증명	※ 동기의 착오 원칙: 제109조의 착오에 해당 × 예외: → 상대방에게 표시 and 해석상 법률행위의 내용으로 된 경우 ○ (합의×) → 유발된 동기의 착오 ○ (상대방에게서 표시여부 불문) ➡ 혼동하지 말자 ※ 동기의 불법 원칙: 계약 내용의 불법 × → 제103조에 포함 × 예외: 표시 or 상대방에게 알려진 경우 → 제103조에 포함 ○

20 착오에 의한 의사표시에 해당하지 않은 것은? (다툼이 있으면 판례에 따름) 2017 세무사

① 본인이 대리인에게 A토지에 대한 매수대리권을 수여하였으나 대리인이 평소 자신이 눈여겨 보아왔던 B토지를 매수한 경우

② 토지에 대한 매매계약을 체결하면서 3.3m²당 10,000원인 가격을 100,000원으로 잘못 기재한 경우

③ 신원보증서류에 서명한다는 착각에 빠진 상태로 연대보증서류에 서명한 경우

④ 고려청자로 알고 고가로 매수한 도자기가 진품이 아닌 것으로 밝혀진 경우

⑤ 공부상의 표시를 믿고 농지인 것으로 오해하여 매수하였지만 실제로는 하천부지인 경우

정답해설

① 대리인의 계약체결에서 착오의 유무는 대리인을 표준으로 판단하여야 한다(제116조). 그러므로 의사와 표시의 불일치가 없어 착오의 문제는 발생하지 않는다.

> **제116조【대리행위의 하자】**
> ① 의사표시의 효력이 의사의 흠결, 사기, 강박 또는 어느 사정을 알았거나 과실로 알지 못한 것으로 인하여 영향을 받은 경우에 그 사실의 유무는 대리인을 표준하여 결정한다.

② 표의자가 외부적으로 자기가 표시한 것으로 나타난 바를 표시하려 하지 않았던 경우이다(예 오기 등). 사안은 표시상의 착오에 해당한다.

③ 甲이 제3자의 기망행위에 의하여 신원보증서류에 서명날인한다는 착각에 빠진 상태로 연대보증의 서면에 서명날인하였다면, 甲은 연대보증계약의 상대방이 위 기망행위를 알았거나 알 수 있었을 경우에만 연대보증계약을 취소할 수 있는 제110조 제2항 법리를 적용하지 않고 제109조 착오법리를 적용한다(대판 2005.5.27. 2004다43824).

④ 고려청자로 알고 매수한 도자기가 진품이 아닌 것으로 밝혀진 경우, 개인 소장자인 매수인이 그 출처의 조회나 전문적 감정인의 감정 없이 매수한 점만으로는 중과실이 인정되지 않으므로 착오를 이유로 계약을 취소할 수 있다고 본 사례(대판 1997.8.22. 96다26657)
⑤ 토지매매계약에 있어 토지의 현황·경계에 관한 착오는 법률행위의 중요부분에 관한 착오로 본다(대판 1993.9.28. 93다31634). 매매목적물 1800평을 경작이 가능한 농지로 알고 매수하였으나, 실제로 그중에서 1355평이 하천부지인 경우이다(대판 1968.3.26. 67다2160).

21 착오로 인한 의사표시에 관한 설명으로 옳지 않은 것은? (다툼이 있으면 판례에 의함)

2022 행정사

① 법률행위 내용의 중요부분에 착오가 있는 경우 그 착오가 표의자의 중과실로 인한 것이 아니라면 특별한 사정이 없는 한 이를 이유로 의사표시를 취소할 수 있다.
② 표의자는 자신에게 중과실이 없음에 대한 주장·증명책임을 부담한다.
③ 착오로 인한 의사표시에 관한 민법 제109조 제1항의 적용은 당사자의 합의로 배제할 수 있다.
④ 착오로 인하여 표의자가 경제적 불이익을 입지 않았다면 이는 법률행위 내용의 중요부분의 착오로 볼 수 없다.
⑤ 표의자가 장래에 있을 어떤 사항의 발생이 미필적임을 알아 그 발생을 예기한 데 지나지 않는 경우 그 기대가 이루어지지 않은 것을 착오로 볼 수는 없다.

정답해설

① **제109조【착오로 인한 의사표시】** ① 의사표시는 법률행위의 내용의 중요부분에 착오가 있는 때에는 취소할 수 있다. 그러나 그 착오가 표의자의 중대한 과실로 인한 때에는 취소하지 못한다.
② 민법 제109조 제1항 단서에서 규정하는 착오한 표의자의 중대한 과실 유무에 관한 주장과 입증책임은 착오자가 아니라 의사표시를 취소하게 하지 않으려는 상대방에게 있다(대판 2005.5.12. 2005다6228).
③ 당사자의 합의로 착오로 인한 의사표시 취소에 관한 민법 제109조 제1항의 적용을 배제할 수 있다(대판 2016.4.15. 2013다97694).
④ 착오가 법률행위의 내용의 중요 부분에 있다고 하기 위하여는 표의자에 의하여 추구된 목적을 고려하여 합리적으로 판단하여 볼 때 표시와 의사의 불일치가 객관적으로 현저하여야 하고, 만일 그 착오로 인하여 표의자가 무슨 경제적인 불이익을 입은 것이 아니라고 한다면 이를 법률행위 내용의 중요 부분의 착오라고 할 수 없다(대판 2009.4.23. 2008다96291·96307).
⑤ 민법 제109조에서 규정한 바와 같이 의사표시에 착오가 있다고 하려면 법률행위를 할 당시에 실제로 없는 사실을 있는 사실로 잘못 깨닫거나 아니면 실제로 있는 사실을 없는 사실로 잘못 생각하듯이 표의자의 인식과 그 대조사실이 어긋나는 경우라야 하므로, 표의자가 행위를 할 당시 장래에 있을 어떤 사항의 발생이 미필적임을 알아 그 발생을 예기한 데 지나지 않는 경우는 표의자의 심리상태에 인식과 그 대조사실의 불일치가 있다고 할 수 없어 이를 착오로 다룰 수 없다(대판 2013.11.28. 2013다202922).

Answer 20 ① 21 ②

22 **민법 제109조(착오로 인한 의사표시)에 관한 설명으로 옳지 않은 것은? (다툼이 있는 경우에는 판례에 의함)** 2013 행정사

① 동기의 착오를 이유로 법률행위를 취소하기 위해서는 당사자 사이에 그 동기를 의사표시의 내용으로 삼기로 하는 별도의 합의가 있어야 한다.

② 동기의 착오가 상대방에 의하여 유발된 경우에는 동기의 표시 여부와 관계없이 취소가 인정된다.

③ 매도인이 매수인의 중도금 지급채무 불이행을 이유로 매매계약을 적법하게 해제한 후라도 매수인은 착오를 이유로 그 매매계약을 취소할 수 있다.

④ 착오한 표의자의 중대한 과실 유무에 관한 증명책임은 의사표시를 취소하게 하지 않으려는 상대방에게 있다.

⑤ 착오로 인하여 표의자가 경제적 불이익을 입은 것이 아니라면, 이는 법률행위 내용의 중요부분의 착오가 아니다.

정답해설

① 동기의 착오가 법률행위의 내용의 중요부분의 착오에 해당함을 이유로 표의자가 법률행위를 취소하려면 그 동기를 당해 의사표시의 내용으로 삼을 것을 상대방에게 표시하고 의사표시의 해석상 법률행위의 내용으로 되어 있다고 인정되면 충분하고 당사자들 사이에 별도로 그 동기를 의사표시의 내용으로 삼기로 하는 합의까지 이루어질 필요는 없지만, 그 법률행위의 내용의 착오는 보통 일반인이 표의자의 입장에 섰더라면 그와 같은 의사표시를 하지 아니하였으리라고 여겨질 정도로 그 착오가 중요한 부분에 관한 것이어야 한다(대판 2000.5.12. 2000다12259).

② 동기의 착오가 상대방에 의해 유발된 경우 동기가 표시되지 않더라도 의사표시의 취소 사유인 착오에 해당할 수 있다(대판 1990.7.10. 90다카7460). 따라서 상대방에 의해 유발된 동기의 착오는 동기가 표시되지 않았더라도 내용상 착오가 되어 중요부분의 착오가 될 수 있다.

③ 매도인이 매수인의 중도금 지급채무 불이행을 이유로 매매계약을 적법하게 해제한 후라도 매수인으로서는 상대방이 한 계약해제의 효과로서 발생하는 손해배상책임을 지거나 매매계약에 따른 계약금의 반환을 받을 수 없는 불이익을 면하기 위하여 착오를 이유로 한 취소권을 행사하여 매매계약 전체를 무효로 돌리게 할 수 있다(대판 1996.12.6. 95다24982).

④ 원고가 피고를 상대로 매매계약의 이행을 청구하는 소송에서 피고가 착오를 이유로 매매계약의 취소를 주장하는 경우, 착오취소를 주장하는 피고는 착오가 법률행위 중요부분에 착오가 있다는 사실을 증명하여야 하고, 자신의 중대한 과실에 의한 것이 아니라는 점에 대한 증명책임을 부담하지 않는다. 중대한 과실은 착오취소의 상대방이 부담한다(대판 2008.1.17. 2007다74188).

⑤ 그 착오로 인하여 표의자가 무슨 경제적인 불이익을 입은 것이 아니라고 한다면 이를 법률행위 내용의 중요부분의 착오라고 할 수 없다(대판 1999.2.23. 98다47924).

23 **착오로 인한 의사표시에 관한 설명으로 옳지 않은 것은? (다툼이 있으면 판례에 따름)**

2017 행정사

① 의사표시의 동기에 착오가 있더라도 당사자 사이에서 그 동기를 의사표시의 내용으로 삼은 경우에는 의사표시의 내용의 착오가 되어 취소할 수 있다.

② 착오로 인한 의사표시에 있어서 표의자에게 중대한 과실이 있는지의 여부에 관한 증명책임은 표의자에게 있다.

③ 근저당권설정계약에서 채무자의 동일성에 관한 착오는 법률행위 내용의 중요부분에 관한 착오에 해당한다.

④ 대리인에 의한 계약체결의 경우 착오의 유무는 대리인을 표준으로 결정한다.

⑤ 당사자는 합의를 통하여 착오로 인한 의사표시 취소에 관한 민법 제109조 제1항의 적용을 배제할 수 있다.

정답해설

① 의사표시의 동기에 착오가 있는 경우에는 당사자 사이에 그 동기를 의사표시의 내용으로 삼았을 때에 한하여 의사표시의 내용의 착오가 되는 것이고 이와 같은 의사표시의 내용의 착오는 보통 일반인이 표의자의 입장에 섰더라면 그와 같은 의사표시를 하지 않았으리라고 여겨질 정도로 그 착오가 중요한 부분에 관한 것이면 표의자는 그 의사표시를 취소할 수 있다(대판 1989.1.17. 87다카1271 등).

② 원고가 피고를 상대로 매매계약의 이행을 청구하는 소송에서 피고가 착오를 이유로 매매계약의 취소를 주장하는 경우, 착오취소를 주장하는 피고는 착오가 법률행위 중요부분에 착오가 있다는 사실을 증명하여야 하고, 자신의 중대한 과실에 의한 것이 아니라는 점에 대한 증명책임을 부담하지 않는다. 중대한 과실은 착오취소의 표의자가 아니라 상대방이 부담한다(대판 2008.1.17. 2007다74188).

③ 甲이 채무자란이 백지로 된 근저당권설정계약서를 제시받고 그 채무자가 乙인 것으로 알고 근저당권설정자로 서명날인을 하였는데 그 후 채무자가 丙으로 되어 근저당권설정등기가 경료된 경우, 甲은 그 소유의 부동산에 관하여 근저당권설정계약상의 채무자를 丙이 아닌 乙로 오인한 나머지 근저당설정의 의사표시를 한 것이고, 이와 같은 채무자의 동일성에 관한 착오는 법률행위 내용의 중요부분에 관한 착오에 해당한다. 채무자의 동일성에 관한 물상보증인의 착오는 법률행위 내용의 중요부분에 관한 착오에 해당한다(대판 1995.12.22. 95다37087).

④ 대리에 있어서 효과의사를 결정하는 자는 대리인이기 때문에 의사의 흠결, 대리행위의 하자에 관해서는 '대리인'을 표준으로 하여 하자의 유무를 결정한다. 의사의 흠결의 문제인 착오의 유무도 대리인을 기준으로 하여 결정한다(제116조 제1항).

> **제116조 【대리행위의 하자】**
> ① 의사표시의 효력이 의사의 흠결, 사기, 강박 또는 어느 사정을 알았거나 과실로 알지 못한 것으로 인하여 영향을 받은 경우에 그 사실의 유무는 대리인을 표준하여 결정한다.

Answer 22 ① 23 ②

⑤ 민법 제109조는 의사표시에 착오가 있는 경우 이를 취소할 수 있도록 하여 표의자를 보호하면서도, 착오가 법률행위 내용의 중요 부분에 관한 것이 아니거나 표의자의 중대한 과실로 인한 경우에는 취소권 행사를 제한하는 한편, 표의자가 의사표시를 취소하는 경우에도 취소로 선의의 제3자에게 대항하지 못하도록 하여 거래의 안전과 상대방의 신뢰를 아울러 보호하고 있다. 이러한 민법 제109조의 법리는 적용을 배제하는 취지의 별도 규정이 있거나 당사자의 합의로 적용을 배제하는 등의 특별한 사정이 없는 한 원칙적으로 모든 사법(私法)상 의사표시에 적용된다(대판 2014.11.27. 2013다49794).

24 착오의 의사표시에 관한 설명으로 옳지 않은 것은? (다툼이 있으면 판례에 따름) 2020 행정사

① 동기의 착오를 이유로 취소하려면 당사자 사이에 동기를 의사표시의 내용으로 하는 합의가 필요하다.

② 착오를 이유로 취소하기 위해서는 일반인이 표의자라면 그러한 의사표시를 하지 않았을 정도의 중요부분에 착오가 있어야 한다.

③ 착오를 이유로 취소할 수 없는 중대한 과실은 표의자의 직업 등에 비추어 보통 요구되는 주의를 현저히 결여한 것을 의미한다.

④ 매매계약이 적법하게 해제된 후에도 착오를 이유로 그 매매계약을 취소할 수 있다.

⑤ 상대방의 기망으로 표시상의 착오에 빠진 자의 행위에 대하여 착오취소의 법리가 적용된다.

정답해설

①, ② 동기의 착오가 법률행위의 내용의 중요부분의 착오에 해당함을 이유로 표의자가 법률행위를 취소하려면 그 동기를 당해 의사표시의 내용으로 삼을 것을 상대방에게 표시하고 의사표시의 해석상 법률행위의 내용으로 되어 있다고 인정되면 충분하고 당사자들 사이에 별도로 그 동기를 의사표시의 내용으로 삼기로 하는 **합의까지 이루어질 필요는 없지만**, 그 법률행위의 내용의 착오는 **보통 일반인이 표의자의 입장에 섰더라면 그와 같은 의사표시를 하지 아니하였으리라고 여겨질 정도로 그 착오가 중요한 부분에 관한 것이어야** 한다(대판 2000.5.12. 2000다12259).

③ 착오에 의한 의사표시에서 표의자의 중대한 과실이라 함은 표의자의 직업, 행위의 종류, 목적 등에 비추어 보통 요구되는 주의를 현저히 결여하는 것을 의미한다(대판 1989.12.26. 88다카31507).

④ 매도인이 매매계약을 적법하게 해제한 경우라도 매수인은 착오를 이유로 매매계약을 취소할 수 있다(대판 1996.12.6. 95다24982).

⑤ 사기에 의한 의사표시란 타인의 기망행위로 말미암아 착오에 빠지게 된 결과 어떠한 의사표시를 하게 되는 경우이므로 거기에는 의사와 표시의 불일치가 있을 수 없고, 단지 의사의 형성과정, 즉 의사표시의 동기에 착오가 있는 것에 불과하며, 이 점에서 고유한 의미의 착오에 의한 의사표시와 구분되는데, 신원보증서류에 서명날인한다는 착각에 빠진 상태로 연대보증의 서면에 서명날인한 경우, 결국 위와 같은 행위는 강학상 기명날인의 착오(또는 서명의 착오), 즉 어떤 사람이 자신의 의사와 다른 법률효과를 발생시키는 내용의 서면에, 그것을 읽지 않거나 올바르게 이해하지 못한 채 기명날인을 하는 이른바 표시상의 착오에 해당하므로, 비록 위와 같은 착오가 제3자의 기망행위에 의하여 일어난 것이라 하더라도 그에 관하여는 사기에 의한 의사표시에 관

한 법리, 특히 상대방이 그러한 제3자의 기망행위 사실을 알았거나 알 수 있었을 경우가 아닌 한 의사표시자가 취소권을 행사할 수 없다는 **민법 제110조 제2항의 규정을 적용할 것이 아니라, 착오에 의한 의사표시에 관한 법리만을 적용**하여 취소권 행사의 가부를 가려야 한다(대판 2005.5.27. 2004다43824).

25 착오에 의한 의사표시에 관한 설명으로 옳지 않은 것은? (다툼이 있으면 판례에 의함)

2023 행정사

① 착오로 인하여 표의자가 경제적 불이익을 입은 것이 아니라면 이를 법률행위 내용의 중요부분의 착오라고 할 수 없다.

② 기망행위로 인하여 법률행위의 내용으로 표시되지 않은 동기에 관하여 착오를 일으킨 경우에도 표의자는 그 법률행위를 사기에 의한 의사표시를 이유로 취소할 수 있다.

③ 대리인에 의한 계약체결의 경우 특별한 사정이 없는 한 착오의 유무는 대리인을 표준으로 판단하여야 한다.

④ 매도인이 매수인의 채무불이행을 이유로 매매계약을 적법하게 해제한 후라도 매수인은 착오를 이유로 취소권을 행사할 수 있다.

⑤ 착오로 인한 의사표시에 있어서 표의자의 중대한 과실 유무에 관한 증명책임은 그 상대방이 아니라 착오자에게 있다.

정답해설

① 착오가 법률행위 내용의 중요부분에 있다고 하기 위하여는 표의자에 의하여 추구된 목적을 고려하여 합리적으로 판단하여 볼 때 표시와 의사의 불일치가 객관적으로 현저하여야 하고, 만일 그 착오로 인하여 표의자가 무슨 경제적인 불이익을 입은 것이 아니라고 한다면 이를 법률행위 내용의 중요부분의 착오라고 할 수 없다(대판 1999.2.23. 98다47924).

② 기망행위로 인하여 법률행위의 중요부분에 관하여 착오를 일으킨 경우 뿐만 아니라 법률행위의 내용으로 표시되지 아니한 의사결정의 동기에 관하여 착오를 일으킨 경우에도 표의자는 그 법률행위를 사기에 의한 의사표시로서 취소할 수 있다(대판 1985.4.9. 85도167).

③ 대리에 있어서 효과의사를 결정하는 자는 대리인이기 때문에 의사의 흠결, 대리행위의 하자에 관해서는 '대리인'을 표준으로 하여 하자의 유무를 결정한다. 의사의 흠결의 문제인 착오의 유무도 대리인을 기준으로 하여 결정한다(제116조 제1항).

> **제116조 【대리행위의 하자】**
> ① 의사표시의 효력이 의사의 흠결, 사기, 강박 또는 어느 사정을 알았거나 과실로 알지 못한 것으로 인하여 영향을 받은 경우에 그 사실의 유무는 대리인을 표준하여 결정한다.

Answer 24 ① 25 ⑤

④ 매도인이 매수인의 중도금 지급채무 불이행을 이유로 매매계약을 적법하게 해제한 후라도 매수인으로서는 상대방이 한 계약해제의 효과로서 발생하는 손해배상책임을 지거나 매매계약에 따른 계약금의 반환을 받을 수 없는 불이익을 면하기 위하여 착오를 이유로 한 취소권을 행사하여 매매계약 전체를 무효로 돌리게 할 수 있다(대판 1996.12.6. 95다24982).

⑤ 민법 제109조 제1항 단서에서 규정하는 착오한 표의자의 중대한 과실 유무에 관한 주장과 입증책임은 하자가 아니라 의사표시를 취소하게 하지 않으려는 상대방에게 있다(대판 2006.5.12. 2005다6228).

26 착오로 인한 의사표시에 관한 설명으로 옳지 않은 것은? (다툼이 있으면 판례에 따름)

2019 행정사

① 장래의 미필적 사실의 발생에 대한 기대나 예상이 빗나간 것에 불과한 것은 착오라고 할 수 없다.

② 표의자가 착오로 인하여 경제적인 불이익을 입은 것이 아니라면 이를 법률행위 내용의 중요부분의 착오라고 할 수 없다.

③ 표의자가 경과실로 인하여 착오에 빠져 법률행위를 하고 그 착오를 이유로 법률행위를 취소하는 것은 위법하다고 할 수 없다.

④ 착오로 인한 의사표시 취소에 관한 민법 제109조 제1항의 적용을 당사자의 합의로 배제할 수 있다.

⑤ 의사표시의 착오가 표의자의 중대한 과실로 인한 때에는 상대방이 표의자의 착오를 알고 이용한 경우에도 표의자는 그 의사표시를 취소할 수 없다.

정답해설

① 민법 제109조에서 규정한 바와 같이 의사표시에 착오가 있다고 하려면 법률행위를 할 당시에 실제로 없는 사실을 있는 사실로 잘못 깨닫거나 아니면 실제로 있는 사실을 없는 것으로 잘못 생각하듯이 표의자의 인식과 그 대조사실이 어긋나는 경우라야 하므로, 표의자가 행위를 할 당시 장래에 있을 어떤 사항의 발생이 미필적임을 알아 그 발생을 예기한 데 지나지 않는 경우는 표의자의 심리상태에 인식과 대조의 불일치가 있다고 할 수 없어 이를 착오로 다룰 수는 없다(대판 2012.12.13. 2012다65317 등).

② 착오가 법률행위 내용의 중요 부분에 있다고 하기 위하여는 표의자에 의하여 추구된 목적을 고려하여 합리적으로 판단하여 볼 때 표시와 의사의 불일치가 객관적으로 현저하여야 하고, 만일 그 착오로 인하여 표의자가 무슨 경제적인 불이익을 입은 것이 아니라고 한다면 이를 법률행위 내용의 중요부분의 착오라고 할 수 없다(대판 1999.2.23. 98다47924).

③ 불법행위로 인한 손해배상책임이 성립하기 위하여는 가해자의 고의 또는 과실 이외에 행위의 위법성이 요구되므로, 전문건설공제조합이 계약보증서를 발급하면서 조합원이 수급할 공사의 실제 도급금액을 확인하지 아니한 과실이 있다고 하더라도 민법 제109조에서 중과실이 없는 착오자의 착오를 이유로 한 의사표시의 취소를 허용하고 있는 이상, 전문건설공제조합이 과실로 인하여 착오에 빠져 계약보증서를 발급한 것이나 그 착오를 이유로 보증계약을 취소한 것이 위법하다고 할 수는 없다(대판 1997.8.22. 97다13023).

④ 민법 제109조는 의사표시에 착오가 있는 경우 이를 취소할 수 있도록 하여 표의자를 보호하면서도, 착오가 법률행위 내용의 중요 부분에 관한 것이 아니거나 표의자의 중대한 과실로 인한 경우에는 취소권 행사를 제한하는 한편, 표의자가 의사표시를 취소하는 경우에도 취소로 선의의 제3자에게 대항하지 못하도록 하여 거래의 안전과 상대방의 신뢰를 아울러 보호하고 있다. 이러한 민법 제109조의 법리는 적용을 배제하는 취지의 별도 규정이 있거나 당사자의 합의로 적용을 배제하는 등의 특별한 사정이 없는 한 원칙적으로 모든 사법(私法)상 의사표시에 적용된다(대판 2014.11.27. 2013다49794).

⑤ 민법 제109조 제1항 단서는 의사표시의 착오가 표의자의 중대한 과실로 인한 때에는 그 의사표시를 취소하지 못한다고 규정하고 있는데, 위 단서 규정은 표의자의 상대방의 이익을 보호하기 위한 것이므로, 상대방이 표의자의 착오를 알고 이를 이용한 경우에는 착오가 표의자의 중대한 과실로 인한 것이라고 하더라도 표의자는 의사표시를 취소할 수 있다(대판 2014.11.27. 2013다49794).

27 착오에 관한 설명으로 옳지 않은 것은? (다툼이 있으면 판례에 따름)

2021 행정사

① 법률행위의 내용의 중요부분에 착오가 있으면 취소할 수 있는 것이 원칙이다.

② 1심 판결에서 패소한 자가 항소심 판결 선고 전에 패소를 예상하고 법률행위를 하였으나 이후 항소심에서 승소판결이 선고된 경우 착오를 이유로 그 법률행위를 취소할 수 있다.

③ 의사표시의 착오가 표의자의 중대한 과실로 발생하였으나 상대방이 표의자의 착오를 알고 이용한 경우 표의자는 의사표시를 취소할 수 있다.

④ 착오한 표의자의 중대한 과실 유무에 관한 증명책임은 의사표시를 취소하게 하지 않으려는 상대방에게 있다.

⑤ 착오자의 착오로 인한 취소로 상대방이 손해를 입게 되더라도, 착오자는 불법행위로 인한 손해배상책임을 부담하지 않는다.

정답해설

① 법률행위의 내용의 중요부분에 착오가 있으면 취소할 수 있는 것이 원칙이다(제109조 본문). 다만 상대방이 중과실이 있음을 증명하면 예외적으로 취소할 수 없을 뿐이다.

제109조 【착오로 인한 의사표시】
① 의사표시는 법률행위의 내용의 중요부분에 착오가 있는 때에는 취소할 수 있다. 그러나 그 착오가 표의자의 중대한 과실로 인한 때에는 취소하지 못한다.

Answer 26 ⑤ 27 ②

② 의사표시에 착오가 있다고 하려면 법률행위를 할 당시에 실제로 없는 사실을 있는 사실 또는 실제로 있는 사실을 없는 것으로 잘못 생각하듯이 표의자의 인식과 대조사실이 어긋나는 경우라야 할 터이므로 판결선고 전에 이미 그 선고결과를 예상하고 법률행위를 하였으나 실제로 선고된 판결이 그 예상과 다르다 하더라도 이 표의자의 심리상태에 인식과 대조사실에 불일치가 있다고는 할 수 없어 착오로 다룰 수는 **없다**(대판 1972.3.28. 71다2193).

③ 민법 제109조 제1항 단서는 의사표시의 착오가 표의자의 중대한 과실로 인한 때에는 그 의사표시를 취소하지 못한다고 규정하고 있는데, 위 단서 규정은 표의자의 상대방의 이익을 보호하기 위한 것이므로, 상대방이 표의자의 착오를 알고 이를 이용한 경우에는 착오가 표의자의 중대한 과실로 인한 것이라고 하더라도 표의자는 의사표시를 취소할 수 있다(대판 2014.11.27. 2013다49794).

④ 원고가 피고를 상대로 매매계약의 이행을 청구하는 소송에서 피고가 착오를 이유로 매매계약의 취소를 주장하는 경우, 착오취소를 주장하는 피고는 착오가 법률행위 중요부분에 착오가 있다는 사실을 증명하여야 하고, 자신의 중대한 과실에 의한 것이 아니라는 점에 대한 증명책임을 부담하지 않는다. 중대한 과실은 착오취소의 상대방이 부담한다(대판 2008.1.17. 2007다74188).

⑤ 불법행위로 인한 손해배상책임이 성립하기 위하여는 가해자의 고의 또는 과실 이외에 행위의 위법성이 요구되므로, 전문건설공제조합이 계약보증서를 발급하면서 조합원이 수급할 공사의 실제 도급금액을 확인하지 아니한 과실이 있다고 하더라도 민법 제109조에서 중과실이 없는 착오자의 착오를 이유로 한 의사표시의 취소를 허용하고 있는 이상, 전문건설공제조합이 과실로 인하여 착오에 빠져 계약보증서를 발급한 것이나 그 착오를 이유로 보증계약을 취소한 것이 위법하다고 할 수는 없다(대판 1997.8.22. 97다13023).

28 착오로 인한 의사표시에 관한 설명으로 옳은 것은? (다툼이 있으면 판례에 의함)

2024 행정사

① 표의자가 경과실로 인한 착오로 의사표시를 하고 그 착오를 이유로 의사표시를 취소한 경우, 표의자는 그 취소로 인한 손해를 배상할 책임이 있다.

② 착오로 인한 의사표시의 취소에 관한 민법 제109조 제1항은 당사자의 합의로 그 적용을 배제할 수 없다.

③ 매도인이 매수인의 채무불이행을 이유로 매매계약을 적법하게 해제한 후에도 매수인은 착오를 이유로 매매계약을 취소할 수 있다.

④ 매도인의 하자담보책임이 성립하는 경우 매매계약 내용의 중요부분에 착오가 있더라도 매수인은 착오를 이유로 매매계약을 취소할 수 없다.

⑤ 상대방이 표의자의 착오를 알고 이를 이용한 경우라도 의사표시의 착오가 표의자의 중대한 과실로 인한 것이라면 표의자는 착오를 이유로 의사표시를 취소할 수 없다.

정답해설

① 불법행위로 인한 손해배상책임이 성립하기 위하여는 가해자의 고의 또는 과실 이외에 행위의 위법성이 요구되므로, 전문건설공제조합이 계약보증서를 발급하면서 조합원이 수급할 공사의 실제 도급금액을 확인하지 아니한 과실이 있다고 하더라도 민법 제109조에서 중과실이 없는 착오자의 착오를 이유로 한 의사표시의 취소를 허용하고 있는 이상, 전문건설공제조합이 과실로 인하여 착오에 빠져 계약보증서를 발급한 것이나 그 착오를 이유로 보증계약을 취소한 것이 위법하다고 할 수는 없다(대판 1997.8.22. 97다13023).

② 당사자의 합의로 착오로 인한 의사표시 취소에 관한 민법 제109조 제1항의 적용을 배제할 수 있다(대판 2016.4.15. 2013다97694).

③ 매도인이 매수인의 중도금 지급채무 불이행을 이유로 매매계약을 적법하게 해제한 후라도 매수인으로서는 상대방이 한 계약해제의 효과로서 발생하는 손해배상책임을 지거나 매매계약에 따른 계약금의 반환을 받을 수 없는 불이익을 면하기 위하여 착오를 이유로 한 취소권을 행사하여 매매계약 전체를 무효로 돌리게 할 수 있다(대판 1996.12.6. 95다24982).

④ 착오로 인한 취소 제도와 매도인의 하자담보책임 제도는 취지가 서로 다르고, 요건과 효과도 구별된다. 따라서 매매계약 내용의 중요 부분에 착오가 있는 경우 **매수인은 매도인의 하자담보책임이 성립하는지와 상관없이 착오를 이유로 매매계약을 취소할 수 있다**(대판 2018.9.13. 2015다78703).

⑤ 민법 제109조 제1항 단서는 의사표시의 착오가 표의자의 중대한 과실로 인한 때에는 그 의사표시를 취소하지 못한다고 규정하고 있는데, 위 단서 규정은 표의자의 상대방의 이익을 보호하기 위한 것이므로, **상대방이 표의자의 착오를 알고 이를 이용한 경우에는 착오가 표의자의 중대한 과실로 인한 것이라고 하더라도 표의자는 의사표시를 취소할 수 있다**(대판 2014.11.27. 2013다49794).

29 착오에 관한 설명으로 옳지 않은 것은? (다툼이 있는 경우에는 판례에 의함) 2014 행정사

① 법률행위의 일부분에만 착오가 있고 그 법률행위가 가분적이면 그 나머지 부분이라도 유지하려는 당사자의 가정적 의사가 인정되는 경우 그 일부만의 취소도 가능하다.

② 표의자가 착오로 의사표시를 하였으나 그에게 아무런 경제적 불이익이 발생하지 않은 때에는 중요부분의 착오가 되지 아니한다.

③ 법률행위의 중요부분의 착오는 착오가 없었더라면 표의자뿐만 아니라 일반인도 표의자의 처지에서 그러한 의사표시를 하지 않았을 것이라고 생각될 정도로 중요한 것이어야 한다.

④ 등기명의자가 소유권이전등기의 무효를 주장한 종전 소유자의 공동상속인 중 1인을 단독상속인으로 오인하여 소유권환원에 관하여 합의한 경우, 이는 중요부분의 착오이다.

⑤ 채무자의 채무불이행을 원인으로 적법하게 해제된 매매계약도 착오를 이유로 취소될 수 있다.

Answer 28 ③ 29 ④

정답해설

① 하나의 법률행위의 일부분에만 취소사유가 있다고 하더라도 그 법률행위가 가분적이거나 그 목적물의 일부가 특정될 수 있다면, 나머지 부분이라도 이를 유지하려는 당사자의 가정적 의사가 인정되는 경우 그 일부만의 취소도 가능하다고 할 것이고, 그 일부의 취소는 법률행위의 일부에 관하여 효력이 생긴다고 할 것이다(대판 1998.2.10. 97다44737). 법률행위의 일부분에만 착오가 있고 그 법률행위가 가분적이면 그 나머지 부분이라도 유지하려는 당사자의 가정적 의사가 인정되는 경우 그 일부만의 취소도 가능하다.

② 착오가 법률행위 내용의 중요 부분에 있다고 하기 위하여는 표의자에 의하여 추구된 목적을 고려하여 합리적으로 판단하여 볼 때 표시와 의사의 불일치가 객관적으로 현저하여야 하고, 만일 그 착오로 인하여 표의자가 무슨 경제적인 불이익을 입은 것이 아니라고 한다면 이를 법률행위 내용의 중요부분의 착오라고 할 수 없다(대판 1999.2.23. 98다47924).

③ 법률행위의 중요부분의 착오라 함은 표의자가 그러한 착오가 없었더라면 그 의사표시를 하지 않으리라고 생각될 정도로 중요한 것이어야 하고 보통 일반인도 표의자의 처지에 섰더라면 그러한 의사표시를 하지 않았으리라고 생각될 정도로 중요한 것이어야 한다(대판 1996.3.26. 93다55487).

④ 등기명의자 甲과 종전 소유자의 상속인으로서 소유권이전등기의 원인무효를 주장하는 乙 사이에 토지 소유권 환원의 방법으로 乙 앞으로 소유권이전등기를 경료하여 주기로 하는 합의가 이루어진 경우, 乙이 공동상속인들 중 1인이라면 공유물에 대한 보존행위로서 단독으로 공유물에 관한 원인무효의 등기의 말소를 구하거나 소유권이전등기에 관한 합의를 할 수 있다고 보아야 하므로, 甲이 乙을 단독상속인으로 믿고서 그와 같은 소유권환원의 합의에 이르렀더라도 그와 같은 착오는 합의내용의 중요부분에 해당한다고 볼 수 없다(대판 1996.12.6. 95다24982).

⑤ 매도인이 매매계약을 적법하게 해제한 경우라도 매수인은 착오를 이유로 매매계약을 취소할 수 있다(대판 1996.12.6. 95다24982).

30 **착오에 의한 의사표시에 관한 설명으로 옳은 것을 모두 고른 것은? (다툼이 있으면 판례에 따름)**

2022 가맹거래사

> ㄱ. 동기의 착오가 상대방의 부정한 방법에 의해 유발된 경우, 표의자는 동기가 표시되지 않았더라도 착오를 이유로 의사표시를 취소할 수 있다.
> ㄴ. 소취하합의는 소송행위이므로 법률행위 내용의 중요부분에 착오가 있더라도 착오를 이유로 취소할 수 없다.
> ㄷ. 근저당권설정계약상 채무자의 동일성에 관한 착오는 특별한 사정이 없는 한 법률행위 내용의 중요부분에 관한 착오이다.
> ㄹ. 상대방이 표의자의 착오를 알고 이용하였더라도 착오가 표의자의 중과실로 인한 것이라면 표의자는 착오를 이유로 의사표시를 취소할 수 없다.

① ㄱ, ㄴ ② ㄱ, ㄷ ③ ㄴ, ㄹ
④ ㄱ, ㄷ, ㄹ ⑤ ㄴ, ㄷ, ㄹ

정답해설

ㄱ. (○): 동기의 착오가 상대방에 의해 유발된 경우 동기가 표시되지 않더라도 의사표시의 취소 사유인 착오에 해당할 수 있다(대판 1990.7.10. 90다카7460).

ㄴ. (×): 소취하합의의 의사표시 역시 민법 제109조에 따라 법률행위의 내용의 중요부분에 착오가 있는 때에는 취소할 수 있을 것이다(대판 2020.10.15. 2020다227523 · 227530).

ㄷ. (○): 일반적으로 근저당권설정계약 또는 보증계약을 맺음에 있어서 채무자가 누구인가에 관한 착오는 일응 의사표시의 중요부분에 관한 착오이다(대판 1986.8.19. 86다카448).

ㄹ. (×): 민법 제109조 제1항 단서는 의사표시의 착오가 표의자의 중대한 과실로 인한 때에는 그 의사표시를 취소하지 못한다고 규정하고 있는데, 위 단서 규정은 표의자의 상대방의 이익을 보호하기 위한 것이므로, 상대방이 표의자의 착오를 알고 이를 이용한 경우에는 착오가 표의자의 중대한 과실로 인한 것이라고 하더라도 표의자는 의사표시를 취소할 수 있다(대판 2014.11.27. 2013다49794).

Answer 30 ②

31 사기에 의한 의사표시에 관한 설명으로 옳지 않은 것은? (다툼이 있으면 판례에 의함)

2022 행정사

① 광고에 있어 다소의 과장은 일반 상거래의 관행과 신의칙에 비추어 시인될 수 있는 한 기망성이 결여된다.

② 부작위에 의한 기망행위에서 고지의무는 조리상 일반원칙에 의해서는 인정될 수 없다.

③ 사기에 의한 의사표시가 인정되기 위해서는 의사표시자에게 재산상의 손실을 주려는 사기자의 고의는 필요하지 않다.

④ 기망행위로 인하여 법률행위의 내용으로 표시되지 않은 동기에 관하여 착오를 일으킨 경우에도 그 법률행위를 사기에 의한 의사표시를 이유로 취소할 수 있다.

⑤ 사기에 의한 의사표시의 취소는 선의의 제3자에게 대항하지 못한다.

정답해설

① 상품의 선전·광고에 있어 다소의 과장이나 허위가 수반되는 것은 그것이 일반 상거래의 관행과 신의칙에 비추어 시인될 수 있는 한 기망성이 결여되나, 거래에 있어서 중요한 사항에 관하여 구체적 사실을 신의성실의 의무에 비추어 비난받을 정도의 방법으로 허위로 고지한 경우에는 기망행위에 해당한다(대판 2020.6.25. 2020다215469).

② 부동산 거래에 있어 거래 상대방이 일정한 사정에 관한 고지를 받았더라면 그 거래를 하지 않았을 것임이 경험칙상 명백한 경우에는 신의성실의 원칙상 사전에 상대방에게 그와 같은 사정을 고지할 의무가 있으며, 그와 같은 고지의무의 대상이 되는 것은 직접적인 법령의 규정뿐 아니라 널리 계약상, 관습상 또는 조리상의 일반원칙에 의하여도 인정될 수 있다. 고지의무 위반은 부작위에 의한 기망행위에 해당하므로 기망을 이유로 계약을 취소할 수 있다(대판 2006.10.12. 2004다48515).

③ 민법 제110조는 표의자의 재산의 보호가 아니라 표의자의 의사결정의 자유를 보호하는 데 그 목적이 있으므로 표의자에게 재산상의 손실을 주려는 고의는 사기에 의한 의사표시의 성립요건이 아니다.

④ 기망행위로 인하여 법률행위의 중요부분에 관하여 착오를 일으킨 경우뿐만 아니라 법률행위의 내용으로 표시되지 아니한 의사결정의 동기에 관하여 착오를 일으킨 경우에도 표의자는 그 법률행위를 사기에 의한 의사표시로서 취소할 수 있다(대판 1985.4.9. 85도167).

⑤ 사기에 의한 의사표시의 취소는 선의의 제3자에게 대항하지 못한다(제110조 제3항).

> **제110조【사기, 강박에 의한 의사표시】**
> ① 사기나 강박에 의한 의사표시는 취소할 수 있다.
> ③ 전2항의 의사표시의 취소는 선의의 제3자에게 대항하지 못한다.

32 사기에 의한 의사표시에 관한 설명으로 옳지 않은 것은? (다툼이 있으면 판례에 따름)

2021 행정사

① 상대방이 기망하였으나 표의자가 기망되지 않고 의사표시를 하였다면 기망을 이유로 그 의사표시를 취소할 수 없다.

② 제3자가 행한 사기로 계약을 체결한 경우 상대방이 그 사실을 알았거나 알 수 있었을 경우에 한하여 그 계약을 취소할 수 있다.

③ 상대방의 대리인이 사기를 행하여 계약을 체결한 경우 그 대리인은 '제3자에 의한 사기'에서의 '제3자'에 해당되지 않는다.

④ 상대방이 사용자책임을 져야 할 관계에 있는 피용자가 사기를 행하여 계약을 체결한 경우 그 피용자는 '제3자에 의한 사기'에서의 '제3자'에 해당한다.

⑤ '제3자에 의한 사기'로 계약을 체결한 피기망자는 그 계약을 취소하지 않은 상태에서 그 제3자에 대하여 불법행위로 인한 손해배상청구를 할 수 없다.

정답해설

① 기망행위에 의해 표의자가 착오에 빠지고, 착오에 기하여 의사표시를 하였어야 한다. 기망과 착오, 착오와 의사표시 사이에 모두 인과관계가 있어야 한다. 그러므로 상대방이 기망하였으나 표의자가 기망되지 않고 의사표시를 하였다면 인과관계가 없어 기망을 이유로 그 의사표시를 취소할 수 없다.

② **제110조 【사기, 강박에 의한 의사표시】**

> ② **상대방 있는 의사표시에 관하여** 제3자가 사기나 강박을 행한 경우에는 상대방이 그 사실을 알았거나 알 수 있었을 경우에 한하여 **그 의사표시를** 취소할 수 있다.

③ 상대방 있는 의사표시에 관하여 제3자가 사기나 강박을 한 경우에는 상대방이 그 사실을 알았거나 알 수 있었을 경우에 한하여 그 의사표시를 취소할 수 있으나, 상대방의 대리인 등 상대방과 동일시할 수 있는 자의 사기는 제3자의 사기에 해당하지 않는다(대판 1999.2.23. 98다60828).

④ 의사표시의 상대방이 아닌 자로서 기망행위를 하였으나 민법 제110조 제2항에서 정한 제3자에 해당되지 아니한다고 볼 수 있는 자란 그 의사표시에 관한 상대방의 대리인 등 상대방과 동일시할 수 있는 자만을 의미하고, 단순히 상대방의 피용자이거나 상대방이 사용자책임을 져야 할 관계에 있는 피용자에 지나지 않는 자는 상대방과 동일시할 수는 없어 이 규정에서 말하는 제3자에 해당한다(대판 1998.1.23. 96다414965).

⑤ 제3자의 사기행위로 인하여 피해자가 주택건설사와 사이에 주택에 관한 분양계약을 체결하였다고 하더라도 제3자의 사기행위 자체가 불법행위를 구성하는 이상, 제3자로서는 그 불법행위로 인하여 피해자가 입은 손해를 배상할 책임을 부담하는 것이므로, 피해자가 제3자를 상대로 손해배상청구를 하기 위하여 반드시 그 분양계약을 취소할 필요는 없다(대판 1998.3.10. 97다558292).

Answer 31 ② 32 ⑤

33 제3자의 사기에 관한 설명으로 옳지 않은 것은? (다툼이 있으면 판례에 의함)

2024 소방간부후보시험

① 상대방이 사용자책임을 져야 하는 그의 피용자도 제3자가 될 수 있다.

② 제3자의 사기를 이유로 의사표시를 취소하면 법률행위는 처음부터 무효이다.

③ 제3자의 사기로 상대방 없는 의사표시를 한 표의자는 그 의사표시를 취소할 수 있다.

④ 제3자의 사기로 계약을 체결한 자는 이를 취소하지 않고 제3자에게 불법행위로 인한 손해배상을 청구할 수 있다.

⑤ 상대방의 대리인의 사기로 상대방에게 의사표시를 한 표의자는 상대방이 그 사실을 알았거나 알 수 있었을 경우에만 그 의사표시를 취소할 수 있다.

정답해설

① 의사표시의 상대방이 아닌 자로서 기망행위를 하였으나 민법 제110조 제2항에서 정한 제3자에 해당되지 아니한다고 볼 수 있는 자란 그 의사표시에 관한 상대방의 대리인 등 상대방과 동일시할 수 있는 자만을 의미하고, 단순히 상대방의 피용자이거나 상대방이 사용자책임을 져야 할 관계에 있는 피용자에 지나지 않는 자는 상대방과 동일시할 수는 없어 이 규정에서 말하는 제3자에 해당한다(대판 1998.1.23. 96다41496).

② 제3자의 사기를 이유로 의사표시를 취소하면 법률행위는 처음부터 무효이다(제141조).

> **제141조【취소의 효과】** 취소된 법률행위는 처음부터 무효인 것으로 본다. 다만, 제한능력자는 그 행위로 인하여 받은 이익이 현존하는 한도에서 상환할 책임이 있다.

③ 상대방 없는 의사표시를 한 표의자는 상대방이 없으므로 제110조 제1항에 의해 언제나 의사표시를 취소할 수 있다. 제2항은 적용될 여지가 없다.

> **제110조【사기, 강박에 의한 의사표시】** ② 상대방 있는 의사표시에 관하여 제3자가 사기나 강박을 행한 경우에는 상대방이 그 사실을 알았거나 알 수 있었을 경우에 한하여 그 의사표시를 취소할 수 있다.

④ 제3자의 사기행위로 인하여 피해자가 주택건설사와 사이에 주택에 관한 분양계약을 체결하였다고 하더라도 제3자의 사기행위 자체가 불법행위를 구성하는 이상, 제3자로서는 그 불법행위로 인하여 피해자가 입은 손해를 배상할 책임을 부담하는 것이므로, 피해자가 제3자를 상대로 손해배상청구를 하기 위하여 반드시 그 분양계약을 취소할 필요는 없다(대판 1998.3.10. 97다55829).

⑤ 상대방 있는 의사표시에 관하여 제3자가 사기나 강박을 한 경우에는 상대방이 그 사실을 알았거나 알 수 있었을 경우에 한하여 그 의사표시를 취소할 수 있으나, 상대방의 대리인 등 상대방과 동일시할 수 있는 자의 사기나 강박은 제3자의 사기·강박에 해당하지 아니한다(대판 1999.2.23. 98다60828·60835). 따라서 대리인의 기망행위로 계약을 체결한 상대방은 제110조 제1항이 적용되어 본인이 대리인의 기망행위에 대해 선의·무과실인지 여부와 상관없이 계약을 취소할 수 있다.

34 사기에 의한 의사표시에 관한 설명으로 옳지 않은 것은? (다툼이 있으면 판례에 의함)

2023 행정사

① 사기에 의한 의사표시에는 의사와 표시의 불일치가 있을 수 없고, 단지 의사표시의 동기에 착오가 있는 것에 불과하다.

② 사기의 의사표시로 인해 부동산의 소유권을 취득한 자로부터 그 부동산의 소유권을 새로이 취득한 제3자는 특별한 사정이 없는 한 선의로 추정된다.

③ 교환계약의 당사자가 자기 소유의 목적물의 시가를 묵비하는 것은 특별한 사정이 없는 한 기망행위가 되지 않는다.

④ 상대방의 대리인에 의한 사기는 민법 제110조 제2항 소정의 제3자의 사기에 해당하지 않는다.

⑤ 계약이 제3자의 위법한 사기행위로 체결된 경우 표의자는 그 계약을 취소하지 않는 한 제3자를 상대로 그로 인해 발생한 손해의 배상을 청구할 수 없다.

정답해설

① 사기에 의한 의사표시란 타인의 기망행위로 말미암아 착오에 빠지게 된 결과 어떠한 의사표시를 하게 되는 경우이므로 거기에는 의사와 표시의 불일치가 있을 수 없고, 단지 의사의 형성과정 즉 의사표시의 동기에 착오가 있는 것에 불과하다(대판 2005.5.27. 2004다43824).

② 사기의 의사표시로 인한 매수인으로부터 부동산의 권리를 취득한 제3자는 특별한 사정이 없는 한 선의로 추정할 것이므로 사기로 인하여 의사표시를 한 부동산의 양도인이 제3자에 대하여 사기에 의한 의사표시의 취소를 주장하려면 제3자의 악의를 입증할 필요가 있다(대판 1970.11.24. 70다2155).

③ 일반적으로 교환계약을 체결하려는 당사자는 서로 자기가 소유하는 교환 목적물은 고가로 평가하고 상대방이 소유하는 목적물은 염가로 평가하여 보다 유리한 조건으로 교환계약을 체결하기를 희망하는 이해상반의 지위에 있고, 각자가 자신의 지식과 경험을 이용하여 최대한으로 자신의 이익을 도모할 것이 예상되기 때문에, 당사자 일방이 알고 있는 정보를 상대방에게 사실대로 고지하여야 할 신의칙상의 주의의무가 인정된다고 볼 만한 특별한 사정이 없는 한, 어느 일방이 교환 목적물의 시가나 그 가액 결정의 기초가 되는 사항에 관하여 상대방에게 설명 내지 고지를 할 주의의무를 부담한다고 할 수 없고, 일방 당사자가 자기가 소유하는 목적물의 시가를 묵비하여 상대방에게 고지하지 아니하거나 혹은 허위로 시가보다 높은 가액을 시가라고 고지하였다 하더라도 이는 상대방의 의사결정에 불법적인 간섭을 한 것이라고 볼 수 없다(대판 2002.9.4. 2000다54406·54413).

④ 상대방 있는 의사표시에 관하여 제3자가 사기나 강박을 한 경우에는 상대방이 그 사실을 알았거나 알 수 있었을 경우에 한하여 그 의사표시를 취소할 수 있으나, 상대방의 대리인 등 상대방과 동일시할 수 있는 자의 사기나 강박은 제3자의 사기·강박에 해당하지 아니한다(대판 1999.2.23. 98다60828·60835).

Answer 33 ⑤ 34 ⑤

⑤ 제3자의 사기행위로 인하여 피해자가 주택건설사와 사이에 주택에 관한 분양계약을 체결하였다고 하더라도 제3자의 사기행위 자체가 불법행위를 구성하는 이상, 제3자로서는 그 불법행위로 인하여 피해자가 입은 손해를 배상할 책임을 부담하는 것이므로, 피해자가 제3자를 상대로 손해배상청구를 하기 위하여 반드시 그 분양계약을 취소할 필요는 없다(대판 1998.3.10. 97다55829).

35 사기 · 강박에 의한 의사표시에 관한 설명으로 옳은 것은? (다툼이 있으면 판례에 의함)

2024 행정사

① 신의칙상 고지의무를 부담하는 자는 고지의무의 대상이 되는 사실을 이미 알고 있는 자에 대해서도 그 사실을 고지하여야 한다.
② 계약이 제3자의 위법한 사기행위로 체결된 경우 표의자가 제3자를 상대로 사기로 인한 손해배상을 청구하기 위해서는 그 계약을 취소해야 한다.
③ 강박에 의한 의사표시에 대한 취소권의 행사기간은 소멸시효기간이다.
④ 소송행위가 강박에 의하여 이루어진 경우 특별한 사정이 없는 한 강박을 이유로 소송행위를 취소할 수 있다.
⑤ 상품의 선전 · 광고에 다소의 과장이나 허위가 수반되는 것은 그것이 일반 상거래의 관행과 신의칙에 비추어 시인될 수 있는 한 기망성이 결여된다.

정답해설

① 재산권의 거래관계에 있어서 계약의 일방 당사자가 상대방에게 그 계약의 효력에 영향을 미치거나 상대방의 권리 확보에 위험을 가져올 수 있는 구체적 사정을 고지하였다면 상대방이 그 계약을 체결하지 아니하거나 적어도 그와 같은 내용 또는 조건으로 계약을 체결하지 아니하였을 것임이 경험칙상 명백한 경우 그 계약 당사자는 신의성실의 원칙상 상대방에게 미리 그와 같은 사정을 고지할 의무가 있다고 하겠으나, 이때에도 상대방이 고지의무의 대상이 되는 사실을 이미 알고 있거나 스스로 이를 확인할 의무가 있는 경우 또는 거래 관행상 상대방이 당연히 알고 있을 것으로 예상되는 경우 등에는 상대방에게 위와 같은 사정을 알리지 아니하였다고 하여 고지의무를 위반하였다고 볼 수 없다(대판 2016.4.15. 2013다97694).

② 제3자의 사기행위로 인하여 피해자가 주택건설사와 사이에 주택에 관한 분양계약을 체결하였다고 하더라도 제3자의 사기행위 자체가 불법행위를 구성하는 이상, 제3자로서는 그 불법행위로 인하여 피해자가 입은 손해를 배상할 책임을 부담하는 것이므로 피해자가 제3자를 상대로 손해배상청구를 하기 위하여 반드시 그 분양계약을 취소할 필요는 없다(대판 1998.3.10. 97다55829).

③ 강박에 의한 의사표시에 대한 취소권은 형성권의 일종으로서 그 행사기간을 제척기간으로 보아야 한다(대판 2008.9.11. 2008다27301 · 27318).

④ 민사소송법상의 소송행위에는 특별한 규정이나 특별한 사정이 없는 한 민법상의 법률행위에 관한 규정이 적용될 수 없는 것이므로 사기, 강박 또는 착오 등 의사표시의 하자를 이유로 그 무효나 취소를 주장할 수 없다(대판 1980.8.26. 80다76).

⑤ 상품의 선전 · 광고에 있어 다소의 과장이나 허위가 수반되는 것은 그것이 일반 상거래의 관행과 신의칙에 비추어 시인될 수 있는 한 기망성이 결여되나, 거래에 있어서 중요한 사항에 관하여 구체적 사실을 신의성실의 의무에 비추어 비난받을 정도의 방법으로 허위로 고지한 경우에는 기망행위에 해당한다(대판 2023.7.27. 2022다293395).

36 **사기, 강박에 의한 의사표시에 관한 설명으로 옳은 것을 모두 고른 것은? (다툼이 있으면 판례에 따름)** 2019 행정사

ㄱ. 부작위에 의한 기망행위도 인정될 수 있다.
ㄴ. 제3자의 사기로 계약을 체결한 경우, 그 계약을 취소하지 않으면 그 제3자에 대하여 손해배상을 청구할 수 없다.
ㄷ. 부정행위에 대한 고소, 고발은 부정한 이익의 취득을 목적으로 하는 경우에도 위법한 강박행위가 될 수 없다.

① ㄱ ② ㄴ ③ ㄱ, ㄷ
④ ㄴ, ㄷ ⑤ ㄱ, ㄴ, ㄷ

정답해설

ㄱ. (○): 부동산 거래에 있어 거래 상대방이 일정한 사정에 관한 고지를 받았더라면 그 거래를 하지 않았을 것임이 경험칙상 명백한 경우에는 신의성실의 원칙상 사전에 상대방에게 그와 같은 사정을 고지할 의무가 있으며, 그와 같은 고지의무의 대상이 되는 것은 직접적인 법령의 규정뿐 아니라 널리 계약상, 관습상 또는 조리상의 일반원칙에 의하여도 인정될 수 있다. 고지의무 위반은 부작위에 의한 기망행위에 해당하므로 기망을 이유로 계약을 취소할 수 있다(대판 2006.10.12. 2004다48515).

ㄴ. (×): 제3자의 사기행위로 인하여 피해자가 주택건설사와 사이에 주택에 관한 분양계약을 체결하였다고 하더라도 제3자의 사기행위 자체가 불법행위를 구성하는 이상, 제3자로서는 그 불법행위로 인하여 피해자가 입은 손해를 배상할 책임을 부담하는 것이므로, 피해자가 제3자를 상대로 손해배상청구를 하기 위하여 반드시 그 분양계약을 취소할 필요는 없다(대판 1998.3.10. 97다55829).

ㄷ. (×): 일반적으로 부정행위에 대한 고소, 고발은 그것이 부정한 이익을 목적으로 하는 것이 아닌 때에는 정당한 권리행사가 되어 위법하다고 할 수 없으나, 부정한 이익의 취득을 목적으로 하는 경우에는 위법한 강박행위가 되는 경우가 있고 목적이 정당하다 하더라도 행위나 수단 등이 부당한 때에는 위법성이 있는 경우가 있을 수 있다(대판 1992.12.24. 92다25120).

Chapter 05

Answer 35 ⑤ 36 ①

37 사기, 강박에 의한 의사표시에 관한 설명으로 옳지 않은 것은? (다툼이 있으면 판례에 따름)

2017 행정사

① 제3자에 의한 사기행위로 계약을 체결한 경우에는 그 계약을 취소해야만 제3자에 대하여 불법행위로 인한 손해배상을 청구할 수 있다.

② 신의성실의 원칙상 고지의무가 있는 자가 소극적으로 진실을 숨기는 것은 기망행위에 해당한다.

③ 강박에 의하여 의사결정을 스스로 할 수 있는 여지가 완전히 박탈된 상태에서 이루어진 법률행위는 무효이다.

④ 상대방 있는 의사표시에 관하여 제3자가 사기를 행한 경우에는 상대방이 그 사실을 알았거나 알 수 있었을 경우에 한하여 그 의사표시를 취소할 수 있다.

⑤ 강박에 의한 의사표시라고 하려면 상대방이 불법으로 어떤 해악을 고지함으로 인하여 공포를 느끼고 의사표시를 것이어야 한다.

정답해설

① 제3자의 사기행위로 인하여 피해자가 주택건설사와 사이에 주택에 관한 분양계약을 체결하였다고 하더라도 제3자의 사기행위 자체가 불법행위를 구성하는 이상, 제3자로서는 그 불법행위로 인하여 피해자가 입은 손해를 배상할 책임을 부담하는 것이므로, 피해자가 제3자를 상대로 손해배상청구를 하기 위하여 반드시 그 분양계약을 취소할 필요는 없다(대판 1998.3.10. 97다55829).

② 부동산 거래에 있어 거래 상대방이 일정한 사정에 관한 고지를 받았더라면 그 거래를 하지 않았을 것임이 경험칙상 명백한 경우에는 신의성실의 원칙상 사전에 상대방에게 그와 같은 사정을 고지할 의무가 있으며, 그와 같은 고지의무의 대상이 되는 것은 직접적인 법령의 규정뿐 아니라 널리 계약상, 관습상 또는 조리상의 일반원칙에 의하여도 인정될 수 있다. 고지의무 위반은 부작위에 의한 기망행위에 해당하므로 기망을 이유로 계약을 취소할 수 있다(대판 2006.10.12. 2004다48515).

③ 강박에 의한 법률행위가 하자 있는 의사표시로서 취소되는 것에 그치지 않고 나아가 무효로 되기 위하여는 강박의 정도가 단순한 불법적 해악의 고지로 상대방으로 하여금 공포를 느끼도록 하는 정도가 아니고, 의사표시자로 하여금 의사결정을 스스로 할 수 있는 여지를 완전히 박탈한 상태에서 의사표시가 이루어져 단지 법률행위의 외형만이 만들어진 것에 불과한 정도이어야 한다(대판 2003.5.13. 2002다73708 · 73715).

④ **제110조【사기, 강박에 의한 의사표시】** ② 상대방 있는 의사표시에 관하여 제3자의 기망행위에 의하여 의사표시를 한 자는 상대방이 그 사실을 알았거나 알 수 있었을 경우에 그 의사표시를 취소할 수 있다.

⑤ 강박에 의한 의사표시라고 하려면 상대방이 불법으로 어떤 해악을 고지하므로 말미암아 공포를 느끼고 의사표시를 한 것이어야 하므로 각서에 서명 날인할 것을 강력히 요구하였다는 것만으로 강박에 의한 의사표시로 볼 수 없다(대판 1979.1.16. 78다1968).

38 **사기 · 강박에 의한 의사표시에 관한 설명으로 옳지 않은 것은? (다툼이 있으면 판례에 의함)**

2022 세무사

① 계약당사자 사이에 신의칙상 고지의무가 인정되는 경우 고지의무 위반은 부작위에 의한 기망행위가 될 수 있다.

② 부정행위에 대한 고소가 부정한 이익의 취득을 목적으로 하는 경우 그 고소는 위법한 강박행위가 될 수 있다.

③ 매매목적물에 하자가 있음에도 이를 속이고 매도한 경우 사기를 이유로 한 의사표시의 취소와 하자담보책임은 경합할 수 있다.

④ 본인의 피용자의 기망행위로 상대방이 매매계약을 체결한 경우 상대방은 본인이 기망행위를 알았는지를 불문하고 매매계약을 취소할 수 있다.

⑤ 소송행위가 강박에 의하여 이루어진 것임을 이유로 이를 취소할 수는 없다.

정답해설

① 부동산 거래에 있어 거래 상대방이 일정한 사정에 관한 고지를 받았더라면 그 거래를 하지 않았을 것임이 경험칙상 명백한 경우에는 신의성실의 원칙상 사전에 상대방에게 그와 같은 사정을 고지할 의무가 있으며, 그와 같은 고지의무의 대상이 되는 것은 직접적인 법령의 규정뿐 아니라 널리 계약상, 관습상 또는 조리상의 일반원칙에 의하여도 인정될 수 있다. 고지의무 위반은 부작위에 의한 기망행위에 해당하므로 기망을 이유로 계약을 취소할 수 있다(대판 2006.10.12. 2004다48515).

② 일반적으로 부정행위에 대한 고소, 고발은 그것이 부정한 이익을 목적으로 하는 것이 아닌 때에는 정당한 권리행사가 되어 위법하다고 할 수 없으나, 부정한 이익의 취득을 목적으로 하는 경우에는 위법한 강박행위가 되는 경우가 있고 목적이 정당하다 하더라도 행위나 수단 등이 부당한 때에는 위법성이 있는 경우가 있을 수 있다(대판 1992.12.24. 92다25120).

③ 매매목적물에 흠이 있음에도 불구하고 이를 속이고 매도한 경우에 사기에 의한 의사표시와 매도인의 하자담보책임이 경합한다. 매수인 겸 피기망자는 양자를 행사할 수 있으나, 피기망자가 의사표시를 취소하였다면, 더 이상 담보책임을 물을 수 없다.

④ 의사표시의 상대방이 아닌 자로서 기망행위를 하였으나 민법 제110조 제2항에서 정한 제3자에 해당되지 아니한다고 볼 수 있는 자란 그 의사표시에 관한 상대방의 대리인 등 상대방과 동일시할 수 있는 자만을 의미하고, 단순히 상대방의 피용자이거나 상대방이 사용자책임을 져야 할 관계에 있는 피용자에 지나지 않는 자는 상대방과 동일시할 수는 없어 이 규정에서 말하는 제3자에 해당한다(대판 1998.1.23. 96다41496). 제3자 사기에 해당하여 상대방은 본인이 피용자의 기망행위를 알았거나 알 수 있었을 경우에 한하여 매매계약을 취소할 수 있다.

⑤ 민법상의 법률행위에 관한 규정은 민사소송법상의 소송행위에는 특별한 규정 기타 특별한 사정이 없는 한 적용이 없는 것이므로 소송행위가 강박에 의하여 이루어진 것임을 이유로 취소할 수는 없다(대판 1997.10.10. 96다35484).

Chapter 05

Answer 37 ① 38 ④

39 **甲이 乙을 기망하여 乙소유 토지를 丙에게 시가에 비해 현저히 저렴한 가격으로 처분하도록 유인하였고, 이에 따라 乙은 丙과 그 토지에 대한 매매계약을 체결한 후 소유권이전등기를 마쳐주었다. 乙은 甲의 사기를 이유로 丙과의 매매계약을 취소하고자 한다. 이에 관한 설명으로 옳은 것을 모두 고른 것은? (다툼이 있으면 판례에 따름)** 2018 행정사

ㄱ. 甲의 기망사실을 丙이 알 수 있었던 경우, 乙은 위 계약을 취소할 수 있다.
ㄴ. 甲의 사기로 불법행위가 성립하더라도, 乙은 위 계약을 취소하지 않는 한 甲에 대하여 불법행위로 인한 손해배상을 청구할 수 없다.
ㄷ. 선의의 제3자 丁이 丙으로부터 위 토지를 매수하여 소유권이전등기를 마쳤다면, 그 후 乙이 자신과 丙 사이의 매매계약을 취소하여도 이를 근거로 丁명의의 소유권이전등기의 말소를 청구할 수 없다.

① ㄱ ② ㄴ ③ ㄱ, ㄷ
④ ㄴ, ㄷ ⑤ ㄱ, ㄴ, ㄷ

정답해설

ㄱ. (○): 사안은 계약의 당사자가 아닌 甲의 기망에 의한 제3자 사기에 해당하므로, 乙이 사기를 이유로 취소하려면 상대방이 그 사실을 알았거나 알 수 있었을 경우에 한하는데, 상대방 丙이 알 수 있었을 경우이므로 취소할 수 있다.

제110조【사기, 강박에 의한 의사표시】
② 상대방 있는 의사표시에 관하여 제3자가 사기나 강박을 행한 경우에는 상대방이 그 사실을 알았거나 알 수 있었을 경우에 한하여 그 의사표시를 취소할 수 있다.

ㄴ. (×): 사기로 불법행위가 성립하였다면, 계약을 취소하지 않더라도 청구권 경합에 관계인 제750조에 기한 불법행위로 인한 손해배상을 청구할 수 있다.

ㄷ. (○): 丁은 선의이고, 사기로 인해 무효가 되는 법률행위에 기초해 토지를 매수한 것이므로 새로운 법률상 이해관계를 맺은 자로서 제110조 제3항의 제3자에 해당한다. 따라서 丙은 丁에게는 대항할 수 없다.

제110조【사기, 강박에 의한 의사표시】
③ 전2항의 의사표시의 취소는 선의의 제3자에게 대항하지 못한다.

40 **의사표시에 관한 설명으로 옳은 것은? (다툼이 있으면 판례에 따름)** 2015 행정사

① 착오에 의한 의사표시의 취소는 선의의 제3자에게 대항할 수 있다.
② 부동산 매매에서 시가에 관한 착오는 특별한 사정이 없는 한 법률행위의 중요부분에 관한 착오라고 할 수 없다.
③ 채무자의 법률행위가 통정 허위표시에 해당되어 무효인 경우에는 채권자취소권의 대상이 되지 않는다.
④ 진의 아닌 의사표시는 상대방이, 표의자의 진의 아님을 알았거나 알 수 있었을 경우에 그 효력이 있다.
⑤ 강박이 의사결정의 자유를 완전히 박탈하는 정도에 이르지 않고 이를 제한하는 정도에 그친 경우에 그 의사표시는 무효이다.

정답해설

① **제109조 【착오로 인한 의사표시】** ② 전항의 의사표시의 취소는 선의의 제3자에게 대항하지 못한다.
② 부동산 매매에 있어서 시가에 관한 착오는 부동산을 매매하려는 의사를 결정함에 있어 동기의 착오에 불과할 뿐 법률행위의 중요부분에 관한 착오라고 할 수 없다(대판 1992.10.23. 92다29337).
③ 통정에 의한 허위표시행위는 채권자취소권의 대상이 된다(대판 1984.7.24. 84다카68).
④ **제107조 【진의 아닌 의사표시】** ① 의사표시는 표의자가 진의 아님을 알고 한 것이라도 그 효력이 있다. 그러나 상대방이 표의자의 진의 아님을 알았거나 이를 알 수 있었을 경우에는 무효로 한다.
⑤ 강박에 의한 법률행위가 하자 있는 의사표시로서 취소되는 것에 그치지 않고 나아가 무효로 되기 위하여는 강박의 정도가 단순한 불법적 해악의 고지로 상대방으로 하여금 공포를 느끼도록 하는 정도가 아니고, 의사표시자로 하여금 의사결정을 스스로 할 수 있는 여지를 완전히 박탈한 상태에서 의사표시가 이루어져 단지 법률행위의 외형만이 만들어진 것에 불과한 정도이어야 한다(대판 2003.5.13. 2002다73708·73715). 강박이 의사결정의 자유를 완전히 박탈하는 정도에 이르지 않고 이를 제한하는 정도에 그친 경우에 그 의사표시는 제110조의 취소사유이다.

Answer 39 ③ 40 ②

41 의사표시에 있어서 증명책임에 관한 설명으로 옳지 않은 것은? (다툼이 있으면 판례에 따름)

2016 감정평가사

① 통정허위표시에서 제3자의 악의는 그 허위표시의 무효를 주장하는 자가 증명하여야 한다.

② 사기에 의한 의사표시에서 제3자의 악의는 취소를 주장하는 자가 증명하여야 한다.

③ 진의 아닌 의사표시에서 상대방이 진의 아님을 알았거나 과실로 이를 알지 못하였다는 것은 의사표시의 무효를 주장하는 자가 증명하여야 한다.

④ 상대방에게 도달하여야 효력이 있는 의사표시를 보통우편의 방법으로 하였다면, 송달의 효력을 주장하는 자가 그 도달을 증명하여야 한다.

⑤ 착오로 인한 의사표시에서 착오가 법률행위 내용의 중요부분에 관한 것이라는 점과 중대한 과실이 없었다는 점은 표의자가 증명하여야 한다.

정답해설

① 제3자는 특별한 사정이 없는 한 선의로 추정할 것이므로, 제3자가 악의라는 사실에 관한 주장·입증책임은 그 허위표시의 무효를 주장하는 자에게 있다(대판 2006.3.10. 2002다1321).

② 사기의 의사표시로 인한 매수인으로부터 부동산의 권리를 취득한 제3자는 특별한 사정이 없는 한 선의로 추정할 것이므로 사기로 인하여 의사표시를 한 부동산의 양도인이 제3자에 대하여 사기에 의한 의사표시의 취소를 주장하려면 제3자의 악의를 입증할 필요가 있다(대판 1970.11.24. 70다2155).

③ 어떠한 의사표시가 비진의 의사표시로서 무효라고 주장하는 경우에 그 입증책임은 그 주장자에게 있다(대판 1992.5.22. 92다2295).

④ 내용증명우편이나 등기우편과는 달리, 보통우편의 방법으로 발송되었다는 사실만으로는 그 우편물이 상당기간 내에 도달하였다고 추정할 수 없고 송달의 효력을 주장하는 측에서 증거에 의하여 도달사실을 입증하여야 한다(대판 2002.7.26. 2000다25002).

⑤ 착오를 이유로 의사표시를 취소하는 자는 법률행위의 내용에 착오가 있었다는 사실과 함께 그 착오가 의사표시에 결정적인 영향을 미쳤다는 점, 즉 만약 그 착오가 없었더라면 의사표시를 하지 않았을 것이라는 점을 증명하여야 한다(대판 2008.1.17. 2007다74188).
즉 중요부분의 착오가 있다는 점은 착오에 의한 취소를 주장하는 표의자가 입증하여야 하나, 표의자에게 중과실이 있다는 점은 상대방이 입증하여 취소를 저지해야 한다.

42 **甲은 乙을 강박하여 乙소유의 X토지를 무상으로 자신에게 증여하도록 강요하였다. 이에 乙은 자신의 재산을 甲에게 강제로 빼앗긴다는 인식을 하였지만 그래도 어쩔 수 없다고 생각하면서 X토지를 무상으로 증여하였다. 다음 설명 중 옳은 것은? (다툼이 있으면 판례에 의함)**

2012 감정평가사

① 乙의 증여의 의사표시는 비진의 의사표시에 해당한다.
② 甲의 불법적인 해악의 고지로 말미암아 乙이 공포심을 느꼈다면 그것이 乙의 의사결정에 큰 영향을 주지 않았더라도 乙의 증여행위는 무효가 된다.
③ 불공정한 법률행위를 이유로 乙의 증여행위를 무효로 할 수 없다.
④ 乙은 강박에 의한 의사표시를 이유로 증여행위를 취소할 수 없다.
⑤ 乙의 증여의 의사표시는 통정허위표시에 해당하여 무효이다.

정답해설

① 표의자의 의사, 즉 진의에 관해서 판례는 진의란 특정한 내용의 의사표시를 하고자 하는 표의자의 생각을 말하는 것이지 표의자가 진정으로 마음속에서 바라는 사항을 뜻하는 것은 아니므로, 표의자가 의사표시의 내용을 진정으로 마음속에서 바라지는 아니하였다고 하더라도 당시의 상황에서는 그것을 최선이라고 판단하여 그 의사표시를 하였을 경우에는 이를 내심의 효과의사가 결여된 비진의 의사표시라고 할 수 없다고 하였다(대판 1996.12.20. 95누16059; 대판 2000.4.25. 99다34475). 이에 따르면 비록 재산을 강제로 빼앗긴다는 것이 표의자의 본심으로 잠재되어 있었다 하더라도 표의자가 강제에 의해서나마 증여하기로 하였으므로 진의가 없다고 할 수 없다(대판 1993.7.16. 92다41528).

②, ④ 강박에 의한 의사표시라고 하려면 상대방이 불법으로 어떤 해악을 고지함으로 말미암아 공포를 느끼고 의사표시를 한 것이어야 한다. 강박에 의한 법률행위가 하자 있는 의사표시로서 취소되는 것에 그치지 않고 나아가 무효로 되기 위하여는, 강박의 정도가 단순한 불법적 해악의 고지로 상대방으로 하여금 공포를 느끼도록 하는 정도가 아니고, 의사표시자로 하여금 의사결정을 스스로 할 수 있는 여지를 완전히 박탈한 상태에서 의사표시가 이루어져 단지 법률행위의 외형만이 만들어진 것에 불과한 정도이어야 한다. (따라서) 제반 사정을 고려하여 의무부담의 의사표시가 강박으로 인하여 의사결정을 스스로 할 수 있는 여지를 완전히 박탈당한 상태에서 이루어진 것으로 보기 어렵다면 강박에 의한 의사표시로서 취소할 수 있을 뿐이다(대판 2003.5.13. 2002다73708·73715). 甲의 불법적인 해악의 고지로 말미암아 乙이 공포심을 느꼈다면 그것이 乙의 의사결정에 큰 영향을 주지 않았다면 乙의 증여행위는 무효로 되지 않고, 단지 강박에 의한 의사표시를 이유로 취소할 수 있을 뿐이다.

③ 불공정한 법률행위에 해당하기 위해서는 급부와 반대급부와의 사이에 현저히 균형을 잃을 것이 요구되므로 이 사건 증여와 같이 상대방에 의한 대가적 의미의 재산관계의 출연이 없이 당사자 일방의 급부만 있는 경우에는 급부와 반대급부 사이의 불균형의 문제는 발생하지 않는다(대판 1993.7.16. 92다41528). 따라서 불공정한 법률행위를 이유로 乙의 증여행위를 무효로 할 수 없다.

⑤ 허위표시가 되기 위해서는 표시행위의 의미에 대응하는 표의자의 의사가 존재하지 않아야 한다. 따라서 표시행위에 대응하는 진정한 의사가 있으면 그에 따른 법률적 효과와 경제적 목적이 서로 상이하더라도 허위표시가 아니다. 따라서 乙은 자신의 재산을 甲에게 강제로 빼앗긴다는 인식을 하였지만 그래도 어쩔 수 없다고 생각하면서 X토지를 무상으로 증여하였다면 허위표시에 해당하지 않는다.

Answer 41 ⑤ 42 ③

43 의사표시의 효력발생시기에 관한 설명으로 옳지 않은 것은? (다툼이 있는 경우에는 판례에 의함)

2014 행정사

① 상대방이 있는 의사표시는 상대방에게 도달한 때에 그 효력이 생기는 것이 원칙이다.

② 표의자는 그의 의사표시가 상대방에게 도달하였으나 상대방이 이행에 착수하기 전에는 그 의사표시를 철회할 수 있다.

③ 제한능력자에게 의사를 표시한 사람은 제한능력자의 법정대리인이 의사표시가 도달한 사실을 안 후에는 그 의사표시로써 제한능력자에게 대항할 수 있다.

④ 상대방이 정당한 사유 없이 의사표시의 수령을 거절한 경우에는 그 의사표시는 상대방이 그 내용을 알 수 있는 객관적 상태에 놓여 있는 때에 효력이 생긴다.

⑤ 의사표시의 부도달에 대한 위험은 표의자에게 있다.

정답해설

① 상대방이 있는 의사표시는 상대방에게 도달한 때에 그 효력이 생기는 것이 원칙이다. 예외적으로 발신주의를 취하는 경우가 있다.

> **제111조 【의사표시의 효력발생시기】**
> ① 상대방이 있는 의사표시는 상대방에게 도달한 때에 그 효력이 생긴다.

② 의사표시가 상대방에게 도달하여 그 효력이 발생하면, 상대방이 이행에 착수하기 전이라도 더 이상 그 의사표시를 철회할 수 없다(제111조 제1항 참조).

③ **제112조 【제한능력자에 대한 의사표시의 효력】** 의사표시의 상대방이 의사표시를 받은 때에 제한능력자인 경우에는 의사표시자는 그 의사표시로써 대항할 수 없다. 다만, 그 상대방의 법정대리인이 의사표시가 도달한 사실을 안 후에는 그러하지 아니하다.

④ 상대방이 정당한 사유 없이 통지의 수령을 거절한 경우에는 상대방이 그 통지의 내용을 알 수 있는 객관적 상태에 놓여 있는 때에 의사표시의 효력이 생기는 것으로 보아야 한다(대판 2008.6.12. 2008다19973).

⑤ 도달주의가 원칙이므로 의사표시가 도달되지 않거나 연착이 되면 그로 인한 불이익은 표의자가 부담한다.

✦ 민법상 발신주의 취하고 있는 例

민법상 발신주의	• 제한능력자 또는 무권대리인의 상대방의 최고에 대한 확답(제15조, 제131조) • 채무인수의 승낙여부 최고에 대한 채권자 확답(제455조 제2항) • 격지자간 계약성립시기에 있어 청약에 대한 승낙(제531조) • 사원총회의 소집통지(제71조) 등 ※ <주의> 단, 채권양도의 통지나 승낙, 제3자를 위한 계약에 있어 제3자의 승낙여부 최고에 대한 확답(제540조)은 발신주의가 적용되는 경우가 아니다.

44 의사표시의 효력발생에 관한 설명으로 옳지 않은 것은? (다툼이 있으면 판례에 따름)

2023 감정평가사

① 의사표시의 발신 후 표의자가 사망하였다면, 그 의사표시는 상대방에게 도달하더라도 무효이다.

② 의사표시의 효력발생시기에 관해 도달주의를 규정하고 있는 민법 제111조는 임의규정이다.

③ 상대방이 정당한 사유 없이 의사표시의 수령을 거절하더라도 상대방이 그 의사표시의 내용을 알 수 있는 객관적 상태에 놓여 있다면 그 의사표시는 효력이 있다.

④ 재단법인 설립행위의 효력발생을 위해서는 의사표시의 도달이 요구되지 않는다.

⑤ 미성년자는 그 행위능력이 제한되고 있는 범위에서 수령무능력자이다.

정답해설

① 의사표시의 도달은 이미 완성된 의사표시의 효력발생요건이므로 발신 후 표의자가 사망하였더라도, 그 의사표시의 효력에 영향을 미치지 아니하므로, 그 의사표시는 유효하다(제111조 제2항).

> **제111조【의사표시의 효력발생시기】**
> ① 상대방이 있는 의사표시는 상대방에게 도달한 때에 그 효력이 생긴다.
> ② 의사표시자가 그 통지를 발송한 후 사망하거나 제한능력자가 되어도 의사표시의 효력에 영향을 미치지 아니한다.

② 민법 제111조는 도달주의의 원칙을 정하고 있고, 이는 임의규정이므로 당사자는 약정으로 의사표시의 효력발생시기를 달리 정할 수 있다.

③ 상대방이 정당한 사유 없이 통지의 수령을 거절한 경우에는 상대방이 그 통지의 내용을 알 수 있는 객관적 상태에 놓여 있는 때에 의사표시의 효력이 생기는 것으로 보아야 한다(대판 2008.6.12. 2008다19973).

④ 재단법인의 설립행위는 재단에 법인격취득의 효과를 발생시키려는 의사표시를 요소로 하는 '상대방 없는 단독행위'에 해당한다(대판 1999.7.9. 98다9045). 상대방 없는 의사표시는 원칙적으로 표시행위가 완료된 때 의사표시의 효력이 발생한다. 따라서 상대방 없는 단독행위인 재단법인 설립행위의 효력발생을 위해서는 의사표시의 도달이 요구되지 않는다.

⑤ 민법은 제한능력자를 보호하기 위하여 모든 제한능력자를 의사표시의 수령무능력자라고 본다.

> **제112조【제한능력자에 대한 의사표시의 효력】**
> 의사표시의 상대방이 의사표시를 받은 때에 제한능력자인 경우에는 의사표시자는 그 의사표시로써 대항할 수 없다. 다만, 그 상대방의 법정대리인이 의사표시가 도달한 사실을 안 후에는 그러하지 아니하다.

Chapter 05

Answer 43 ② 44 ①

45 의사표시의 효력발생에 관한 설명으로 옳지 않은 것은? (다툼이 있으면 판례에 따름)

2018 행정사

① 의사표시가 기재된 내용증명 우편물이 발송되고 반송되지 아니하면 특별한 사정이 없는 한, 그 무렵에 송달되었다고 볼 수 있다.

② 의사표시의 도달로 인정되려면 사회통념상 상대방이 그 통지를 현실적으로 수령하여 그 내용을 알아야 한다.

③ 의사표시를 받은 상대방이 제한능력자라 하더라도 그의 법정대리인이 그 의사표시가 도달한 사실을 안 후에는 의사표시자는 그 효력을 주장할 수 있다.

④ 의사표시자가 통지를 발송한 후 제한능력자가 되어도 그 의사표시의 효력에 영향을 미치지 아니한다.

⑤ 상대방 있는 의사표시에 관하여 민법은 상대방에게 도달한 때에 그 효력이 생기는 것을 원칙으로 한다.

정답해설

① 재건축조합을 탈퇴한다는 의사표시가 기재된 내용증명 우편물이 발송되고 달리 반송되지 아니하였다면 특별한 사정이 없는 한 이는 그 무렵에 송달되었다고 봄이 상당하다(대판 2000.10.27. 2000다20052).

② 의사표시의 도달이라 함은 사회관념상 채무자가 통지의 내용을 알 수 있는 객관적 상태에 놓여졌다고 인정되는 상태를 지칭한다고 해석되므로, 채무자가 이를 현실적으로 수령하였다거나 그 통지의 내용을 알았을 것까지는 필요로 하지 않는다.

> **제111조【의사표시의 효력발생시기】**
> ① 상대방이 있는 의사표시는 상대방에게 도달한 때에 그 효력이 생긴다.

③ **제112조【제한능력자에 대한 의사표시의 효력】** 의사표시의 상대방이 의사표시를 받은 때에 제한능력자인 경우에는 의사표시자는 그 의사표시로써 대항할 수 없다. 다만, 그 상대방의 법정대리인이 의사표시가 도달한 사실을 안 후에는 그러하지 아니하다.

④ 의사표시의 도달은 이미 완성된 의사표시의 효력발생요건이므로 발신 후 표의자가 사망하거나 행위능력·대리권을 상실하여도 그 의사표시의 효력에 영향을 미치지 아니한다(제111조 제2항).

⑤ 민법은 상대방 있는 의사표시는 상대방에게 도달한 때부터 효력이 발생하는 도달주의를 원칙으로 한다(제111조 제1항).

46 **의사표시에 관한 설명으로 옳지 않은 것은?** 2022 행정사

① 청약의 의사표시는 그 표시가 상대방에게 도달한 때에 그 효력이 생긴다.

② 의사표시자가 청약의 의사표시를 발송한 후 사망하였다면 그 의사표시는 처음부터 무효인 것으로 본다.

③ 행위능력을 갖춘 미성년자에게는 특별한 사정이 없는 한 의사표시의 수령능력이 인정된다.

④ 표의자가 과실 없이 상대방을 알지 못하는 경우 민사소송법 공시송달의 규정에 의하여 의사표시를 송달할 수 있다.

⑤ 의사표시의 상대방이 의사표시를 받은 때에 제한능력자인 경우 특별한 사정이 없는 한 의사표시자는 그 의사표시로써 대항할 수 없다.

정답해설

① 매매의 청약의 의사표시는 상대방 있는 의사표시로 상대방에게 도달한 때에 그 효력이 생긴다 (제111조).

> **제111조【의사표시의 효력발생시기】**
> ① 상대방이 있는 의사표시는 상대방에게 도달한 때에 그 효력이 생긴다.

② 의사표시의 도달은 이미 완성된 의사표시의 효력발생요건이므로 발신 후 표의자가 사망하거나 행위능력・대리권을 상실하여도 그 의사표시의 효력에 영향을 미치지 아니하므로(제111조 제2항), 그 의사표시는 유효하다.

> **제111조【의사표시의 효력발생시기】**
> ② 의사표시자가 그 통지를 발송한 후 사망하거나 제한능력자가 되어도 의사표시의 효력에 영향을 미치지 아니한다.

③ 민법은 제한능력자를 보호하기 위하여 제한능력자를 의사표시의 수령무능력자라고 본다(제112조). 그러나 미성년자라도 권리만을 얻거나 의무만을 면하는 법률행위를 하는 경우와 같이 예외적으로 행위능력을 갖춘 경우 특별한 사정이 없는 한 의사표시의 수령능력도 인정된다.

④ **제113조【의사표시의 공시송달】** 표의자가 **과실 없이** 상대방을 알지 못하거나 상대방의 소재를 알지 못하는 경우에는 의사표시는 민사소송법 공시송달의 규정에 의하여 송달할 수 있다.

⑤ **제112조【제한능력자에 대한 의사표시의 효력】** 의사표시의 상대방이 의사표시를 받은 때에 제한능력자인 경우에는 의사표시자는 그 의사표시로써 대항할 수 없다. 다만, 그 상대방의 법정대리인이 의사표시가 도달한 사실을 안 후에는 그러하지 아니하다.

Answer 45 ② 46 ②

47 **甲은 자기 소유의 부동산을 1억 원에 매도하겠다는 청약을 등기우편으로 乙에게 보냈다. 이에 관한 설명으로 옳지 않은 것은? (다툼이 있으면 판례에 따름)** 2019 행정사

① 甲의 청약은 乙에게 도달한 때에 효력이 생긴다.

② 甲이 등기우편을 발송한 후 성년후견개시의 심판을 받은 경우, 乙에게 도달한 甲의 청약은 효력이 발생하지 않는다.

③ 甲의 등기우편은 반송되는 등 특별한 사정이 없는 한 乙에게 배달된 것으로 인정하여야 한다.

④ 甲은 등기우편이 乙에게 도달하기 전에 자신의 청약을 철회할 수 있다.

⑤ 甲의 청약이 효력을 발생하기 위해서 乙이 그 내용을 알 것까지는 요하지 않는다.

정답해설

① 甲의 청약은 상대방 있는 의사표시로 상대방 乙에게 도달한 때에 효력이 생긴다(제111조 제1항).

> **제111조【의사표시의 효력발생시기】**
> ① 상대방이 있는 의사표시는 상대방에게 도달한 때에 그 효력이 생긴다.

② 의사표시의 도달은 이미 완성된 의사표시의 효력발생요건이므로 발신 후 표의자가 사망하거나 행위능력·대리권을 상실하여도 그 의사표시의 효력에 영향을 미치지 아니한다(제111조 제2항). 甲이 등기우편을 발송한 후 성년후견개시의 심판을 받아 제한능력자가 되어도, 乙에게 도달한 甲의 청약은 효력이 발생에 영향이 없어 유효하다.

> **제111조【의사표시의 효력발생시기】**
> ② 의사표시자가 그 통지를 발송한 후 사망하거나 제한능력자가 되어도 의사표시의 효력에 영향을 미치지 아니한다.

③ 우편법 등 관계 규정의 취지에 비추어 볼 때 우편물이 등기취급의 방법으로 발송된 경우 반송되는 등의 특별한 사정이 없는 한 그 무렵 수취인에게 배달되었다고 보아야 한다(대판 1992.3.27. 91누3819).

④ 의사표시가 상대방에게 도달하여 그 효력이 발생하면, 더 이상 그 의사표시를 철회할 수 없다(제111조 제1항 참조). 甲은 등기우편이 乙에게 도달하기 전에 자신의 청약을 철회할 수 있다.

⑤ 의사표시의 도달이라 함은 사회관념상 채무자가 통지의 내용을 알 수 있는 객관적 상태에 놓여졌다고 인정되는 상태를 지칭한다고 해석되므로, 채무자가 이를 현실적으로 수령하였다거나 그 통지의 내용을 알았을 것까지는 필요로 하지 않는다.

48 의사표시에 관한 설명으로 옳은 것은? 2016 행정사

① 의사표시자가 그 통지를 발송한 후 사망하여도 의사표시의 효력에 영향을 미치지 아니한다.

② 진의 아닌 의사표시에서 상대방이 표의자의 진의 아님을 알았거나 알 수 있었을 경우, 표의자는 그 의사표시를 취소할 수 있다.

③ 표의자가 과실로 상대방의 소재를 알지 못하는 경우, 의사표시는 민사소송법 공시송달의 규정에 의하여 송달할 수 있다.

④ 상대방이 있는 의사표시는 상대방이 요지(了知)한 때에 그 효력이 생긴다.

⑤ 상대방 있는 의사표시에 관하여 제3자가 강박을 행한 경우, 상대방이 그 사실을 알았던 경우에 한하여 그 의사표시를 취소할 수 있다.

정답해설

① **제111조【의사표시의 효력발생시기】** ② 의사표시자가 그 통지를 발송한 후 사망하거나 제한능력자가 되어도 의사표시의 효력에 영향을 미치지 아니한다.

② **제107조【진의 아닌 의사표시】** ① 의사표시는 표의자가 진의 아님을 알고 한 것이라도 그 효력이 있다. 그러나 상대방이 표의자의 진의 아님을 알았거나 이를 알 수 있었을 경우에는 무효로 한다.

③ **제113조【의사표시의 공시송달】** 표의자가 과실 없이 상대방을 알지 못하거나 상대방의 소재를 알지 못하는 경우에는 의사표시는 민사소송법 공시송달의 규정에 의하여 송달할 수 있다.

④ 의사표시의 도달이라 함은 사회관념상 채무자가 통지의 내용을 알 수 있는 객관적 상태에 놓여졌다고 인정되는 상태를 지칭한다고 해석되므로, 채무자가 이를 현실적으로 수령하였다거나 그 통지의 내용을 알았을 것까지는 필요로 하지 않는다(대판 2008.6.12. 2008다19973).

⑤ 상대방 있는 의사표시에 관하여 제3자가 강박을 행한 경우, 상대방이 그 사실을 알았던 경우에 한하여 하지 않고, 알 수 있었을 경우에도 그 의사표시를 취소할 수 있다.

제110조【사기, 강박에 의한 의사표시】
② 상대방 있는 의사표시에 관하여 제3자가 사기나 강박을 행한 경우에는 상대방이 그 사실을 알았거나 알 수 있었을 경우에 한하여 그 의사표시를 취소할 수 있다.

Chapter 05

Answer 47 ② 48 ①

49 의사표시의 효력발생시기에 관하여 민법이 발신주의를 채택하는 경우가 아닌 것은?

2006 감정평가사

① 제한능력자의 상대방의 최고에 대한 법정대리인의 확답
② 사원총회의 소집통지
③ 무권대리인의 상대방의 최고에 대한 본인의 확답
④ 지상권자의 매수청구권의 행사
⑤ 채무인수의 경우 인수인의 승낙의 최고에 대한 채권자의 확답

정답해설

상대방 있는 의사표시의 효력발생은 예외적으로 특별조항에서 발신주의를 취하고 있는 경우가 아닌 한 도달주의를 원칙으로 하고 있다(제111조).

제111조 【의사표시의 효력발생시기】
① 상대방이 있는 의사표시는 상대방에게 도달한 때에 그 효력이 생긴다.

① **제15조 【제한능력자의 상대방의 확답을 촉구할 권리】** ② 제한능력자가 아직 능력자가 되지 못한 경우에는 그의 법정대리인에게 제1항의 촉구를 할 수 있고, 법정대리인이 그 정하여진 기간 내에 확답을 발송하지 아니한 경우에는 그 행위를 추인한 것으로 본다.
② **제71조 【총회의 소집】** 총회의 소집은 1주간 전에 그 회의의 목적사항을 기재한 통지를 발하고 기타 정관에 정한 방법에 의하여야 한다.
③ **제131조 【상대방의 최고권】** 대리권 없는 자가 타인의 대리인으로 계약을 한 경우에 상대방은 상당한 기간을 정하여 본인에게 그 추인 여부의 확답을 최고할 수 있다. 본인이 그 기간 내에 확답을 발하지 아니한 때에는 추인을 거절한 것으로 본다.
④ 지상권의 매수청구권은 형성권으로서 상대방 있는 의사표시이며, 단독행위이기 때문에 원칙인 도달주의가 적용된다(제111조).

제283조 【지상권자의 갱신청구권, 매수청구권】
② 지상권설정자가 계약의 갱신을 원하지 아니하는 때에는 지상권자는 상당한 가액으로 전항의 공작물이나 수목의 매수를 청구할 수 있다.

⑤ **제455조 【승낙의 최고】** ② 채권자가 그 기간내에 확답을 발송하지 아니한 때에는 거절한 것으로 본다.

✦ 민법상 발신주의 취하고 있는 例

민법상 발신주의	• 제한능력자 또는 무권대리인의 상대방의 최고에 대한 확답(제15조, 제131조) • 채무인수의 승낙여부 최고에 대한 채권자 확답(제455조 제2항) • 격지자간 계약성립시기에 있어 청약에 대한 승낙(제531조) • 사원총회의 소집통지(제71조) 등 ※ <주의> 단, 채권양도의 통지나 승낙, 제3자를 위한 계약에 있어 제3자의 승낙여부 최고에 대한 확답(제540조)은 발신주의가 적용되는 경우가 아니다.

Answer 49 ④

제4절 법률행위의 대리

01 대리에 관한 설명으로 옳지 않은 것은? (다툼이 있으면 판례에 따름) 2017 세무사

① 혼인에 대하여는 대리가 허용되지 않는다.
② 대리인이 사망하면 원칙적으로 대리권이 소멸한다.
③ 대리인이 행한 불법행위에 대하여도 대리가 성립한다.
④ 대리행위에 따른 법률효과가 본인에게 귀속하기 위해서는 본인에게 권리능력이 있어야 한다.
⑤ 매수인이 대리인을 통하여 매매계약을 체결한 경우, 대리행위의 하자의 유무는 대리인을 표준으로 판단하여야 한다.

정답해설

① 대리는 원칙적으로 의사표시를 본질적 요소로 하는 법률행위에 한하여 적용된다. 다만 법률행위라 하더라도 본인의 의사결정을 절대적으로 필요로 하는 혼인, 이혼, 유언, 인지 등 신분행위에는 대리가 허용되지 않는다.
② 대리인이 사망하면 대리행위를 할 자가 없어지므로 원칙적으로 대리권이 소멸한다.

> **제127조【대리권의 소멸사유】**
> 대리권은 다음 각 호의 어느 하나에 해당하는 사유가 있으면 소멸된다.
> 1. 본인의 사망
> 2. 대리인의 사망, 성년후견의 개시 또는 파산

③ 대리는 원칙적으로 의사표시를 본질적 요소로 하는 법률행위에 한하여 적용되므로 사실행위로서 비표현행위나 불법행위에서는 대리가 허용되지 않는다.
④ 대리행위에 따른 법률효과는 본인에게 귀속하는 것이므로 본인은 권리능력은 있어야 한다.
⑤ 대리인이 본인을 대리하여 매매계약을 체결함에 있어서 매매대상 토지에 관한 저간의 사정을 잘 알고 그 배임행위에 가담하였다면, 대리행위의 하자 유무는 대리인을 표준으로 판단하여야 하므로, 설사 본인이 미리 그러한 사정을 몰랐거나 반사회성을 야기한 것이 아니라고 할지라도 그로 인하여 매매계약이 가지는 사회질서에 반한다는 장애사유가 부정되는 것은 아니다(대판 1998.2.27. 97다45532).

> **제116조【대리행위의 하자】**
> ① 의사표시의 효력이 의사의 흠결, 사기, 강박 또는 어느 사정을 알았거나 과실로 알지 못한 것으로 인하여 영향을 받은 경우에 그 사실의 유무는 대리인을 표준으로 하여 결정한다.

Answer 01 ③

02 대리에 관한 설명으로 옳지 않은 것은? (다툼이 있으면 판례에 따름)

2019 감정평가사

① 불법행위에는 대리의 법리가 적용되지 않는다.
② 대리인이 자신의 이익을 도모하기 위하여 대리권을 남용한 경우는 무권대리에 해당한다.
③ 대리인의 대리행위가 공서양속에 반하는 경우, 본인이 그 사정을 몰랐다고 하더라도 그 행위는 무효이다.
④ 대리인이 상대방에게 사기·강박을 하였다면 상대방은 본인이 그에 대해 선의·무과실이라 하더라도 대리인과 행한 법률행위를 취소할 수 있다.
⑤ 복대리인은 본인의 대리인이다.

정답해설

① 대리는 원칙적으로 의사표시를 본질적 요소로 하는 법률행위에 한하여 적용되며, 사실행위로서 비표현행위나 불법행위에서는 대리가 허용되지 않는다.
② 대리권 남용이란 대리인이 형식적으로는 대리권의 범위 내에서 대리행위를 하였으나, 실질적으로는 본인을 위해서가 아니고 자기 또는 제3자의 이익을 위해서 대리행위를 하는 경우를 말한다. 판례의 주류는 배임적 대리행위에 대하여 민법 제107조 제1항 단서를 유추적용하여, 원칙적으로 대리인의 배임행위인 경우에도 대리의사는 존재하므로 대리행위로서 유효하지만, 예외적으로 대리인의 배임행위를 상대방이 알았거나 알 수 있었음을 본인이 입증한 때에는 제107조 제1항의 단서취지를 유추적용하여 그 대리행위는 무효가 된다는 입장이다. 즉 법적 성질이 무권대리가 되는 것은 아니다.
③ 대리인이 본인을 대리하여 매매계약을 체결함에 있어서 매매대상 토지에 관한 저간의 사정을 잘 알고 그 배임행위에 가담하였다면, 대리행위의 하자 유무는 대리인을 표준으로 판단하여야 하므로, 설사 본인이 미리 그러한 사정을 몰랐거나 반사회성을 야기한 것이 아니라고 할지라도 그로 인하여 매매계약이 가지는 사회질서에 반한다는 장애사유가 부정되는 것은 아니다(대판 1998.2.27. 97다45532).

> **제116조【대리행위의 하자】**
> ① 의사표시의 효력이 의사의 흠결, 사기, 강박 또는 어느 사정을 알았거나 과실로 알지 못한 것으로 인하여 영향을 받은 경우에 그 사실의 유무는 대리인을 표준으로 하여 결정한다.

④ 제3자가 대리인일 때는 제3자 사기(제110조 제2항)가 아닌 대리행위의 하자(제116조)의 문제와 관련된다. 대리인이 사기·강박을 행한 경우, 대리인은 제110조 제2항 소정의 '제3자'가 아니므로, 즉 제110조 제1항의 문제로 제116조가 적용되어 상대방은 본인이 그 사실을 알았는지 여부를 묻지 않고 그 의사표시를 취소할 수 있다(제110조 제1항).

> **제110조【사기, 강박에 의한 의사표시】**
> ① 사기나 강박에 의한 의사표시는 취소할 수 있다.
> ② 상대방 있는 의사표시에 관하여 제3자가 사기나 강박을 행한 경우에는 상대방이 그 사실을 알았거나 알 수 있었을 경우에 한하여 그 의사표시를 취소할 수 있다.
> ③ 전2항의 의사표시의 취소는 선의의 제3자에게 대항하지 못한다.

⑤ 복대리인은 대리인이 선임한 본인의 대리인이다.

03 대리에 관한 설명으로 옳지 않은 것은? (다툼이 있으면 판례에 따름) 2019 행정사

① 대리인은 행위능력자임을 요하지 않는다.
② 유언은 대리가 허용되지 않는다.
③ 대리에 있어 본인을 위한 것임을 표시하는 현명은 묵시적으로 할 수는 없다.
④ 임의대리의 경우 그 원인된 법률관계의 종료 전에 본인이 수권행위를 철회할 수 있다.
⑤ 대리인이 수인인 때에는 원칙적으로 각자가 본인을 대리한다.

정답해설

① **제117조【대리인의 행위능력】** 대리인은 행위능력자임을 요하지 아니한다.
② 대리는 원칙적으로 의사표시를 본질적 요소로 하는 법률행위에 한하여 적용된다. 다만 법률행위라 하더라도 본인의 의사결정을 절대적으로 필요로 하는 혼인, 이혼, 인지, **유언 등 신분행위에는 대리가 허용되지 않는다.**
③ 대리에 있어 본인을 위한 것임을 표시하는 이른바 현명은 반드시 명시적으로만 할 필요는 없고 묵시적으로도 할 수 있는 것이고, 나아가 현명을 하지 아니한 경우라도 여러 사정에 비추어 대리인으로서 행위한 것임을 상대방이 알았거나 알 수 있었을 때에는 민법 제115조 단서의 규정에 의하여 본인에게 효력이 미치는 것이다(대판 2008.5.15. 2007다14759).
④ **제128조【임의대리의 종료】** 법률행위에 의하여 수여된 대리권은 전조의 경우 외에 그 원인된 법률관계의 종료에 의하여 소멸한다. 법률관계의 종료 전에 본인이 수권행위를 철회한 경우에도 같다.
⑤ 대리인이 수인인 경우에 원칙적으로 각자 본인을 대리하고, 법률 또는 수권행위에 다른 정한 바가 있는 때에 대리권이 제한된다.

> **제119조【각자대리】**
> 대리인이 수인인 때에는 각자가 본인을 대리한다. 그러나 법률 또는 수권행위에 다른 정한 바가 있는 때에는 그러하지 아니하다.

Chapter 05

Answer 02 ② 03 ③

04 임의대리권의 범위에 관한 설명으로 옳지 않은 것은? (다툼이 있으면 판례에 의함)

2022 행정사

① 임의대리권의 범위는 원칙적으로 수권행위에 의하여 정해진다.

② 특별한 사정이 없는 한 통상의 임의대리권은 필요한 한도에서 수령대리권을 포함한다.

③ 매도인으로부터 매매계약체결에 대한 대리권을 수여받은 자는 특별한 사정이 없는 한 그 매매계약에 따른 중도금을 수령할 권한이 있다.

④ 매도인으로부터 매매계약의 체결과 이행에 대해 포괄적인 대리권을 수여받은 자는 특별한 사정이 없는 한 약정된 매매대금의 지급기일을 연기해 줄 권한이 없다.

⑤ 부동산을 매수할 권한을 수여받은 자는 원칙적으로 그 부동산을 처분할 권한이 없다.

정답해설

①, ② 임의대리에 있어서 대리권의 범위는 수권행위(대리권수여행위)에 의하여 정하여지는 것이므로 어느 행위가 대리권의 범위 내의 행위인지의 여부는 개별적인 수권행위의 내용이나 그 해석에 의하여 판단할 것이나, 일반적으로 말하면 수권행위의 통상의 내용으로서의 임의대리권은 그 권한에 부수하여 필요한 한도에서 상대방의 의사표시를 수령하는 이른바 수령대리권을 포함하는 것으로 보아야 한다(대판 1994.2.8. 93다39379).

③, ④ 부동산의 소유자로부터 매매계약을 체결할 대리권을 수여받은 대리인은 특별한 다른 사정이 없는 한 그 매매계약에서 약정한 바에 따라 중도금이나 잔금을 수령할 수도 있다고 보아야 하고, 매매계약의 체결과 이행에 관하여 포괄적으로 대리권을 수여받은 대리인은 특별한 다른 사정이 없는 한 상대방에 대하여 약정된 매매대금지급기일을 연기하여 줄 권한도 가진다고 보아야 한다(대판 1992.4.14. 91다43107).

⑤ 법률행위에 의하여 수여된 대리권은 그 원인된 법률관계의 종료에 의하여 소멸하는 것이므로 특별한 다른 사정이 없는 한 부동산을 매수할 권한을 수여받은 대리인에게 그 부동산을 처분할 대리권도 있다고 볼 수 없다(대판 1991.2.12. 90다7364).

05 대리에 관한 설명으로 옳지 않은 것은? (다툼이 있는 경우에는 판례에 의함) 2014 행정사

① 매매계약을 체결할 권한을 수여받은 대리인은 특별한 사정이 없으면, 그 매매계약에 따른 중도금과 잔금을 받을 권한을 갖는다.

② 매매계약의 체결과 이행에 관하여 포괄적인 권한을 수여받은 대리인은 특별한 사정이 없으면, 상대방에 대하여 약정된 매매대금의 지급기일을 연기할 권한을 갖는다.

③ 대여금의 영수권한만을 위임받은 대리인은 그 대여금 채무의 일부를 면제하기 위하여는 특별수권이 필요하다.

④ 특별한 사정이 없으면, 예금계약의 체결을 위임받은 자의 대리권에는 그 예금을 담보로 하여 대출을 받거나 이를 처분할 수 있는 권한이 포함되지 않는다.

⑤ 본인을 위하여 금전소비대차와 그 담보를 위한 담보권설정계약을 체결할 권한을 수여받은 대리인은 특별한 사정이 없으면, 금전소비대차계약과 담보권설정계약이 체결된 후에 이를 해제할 권한을 갖는다.

정답해설

① 부동산의 소유자로부터 매매계약을 체결할 대리권을 수여받은 대리인은 특별한 사정이 없는 한, 그 매매계약에서 약정한 바에 따라 중도금이나 잔금을 수령할 권한이 있다(대판 1994.2.8. 93다39379).

② 부동산의 소유자로부터 매매계약을 체결할 대리권을 수여받은 대리인은 특별한 다른 사정이 없는 한 그 매매계약에서 약정한 바에 따라 중도금이나 잔금을 수령할 수도 있다고 보아야 하고, 매매계약의 체결과 이행에 관하여 포괄적으로 대리권을 수여받은 대리인은 특별한 다른 사정이 없는 한 상대방에 대하여 약정된 매매대금지급기일을 연기하여 줄 권한도 가진다고 보아야 할 것이다(대판 1992.4.14. 91다43107).

③ 대여금의 영수권한만을 위임받은 대리인이 그 대여금 채무의 일부를 면제하기 위하여는 본인의 특별수권이 필요하다(대판 1981.6.23. 80다3221).

④ 예금계약의 체결을 위임받은 자가 가지는 대리권에 당연히 그 예금을 담보로 하여 대출을 받거나 이를 처분할 수 있는 대리권이 포함되어 있는 것은 아니다(대판 1995.8.22. 94다59042).

⑤ 통상 사채알선업자가 전주(錢主)를 위하여 금전소비대차계약과 그 담보를 위한 담보권설정계약을 체결할 대리권을 수여받은 것으로 인정되는 경우라 하더라도 특별한 사정이 없는 한 일단 금전소비대차계약과 그 담보를 위한 담보권설정계약이 체결된 후에 이를 해제할 권한까지 당연히 가지고 있다고 볼 수는 없다(대판 1997.9.30. 97다23372).

Chapter 05

Answer 04 ④ 05 ⑤

06 당사자 일방으로부터 부동산 매매계약의 체결에 관한 대리권만 수여받은 대리인이 특별한 사정이 없는 한 할 수 있는 행위에 해당하는 것은? (다툼이 있으면 판례에 따름) 2020 행정사

① 매도인을 대리하여 중도금이나 잔금을 수령하는 행위

② 매도인을 대리하여 약정된 매매대금의 지급기일을 연기해주는 행위

③ 매도인을 대리하여 잔금채권을 담보로 대출을 받는 행위

④ 매수인을 대리하여 매매계약을 해제하는 행위

⑤ 매수인을 대리하여 매매목적 부동산을 처분하는 행위

정답해설

①, ②, ③, ④, ⑤ 부동산의 소유자로부터 매매계약을 체결할 대리권을 수여받은 대리인은 특별한 다른 사정이 없는 한 그 매매계약에서 약정한 바에 따라 중도금이나 잔금을 수령할 수도 있다고 보아야 하고, 매매계약의 체결과 이행에 관하여 포괄적으로 대리권을 수여받은 대리인은 특별한 다른 사정이 없는 한 상대방에 대하여 약정된 매매대금지급기일을 연기하여 줄 권한도 가진다고 보아야 할 것이다(대판 1992.4.14. 91다43107).

07 대리에 관한 설명으로 옳지 않은 것은? (다툼이 있으면 판례에 의함) 2022 행정사

① 대리인은 행위능력자임을 요하지 아니한다.

② 사실상의 용태에 의하여 대리권의 수여가 추단될 수 있다.

③ 임의대리의 원인된 법률관계가 종료하기 전이라도 본인은 수권행위를 철회할 수 있다.

④ 수권행위에서 권한을 정하지 아니한 대리인은 보존행위만을 할 수 있다.

⑤ 복대리인은 본인의 대리인이다.

정답해설

① **제117조【대리인의 행위능력】** 대리인은 행위능력자임을 요하지 아니한다.

② 대리권을 수여하는 수권행위는 불요식의 행위로서 명시적인 의사표시에 의함이 없이 묵시적인 의사표시에 의하여 할 수도 있으며, 어떤 사람이 대리인의 외양을 가지고 행위하는 것을 본인이 알면서도 이의를 하지 아니하고 방임하는 등 사실상의 용태에 의하여 대리권의 수여가 추단되는 경우도 있다(대판 2016.5.26. 2016다203315).

③ **제128조【임의대리의 종료】** 법률행위에 의하여 수여된 대리권은 전조의 경우 외에 그 원인된 법률관계의 종료에 의하여 소멸한다. 법률관계의 종료 전에 본인이 수권행위를 철회한 경우에도 같다.

④ 권한을 정하지 아니한 대리인은 보존행위뿐만 아니라 대리의 목적인 물건이나 권리의 성질을 변하지 아니하는 범위에서 그 이용 또는 개량하는 행위를 할 수 있다(제118조).

제118조【대리권의 범위】
권한을 정하지 아니한 대리인은 다음 각 호의 행위만을 할 수 있다.
1. 보존행위
2. 대리의 목적인 물건이나 권리의 성질을 변하지 아니하는 범위에서 그 이용 또는 개량하는 행위

⑤ 복대리인이란 대리인이 자신의 이름으로 선임한 본인의 대리인이다(제123조 제1항).

> **제123조 【복대리인의 권한】**
> ① 복대리인은 그 권한 내에서 본인을 대리한다.

08 임의대리에 관한 설명으로 옳지 않은 것은? (다툼이 있으면 판례에 따름)

2021 행정사

① 권한을 정하지 아니한 대리인은 대리의 목적물에 대해 모든 개량행위를 할 수 있다.
② 대리권은 그 권한에 부수하여 필요한 한도에서 상대방의 의사표시를 수령하는 수령대리권을 포함하는 것이 원칙이다.
③ 수권행위는 묵시적인 의사표시로 할 수 있다.
④ 대리권의 존속 중 원인된 법률관계가 종료하기 전에는 본인은 수권행위를 철회할 수 있다.
⑤ 대리인에 대한 성년후견의 개시는 대리권의 소멸사유이다.

정답해설

① 권한을 정하지 아니한 대리인은 목적물에 대해 모든 개량행위가 아니라 대리의 목적인 물건이나 권리의 성질을 변하지 아니하는 범위에서만 개량하는 행위를 할 수 있다.

> **제118조 【대리권의 범위】**
> 권한을 정하지 아니한 대리인은 다음 각 호의 행위만을 할 수 있다.
> 1. 보존행위
> 2. 대리의 목적인 물건이나 권리의 성질을 변하지 아니하는 범위에서 그 이용 또는 개량하는 행위

② 임의대리에 있어서 대리권의 범위는 수권행위(대리권수여행위)에 의하여 정하여지는 것이므로 어느 행위가 대리권의 범위 내의 행위인지의 여부는 개별적인 수권행위의 내용이나 그 해석에 의하여 판단할 것이나, 일반적으로 말하면 수권행위의 통상의 내용으로서의 임의대리권은 그 권한에 부수하여 필요한 한도에서 상대방의 의사표시를 수령하는 이른바 수령대리권을 포함하는 것으로 보아야 한다(대판 1994.2.8. 93다39379).

③ 대리권을 수여하는 수권행위는 불요식의 행위로서 명시적인 의사표시에 의함이 없이 묵시적인 의사표시에 의하여 할 수도 있으며, 어떤 사람이 대리인의 외양을 가지고 행위하는 것을 본인이 알면서도 이의를 하지 아니하고 방임하는 등 사실상의 용태에 의하여 대리권의 수여가 추단되는 경우도 있다(대판 2016.5.26. 2016다203315).

④ **제128조 【임의대리의 종료】** 법률행위에 의하여 수여된 대리권은 전조의 경우 외에 그 원인된 법률관계의 종료에 의하여 소멸한다. 법률관계의 종료 전에 본인이 수권행위를 철회한 경우에도 같다.

Answer 06 ① 07 ④ 08 ①

⑤ 대리인에 대한 성년후견의 개시는 대리권의 소멸사유이다.

> **제127조【대리권의 소멸사유】**
> 대리권은 다음 각 호의 어느 하나에 해당하는 사유가 있으면 소멸된다.
> 1. 본인의 사망
> 2. 대리인의 사망, 성년후견의 개시 또는 파산

09 대리에 관한 설명으로 옳지 않은 것은? (다툼이 있는 경우에는 판례에 의함) 2013 행정사

① 본인이 대리인에게 자기계약을 허락한 경우에는 그 대리행위는 유효하다.
② 대리에 의한 의사표시의 효력이 의사의 흠결로 영향을 받을 경우에는 그 사실 유무는 대리인을 기준으로 정한다.
③ 대리권의 범위가 불분명한 대리인은 소멸시효의 중단과 같은 보존행위는 할 수 있지만 금전을 이자부로 대여하는 이용행위는 할 수 없다.
④ 유권대리의 주장이 있다고 하여 표현대리의 주장이 당연히 포함되는 것은 아니다.
⑤ 대리인이 여러 명인 경우에는 대리인은 원칙적으로 각자가 본인을 대리한다.

정답해설

① 제124조에 의한 자기계약과 쌍방대리는 원칙적으로 금지된다. 예외적으로 ① 본인의 이익을 해할 염려가 없는 경우로서 본인이 허락한 경우나 ② 이미 확정되어 있는 법률관계의 단순한 이행에 불과한 경우에는 인정된다.

> **제124조【자기계약, 쌍방대리】**
> 대리인은 본인의 허락이 없으면 본인을 위하여 자기와 법률행위를 하거나 동일한 법률행위에 관하여 당사자쌍방을 대리하지 못한다. 그러나 채무의 이행은 할 수 있다.

② **제116조【대리행위의 하자】** ① 의사표시의 효력이 의사의 흠결, 사기, 강박 또는 어느 사정을 알았거나 과실로 알지 못한 것으로 인하여 영향을 받은 경우에 그 사실의 유무는 대리인을 표준하여 결정한다.

③ 제118조는 대리권의 범위가 불분명한 경우를 대비한 보충적 규정으로 보존, 이용, 개량행위만 허용한다. 대리권의 범위가 불분명한 대리인은 소멸시효의 중단과 같은 보존행위는 할 수 있을 뿐만 아니라 금전을 이자부로 대여하는 이용행위는 할 수 있다.

> **제118조【대리권의 범위】**
> 권한을 정하지 아니한 대리인은 다음 각 호의 행위만을 할 수 있다.
> 1. 보존행위
> 2. 대리의 목적인 물건이나 권리의 성질을 변하지 아니하는 범위에서 그 이용 또는 개량하는 행위

④ 표현대리에 있어서는 대리권이 없음에도 불구하고 법률이 특히 거래상대방 보호와 거래안전유지를 위하여 본래 무효인 무권대리행위의 효과를 본인에게 미치게 한 것으로서 표현대리가 성립된다고 하여 무권대리의 성질이 유권대리로 전환되는 것은 아니므로, 양자의 구성요건 해당사실 즉 주요사실은 다르다고 볼 수밖에 없으니 유권대리에 관한 주장 속에 무권대리에 속하는 표현대리의 주장이 포함되어 있다고 볼 수 없다고 하였다(대판(전) 1983.12.13. 83다카1489).

⑤ **제119조 【각자대리】** 대리인이 수인인 때에는 각자가 본인을 대리한다. 그러나 법률 또는 수권행위에 다른 정한 바가 있는 때에는 그러하지 아니하다.

10 대리권의 소멸사유가 아닌 것은?

2016 감정평가사

① 본인의 사망
② 대리인의 사망
③ 본인의 성년후견의 개시
④ 대리인의 성년후견의 개시
⑤ 대리인의 파산

정답해설

본인의 성년후견의 개시는 법정대리권 발생사유이지 대리권 소멸사유가 아니다(제127조).

제127조 【대리권의 소멸사유】
대리권은 다음 각 호의 어느 하나에 해당하는 사유가 있으면 소멸된다.
1. 본인의 사망
2. 대리인의 사망, 성년후견의 개시 또는 파산

11 민법에서 정한 임의대리권의 소멸사유에 해당하지 않는 것은?

2018 행정사

① 본인의 사망
② 대리인의 사망
③ 본인의 성년후견 개시
④ 본인과 대리인 사이의 원인된 법률관계의 종료
⑤ 본인과 대리인 사이의 원인된 법률관계의 종료 전 수권행위의 철회

Answer 09 ③ 10 ③ 11 ③

정답해설

①, ②, ③ 본인의 사망, 대리인의 사망은 소멸사유이나, 본인의 성년후견 개시는 소멸사유가 아니고, 대리인의 성년후견 개시가 소멸사유이다.

제127조【대리권의 소멸사유】
대리권은 다음 각 호의 어느 하나에 해당하는 사유가 있으면 소멸된다.
1. 본인의 사망
2. 대리인의 사망, 성년후견의 개시 또는 파산

④, ⑤ 임의대리권 특유의 소멸사유이다(제128조).

제128조【임의대리의 종료】
법률행위에 의하여 수여된 대리권은 전조의 경우 외에 그 원인된 법률관계의 종료에 의하여 소멸한다. 법률관계의 종료 전에 본인이 수권행위를 철회한 경우에도 같다.

12 법률행위의 대리에 관한 설명으로 옳은 것은? (다툼이 있으면 판례에 따름)

2017 행정사

① 권한의 범위가 정해지지 않은 임의대리인은 부패하기 쉬운 농산물을 처분할 수 없다.
② 대리인은 행위능력자이어야 한다.
③ 부동산 입찰절차에서 동일물건에 관하여 이해관계가 다른 2인 이상의 대리인이 된 경우에는 그 대리인이 한 입찰은 무효이다.
④ 예금계약의 체결을 위임받은 자의 대리권에는 당연히 그 예금을 담보로 하여 대출을 받거나 이를 처분할 수 있는 대리권이 포함되어 있다.
⑤ 복대리인은 그 권한 내에서 대리인을 대리한다.

정답해설

① 제118조는 대리권의 범위가 불분명한 경우를 대비한 보충적 규정으로 보존, 이용, 개량행위만 허용한다. 권한의 범위가 정해지지 않은 임의대리인은 제118조에 따라 보존행위로 부패하기 쉬운 농산물을 처분할 수 있다.

제118조【대리권의 범위】
권한을 정하지 아니한 대리인은 다음 각 호의 행위만을 할 수 있다.
1. 보존행위
2. 대리의 목적인 물건이나 권리의 성질을 변하지 아니하는 범위에서 그 이용 또는 개량하는 행위

② **제117조【대리인의 행위능력】** 대리인은 행위능력자임을 요하지 아니한다.

③ 민법 제124조는 "대리인은 본인의 허락이 없으면 본인을 위하여 자기와 법률행위를 하거나 동일한 법률행위에 관하여 당사자 쌍방을 대리하지 못한다."고 규정하고 있으므로 부동산 입찰절차에서 동일물건에 관하여 이해관계가 다른 2인 이상의 대리인이 된 경우에는 그 대리인이 한 입찰은 무효이다(대판 2004.2.13. 2003마44).

④ 예금계약의 체결을 위임받은 자가 가지는 대리권에 당연히 그 예금을 담보로 하여 대출을 받거나 이를 처분할 수 있는 대리권이 포함되어 있는 것은 아니다(대판 1995.8.22. 94다59042).
⑤ 복대리인이란 대리인이 자신의 이름으로 선임한 그 권한 내에서 본인의 대리인이다.

13 **甲은 乙에게 매매계약체결의 대리권을 수여하였고, 乙은 甲을 대리하여 丙 소유의 토지에 관하여 丙과 매매계약을 체결하였다. 그 계약의 효력이 甲에게 미치는 경우를 모두 고른 것은? (다툼이 있으면 판례에 따름)** 2018 행정사

> ㄱ. 甲이 피한정후견인 乙에게 대리권을 수여하여 위 계약이 체결된 경우
> ㄴ. 甲이 수권행위를 통하여 乙과 丁이 공동으로 대리하도록 정하였음에도 乙이 단독의 의사결정으로 위 계약을 체결한 경우
> ㄷ. 乙이 위 토지에 대한 丙의 선행 매매사실을 알면서도 丙의 배임적 이중매매행위에 적극 가담하여 위 계약을 체결하였으나 이러한 사실을 甲이 알지 못한 경우

① ㄱ ② ㄷ ③ ㄱ, ㄴ
④ ㄴ, ㄷ ⑤ ㄱ, ㄴ, ㄷ

정답해설

ㄱ. (○): 대리인은 행위능력자임을 요하지 않으므로(제117조), 甲이 제한능력자인 피한정후견인 乙에게 대리권을 수여한 행위는 유효하다. 제한능력자인 피한정후견인 乙이 체결한 위 계약은 임의대리권에 기한 행위로 본인 甲에게 효력이 미친다.
ㄴ. (×): 甲이 수권행위를 통하여 乙과 丁이 공동으로 대리하도록 정하였음에도 乙이 단독의 의사결정으로 위 계약을 체결한 경우는 수권의 범위인 공동대리의 제한을 넘어 단독으로 대리한 것이다. 이는 대리권 범위를 넘은 것으로 무권대리가 되어 본인에게 효력이 미치지 않는다.
ㄷ. (×): 대리행위의 하자는 대리인를 표준으로 결정한다(제116조). 따라서 대리인 乙이 위 토지에 대한 丙의 선행 매매사실을 알면서도 丙의 배임적 이중매매행위에 적극 가담하여 위 계약을 체결하였다면 이러한 사실을 본인 甲이 알지 못한 경우라도 위 대리행위는 반사회적 행위가 되어 제103조 위반으로 무효가 된다. 대리행위 자체가 무효이므로 본인에게 효력이 미치지 않는다.

제116조【대리행위의 하자】
① 의사표시의 효력이 의사의 흠결, 사기, 강박 또는 어느 사정을 알았거나 과실로 알지 못한 것으로 인하여 영향을 받은 경우에 그 사실의 유무는 대리인을 표준하여 결정한다.

Answer 12 ③ 13 ①

14 **甲은 미성년자 乙에게 X건물의 매매에 관한 대리권만을 수여하였다. 乙은 甲을 대리하여 丙과 X건물의 매매계약을 체결하였다. 다음 설명으로 옳은 것은? (다툼이 있는 경우에는 판례에 의함)**

① 乙은 제한능력을 이유로 丙과의 매매계약을 취소할 수 있다.
② 丙이 甲을 강박하였다면, 甲은 강박을 이유로 매매계약을 취소할 수 있다.
③ 丙이 乙을 기망하였다면, 甲은 사기를 이유로 매매계약을 취소할 수 있다.
④ 丙이 甲을 강박하였다면, 乙은 강박을 이유로 매매계약을 취소할 수 있다.
⑤ 乙이 丙을 기망하였다면, 甲이 이를 알았거나 알 수 있었을 경우에 한하여 丙은 매매계약을 취소할 수 있다.

정답해설

① 대리인은 행위능력을 요하는 것이 아니기 때문에 대리인 乙은 제한능력자임을 이유로 丙과의 매매계약을 취소할 수 없다.

> **제117조 【대리인의 행위능력】**
> 대리인은 행위능력자임을 요하지 아니한다.

②, ③, ④ 丙이 본인 甲을 강박하였다고 하더라도, 대리행위에 영향이 없다면 본인 甲은 강박을 이유로 매매계약을 취소할 수 없고(제116조 참조), 마찬가지로 丙이 본인 甲을 강박하였다 하더라도, 乙은 강박을 이유로 매매계약을 취소할 수 없다. 또한 상대방 丙이 대리인 乙을 기망하였다면, 취소권은 본인 甲이 가지기 때문에, 甲만이 사기를 이유로 매매계약을 취소할 수 있고, 乙이 취소하기 위하여는 특별수권이 필요하다.

> **제116조 【대리행위의 하자】**
> ① 의사표시의 효력이 의사의 흠결, 사기, 강박 또는 어느 사정을 알았거나 과실로 알지 못한 것으로 인하여 영향을 받은 경우에 그 사실의 유무는 대리인을 표준하여 결정한다.
> ② 특정한 법률행위를 위임한 경우에 대리인이 본인의 지시에 좇아 그 행위를 한 때에는 본인은 자기가 안 사정 또는 과실로 인하여 알지 못한 사정에 관하여 대리인의 부지를 주장하지 못한다.

⑤ 대리인 乙이 丙을 기망하였다면, 대리인은 제3자가 아니므로 제3자의 사기에 해당하지 않기 때문에 본인 甲이 이를 알았거나 알 수 있었는지와 관련 없이 丙은 매매계약을 취소할 수 있다(제110조 제1항, 대판 1998.1.23. 96다41496 등).

> **제110조 【사기, 강박에 의한 의사표시】**
> ① 사기나 강박에 의한 의사표시는 취소할 수 있다.
> ② 상대방 있는 의사표시에 관하여 제3자가 사기나 강박을 행한 경우에는 상대방이 그 사실을 알았거나 알 수 있었을 경우에 한하여 그 의사표시를 취소할 수 있다.

15 **甲은 친구 乙로부터 丙 소유의 X토지를 매수할 대리권을 수여받아 乙을 대리하여 丙과 X에 관한 매매계약을 체결하였다. 이에 관한 설명으로 옳지 않은 것은? (다툼이 있으면 판례에 의함)** 2024 행정사

① 매매계약 내용의 중요부분에 관하여 乙의 착오가 있는 경우 甲에게는 착오가 없더라도 乙은 자신의 착오를 이유로 매매계약을 취소할 수 있다.

② 甲의 사기로 丙이 매도의 의사표시를 한 경우 乙이 그 사실을 몰랐더라도 丙은 사기를 이유로 그 의사표시를 취소할 수 있다.

③ 丙이 이중매매를 하였고 위 매매계약이 제2매매인 경우에 甲이 丙의 배임행위에 적극 가담하였다면 乙이 그 사정을 몰랐더라도 매매계약은 무효이다.

④ 매매계약이 乙에게 불공정한 법률행위에 해당하는지 판단할 때 경솔, 무경험은 乙이 아닌 甲을 기준으로 판단한다.

⑤ 丙의 채무불이행이 있는 경우 甲은 특별한 사정이 없는 한 채무불이행을 이유로 한 계약해제권을 가지지 않는다.

정답해설

① 의사표시의 효력이 의사의 흠결 유무는 대리인을 표준하여 결정되므로. 대리인 甲에게는 착오가 없는 이상 본인 乙은 매매계약을 취소할 수 없다(제116조 제1항).

> **제116조【대리행위의 하자】**
> ① 의사표시의 효력이 의사의 흠결, 사기, 강박 또는 어느 사정을 알았거나 과실로 알지 못한 것으로 인하여 영향을 받은 경우에 그 사실의 유무는 대리인을 표준으로 하여 결정한다.

② 상대방 있는 의사표시에 관하여 제3자가 사기나 강박을 한 경우에는 상대방이 그 사실을 알았거나 알 수 있었을 경우에 한하여 그 의사표시를 취소할 수 있으나, 상대방의 대리인 등 상대방과 동일시할 수 있는 자의 사기나 강박은 제3자의 사기·강박에 해당하지 아니한다(대판 1999.2.23. 98다60828·60835). 본인 乙의 사기가 아니라도 본인과 동일시할 수 있는 乙의 대리인 甲의 사기이므로, 丙은 제110조 제1항에 의해 사기로 취소할 수 있다.

③ 대리인이 본인을 대리하여 매매계약을 체결함에 있어서 매매대상 토지에 관한 저간의 사정을 잘 알고 그 배임행위에 가담하였다면, 대리행위의 하자 유무는 대리인을 표준으로 판단하여야 하므로, 설사 본인이 미리 그러한 사정을 몰랐거나 반사회성을 야기한 것이 아니라고 할지라도 그로 인하여 매매계약이 가지는 사회질서에 반한다는 장애사유가 부정되는 것은 아니다(대판 1998.2.27. 97다45532). 대리인 甲이 丙의 배임행위에 적극 가담하였다면 본인 乙이 그 사정을 몰랐더라도 매매계약은 무효이다.

④ 대리인이 매매계약을 체결한 경우, 경솔과 무경험은 그 대리인을 기준으로 판단하고 궁박상태에 있었는지의 여부는 본인의 입장에서 판단해야 한다(대판 2002.10.22. 2002다38927). 매매계약이 乙에게 불공정한 법률행위에 해당하는지 판단할 때 경솔, 무경험은 본인 乙이 아닌 대리인 甲을 기준으로 판단한다.

Answer 14 ③ 15 ①

⑤ 법률행위에 의하여 수여된 대리권은 원인된 법률관계의 종료에 의하여 소멸하는 것이므로 특별한 사정이 없는 한, 매수명의자를 대리하여 매매계약을 체결하였다 하여 곧바로 대리인이 매수인을 대리하여 매매계약의 해제 등 일체의 처분권과 상대방의 의사를 수령할 권한까지 가지고 있다고 볼 수는 없다(대판 1997.3.25. 96다51271). 특별한 사정이 없는 한 대리인 甲이 丙의 채무불이행을 이유로 한 계약해제권을 가지지 않는다.

16 대리행위에 관한 설명으로 옳은 것은? (다툼이 있으면 판례에 따름)

2021 행정사

① 미성년자 甲의 법정대리인 乙이 제3자 丙의 이익만을 위한 대리행위를 하고 그 사정을 상대방 丁이 알고 있었다면, 그 대리행위는 甲에게 효과가 없다.

② 매매위임장을 제시하고 매매계약을 체결하면서 계약서에 대리인의 성명만 기재하는 경우, 특단의 사정이 없는 한 그 계약은 본인에게 효력이 없다.

③ 특정한 법률행위를 위임한 경우에 대리인이 본인의 지시에 좇아 그 행위를 한 때에는 본인은 자기가 안 사정에 관하여 대리인의 부지(不知)를 주장할 수 있다.

④ 하나의 물건에 대해 본인과 대리인이 각각 계약을 체결한 경우, 대리인이 체결한 계약은 무효이다.

⑤ 본인은 임의대리인이 제한능력자라는 이유로 대리행위를 취소할 수 있다.

정답해설

① 대리권 남용이란 대리인이 형식적으로는 대리권의 범위 내에서 대리행위를 하였으나, 실질적으로는 본인을 위해서가 아니고 자기 또는 제3자의 이익을 위해서 대리행위를 하는 경우를 말한다. 판례의 주류는 배임적 대리행위에 대하여 민법 제107조 제1항 단서를 유추적용하여, 원칙적으로 대리인의 배임행위인 경우에도 대리의사는 존재하므로 대리행위로서 유효하지만, 예외적으로 대리인의 배임행위를 상대방이 알았거나 알 수 있었음을 본인이 입증한 때에는 제107조 제1항의 단서취지를 유추적용하여 그 대리행위는 무효가 된다. 미성년자 甲의 법정대리인 乙이 본인 甲이 아니라 제3자 丙의 이익만을 위한 대리행위를 하고 그 사정을 상대방 丁이 알고 있었다면, 그 대리행위는 민법 제107조 제1항 단서가 유추적용되어 甲에게 효과가 없다.

② 매매위임장을 제시하고 매매계약을 체결하는 자는 특단의 사정이 없는 한 소유자를 대리하여 매매행위하는 것이라고 보아야 하고 매매계약서에 대리관계의 표시 없이 그 자신의 이름을 기재하였다고 해서 그것만으로 그 자신이 매도인으로서 타인물을 매매한 것이라고 볼 수는 없다(대판 1982.5.25. 81다1349). 그 계약은 본인에게 효력이 있다.

③ **제116조【대리행위의 하자】** ② 특정한 법률행위를 위임한 경우에 대리인이 본인의 지시에 좇아 그 행위를 한 때에는 본인은 자기가 안 사정 또는 과실로 인하여 알지 못한 사정에 관하여 대리인의 부지를 주장하지 못한다.

④ 하나의 물건에 대해 본인과 대리인이 각각 계약을 체결한 경우, 대리인이 체결한 계약도 대리권 범위 내에서는 유효하므로, 이중매매와 같이 법적 상태가 된다.

⑤ 대리인은 행위능력을 요하는 것이 아니기 때문에 임대리인이 제한능력자임을 이유로 본인은 대리행위를 취소할 수 없다(제117조).

17 복대리에 관한 설명으로 옳지 않은 것은? (다툼이 있으면 판례에 따름) 2015 행정사

① 복대리인은 대리인의 대리인이 아니다.
② 복대리에서도 표현대리가 성립할 수 있다.
③ 복대리인은 본인이나 제3자에 대하여 대리인과 동일한 권리의무가 있다.
④ 복대리인이 선임된 후에 대리인의 대리권이 소멸하더라도 복대리권은 소멸하지 않는다.
⑤ 법정대리인이 부득이한 사유로 복대리인을 선임한 경우, 본인에 대하여 복대리인의 선임·감독에 관한 책임이 있다.

정답해설

① 복대리란 '복대리인에 의한 대리'를 의미하며, 복대리인이란 대리인이 자신의 이름으로 선임한 본인의 대리인이지 대리인의 대리인이 아니다.
② 표현대리에 관한 법리는 대리의 경우와 복대리와의 사이에 차이가 있는 것은 아니므로, 민법 제126조의 대리인에는 복대리인도 포함되고, 복대리인이 권한을 넘은 대리행위를 한 경우에도 표현대리가 인정된다(대판 1962.10.18. 62다508 등).
③ **제123조【복대리인의 권한】** ② 복대리인은 본인이나 제3자에 대하여 대리인과 동일한 권리의무가 있다.
④ 복대리권은 대리인의 대리권을 전제로 인정되는 권리이므로, 복대리인의 대리권은 대리인의 대리권의 범위보다 넓을 수 없고, 대리인의 대리권이 소멸하면 당연히 복대리권도 소멸한다.
⑤ 법정대리인은 언제든지 복대리인을 선임할 수 있으나, 법정대리인은 선임, 감독에 있어서의 과실의 유무를 묻지 않고서 모든 책임을 진다(제122조 본문). 다만 부득이한 사유로 복대리인을 선임한 경우에는 그 책임이 경감된다.

제122조【법정대리인의 복임권과 그 책임】
법정대리인은 그 책임으로 복대리인을 선임할 수 있다. 그러나 부득이한 사유로 인한 때에는 전조 제1항에 정한 책임만이 있다.

Answer 16 ① 17 ④

18 **복대리에 관한 설명으로 옳은 것은?** 2019 행정사

① 복대리인은 대리인의 대리인이다.

② 법정대리인은 복대리인을 선임하지 못한다.

③ 복대리인의 대리권은 대리인의 대리권의 범위를 넘지 못한다.

④ 임의대리인이 부득이한 사유로 복대리인을 선임한 경우, 본인에 대하여 그 선임감독에 관한 책임이 없다.

⑤ 복대리인이 선임된 후 대리인의 대리권이 소멸하더라도 복대리권은 소멸하지 않는다.

정답해설

① **복대리인은** 대리인이 선임한 **본인의 대리인**이지 대리인의 대리인이 아니다.

② 법정대리인은 언제든지 복대리인을 선임할 수 있으나, 법정대리인은 선임, 감독에 있어서의 과실의 유무를 묻지 않고서 모든 책임을 진다(제122조 본문).

> **제122조【법정대리인의 복임권과 그 책임】**
> 법정대리인은 그 책임으로 복대리인을 선임할 수 있다. 그러나 부득이한 사유로 인한 때에는 전조 제1항에 정한 책임만이 있다.

③, ⑤ 복대리권은 대리인의 대리권을 전제로 인정되는 권리이므로, 복대리인의 대리권은 대리인의 대리권의 범위를 넘을 수 없고, 복대리인이 선임된 후 대리인의 대리권이 소멸하면 당연히 복대리권도 소멸한다.

④ 임의대리인은 원칙적으로 복대리인을 선임할 수 없으나 예외적으로 본인의 승낙이나 부득이한 사유가 있는 경우 복대리인을 선임할 수 있다. 이 경우 본인에게 대하여 그 선임감독에 관한 책임이 있다.

> **제120조【임의대리인의 복임권】**
> 대리권이 법률행위에 의하여 부여된 경우에는 대리인은 본인의 승낙이 있거나 부득이한 사유가 있는 때가 아니면 복대리인을 선임하지 못한다.
> **제121조【임의대리인의 복대리인선임의 책임】** ① 전조의 규정에 의하여 대리인이 복대리인을 선임한 때에는 본인에게 대하여 그 선임감독에 관한 책임이 있다.

19 복대리에 관한 설명으로 옳은 것은? 2023 행정사

① 복대리인은 대리인의 대리인이다.
② 법정대리인은 언제나 복임권이 있다.
③ 대리인이 파산하여도 복대리권은 소멸하지 않는다.
④ 임의대리인은 본인의 승낙이 있는 때에 한하여 복임권을 갖는다.
⑤ 복대리인이 선임되면 특별한 사정이 없는 한 대리인의 대리권은 소멸한다.

정답해설

① 복대리인은 대리인의 대리인이 아니라 본인의 대리인이다(제123조 제1항).

> **제123조【복대리인의 권한】**
> ① 복대리인은 그 권한 내에서 본인을 대리한다.

② 법정대리인은 언제든지 복대리인을 선임할 수 있으나, 법정대리인은 선임, 감독에 있어서의 과실의 유무를 묻지 않고서 모든 책임을 진다(제122조 본문).

> **제122조【법정대리인의 복임권과 그 책임】**
> 법정대리인은 그 책임으로 복대리인을 선임할 수 있다. 그러나 부득이한 사유로 인한 때에는 전조 제1항에 정한 책임만이 있다.

③ 복대리권은 대리인의 대리권을 전제로 인정되는 권리이므로, 복대리인의 대리권은 대리인의 대리권의 범위보다 넓을 수 없고, 대리인의 대리권이 소멸하면 당연히 복대리권도 소멸한다. 따라서 대리권은 파산 사유가 있으면 소멸하고(제127조 제2호), 복대리권도 소멸한다.

> **제127조【대리권의 소멸사유】**
> 대리권은 다음 각 호의 어느 하나에 해당하는 사유가 있으면 소멸된다.
> 1. 본인의 사망
> 2. 대리인의 사망, 성년후견의 개시 또는 파산

④ 임의대리인은 원칙적으로 복대리인을 선임할 수 없으나, 예외적으로 본인의 승낙이 있는 경우뿐만 아니라 부득이한 사유가 있는 경우 복대리인을 선임할 수 있다.

> **제120조【임의대리인의 복임권】**
> 대리권이 법률행위에 의하여 부여된 경우에는 대리인은 본인의 승낙이 있거나 부득이한 사유가 있는 때가 아니면 복대리인을 선임하지 못한다.

⑤ 대리인이 복대리인을 선임하더라도 대리인의 대리권은 소멸하지 않는다(제127조, 제128조 반대해석).

Answer 18 ③ 19 ②

20 복대리권의 소멸사유가 아닌 것은?

2017 행정사

① 본인의 사망
② 대리인의 파산
③ 복대리인의 파산
④ 대리인의 성년후견의 개시
⑤ 본인의 성년후견의 개시

정답해설

①, ②, ⑤ 복대리인도 대리인이 선임한 본인의 대리인이므로, 대리권의 일반적 소멸원인 즉 본인의 사망, 복대리인의 사망, 성년후견의 개시 또는 파산은 소멸원인이나, 본인의 성년후견의 개시는 복대리권 소멸사유가 아니다(제127조 제1호).

> **제127조【대리권의 소멸사유】**
> 대리권은 다음 각 호의 어느 하나에 해당하는 사유가 있으면 소멸된다.
> 1. 본인의 사망
> 2. 대리인의 사망, 성년후견의 개시 또는 파산

③, ④ 복대리인의 대리권은 대리인의 대리권의 범위를 넘을 수 없고, 복대리인이 선임된 후 대리인의 대리권이 소멸하면 당연히 복대리권도 소멸한다. 대리권 소멸사유인 대리인의 파산, 대리인의 성견후견의 개시로 대리권이 소멸하면, 대리권 소멸로 복대리권도 소멸한다.

21 대리에 관한 설명으로 옳은 것은?

2016 행정사

① 복대리인은 그 권한 내에서 대리인을 대리한다.
② 임의대리인의 대리권의 범위를 정하지 아니한 경우, 대리인은 보존행위뿐만 아니라 처분행위도 할 수 있다.
③ 대리인은 본인의 허락이 있어도 부동산 매매에 관하여 자기계약을 체결하지 못한다.
④ 임의대리에서 본인은 원인된 법률관계가 존속하고 있으면, 수권행위를 철회하여 임의대리권을 소멸시킬 수 없다.
⑤ 복대리인은 본인이나 제3자에 대하여 대리인과 동일한 권리의무가 있다.

정답해설

① 복대리인이란 대리인이 자신의 이름으로 선임한 본인의 대리인이다(제123조 제1항).

> **제123조【복대리인의 권한】**
> ① 복대리인은 그 권한 내에서 본인을 대리한다.

② 권한을 정하지 아니한 대리인은 목적물에 대해 보존행위와 대리의 목적인 물건이나 권리의 성질을 변하지 아니하는 범위에서만 개량하는 행위를 할 수 있다. 그러나 처분행위는 할 수 없다.

> **제118조【대리권의 범위】**
> 권한을 정하지 아니한 대리인은 다음 각 호의 행위만을 할 수 있다.
> 1. 보존행위
> 2. 대리의 목적인 물건이나 권리의 성질을 변하지 아니하는 범위에서 그 이용 또는 개량하는 행위

③ 제124조에 의한 자기계약과 쌍방대리는 원칙적으로 금지된다. 예외적으로 ① 본인의 이익을 해할 염려가 없는 경우로서 본인이 허락한 경우나 ② 이미 확정되어 있는 법률관계의 단순한 이행에 불과한 경우에는 인정된다.

> **제124조【자기계약, 쌍방대리】**
> 대리인은 본인의 허락이 없으면 본인을 위하여 자기와 법률행위를 하거나 동일한 법률행위에 관하여 당사자쌍방을 대리하지 못한다. 그러나 채무의 이행은 할 수 있다.

④ 임의대리에서 그 원인된 법률관계의 종료에 의하여 소멸한다. 또한 본인은 원인된 법률관계가 존속하고 있으면, 수권행위를 철회하여 임의대리권을 소멸시킬 수도 있다.

> **제128조【임의대리의 종료】**
> 법률행위에 의하여 수여된 대리권은 전조의 경우 외에 그 원인된 법률관계의 종료에 의하여 소멸한다. 법률관계의 종료 전에 본인이 수권행위를 철회한 경우에도 같다.

⑤ **제123조【복대리인의 권한】** ② 복대리인은 본인이나 제3자에 대하여 대리인과 동일한 권리의무가 있다.

22 **甲의 임의대리인 乙은 자신의 이름으로 甲의 대리인 丙을 선임하였다. 다음 설명 중 옳은 것은? (다툼이 있는 경우에는 판례에 의함)** 2013 행정사

① 乙은 언제나 甲의 대리인을 선임할 수 있는 권한을 가진다.
② 丙이 甲의 지명에 의해 선임된 경우에는 乙은 丙이 부적임자임을 알고 甲에게 통지하지 않았더라도 선임감독의 책임을 지지 않는다.
③ 甲과 丙 사이에는 아무런 권리·의무관계가 없다.
④ 丙의 대리행위가 권한을 넘은 표현대리에 해당하면 甲은 그 상대방에 대하여 본인으로서 책임을 져야 한다.
⑤ 丙이 甲의 지명에 의해 선임된 경우에는 乙의 대리권이 소멸하여도 丙의 대리권은 소멸하지 않는다.

Answer 20 ⑤ 21 ⑤ 22 ④

정답해설

① 임의대리인인 乙은 본인 甲의 대리인을 선임할 수 있는 권한인 복임권이 원칙적으로 없다. 예외적으로 본인의 승낙이나 부득이한 사유가 있는 경우 복대리인을 선임할 수 있을 뿐이다.

> **제120조【임의대리인의 복임권】**
> 대리권이 법률행위에 의하여 부여된 경우에는 대리인은 본인의 승낙이 있거나 부득이한 사유가 있는 때가 아니면 복대리인을 선임하지 못한다.

② 임의대리인 乙이 복대리인을 선임하는 경우 본인에 대하여 그 선임, 감독에 관한 책임을 부담하나, 대리인이 본인 甲의 지명에 의하여 복대리인 丙을 선임한 경우는 책임이 경감된다. 그러나 그 부적임 또는 불성실함을 알고 본인에게 대한 통지하지 아니하면 선임감독의 책임을 지게 된다.

> **제121조【임의대리인의 복대리인선임의 책임】**
> ① 전조의 규정에 의하여 대리인이 복대리인을 선임한 때에는 본인에게 대하여 그 선임감독에 관한 책임이 있다.
> ② 대리인이 본인의 지명에 의하여 복대리인을 선임한 경우에는 그 부적임 또는 불성실함을 알고 본인에게 대한 통지나 그 해임을 태만한 때가 아니면 책임이 없다.

③ 본인 甲과 복대리인 丙 사이에는 대리인과 동일한 권리의무가 있다.

> **제123조【복대리인의 권한】**
> ② 복대리인은 본인이나 제3자에 대하여 대리인과 동일한 권리의무가 있다.

④ 표현대리에 관한 법리는 대리의 경우와 복대리와의 사이에 차이가 있는 것은 아니므로, 민법 제126조의 대리인에는 복대리인도 포함되고, 복대리인이 권한을 넘은 대리행위를 한 경우에도 표현대리가 인정된다(대판 1962.10.8. 62다508 등). 따라서 복대리인 丙의 대리행위가 권한을 넘은 표현대리에 해당하면 甲은 그 상대방에 대하여 본인으로서 책임을 져야 한다.

⑤ 복대리권은 대리인의 대리권을 전제로 인정되는 권리이므로, 복대리인의 대리권은 대리인의 대리권의 범위를 넘을 수 없고, 복대리인이 선임된 후 대리인의 대리권이 소멸하면 당연히 복대리권도 소멸한다. 대리인 乙의 대리권이 소멸하여도 복대리인 丙의 대리권은 소멸한다.

✦ 임의대리인과 법정대리인의 복임권의 책임 비교

임의대리인	복임권	원칙: 복임권 × 예외: 본인의 승낙 또는 부득이한 사유 있는 때만 복임권 ○(제120조)	
	복임에 대한 책임	임의대리인 스스로 선임 시	선임, 감독에 대한 책임 ○(제121조 제1항)
		본인의 지명에 따라 선임 시	지명한 자가 부적임 또는 불성실함을 알고 본인에 대한 통지나 그 해임을 해태한 때에만 책임 ○(제121조 제2항)
법정대리인	복임권	원칙: 복임권 ○	
	복임에 대한 책임	원칙	과실유무 불문 선임, 감독에 대한 모든 책임 ○(제122조 본문)
		부득이한 사유로 선임 시	• 임의대리인과 같음 • 선임, 감독에 대한 책임으로 경감(제122조 단서)

23 **법정대리인이 복대리인을 선임하는 경우에 관한 설명으로 옳은 것은? (다툼이 있으면 판례에 따름)** 2018 행정사

① 복대리권은 복임행위가 철회되더라도 소멸되지 않는다.
② 본인의 승낙이 있거나 부득이한 사유가 없으면 복대리인을 선임하지 못한다.
③ 부득이한 사유로 복대리인을 선임한 경우, 본인에 대하여 그 선임·감독에 관한 책임이 있다.
④ 본인의 지명 없이 복대리인을 선임한 경우, 그 불성실함을 알고 본인에 대한 통지나 해임을 태만한 때가 아니면 책임이 없다.
⑤ 법정대리인이 대리권 소멸 후에 복대리인을 선임하여 그에게 대리행위를 하게 하였다면 특별한 사정이 없는 한, 민법 제129조의 표현대리가 성립할 수 없다.

정답해설

① 복대리인은 대리인의 선임행위로 발생하는 임의대리인으로, 대리인의 복임행위의 철회에 의해서도 소멸한다.

> **제128조 【임의대리의 종료】**
> 법률행위에 의하여 수여된 대리권은 전조의 경우 외에 그 원인된 법률관계의 종료에 의하여 소멸한다. 법률관계의 종료 전에 본인이 수권행위를 철회한 경우에도 같다.

②, ③ 법정대리인은 언제든지 복대리인을 선임할 수 있으나, 법정대리인은 선임, 감독에 있어서의 과실의 유무를 묻지 않고서 모든 책임을 진다(제122조 본문). 다만 부득이한 사유로 복대리인을 선임한 경우에는 그 책임이 경감된다.

> **제122조 【법정대리인의 복임권과 그 책임】**
> 법정대리인은 그 책임으로 복대리인을 선임할 수 있다. 그러나 부득이한 사유로 인한 때에는 전조 제1항에 정한 책임만이 있다.

④ 법정대리인은 언제든지 복대리인을 선임할 수 있으나, 법정대리인은 선임, 감독에 있어서의 과실의 유무를 묻지 않고서 모든 책임을 진다(제122조 본문). 본인의 지명 없이 복대리인을 선임한 경우, 원칙적으로 모든 책임을 진다.
⑤ 대리인이 대리권 소멸 후 복대리인을 선임하여 복대리인으로 하여금 상대방과 사이에 대리행위를 하도록 한 경우에도, 상대방이 대리권 소멸사실을 알지 못하여 복대리인에게 적법한 대리권이 있는 것으로 믿었고 그와 같이 믿은 데 과실이 없다면 제129조에 의한 표현대리가 성립할 수 있다(대판 1998.5.29. 97다55317).

Answer 23 ③

24 미성년자 甲의 법정대리인 乙이 복대리인 丙을 선임한 경우에 관한 설명으로 옳지 않은 것은?

2021 행정사

① 乙은 항상 복임권이 있다.

② 丙도 법정대리인의 지위를 가진다.

③ 乙이 부득이한 사유로 丙을 선임한 경우라면 甲에 대하여 그 선임 감독에 관한 책임이 있다.

④ 乙이 사망한 경우 丙의 복대리인의 지위는 원칙적으로 소멸한다.

⑤ 丙은 자신이 수령한 법률행위의 목적물을 乙에게 인도할 의무가 있다.

정답해설

①, ③ 임의대리인과 달리 법정대리인인 乙은 언제든지 복대리인을 선임할 수 있는 복임권이 있다. 그러나 법정대리인은 선임·감독에 있어서의 과실의 유무를 묻지 않고서 모든 책임을 진다(제122조 본문). 다만 법정대리인 乙이 부득이한 사유로 丙을 선임한 경우라면 甲에 대하여 그 선임·감독에 관한 책임으로 경감된 책임을 지게 된다.

> **제122조【법정대리인의 복임권과 그 책임】**
> 법정대리인은 그 책임으로 복대리인을 선임할 수 있다. 그러나 부득이한 사유로 인한 때에는 전조 제1항에 정한 책임만이 있다.

② 복대리인은 대리인이 선임한 본인의 대리인이므로 항상 임의대리인이다. 복대리인 丙도 법정대리인이 아니라 임의대리인이다.

④ 복대리권은 대리인의 대리권을 전제로 인정되는 권리이므로, 대리인의 대리권이 소멸하면 당연히 복대리권도 소멸한다. 법정대리인 乙이 사망한 경우 대리권이 소멸하고, 따라서 丙의 복대리인의 지위는 원칙적으로 소멸한다.

⑤ 복대리인은 본인이나 제3자에 대하여 대리인과 동일한 권리의무가 있다(제123조 제2항). 즉 복대리인과 본인 사이에는 대리인과 동일한 대리권 및 동일한 내부적 법률관계가 존재한다. 따라서 복대리인도 본인에 대해 보수를 받을 권리도 인정되고, 기타 선관주의의무(제681조)와 취득물 인도의무(제684조) 등이 적용된다. 따라서 복대리인 丙은 자신이 수령한 법률행위의 목적물을 본인 甲에게 인도할 의무가 있다. 그러나 본인 甲이 미성년자이므로 수령능력도 제한되어 있어 법정대리인 乙에게 인도하여야 한다.

> **제123조【복대리인의 권한】**
> ② 복대리인은 본인이나 제3자에 대하여 대리인과 동일한 권리의무가 있다.

25 표현대리에 관한 설명으로 옳은 것은? (다툼이 있으면 판례에 따름) 2015 행정사

① 유권대리에 관한 주장 속에는 무권대리에 속하는 표현대리의 주장이 포함되어 있다고 볼 수 없다.

② 대리권 소멸 후의 표현대리에 관한 규정은 법정대리에는 적용되지 않는다.

③ 표현대리가 성립하여 대리행위의 효과가 본인에게 귀속되면 표현대리의 성질이 유권대리로 전환된다.

④ 기본대리권이 월권행위와 관련이 없는 경우에는 권한을 넘은 표현대리는 성립할 여지가 없다.

⑤ 대리권을 추단할 수 있는 직함이나 명칭 등의 사용을 본인이 승낙 또는 묵인하였더라도 대리권 수여의 표시가 있은 것으로 볼 수 없다.

정답해설

①, ③ 표현대리에 있어서는 대리권이 없음에도 불구하고 법률이 특히 거래상대방 보호와 거래안전 유지를 위하여 본래 무효인 무권대리행위의 효과를 본인에게 미치게 한 것으로서 표현대리가 성립된다고 하여 무권대리의 성질이 유권대리로 전환되는 것은 아니므로, 양자의 구성요건 해당사실, 즉 주요사실은 다르다고 볼 수밖에 없으니 유권대리에 관한 주장 속에 무권대리에 속하는 표현대리의 주장이 포함되어 있다고 볼 수 없다(대판(전) 1983.12.13. 83다카1489).

② 판례는 제125조 대리권수여표시에 의한 표현대리만 임의대리문제라고 하고, 나머지의 표현대리는 임의대리, 법정대리 모두 적용된다고 한다. 따라서 대리권 소멸 후의 표현대리에 관한 민법 제129조는 임의대리권이 소멸한 경우만이 아니라 법정대리인의 대리권이 소멸한 경우에도 적용된다.

④ 권한을 넘은 표현대리에서는 표현대리행위와 기본대리권에 기초한 행위는 동종 내지는 유사한 것임을 요하지 않는다(대판 1962.2.8. 4294민상192).

⑤ 명의의 사용승인은 대리권 수여 표시에 해당한다고 하면서 대리권 수여 표시는 반드시 대리권 또는 대리인이라는 말을 사용하여야 하는 것이 아니라 사회통념상 대리권을 추단할 수 있는 직함이나 명칭 등의 사용을 승낙 또는 묵인한 경우에도 대리권 수여의 표시가 있은 것으로 본다. 호텔 등의 시설이용 우대회원 모집계약을 체결하면서 자신의 판매점, 총대리점 또는 연락사무소 등의 명칭을 사용하여 회원모집 안내를 하거나 입회계약을 체결하는 것을 승낙 또는 묵인하였다면 민법 제125조의 표현대리가 성립할 여지가 있다(대판 1998.6.12. 97다53762).

Answer 24 ② 25 ①

26 **권한을 넘은 표현대리(민법 제126조)가 성립하기 위한 요건이 아닌 것은? (다툼이 있으면 판례에 따름)** 2017 세무사

① 대리인은 일정한 범위의 기본대리권을 가지고 있어야 한다.
② 대리인은 상대방과 법률행위를 하면서 원칙적으로 자신이 대리인으로서 행위를 한다는 사실을 밝혀야 한다.
③ 월권행위는 기본대리권의 내용이 되는 법률행위와 동종 또는 유사한 것이어야 한다.
④ 대리인이 자신이 가진 대리권의 범위를 넘는 법률행위를 하여야 한다.
⑤ 상대방이 대리인에게 권한이 있다고 믿을 만한 정당한 사유가 있어야 한다.

정답해설

① 권한을 넘은 표현대리가 성립하기 위해서는 대리인이 현실로 이루어진 행위에 대한 대리권은 없지만 다른 어떤 행위에 대한 대리권, 즉 기본대리권을 가지고 있어야 한다. 따라서 기본대리권의 존재는 민법 제126조의 표현대리의 필수요건이다(대판 1974.5.14. 73다148).
② **제114조【대리행위의 효력】** ① 대리인이 그 권한 내에서 본인을 위한 것임을 표시한 의사표시는 직접 본인에게 대하여 효력이 생긴다.
③ 기본대리권이 존재하기만 하면 족하고, 그것이 대리행위와 아무런 관련성이 없어도 무방하다. 즉 기본대리권과 권한을 넘은 대리행위가 동종이거나 유사할 필요는 없다.
④ 대리인이 자신이 가진 대리권의 범위를 넘는 법률행위를 하여야 한다.
⑤ 상대방이 월권행위를 할 권한이 있다고 믿는 데 정당한 이유가 있어야 하며, 정당한 이유를 판례는 대리행위 당시 상대방이 대리인이 대리권을 가지고 있다고 믿는 데 과실이 없는 것(선의·무과실설)을 말한다고 한다(대판 2001.3.9. 2000다67884).

27 **표현대리에 관한 설명으로 옳지 않은 것은? (다툼이 있는 경우에는 판례에 의함)** 2014 행정사

① 표현대리가 성립하면 본인은 표현대리행위에 대하여 전적으로 책임을 져야 하고, 과실상계의 법리를 유추적용하여 본인의 책임을 경감할 수 없다.
② 대리권 수여의 표시에 의한 표현대리는 본인과 대리행위를 한 사람 사이의 기본적인 법률관계의 성질이나 그 효력의 유무와는 관계없이, 어떤 자가 본인을 대리하여 제3자와 법률행위를 함에 있어 본인이 그 사람에게 대리권을 수여하였다는 표시를 제3자에게 한 경우에 성립한다.
③ 등기신청행위를 기본대리권으로 가진 사람이 대물변제라는 사법행위를 한 경우, 그 대리행위는 기본대리권과 같은 종류의 행위가 아니므로 권한을 넘은 표현대리가 성립할 수 없다.
④ 권한을 넘은 표현대리에서 무권대리인에게 그 권한이 있다고 믿을 만한 정당한 이유가 있는가의 여부는 대리행위 당시를 기준으로 결정하여야 한다.
⑤ 기본적인 어떠한 대리권도 없었던 사람에 대하여 대리권 소멸 후의 표현대리는 성립할 수 없다.

정답해설

① 표현대리가 성립하면 그 본인은 표현대리행위에 대하여 전적인 책임을 져야 하고 상대방에게 과실이 있다고 하더라도 과실상계의 법리를 유추적용하여 그의 책임을 감경할 수 없다(대판 1996.7.12. 95다49554).

② 민법 제125조가 규정하는 대리권 수여의 표시에 의한 표현대리는 본인과 대리행위를 한 자 사이의 기본적인 법률관계의 성질이나 그 효력의 유무와는 관계가 없이 어떤 자가 본인을 대리하여 제3자와 법률행위를 함에 있어 본인이 그 자에게 대리권을 수여하였다는 표시를 제3자에게 한 경우에 성립하는 것이고, 이때 서류를 교부하는 방법으로 민법 제125조 소정의 대리권 수여의 표시가 있었다고 하기 위하여는 본인을 대리한다고 하는 자가 제출하거나 소지하고 있는 서류의 내용과 그러한 서류가 작성되어 교부된 경위나 형태 및 대리행위라고 주장하는 행위의 종류와 성질 등을 종합하여 판단하여야 할 것이다(대판 2001.8.21. 2001다31264).

③ 기본대리권이 공법상의 행위에 관한 것이고 표현대리행위가 사법상의 행위일지라도 민법 제126조의 표현대리는 성립한다. 따라서 기본대리권이 "등기신청행위"라 할지라도 표현대리인이 그 권한을 유월하여 '대물변제'라는 사법행위를 한 경우에는 표현대리의 법리가 적용된다(대판 1978.3.28. 78다282).

④ 권한을 넘은 표현대리에서 대리인에게 그 권한이 있다고 믿을 만한 정당한 이유가 있는가의 여부는 대리행위 당시를 기준으로 결정하여야 하고 그 이후의 사정은 고려할 것이 아니다(대판 1997.6.27. 97다3828).

⑤ 대리권 소멸 후의 표현대리는 대리인이 이전에 대리권을 가지고 있었으나, 대리행위를 할 당시에는 대리권이 소멸하고 없었던 경우에 적용된다. 처음부터 전혀 대리권이 없었던 경우에는 본조의 적용이 없다.

Chapter 05

28 권한을 넘은 표현대리에 관한 설명으로 옳지 않은 것은? (다툼이 있으면 판례에 의함)

2024 행정사

① 권한을 넘은 표현대리에 관한 규정은 법정대리에도 적용된다.

② 대리인이 그 권한 외의 법률행위를 한 경우 대리인에게 그 권한이 있다고 상대방이 믿을 만한 정당한 이유가 있는지 여부는 대리행위 당시를 기준으로 결정해야 한다.

③ 복대리인 선임권이 없는 대리인에 의하여 선임된 복대리인의 권한은 기본대리권이 될 수 없다.

④ 대리권 소멸 후의 표현대리가 인정되는 경우 그 표현대리의 권한을 넘은 대리행위가 있을 때에는 권한을 넘은 표현대리가 성립할 수 있다.

⑤ 대리행위의 표시를 하지 아니하고 자기가 본인인 것처럼 기망하여 본인 명의로 직접 법률행위를 한 경우 특별한 사정이 없는 한 권한을 넘은 표현대리는 성립할 수 없다.

Answer 26 ③ 27 ③ 28 ③

정답해설

① 민법 제126조 소정의 권한을 넘는 표현대리 규정은 거래의 안전을 도모하여 거래상대방의 이익을 보호하려는 데에 그 취지가 있으므로 법정대리라고 하여 임의대리와는 달리 그 적용이 없다고 할 수 없다(대판 1997.6.27. 97다3828)

② 권한을 넘은 표현대리에서 대리인에게 그 권한이 있다고 믿을 만한 정당한 이유가 있는가의 여부는 대리행위 당시를 기준으로 결정하여야 하고 그 이후의 사정은 고려할 것이 아니다(대판 1997.6.27. 97다3828).

③ 대리인이 사자(使者) 내지 임의로 선임한 복대리인을 통하여 권한 외의 법률행위를 한 경우 상대방이 그 행위자를 대리권을 가진 대리인으로 믿었고 또한 그렇게 믿는 데에 정당한 이유가 있는 때에는, 복대리인 선임권이 없는 대리인에 의하여 선임된 복대리인의 권한도 기본대리권이 될 수 있을 뿐만 아니라 그 행위자가 사자라고 하더라도 대리행위의 주체가 되는 대리인이 별도로 있고 그들에게 본인으로부터 기본대리권이 수여된 이상, 민법 제126조를 적용함에 있어서 기본대리권의 흠결 문제는 생기지 않는다(대판 1998.3.27. 97다48982).

④ 표현대리의 경합이다. 즉 대리권 소멸 후의 표현대리가 인정되는 경우, 그 표현대리의 권한을 넘은 대리행위가 있을 때 권한을 넘은 표현대리가 성립할 수 있다(대판 1979.3.27. 79다234).

⑤ 민법 제126조의 표현대리는 대리인이 본인을 위한다는 의사를 명시 혹은 묵시적으로 표시하거나 대리의사를 가지고 권한 외의 행위를 하는 경우에 성립하고, 사술을 써서 위와 같은 대리행위의 표시를 하지 아니하고 단지 본인의 성명을 모용하여 자기가 마치 본인인 것처럼 기망하여 본인 명의로 직접 법률행위를 한 경우에는 특별한 사정이 없는 한 위 법조 소정의 표현대리는 성립될 수 없다(대판 2002.6.28. 2001다49814).

29 표현대리에 관한 설명으로 옳지 않은 것은? (다툼이 있으면 판례에 따름)

2017 행정사

① 권한을 넘은 표현대리에 있어서 법정대리권은 기본대리권이 될 수 없다.

② 대리행위가 강행법규 위반으로 무효인 경우에는 표현대리가 성립할 수 없다.

③ 유권대리에 관한 주장 속에 표현대리의 주장이 포함되어 있다고 볼 수 없다.

④ 민법 제129조의 대리권 소멸 후의 표현대리로 인정되는 경우에, 그 표현대리의 권한을 넘는 대리행위가 있을 때에는 민법 제126조의 표현대리가 성립될 수 있다.

⑤ 대리권 수여의 표시에 의한 표현대리가 성립하려면 대리권 없음에 대하여 상대방이 선의이고 무과실이어야 한다.

정답해설

① 민법 제126조 소정의 권한을 넘는 표현대리 규정은 거래의 안전을 도모하여 거래상대방의 이익을 보호하려는 데에 그 취지가 있으므로 법정대리라고 하여 임의대리와는 달리 그 적용이 없다고 할 수 없다(대판 1997.6.27. 97다3828).

② 「사립학교법」 제16조에 의하면 학교법인을 대표하는 이사장이라 하더라도 이사회의 심의·결정을 거쳐야하는 이와 같은 재산의 처분 등에 관하여는 법률상 그 권한이 제한되어 이사회의 심의·결정 없이는 이를 대리하여 결정할 권한이 없는 것이라 할 것이므로 이사장이 한 학교법인의 기본재산 처분행위에 관하여는 민법 제126조의 표현대리에 관한 규정이 준용되지 아니한다(대판 1983.12.27. 83다548).

③ 표현대리에 있어서는 대리권이 없음에도 불구하고 법률이 특히 거래상대방 보호와 거래안전유지를 위하여 본래 무효인 무권대리행위의 효과를 본인에게 미치게 한 것으로서 표현대리가 성립된다고 하여 무권대리의 성질이 유권대리로 전환되는 것은 아니므로, 양자의 구성요건 해당사실, 즉 주요사실은 다르다고 볼 수밖에 없으니 유권대리에 관한 주장 속에 무권대리에 속하는 표현대리의 주장이 포함되어 있다고 볼 수 없다(대판(전) 1983.12.13. 83다카1489).

④ 표현대리의 경합이다. 즉 대리권 소멸 후의 표현대리가 인정되는 경우, 그 표현대리의 권한을 넘은 대리행위가 있을 때 권한을 넘은 표현대리가 성립할 수 있다(대판 1979.3.27. 79다234).

⑤ 대리권 수여의 표시에 의한 표현대리가 성립하려면 대리권 없음에 대하여 상대방이 선의이고 무과실이어야 한다(제125조 단서).

> **제125조【대리권수여의 표시에 의한 표현대리】**
> 제3자에 대하여 타인에게 대리권을 수여함을 표시한 자는 그 대리권의 범위 내에서 행한 그 타인과 그 제3자간의 법률행위에 대하여 책임이 있다. 그러나 제3자가 대리권 없음을 알았거나 알 수 있었을 때에는 그러하지 아니하다.

30 표현대리에 관한 설명으로 옳지 않은 것은? (다툼이 있으면 판례에 따름) 2018 행정사

① 유권대리에 관한 주장에는 표현대리의 주장이 포함되어 있지 않다.

② 강행법규에 위반하여 무효인 행위에 대해서는 표현대리의 법리가 적용되지 않는다.

③ 표현대리가 성립된다고 하여 무권대리의 성질이 유권대리로 전환되는 것은 아니다.

④ 표현대리가 성립하는 경우, 상대방에게 과실이 있으면 과실상계의 법리에 따라 본인의 책임을 경감할 수 있다.

⑤ 대리인이 사자(使者)를 통하여 권한을 넘은 법률행위를 하더라도 민법 제126조의 표현대리가 성립할 수 있다.

정답해설

①, ③ 표현대리에 있어서는 대리권이 없음에도 불구하고 법률이 특히 거래상대방 보호와 거래안전유지를 위하여 본래 무효인 무권대리행위의 효과를 본인에게 미치게 한 것으로서 표현대리가 성립된다고 하여 무권대리의 성질이 유권대리로 전환되는 것은 아니므로, 양자의 구성요건 해당사실, 즉 주요사실은 다르다고 볼 수밖에 없으니 유권대리에 관한 주장 속에 무권대리에 속하는 표현대리의 주장이 포함되어 있다고 볼 수 없다(대판(전) 1983.12.13. 83다카1489).

② 「사립학교법」 제16조에 의하면 학교법인을 대표하는 이사장이라 하더라도 이사회의 심의·결정을 거쳐야하는 이와 같은 재산의 처분 등에 관하여는 법률상 그 권한이 제한되어 이사회의 심의·결정 없이는 이를 대리하여 결정할 권한이 없는 것이라 할 것이므로 이사장이 한 학교법인의 기본재산 처분행위에 관하여는 민법 제126조의 표현대리에 관한 규정이 준용되지 아니한다(대판 1983.12.27. 83다548).

④ 표현대리가 성립하면 그 본인은 표현대리행위에 대하여 전적인 책임을 져야 하고 상대방에게 과실이 있다고 하더라도 과실상계의 법리를 유추적용하여 그의 책임을 감경할 수 없다(대판 1996.7.12. 95다49554).

Answer 29 ① 30 ④

⑤ 대리인이 사자 내지 임의로 선임한 복대리인을 통하여 권한 외의 법률행위를 한 경우, 상대방이 그 행위자를 대리권을 가진 대리인으로 믿었고 또한 그렇게 믿는 데에 정당한 이유가 있는 때에는, 복대리인 선임권이 없는 대리인에 의하여 선임된 복대리인의 권한도 기본대리권이 될 수 있을 뿐만 아니라, 그 행위자가 사자라고 하더라도 대리행위의 주체가 되는 대리인이 별도로 있고 그들에게 본인으로부터 기본대리권이 수여된 이상, 민법 제126조를 적용함에 있어서 기본대리권의 흠결 문제는 생기지 않는다(대판 1998.3.27. 97다48982).

31 표현대리에 관한 설명으로 옳지 않은 것은? (다툼이 있으면 판례에 따름)

2020 행정사

① 민법 제125조의 표현대리가 성립하기 위한 대리권 수여의 표시는 사회통념상 대리권을 추단할 수 있는 직함의 사용을 승낙한 경우도 포함한다.

② 대리인이 복대리인을 통하여 대리권의 범위를 넘는 법률행위를 한 경우에도 권한을 넘은 표현대리에 관한 민법 제126조가 적용된다.

③ 표현대리가 성립하여 본인이 이행책임을 지는 경우, 상대방에게 과실이 있으면 과실상계의 법리를 적용하여 본인의 책임을 경감할 수 있다.

④ 대리권 소멸 후의 표현대리가 인정된 경우에 그 표현대리의 권한을 넘는 대리행위가 있으면 권한을 넘은 표현대리가 성립할 수 있다.

⑤ 권한을 넘은 표현대리에 관한 민법 제126조는 임의대리뿐만 아니라 법정대리에도 적용된다.

정답해설

① 명의의 사용승인은 대리권수여표시에 해당한다고 하면서 대리권수여표시는 반드시 대리권 또는 대리인이라는 말을 사용하여야 하는 것이 아니라 사회통념상 대리권을 추단할 수 있는 직함이나 명칭 등의 사용을 승낙 또는 묵인한 경우에도 대리권수여의 표시가 있은 것으로 본다. 호텔 등의 시설이용 우대회원 모집계약을 체결하면서 자신의 판매점, 총대리점 또는 연락사무소 등의 명칭을 사용하여 회원모집 안내를 하거나 입회계약을 체결하는 것을 승낙 또는 묵인하였다면 민법 제125조의 표현대리가 성립할 여지가 있다(대판 1998.6.12. 97다53762).

② 복대리에도 표현대리법리가 적용된다. 따라서 대리인이 대리권 소멸 후 복대리인을 선임하여 복대리인으로 하여금 대리행위를 하도록 한 경우, 대리권 소멸 후의 표현대리가 성립할 수 있다(대판 1998.3.27. 97다48982).

③ 표현대리가 성립하면 그 본인은 표현대리행위에 대하여 전적인 책임을 져야 하고 상대방에게 과실이 있다고 하더라도 과실상계의 법리를 유추적용하여 그의 책임을 감경할 수 없다(대판 1996.7.12. 95다49554).

④ 대리권 소멸 후의 표현대리가 인정되는 경우, 그 표현대리의 권한을 넘은 대리행위가 있을 때 권한을 넘은 표현대리가 성립할 수 있다(대판 1979.3.27. 79다234).

⑤ 판례는 제125조 대리권수여표시에 의한 표현대리만 임의대리문제라고 하고, 나머지의 표현대리는 임의대리, 법정대리 모두 적용된다고 한다. 따라서 권한을 넘은 표현대리에 관한 민법 제126조는 임의대리뿐만 아니라 법정대리에도 적용된다.

32 **권한을 넘은 표현대리(민법 제126조)에 관한 설명으로 옳지 않은 것은? (다툼이 있으면 판례에 따름)** 2021 행정사

① 권한을 넘은 대리행위와 기본대리권이 반드시 동종의 것이어야 하는 것은 아니다.
② 대리인이 사술을 써서 대리행위의 표시를 하지 아니하고 단지 본인의 성명을 모용하여 자기가 본인인 것처럼 기망하여 본인 명의로 직접 법률행위를 한 경우에는 특별한 사정이 없는 한 권한을 넘은 표현대리는 성립할 수 없다.
③ 권한을 넘은 표현대리에 관한 규정에서의 제3자에는 당해 표현대리행위의 직접 상대방이 된 자 외에 전득자도 포함된다.
④ 권한을 넘은 표현대리에 있어서 정당한 이유의 유무는 대리행위 당시를 기준으로 하여 판단한다.
⑤ 복임권이 없는 대리인이 선임한 복대리인의 대리권도 권한을 넘은 표현대리에서의 기본대리권이 될 수 있다.

정답해설

① 권한을 넘은 표현대리에서는 표현대리행위와 기본대리권에 기초한 행위는 동종 내지는 유사한 것임을 요하지 않는다(대판 1962.2.8. 4294민상192).
② 민법 제126조의 표현대리는 대리인이 본인을 위한다는 의사를 명시 혹은 묵시적으로 표시하거나 대리의사를 가지고 권한 외의 행위를 하는 경우에 성립하고, 사술을 써서 대리행위의 표시를 하지 아니하고 단지 본인의 성명을 모용하여 자기가 마치 본인인 것처럼 기망하여 본인 명의로 직접 법률행위를 한 경우에는 특별한 사정이 없는 한 위 법조 소정의 표현대리는 성립할 수 없다(대판 1993.2.23. 92다52436).
③ 권한을 넘은 표현대리에 관한 민법 제126조의 규정에서 제3자는 권한을 넘은 대리행위의 직접 상대방만을 의미한다(대판 1994.5.27. 93다21521). 제3자로부터 다시 양수한 전득자가 선의로 양수한 경우에도 표현대리가 성립하지 않는다.
④ 권한을 넘은 표현대리에서 대리인에게 그 권한이 있다고 믿을 만한 정당한 이유가 있는가의 여부는 대리행위 당시를 기준으로 결정하여야 하고 그 이후의 사정은 고려할 것이 아니다(대판 1997.6.27. 97다3828).
⑤ 대리인이 사자 내지 임의로 선임한 복대리인을 통하여 권한 외의 법률행위를 한 경우, 상대방이 그 행위자를 대리권을 가진 대리인으로 믿었고 또한 그렇게 믿는 데에 정당한 이유가 있는 때에는, 복대리인 선임권이 없는 대리인에 의하여 선임된 복대리인의 권한도 기본대리권이 될 수 있을 뿐만 아니라, 그 행위자가 사자라고 하더라도 대리행위의 주체가 되는 대리인이 별도로 있고 그들에게 본인으로부터 기본대리권이 수여된 이상, 민법 제126조를 적용함에 있어서 기본대리권의 흠결 문제는 생기지 않는다(대판 1998.3.27. 97다48982).

Answer 31 ③ 32 ③

33 표현대리에 관한 설명으로 옳지 않은 것을 모두 고른 것은? (다툼이 있으면 판례에 따름)

2021 감정평가사

> ㄱ. 대리권 소멸 후의 표현대리에 관한 규정은 임의대리에만 적용된다.
> ㄴ. 표현대리를 주장할 때에는 무권대리인과 표현대리에 해당하는 무권대리 행위를 특정하여 주장하여야 한다.
> ㄷ. 강행법규를 위반하여 무효인 법률행위라 하더라도 표현대리의 법리는 준용될 수 있다.
> ㄹ. 표현대리가 성립하는 경우에도 상대방에게 과실이 있다면 과실상계의 법리를 유추적용하여 본인의 책임을 경감할 수 있다.

① ㄱ, ㄴ　　② ㄴ, ㄷ
③ ㄱ, ㄴ, ㄷ　　④ ㄱ, ㄷ, ㄹ
⑤ ㄴ, ㄷ, ㄹ

정답해설

ㄱ. (×): 판례는 제125조 대리권수여표시에 의한 표현대리만 임의대리문제라고 하고, 나머지의 표현대리는 임의대리, 법정대리 모두 적용된다고 한다. 따라서 대리권 소멸 후의 표현대리에 관한 민법 제129조는 임의대리권이 소멸한 경우만이 아니라 법정대리인의 대리권이 소멸한 경우에도 적용된다.

ㄴ. (○): 표현대리 제도는 대리권이 있는 것 같은 외관이 생긴 데 대해 본인이 민법 제125조, 제126조 및 제129조 소정의 원인을 주고 있는 경우에 그러한 외관을 신뢰한 선의·무과실의 제3자를 보호하기 위하여 그 무권대리 행위에 대하여 본인이 책임을 지게 하려는 것이고 이와 같은 문제는 무권대리인과 본인과의 관계, 무권대리인의 행위 당시의 여러가지 사정 등에 따라 결정되어야 할 것이므로 당사자가 표현대리를 주장함에는 무권대리인과 표현대리에 해당하는 무권대리 행위를 특정하여 주장하여야 한다 할 것이고 따라서 당사자의 표현대리의 항변은 특정된 무권대리인의 행위에만 미치고 그 밖의 무권대리인이나 무권대리 행위에는 미치지 아니한다(대판 1984.7.24. 83다카1819).

ㄷ. (×): 총유물의 관리, 처분은 사원총회의 결의에 의하고, 보존행위도 마찬가지이다(제276조 제1항). 대법원은 본 조항을 강행규정으로 파악하고 본 조항에 위배된 법률행위에 관하여 표현대리에 의한 보호는 있을 수 없다고 한다(대판 2003.7.11. 2001다73626).

ㄹ. (×): 표현대리가 성립하면 그 본인은 표현대리행위에 대하여 전적인 책임을 져야 하고 상대방에게 과실이 있다고 하더라도 과실상계의 법리를 유추적용하여 그의 책임을 감경할 수 없다(대판 1996.7.12. 95다49554).

34 **무권대리행위에 대한 본인의 추인에 관한 설명으로 옳은 것은? (다툼이 있으면 판례에 의함)**

2022 행정사

① 추인은 무권대리인의 동의가 있어야 유효하다.

② 추인은 무권대리인이 아닌 무권대리행위의 상대방에게 하여야 한다.

③ 무권대리행위가 범죄가 되는 경우 본인이 그 사실을 알고 장기간 형사고소를 하지 않았다면 묵시적 추인이 인정된다.

④ 추인은 무권대리행위가 있음을 알고 하여야 한다.

⑤ 무권대리행위의 일부에 대한 추인은 상대방의 동의가 없더라도 유효하다.

정답해설

①, ⑤ 무권대리행위의 추인은 무권대리인에 의하여 행하여진 불확정한 행위에 관하여 그 행위의 효과를 자기에게 직접 발생케 하는 것을 목적으로 하는 의사표시이며, 무권대리인 또는 상대방의 동의나 승낙을 요하지 않는 단독행위로서 의사표시의 전부에 대하여 행하여져야 하고, 그 일부에 대하여 추인을 하거나 그 내용을 변경하여 추인을 하였을 경우에는 상대방의 동의를 얻지 못하는 한 무효이다. 무권대리행위의 추인은 대리행위 전부에 대하여 행해져야 한다(대판 1982.1.26. 81다카549). ① 본인의 추인은 무권대리인의 동의가 없더라도 유효하다. ⑤ 무권대리행위의 일부에 대한 추인은 상대방의 동의가 없으면 무효이다.

② 추인 또는 거절의 의사표시는 상대방에 대하여 하지 아니하면 그 상대방에 대항하지 못한다. 그러나 상대방이 그 사실을 안 때에는 그러하지 아니하다(제132조). 무권대리행위의 추인은 무권대리인에게도 할 수 있다. 다만 선의의 상대방에 대항할 수 없을 뿐이다.

③ 무권대리행위에 대한 추인은 무권대리행위로 인한 효과를 자기에게 귀속시키려는 의사표시이니만큼 무권대리행위에 대한 추인이 있었다고 하려면 그러한 의사가 표시되었다고 볼 만한 사유가 있어야 하고, 무권대리행위가 범죄가 되는 경우에 대하여 그 사실을 알고도 장기간 형사고소를 하지 아니하였다 하더라도 그 사실만으로 묵시적인 추인이 있었다고 할 수 없다(대판 1998.2.10. 97다31113).

④ 무권대리행위는 그 효력이 불확정상태에 있다가 본인의 추인유무에 따라 본인에 대한 효력발생 여부가 결정되는 것인바, 그 추인은 무권대리행위가 있음을 알고 그 행위의 효과를 자기에게 귀속시키도록 하는 단독행위로서 그 의사표시의 방법에 관하여 일정한 방식이 요구되는 것이 아니므로 명시적이든 묵시적이든 묻지 아니한다(대판 1990.4.27. 89다카2100).

Chapter 05

Answer 33 ④ 34 ④

35 **무권대리인이 체결한 계약의 추인 및 추인거절에 관한 설명으로 옳지 않은 것은? (다툼이 있으면 판례에 따름)** 2018 행정사

① 추인은 묵시적인 방법으로도 할 수 있다.

② 기간을 정한 상대방의 최고에 대하여 본인이 그 기간 내에 추인 여부의 확답을 발하지 않으면 추인을 거절한 것으로 본다.

③ 추인거절을 이미 알고 있는 상대방에 대해서는 그 거절의 의사표시를 하지 않아도 대항할 수 있다.

④ 무권대리행위를 한 후 본인의 지위를 단독으로 상속한 무권대리인은 선의인 상대방에 대하여 무권대리행위의 추인을 거절하지 못한다.

⑤ 추인은 무권대리행위의 상대방에 대하여도 할 수 있지만, 무권대리행위로 인한 권리의 승계인에 대해서는 할 수 없다.

정답해설

① 무권대리행위에 대한 본인의 추인은 재판상·재판 외에서 명시적·묵시적으로도 할 수 있다. 예컨대, 매매계약을 체결한 무권대리인으로부터 매매대금의 일부를 본인이 수령한 경우 특별한 사정이 없는 한 본인이 무권대리행위를 묵시적으로 추인한 것으로 본다(대판 2009.11.12. 2009다46828).

② **제131조 【상대방의 최고권】** 대리권 없는 자가 타인의 대리인으로 계약을 한 경우에 상대방은 상당한 기간을 정하여 본인에게 그 추인여부의 확답을 최고할 수 있다. 본인이 그 기간 내에 확답을 발하지 아니한 때에는 추인을 거절한 것으로 본다.

③ 추인거절의 상대방과 방법은 추인에 있어서와 같다. 즉 추인거절권은 형성권으로서 상대방 있는 단독행위이므로 의사표시에 있어야 하나, 이미 알고 있는 상대방에 대해서는 그 거절의 의사표시를 하지 않아도 대항할 수 있다.

④ 무권대리인의 지위와 본인의 지위는 분리하여 병존한다. 그러나 신의칙상 추인을 거절할 수 없다(대판 1994.9.27. 94다20617). 즉 판례는 "甲은 乙의 무권대리인으로서 제135조 제1항의 규정에 의하여 매수인인 丙에게 부동산에 대한 소유권이전등기를 이행할 의무가 있으므로 그러한 지위에 있는 甲이 乙로부터 부동산을 상속받아 그 소유자가 되어 소유권이전등기이행의무를 이행하는 것이 가능하게 된 시점에서 자신이 소유자라고 하여 자신으로부터 부동산을 전전매수한 丁에게 원래 자신의 매매행위가 무권대리행위여서 무효였다는 이유로 丁 앞으로 경료된 소유권이전등기가 무효의 등기라고 주장하여 그 등기의 말소를 청구하거나 부동산의 점유로 인한 부당이득금의 반환을 구하는 것은 금반언의 원칙이나 신의성실의 원칙에 반하여 허용될 수 없다"고 판시하였다.

⑤ 추인의 상대방은 무권대리인뿐만 아니라 무권대리행위의 상대방에 대하여도 할 수 있고(대판 2009.11.12. 2009다46828), 무권대리행위로 인한 권리 또는 법률관계의 승계인도 포함된다(대판 1981.4.14. 80다2314).

✦ 제한능력자와 무권대리인 법률행위의 상대방보호 비교

		제한능력자의 법률행위	무권대리행위
법률행위의 효력		유동적 유효	유동적 무효
확답 촉구권 (최고권)	최고권자	선의·악의 불문 모든 상대방 가능	
	최고의 상대방	법정대리인(또는 능력자로 된 본인)	본인
	최고기간	1월 이상의 기간	상당한 기간
	확답이 없는 때	① 원칙적으로 추인 간주 ② 특별절차 요하면 취소로 간주	추인거절로 간주
철회권	철회권자	선의의 상대방만 가능	
	철회의 상대방	법정대리인·본인은 물론 제한능력자·무권대리인도 가능	
	행사기간	법정대리인·본인의 추인이 있기 전에만 행사 가능	
거절권		○	×[10]

36 무권대리행위의 추인에 관한 설명으로 옳지 않은 것은? (다툼이 있으면 판례에 따름)

2015 행정사

① 추인의 의사표시는 본인으로부터 그에 관한 대리권을 수여받은 임의대리인도 할 수 있다.

② 추인의 의사표시는 무권대리뿐만 아니라 무권대리행위의 상대방에 대하여도 할 수 있다.

③ 무권대리행위의 상대방이 계약 당시 무권대리임을 안 경우에는 본인에 대해 추인 여부의 확답을 최고할 수 없다.

④ 추인은 의사표시 전부에 대하여 행하여져야 하고, 그 내용을 변경하여 추인할 경우에는 상대방의 동의가 없는 한 무효이다.

⑤ 본인이 무권대리인에게 무권대리행위를 추인한 경우, 계약 당시에 대리권 없음을 알지 못한 상대방은 그 추인 사실을 알기 전까지 무권대리인과 체결한 계약을 철회할 수 있다.

정답해설

① 추인의 의사표시는 단독행위로 본인으로부터 그에 관한 대리권을 수여받은 임의대리인도 할 수 있다.

② 추인의 상대방은 무권대리인뿐만 아니라 무권대리행위의 상대방에 대하여도 할 수 있고(대판 2009.11.12. 2009다46828), 무권대리행위로 인한 권리 또는 법률관계의 승계인도 포함된다(대판 1981.4.14. 80다2314).

10 단독행위에는 별도 규정이 있다(제136조).

Answer 35 ⑤ 36 ③

③ 무권대리의 상대방의 권리인 최고권은 선악불문하고 인정된다. 따라서 무권대리행위의 상대방이 계약 당시 무권대리임을 안 경우에도, 상대방은 추인 여부의 확답을 최고할 수 있다(제131조).

> **제131조【상대방의 최고권】**
> 대리권 없는 자가 타인의 대리인으로 계약을 한 경우에 상대방은 상당한 기간을 정하여 본인에게 그 추인여부의 확답을 최고할 수 있다. 본인이 그 기간 내에 확답을 발하지 아니한 때에는 추인을 거절한 것으로 본다.

④ 무권대리행위의 추인은 의사표시의 전부에 대하여 행하여져야 하고, 그 일부에 대하여 추인을 하거나 그 내용을 변경하여 추인을 하였을 경우에는 상대방의 동의를 얻지 못하는 한 무효이다. 무권대리행위의 추인은 대리행위 전부에 대하여 행해져야 한다(대판 1982.1.26. 81다카549).

⑤ 무권대리의 추인은 무권대리인이나 무권대리인의 상대방 어느 편에 대하여도 할 수 있다. 그러나 본인이 무권대리인에게 무권대리행위를 추인한 경우에는 상대방이 이를 알지 못하는 동안에는 본인은 상대방에게 추인의 효과를 주장하지 못하므로, 선의의 상대방은 그때까지 제134조에 의한 철회를 할 수 있다(대판 1981.4.14. 80다2314).

> **제132조【추인, 거절의 상대방】**
> 추인 또는 거절의 의사표시는 상대방에 대하여 하지 아니하면 그 상대방에 대항하지 못한다. 그러나 상대방이 그 사실을 안 때에는 그러하지 아니하다.
> **제134조【상대방의 철회권】**
> 대리권 없는 자가 한 계약은 본인의 추인이 있을 때까지 상대방은 본인이나 그 대리인에 대하여 이를 철회할 수 있다. 그러나 계약 당시에 상대방이 대리권 없음을 안 때에는 그러하지 아니하다.

37 대리에 관한 설명으로 옳은 것을 모두 고른 것은?

2021 행정사

> ㄱ. 계약의 무권대리에 대한 추인은 다른 의사표시가 없으면 추인한 때부터 그 효력이 생긴다.
> ㄴ. 무권대리의 상대방이 상당한 추인기간을 설정한 경우, 그 기간 내에 본인이 확답을 발하지 않은 때에는 추인한 것으로 본다.
> ㄷ. 대리인이 수인인 경우 각자가 본인을 대리하는 것이 원칙이다.
> ㄹ. 채무의 이행의 경우 본인의 허락이 없어도 쌍방 대리는 유효하다.

① ㄱ, ㄴ　② ㄱ, ㄷ　③ ㄴ, ㄷ
④ ㄴ, ㄹ　⑤ ㄷ, ㄹ

정답해설

ㄱ. (×): **제133조【추인의 효력】** 추인은 다른 의사표시가 없는 때에는 계약시에 소급하여 그 효력이 생긴다. 그러나 제3자의 권리를 해하지 못한다.

ㄴ. (×): **제131조【상대방의 최고권】** 대리권 없는 자가 타인의 대리인으로 계약을 한 경우에 상대방은 상당한 기간을 정하여 본인에게 그 추인 여부의 확답을 최고할 수 있다. 본인이 그 기간 내에 확답을 발하지 아니한 때에는 추인을 거절한 것으로 본다.

ㄷ. (○): 대리인이 수인인 경우 각자가 본인을 대리하는 것이 원칙이다. 법률 또는 수권행위에 다른 정한 바가 있는 예외적인 경우에 공동대리도 가능하다.

> **제119조【각자대리】**
> 대리인이 수인인 때에는 각자가 본인을 대리한다. 그러나 법률 또는 수권행위에 다른 정한 바가 있는 때에는 그러하지 아니하다.

ㄹ. (○): 자기계약과 쌍방대리는 원칙적으로 금지된다(제124조). 예외적으로 1. 본인의 이익을 해할 염려가 없는 경우로서 본인이 허락한 경우, 2. 이미 확정되어 있는 법률관계의 단순한 이행에 불과한 경우에는 인정된다.

> **제124조【자기계약, 쌍방대리】**
> 대리인은 본인의 허락이 없으면 본인을 위하여 자기와 법률행위를 하거나 동일한 법률행위에 관하여 당사자쌍방을 대리하지 못한다. 그러나 채무의 이행은 할 수 있다.

✦ 민법상 추인 비교

	무효행위의 추인	제139조	효과
1.	강행법규 위반, 반사회적 법률행위, 불공정한 법률행위 등 무효	적용 ×	추인하여도 여전히 무효
2.	통정허위표시로 무효, 무효의 가등기의 유용, 무효인 명의신탁 등 무효	적용 ○	무효임을 알고 추인한 때에는 새로운 법률로 본다(소급효 없음).
3.	유동적 무효: ㉠ 무권대리행위(제133조) ㉡ 무권리자 처분행위 ㉢ 토지거래허가를 받지 않고 한 토지매매계약 등	적용 ×	추인이나 허가를 받으면 소급하여 효력 발생
	취소할 수 있는 행위의 추인(취소권의 포기)	**제143조 ○**	**유동적 유효 → 확정적 유효(소급효 ×)**

Chapter 05

Answer 37 ⑤

38 **계약에 대한 무권대리에 관한 설명으로 옳은 것은? (다툼이 있으면 판례에 따름)** 2021 행정사

① 범죄가 되는 무권대리행위에 대하여 장기간 형사고소를 하지 아니하였다는 사실만으로 묵시적인 추인이 있었다고 볼 수 있다.

② 본인이 추인을 거절하더라도 상대방은 철회권을 행사할 수 있다.

③ 본인이 무권대리행위의 일부에 대해 추인을 한 경우, 그에 대하여 상대방의 동의를 얻으면 유효하다.

④ 본인이 무권대리인에게 한 추인의 의사표시는 항상 효력이 없다.

⑤ 무권대리인의 계약상대방에 대한 책임(민법 제135조 제1항)은 대리권의 흠결에 관하여 대리인에게 과실이 있어야 인정된다.

정답해설

① 무권대리행위에 대한 추인은 무권대리행위로 인한 효과를 자기에게 귀속시키려는 의사표시이니만큼 무권대리행위에 대한 추인이 있었다고 하려면 그러한 의사가 표시되었다고 볼 만한 사유가 있어야 하고, 무권대리행위가 범죄가 되는 경우에 대하여 그 사실을 알고도 장기간 형사고소를 하지 아니하였다 하더라도 그 사실만으로 묵시적인 추인이 있었다고 할 수는 **없다**(대판 1998.2.10. 97다311131).

② 본인이 추인을 거절하면 무권대리는 확정적 무효가 되어 상대방은 철회권을 행사할 수 없다.

③ 무권대리행위의 추인은 의사표시의 전부에 대하여 행하여져야 하고, 그 일부에 대하여 추인을 하거나 그 내용을 변경하여 추인을 하였을 경우에는 상대방의 동의를 얻지 못하는 한 무효이다. 무권대리행위의 추인은 대리행위 전부에 대하여 행해져야 한다(대판 1982.1.26. 81다카549).

④ 추인의 상대방은 무권대리인뿐만 아니라 무권대리행위의 상대방에 대하여도 할 수 있고(대판 2009.11.12. 2009다46828), 무권대리행위로 인한 권리 또는 법률관계의 승계인도 포함된다(대판 1981.4.14. 80다2314). 본인이 무권대리인에게 한 추인의 의사표시는 효력이 발생한다. 그러나 상대방이 알 때까지는 상대방에게 대항할 수 없을 뿐이다(제132조).

⑤ 민법 제135조 제1항은 “타인의 대리인으로 계약을 한 자가 그 대리권을 증명하지 못하고 또 본인의 추인을 얻지 못한 때에는 상대방의 선택에 좇아 계약의 이행 또는 손해배상의 책임이 있다.”고 규정하고 있다. 위 규정에 따른 무권대리인의 상대방에 대한 책임은 무과실책임으로서 대리권의 흠결에 관하여 대리인에게 과실 등의 귀책사유가 있어야만 인정되는 것이 아니고, 무권대리행위가 제3자의 기망이나 문서위조 등 위법행위로 야기되었다고 하더라도 책임은 부정되지 아니한다(대판 2014.2.27. 2013다213038).

39 **무권대리에 관한 설명으로 옳지 않은 것은? (다툼이 있으면 판례에 따름)** 2019 행정사

① 무권대리인이 체결한 계약은 본인이 이를 추인할 수 있다.

② 무권대리인이 체결한 계약의 상대방은 상당한 기간을 정하여 본인에게 추인여부의 확답을 최고할 수 있다.

③ 대리권 없이 타인의 부동산을 매도한 자가 그 부동산을 단독상속한 후 그 대리행위가 무권대리로 무효임을 주장하는 것은 신의칙상 허용될 수 없다.

④ 무권대리행위가 제3자의 기망 등 위법행위로 야기되었더라도 민법 제135조에 따른 무권대리인의 상대방에 대한 책임은 부정되지 않는다.

⑤ 민법 제135조에 따른 무권대리인의 상대방에 대한 책임은 대리권 흠결에 관하여 무권대리인에게 귀책사유가 있어야만 인정된다.

정답해설

① 무권대리인이 체결한 계약에 대해 본인이 추인할 수 있다(제130조).

> **제130조【무권대리】**
> 대리권 없는 자가 타인의 대리인으로 한 계약은 본인이 이를 추인하지 아니하면 본인에 대하여 효력이 없다.

② **제131조【상대방의 최고권】**

> 대리권 없는 자가 타인의 대리인으로 계약을 한 경우에 상대방은 상당한 기간을 정하여 본인에게 그 추인여부의 확답을 최고할 수 있다. 본인이 그 기간 내에 확답을 발하지 아니한 때에는 추인을 거절한 것으로 본다.

③ 무권대리인의 지위와 본인의 지위는 분리하여 병존한다. 그러나 신의칙상 추인을 거절할 수 없다(대판 1994.9.27. 94다20617). 즉 판례는 "甲은 乙의 무권대리인으로서 제135조 제1항의 규정에 의하여 매수인인 丙에게 부동산에 대한 소유권이전등기를 이행할 의무가 있으므로 그러한 지위에 있는 甲이 乙로부터 부동산을 상속받아 그 소유자가 되어 소유권이전등기이행의무를 이행하는 것이 가능하게 된 시점에서 자신이 소유자라고 하여 자신으로부터 부동산을 전전매수한 丁에게 원래 자신의 매매행위가 무권대리행위여서 무효였다는 이유로 丁 앞으로 경료된 소유권이전등기가 무효의 등기라고 주장하여 그 등기의 말소를 청구하거나 부동산의 점유로 인한 부당이득금의 반환을 구하는 것은 금반언의 원칙이나 신의성실의 원칙에 반하여 허용될 수 없다"고 판시하였다.

④, ⑤ 민법 제135조 제1항은 "타인의 대리인으로 계약을 한 자가 그 대리권을 증명하지 못하고 또 본인의 추인을 얻지 못한 때에는 상대방의 선택에 좇아 계약의 이행 또는 손해배상의 책임이 있다."고 규정하고 있다. 위 규정에 따른 무권대리인의 상대방에 대한 책임은 무과실책임으로서 대리권의 흠결에 관하여 대리인에게 과실 등의 귀책사유가 있어야만 인정되는 것이 아니고, 무권대리행위가 제3자의 기망이나 문서위조 등 위법행위로 야기되었다고 하더라도 책임은 부정되지 아니한다(대판 2014.2.27. 2013다213038).

Answer 38 ③ 39 ⑤

40 대리권 없는 乙이 甲의 대리인이라 칭하며 甲 소유의 X토지를 丙에게 매도하였다. 다음 설명 중 옳은 것은? (다툼이 있는 경우에는 판례에 의함) 2013 행정사

① 甲은 乙을 상대로 추인권을 행사할 수 있다.

② 甲의 추인이 있기 전에 甲과 丁이 X토지에 대하여 매매계약을 체결하고 丁이 소유권이전을 위한 가등기를 해 두었더라도, 甲이 무권대리인의 매매계약을 추인하면 그로 인한 소급효는 丁에게도 미친다.

③ 乙이 단독으로 甲을 상속한 경우, 乙은 丙과 체결한 매매계약에 대하여 추인거절권을 행사할 수 있다.

④ 甲의 추인이 있기 전이라면, 丙이 매매계약 체결 당시 乙에게 대리권 없음을 알았던 경우라도 丙은 매매계약을 철회할 수 있다.

⑤ 甲이 추인을 거절한 경우, 丙은 乙을 상대로 계약의 이행과 함께 손해배상을 청구할 수 있다.

정답해설

① 무권대리행위 추인의 상대방은 무권대리인뿐만 아니라 무권대리행위의 상대방에 대하여도 할 수 있다(대판 2009.11.12. 2009다46828). 본인 甲은 무권대리인 乙을 상대로 추인권을 행사할 수 있다.

② <제133조: 제3자를 해하지 못한다의 의미> 무권대리의 추인의 소급효는 제3자의 권리를 해하지 못한다고 하는 민법 제133조 단서의 규정은 상대방이 취득한 권리와 제3자가 취득한 권리가 모두 배타적 효력을 가지는 경우에 한하여 그 의미가 있다. 즉 甲의 추인이 있기 전에 甲과 丁이 X토지에 대하여 매매계약을 체결하고 丁이 소유권이전을 위한 가등기를 해 두었다면 제133조의 제3자에게 해당하여 甲이 무권대리인의 매매계약을 추인하였다 하더라도 그로 인한 소급효는 丁에게도 미치지 않는다.

> **제133조 【추인의 효력】**
> 추인은 다른 의사표시가 없는 때에는 계약시에 소급하여 그 효력이 생긴다. 그러나 제3자의 권리를 해하지 못한다.

③ 무권대리인의 지위와 본인의 지위는 분리하여 병존한다. 그러나 무권대리인이 본인을 상속한 경우에 본인의 지위에서 추인을 거절하는 것은 신의칙에 반한다(대판 1994.9.27. 94다20617). 무권대리인 乙이 단독으로 甲을 상속한 경우, 무권대리인 乙은 丙과 체결한 매매계약에 대하여 추인거절권을 행사할 수 없다.

④ 철회권은 계약의 경우 본인이 추인 전까지 선의의 상대방만이 행사할 수 있다(제134조). 본인 甲의 추인이 있기 전이라도, 상대방 丙이 매매계약 체결 당시 乙에게 대리권 없음을 알았던 경우에는 丙은 매매계약을 철회할 수 없다.

> **제134조 【상대방의 철회권】**
> 대리권 없는 자가 한 계약은 본인의 추인이 있을 때까지 상대방은 본인이나 그 대리인에 대하여 이를 철회할 수 있다. 그러나 계약 당시에 상대방이 대리권 없음을 안 때에는 그러하지 아니하다.

⑤ 제135조의 책임은 상대방의 선택에 따라 매매계약을 이행하거나 손해를 배상할 책임을 지게 된다(제135조 제1항). 계약의 이행과 함께 손해배상을 청구할 수는 없다.

제135조【상대방에 대한 무권대리인의 책임】
① 다른 자의 대리인으로서 계약을 맺은 자가 그 대리권을 증명하지 못하고 또 본인의 추인을 받지 못한 경우에는 그는 상대방의 선택에 따라 계약을 이행할 책임 또는 손해를 배상할 책임이 있다.

41 협의의 무권대리에 관한 설명으로 옳은 것은? (다툼이 있으면 판례에 따름) 2017 행정사

① 상대방이 상당한 기간을 정하여 본인에게 무권대리행위의 추인 여부의 확답을 최고한 경우 본인이 그 기간 내에 확답을 발하지 아니한 때에는 추인한 것으로 본다.
② 무권대리행위의 추인은 무권대리인이나 상대방에게 명시적인 방법으로만 할 수 있다.
③ 상대방은 계약 당시에 대리인에게 대리권이 없음을 안 때에도 본인의 추인이 있을 때까지 계약을 철회할 수 있다.
④ 본인이 무권대리행위의 내용을 변경하여 추인한 경우에는 상대방의 동의를 얻지 못하는 한 무효이다.
⑤ 대리인으로서 계약을 맺은 자에게 대리권이 없다는 사실을 알 수 있었던 상대방은 무권대리인에게 계약을 이행할 책임 또는 손해를 배상할 책임을 물을 수 있다.

정답해설

① **제131조【상대방의 최고권】** 대리권 없는 자가 타인의 대리인으로 계약을 한 경우에 상대방은 상당한 기간을 정하여 본인에게 그 추인여부의 확답을 최고할 수 있다. 본인이 그 기간 내에 확답을 발하지 아니한 때에는 추인을 거절한 것으로 본다.
② 무권대리행위에 대한 본인의 추인은 재판상·재판 외에서 명시적·묵시적으로도 할 수 있다. 예컨대, 매매계약을 체결한 무권대리인으로부터 매매대금의 일부를 본인이 수령한 경우 특별한 사정이 없는 한 본인이 무권대리행위를 묵시적으로 추인한 것으로 본다(대판 2009.11.12. 2009다46828).
③ **제134조【상대방의 철회권】** 대리권 없는 자가 한 계약은 본인의 추인이 있을 때까지 상대방은 본인이나 그 대리인에 대하여 이를 철회할 수 있다. 그러나 계약 당시에 상대방이 대리권 없음을 안 때에는 그러하지 아니하다.
④ 무권대리행위의 추인은 의사표시의 전부에 대하여 행하여져야 하고, 그 일부에 대하여 추인을 하거나 그 내용을 변경하여 추인을 하였을 경우에는 상대방의 동의를 얻지 못하는 한 무효이다. 무권대리행위의 추인은 대리행위 전부에 대하여 행해져야 한다(대판 1982.1.26. 81다카549).
⑤ 무권대리인의 상대방에 대한 책임은 상대방이 대리권 없음에 대해 악의·과실이 있을 때 또는 무권대리인 제한능력자일 때에는 적용되지 않는다(제135조). 대리권이 없다는 사실을 알 수 있었던 상대방은 무권대리인에게 계약을 이행할 책임 또는 손해를 배상할 책임을 물을 수 없다.

제135조【상대방에 대한 무권대리인의 책임】
① 다른 자의 대리인으로서 계약을 맺은 자가 그 대리권을 증명하지 못하고 또 본인의 추인을 받지 못한 경우에는 그는 상대방의 선택에 따라 계약을 이행할 책임 또는 손해를 배상할 책임이 있다.
② 대리인으로서 계약을 맺은 자에게 대리권이 없다는 사실을 상대방이 알았거나 알 수 있었을 때 또는 대리인으로서 계약을 맺은 사람이 제한능력자일 때에는 제1항을 적용하지 아니한다.

Answer 40 ① 41 ④

42 **대리권 없는 乙이 甲을 대리하여 甲소유 X건물에 대하여 丙과 매매계약을 체결하였다. 표현대리가 성립하지 않는 경우 이에 관한 설명으로 옳은 것은? (다툼이 있으면 판례에 따름)**

2020 행정사

① 계약체결 당시 乙이 무권대리인임을 丙이 알았다면 丙은 甲에게 추인 여부의 확답을 최고할 수 없다.

② 甲은 丙에 대하여 계약을 추인할 수 있으나 乙에 대해서는 이를 추인할 수 없다.

③ 계약체결 당시 乙이 무권대리인임을 丙이 알았더라도 甲이 추인하기 전이라면 丙은 乙을 상대로 의사표시를 철회할 수 있다.

④ 甲이 추인을 거절한 경우, 丙의 선택으로 乙에게 이행을 청구하였으나 이를 이행하지 않은 乙은 丙에 대하여 채무불이행에 따른 손해배상책임을 진다.

⑤ 甲이 사망하여 乙이 단독상속한 경우 乙은 본인의 지위에서 위 계약의 추인을 거절할 수 있다.

정답해설

① 무권대리 상대방의 최고권은 선의·악의 불문하고 모두 가능하므로, 상대방 丙이 乙의 대리권 없음을 알고 있었다 하더라도, 무권대리의 상대방 丙은 甲에 대하여 추인 여부의 확답을 최고할 수 있다(제131조).

> **제131조【상대방의 최고권】**
> 대리권 없는 자가 타인의 대리인으로 계약을 한 경우에 상대방은 상당한 기간을 정하여 본인에게 그 추인여부의 확답을 최고할 수 있다. 본인이 그 기간 내에 확답을 발하지 아니한 때에는 추인을 거절한 것으로 본다.

② 무권대리의 추인은 무권대리인이나 무권대리인의 상대방 어느 편에 대하여도 할 수 있다. 그러나 본인이 무권대리인에게 무권대리행위를 추인한 경우에는 상대방이 이를 알지 못하는 동안에는 본인은 상대방에게 추인의 효과를 주장하지 못하므로, 선의의 상대방은 그때까지 제134조에 의한 철회를 할 수 있다(대판 1981.4.14. 80다2314). 즉 본인인 甲은 무권대리인의 상대방 丙에 대하여 계약을 추인할 수 있을 뿐만 아니라 무권대리인 乙에 대해서는 이를 추인할 수 있다.

> **제132조【추인, 거절의 상대방】**
> 추인 또는 거절의 의사표시는 상대방에 대하여 하지 아니하면 그 상대방에 대항하지 못한다. 그러나 상대방이 그 사실을 안 때에는 그러하지 아니하다.

③ 무권대리에서 상대방의 철회권은 선의시에만 가능하다(제134조). 따라서 계약체결 당시 乙이 무권대리인임을 丙이 알았다면 甲이 추인하기 전이라도 丙은 乙을 상대로 의사표시를 철회할 수 없다.

> **제134조【상대방의 철회권】**
> 대리권 없는 자가 한 계약은 본인의 추인이 있을 때까지 상대방은 본인이나 그 대리인에 대하여 이를 철회할 수 있다. 그러나 계약 당시에 상대방이 대리권 없음을 안 때에는 그러하지 아니하다.

④ 본인인 甲이 추인하지 않고 무권대리인 乙이 자신의 대리권을 증명하지 못한 경우, 선의·무과실의 상대방 丙은 자신의 선택으로 무권대리인 乙에게 이행을 청구할 수 있고, 이를 이행하지 않은 무권대리인 乙은 丙에 대하여 계약상 채무불이행에 따른 손해배상책임을 진다.

제135조 제1항【상대방에 대한 무권대리인의 책임】
다른 자의 대리인으로서 계약을 맺은 자가 그 대리권을 증명하지 못하고 또 본인의 추인을 받지 못한 경우에는 그는 상대방의 선택에 따라 계약을 이행할 책임 또는 손해를 배상할 책임이 있다.

⑤ 대리권한 없이 타인의 부동산을 매도한 자가 그 부동산을 상속한 후 소유자의 지위에서 자신의 대리행위가 무권대리로 무효임을 주장하여 등기말소 등을 구하는 것이 금반언 원칙이나 신의칙상 허용될 수 없다(대판 1994.9.27. 94다20617). 즉 본인 甲이 사망하여 무권대리인 乙이 단독상속한 경우 무권대리인 乙은 본인의 지위에서 위 계약의 추인을 거절할 수 없다.

43 **甲의 아들인 성년자 乙이 아무런 권한 없이 丙에게 甲의 대리인이라고 사칭하고, 甲 소유의 X아파트를 丙에게 매각하였다. 다음 설명 중 옳지 않은 것은? (다툼이 있으면 판례에 따름)**

2016 행정사

① 乙이 丙에게 X아파트를 매각한 직후 甲이 X아파트를 丁에게 매각하고 소유권이전등기를 경료해 준 이후에, 甲이 乙의 무권대리행위를 추인하더라도 丁은 X아파트의 소유권을 취득한다.

② 甲은 丙에 대하여 적극적으로 추인의 의사가 없음을 표시하여 무권대리행위를 무효로 확정지을 수 있다.

③ 丙이 매매계약 당시 乙에게 대리권이 없음을 알지 못하였던 경우, 丙은 甲의 추인이 있기 전에 乙을 상대로 매매계약을 철회할 수 있다.

④ 丙은 상당한 기간을 정하여 甲에게 X아파트 매매계약의 추인여부의 확답을 최고할 수 있고, 甲이 그 기간 내에 확답을 발하지 않으면 추인한 것으로 본다.

⑤ 乙이 자신의 대리권을 증명하지 못하고 甲의 추인을 받지 못한 경우, 乙은 과실이 없어도 丙의 선택에 따라 계약을 이행하거나 손해를 배상할 책임이 있다.

정답해설

① <제133조: 제3자를 해하지 못한다의 의미> 무권대리의 추인의 소급효는 제3자의 권리를 해하지 못한다고 하는 민법 제133조 단서의 규정은 상대방이 취득한 권리와 제3자가 취득한 권리가 모두 배타적 효력을 가지는 경우에 한하여 그 의미가 있다. 즉 甲의 무권대리인 乙이 甲의 부동산을 丙에게 매도한다는 계약을 체결한 후, 甲 자신이 그 부동산을 丁에게 팔고 이전등기를 해주고 나서, 甲이 乙의 무권대리행위를 추인한 경우처럼 제3자 丁이 등기 등 대항력을 갖춘 경우를 말한다. 甲이 乙의 무권대리행위를 추인하더라도 丁은 X아파트의 소유권을 취득한다.

Answer 42 ④ 43 ④

제133조 【추인의 효력】
추인은 다른 의사표시가 없는 때에는 계약시에 소급하여 그 효력이 생긴다. 그러나 제3자의 권리를 해하지 못한다.

② 본인 甲은 상대방 丙에 대하여 적극적으로 추인의 거절의 의사표시, 추인의 의사가 없음을 표시하여 유동적 유효인 무권대리행위를 무효로 확정지을 수 있다(제132조).

제132조 【추인, 거절의 상대방】
추인 또는 거절의 의사표시는 상대방에 대하여 하지 아니하면 그 상대방에 대항하지 못한다. 그러나 상대방이 그 사실을 안 때에는 그러하지 아니하다.

③ 상대방 丙이 매매계약 당시 乙에게 대리권이 없음을 알지 못하였던 경우, 丙은 본인 甲의 추인이 있기 전에 무권대리인 乙을 상대로도 매매계약을 철회할 수 있다(제134조).

제134조 【상대방의 철회권】
대리권 없는 자가 한 계약은 본인의 추인이 있을 때까지 상대방은 본인이나 그 대리인에 대하여 이를 철회할 수 있다. 그러나 계약 당시에 상대방이 대리권 없음을 안 때에는 그러하지 아니하다.

④ 무권대리의 상대방의 권리인 최고권은 선악불문하고 인정된다. 상대방 丙은 상당한 기간을 정하여 본인 甲에게 X아파트 매매계약의 추인여부의 확답을 최고할 수 있고, 甲이 그 기간 내에 확답을 발하지 않으면 추인을 거절한 것으로 본다(제131조).

제131조 【상대방의 최고권】
대리권 없는 자가 타인의 대리인으로 계약을 한 경우에 상대방은 상당한 기간을 정하여 본인에게 그 추인여부의 확답을 최고할 수 있다. 본인이 그 기간 내에 확답을 발하지 아니한 때에는 추인을 거절한 것으로 본다.

⑤ 민법 제135조 제1항은 "타인의 대리인으로 계약을 한 자가 그 대리권을 증명하지 못하고 또 본인의 추인을 얻지 못한 때에는 상대방의 선택에 좇아 계약의 이행 또는 손해배상의 책임이 있다."고 규정하고 있다. 위 규정에 따른 무권대리인의 상대방에 대한 책임은 무과실책임으로서 대리권의 흠결에 관하여 대리인에게 과실 등의 귀책사유가 있어야만 인정되는 것이 아니고, 무권대리행위가 제3자의 기망이나 문서위조 등 위법행위로 야기되었다고 하더라도 책임은 부정되지 아니한다(대판 2014.2.27. 2013다213038). 무권대리인 乙이 자신의 대리권을 증명하지 못하고 본인 甲의 추인을 받지 못한 경우, 무권대리인 乙은 과실이 없어도 丙의 선택에 따라 계약을 이행하거나 손해를 배상할 책임이 있다.

44 **무권대리인 乙은 아무런 권한 없이 자신을 甲의 대리인이라고 칭하면서 丙과 소유의 토지에 대한 매매계약을 체결하였다. 이에 관한 설명으로 옳지 않은 것은? (표현대리는 성립하지 않으며, 다툼이 있으면 판례에 의함)** 2023 행정사

① 丙이 계약 체결 당시 乙이 무권대리인임을 알지 못하였다면 丙은 甲의 추인이 있기 전에 乙을 상대로 계약을 철회할 수 있다.

② 丙이 계약 체결 당시 乙이 무권대리인임을 알았더라도 丙은 상당한 기간을 정하여 甲에게 추인 여부의 확답을 최고할 수 있다.

③ 甲이 乙의 무권대리행위의 내용을 변경하여 추인한 경우 그 추인은 그에 대한 丙의 동의가 있어야 유효하다.

④ 乙이 대리권을 증명하지 못하고 甲의 추인도 받지 못한 경우 丙은 계약 체결 당시 乙이 무권대리인임을 알았더라도 乙에게 계약의 이행이나 손해배상을 청구할 수 있다.

⑤ 계약 체결 후 乙이 甲의 지위를 단독상속한 경우 乙은 본인의 지위에서 丙을 상대로 계약의 추인을 거절할 수 없다.

정답해설

① 무권대리행위의 선의의 상대방인 丙은 본인 甲의 추인이 있기 전에 무권대리인 乙을 상대로 계약을 철회할 수 있다(제134조).

> **제134조【상대방의 철회권】**
> 대리권 없는 자가 한 계약은 본인의 추인이 있을 때까지 상대방은 본인이나 그 대리인에 대하여 이를 철회할 수 있다. 그러나 계약 당시에 상대방이 대리권 없음을 안 때에는 그러하지 아니하다.

② 무권대리행위의 상대방은 선악을 불문하고 상당한 기간을 정하여 본인에게 추인 여부의 확답을 최고할 수 있다(제131조). 따라서 무권대리행위의 상대방 丙이 계약 체결 당시 乙이 무권대리인임을 알았더라도 상당한 기간을 정하여 본인 甲에게 추인 여부의 확답을 최고할 수 있다.

> **제131조【상대방의 최고권】**
> 대리권 없는 자가 타인의 대리인으로 계약을 한 경우에 상대방은 상당한 기간을 정하여 본인에게 그 추인여부의 확답을 최고할 수 있다. 본인이 그 기간 내에 확답을 발하지 아니한 때에는 추인을 거절한 것으로 본다.

③ 무권대리행위의 추인은 무권대리인에 의하여 행하여진 불확정한 행위에 관하여 그 행위의 효과를 자기에게 직접 발생케 하는 것을 목적으로 하는 의사표시이며, 무권대리인 또는 상대방의 동의나 승낙을 요하지 않는 단독행위로서 추인은 의사표시의 전부에 대하여 행하여져야 하고, 그 일부에 대하여 추인을 하거나 그 내용을 변경하여 추인을 하였을 경우에는 상대방의 동의를 얻지 못하는 한 무효이다(대판 1982.1.26. 81다카549). 내용을 변경하여 甲이 추인한 경우 추인은 거의 동의가 있어야 유효하다.

④ 무권대리인의 상대방에 대한 책임은 상대방이 대리권 없음에 대해 악의·과실이 있을 때 또는 무권대리인 제한능력자일 때에는 적용되지 않는다(제135조). 무권대리행위 상대방 丙이 계약 체결 당시 악의라면 무권대리인 乙에게 계약의 이행이나 손해배상을 청구할 수 없다.

Answer 44 ④

제135조 【상대방에 대한 무권대리인의 책임】
① 다른 자의 대리인으로서 계약을 맺은 자가 그 대리권을 증명하지 못하고 또 본인의 추인을 받지 못한 경우에는 그는 상대방의 선택에 따라 계약을 이행할 책임 또는 손해를 배상할 책임이 있다.
② 대리인으로서 계약을 맺은 자에게 대리권이 없다는 사실을 상대방이 알았거나 알 수 있었을 때 또는 대리인으로서 계약을 맺은 사람이 제한능력자일 때에는 제1항을 적용하지 아니한다.

⑤ 본인의 지위를 단독으로 상속한 무권대리인이 본인의 지위에서 상속 전에 무권대리행위의 추인을 거절하는 것은 신의칙에 반하므로 허용되지 않는다(대판 1994.9.27. 91다20617). 무권대리인 乙은 본인의 지위에서 계약의 추인을 거절할 수 없다.

45 무권대리와 표현대리에 관한 설명으로 옳지 않은 것은? (다툼이 있으면 판례에 따름)

2021 행정사

① 유권대리에 관한 주장 속에는 무권대리에 속하는 표현대리의 주장이 포함되어 있다고 볼 수 없다.
② 표현대리가 성립하는 경우, 상대방에게 과실이 있어도 과실상계의 법리를 유추적용하여 본인의 책임을 경감할 수 없다.
③ 대리행위가 강행법규 위반으로 무효인 경우 표현대리 법리가 적용되지 않는다.
④ 상대방은 계약 당시에 대리인에게 대리권이 없음을 안 때에는 계약을 철회할 수 없다.
⑤ 제한능력자인 무권대리인은 민법 제135조 제1항에 따라 계약을 이행할 책임 또는 손해를 배상할 책임이 있다.

정답해설

① 표현대리에 있어서는 대리권이 없음에도 불구하고 법률이 특히 거래상대방 보호와 거래안전유지를 위하여 본래 무효인 무권대리행위의 효과를 본인에게 미치게 한 것으로서 표현대리가 성립된다고 하여 무권대리의 성질이 유권대리로 전환되는 것은 아니므로, 양자의 구성요건 해당사실, 즉 주요사실은 다르다고 볼 수밖에 없으니 유권대리에 관한 주장 속에 무권대리에 속하는 표현대리의 주장이 포함되어 있다고 볼 수 없다고 하였다(대판 1983.12.13. 83다카1489).
② 표현대리가 성립하면 그 본인은 표현대리행위에 대하여 전적인 책임을 져야 하고 상대방에게 과실이 있다고 하더라도 과실상계의 법리를 유추적용하여 그의 책임을 감경할 수 없다(대판 1996.7.12. 95다49554).
③ 총유물의 관리, 처분은 사원총회의 결의에 의하고, 보존행위도 마찬가지이다(제276조 제1항). 대법원은 본 조항을 강행규정으로 파악하고 본 조항에 위배된 법률행위에 관하여 표현대리에 의한 보호는 있을 수 없다고 한다(대판 2003.7.11. 2001다73626).
④ **제134조 【상대방의 철회권】** 대리권 없는 자가 한 계약은 본인의 추인이 있을 때까지 상대방은 본인이나 그 대리인에 대하여 이를 철회할 수 있다. 그러나 계약 당시에 상대방이 대리권 없음을 안 때에는 그러하지 아니하다.
⑤ 무권대리인의 상대방에 대한 책임은 상대방이 대리권 없음에 대해 악의·과실이 있을 때 또는 무권대리인 제한능력자일 때에는 적용되지 않는다(제135조).

제135조【상대방에 대한 무권대리인의 책임】
① 다른 자의 대리인으로서 계약을 맺은 자가 그 대리권을 증명하지 못하고 또 본인의 추인을 받지 못한 경우에는 그는 상대방의 선택에 따라 계약을 이행할 책임 또는 손해를 배상할 책임이 있다.
② 대리인으로서 계약을 맺은 자에게 대리권이 없다는 사실을 상대방이 알았거나 알 수 있었을 때 또는 대리인으로서 계약을 맺은 사람이 제한능력자일 때에는 제1항을 적용하지 아니한다.

46 표현대리와 협의의 무권대리에 관한 설명으로 옳지 않은 것은? (다툼이 있으면 판례에 따름)

2016 행정사

① 유권대리에 관한 주장 속에는 표현대리의 주장이 당연히 포함되어 있다고 볼 수는 없다.
② 처음부터 어떠한 대리권도 없었던 자에 대하여 대리권 소멸 후의 표현대리는 성립할 수 없다.
③ 증권회사로부터 위임받은 고객의 유치, 투자상담 및 권유, 위탁매매약정실적의 제고 등의 업무는 사실행위에 불과하나 이를 기본대리권으로 하여 권한을 넘은 표현대리가 성립할 수 있다.
④ 협의의 무권대리인이 타인의 대리인으로 한 계약은 본인이 이를 추인하지 아니하면 본인에 대하여 효력이 없다.
⑤ 협의의 무권대리인의 상대방은 계약 당시 무권대리행위임을 안 때에는 본인이나 그 대리인에 대하여 자신의 의사표시를 철회할 수 있다.

정답해설

① 유권대리에 관한 주장 속에 무권대리에 속하는 표현대리의 주장이 포함되어 있다고 볼 수 없다고 하였다(대판 1983.12.13. 83다카1489).
② 대리권 소멸 후의 표현대리는 대리인이 이전에 대리권을 가지고 있었으나, 대리행위를 할 당시에는 대리권이 소멸하고 없었던 경우에 적용된다. 처음부터 전혀 대리권이 없었던 경우에는 본조의 적용이 없다.
③ 민법 제126조의 표현대리가 성립하기 위하여는 무권대리인에게 법률행위에 관한 기본대리권이 있어야 하는 바, 증권회사로부터 위임받은 고객의 유치, 투자상담 및 권유, 위탁매매약정실적의 제고 등의 업무는 사실행위에 불과하므로 이를 기본대리권으로 하여서는 권한초과의 표현대리가 성립할 수 없다(대판 1992.5.26. 91다32190).
④ **제130조【무권대리】** 대리권 없는 자가 타인의 대리인으로 한 계약은 본인이 이를 추인하지 아니하면 본인에 대하여 **효력이 없**다.
⑤ 철회권은 선의의 상대방만이 행사할 수 있으므로, 악의자는 철회할 수 없다.

제134조【상대방의 철회권】
대리권 없는 자가 한 계약은 본인의 추인이 있을 때까지 상대방은 본인이나 그 대리인에 대하여 이를 철회할 수 있다. 그러나 계약 당시에 상대방이 대리권 없음을 안 때에는 그러하지 아니하다.

Answer 45 ⑤ 46 ⑤

47 甲이 만 18세인 대학생 乙에게 X아파트 분양계약체결에 관한 대리권을 수여하였고, 乙은 甲을 대리하여 丙이 분양하는 X아파트를 3억 원에 분양받기로 하는 계약을 체결한 경우에 관한 설명으로 옳지 않은 것은? (다툼이 있으면 판례에 따름) 2015 행정사

① 丙은 甲에 대하여 X아파트 분양계약에 따른 이행을 청구할 수 있다.

② 乙의 법정대리인은 X아파트 분양계약을 법정대리인의 동의가 없다는 이유로 취소할 수 없다.

③ 丙이 X아파트에 대한 소유권이전등기를 해주지 않은 경우, 특별한 사정이 없는 한 乙은 甲을 대리하여 계약을 해제할 수 없다.

④ 만일 乙이 무권대리인이었고, 丙이 이를 알지 못하였다면, 丙은 乙에게 계약의 이행을 청구할 수 있다.

⑤ 만일 X아파트 단지 인근에 쓰레기 매립장이 건설예정인 사실을 알고 있는 丙이 乙에게 이를 고지하지 않았다면 이는 부작위에 의한 기망행위가 된다.

정답해설

① 본인 甲으로부터 분양계약체결에 관한 대리권을 수여받은 임의대리인 乙이 丙과 분양계약체결한 것으로 유권대리이고, 이러한 대리행위는 본인 甲에게 효력이 있다. 따라서 상대방 丙은 본인 甲에 대하여 X아파트 분양계약에 따른 이행을 청구할 수 있다.

② 대리인은 행위능력자임을 요하지 아니하므로(제117조), 미성년자 乙의 법정대리인은 X아파트 분양계약을 법정대리인의 동의가 없다는 이유로 취소할 수 없다.

③ 계약을 체결할 대리권을 수여받은 것으로 인정되는 경우라 하더라도 특별한 사정이 없는 한 일단 금전소비대차계약과 그 담보를 위한 담보권설정계약이 체결된 후에 이를 해제할 권한까지 당연히 가지고 있다고 볼 수는 없다(대판 1997.9.30. 97다23372). 丙이 X아파트에 대한 소유권이전등기를 해주지 않은 경우라도, 특별한 사정이 없는 한 계약체결의 대리권만 수여받은 임의대리인 乙은 甲을 대리하여 계약을 해제할 수 없다.

④ 무권대리인의 상대방에 대한 책임은 상대방이 대리권 없음에 대해 악의·과실이 있을 때 또는 무권대리인 제한능력자일 때에는 적용되지 않는다(제135조). 만일 乙이 무권대리인이었고, 丙이 이를 알지 못하였다면, 丙은 미성년자인 乙에게 계약의 이행을 청구할 수 없다(제135조 제2항).

> **제135조 【상대방에 대한 무권대리인의 책임】**
> ② 대리인으로서 계약을 맺은 자에게 대리권이 없다는 사실을 상대방이 알았거나 알 수 있었을 때 또는 대리인으로서 계약을 맺은 사람이 제한능력자일 때에는 제1항을 적용하지 아니한다.

⑤ 부동산 거래에 있어 거래 상대방이 일정한 사정에 관한 고지를 받았더라면 그 거래를 하지 않았을 것임이 경험칙상 명백한 경우에는 신의성실의 원칙상 사전에 상대방에게 그와 같은 사정을 고지할 의무가 있으며, 그와 같은 고지의무의 대상이 되는 것은 직접적인 법령의 규정뿐 아니라 널리 계약상, 관습상 또는 조리상의 일반원칙에 의하여도 인정될 수 있다. 아파트 단지 인근에 이 사건 쓰레기 매립장이 건설예정인 사실이 신의칙상 피고가 분양계약자들에게 고지하여야 할 대상이다. 고지의무 위반은 부작위에 의한 기망행위에 해당하므로 기망을 이유로 분양계약을 취소하고 분양대금의 반환을 구할 수도 있고 분양계약의 취소를 원하지 않을 경우 그로 인한 손해배상만을 청구할 수도 있다(대판 2006.10.12. 2004다48515).

48 법률행위의 대리에 관한 설명으로 옳지 않은 것은? (다툼이 있으면 판례에 따름)

2023 감정평가사

① 무권대리인의 상대방에 대한 책임은 대리권의 흠결에 관하여 대리인에게 귀책사유가 있는 경우에만 인정된다.

② 민법 제124조에서 금지하는 자기계약이 행해졌다면 그 계약은 유동적 무효이다.

③ 행위능력자인 임의대리인이 성년후견개시 심판을 받아 제한능력자가 되면 그의 대리권은 소멸한다.

④ 대리인이 수인인 경우, 법률 또는 수권행위에서 다른 정함이 없으면 각자가 본인을 대리한다.

⑤ 상대방 없는 단독행위의 무권대리는 특별한 사정이 없는 한 확정적 무효이다.

정답해설

① 민법 제135조 제1항은 "타인의 대리인으로 계약을 한 자가 그 대리권을 증명하지 못하고 또 본인의 추인을 얻지 못한 때에는 상대방의 선택에 좇아 계약의 이행 또는 손해배상의 책임이 있다."고 규정하고 있다. 위 규정에 따른 무권대리인의 상대방에 대한 책임은 무과실책임으로서 대리권의 흠결에 관하여 대리인에게 과실 등의 귀책사유가 있어야만 인정되는 것이 아니고, 무권대리행위가 제3자의 기망이나 문서위조 등 위법행위로 야기되었다고 하더라도 책임은 부정되지 아니한다(대판 2014.2.27. 2013다213038).

② 자기계약·쌍방대리의 금지규정(제124조)에 위반하는 행위는 절대적 무효가 아니라, 무권대리로 유동적 무효가 된다. 따라서 본인이 사후에 추인하여 완전한 대리행위로 할 수 있다.

> **제124조 【자기계약, 쌍방대리】**
> 대리인은 본인의 허락이 없으면 본인을 위하여 자기와 법률행위를 하거나 동일한 법률행위에 관하여 당사자쌍방을 대리하지 못한다. 그러나 채무의 이행은 할 수 있다.

③ 대리인의 성년후견의 개시는 대리권 소멸사유이다(제127조). 이는 대리인은 행위능력자임을 요하지 않으므로(제117조), 성년후견의 개시 또는 파산은 대리인으로 선임된 후에 성년후견이 개시 또는 파산선고를 받은 경우에 대리권이 소멸한다는 의미이다. 주의할 것은 한정후견의 개시는 제외된다는 점이다.

> **제127조 【대리권의 소멸사유】**
> 대리권은 다음 각 호의 어느 하나에 해당하는 사유가 있으면 소멸된다.
> 1. 본인의 사망
> 2. 대리인의 사망, 성년후견의 개시 또는 파산

④ **제119조 【각자대리】** 대리인이 수인인 때에는 각자가 본인을 대리한다. 그러나 법률 또는 수권행위에 다른 정한 바가 있는 때에는 그러하지 아니하다.

⑤ 상대방 없는 단독행위의 무권대리는 절대적 무효이며, 본인은 추인할 수도 없고 추인하여도 확정적 무효이다.

Answer 47 ④ 48 ①

Chapter 05

제5절 법률행위의 무효와 취소

01 **甲이 토지거래허가구역 내의 자신의 토지에 대하여 乙과 매매계약을 체결한 경우에 관한 설명으로 옳은 것은? (다툼이 있으면 판례에 따름)** 2019 행정사

① 토지거래허가를 받기 전에도 위 계약의 채권적 효력은 발생한다.

② 토지거래허가를 받기 전에도 乙은 甲에게 소유권이전의무 불이행으로 인한 손해배상청구를 할 수 있다.

③ 위 계약체결 후 토지거래허가를 받은 경우, 위 계약은 특별한 사정이 없는 한 그 허가를 받은 때부터 유효가 된다.

④ 토지거래허가를 받기 전에 甲이 허가신청협력의무의 이행거절의사를 명백히 표시한 경우, 위 계약은 확정적으로 무효가 된다.

⑤ 토지거래허가를 받지 못하여 위 계약이 확정적으로 무효가 된 경우, 그 무효가 됨에 있어 귀책사유가 있는 자는 위 계약의 무효를 주장할 수 없다.

정답해설

①, ② 국토이용관리법상 토지거래허가구역 내의 토지에 관한 거래계약은 관할관청으로부터 허가받기 전의 상태에서는 거래계약의 채권적 효력도 전혀 발생하지 아니하여 무효이므로 권리의 이전 또는 설정에 관한 어떠한 내용의 이행청구도 할 수 없고, 따라서 상대방의 거래계약상 채무불이행을 이유로 손해배상을 청구할 수도 없다(대판 2000.1.28. 99다40524).

③ 국토이용관리법상 토지거래허가를 받지 않고 매매계약을 체결한 경우 허가를 받기 전에는 물권적 효력은 물론 채권적 효력도 발생하지 아니하지만, 일단 허가를 받으면 그 계약은 소급해서 유효로 되므로, 허가 후에 새로이 거래계약을 체결할 필요는 없다(대판 1991.12.24. 90다12243).

④ 국토이용관리법상 토지거래허가를 받지 않아 거래계약이 유동적 무효의 상태에 있는 경우 그와 같은 유동적 무효 상태의 계약은 관할 관청의 불허가처분이 있을 때뿐만 아니라 당사자 쌍방이 허가신청협력의무의 이행거절 의사를 명백히 표시한 경우에는 허가 전 거래계약관계 즉, 계약의 유동적 무효 상태가 더 이상 지속된다고 볼 수 없고 그 계약관계는 확정적으로 무효가 된다(대판 1998.3.27. 97다36996).

⑤ 토지거래허가를 받지 아니하여 유동적 무효상태에 있는 계약이라고 하더라도 일단 거래허가신청을 하여 불허되었다면 특별한 사정이 없는 한, 불허된 때로부터는 그 거래계약은 확정적으로 무효가 된다고 보아야 하고, 거래허가신청을 하지 아니하여 유동적 무효인 상태에 있던 거래계약이 확정적으로 무효가 된 경우에는 거래계약이 확정적으로 무효로 됨에 있어서 귀책사유가 있는 자라고 하더라도 그 계약의 무효를 주장하는 것이 신의칙에 반한다고 할 수는 없다(대판 1995.2.28. 94다51789).

02 **「국토의 계획 및 이용에 관한 법률」상의 토지거래허가구역 내의 토지를 매매한 경우에 관한 설명으로 옳지 않은 것은? (다툼이 있으면 판례에 따름)** 2016 행정사

① 토지매매계약은 관할관청의 허가를 받아야만 그 효력이 발생하고 그 허가를 받기 전에는 채권적 효력도 발생하지 아니한다.

② 처음부터 토지거래허가를 배제하거나 잠탈하는 내용의 계약일 경우에는 확정적으로 무효로서 유효화될 여지가 없다.

③ 당사자들이 계약상 대금지급의무를 소유권이전등기의무에 선행하여 이행하기로 약정하였더라도, 허가 전이라면 매매대금 미지급을 이유로 계약을 해제할 수 없다.

④ 매도인의 토지거래허가 신청절차 협력의무와 매수인의 매매대금지급의무가 동시이행의 관계에 있는 것은 아니다.

⑤ 계약의 쌍방 당사자는 공동허가신청절차에 협력할 의무가 있지만, 이러한 의무에 일방이 위배하더라도 상대방은 협력의무의 이행을 소구할 수는 없다.

정답해설

① 국토이용관리법상 토지거래허가구역 내의 토지에 관한 거래계약은 관할관청으로부터 허가받기 전의 상태에서는 거래계약의 채권적 효력도 전혀 발생하지 아니하여 무효이므로 권리의 이전 또는 설정에 관한 어떠한 내용의 이행청구도 할 수 없고, 따라서 상대방의 거래계약상 채무불이행을 이유로 손해배상을 청구할 수도 없다(대판 2000.1.28. 99다40524).

② 국토의 계획 및 이용에 관한 법률상 토지거래계약 허가구역 내의 토지에 관한 매매계약을 체결하면서 허가요건을 갖추지 못한 매수인이 허가요건을 갖춘 사람의 명의를 도용하여 매매계약서에 그를 매수인으로 기재한 것은 매매계약을 체결하면서 처음부터 토지거래허가를 잠탈한 경우에 해당하므로 위 매매계약은 처음 체결된 때부터 확정적으로 무효이다(대판 2010.6.10. 2009다96328).

③ 매매계약을 체결한 경우에 있어 관할 관청으로부터 토지거래허가를 받기까지는 매매계약이 그 계약내용대로의 효력이 있을 수 없는 것이어서 매수인으로서도 그 계약내용에 따른 대금지급의무가 있다고 할 수 없으며, 설사 계약상 매수인의 대금지급의무가 매도인의 소유권이전등기의무에 선행하여 이행하기로 약정되어 있었다고 하더라도, 매수인에게 그 대금지급의무가 없음은 마찬가지여서 매도인으로서는 그 대금지급이 없었음을 이유로 계약을 해제할 수 없다(대판 2000.1.28. 99다40524).

④ 국토이용관리법상의 토지거래규제구역 내의 토지에 관하여 관할 관청의 토지거래허가 없이 매매계약이 체결됨에 따라 그 매수인이 그 계약을 효력이 있는 것으로 완성시키기 위하여 매도인에 대하여 그 매매계약에 관한 토지거래허가 신청절차에 협력할 의무의 이행을 청구하는 경우, 매도인의 토지거래계약허가 신청절차에 협력할 의무와 토지거래허가를 받으면 매매계약 내용에 따라 매수인이 이행하여야 할 매매대금 지급의무나 이에 부수하여 매수인이 부담하기로 특약한 양도소득세 상당 금원의 지급의무 사이에는 상호 이행상의 견련성이 있다고 할 수 없으므로, 매도인으로서는 그러한 의무이행의 제공이 있을 때까지 그 협력의무의 이행을 거절할 수 있는 것은 아니다(대판 1971.12.14. 71다2045).

Answer 01 ④ 02 ⑤

⑤ 국토이용관리법상의 토지거래규제구역 내의 토지에 관하여 관할관청의 허가 없이 체결된 매매계약이라고 하더라도, 거래 당사자 사이에는 그 계약이 효력 있는 것으로 완성될 수 있도록 서로 협력할 의무가 있어, 그 매매계약의 쌍방 당사자는 공동으로 관할관청의 허가를 신청할 의무가 있고, 이러한 의무에 위배하여 허가신청에 협력하지 않는 당사자에 대하여 상대방은 협력의무의 이행을 청구할 수 있다(대판 1994.12.27. 94다4806).

03 「국토의 계획 및 이용에 관한 법률」이 정하는 토지거래허가구역 내의 토지거래행위에 관한 설명으로 옳지 않은 것은? (다툼이 있는 경우에는 판례에 의함)

2014 행정사

① 권리의 이전 또는 설정에 관한 토지거래계약은 그에 대한 허가를 받을 때까지는 효력이 전혀 없다.

② 당사자의 일방이 허가신청절차에 협력하지 아니한다면 상대방은 소송으로써 그 이행을 구할 수 있다.

③ 매수인이 대금을 선급하기로 약정하였다면 허가를 받기 전에도 매도인은 대금 미지급을 이유로 계약을 해제할 수 있다.

④ 일단 허가를 받으면 토지거래계약은 처음부터 효력이 있으므로 거래계약을 다시 체결할 필요가 없다.

⑤ 토지매매계약의 무효가 확정되지 않은 상태에서는 매수인은 임의로 지급한 계약금을 부당이득으로 반환을 청구할 수 없다.

정답해설

① 국토이용관리법상 토지거래허가구역내의 토지에 관한 거래계약은 관할관청으로부터 허가받기 전의 상태에서는 거래계약의 채권적 효력도 전혀 발생하지 아니하여 무효이므로 권리의 이전 또는 설정에 관한 어떠한 내용의 이행청구도 할 수 없고, 따라서 상대방의 거래계약상 채무불이행을 이유로 손해배상을 청구할 수도 없다(대판 2000.1.28. 99다40524).

② 국토이용관리법상의 토지거래규제구역 내의 토지에 관하여 관할관청의 허가 없이 체결된 매매계약이라고 하더라도, 거래 당사자 사이에는 그 계약이 효력 있는 것으로 완성될 수 있도록 서로 협력할 의무가 있어, 그 매매계약의 쌍방 당사자는 공동으로 관할관청의 허가를 신청할 의무가 있고, 이러한 의무에 위배하여 허가신청에 협력하지 않는 당사자에 대하여 상대방은 협력의무의 이행을 청구할 수 있다(대판 1994.12.27. 94다4806).

③ 매매계약을 체결한 경우에 있어 관할 관청으로부터 토지거래허가를 받기까지는 매매계약이 그 계약내용대로의 효력이 있을 수 없는 것이어서 매수인으로서도 그 계약내용에 따른 대금지급의무가 있다고 할 수 없으며, 설사 계약상 매수인의 대금지급의무가 매도인의 소유권이전등기의무에 선행하여 이행하기로 약정되어 있었다고 하더라도, 매수인에게 그 대금지급의무가 없음은 마찬가지여서 매도인으로서는 그 대금지급이 없었음을 이유로 계약을 해제할 수 없다(대판 2000.1.28. 99다40524).

④ 일단 허가를 받으면 그 계약은 소급하여 유효한 계약이 되고 이와 달리 불허가가 된 때에는 무효로 확정되므로 허가를 받기까지는 유동적 무효의 상태에 있다고 보는 것이 타당하므로 허가받을 것을 전제로 한 거래계약은 허가받기 전의 상태에서는 거래계약의 채권적 효력도 전혀 발생하지 않으므로 권리의 이전 또는 설정에 관한 어떠한 내용의 이행청구도 할 수 없으나 일단 허가를 받으면 그 계약은 소급해서 유효화되므로 허가 후에 새로이 거래계약을 체결할 필요는 없다(대판(전) 1991.12.24. 90다12243).

⑤ 토지매매계약의 무효가 확정되지 않은 유동적 무효상태에 있는 계약을 체결한 당사자는 쌍방 그 계약이 효력 있는 것으로 완성될 수 있도록 서로 협력할 의무가 있다고 할 것이므로, 위와 같이 허가를 배제하거나 잠탈하는 내용이 아닌 유동적 무효상태의 매매계약을 체결하고 매도인이 이에 기하여 임의로 지급한 계약금은 그 계약이 유동적 무효상태로 있는 한 이를 부당이득으로 반환을 구할 수는 없고 유동적 무효상태가 확정적으로 무효로 되었을 때 비로소 부당이득으로 그 반환을 구할 수 있다(대판 1993.7.27. 91다33766).

04 **甲은 토지거래허가구역 내의 X토지에 대하여 관할관청으로부터 허가를 받지 않고 乙에게 매도하는 계약을 체결하였고, 乙은 계약금을 지급한 경우에 관한 설명으로 옳지 않은 것은? (다툼이 있으면 판례에 따름)** 2015 행정사

① 甲은 허가를 받기 전에도 특별한 사정이 없는 한 계약금의 배액을 상환하고 적법하게 계약을 해제할 수 있다.

② 甲·乙 쌍방이 허가신청을 하지 않기로 의사표시를 명백히 한 경우에는 X토지에 대한 매매계약은 확정적으로 유효이다.

③ 乙은 매매계약이 확정적으로 무효가 되지 않는 한 계약체결시 지급한 계약금에 대하여 이를 부당이득으로 반환청구할 수 없다.

④ 매매계약과 별개의 약정으로, 甲과 乙은 매매잔금이 지급기일에 지급되지 않는 경우에 매매계약을 자동해제하기로 정할 수 있다.

⑤ 매매계약을 체결한 이후에 X토지에 대한 토지거래허가구역지정이 해제된 경우, 甲과 乙 사이의 매매계약은 특별한 사정이 없는 한 확정적으로 유효가 된다.

정답해설

① 매매 당사자 일방이 계약 당시 상대방에게 계약금을 교부한 경우 당사자 사이에 다른 약정이 없는 한 당사자 일방이 계약 이행에 착수할 때까지 계약금 교부자는 이를 포기하고 계약을 해제할 수 있고, 그 상대방은 계약금의 배액을 상환하고 계약을 해제할 수 있음이 계약 일반의 법리인 이상, 특별한 사정이 없는 한 국토이용관리법상의 토지거래허가를 받지 않아 유동적 무효상태인 매매계약에 있어서도 당사자 사이의 매매계약은 매도인이 계약금의 배액을 상환하고 계약을 해제함으로써 적법하게 해제된다(대판 1997.6.27. 97다9369).

Answer 03 ③ 04 ②

② 유동적 무효 법리에 따를 수 있는 이러한 부작용을 막기 위하여 토지거래계약이 처음부터 허가를 배제하거나 잠탈하는 내용의 계약일 경우에는 확정적으로 무효로서 유효로 될 여지가 없으며(위 대법원 전원합의체 판결), 당사자 쌍방이 허가신청을 하지 아니하기로 의사표시를 명백히 한 경우에도 유동적 무효상태의 계약은 확정적으로 무효로 된다(대판 1993.6.22. 91다21435).

③ 유동적 무효상태의 매매계약을 체결하고 매도인이 이에 기하여 임의로 지급한 계약금은 그 계약이 유동적 무효상태로 있는 한 이를 부당이득으로 반환을 구할 수는 없고 유동적 무효상태가 확정적으로 무효로 되었을 때 비로소 부당이득으로 그 반환을 구할 수 있다(대판 1993.7.27. 91다33766).

④ 부동산 매매계약에 있어서 매수인이 잔대금 지급기일까지 그 대금을 지급하지 못하면 그 계약이 자동적으로 해제된다는 취지의 약정이 있더라도 특별한 사정이 없는 한 매수인의 잔대금 지급의무와 매도인의 소유권이전등기의무는 동시이행의 관계에 있으므로 매도인이 잔대금 지급기일에 소유권이전등기에 필요한 서류를 준비하여 매수인에게 알리는 등 이행의 제공을 하여 매수인으로 하여금 이행지체에 빠지게 하였을 때에 비로소 자동적으로 매매계약이 해제된다고 보아야 하고 매수인이 그 약정 기한을 도과하였더라도 이행지체에 빠진 것이 아니라면 대금 미지급으로 계약이 자동해제된 것으로 볼 수 없다(대판 1998.6.12. 98다505). 매매계약과 별개의 약정으로, 甲과 乙은 매매잔금이 지급기일에 지급되지 않는 경우에 매매계약을 자동해제하기로 정할 수 있다. 그러나 이행지체에 빠지게 하였을 때에 비로소 자동적으로 매매계약이 해제될 뿐이다.

⑤ 허가구역 지정기간 중에 허가구역 안의 토지에 대하여 토지거래허가를 받지 아니하고 토지거래계약을 체결한 후 허가구역 지정해제 등이 된 때에는 그 토지거래계약이 허가구역 지정이 해제되기 전에 확정적으로 무효로 된 경우를 제외하고는, 더 이상 관할 행정청으로부터 토지거래허가를 받을 필요가 없이 확정적으로 유효로 되어 거래 당사자는 그 계약에 기하여 바로 토지의 소유권 등 권리의 이전 또는 설정에 관한 이행청구를 할 수 있고, 상대방도 반대급부의 청구를 할 수 있다고 보아야 할 것이지, 여전히 그 계약이 유동적 무효상태에 있다고 볼 것은 아니다(대판(전) 1999.6.17. 98다40459).

05 법률행위의 무효에 관한 설명으로 옳은 것은? (다툼이 있으면 판례에 의함)

2022 행정사

① 진의 아닌 의사표시는 원칙적으로 무효이다.

② 법률행위가 무효와 취소사유를 모두 포함하고 있는 경우 당사자는 취소권이 있더라도 무효에 따른 효과를 제거하기 위해 이미 무효인 법률행위를 취소할 수 없다.

③ 법률행위의 무효는 제한능력자, 착오나 사기·강박에 의하여 의사표시를 한 자, 그의 대리인 또는 승계인 이외에는 주장할 수 없다.

④ 타인의 권리를 목적으로 하는 매매계약은 특별한 사정이 없는 한 유효하다.

⑤ 무효인 법률행위는 추인할 수 있는 날로부터 3년, 법률행위를 한 날로부터 10년 이후에는 추인할 수 없다.

정답해설

① 진의 아닌 의사표시는 원칙적으로 유효이다. 다만 상대방이 표의자의 진의 아님을 알았거나 이를 알 수 있었을 경우에는 예외적으로 무효로 된다(제107조 제1항).

> **제107조 【진의 아닌 의사표시】**
> ① 의사표시는 표의자가 진의 아님을 알고 한 것이라도 그 효력이 있다. 그러나 상대방이 표의자의 진의 아님을 알았거나 이를 알 수 있었을 경우에는 무효로 한다.
> ② 전항의 의사표시의 무효는 선의의 제3자에게 대항하지 못한다.

② 무효와 취소의 이중효의 문제이다. 어느 행위가 무효사유와 취소사유를 모두 포함하고 있는 경우 양 사유는 경합한다. 예컨대 제한능력자가 의사무능력의 상태에서 법률행위를 한 경우 그 자는 무효인 법률행위를 취소할 수 있다. 즉 무효에 따른 효과의 제거 등 일정한 이익이 있는 한 무효인 법률행위도 취소할 수 있다

③ 법률행위가 무효인 경우 그 주장할 이익이 있는 한 누구든지 무효를 주장할 수 있다(대판 2016.3.24. 2015다11281). 형성권인 취소할 수 있는 법률행위와 달리 무효는 처음부터 당연히 효력이 없는 것이므로 누구나 주장할 수 있다.

> **제140조 【법률행위의 취소권자】**
> 취소할 수 있는 법률행위는 제한능력자, 착오로 인하거나 사기·강박에 의하여 의사표시를 한 자, 그의 대리인 또는 승계인만이 취소할 수 있다.

④ 타인의 권리를 목적으로 하는 매매계약은 민법 제569조에 의해 특별한 사정이 없는 한 유효하다. 다만 담보책임이 문제될 뿐이다.

> **제569조 【타인의 권리의 매매】**
> 매매의 목적이 된 권리가 타인에게 속한 경우에는 매도인은 그 권리를 취득하여 매수인에게 이전하여야 한다.

⑤ 형성권이 취소와 달리 무효인 법률행위를 추인할 수 있는 시기에는 아무런 제한이 없다.

> **제146조 【취소권의 소멸】**
> 취소권은 추인할 수 있는 날부터 3년 내에, 법률행위를 한 날부터 10년 내에 행사하여야 한다.

Chapter 05

Answer 05 ④

06 법률행위의 당사자 외에 선의의 제3자에 대하여도 무효를 주장할 수 있는 경우를 모두 고른 것은? (다툼이 있으면 판례에 따름) 2019 행정사

> ㄱ. 의사무능력자의 법률행위
> ㄴ. 반사회질서의 법률행위
> ㄷ. 무효인 진의 아닌 의사표시
> ㄹ. 통정한 허위의 의사표시

① ㄱ, ㄴ ② ㄱ, ㄷ ③ ㄷ, ㄹ
④ ㄱ, ㄴ, ㄹ ⑤ ㄴ, ㄷ, ㄹ

정답해설

ㄱ. (○), ㄴ. (○), ㄷ. (×), ㄹ. (×): 당사자 사이뿐만 아니라 제3자에 대한 관계에서도, 즉 모든 사람에 대한 관계에서 효력이 없는 경우를 절대적 무효라고 한다. ㄱ. 의사무능력의 법률행위, 강행규정을 위반하는 법률행위, ㄴ. 반사회질서의 법률행위, 불공정한 법률행위, 원시적·객관적으로 전부 불능인 법률행위가 이에 해당한다. 반면 당사자 사이에서는 무효이지만 특정인(선의의 제3자)에 대해서는 무효로써 대항할 수 없는 경우를 상대적 무효라고 한다. 상대적 무효의 대표적인 예로 ㄷ. 제107조 제1항 단서의 비진의표시, ㄹ. 통정허위표시가 이에 해당한다.

07 법률행위의 무효에 관한 설명으로 옳은 것은? (다툼이 있으면 판례에 따름) 2021 행정사

① 법률행위의 일부분이 무효이면 그 일부분만 무효로 되는 것이 원칙이다.
② 의사무능력을 이유로 법률행위가 무효인 경우 의사무능력자는 이익의 현존여부를 불문하고 받은 이익 전부를 반환하여야 한다.
③ 무효인 법률행위에 대해 당사자가 무효임을 알고 추인하면 그 법률행위는 소급하여 유효하게 되는 것이 원칙이다.
④ 불공정한 법률행위로서 무효인 경우 그 무효인 법률행위는 추인에 의하여 유효로 될 수 없다.
⑤ 반사회적 법률행위로서 무효인 경우 그 무효로 선의의 제3자에게 대항할 수 없다.

정답해설

① 법률행위의 일부분이 무효라도 그 전부가 무효로 되는 것이 원칙이다.

> **제137조 【법률행위의 일부무효】**
> 법률행위의 일부분이 무효인 때에는 그 전부를 무효로 한다. 그러나 그 무효부분이 없더라도 법률행위를 하였을 것이라고 인정될 때에는 나머지 부분은 무효가 되지 아니한다.

② 무능력자의 책임을 제한하는 민법 제141조 단서는 부당이득에 있어 수익자의 반환범위를 정한 민법 제748조의 특칙으로서 무능력자의 보호를 위해 그 선의·악의를 묻지 아니하고 반환범위를 현존 이익에 한정시키려는 데 그 취지가 있으므로, 의사능력의 흠결을 이유로 법률행위가 무효가 되는 경우에도 유추적용되어야 할 것이나, 법률상 원인 없이 타인의 재산 또는 노무로 인하여 이익을 얻고 그로 인하여 타인에게 손해를 가한 경우에 그 취득한 것이 금전상의 이득인 때에는 그 금전은 이를 취득한 자가 소비하였는가의 여부를 불문하고 현존하는 것으로 추정되므로, 위 이익이 현존하지 아니함은 이를 주장하는 자, 즉 의사무능력자 측에 입증책임이 있다(대판 2009.1.15. 2008다58367).

③ **제139조 【무효행위의 추인】** 무효인 법률행위는 추인하여도 그 효력이 생기지 아니한다. 그러나 당사자가 그 무효임을 알고 추인한 때에는 새로운 법률행위로 본다.
→ 무효인 법률행위는 당사자가 무효임을 알고 추인한 때에는 행위 시로 소급하여 효력이 발생한다. (×)

④ 불공정한 법률행위로서 무효인 경우에는 추인에 의하여 무효인 법률행위가 유효로 될 수 없다(대판 1994.6.24. 94다10900).

⑤ 반사회적 법률행위로서 무효인 경우 절대적 무효로 선의의 제3자에게 대항할 수 있다.

✦ 민법상 추인 비교

	무효행위의 추인	제139조	효과
1.	강행법규 위반, 반사회적 법률행위, 불공정한 법률행위 등 무효	적용 ×	추인하여도 여전히 무효
2.	통정허위표시로 무효, 무효의 가등기의 유용, 무효인 명의신탁 등 무효	적용 ○	무효임을 알고 추인한 때에는 새로운 법률로 본다(소급효 없음).
3.	유동적 무효: ㉠ 무권대리행위(제133조) ㉡ 무권리자 처분행위 ㉢ 토지거래허가를 받지 않고 한 토지매매계약 등	적용 ×	추인이나 허가를 받으면 소급하여 효력 발생
	취소할 수 있는 행위의 추인(취소권의 포기)	**제141조 ○**	**유동적 유효 → 확정적 유효(소급효 ×)**

Answer 06 ① 07 ④

08 **법률행위의 무효에 관한 설명으로 옳지 않은 것은? (다툼이 있으면 판례에 따름)** 2020 행정사

① 법률행위의 일부가 무효인 때에는 원칙적으로 그 전부를 무효로 한다.

② 무효인 법률행위에 따른 법률효과를 침해하는 것처럼 보이는 채무불이행이 있다면 채무불이행으로 인한 손해배상을 청구할 수 있다.

③ 불공정한 법률행위로서 무효인 경우 무효행위의 전환에 관한 민법 제138조가 적용될 수 있다.

④ 법률행위가 불성립하는 경우 무효행위의 추인을 통해 유효로 전환할 수 없다.

⑤ 무효행위의 추인은 그 무효 원인이 소멸한 후에 하여야 효력이 있다.

정답해설

① 법률행위의 일부가 무효인 때에는 원칙적으로 그 전부를 무효로 한다(제137조 본문).

> **제137조【법률행위의 일부무효】**
> 법률행위의 일부분이 무효인 때에는 그 전부를 무효로 한다. 그러나 그 무효부분이 없더라도 법률행위를 하였을 것이라고 인정될 때에는 나머지 부분은 무효가 되지 아니한다.

② 무효인 법률행위는 그 법률행위가 성립한 당초부터 당연히 효력이 발생하지 않는 것이므로, 무효인 법률행위에 따른 법률효과를 침해하는 것처럼 보이는 위법행위나 채무불이행이 있다고 하여도 법률효과의 침해에 따른 손해는 없는 것이므로 그 손해배상을 청구할 수는 없다(대판 2003.3.28. 2002다72125).

③ 매매계약이 약정된 매매대금의 과다로 말미암아 민법 제104조에서 정하는 '불공정한 법률행위'에 해당하여 무효인 경우에도 무효행위의 전환에 관한 민법 제138조가 적용될 수 있다(대판 2010.7.15. 2009다50308).

④ 법률행위의 무효는 법률행위의 성립을 전제로 하므로, 법률행위가 불성립하는 경우에는 무효에 관한 일반규정이 적용되지 않는다. 따라서 법률행위가 불성립하는 경우 무효행위의 추인을 통해 유효로 전환할 수 없다.

⑤ 무효행위의 추인은 그 무효 원인이 소멸한 후에 하여야 그 효력이 있고, 따라서 강박에 의한 의사표시임을 이유로 일단 유효하게 취소되어 당초의 의사표시가 무효로 된 후에 추인한 경우 그 추인이 효력을 가지기 위하여는 그 무효 원인이 소멸한 후일 것을 요한다고 할 것인데, 그 무효 원인이란 바로 위 의사표시의 취소사유라 할 것이므로 결국 무효 원인이 소멸한 후란 것은 당초의 의사표시의 성립 과정에 존재하였던 취소의 원인이 종료된 후, 즉 강박 상태에서 벗어난 후라고 보아야 한다.

09 무효인 법률행위에 관한 설명으로 옳지 않은 것은? (다툼이 있으면 판례에 따름) 2017 행정사

① 무효인 재산상 법률행위를 당사자가 무효임을 알고 추인한 경우 제3자에 대한 관계에서도 처음부터 유효한 법률행위가 된다.

② 무효인 법률행위가 다른 법률행위의 요건을 구비한 경우, 당사자가 그 무효를 알았다면 다른 법률행위를 하는 것을 의욕하였으리라고 인정될 때에는 다른 법률행위로서의 효력을 가진다.

③ 무효행위의 추인은 무효원인이 소멸한 후에 하여야 효력이 있다.

④ 무효행위의 추인은 명시적일뿐만 아니라 묵시적으로도 할 수 있다.

⑤ 법률행위의 일부분이 무효인 때에는 그 전부를 무효로 한다. 그러나 그 무효부분이 없더라도 법률행위를 하였을 것이라고 인정될 때에 나머지 부분은 무효가 되지 아니한다.

정답해설

① 무효인 법률행위는 당사자가 무효임을 알고 추인할 경우 새로운 법률행위를 한 것으로 간주할 뿐이고 소급효가 없는 것이므로 무효인 가등기를 유효한 등기로 전용키로 한 약정은 그때부터 유효하고 이로써 위 가등기가 소급하여 유효한 등기로 전환될 수 없다(대판 1992.5.12. 91다26546). 즉, 소급효가 없기 때문에 처음부터 유효한 법률행위가 되지 않는다.

> **제139조 【무효행위의 추인】**
> 무효인 법률행위는 추인하여도 그 효력이 생기지 아니한다. 그러나 당사자가 그 무효임을 알고 추인한 때에는 새로운 법률행위로 본다.

② **제138조 【무효행위의 전환】** 무효인 법률행위가 다른 법률행위의 요건을 구비하고 당사자가 그 무효를 알았더라면 다른 법률행위를 하는 것을 의욕하였으리라고 인정될 때에는 다른 법률행위로서 효력을 가진다.

③ 무효행위의 추인은 그 무효 원인이 소멸한 후에 하여야 그 효력이 있다(대판 1997.12.12. 95다38240).

④ 무효행위의 추인은 묵시적으로도 가능하다. 법정추인 규정은 존재하지 않으나 묵시적 추인을 인정하므로 법정추인과 동일한 효과를 거둘 수 있다.

⑤ **제137조 【법률행위의 일부무효】** 법률행위의 일부분이 무효인 때에는 그 전부를 무효로 한다. 그러나 그 무효부분이 없더라도 법률행위를 하였을 것이라고 인정될 때에는 나머지 부분은 무효가 되지 아니한다.

Answer 08 ② 09 ①

10 무효인 법률행위에 관한 설명으로 옳지 않은 것은? (다툼이 있으면 판례에 따름) 2018 행정사

① 무효행위의 추인은 그 무효 원인이 소멸한 후에 하여야 그 효력이 있다.
② 무효행위의 추인은 원칙적으로 소급효가 없다.
③ 불공정한 법률행위로서 무효인 경우에는 추인에 의하여 유효로 될 수 없다.
④ 불공정한 법률행위로서 무효인 경우에는 무효행위의 전환에 관한 민법 제138조가 적용될 수 없다.
⑤ 토지거래허가구역 내의 토지매매계약에서 토지거래허가를 받기 전에 처음부터 그 허가를 배제하기로 하는 약정은 확정적으로 무효이다.

정답해설

① 무효행위의 추인은 그 무효 원인이 소멸한 후에 하여야 그 효력이 있다(대판 1997.12.12. 95다38240).

② 무효인 법률행위는 추인하더라도 유효하게 되지 않음이 원칙이다(제139조 본문). 다만 당사자가 무효임을 알고 추인한 때에는 그때부터 새로운 법률행위를 한 것으로 본다(제139조 단서). 무효행위의 추인은 원칙적으로 소급효가 없다.

> **제139조【무효행위의 추인】**
> 무효인 법률행위는 추인하여도 그 효력이 생기지 아니한다. 그러나 당사자가 그 무효임을 알고 추인한 때에는 새로운 법률행위로 본다.

③ 불공정한 법률행위는 무효이며 선의의 제3자에게도 무효를 주장할 수 있다. 그리고 무효행위의 추인에 의하여 유효로 될 수 없고, 법정추인이 적용될 여지도 없다(대판 1994.6.24. 94다10900).

④ 매매계약이 약정된 매매대금의 과다로 말미암아 민법 제104조에서 정하는 '불공정한 법률행위'에 해당하여 무효인 경우에도 무효행위의 전환에 관한 민법 제138조가 적용될 수 있다(대판 2010.7.15. 2009다50308).

⑤ 국토의 계획 및 이용에 관한 법률상 토지거래계약 허가구역 내의 토지에 관한 매매계약을 체결하면서 허가요건을 갖추지 못한 매수인이 허가요건을 갖춘 사람의 명의를 도용하여 매매계약서에 그를 매수인으로 기재한 것은 매매계약을 체결하면서 처음부터 토지거래허가를 잠탈한 경우에 해당하므로 위 매매계약은 처음 체결된 때부터 확정적으로 무효이다(대판 2010.6.10. 2009다96328).

11 법률행위의 무효에 관한 설명으로 옳지 않은 것은? (다툼이 있으면 판례에 따름)

2023 감정평가사

① 무권대리행위에 대한 본인의 추인은 다른 의사표시가 없는 한 소급효를 가진다.

② 법률행위의 일부분이 무효일 때, 그 나머지 부분의 유효성을 판단함에 있어 나머지 부분을 유효로 하려는 당사자의 가정적 의사를 고려하여야 한다.

③ 토지거래허가구역 내의 토지를 매매한 당사자가 계약체결시부터 허가를 잠탈할 의도였더라도, 그 후 해당 토지에 대한 허가구역 지정이 해제되었다면 위 매매계약은 유효가 된다.

④ 무효인 법률행위를 추인에 의하여 새로운 법률행위로 보기 위해서는 당사자가 그 무효를 알고서 추인하여야 한다.

⑤ 처분권자는 명문의 규정이 없더라도 처분권 없는 자의 처분행위를 추인하여 이를 유효하게 할 수 있다.

정답해설

① **제133조【추인의 효력】** 추인은 다른 의사표시가 없는 때에는 계약 시에 소급하여 그 효력이 생긴다. 그러나 제3자의 권리를 해하지 못한다.

② 민법 제137조의 규정에 비추어 보면, 하나의 법률행위의 일부분에 무효사유가 있더라도 그 법률행위가 가분적이거나 그 목적물의 일부가 특정될 수 있다면 그 나머지 부분이라도 이를 유지하려는 당사자의 가정적 의사가 인정되는 경우, 그 일부만을 무효로 하고 나머지 부분은 유효한 것으로 유지하는 것도 가능하다(대판 2015.12.10. 2013다207538).

> **제137조【법률행위의 일부무효】**
> 법률행위의 일부분이 무효인 때에는 그 전부를 무효로 한다. 그러나 그 무효부분이 없더라도 법률행위를 하였을 것이라고 인정될 때에는 나머지 부분은 무효가 되지 아니한다.

③ 구 「국토의 계획 및 이용에 관한 법률」(2016. 1. 19. 법률 제13797호로 개정되기 전의 것, 이하 '구 국토계획법'이라고 한다)에서 정한 토지거래계약 허가구역 내 토지에 관하여 허가를 배제하거나 잠탈하는 내용으로 매매계약이 체결된 경우에는, 강행법규인 구 국토계획법 제118조 제6항에 따라 계약은 체결된 때부터 확정적으로 무효이다. 계약체결 후 허가구역 지정이 해제되거나 허가구역 지정기간 만료 이후 재지정을 하지 아니한 경우라 하더라도 이미 확정적으로 무효로 된 계약이 유효로 되는 것이 아니다(대판 2019.1.31. 2017다2286184).

④ 무효인 법률행위를 추인에 의하여 새로운 법률행위로 보기 위하여서는 당사자가 이전의 법률행위가 무효임을 알고 그 행위에 대하여 추인하여야 한다(대판 2014.3.27. 2012다106607).

⑤ 법률행위에 따라 권리가 이전되려면 권리자 또는 처분권한이 있는 자의 처분행위가 있어야 한다. 무권리자가 타인의 권리를 처분한 경우에는 특별한 사정이 없는 한 권리가 이전되지 않는다. 그러나 이러한 경우에 권리자가 무권리자의 처분을 추인하는 것도 자신의 법률관계를 스스로의 의사에 따라 형성할 수 있다는 사적 자치의 원칙에 따라 허용된다. 이러한 추인은 무권리자의 처분이 있음을 알고 해야 하고, 명시적으로 또는 묵시적으로 할 수 있으며, 그 의사표시는 무권리자나 그 상대방 어느 쪽에 해도 무방하다(대판 2017.6.8. 2017다3499).

Answer 10 ④ 11 ③

12 **법률행위의 취소에 관한 설명으로 옳지 않은 것은? (다툼이 있으면 판례에 따름)** 2020 행정사

① 제한능력을 이유로 법률행위가 취소되면 제한능력자는 그 행위로 인해 받은 이익이 현존하는 한도에서 상환할 책임이 있다.

② 취소권은 추인할 수 있는 날로부터 3년 내에, 법률행위를 한 날로부터 10년 내에 행사하여야 한다.

③ 취소할 수 있는 법률행위는 추인에 의하여 유효한 것으로 확정된다.

④ 취소된 법률행위는 원칙적으로 처음부터 무효인 것으로 본다.

⑤ 미성년자가 한 법률행위는 그가 단독으로 유효하게 취소할 수 없다.

정답해설

①, ④ **제141조【취소의 효과】** 취소된 법률행위는 처음부터 무효인 것으로 본다. 다만, 제한능력자는 그 행위로 인하여 받은 이익이 현존하는 한도에서 상환할 책임이 있다.

② **제146조【취소권의 소멸】** 취소권은 추인할 수 있는 날부터 3년 내에, 법률행위를 한 날부터 10년 내에 행사하여야 한다.

→ 3년 또는 10년의 두 기간 중 어느 것이든 먼저 경과하면 취소권은 소멸한다.

③ 취소할 수 있는 법률행위는 추인에 의하여 유동적 유효상태에서 확정적 유효가 된다.

> **제143조【추인의 방법, 효과】**
> ① 취소할 수 있는 법률행위는 제140조에 규정한 자가 추인할 수 있고 추인 후에는 취소하지 못한다.

⑤ 미성년자도 제140조 규정에 의해 예외적으로 법정대리인의 동의 없이 단독으로 유효하게 법률행위인 취소권을 행사할 수 있다.

> **제140조【법률행위의 취소권자】**
> 취소할 수 있는 법률행위는 제한능력자, 착오로 인하거나 사기·강박에 의하여 의사표시를 한 자, 그의 대리인 또는 승계인만이 취소할 수 있다.

13 **법률행위의 취소에 관한 설명으로 옳은 것은? (다툼이 있으면 판례에 따름)** 2018 행정사

① 취소원인의 진술이 없는 취소의 의사표시는 그 효력이 없다.

② 이미 취소된 법률행위는 무효인 법률행위의 추인의 요건과 효력으로서도 추인할 수 없다.

③ 해제된 계약은 이미 소멸하여 그 효력이 없으므로 착오를 이유로 다시 취소할 수 없다.

④ 취소할 수 있는 법률행위의 추인은 취소권자가 취소할 수 있는 법률행위임을 알고서 추인하여야 한다.

⑤ 민법이 취소권을 행사할 수 있는 기간으로 정한 '추인할 수 있는 날로부터 3년, 법률행위를 한 날로부터 10년'은 소멸시효기간이다.

정답해설

① 취소의 의사표시란 반드시 명시적이어야 하는 것은 아니고, 취소자가 그 착오를 이유로 자신의 법률행위의 효력을 처음부터 배제하려고 한다는 의사가 드러나면 족한 것이며, 취소원인의 진술 없이도 취소의 의사표시는 유효한 것이므로, 신원보증서류에 서명날인하는 것으로 잘못 알고 이행보증보험약정서를 읽어보지 않은 채 서명날인한 것일 뿐 연대보증약정을 한 사실이 없다는 주장은 위 연대보증약정을 착오를 이유로 취소한다는 취지로 볼 수 있다(대판 2005.5.27. 2004다43824).

② 취소한 법률행위는 처음부터 무효인 것으로 간주되므로 취소할 수 있는 법률행위가 일단 취소된 이상 그 후에는 취소할 수 있는 법률행위의 추인에 의하여 이미 취소되어 무효인 것으로 간주된 당초의 의사표시를 다시 확정적으로 유효하게 할 수는 없고, 다만 무효인 법률행위의 추인의 요건과 효력으로서 추인할 수는 있으나, 무효행위의 추인은 그 무효 원인이 소멸한 후에 하여야 그 효력이 있고, 따라서 강박에 의한 의사표시임을 이유로 일단 유효하게 취소되어 당초의 의사표시가 무효로 된 후에 추인한 경우 그 추인이 효력을 가지기 위하여는 그 무효 원인이 소멸한 후일 것을 요한다고 할 것인데, 그 무효 원인이란 바로 위 의사표시의 취소사유라 할 것이므로 결국 무효 원인이 소멸한 후란 것은 당초의 의사표시의 성립 과정에 존재하였던 취소의 원인이 종료된 후, 즉 강박 상태에서 벗어난 후라고 보아야 한다(대판 1997.12.12. 95다38240).

③ 매도인이 매매계약을 적법하게 해제한 경우라도 매수인은 착오를 이유로 매매계약을 취소할 수 있다(대판 1996.12.6. 95다24982).

④ 취소할 수 있는 행위의 추인은 ① 취소의 원인이 소멸한 후이어야 하고, ② 취소할 수 있는 행위임을 알아야 한다.

⑤ 취소권은 형성권이며, 소멸시효가 아닌 제척기간의 대상이며, 제146조의 기간도 제척기간이다.

> **제146조【취소권의 소멸】**
> 취소권은 추인할 수 있는 날부터 3년 내에, 법률행위를 한 날부터 10년 내에 행사하여야 한다.

14 법률행위의 취소에 관한 설명으로 옳지 않은 것은? (다툼이 있으면 판례에 따름) 2021 행정사

① 제한능력자도 단독으로 취소권을 행사할 수 있다.

② 법률행위의 취소로 무효가 된 그 법률행위는 무효행위의 추인의 법리에 따라 추인할 수 없다.

③ 근로계약이 취소된 경우 이미 제공된 근로자의 노무를 기초로 형성된 취소 이전의 법률관계는 소급하여 효력을 잃지 않는다.

④ 취소권자가 추인할 수 있은 후에 이의를 보류한 상태에서 취소할 수 있는 계약을 이행한 때에는 법정추인이 되지 않는다.

⑤ 계약이 해제된 후에도 해제의 상대방은 해제로 인한 불이익을 면하기 위하여 취소권을 행사하여 계약 전체를 무효로 돌릴 수 있다.

Answer 12 ⑤ 13 ④ 14 ②

Chapter 05

정답해설

① 제한능력자도 제140조 규정에 근거하여 단독으로 취소권을 행사할 수 있다.

> **제140조【법률행위의 취소권자】**
> 취소할 수 있는 법률행위는 제한능력자, 착오로 인하거나 사기·강박에 의하여 의사표시를 한 자, 그의 대리인 또는 승계인만이 취소할 수 있다.

② 취소한 법률행위는 처음부터 무효인 것으로 간주되므로 취소할 수 있는 법률행위가 일단 취소된 이상 그 후에는 취소할 수 있는 법률행위의 추인에 의하여 이미 취소되어 무효인 것으로 간주된 당초의 의사표시를 다시 확정적으로 유효하게 할 수는 없고, 다만 무효인 법률행위의 추인의 요건과 효력으로서 추인할 수는 있다(대판 1997.12.12. 95다38240).

③ 근로계약은 근로자가 사용자에게 근로를 제공하고 사용자는 이에 대하여 임금을 지급하는 것을 목적으로 체결된 계약으로서(「근로기준법」 제2조 제1항 제4호) 기본적으로 그 법적 성질이 사법상 계약이므로 계약 체결에 관한 당사자들의 의사표시에 무효 또는 취소의 사유가 있으면 상대방은 이를 이유로 근로계약의 무효 또는 취소를 주장하여 그에 따른 법률효과의 발생을 부정하거나 소멸시킬 수 있다. 다만 그와 같이 근로계약의 무효 또는 취소를 주장할 수 있다 하더라도 근로계약에 따라 그동안 행하여진 근로자의 노무 제공의 효과를 소급하여 부정하는 것은 타당하지 않으므로 이미 제공된 근로자의 노무를 기초로 형성된 취소 이전의 법률관계까지 효력을 잃는다고 보아서는 아니 되고, 취소의 의사표시 이후 장래에 관하여만 근로계약의 효력이 소멸된다고 보아야 한다(대판 2017.12.22. 2013다25194·25200).

④ 취소할 수 있는 법률행위에 관하여 법정추인 사유가 존재하더라도 이의를 보류했다면 추인의 효과가 발생하지 않는다(제145조).

> **제145조【법정추인】**
> 취소할 수 있는 법률행위에 관하여 전조의 규정에 의하여 추인할 수 있는 후에 다음 각 호의 사유가 있으면 추인한 것으로 본다. 그러나 이의를 보류한 때에는 그러하지 아니하다.
> 1. 전부나 일부의 이행
> 2. 이행의 청구 → 취소권자가 상대방에게 청구하는 경우만 인정된다.
> 3. 경개
> 4. 담보의 제공 → 물적 담보나 인적 담보를 불문한다.
> 5. 취소할 수 있는 행위로 취득한 권리의 전부나 일부의 양도
>   → 취소권자가 취득한 권리의 전부나 일부의 양도하는 경우만 인정된다.
> 6. 강제집행

⑤ 매도인이 매수인의 중도금 지급채무 불이행을 이유로 매매계약을 적법하게 해제한 후라도 매수인으로서는 상대방이 한 계약해제의 효과로서 발생하는 손해배상책임을 지거나 매매계약에 따른 계약금의 반환을 받을 수 없는 불이익을 면하기 위하여 착오를 이유로 한 취소권을 행사하여 매매계약 전체를 무효로 돌리게 할 수 있다(대판 1996.12.6. 95다24982).

15 **취소할 수 있는 법률행위로서 법정추인이 되는 경우가 아닌 것은?** 2017 행정사

① 취소할 수 있는 행위로부터 생긴 채권에 관하여 취소권자가 상대방에게 이행한 경우
② 취소권자가 취소할 수 있는 행위로 취득한 권리를 전부 양도한 경우
③ 취소권자의 상대방이 이행을 청구하는 경우
④ 취소권자가 채무자로서 담보를 제공하는 경우
⑤ 취소권자가 채권자로서 강제집행하는 경우

정답해설

✦ 취소할 수 있는 법률행위의 법정추인

제145조【법정추인】
취소할 수 있는 법률행위에 관하여 전조의 규정에 의하여 추인할 수 있는 후에 다음 각 호의 사유가 있으면 추인한 것으로 본다. 그러나 이의를 보류한 때에는 그러하지 아니하다.
1. 전부나 일부의 이행 → 상대방의 이행을 수령하는 것을 포함한다.
2. 이행의 청구 → 취소권자가 상대방에게 청구하는 경우만 해당한다.
3. 경개
4. 담보의 제공 → 물적 담보나 인적 담보를 불문한다.
5. 취소할 수 있는 행위로 취득한 권리의 전부나 일부의 양도
→ 취소권자가 상대방으로부터 취득한 권리의 전부나 일부의 양도한 경우만 해당한다.
6. 강제집행

① 1호 사유인 채무이행에 해당한다.
② 5호 사유인 취소할 수 있는 행위로 취득한 권리의 전부나 일부의 양도의 경우에는 취소권자가 상대방으로부터 취득한 권리를 양도한 경우이므로, 법정추인사유에 해당한다.
③ 2호 사유인 이행을 청구하는 경우에는 취소권자가 상대방에게 청구하는 경우만 해당하므로, 취소권자의 상대방이 이행을 청구하는 경우는 법정추인사유에 해당하지 않는다.
④ 4호 사유인 담보제공에 해당한다.
⑤ 6호 사유인 강제집행에 해당한다.

Answer 15 ③

16 취소할 수 있는 법률행위의 법정추인에 해당하지 않는 것은? 2022 행정사

① 취소할 수 있는 행위로부터 생긴 채무의 이행을 위해 취소권자가 상대방에게 일부 이행을 한 경우

② 취소할 수 있는 행위로부터 생긴 채무의 이행을 위해 취소권자가 상대방에게 이행을 청구하는 경우

③ 취소할 수 있는 행위로부터 생긴 채무의 이행을 위해 취소권자가 상대방에게 저당권을 설정해 준 경우

④ 취소권자가 취소할 수 있는 행위에 의하여 성립된 채권을 소멸시키고 그 대신 다른 채권을 성립시키는 경개를 하는 경우

⑤ 취소할 수 있는 행위로부터 취득한 권리의 전부를 취소권자의 상대방이 제3자에게 양도하는 경우

정답해설

✦ **취소할 수 있는 법률행위의 법정추인**

제145조【법정추인】
취소할 수 있는 법률행위에 관하여 전조의 규정에 의하여 추인할 수 있는 후에 다음 각 호의 사유가 있으면 추인한 것으로 본다. 그러나 이의를 보류한 때에는 그러하지 아니하다.

1. 전부나 일부의 이행 → 상대방의 이행을 수령하는 것을 포함한다.
2. 이행의 청구 → 취소권자가 상대방에게 청구하는 경우만 해당한다.
3. 경개
4. 담보의 제공 → 물적 담보나 인적 담보를 불문한다.
5. 취소할 수 있는 행위로 취득한 권리의 전부나 일부의 양도
   → 취소권자가 상대방으로부터 취득한 권리의 전부나 일부의 양도한 경우만 해당한다.
6. 강제집행

① 1호 사유인 채무이행에 해당한다.
② 취소권자가 상대방에게 이행을 청구하는 경우로 법정추인사유인 2호 사유에 해당한다.
③ 취소권자가 상대방에게 저당권을 설정해 준 경우는 상대방에게 담보 제공한 것으로 4호 사유에 해당한다.
④ 3호 사유인 경개에 해당한다.
⑤ 5호 사유인 취소할 수 있는 행위로 취득한 권리의 전부나 일부의 양도의 경우에는 취소권자가 상대방으로부터 취득한 권리를 양도한 경우만 해당하므로, 취소권자의 상대방이 제3자에게 양도하는 경우는 법정추인사유에 해당하지 않는다.

17 **미성년자 甲은 자신의 자전거를 乙에게 매도하는 계약을 체결하였고 甲은 미성년자임을 이유로 계약을 취소하려고 한다. 이에 관한 설명으로 옳지 않은 것은? (다툼이 있으면 판례에 의함)** 2024 행정사

① 甲은 계약을 취소하면 그가 악의인 경우에도 그 현존이익의 한도에서 상환할 책임이 있다.

② 甲은 법정대리인의 동의 없이 단독으로 계약을 취소할 수 있다.

③ 甲의 취소권의 행사기간은 법원의 직권조사사항이다.

④ 甲의 법정대리인이 취소할 수 있는 법률행위를 추인하는 경우 그 추인은 취소의 원인이 소멸된 후에 하여야만 효력이 있다.

⑤ 甲의 취소권은 추인할 수 있는 날로부터 3년 내에, 법률행위를 한 날로부터 10년 내에 행사하여야 한다.

정답해설

① 법정대리인의 동의를 얻지 않아 계약이 취소된 경우 미성년자 측에서는 선악을 불문하고 현존이익만을 반환하면 된다(제141조 단서).

> **제141조【취소의 효과】** 취소된 법률행위는 처음부터 무효인 것으로 본다. 다만, 제한능력자는 그 행위로 인하여 받은 이익이 현존하는 한도에서 상환할 책임이 있다.

② 제한능력자 甲도 제140조 규정에 의해 예외적으로 법정대리인의 동의 없이 단독으로 유효하게 법률행위인 취소권을 행사할 수 있다.

> **제140조【법률행위의 취소권자】** 취소할 수 있는 법률행위는 제한능력자, 착오로 인하거나 사기·강박에 의하여 의사표시를 한 자, 그의 대리인 또는 승계인만이 취소할 수 있다.

③ 민법 제146조는 취소권은 추인할 수 있는 날로부터 3년 내에 행사하여야 한다고 규정하고 있는바, 이때의 3년이라는 기간은 일반 소멸시효기간이 아니라 제척기간으로서 제척기간이 도과하였는지 여부는 당사자의 주장에 관계없이 법원이 당연히 조사하여 고려하여야 할 사항이다.(대판 1996.9.20., 96다25371).

④ 취소할 수 있는 행위의 추인은 ① 취소의 원인이 소멸한 후이어야 하고, ② 취소할 수 있는 행위임을 알아야 한다. 따라서 제한능력자는 능력자로 된 후에, 착오·사기·강박의 상태에 있던 자는 그 상태를 벗어난 후에 추인할 수 있다(제144조 제1항). 그러나 법정대리인은 취소원인의 소멸 전이라도 추인할 수 있다(제144조 제2항).

> **제144조【추인의 요건】**
> ① 추인은 취소의 원인이 소멸된 후에 하여야만 효력이 있다.
> ② 제1항은 법정대리인 또는 후견인이 추인하는 경우에는 적용하지 아니한다.

⑤ **제146조【취소권의 소멸】** 취소권은 추인할 수 있는 날부터 3년 내에, 법률행위를 한 날부터 10년 내에 행사하여야 한다.

Answer 16 ⑤ 17 ④

18 **甲은 18세 때 시가 5,000만 원에 상당하는 명화(名畵)를 법정대리인인 丙의 동의 없이 乙에게 400만 원에 매도하였으나, 그 당시 乙은 甲의 외모로 보아 그가 성년이라고 생각하였다. 현재 甲이 미성년자라고 할 때 다음 설명 중 옳은 것은?** 2017 행정사

① 甲은 매매계약을 취소할 수 없다.

② 丙은 매매계약을 추인할 수 있으나, 甲은 추인할 수 없다.

③ 乙이 丙에게 1개월 이상의 기간을 정하여 매매계약을 추인할 것인지 확답을 촉구한 경우, 丙이 그 기간 내에 확답을 발송하지 않으면 그 매매계약을 취소한 것으로 본다.

④ 丙이 적법하게 매매계약을 취소한 경우 그 매매계약은 취소한 때로부터 무효인 것으로 본다.

⑤ 甲이 매매대금을 전부 유흥비로 탕진한 후 丙이 매매계약을 적법하게 취소한 경우, 乙은 명화를 반환하고 매매대금 전부를 반환받을 수 있다.

정답해설

① 미성년자인 甲도 제140조 규정에 의해 예외적으로 법정대리인의 동의 없이 단독으로 유효하게 법률행위인 취소권을 행사할 수 있다.

> **제140조【법률행위의 취소권자】**
> 취소할 수 있는 법률행위는 제한능력자, 착오로 인하거나 사기·강박에 의하여 의사표시를 한 자, 그의 대리인 또는 승계인만이 취소할 수 있다.

② 법정대리인 丙은 매매계약을 추인할 수 있으나, 미성년자인 甲은 취소원인이 소멸된 후 추인할 수 있으므로 미성년자인 동안에는 추인할 수 없다.

> **제144조【추인의 요건】**
> ① 추인은 취소의 원인이 소멸된 후에 하여야만 효력이 있다.

③ 상대방 乙이 법정대리인 丙에게 1개월 이상의 기간을 정하여 매매계약을 추인할 것인지 확답을 촉구한 경우, 丙이 그 기간 내에 확답을 발송하지 않으면 그 매매계약을 취소한 것이 아니라 추인한 것으로 본다.

> **제15조【제한능력자의 상대방의 확답을 촉구할 권리】**
> ① 제한능력자의 상대방은 제한능력자가 능력자가 된 후에 그에게 1개월 이상의 기간을 정하여 그 취소할 수 있는 행위를 추인할 것인지 여부의 확답을 촉구할 수 있다. 능력자로 된 사람이 그 기간 내에 확답을 발송하지 아니하면 그 행위를 추인한 것으로 본다.

④ 법정대리인 丙이 적법하게 매매계약을 취소한 경우 그 매매계약은 취소한 때로부터가 아니라 처음부터 무효인 것으로 본다.

> **제141조【취소의 효과】**
> 취소된 법률행위는 처음부터 무효인 것으로 본다. 다만, 제한능력자는 그 행위로 인하여 받은 이익이 현존하는 한도에서 상환할 책임이 있다.

⑤ 제한능력자는 그 행위로 인하여 받은 이익이 현존하는 한도에서 상환할 책임이 있다(제141조 단서). 미성년자 甲이 매매대금을 전부 유흥비로 탕진한 후이므로 현존이익이 없어, 법정대리인 丙이 매매계약을 적법하게 취소한 경우, 상대방 乙은 명화를 반환하더라도 매매대금을 반환받을 수는 없다.

19 미성년자 甲은 법정대리인 丙의 동의없이 자신의 토지를 甲이 미성년자임을 안 乙에게 매도하고 대금수령과 동시에 소유권이전등기를 해주었는데, 丙이 甲의 미성년을 이유로 계약을 적법하게 취소하였다. 다음 설명 중 틀린 것은? (다툼이 있으면 판례에 따름)

2015 공인중개사

① 계약은 소급적으로 무효가 된다.
② 甲이 미성년자임을 乙이 몰랐더라도 丙은 계약을 취소할 수 있다.
③ 甲과 乙의 반환의무는 서로 동시이행관계에 있다.
④ 甲이 대금을 모두 생활비로 사용한 경우 대금 전액을 반환하여야 한다.
⑤ 만약 乙이 선의의 丁에게 매도하고 이전등기하였다면, 丙이 취소하였더라도 丁은 소유권을 취득한다.

정답해설

① **제141조【취소의 효과】** 취소된 법률행위는 처음부터 무효인 것으로 본다. 다만, 제한능력자는 그 행위로 인하여 받은 이익이 현존하는 한도에서 상환할 책임이 있다.
② 제한능력자임을 이유로 한 취소는 상대방이 선의든 악의든 상관없이 취소할 수 있다.
③ 양 당사자의 부당이득반환청구 시 동시이행의 항변권이 인정된다.
④ 법정대리인의 동의를 얻지 않아 계약이 취소된 경우 미성년자 측에서는 선악을 불문하고 현존이익만을 반환하면 된다(제141조 단서). 금전은 현존이익이 추정되며, 생활비는 소비한 것이 아니므로 전액 반환하여야 한다.

> **제141조【취소의 효과】**
> 취소된 법률행위는 처음부터 무효인 것으로 본다. 다만, 제한능력자는 그 행위로 인하여 받은 이익이 현존하는 한도에서 상환할 책임이 있다.

⑤ 미성년자인 甲과 매수인 乙의 매매행위가 법정대리인 丙에 의해 적법하게 취소되었으므로, 매수인 乙은 계약이 소급적으로 무효가 되어 소유권도 취득할 수 없다. 따라서 선의의 丁이 등기를 믿고 거래하였더라도 공신의 원칙이 적용되지 않는 부동산거래에서 처분권한 없는 乙로부터는 소유권을 취득할 수 없다.

Answer 18 ② 19 ⑤

20 법률행위의 무효와 취소에 관한 설명으로 옳지 않은 것은? (다툼이 있으면 판례에 의함)

2024 행정사

① 취소된 법률행위는 처음부터 무효인 것으로 본다.

② 무효행위의 추인은 묵시적으로 할 수 있다.

③ 토지거래계약 허가구역 내 토지에 대하여 처음부터 허가를 잠탈하는 내용의 매매계약이 체결된 경우 그 계약은 유동적 무효이다.

④ 반사회질서의 법률행위로서 무효인 경우 그 무효로 선의의 제3자에게 대항할 수 있다.

⑤ 취소할 수 있는 법률행위의 상대방이 확정된 경우에는 그 취소는 그 상대방에 대한 의사표시로 하여야 한다.

정답해설

① **제141조【취소의 효과】** 취소된 법률행위는 처음부터 무효인 것으로 본다.

② 무효인 법률행위를 추인에 의하여 새로운 법률행위로 보기 위하여서는 당사자가 이전의 법률행위가 무효임을 알고 그 행위에 대하여 추인하여야 한다. 한편 추인은 묵시적으로도 가능하나, 묵시적 추인을 인정하기 위해서는 본인이 그 행위로 처하게 된 법적 지위를 충분히 이해하고 그럼에도 진의에 기하여 그 행위의 결과가 자기에게 귀속된다는 것을 승인한 것으로 볼만한 사정이 있어야 할 것이므로 이를 판단함에 있어서는 관계되는 여러 사정을 종합적으로 검토하여 신중하게 하여야 한다(대판 2014.3.27. 2012다106607).

③ 국토의 계획 및 이용에 관한 법률 [24년 현재 부동산거래신고법]에서 정한 토지거래계약 허가구역 내 토지에 관하여 허가를 배제하거나 잠탈하는 내용으로 매매계약이 체결된 경우에는 강행법규인 법 제118조 제6항[21년 법 제11조 제6항]에 따라 계약은 체결된 때부터 확정적으로 무효이다(대판 2019.1.31. 2017다228618).

④ 반사회질서의 법률행위는 당사자 사이뿐만 아니라 제3자에 대한 관계에서도, 즉 모든 사람에 대한 관계에서 효력이 없는 경우를 절대적 무효이다. 즉 선의의 제3자에게도 대항할 수 있다.

⑤ **제142조【취소의 상대방】** 취소할 수 있는 법률행위의 상대방이 확정된 경우에는 그 취소는 그 상대방에 대한 의사표시로 하여야 한다.

21 **민법상의 법률행위의 무효와 취소에 관한 설명으로 옳은 것은? (다툼이 있는 경우에는 판례에 의함)** 2013 행정사

① 의사무능력자가 한 법률행위는 상대적 무효이다.
② 법률행위의 일부분이 무효인 때에는 원칙적으로 나머지 부분은 유효하게 존속한다.
③ 폭리행위로 무효인 법률행위도 추인에 의하여 유효하게 될 수 있다.
④ 미성년자가 법률행위를 한 후, 성년자가 되기 전에 그가 이를 추인하더라도 그 추인은 효력이 없다.
⑤ 취소권은 법률행위를 한 날로부터 3년 내에 행사하여야 한다.

정답해설

① 의사무능력자가 한 법률행위는 상대적 무효가 아니라, 누구나에게 주장할 수 있는 절대적 무효이다.
② 법률행위의 일부분이 무효인 때에는 원칙적으로 나머지 부분도 무효이다(제137조).

> **제137조【법률행위의 일부무효】**
> 법률행위의 일부분이 무효인 때에는 그 전부를 무효로 한다. 그러나 그 무효부분이 없더라도 법률행위를 하였을 것이라고 인정될 때에는 나머지 부분은 무효가 되지 아니한다.

③ 불공정한 법률행위는 무효이며 선의의 제3자에게도 무효를 주장할 수 있다. 그리고 무효행위의 추인에 의하여 유효로 될 수 없고, 법정추인이 적용될 여지도 없다(대판 1994.6.24. 94다10900).
④ 추인은 취소의 원인이 소멸된 후에 하여야만 효력이 있으므로, 미성년자가 법률행위를 한 후, 성년자가 되기 전에 그가 이를 추인하더라도 그 추인은 효력이 없다.

> **제144조【추인의 요건】**
> ① 추인은 취소의 원인이 소멸된 후에 하여야만 효력이 있다.

⑤ 취소권은 추인할 수 있는 날부터 3년 내에, 법률행위를 한 날부터 10년 내에 행사하여야 한다.

> **제146조【취소권의 소멸】**
> 취소권은 추인할 수 있는 날부터 3년 내에, 법률행위를 한 날부터 10년 내에 행사하여야 한다.

Answer 20 ③ 21 ④

22 법률행위의 무효와 취소에 관한 설명으로 옳은 것은? (다툼이 있으면 판례에 따름)

2016 행정사

① 무효인 법률행위의 추인은 명시적으로 하여야 하고 묵시적으로는 할 수 없다.

② 법률행위가 취소되면 처음부터 무효인 것으로 되지만, 제한능력자는 그 행위로 인하여 받은 이익이 현존하는 한도에서 상환(償還)할 책임이 있다.

③ 착오에 의한 의사표시를 한 자가 사망한 경우, 그 상속인은 피상속인의 착오를 이유로 취소할 수 없다.

④ 취소권은 추인할 수 있는 날로부터 10년 내에 행사하면 된다.

⑤ 법률행위의 일부분이 무효인 경우, 그 무효부분이 없더라도 법률행위를 하였을 것이라고 인정될 때에도 그 전부를 무효로 한다.

정답해설

① 무효인 법률행위를 추인에 의하여 새로운 법률행위로 보기 위하여서는 당사자가 이전의 법률행위가 무효임을 알고 그 행위에 대하여 추인하여야 한다. 한편 추인은 묵시적으로도 가능하다(대판 2014.3.27. 2012다106607).

② **제141조【취소의 효과】** **취소된 법률행위**는 처음부터 무효인 것으로 본다. 다만, **제한능력자는** 그 행위로 인하여 받은 **이익이 현존하는 한도에서 상환**할 책임이 있다.

③ 취소권은 착오로 의사표시한 자뿐만 아니라, 승계인도 갖는다. 착오에 의한 의사표시를 한 자가 사망한 경우, 그 상속인은 포괄승계인으로서 피상속인의 착오를 이유로 취소할 수 있다.

> **제140조【법률행위의 취소권자】**
> 취소할 수 있는 법률행위는 제한능력자, 착오로 인하거나 사기·강박에 의하여 의사표시를 한 자, 그의 대리인 또는 승계인만이 취소할 수 있다.

④ 취소권은 추인할 수 있는 날로부터 10년 내가 아니라 3년 내에 행사하여야 한다.

> **제146조【취소권의 소멸】**
> 취소권은 추인할 수 있는 날부터 3년 내에, 법률행위를 한 날부터 10년 내에 행사하여야 한다.

⑤ **제137조【법률행위의 일부무효】** 법률행위의 일부분이 무효인 때에는 **그 전부를 무효**로 한다. 그러나 그 무효부분이 없더라도 법률행위를 하였을 것이라고 인정될 때에는 나머지 부분은 무효가 되지 아니한다.

23 **무효 또는 취소할 수 있는 법률행위의 추인에 관한 설명으로 옳은 것은? (다툼이 있으면 판례에 따름)** 2020 행정사

① 무효인 계약은 계약당사자가 무효임을 알고 추인한 경우 계약성립 시부터 새로운 법률행위를 한 것으로 본다.

② 불공정한 법률행위로서 무효인 경우 당사자가 무효임을 알고 추인하면 그 법률행위는 유효로 된다.

③ 무권리자가 타인의 권리를 처분하는 행위는 권리자가 이를 알고 추인하여도 그 처분의 효력이 발생하지 않는다.

④ 취소할 수 있는 법률행위를 추인할 수 있는 자는 그 법률행위의 취소권자이다.

⑤ 피성년후견인은 취소할 수 있는 법률행위를 단독으로 유효하게 추인할 수 있다.

정답해설

① 무효인 법률행위는 추인하더라도 유효하게 되지 않음이 원칙이다(제139조 본문). 다만 당사자가 무효임을 알고 추인한 때에는 그때부터 새로운 법률행위를 한 것으로 본다(제139조 단서). 계약성립 시로 소급하지 않는다.

> **제139조【무효행위의 추인】**
> 무효인 법률행위는 추인하여도 그 효력이 생기지 아니한다. 그러나 당사자가 그 무효임을 알고 추인한 때에는 새로운 법률행위로 본다.

② 법률행위가 제103조, 제104조 위반이거나 강행법규에 위반되는 경우, 무효원인이 해소되지 않고 있는 때에는, 추인하여도 새로운 법률행위로 유효가 될 수 없다(대판 1994.6.24. 94다10900).

③ 권리자가 무권리자의 처분을 추인하면 무권대리에 대해 본인이 추인을 한 경우와 당사자들 사이의 이익상황이 유사하므로, **무권대리의 추인에 관한 민법 제130조, 제133조 등을 무권리자의 추인에 유추적용할 수 있다**. 따라서 무권리자의 처분이 계약으로 이루어진 경우에 권리자가 이를 추인하면 **원칙적으로** 계약의 효과가 계약을 체결했을 때에 소급하여 권리자에게 귀속된다고 보아야 한다(대판 2017.6.8. 2017다3499).

④, ⑤ 취소할 수 있는 법률행위는 제140조의 취소권자가 추인할 수 있다. 그러나 취소할 수 있는 행위의 추인은 ① 취소의 원인이 소멸한 후이어야 하고, ② 취소할 수 있는 행위임을 알아야 한다. 따라서 제한능력자인 피성년후견인은 능력자로 된 후에 취소할 수 있는 법률행위를 단독으로 유효하게 추인할 수 있다(제144조 제1항).

> **제143조【추인의 방법, 효과】**
> ① 취소할 수 있는 법률행위는 제140조에 규정한 자가 추인할 수 있고 추인 후에는 취소하지 못한다.
> **제144조【추인의 요건】**
> ① 추인은 취소의 원인이 소멸된 후에 하여야만 효력이 있다.

Answer 22 ② 23 ④

24 법률행위의 무효와 취소에 관한 설명으로 옳지 않은 것은? (다툼이 있으면 판례에 따름)

2019 행정사

① 무효인 법률행위는 추인하여도 원칙적으로 그 효력이 생기지 않는다.

② 법률행위의 일부분이 무효인 경우에 대하여 규정하고 있는 민법 제137조는 임의규정이다.

③ 취소할 수 있는 법률행위에서 취소권자의 상대방이 그 취소할 수 있는 행위로 취득한 권리를 양도하는 경우 법정추인이 된다.

④ 하나의 법률행위의 일부분에만 취소사유가 있다고 하더라도 그 법률행위가 가분적이거나 그 목적물의 일부가 특정될 수 있다면, 그 나머지 부분이라도 이를 유지하려는 당사자의 가정적 의사가 인정되는 경우 그 일부만의 취소도 가능하다.

⑤ 임차권양도계약과 권리금계약이 결합하여 경제적 · 사실적 일체로 행하여진 경우, 그 권리금계약 부분에만 취소사유가 존재하여도 특별한 사정이 없는 한 권리금계약 부분만을 따로 떼어 취소할 수는 없다.

정답해설

① 무효인 법률행위는 추인하더라도 유효하게 되지 않음이 원칙이다(제139조 본문). 다만 당사자가 무효임을 알고 추인한 때에는 그때부터 새로운 법률행위를 한 것으로 본다(제139조 단서).

제139조 【무효행위의 추인】
무효인 법률행위는 추인하여도 그 효력이 생기지 아니한다. 그러나 당사자가 그 무효임을 알고 추인한 때에는 새로운 법률행위로 본다.

② 민법 제137조는 임의규정으로서 의사자치의 원칙이 지배하는 영역에서 적용된다고 할 것이므로, 법률행위의 일부가 강행법규인 효력규정에 위반되어 무효가 되는 경우 그 부분의 무효가 나머지 부분의 유효 · 무효에 영향을 미치는가의 여부를 판단함에 있어서는 개별 법령이 일부무효의 효력에 관한 규정을 두고 있는 경우에는 그에 따라야 하고, 그러한 규정이 없다면 원칙적으로 민법 제137조가 적용될 것이나 당해 효력규정 및 그 효력규정을 둔 법의 입법 취지를 고려하여 볼 때 나머지 부분을 무효로 한다면 당해 효력규정 및 그 법의 취지에 명백히 반하는 결과가 초래되는 경우에는 나머지 부분까지 무효가 된다고 할 수는 없다(대판 2010.7.22. 2010다23425).

제137조 【법률행위의 일부무효】
법률행위의 일부분이 무효인 때에는 그 전부를 무효로 한다. 그러나 그 무효부분이 없더라도 법률행위를 하였을 것이라고 인정될 때에는 나머지 부분은 무효가 되지 아니한다.

③ 제145조의 법정추인사유 중 5호 사유인 취소할 수 있는 행위로 취득한 권리의 전부나 일부의 양도의 경우에는 취소권자가 상대방으로부터 취득한 권리를 양도한 경우만 해당하므로, 취소권자의 상대방이 제3자에게 양도하는 경우는 법정추인사유에 해당하지 않는다.

제145조【법정추인】
취소할 수 있는 법률행위에 관하여 전조의 규정에 의하여 추인할 수 있는 후에 다음 각 호의 사유가 있으면 추인한 것으로 본다. 그러나 이의를 보류한 때에는 그러하지 아니하다.
1. 전부나 일부의 이행 → 상대방의 이행을 수령하는 것을 포함한다.
2. 이행의 청구 → 취소권자가 상대방에게 청구하는 경우만 해당한다.
3. 경개
4. 담보의 제공 → 물적 담보나 인적 담보를 불문한다.
5. 취소할 수 있는 행위로 취득한 권리의 전부나 일부의 양도
→ 취소권자가 상대방으로부터 취득한 권리의 전부나 일부의 양도한 경우만 해당한다.
6. 강제집행

④ 하나의 법률행위의 일부분에만 취소사유가 있다고 하더라도 그 법률행위가 가분적이거나 그 목적물의 일부가 특정될 수 있다면, 그 나머지 부분이라도 이를 유지하려는 당사자의 가정적 의사가 인정되는 경우 그 일부만의 취소도 가능하다 할 것이고, 그 일부의 취소는 법률행위의 일부에 관하여 효력이 생긴다(대판 1998.2.10. 97다44737).

⑤ 임차권의 양수인 甲이 양도인 乙의 기망행위를 이유로 乙과 체결한 임차권양도계약 및 권리금계약을 각 취소 또는 해제한다고 주장한 사안에서, 임차권양도계약과 권리금계약의 체결 경위와 계약 내용 등에 비추어 볼 때, 위 권리금계약은 임차권양도계약과 결합하여 전체가 경제적·사실적으로 일체로 행하여진 것으로서, 어느 하나의 존재 없이는 당사자가 다른 하나를 의욕하지 않았을 것으로 보이므로 권리금계약 부분만을 따로 떼어 취소할 수 없는데도, 임차권양도계약과 분리하여 권리금계약만이 취소되었다고 본 원심판결에 임차권양도계약에 관한 판단누락 또는 계약의 취소 범위에 관한 법리오해 등 위법이 있다(대판 2013.5.9. 2012다115120).

25 법률행위의 무효와 취소에 관한 설명으로 옳은 것은?(다툼이 있으면 판례에 의함)

2023 행정사

① 계약이 불공정한 법률행위로서 무효인 경우 그 계약에 대한 부제소합의는 특별한 사정이 없는 한 유효하다.

② 취소할 수 있는 법률행위에서 취소권자의 상대방이 이행을 청구하는 경우에는 법정추인이 된다.

③ 매매계약이 약정된 대금의 과다로 인해 불공정한 법률행위에 해당하여 무효인 경우 무효행위의 전환에 관한 민법 제138조는 적용될 여지가 없다.

④ 무권리자가 타인의 권리를 처분하는 계약을 체결한 경우 권리자가 이를 추인하면 계약의 효과는 원칙적으로 계약체결시에 소급하여 권리자에게 귀속된다.

⑤ 취소할 수 있는 법률행위의 상대방이 그 법률행위로 취득한 권리를 타인에게 임의로 양도한 경우 특별한 사정이 없는 한 그 취소의 의사표시는 그 양수인을 상대방으로 하여야 한다.

Answer 24 ③ 25 ④

정답해설

① 매매계약과 같은 쌍무계약이 급부와 반대급부와의 불균형으로 말미암아 불공정한 법률행위에 해당하여 무효라고 한다면, 그 계약으로 인하여 불이익을 입는 당사자로 하여금 위와 같은 불공정성을 소송 등 사법적 구제수단을 통하여 주장하지 못하도록 하는 부제소합의 역시 다른 특별한 사정이 없는 한 무효이다(대판 2017.5.30. 2017다201422).

② 이행의 청구는 법정추인 사유에 해당하나, 취소권자가 상대방에게 청구를 하는 것은 법정추인이 되지만, 취소권자의 상대방이 청구하는 경우에는 법정추인에 해당하지 않는다.

제145조【법정추인】
취소할 수 있는 법률행위에 관하여 전조의 규정에 의하여 추인할 수 있는 후에 다음 각 호의 사유가 있으면 추인한 것으로 본다. 그러나 이의를 보류한 때에는 그러하지 아니하다.
1. 전부나 일부의 이행 ⟶ 상대방의 이행을 수령하는 것을 포함한다.
2. 이행의 청구 ⟶ 취소권자가 상대방에게 청구하는 경우에만 포함된다.
3. 경개
4. 담보의 제공 ⟶ 물적 담보나 인적 담보를 불문한다.
5. 취소할 수 있는 행위로 취득한 권리의 전부나 일부의 양도 ⟶ 취소권자가 상대방에게 취득한 권리를 양도하는 경우에만 포함된다.
6. 강제집행

③ 매매계약이 약정된 매매대금의 과다로 말미암아 민법 제104조에서 정하는 '불공정한 법률행위'에 해당하여 무효인 경우에도 무효행위의 전환에 관한 민법 제138조가 적용될 수 있다(대판 2010.7.15. 2009다50308).

제138조【무효행위의 전환】
무효인 법률행위가 다른 법률행위의 요건을 구비하고 당사자가 그 무효를 알았더라면 다른 법률행위를 하는 것을 의욕하였으리라고 인정될 때에는 다른 법률행위로서 효력을 가진다.

④ 법률행위에 따라 권리가 이전되려면 권리자 또는 처분권한이 있는 자의 처분행위가 있어야 한다. 무권리자가 타인의 권리를 처분한 경우에는 특별한 사정이 없는 한 권리가 이전되지 않는다. 그러나 이러한 경우에 권리자가 무권리자의 처분을 추인하는 것도 자신의 법률관계를 스스로의 의사에 따라 형성할 수 있다는 사적 자치의 원칙에 따라 허용된다. 이러한 추인은 무권리자의 처분이 있음을 알고 해야 하고, 명시적으로 또는 묵시적으로 할 수 있으며, 그 의사표시는 무권리자나 그 상대방 어느 쪽에 해도 무방하다.
권리자가 무권리자의 처분을 추인하면 무권대리에 대해 본인이 추인을 한 경우와 당사자들 사이의 이익상황이 유사하므로, 무권대리의 추인에 관한 민법 제130조, 제133조 등을 무권리자의 추인에 유추 적용할 수 있다. 따라서 무권리자의 처분이 계약으로 이루어진 경우에 권리자가 이를 추인하면 원칙적으로 계약의 효과가 계약을 체결했을 때에 소급하여 권리자에게 귀속된다고 보아야 한다(대판 2017.6.8. 2017다3499).

⑤ 취소의 의사표시는 '법률행위의 상대방'에게 하여야 하므로(제142조), 취소할 수 있는 법률행위의 상대방이 그 법률행위로 취득한 권리를 타인에게 임의로 양도한 경우라도 특별한 사정이 없는 한 그 취소의 의사표시는 그 양수인이 아니라 법률행위의 상대방인 '양도인'에게 하여야 한다.

제142조【취소의 상대방】
취소할 수 있는 법률행위의 상대방이 확정된 경우에는 그 취소는 그 상대방에 대한 의사표시로 하여야 한다.

26 **2014년 5월 2일 甲은 자기 소유의 X부동산을 미성년자 乙에게 매도하는 매매계약을 체결하였다. 매매계약 당시에 乙은 법정대리인의 동의를 받지 않았으며, 2016년 3월 1일에 乙은 만 19세가 되었다. 이에 관한 설명으로 옳은 것은? (다툼이 있으면 판례에 따름)**

2017 세무사

① 乙이 2019년 6월경 매매계약을 취소하더라도 이때에는 이미 취소권의 행사기간경과로 인하여 취소권이 소멸되었으므로 취소권 행사의 효력이 발생하지 않는다.

② 2015년 3월경 甲이 乙에 대한 매매대금 지급청구권을 제3자에게 양도한 경우에는 법정추인이 되므로, 乙은 더 이상 매매계약을 취소할 수 없다.

③ 2014년 6월경 甲이 乙에게 1월 이상의 기간을 정하여 매매계약을 추인할 것인지의 확답을 촉구하였는데, 이에 대하여 乙이 확답을 발송하지 않은 경우에는 乙은 매매계약을 취소할 수 없다.

④ 甲은 乙이 추인을 하기 전에는 매매계약의 이행을 거절할 수 있다.

⑤ 매매계약 체결 시에 乙이 주민등록증을 위조하여 성년자인 것처럼 속임수를 쓰고 이에 甲이 속아서 매매계약을 체결하였더라도 乙은 그 매매계약을 취소할 수 있다.

정답해설

① 제146조의 추인할 수 있는 날이란 취소의 원인이 종료(소멸)한 때를 말하므로(대판 1997.6.27. 97다3828), 성년이 된 2016년 3월 1일로부터 3년 후인 2019년 3월 1일 0시에 제척기간이 종료하므로 2019년 6월경에는 취소권은 소멸되어 더 이상 행사하여도 효력이 없다.

> **제146조 【취소권의 소멸】**
> 취소권은 추인할 수 있는 날로부터 3년 내에, 법률행위를 한 날로부터 10년 내에 행사하여야 한다.

② 법정추인의 사유인 취소할 수 있는 행위로 취득한 권리의 전부나 일부의 양도는 취소권자가 하여야 인정되는 것이므로 상대방인 甲이 乙에 대한 매매대금 지급청구권을 제3자에게 양도한 경우라 하여도 법정추인으로 인정되지 않는다(제145조 제5호).

③ 확답을 촉구받은 2014년 6월경 乙은 아직 제한능력자이어서 확답 촉구의 상대방이 될 수 없으므로 이에 대해 확답을 발송하지 않았더라도 추인의 효력은 발생하지 않는다.

> **제15조 【제한능력자의 상대방의 확답을 촉구할 권리】**
> ① 제한능력자의 상대방은 제한능력자가 능력자가 된 후에 그에게 1개월 이상의 기간을 정하여 그 취소할 수 있는 행위를 추인할 것인지 여부의 확답을 촉구할 수 있다. 능력자로 된 사람이 그 기간 내에 확답을 발송하지 아니하면 그 행위를 추인한 것으로 본다.

④ 미성년자 乙과 거래한 상대방 甲은 취소권이 거절권은 단독행위에 가능하며, 계약의 경우는 철회권을 행사할 수 있다. 매매계약의 이행을 거절할 수 있다.

Answer 26 ①

⑤ 민법 제17조에서 이른바 속임수를 쓴 것이라 함은 적극적으로 사기수단을 쓴 것을 말하는 것이고 단순히 자기가 능력자라 사언함은 속임수(사술)를 쓴 것이라고 할 수 없다(대판 1971.12.14. 71다2045). 즉 적극적 기망수단을 쓴 것을 의미하므로, '성년자로 군대에 갔다 왔다'고 말하거나, '자기가 사장이라고 말한 것'만 가지고는 속임수를 쓴 것으로 보지 않는다. 사안은 적극적으로 주민등록증을 위조하여 성년자인 것처럼 속임수를 쓴 경우이므로 취소할 수 없다.

제17조【제한능력자의 속임수】
① 제한능력자가 속임수로써 자기를 능력자로 믿게 한 경우에는 그 행위를 취소할 수 없다.
② 미성년자나 피한정후견인이 속임수로써 법정대리인의 동의가 있는 것으로 믿게 한 경우에도 제1항과 같다.

✦ 제한능력자의 상대방의 확답촉구권 · 철회권 · 거절권

	권리	권리행사의 요건	권리행사의 상대방	대상행위
제한능력자의 상대방의 권리	확답촉구권	선·악의 모두 가능	능력자, 법정대리인	계약, 단독행위
	철회권	선의만 가능	제한능력자 포함	계약
	거절권	선·악의 모두 가능	제한능력자 포함	단독행위

예 제한능력자의 단독행위에 대한 거절은 단독행위의 상대방이 선의인가 악의인가를 불문하고 인정된다.

| 비교 | 제한능력자 상대방의 계약철회는 선의자만 가능

27 甲이 자신 소유의 X토지를 乙에게 매도하면서 乙의 매매대금의 지급과 동시에 앞으로 소유권이전등기를 마쳐 주기로 약정하였다. 이에 관한 설명으로 옳지 않은 것은? (다툼이 있으면 판례에 의함)

2022 행정사

① 甲과 乙이 소유권이전등기와 매매대금의 지급을 이행하였으나 위 매매계약이 통정허위표시로 무효인 경우 특별한 사정이 없는 한 甲이 지급받은 매매대금과 乙명의로 마쳐진 소유권등기를 각각 부당이득으로 반환청구할 수 있다.

② 甲과 乙의 매매계약이 甲이 미성년자임을 이유로 적법하게 취소된 경우 甲은 특별한 사정이 없는 한 이익이 현존하는 한도에서 상환할 책임이 있다.

③ 甲이 乙의 매매대금지급 불이행을 이유로 매매계약을 적법하게 해제한 경우 乙은 계약해제에 따른 손해배상책임을 면하기 위해 착오를 이유로 그 매매계약을 취소할 수 없다.

④ 甲과 乙이 각각 소유권이전등기와 매매대금의 지급을 이행한 이후 乙이 甲의 사기를 이유로 위 매매계약을 적법하게 취소한 경우 甲의 매매대금반환과 乙의 소유권이전등기말소는 특별한 사정이 없는 한 동시에 이행되어야 한다.

⑤ 甲과 乙의 매매계약이 관련 법령에 따라 관할청의 허가를 받아야 함에도 아직 토지거래허가를 받지 않아 유동적 무효 상태인 경우 乙은 甲에게 계약의 무효를 주장하여 이미 지급한 계약금의 반환을 부당이득으로 청구할 수 없다.

정답해설

① 매매계약이 통정허위표시로서 무효(제108조 제1항)이므로 甲이 지급받은 매매대금과 乙 명의로 마쳐진 소유권등기를 각각 부당이득으로 반환청구할 수 있다(제741조).

제108조 【통정한 허위의 의사표시】
① 상대방과 통정한 허위의 의사표시는 무효로 한다.
제741조 【부당이득의 내용】
법률상 원인없이 타인의 재산 또는 노무로 인하여 이익을 얻고 이로 인하여 타인에게 손해를 가한 자는 그 이익을 반환하여야 한다.

② 매매계약이 甲이 미성년자임을 이유로 취소된 경우 제141조에 따라 제한능력자인 甲은 이익이 현존하는 한도에서 상환할 책임이 있다.

제141조 【취소의 효과】
취소된 법률행위는 처음부터 무효인 것으로 본다. 다만, 제한능력자는 그 행위로 인하여 받은 이익이 현존하는 한도에서 상환할 책임이 있다.

③ 매도인이 매수인의 중도금 지급채무불이행을 이유로 매매계약을 적법하게 해제한 후라도 매수인으로서는 상대방이 한 계약해제의 효과로서 발생하는 손해배상책임을 지거나 매매계약에 따른 계약금의 반환을 받을 수 없는 불이익을 면하기 위하여 착오를 이유로 한 취소권을 행사하여 매매계약 전체를 무효로 돌리게 할 수 있다(대판 1996.12.6. 95다24982. 24999). 매매계약이 해제되었더라도 乙은 계약해제에 따른 손해배상책임을 면하기 위하여 착오를 이유로 매매계약을 취소할 수 있다.

④ 매매계약이 취소된 경우에 당사자 쌍방의 원상회복의무는 동시이행의 관계에 있다(대판 2010.10.14. 2010다47438). 따라서 매매계약을 취소한 경우 甲의 매매대금반환과 乙의 소유권이전등기말소는 동시에 이행되어야 한다.

⑤ 유동적 무효상태의 매매계약을 체결하고 매수인이 이에 기하여 임의로 지급한 계약금은 그 계약이 유동적 무효상태로 있는 한 이를 부당이득으로 반환을 구할 수는 없고 유동적 무효상태가 확정적으로 무효로 되었을 때 비로소 부당이득으로 그 반환을 구할 수 있다(대판 1995.4.28. 93다26397). 토지거래허가를 받지 않아 유동적 무효상태인 경우 乙은 甲에게 계약의 무효를 주장하여 이미 지급한 계약금의 반환을 부당이득으로 청구할 수 없다.

Chapter 05

Answer 27 ③

제6절 조건과 기한

01 법률행위의 부관에 관한 설명으로 옳지 않은 것은? (다툼이 있으면 판례에 따름)

2016 감정평가사

① 조건을 붙이고자 하는 의사가 있더라도 그것이 표시되지 않으면 법률행위의 부관으로서의 조건이 되는 것은 아니다.

② 어떤 조건이 붙어 있었는지 아닌지는 그 조건의 존재를 주장하는 자가 이를 증명하여야 한다.

③ 당사자는 조건의 성부가 미정인 동안에 조건의 성취로 인하여 생길 상대방의 이익을 해하지 못한다.

④ 조건의 내용 자체가 불법적인 것이어서 무효일 경우, 그 법률행위 전부가 무효로 된다.

⑤ 부관에 표시된 사실이 발생하지 아니하는 것이 확정된 때에도 그 채무를 이행하여야 한다고 보는 것이 상당한 경우, 조건부 법률행위로 보아야 한다.

정답해설

① 조건은 법률행위의 효력의 발생 또는 소멸을 장래의 불확실한 사실의 성부에 의존케 하는 법률행위의 부관으로서 당해 법률행위를 구성하는 의사표시의 일체적인 내용을 이루는 것이므로, 의사표시의 일반원칙에 따라 조건을 붙이고자 하는 의사 즉 조건의사와 그 표시가 필요하며, 조건의사가 있더라도 그것이 외부에 표시되지 않으면 법률행위의 동기에 불과할 뿐이고 그것만으로는 법률행위의 부관으로서의 조건이 되는 것은 아니다(대판 2003.5.13. 2003다10797).

② 어느 법률행위에 어떤 조건이 붙어 있었는지 아닌지는 사실인정의 문제로서 그 조건의 존재를 주장하는 자가 이를 입증하여야 한다(대판 2006.11.24. 2006다35766).

③ **제148조 【조건부권리의 침해금지】** 조건 있는 법률행위의 당사자는 조건의 성부가 미정한 동안에 조건의 성취로 인하여 생길 상대방의 이익을 해하지 못한다.

④ 조건부 법률행위에 있어 조건의 내용 자체가 불법적인 것이어서 무효일 경우 또는 조건을 붙이는 것이 허용되지 아니하는 법률행위에 조건을 붙인 경우 그 조건만을 분리하여 무효로 할 수는 없고 그 법률행위 전부가 무효로 된다(대결 2005.11.8. 2005마541).

> **제151조 【불법조건, 기성조건】**
> ① 조건이 선량한 풍속 기타 사회질서에 위반한 것인 때에는 그 법률행위는 무효로 한다.

⑤ 부관이 붙은 법률행위에 있어서 부관에 표시된 사실이 발생하지 아니하면 채무를 이행하지 아니하여도 된다고 보는 것이 상당한 경우에는 조건으로 보아야 하고, 표시된 사실이 발생한 때에는 물론이고 반대로 발생하지 아니하는 것이 확정된 때에도 그 채무를 이행하여야 한다고 보는 것이 상당한 경우에는 표시된 사실의 발생 여부가 확정되는 것을 불확정기한으로 정한 것으로 보아야 한다(대판 2003.8.19. 2003다24215).

02 **조건에 관한 설명으로 옳지 않은 것은? (다툼이 있는 경우에는 판례에 의함)** 2014 행정사

① 조건은 법률행위의 효력의 발생 또는 소멸을 장래 발생이 확실한 사실에 의존시키는 법률행위의 부관이다.

② "행정사 시험에 합격하면 자동차를 사주겠다."고 약속한 경우 약속 당시 이미 시험에 합격했다면, 이는 조건 없는 증여계약이다.

③ "내일 해가 서쪽에서 뜨면 자동차를 사주겠다."는 내용의 증여계약은 무효이다.

④ 혼인이나 입양 등 가족법상의 법률행위는 원칙적으로 조건과 친하지 않다.

⑤ 조건의 성취로 인하여 불이익을 받을 당사자가 신의성실에 반하여 조건의 성취를 방해한 때에는 상대방은 그 조건이 성취한 것으로 주장할 수 있다.

정답해설

① 조건은 법률행위의 효력의 발생 또는 소멸을 장래의 불확실한 사실의 성부에 의존케 하는 법률행위의 부관으로서 당해 법률행위를 구성하는 의사표시의 일체적인 내용을 이루는 것이므로, 의사표시의 일반원칙에 따라 조건을 붙이고자 하는 의사, 즉 조건의사와 그 표시가 필요하며, 조건의사가 있더라도 그것이 외부에 표시되지 않으면 법률행위의 동기에 불과할 뿐이고 그것만으로는 법률행위의 부관으로서의 조건이 되는 것은 아니다(대판 2003.5.13. 2003다10797).

② "행정사 시험에 합격하면 자동차를 사주겠다."고 약속한 경우 이는 정지조건부 증여계약이고, 그 약속 당시 이미 시험에 합격했다면 기성조건으로 이는 조건 없는 증여계약이다(제151조 제2항).

> **제151조 【불법조건, 기성조건】**
> ② 조건이 법률행위의 당시 이미 성취한 것인 경우에는 그 조건이 정지조건이면 조건 없는 법률행위로 하고 해제조건이면 그 법률행위는 무효로 한다.

③ "내일 해가 서쪽에서 뜨면 자동차를 사주겠다."는 내용의 증여계약은 정지조건부 증여계약이나, 서쪽에서 해가 뜰 수 없어 불능조건으로 무효이다.

> **제151조 【불법조건, 기성조건】**
> ③ 조건이 법률행위의 당시에 이미 성취할 수 없는 것인 경우에는 그 조건이 해제조건이면 조건 없는 법률행위로 하고 정지조건이면 그 법률행위는 무효로 한다.

④ 조건을 붙이게 되면 법률행위의 효력이 불안정하게 되므로 그 효과가 즉시 발생해야 하거나 확정적으로 존속해야 하는 것에는 조건을 붙일 수 없다. 혼인이나 입양 등 가족법상의 법률행위는 원칙적으로 조건과 친하지 않다.

⑤ **제150조 【조건성취, 불성취에 대한 반신의행위】** ① 조건의 성취로 인하여 불이익을 받을 당사자가 신의성실에 반하여 조건의 성취를 방해한 때에는 상대방은 그 조건이 성취한 것으로 주장할 수 있다.

Answer 01 ⑤ 02 ①

03 조건에 관한 설명으로 옳지 않은 것은?

2017 행정사

① 조건의 성취가 미정인 권리의무는 일반규정에 의하여 처분, 상속, 보존 또는 담보로 할 수 있다.

② 조건이 선량한 풍속 기타 사회질서에 위반한 것인 때에는 그 법률행위는 무효로 한다.

③ 당사자가 조건성취 전에 특별한 의사표시를 하지 않으면 조건성취의 효력은 소급효가 없다.

④ 해제조건부 법률행위의 경우 법률행위 당시 조건이 이미 성취할 수 없는 것인 때에는 그 법률행위는 무효이다.

⑤ 조건부 법률행위의 당사자는 조건의 성부가 미정인 동안에 조건의 성취로 인하여 생길 상대방의 이익을 해하지 못한다.

정답해설

① **제149조【조건부권리의 처분 등】** 조건의 성취가 미정한 권리의무는 일반규정에 의하여 처분, 상속, 보존 또는 담보로 할 수 있다.

② **제151조【불법조건, 기성조건】** ① 조건이 선량한 풍속 기타 사회질서에 위반한 것인 때에는 **그 법률행위는 무효**로 한다.

③ 조건성취의 효력은 소급하지 않고 그 성취된 때로부터 법률효과가 발생하고 소멸하는 것이 원칙이다. 그러나 제3자의 권리를 해하지 않는 한 당사자의 의사표시로 소급효를 허용할 수 있다 (제147조 제3항).

> **제147조【조건성취의 효과】**
> ③ 당사자가 조건성취의 효력을 그 성취 전에 소급하게 할 의사를 표시한 때에는 그 의사에 의한다.

④ 해제조건부 법률행위의 경우 법률행위 당시 조건이 이미 성취할 수 없는 것인 때에는 그 법률행위는 조건 없는 법률행위가 된다.

> **제151조【불법조건, 기성조건】**
> ③ 조건이 법률행위의 당시에 이미 성취할 수 없는 것인 경우에는 그 조건이 해제조건이면 조건 없는 법률행위로 하고 정지조건이면 그 법률행위는 무효로 한다.

⑤ **제148조【조건부권리의 침해금지】** 조건 있는 법률행위의 당사자는 조건의 성부가 미정한 동안에 조건의 성취로 인하여 생길 상대방의 이익을 해하지 못한다.

04 **조건에 관한 설명으로 옳지 않은 것은? (다툼이 있으면 판례에 따름)** 2017 감정평가사

① 조건은 법률행위의 효력의 발생 또는 소멸을 장래의 불확실한 사실의 성부에 의존하게 하는 법률행위의 부관이다.

② 불능조건이 해제조건이면 조건 없는 법률행위가 된다.

③ 조건의사가 있더라도 법률행위의 내용으로 외부에 표시되지 않은 경우, 그것만으로는 법률행위의 조건이 되지 않는다.

④ 부관이 붙은 법률행위에 있어서 부관에 표시된 사실의 발생 유무에 상관없이 그 채무를 이행해야 하는 경우에는 조건으로 보아야 한다.

⑤ 정지조건부 법률행위의 경우에는 조건성취로 권리를 취득하는 자가 조건성취 사실에 대한 증명책임을 진다.

정답해설

①, ③ 조건은 법률행위의 효력의 발생 또는 소멸을 장래의 불확실한 사실의 성부에 의존케 하는 법률행위의 부관으로서 당해 법률행위를 구성하는 의사표시의 일체적인 내용을 이루는 것이므로, 의사표시의 일반원칙에 따라 조건을 붙이고자 하는 의사 즉 조건의사와 그 표시가 필요하며, 조건의사가 있더라도 그것이 외부에 표시되지 않으면 법률행위의 동기에 불과할 뿐이고 그것만으로는 법률행위의 부관으로서의 조건이 되는 것은 아니다(대판 2003.5.13. 2003다10797).

② 불능조건이 해제조건이면 조건 없는 법률행위로 하고, 정지조건이면 그 법률행위는 무효로 한다(제151조 제3항).

제151조 【불법조건, 기성조건】
③ 조건이 법률행위의 당시에 이미 성취할 수 없는 것인 경우에는 그 조건이 해제조건이면 조건 없는 법률행위로 하고 정지조건이면 그 법률행위는 무효로 한다.

④ 부관이 붙은 법률행위에 있어서 부관에 표시된 사실이 발생하지 아니하면 채무를 이행하지 아니하여도 된다고 보는 것이 상당한 경우에는 조건으로 보아야 하고, 표시된 사실이 발생한 때에는 물론이고 반대로 발생하지 아니하는 것이 확정된 때에도 그 채무를 이행하여야 한다고 보는 것이 상당한 경우에는 표시된 사실의 발생 여부가 확정되는 것을 불확정기한으로 정한 것으로 보아야 한다(대판 2003.8.19. 2003다24215).

⑤ 정지조건부 법률행위에 있어서 조건이 성취되었다는 사실은 이에 의하여 권리를 취득하고자 하는 측에서 그 입증책임이 있다 할 것이므로, 정지조건부 채권양도에 있어서 정지조건이 성취되었다는 사실은 채권양도의 효력을 주장하는 자에게 그 입증책임이 있다(대판 1983.4.12. 81다카692).

| 비교 | 법률행위의 효력이 정지조건의 성취에 달려있는 경우

1. 정지조건의 존재는 당해 법률행위 효력의 권리장애사유로서 항변사실로 권리취득을 다투는 피고가
2. 정지조건의 성취는 재항변사실로 권리를 취득하고자 하는 측에 입증책임이 있다.

따라서 매매대금청구권의 발생이 장래의 불확실한 사실의 발생에 달려 있다면(정지조건), 매수인인 피고는 정지조건의 약정사실을 항변으로 주장할 수 있고, 매도인인 원고는 정지조건의 성취사실을 재항변으로 주장하면 된다(대판 1984.9.25. 84다카967).

Answer 03 ④ 04 ④

05 법률행위의 조건과 기한에 관한 설명으로 옳은 것은? (다툼이 있으면 판례에 따름) 2016 행정사

① 조건성취로 불이익을 받을 자가 고의가 아닌 과실로 신의성실에 반하여 조건의 성취를 방해한 경우, 상대방은 조건이 성취된 것으로 주장할 수 없다.

② 정지조건이 성취되면 법률효과는 그 성취된 때로부터 발생하며, 당사자의 의사로 이를 소급시킬 수 없다.

③ 조건이 선량한 풍속 기타 사회질서에 위반한 것인 때에는 그 조건은 무효로 되지만 그 조건이 붙은 법률행위가 무효로 되는 것은 아니다.

④ “3년 안에 甲이 사망하면 현재 甲이 사용 중인 乙소유의 자전거를 乙이 丙에게 증여한다.”는 계약은 조건부 법률행위이다.

⑤ 조건의 성취가 미정한 권리는 일반규정에 의하여 처분할 수 없다.

정답해설

① 조건의 성취로 인하여 불이익을 받을 당사자가 신의성실에 반하여 조건의 성취를 방해한 경우, 그것이 고의에 의한 경우만이 아니라 과실에 의한 경우에도 신의성실에 반하여 조건의 성취를 방해한 때에 해당한다고 할 것이므로, 그 상대방은 민법 제150조 제1항의 규정에 의하여 그 조건이 성취된 것으로 주장할 수 있다(대판 1998.12.22. 98다42356).

> **제150조 【조건성취, 불성취에 대한 반신의행위】**
> ① 조건의 성취로 인하여 불이익을 받을 당사자가 신의성실에 반하여 조건의 성취를 방해한 때에는 상대방은 그 조건이 성취한 것으로 주장할 수 있다.

② 조건성취의 효력은 소급하지 않고 그 성취된 때로부터 법률효과가 발생하고 소멸하는 것이 원칙이다. 그러나 제3자의 권리를 해하지 않는 한 당사자의 의사표시로 소급효를 허용할 수 있다(제147조 제3항). 정지조건이 성취되면 법률효과는 그 성취된 때로부터 발생하며, 당사자의 의사로 이를 소급시킬 수 있다.

> **제147조 【조건성취의 효과】**
> ③ 당사자가 조건성취의 효력을 그 성취 전에 소급하게 할 의사를 표시한 때에는 그 의사에 의한다.

③ 조건부 법률행위에 있어 조건의 내용 자체가 불법적인 것이어서 무효일 경우 또는 조건을 붙이는 것이 허용되지 아니하는 법률행위에 조건을 붙인 경우 그 조건만을 분리하여 무효로 할 수 없고 전부무효가 된다(대결 2005.11.8. 2005마541).

> **제151조 【불법조건, 기성조건】**
> ① 조건이 선량한 풍속 기타 사회질서에 위반한 것인 때에는 그 법률행위는 무효로 한다.

④ “3년 안에 甲이 사망하면 현재 甲이 사용 중인 乙소유의 자전거를 乙이 丙에게 증여한다.”는 계약은 3년 안에 甲의 사망여부가 장래 불확실한 사실로 이에 따라 증여계약의 효력이 발생할 수도 발생하지 않을 수도 있어 조건부 법률행위에 해당한다.

⑤ **제149조 【조건부권리의 처분 등】** 조건의 성취가 미정한 권리의무는 일반규정에 의하여 처분, 상속, 보존 또는 담보로 할 수 있다.

06 조건과 기한에 관한 설명으로 옳지 않은 것은? (다툼이 있으면 판례에 따름) 2018 행정사

① 조건이란 법률행위 효력의 발생 또는 소멸을 장래 발생할 것이 확실한 사실에 의존하게 하는 법률행위의 부관을 말한다.

② 조건의 성취로 이익을 받을 당사자가 신의성실에 반하여 조건을 성취시킨 경우, 상대방은 그 조건이 성취하지 아니한 것으로 주장할 수 있다.

③ 조건이 법률행위 당시 이미 성취한 것인 경우, 그 조건이 정지조건이면 조건 없는 법률행위로 한다.

④ 종기(終期) 있는 법률행위는 기한이 도래한 때로부터 그 효력을 잃는다.

⑤ 기한은 채무자의 이익을 위한 것으로 추정한다.

정답해설

① 조건은 법률행위의 효력의 발생 또는 소멸을 장래의 불확실한 사실의 성부에 의존케 하는 법률행위의 부관으로서 당해 법률행위를 구성하는 의사표시의 일체적인 내용을 이루는 것이므로, 의사표시의 일반원칙에 따라 조건을 붙이고자 하는 의사, 즉 조건의사와 그 표시가 필요하며, 조건의사가 있더라도 그것이 외부에 표시되지 않으면 법률행위의 동기에 불과할 뿐이고 그것만으로는 법률행위의 부관으로서의 조건이 되는 것은 아니다(대판 2003.5.13. 2003다10797).

② **제150조 【조건성취, 불성취에 대한 반신의행위】** ② 조건의 성취로 인하여 이익을 받을 당사자가 신의성실에 반하여 조건을 성취시킨 때에는 상대방은 그 조건이 성취하지 아니한 것으로 주장할 수 있다.

③ **제151조 【불법조건, 기성조건】** ② 조건이 법률행위의 당시 이미 성취한 것인 경우에는 그 조건이 정지조건이면 조건 없는 법률행위로 하고 해제조건이면 그 법률행위는 무효로 한다.

④ **제152조 【기한도래의 효과】** ② 종기 있는 법률행위는 기한이 도래한 때로부터 그 효력을 잃는다.

⑤ **제153조 【기한의 이익과 그 포기】** ① 기한은 채무자의 이익을 위한 것으로 추정한다.

Answer 05 ④ 06 ①

07 조건과 기한에 관한 설명으로 옳은 것은?

2020 행정사

① 기한은 채권자의 이익을 위한 것으로 본다.
② 정지조건은 법률행위 효력의 발생을 장래의 확실한 사실에 의존케 하는 조건이다.
③ 해제조건은 법률행위 효력의 발생을 장래의 불확실한 사실에 의존케 하는 조건이다.
④ 불법조건이 붙은 법률행위는 원칙적으로 불법조건을 제외한 나머지는 유효하다.
⑤ 시기 있는 법률행위는 기한이 도래한 때로부터 그 효력이 생긴다.

정답해설

① **제153조【기한의 이익과 그 포기】** ① 기한은 채무자의 이익을 위한 것으로 추정한다.
② 정지조건은 법률행위의 효력의 발생을 장래의 불확실한 사실의 성부에 의존케 하는 법률행위의 부관을 말한다.
③ 해제조건은 법률행위 효력의 소멸을 장래의 불확실한 사실에 의존케 하는 법률행위의 부관을 말한다.
④ 조건부 법률행위에 있어 조건의 내용 자체가 불법적인 것이어서 무효일 경우 또는 조건을 붙이는 것이 허용되지 아니하는 법률행위에 조건을 붙인 경우 그 조건만을 분리하여 무효로 할 수 없고 전부무효가 된다(대결 2005.11.8. 2005마541).

> **제151조 【불법조건, 기성조건】**
> ① 조건이 선량한 풍속 기타 사회질서에 위반한 것인 때에는 그 법률행위는 무효로 한다.

⑤ **제152조【기한도래의 효과】** ① 시기 있는 법률행위는 기한이 도래한 때로부터 그 효력이 생긴다.

08 조건이나 기한에 관한 설명으로 옳지 않은 것은?

2013 행정사

① 당사자가 조건성취의 효력을 그 성취 전에 소급하게 할 의사를 표시한 때에는 그 의사에 의한다.
② 기한의 이익은 당사자의 특약이나 법률행위의 성질상 분명하지 않으면 채권자를 위한 것으로 추정한다.
③ 해제조건이 법률행위 당시 이미 성취될 수 없는 것이면 조건 없는 법률행위로 한다.
④ 조건이 사회질서에 위반한 것인 때에는 그 법률행위는 무효로 한다.
⑤ 조건의 성취가 미정한 권리는 일반규정에 의하여 처분할 수 있다.

정답해설

① **제147조【조건성취의 효과】** ③ 당사자가 조건성취의 효력을 그 성취 전에 소급하게 할 의사를 표시한 때에는 그 의사에 의한다.

비교 기한은 당사자의 의사표시로 소급효를 인정하는 규정이 없다.

② **제153조【기한의 이익과 그 포기】** ① 기한은 채무자의 이익을 위한 것으로 추정한다.
③ **제151조【불법조건, 기성조건】** ③ 조건이 법률행위의 당시에 이미 성취할 수 없는 것인 경우에는 그 조건이 해제조건이면 조건 없는 법률행위로 하고 정지조건이면 그 법률행위는 무효로 한다.
④ **제151조【불법조건, 기성조건】** ① 조건이 선량한 풍속 기타 사회질서에 위반한 것인 때에는 그 법률행위는 무효로 한다.
⑤ **제149조【조건부권리의 처분 등】** 조건의 성취가 미정한 권리의무는 일반규정에 의하여 처분, 상속, 보존 또는 담보로 할 수 있다.

09 법률행위의 조건과 기한에 관한 설명으로 옳지 않은 것은? (다툼이 있으면 판례에 따름)

2015 행정사

① 기한의 이익은 포기할 수 있지만, 상대방의 이익을 해하지 못한다.
② 정지조건 있는 법률행위는 조건이 성취한 때로부터 그 효력을 잃는다.
③ 조건의 성취가 미정한 권리의무는 일반규정에 의하여 처분, 상속, 보존 또는 담보로 할 수 있다.
④ 조건부 법률행위에 있어 조건의 내용 자체가 불법적인 것이어서 무효일 경우, 그 조건만을 분리하여 무효로 할 수 없다.
⑤ 불확정한 사실이 발생한 때를 이행기한으로 정한 경우, 그 사실이 발생한 때뿐만 아니라 발생이 불가능하게 된 때에도 이행기한은 도래한 것으로 보아야 한다.

정답해설

① **제153조【기한의 이익과 그 포기】** ② 기한의 이익은 이를 포기할 수 있다. 그러나 상대방의 이익을 해하지 못한다.
② **제147조【조건성취의 효과】** ① 정지조건 있는 법률행위는 조건이 성취한 때로부터 그 효력이 생긴다.
③ **제149조【조건부권리의 처분 등】** 조건의 성취가 미정한 권리의무는 일반규정에 의하여 처분, 상속, 보존 또는 담보로 할 수 있다.
④ 조건부 법률행위에 있어 조건의 내용 자체가 불법적인 것이어서 무효일 경우 또는 조건을 붙이는 것이 허용되지 아니하는 법률행위에 조건을 붙인 경우 그 조건만을 분리하여 무효로 할 수는 없고 그 법률행위 전부가 무효로 된다(대판 2005.11.8. 2005마541). 불법조건이 붙은 법률행위는 그 조건이 정지조건이든 해제조건이든 모두 전부 무효가 된다.

제151조【불법조건, 기성조건】
① 조건이 선량한 풍속 기타 사회질서에 위반한 것인 때에는 그 법률행위는 무효로 한다.

⑤ 당사자가 불확정한 사실이 발생한 때를 이행기한으로 정한 경우에 있어서 그 사실이 발생한 때는 물론 그 사실의 발생이 불가능하게 된 때에도 이행기한은 도래한 것으로 보아야 한다(대판 2003.8.19. 2003다24215).

Answer 07 ⑤ 08 ② 09 ②

10 법률행위의 조건과 기한에 관한 설명으로 옳지 않은 것은? (다툼이 있으면 판례에 따름)

2019 행정사

① 기한부 권리는 일반규정에 의하여 처분할 수 있다.

② 조건 있는 법률행위의 당사자는 조건의 성부가 미정한 동안에 조건의 성취로 인하여 생길 상대방의 이익을 해하지 못한다.

③ 해제조건 있는 법률행위는 조건이 성취한 때로부터 그 효력을 잃지만, 당사자의 의사에 따라 이를 소급하게 할 수 있다.

④ 시기 있는 법률행위는 기한이 도래한 때로부터 그 효력이 생긴다.

⑤ 부첩관계의 종료를 해제조건으로 하는 증여계약에서 그 조건은 무효이므로 그 증여계약은 조건 없는 법률행위가 된다.

정답해설

① 조건부 권리의 보호에 관한 규정(제148조와 제149조)은 기한 있는 법률행위에도 준용된다(제154조).

제149조 【조건부권리의 처분 등】
조건의 성취가 미정한 권리의무는 일반규정에 의하여 처분, 상속, 보존 또는 담보로 할 수 있다.

② **제148조 【조건부권리의 침해금지】** 조건 있는 법률행위의 당사자는 조건의 성부가 미정한 동안에 조건의 성취로 인하여 생길 상대방의 이익을 해하지 못한다.

③ 조건성취의 효력은 소급하지 않고 그 성취된 때로부터 법률효과가 발생하고 소멸하는 것이 원칙이다. 그러나 제3자의 권리를 해하지 않는 한 당사자의 의사표시로 소급효를 허용할 수 있다(제147조 제3항). 해제조건 있는 법률행위는 조건이 성취한 때로부터 그 효력을 잃지만, 당사자의 의사에 따라 이를 소급하게 할 수 있다.

제147조 【조건성취의 효과】
③ 당사자가 조건성취의 효력을 그 성취 전에 소급하게 할 의사를 표시한 때에는 그 의사에 의한다.

비교 기한은 당사자의 의사표시로 소급효를 인정하는 규정이 없다.

④ **제152조 【기한도래의 효과】** ① 시기 있는 법률행위는 기한이 도래한 때로부터 그 효력이 생긴다.

⑤ 부첩관계인 부부생활의 종료를 해제조건으로 하는 증여계약은 그 조건만이 무효인 것이 아니라 증여계약 자체가 무효이다(대판 1966.6.21. 66다530).

11 **법률행위의 부관에 관한 설명으로 옳은 것은? (다툼이 있으면 판례에 의함)** 2022 행정사

① 상계의 의사표시에는 원칙적으로 조건을 붙일 수 있다.

② 조건부 법률행위에서 조건의 내용 자체가 불법적이어서 무효인 경우 원칙적으로 그 조건만이 무효이고 나머지 법률행위는 유효이다.

③ 해제조건부 법률행위의 조건이 불능조건인 경우 그 법률행위는 무효이다.

④ 시기(始期) 있는 법률행위는 기한이 도래한 때로부터 그 효력을 잃는다.

⑤ 기한은 특별한 사정이 없는 한 채무자의 이익을 위한 것으로 추정한다.

정답해설

① **제493조 【상계의 방법, 효과】** ① 상계는 상대방에 대한 의사표시로 한다. 이 의사표시에는 조건 또는 기한을 붙이지 못한다.

② 조건부 법률행위에 있어 조건의 내용 자체가 불법적인 것이어서 무효일 경우 또는 조건을 붙이는 것이 허용되지 아니하는 법률행위에 조건을 붙인 경우 그 조건만을 분리하여 무효로 할 수는 없고 그 법률행위 전부가 무효로 된다(대결 2005.11.8. 2005마541).

> **제151조 【불법조건, 기성조건】**
> ① 조건이 선량한 풍속 기타 사회질서에 위반한 것인 때에는 그 법률행위는 무효로 한다.

③ **제151조 【불법조건, 기성조건】** ③ 조건이 법률행위의 당시에 이미 성취할 수 없는 것인 경우에는 그 조건이 해제조건이면 조건 없는 법률행위로 하고 정지조건이면 그 법률행위는 무효로 한다.

④ **제152조 【기한도래의 효과】** ① 시기 있는 법률행위는 기한이 도래한 때로부터 그 효력이 생긴다.

⑤ **제153조 【기한의 이익과 그 포기】** ① 기한은 채무자의 이익을 위한 것으로 추정한다.

Answer 10 ⑤ 11 ⑤

12 **법률행위의 부관에 관한 설명으로 옳은 것은? (다툼이 있으면 판례에 의함)** 2024 행정사

① 정지조건 있는 법률행위는 조건이 성취한 때로부터 그 효력을 잃는다.

② 조건이 법률행위의 당시에 이미 성취할 수 없는 불능조건인 경우에는 그 조건이 해제조건이면 그 법률행위는 무효로 한다.

③ 종기(終期) 있는 법률행위는 기한이 도래한 때로부터 그 효력이 생긴다.

④ 기한의 이익이 상대방에게도 있는 경우에 당사자 일방은 그 상대방의 손해를 배상하고 기한의 이익을 포기할 수 있다.

⑤ 조건의 성취가 미정한 권리의무는 일반규정에 의하여 처분, 상속 또는 담보로 할 수 없다.

정답해설

① **제147조【조건성취의 효과】** ① 정지조건 있는 법률행위는 조건이 성취한 때로부터 그 효력이 생긴다.

② **불능조건이 해제조건이면 조건 없는 법률행위**로 하고, 정지조건이면 그 법률행위는 무효로 한다(제151조 제3항).

> **제151조【불법조건, 기성조건】** ③ 조건이 법률행위의 당시에 이미 성취할 수 없는 것인 경우에는 그 조건이 해제조건이면 조건 없는 법률행위로 하고 정지조건이면 그 법률행위는 무효로 한다.

③ **제152조【기한도래의 효과】** ② 종기 있는 법률행위는 기한이 도래한 때로부터 그 효력을 잃는다.

④ 기한의 이익은 포기할 수 있으나, 상대방의 이익을 해하지 못한다(민법 제153조 제2항). 변제기 전이라도 채무자는 변제할 수 있으나, 상대방의 손해는 배상하여야 한다(민법 제468조)(대판 2023.4.13. 2021다305338).

⑤ **제149조【조건부권리의 처분 등】** 조건의 성취가 미정한 권리의무는 일반규정에 의하여 처분, 상속, 보존 또는 담보로 할 수 있다.

13 **법률행위의 조건과 기한에 관한 설명으로 옳지 않은 것은?** 2024 행정사

① 기한의 이익은 특약이나 법률행위의 성질로 분명하지 아니한 경우에는 채무자를 위한 것으로 추정한다.

② 채무자가 담보를 손상하게 한 때에 그는 기한의 이익을 주장하지 못한다.

③ 조건 있는 법률행위의 당사자는 조건의 성부가 미정한 동안에는 조건의 성취로 인하여 생길 상대방의 이익을 해하지 못한다.

④ 2024년 4월에 '2024년 제12회 행정사 시험에 응시하여 최종 합격하면 자동차를 사준다'는 법률행위를 한 경우 이는 특별한 사정이 없는 한 정지조건부 법률행위이다.

⑤ 불법조건이 붙은 법률행위는 그 조건만 무효이다.

정답해설

① **제153조【기한의 이익과 그 포기】** ① 기한은 채무자의 이익을 위한 것으로 추정한다.

② 제388조 제1호

> **제388조【기한의 이익의 상실】**
> 채무자는 다음 각 호의 경우에는 기한의 이익을 주장하지 못한다.
> → 이때 기한의 이익상실로 기한이 도래하는 것은 아니라 즉시변제청구권이 발생한다.
> 1. 채무자가 담보를 손상, 감소 또는 멸실하게 한 때
> 2. 채무자가 담보제공의 의무를 이행하지 아니한 때

③ **제148조【조건부권리의 침해금지】** 조건 있는 법률행위의 당사자는 조건의 성부가 미정한 동안에 조건의 성취로 인하여 생길 상대방의 이익을 해하지 못한다.

④ 2024년 4월에 '2024년 제12회 행정사 시험에 응시하여 최종 합격하면 자동차를 사준다'는 법률행위를 한 경우 바로 효력이 발생하는 것이 아니라 최종 합격을 하여야 효력이 생기는 것으로 정지조건부 법률행위이다(제147조 제1항).

> **제147조【조건성취의 효과】** ① 정지조건 있는 법률행위는 조건이 성취한 때로부터 그 효력이 생긴다.

⑤ 조건부 법률행위에 있어 조건의 내용 자체가 불법적인 것이어서 무효일 경우 또는 조건을 붙이는 것이 허용되지 아니하는 법률행위에 조건을 붙인 경우 그 조건만을 분리하여 무효로 할 수는 없고 그 법률행위 전부가 무효로 된다(대결 2005.11.8. 2005마541).

> **제151조【불법조건, 기성조건】** ① 조건이 선량한 풍속 기타 사회질서에 위반한 것인 때에는 그 법률행위는 무효로 한다.

Chapter 05

Answer 12 ④ 13 ⑤

14 **기한에 관한 설명으로 옳지 않은 것은? (다툼이 있으면 판례에 의함)** 2013 감정평가사

① 정지조건부 기한이익의 상실특약이 있는 경우 그 특약사유가 발생하더라도 채권자의 의사표시가 있어야 채무자는 기한의 이익을 상실한다.

② 파산선고를 받은 채무자는 기한의 이익을 주장하지 못한다.

③ 채권자는 변제기까지의 이자를 포기하고 채무자에게 기한 전에 변제할 것을 청구할 수 없다.

④ 종기있는 법률행위는 기한이 도래한 때로부터 그 효력을 잃는다.

⑤ 당사자가 불확정한 사실이 발생한 때를 이행기한으로 정한 경우 그 사실의 발생이 불가능하게 된 때에도 이행기한이 도래한 것으로 보아야 한다.

정답해설

① 정지조건부 기한이익 상실특약에서 기한이익 상실사유가 발생한 경우 채권자의 의사표시가 없더라도 이행기도래의 효과가 발생한다고 한다(대판 1989.9.29. 88다카14663).

② 채무자가 파산한 때에는 채무자는 기한의 이익을 주장하지 못한다(채무자회생 및 파산에 관한 법률 제425조).

> **제425조【기한부채권의 변제기도래】**
> 기한부채권은 파산선고 시에 변제기에 이른 것으로 본다.

③ 기한의 이익의 포기는 1. 기한의 이익이 당사자 일방만을 위하여 존재하는 경우에는 상대방에 대한 의사표시로써 임의로 포기할 수 있다. 2. 그러나 기한의 이익이 상대방을 위하여서도 존재하는 경우에는 상대방의 손해를 배상하고 포기할 수 있다. 즉 이자부 소비대차에서처럼 채권자에게도 있는 경우에도 포기할 수 있다. 채무자는 변제기까지의 이자를 지급하여 변제기 전에 변제할 수 있다. 그러나 채권자는 변제기까지의 이자를 포기하고 기한 전에 변제할 것을 청구할 수 없다.

④ **제152조【기한도래의 효과】** ② 종기 있는 법률행위는 기한이 도래한 때로부터 그 효력을 잃는다.

⑤ 부관이 붙은 법률행위에 있어서 부관에 표시된 사실이 발생하지 아니하면 채무를 이행하지 아니하여도 된다고 보는 것이 상당한 경우에는 조건으로 보아야 하고, 표시된 사실이 발생한 때에는 물론이고 반대로 발생하지 아니하는 것이 확정된 때에도 그 채무를 이행하여야 한다고 보는 것이 상당한 경우에는 표시된 사실의 발생 여부가 확정되는 것을 불확정기한으로 정한 것으로 보아야 한다(대판 2003.8.19. 2003다24215).

15 **기한의 이익에 관한 설명으로 옳은 것은? (다툼이 있으면 판례에 따름)** 2017 감정평가사

① 기한의 이익이 채권자 및 채무자 쌍방에게 있는 경우, 채무자는 기한의 이익을 포기할 수 없다.

② 채무자인 甲이 저당권자 乙 이외의 다른 채권자 丙에게 동일한 부동산 위에 후순위저당권을 설정해 준 경우 원칙적으로 甲은 乙에게 기한의 이익을 주장하지 못한다.

③ 기한이익 상실의 특약은 특별한 사정이 없는 한 형성권적 기한이익 상실의 특약으로 추정된다.

④ 형성권적 기한이익 상실의 특약이 있는 할부채무의 경우, 특별한 사정이 없는 한 1회의 불이행이 있으면 채무전액에 대하여 소멸시효가 진행한다.

⑤ 정지조건부 기한이익 상실의 특약이 있는 경우, 그 특약에 정한 기한이익 상실사유가 발생하더라도 기한이익을 상실케 하는 채권자의 의사표시가 없다면 특별한 사정이 없는 한 이행기 도래의 효과가 발생하지 않는다.

정답해설

① 기한의 이익의 포기는 1. 기한의 이익이 당사자 일방만을 위하여 존재하는 경우에는 상대방에 대한 의사표시로써 임의로 포기할 수 있다. 2. 그러나 기한의 이익이 상대방을 위하여서도 존재하는 경우에는 상대방의 손해를 배상하고 포기할 수 있다.

② 저당권자인 乙은 우선변제권을 가진 물권을 가지고 있으므로, 채무자가 다른 채권자에게 후순위의 저당권을 설정하더라도 담보를 손상, 감소 또는 멸실하게 한 것은 아니기 때문에 기한의 이익을 상실하지 않는다.

> **제388조【기한의 이익의 상실】**
> 채무자는 다음 각 호의 경우에는 기한의 이익을 주장하지 못한다.
> → 이때 기한의 이익상실로 기한이 도래하는 것은 아니라 즉시변제청구권이 발생한다.
> 1. 채무자가 담보를 손상, 감소 또는 멸실하게 한 때
> 2. 채무자가 담보제공의 의무를 이행하지 아니한 때

③ 기한이익상실의 특약에는 그 내용에 의해 일정한 사유가 발생하면 채권자가 별도의 청구를 하지 않더라도 당연히 기한의 이익이 상실되어 이행기가 도래하는 '정지조건부 기한이익상실의 특약과 일정한 사유가 발생한 후 채권자의 통지나 청구 등 채권자의 의사행위를 기다려 비로소 이행기가 도래하는 '형성권적 기한이익상실의 특약이 존재할 수 있다. 대법원은 형성권적 기한이익 상실의 특약으로 추정하는 것이 타당하다고 본다(대판 2002.9.4. 2002다28340).

Answer 14 ① 15 ③

④ 형성권적 기한이익 상실의 특약이 있는 경우에는 그 특약은 채권자의 이익을 위한 것으로서 기한이익의 상실 사유가 발생하였다고 하더라도 채권자가 나머지 전액을 일시에 청구할 것인가 또는 종래대로 할부변제를 청구할 것인가를 자유로이 선택할 수 있으므로, 이와 같은 기한이익 상실의 특약이 있는 할부채무에 있어서는, 1회의 불이행이 있더라도 각 할부금에 대해 그 각 변제기의 도래시마다 그 때부터 순차로 소멸시효가 진행하고 채권자가 특히 잔존 채무 전액의 변제를 구하는 취지의 의사를 표시한 경우에 한하여 전액에 대하여 그 때부터 소멸시효가 진행한다(대판 2002.9.4. 2002다28340 등).

⑤ 정지조건부 기한이익 상실특약에서 기한이익 상실사유가 발생한 경우 채권자의 의사표시가 없더라도 이행기도래의 효과가 발생한다고 한다(대판 1989.9.29. 88다카14663).

16 법률행위의 조건과 기한에 관한 설명으로 옳은 것은? (다툼이 있으면 판례에 의함)

2023 행정사

① 기한이익 상실의 특약은 특별한 사정이 없는 한 정지조건부 기한이익 상실의 특약으로 추정한다.

② 당사자가 불확정한 사실이 발생한 때를 이행기한으로 정한 경우 그 사실의 발생이 불가능하게 된 때에는 기한의 도래로 볼 수 없다.

③ 조건성취로 불이익을 받을 자가 과실로 신의성실에 반하여 조건의 성취를 방해한 때에는 상대방은 조건이 성취된 것으로 주장할 수 없다.

④ 기한부 법률행위의 당사자가 기한도래의 효력을 그 도래 전으로 소급하게 할 의사를 표시한 때에는 그 의사에 의한다.

⑤ 조건이 성립하기 위해서는 조건의사와 그 표시가 필요하고, 조건의사가 있더라도 그것이 외부에 표시되지 않으면 원칙적으로 법률행위의 동기에 불과하다.

정답해설

① 기한이익 상실의 특약이 위의 양자 중 어느 것에 해당하느냐는 당사자의 의사해석의 문제이지만 일반적으로 기한이익 상실의 특약이 채권자를 위하여 둔 것인 점에 비추어 명백히 정지조건부 기한이익 상실의 특약이라고 볼 만한 특별한 사정이 없는 이상 형성권적 기한이익 상실의 특약으로 추정하는 것이 타당하다(대판 2010.8.26. 2008다42416. 42423).

② 당사자가 불확정한 사실이 발생한 때를 이행기한으로 정한 경우 그 사실이 발생한 때는 물론 그 사실의 발생이 불가능하게 된 때에도 이행기한은 도래한 것으로 보아야 한다(대판 2007. 5.10. 2005다67353 부지경계 합의 사건).

③ 고의에 의한 경우만이 아니라 과실에 의한 경우에도 신의성실에 반하여 조건의 성취를 방해한 때에 해당한다고 할 것이므로, 그 상대방은 민법 제150조 제1항의 규정에 의하여 그 조건이 성취된 것으로 주장할 수 있다(대판 1998.12.22. 98다42356).

> **제150조【조건성취, 불성취에 대한 반신의행위】**
> ① 조건의 성취로 인하여 불이익을 받을 당사자가 신의성실에 반하여 조건의 성취를 방해한 때에는 상대방은 그 조건이 성취한 것으로 주장할 수 있다.

④ 기한에는 소급효가 없고, 당사자의 약정에 의해서도 소급효를 인정할 수 없다(제152조 제1항 · 제2항).

> **제152조【기한도래의 효과】**
> ① 시기 있는 법률행위는 기한이 도래한 때로부터 그 효력이 생긴다.
> ② 종기 있는 법률행위는 기한이 도래한 때로부터 그 효력을 잃는다.

| 비교 | 조건성취의 효력은 소급하지 않고 그 성취된 때로부터 법률효과가 발생하고 소멸하는 것이 원칙이다. 그러나 제3자의 권리를 해하지 않는 한 당사자의 의사표시로 소급효를 허용할 수 있다(제147조 제3항).

⑤ 조건은 법률행위의 효력의 발생 또는 소멸을 장래의 불확실한 사실의 성부에 의존케 하는 법률행위의 부관으로서 당해 법률행위를 구성하는 의사표시의 일체적인 내용을 이루는 것이므로, 의사표시의 일반원칙에 따라 조건을 붙이고자 하는 의사 즉 조건의사와 그 표시가 필요하며, 조건의사가 있더라도 그것이 외부에 표시되지 않으면 법률행위의 동기에 불과할 뿐이고 그것만으로는 법률행위의 부관으로서의 조건이 되는 것은 아니다(대판 2003.5.13. 2003다10797).

Answer 16 ⑤

행정사
백운정 민법총칙

CHAPTER

06

기간

Chapter

06 기간

01 기간에 관한 설명으로 옳지 않은 것은? (다툼이 있으면 판례에 따름) 2018 행정사

① 기간의 계산은 법령, 재판상의 처분 또는 법률행위에 다른 정한 바가 없으면 민법규정에 의한다.

② 연령이 아닌 기간 계산에서 기간을 월(月)로 정한 경우, 그 기간이 오전 0시로부터 시작하는 때에는 초일을 산입한다.

③ 기간의 초일이 공휴일이라 하더라도 그 기간은 초일부터 기산한다.

④ 기간을 주(週)로 정한 때에는 역(曆)에 의하여 계산한다.

⑤ 기간의 말일이 토요일인 때에는 기간은 그 전일로 만료한다.

정답해설

① **제155조【본장의 적용범위】** 기간의 계산은 법령, 재판상의 처분 또는 법률행위에 다른 정한 바가 없으면 본장의 규정에 의한다.

② **제157조【기간의 기산점】** 기간을 일, 주, 월 또는 연으로 정한 때에는 기간의 초일은 산입하지 아니한다. 그러나 그 기간이 오전 0시로부터 시작하는 때에는 그러하지 아니하다.

③, ⑤ 민법 제161조가 정하는 기간의 말일이 공휴일에 해당한 때에는 기간은 그 익일로 만료한다는 규정의 취의는 명문이 정하는 바와 같이 기간의 말일이 공휴일인 경우를 정하는 것이고, 이는 기간의 만료일이 공휴일에 해당함으로써 발생할 불이익을 막자고 함에 그 뜻이 있는 것이므로 기간 기산의 초일은 이의 적용이 없다. 기간의 초일이 공휴일이라고 해도 기간은 초일부터 기산한다(대판 1982.2.23. 81누204). 반면에 기간의 말일이 토요일인 때에는 그 익일로 종료한다.

> **제161조【공휴일과 기간의 만료점】**
> 기간의 말일이 토요일 또는 공휴일에 해당한 때에는 기간은 그 익일로 만료한다.

④ **제160조【역에 의한 계산】** ① 기간을 주, 월 또는 연으로 정한 때에는 역에 의하여 계산한다.

02 기간에 관한 설명으로 옳은 것은? 2014 행정사

① 기간의 계산에 관한 민법규정은 강행규정이다.

② 연령을 계산할 때에는 출생일을 산입하지 아니한다.

③ 기간을 일, 주, 월 또는 연으로 정한 때에는 기간 말일의 개시로 만료한다.

④ 시, 분, 초를 단위로 하는 기간은 자연적 계산방법에 따라 즉시부터 기산한다.

⑤ 기간의 계산에 관한 민법규정은 기산일로부터 소급하여 계산되는 기간의 계산방법에 대하여 적용되지 아니한다.

정답해설

① 기간에 관한 민법 규정은 약정이나 법률이 없을 때만 적용되는 보충규정이며, 또한 사법관계뿐만 아니라 공법관계도 적용된다. 강행규정이 아닌 임의규정이다.

> **제155조【본장의 적용범위】**
> 기간의 계산은 법령, 재판상의 처분 또는 법률행위에 다른 정한 바가 없으면 본장의 규정에 의한다.

② **제158조【나이의 계산과 표시】** 나이는 출생일을 산입하여 만(滿) 나이로 계산하고, 연수(年數)로 표시한다. 다만, 1세에 이르지 아니한 경우에는 월수(月數)로 표시할 수 있다.
③ **제159조【기간의 만료점】** 기간을 일, 주, 월, 또는 연으로 정한 때에는 기간말일의 종료로 기간이 만료한다.
④ **제156조【기간의 기산점】** 기간을 시, 분, 초로 정한 때에는 즉시로부터 기산한다.
⑤ 기산의 계산방법에 관한 민법의 규정은 순산으로서 일정시점부터 장래에 향한 기간의 계산에 관한 것이지만, 기산일부터 소급하여 계산하는 역산의 경우에도 유추적용된다.

03 **민법상 기간에 관한 설명으로 옳지 않은 것은? (다툼이 있으면 판례에 의함)** 2022 행정사

① 연령 계산에는 출생일을 산입한다.
② 기간의 초일(初日)이 공휴일에 해당한 때에는 기간은 그 익일부터 기산한다.
③ 기간을 시, 분, 초로 정한 때에는 즉시로부터 기산한다.
④ 기간을 주, 월 또는 연으로 정한 때에는 역(歷)에 의하여 계산한다.
⑤ 기간을 일, 주, 월 또는 연으로 정한 때에는 그 기간이 오전 영(零)시로부터 시작하는 때가 아니면 기간의 초일은 산입하지 않는다.

정답해설

① **제158조【나이의 계산과 표시】** 나이는 출생일을 산입하여 만(滿) 나이로 계산하고, 연수(年數)로 표시한다. 다만, 1세에 이르지 아니한 경우에는 월수(月數)로 표시할 수 있다.
② 민법 제161조가 정하는 '기간의 말일이 공휴일(현행 토요일 또는 공휴일)에 해당한 때에는 기간은 그 익일로 만료한다'는 규정의 취의는 명문이 정하는 바와 같이 기간의 말일이 공휴일인 경우를 정하는 것이고, 이는 기간의 만료일이 공휴일에 해당함으로써 발생할 불이익을 막자고 함에 그 뜻이 있는 것이므로 기간 기산의 초일은 이의 적용이 없다(대판 1982.2.23. 81누204).
③ **제156조【기간의 기산점】** 기간을 시, 분, 초로 정한 때에는 즉시로부터 기산한다.
④ **제160조【역에 의한 계산】** ① 기간을 주, 월 또는 연으로 정한 때에는 역에 의하여 계산한다.
⑤ **제157조【기간의 기산점】** 기간을 일, 주, 월 또는 연으로 정한 때에는 기간의 초일은 산입하지 아니한다. 그러나 그 기간이 오전 0시로부터 시작하는 때에는 그러하지 아니하다.

Answer 01 ⑤ 02 ④ 03 ②

04 **민법상 기간에 관한 설명으로 옳은 것은? (다툼이 있으면 판례에 따름)** 2017 행정사

① 기간이 오전 0시부터 시작하는 경우라고 하더라도 초일을 산입하지 않는다.
② 기간의 계산에 관하여 법률행위에서 다르게 정하고 있더라도 민법의 기간 계산방법이 우선한다.
③ 초일이 공휴일이라고 해서 다음날부터 기간을 기산하는 것은 아니다.
④ 민법상 기간의 계산에 관한 규정은 공법관계에는 적용되지 않는다.
⑤ 주, 월 또는 연(年)의 처음으로부터 기간을 기산하지 아니하는 때에는 최후의 주, 월 또는 연(年)에서 그 기산일에 해당한 날로 기간이 만료한다.

정답해설

① **제157조【기간의 기산점】** 기간을 일, 주, 월 또는 연으로 정한 때에는 기간의 초일은 산입하지 아니한다. 그러나 그 기간이 오전 0시로부터 시작하는 때에는 그러하지 아니하다.
② 기간의 계산에 관하여 법률행위에서 다르게 정하고 있다면, 그 약정이 민법의 기간 계산방법에 우선한다.

> **제155조【본장의 적용범위】**
> 기간의 계산은 법령, 재판상의 처분 또는 법률행위에 다른 정한 바가 없으면 본장의 규정에 의한다.

③ 민법 제161조가 정하는 기간의 말일이 공휴일에 해당한 때에는 기간은 그 익일로 만료한다는 규정의 취의는 명문이 정하는 바와 같이 기간의 말일이 공휴일인 경우를 정하는 것이고, 이는 기간의 만료일이 공휴일에 해당함으로써 발생할 불이익을 막자고 함에 그 뜻이 있는 것이므로 기간 기산의 초일은 이의 적용이 없다. 기간의 초일이 공휴일이라고 해도 기간은 초일부터 기산한다(대판 1982.2.23. 81누204).

> **제161조【공휴일과 기간의 만료점】**
> 기간의 말일이 토요일 또는 공휴일에 해당한 때에는 기간은 그 익일로 만료한다.

④ 민법의 기간의 규정은 사법관계뿐만 아니라 공법관계에도 적용된다.
⑤ **제160조【역에 의한 계산】** ② 주, 월 또는 연의 처음으로부터 기간을 기산하지 아니하는 때에는 최후의 주, 월 또는 년에서 그 기산일에 해당한 날의 전일로 기간이 만료한다.

05 **기간에 관한 설명으로 옳지 않은 것은? (다툼이 있으면 판례에 따름)** 2021 행정사

① 계약 기간의 기산점을 오는 7월 1일부터 기산하여 주(週)로 정한 때에는 기간의 초일은 산입하지 아니한다.

② 기간을 시(時)로 정한 때에는 즉시로부터 기산한다.

③ 기간을 월(月)로 정한 경우에 최종의 월에 해당일이 없는 때에는 그 월의 말일로 기간이 만료한다.

④ 기간의 말일이 토요일 또는 공휴일에 해당한 때에는 기간은 그 익일로 만료한다.

⑤ 정년이 60세라 함은 만 60세에 도달하는 날을 말하는 것이라고 보는 것이 상당하다.

정답해설

① 다가오는 7월 1일부터 주(週)로 정한 때에는 오전 0시로부터 시작하는 경우이므로 제157조 단서에 해당하여 기간의 초일을 산입한다.

> **제157조【기간의 기산점】**
> 기간을 일, 주, 월 또는 연으로 정한 때에는 기간의 초일은 산입하지 아니한다. 그러나 그 기간이 오전 0시로부터 시작하는 때에는 그러하지 아니하다.

② **제156조【기간의 기산점】** 기간을 시, 분, 초로 정한 때에는 즉시로부터 기산한다.

③ **제160조【역에 의한 계산】** ③ 월 또는 연으로 정한 경우에 최종의 월에 해당일이 없는 때에는 그 월의 말일로 기간이 만료한다.

④ **제161조【공휴일과 기간의 만료점】** 기간의 말일이 **토요일 또는 공휴일에 해당한 때**에는 기간은 그 익일로 만료한다.

⑤ 정년이 60세라 함은 만 60세에 도달하는 날을 말하는 것이라고 보는 것이 상당하다(대판 1973.6.12. 71다2669).

Answer 04 ③ 05 ①

06 **민법상 기간에 관한 설명으로 옳지 않은 것은? (다툼이 있으면 판례에 의함)** 2024 행정사

① 내년 6월 1일부터 '4일 동안'이라고 하는 경우에 그 기산점은 내년 6월 1일이다.

② 기간을 시(時)로 정한 때에는 즉시로부터 기산한다.

③ 정년이 60세라고 하는 것은 특별한 사정이 없으면 만 60세가 만료되는 날을 말한다.

④ 1세에 이른 사람의 나이는 출생일을 산입하여 만(滿) 나이로 계산하고 연수(年數)로 표시한다.

⑤ 어느 기간의 말일인 6월 4일이 토요일이고 6월 6일이 공휴일인 경우 그 기간은 6월 7일에 만료한다.

정답해설

① 내년 6월 1일부터 '4일 동안'이라고 하는 경우, 내년 6월 1일 오전 0시로부터 시작하는 것이므로 초일인 내년 6월 1일이 기산점이 된다(제157조 단서).

> **제157조【기간의 기산점】**
> 기간을 일, 주, 월 또는 연으로 정한 때에는 기간의 초일은 산입하지 아니한다. 그러나 그 기간이 오전 0시로부터 시작하는 때에는 그러하지 아니하다.

② **제156조【기간의 기산점】** 기간을 시, 분, 초로 정한 때에는 즉시로부터 기산한다.

③ 대한석탄공사에 피용된 채탄부의 '정년이 53세'라 함은 만 53세에 도달하는 날을 말하는 것이라고 보는 것이 상당하다(대판 1973.6.12., 71다2669) **정년이 60세**라고 하는 것은 특별한 사정이 없으면 **만 60세에 도달하는 날**을 말한다.

④ **제158조【나이의 계산과 표시】** 나이는 출생일을 산입하여 만(滿) 나이로 계산하고, 연수(年數)로 표시한다. 다만, 1세에 이르지 아니한 경우에는 월수(月數)로 표시할 수 있다.

⑤ 기간의 말일이 6월 4일이 토요일인 경우에는 6월 5일이 일요일이고, 다시 6월 6일이 공휴일이므로 그 익일인 6월 7일에 만료한다(제161조).

> **제161조【공휴일과 기간의 만료점】**
> 기간의 말일이 토요일 또는 공휴일에 해당한 때에는 기간은 그 익일로 만료한다.

07 **2000년 5월 25일 오후 11시에 출생한 자가 성년이 되는 때는?** 2019 행정사

① 2018년 5월 25일 오후 11시
② 2019년 5월 25일 오전 0시
③ 2019년 5월 25일 오후 11시
④ 2020년 5월 25일 오전 0시
⑤ 2020년 5월 25일 오후 11시

정답해설

2000년 5월 25일 오후 11시에 출생한 자는 만19세로 성년이 되고(제4조), 연령계산은 초일을 산입하므로(제158조) 2019년 5월 25일 오전 0시 또는 2019년 5월 24일 24시에 성년이 된다.

> **제4조【성년】**
> 사람은 19세로 성년에 이르게 된다.
> **제158조【나이의 계산과 표시】**
> 나이는 출생일을 산입하여 만(滿) 나이로 계산하고, 연수(年數)로 표시한다. 다만, 1세에 이르지 아니한 경우에는 월수(月數)로 표시할 수 있다.

08 **민법상 기간에 관한 설명으로 옳지 않은 것은? (다툼이 있으면 판례에 따름)** 2015 행정사

① 기간을 일, 주, 월 또는 연으로 정한 때에 그 기간의 초일을 산입하기로 한 당사자 사이의 약정은 유효하다.
② 1996. 6. 5. 08시에 출생한 사람은 2015. 6. 5. 0시부터 성년자가 된다.
③ 월로 정한 기간의 기산일이 공휴일인 경우에는 그 다음 날부터 기산한다.
④ 2015. 5. 31. 09시부터 1개월인 경우, 2015. 6. 30. 24시에 기간이 만료한다.
⑤ 2015. 6. 10. 09시에 甲이 乙에게 자전거를 빌리면서 10시간 후에 반환하기로 한 경우, 甲은 乙에게 2015. 6. 10. 19시까지 반환하여야 한다.

정답해설

① 제155조 기간의 계산에 관하여는 법령이나 법률행위에서 정하고 있으면 그에 의하게 되기 때문에 임의규정이다. 기간을 일, 주, 월 또는 연으로 정한 때에 그 기간의 초일을 산입하기로 한 당사자 사이의 약정은 유효하다.
② 기간의 기산에서 초일은 산입하지 아니하나, 연령계산에서는 출생일을 산입하므로(제157조, 제158조), 1996년 6월 5일부터 19년이 되는 2015년 6월 5일 0시부터 성년자가 된다(제4조).

> **제157조【기간의 기산점】**
> 기간을 일, 주, 월 또는 연으로 정한 때에는 기간의 초일은 산입하지 아니한다. 그러나 그 기간이 오전 0시로부터 시작하는 때에는 그러하지 아니하다.
> **제158조【나이의 계산과 표시】**
> 나이는 출생일을 산입하여 만(滿) 나이로 계산하고, 연수(年數)로 표시한다. 다만, 1세에 이르지 아니한 경우에는 월수(月數)로 표시할 수 있다.

Answer 06 ③ 07 ② 08 ③

Chapter 06

③ 민법 제161조가 정하는 기간의 말일이 공휴일에 해당한 때에는 기간은 그 익일로 만료한다는 규정의 취의는 명문이 정하는 바와 같이 기간의 말일이 공휴일인 경우를 정하는 것이고, 이는 기간의 만료일이 공휴일에 해당함으로써 발생할 불이익을 막자고 함에 그 뜻이 있는 것이므로 기간 기산의 초일은 이의 적용이 없다. 기간의 초일이 공휴일이라고 해도 기간은 초일부터 기산한다(대판 1982.2.23. 81누204).

> **제161조【공휴일과 기간의 만료점】**
> 기간의 말일이 토요일 또는 공휴일에 해당한 때에는 기간은 그 익일로 만료한다.

④ 초일은 산입하지 않으므로 기산점은 2015년 6월 1일 00:00이고, 월의 처음으로부터 기간을 기산하는 경우이므로 민법 제159조가 적용되어, 1개월은 6월 말일로 기간이 만료하게 되므로 만료시점은 2015년 6월 30일 24:00이다.

> **제159조【기간의 만료점】**
> 기간을 일, 주, 월, 또는 연으로 정한 때에는 기간말일의 종료로 기간이 만료한다.
> **제160조【역에 의한 계산】**
> ① 기간을 주, 월 또는 연으로 정한 때에는 역에 의하여 계산한다.

⑤ 2015. 6. 10. 09시에 甲이 乙에게 자전거를 빌리면서 10시간 후에 반환하기로 한 경우, 기간을 시로 정한 때이므로 즉시로부터 기산한다. 따라서 10시간 후인 甲은 乙에게 2015. 6. 10. 19시까지 반환하여야 한다.

> **제156조【기간의 기산점】**
> 기간을 시, 분, 초로 정한 때에는 즉시로부터 기산한다.

09 민법상 기간에 관한 설명으로 옳은 것은? (다툼이 있으면 판례에 따름)

2016 행정사

① 월로 정한 기간의 기산일이 공휴일인 경우에는 그 다음 날부터 기산한다.
② 기한을 일, 주, 월 또는 연으로 정한 때에 기간의 초일을 산입하지 아니하는 것은 강행규정이며 당사자의 약정으로 달리 정할 수 없다.
③ 2016. 4. 30. 10시부터 2개월인 경우 2016. 6. 30. 10시로 기간이 만료한다.
④ 사단법인의 사원총회일이 2016. 7. 19. 10시인 경우 늦어도 7. 12. 24시까지 사원에게 총회소집통지를 발신하면 된다.
⑤ 1997. 6. 1. 07시에 출생한 사람은 2016. 6. 1. 0시부터 성년자가 된다.

정답해설

① 민법 제161조가 정하는 기간의 말일이 공휴일에 해당한 때에는 기간은 그 익일로 만료한다는 규정의 취의는 명문이 정하는 바와 같이 기간의 말일이 공휴일인 경우를 정하는 것이고, 이는 기간의 만료일이 공휴일에 해당함으로써 발생할 불이익을 막자고 함에 그 뜻이 있는 것이므로 기간 기산의 초일은 이의 적용이 없다. 기간의 초일이 공휴일이라고 해도 기간은 초일부터 기산한다(대판 1982.2.23. 81누204).

제161조【공휴일과 기간의 만료점】
기간의 말일이 토요일 또는 공휴일에 해당한 때에는 기간은 그 익일로 만료한다.

② 기한을 일, 주, 월 또는 연으로 정한 때에 기간의 초일을 산입하지 아니하는 것은 임의규정이며 당사자의 약정으로 달리 정할 수 있다.

제157조【기간의 기산점】
기간을 일, 주, 월 또는 연으로 정한 때에는 기간의 초일은 산입하지 아니한다. 그러나 그 기간이 오전 0시로부터 시작하는 때에는 그러하지 아니하다.

③ 초일은 산입하지 않으므로 기산점은 2016년 5월 1일 00:00이고, 월의 처음으로부터 기간을 기산하는 경우이므로 민법 제159조가 적용되어, 2개월은 6월 말일로 기간이 만료하게 되므로 만료시점은 2018년 6월 30일 24:00이다.

④ 기산의 계산방법에 관한 민법의 규정은 순산으로서 일정시점부터 장래에 향한 기간의 계산에 관한 것이지만, 기산일부터 소급하여 계산하는 역산의 경우에도 유추적용된다. 따라서 사원총회일이 19일이기 때문에, 18일이 기산점이 되어 그날부터 역으로 7일을 계산한 날의 말일인 11일의 24시에 만료하기 때문에, 12일 0시 전까지는 소집통지를 발송하여야 한다(제71조 참조).

⑤ 기간의 기산에서 초일은 산입하지 아니하나, 연령계산에서는 출생일을 산입하므로(제157조, 제158조), 1997년 6월 1일부터 19년이 되는 2016년 5월 말일인 31일 24시, 즉 2016. 6. 1. 0시부터 성년자가 된다(제4조).

제157조【기간의 기산점】
기간을 일, 주, 월 또는 연으로 정한 때에는 기간의 초일은 산입하지 아니한다. 그러나 그 기간이 오전 0시로부터 시작하는 때에는 그러하지 아니하다.

제158조【나이의 계산과 표시】
나이는 출생일을 산입하여 만(滿) 나이로 계산하고, 연수(年數)로 표시한다. 다만, 1세에 이르지 아니한 경우에는 월수(月數)로 표시할 수 있다.

제159조【기간의 만료점】
기간을 일, 주, 월, 또는 연으로 정한 때에는 기간말일의 종료로 기간이 만료한다.

Answer 09 ⑤

10 **甲은 乙에게 1천만 원을 빌려주면서 대여기간을 각 대여일로부터 1개월로 약정하였다. 민법의 기간에 관한 규정에 따르면 때 변제기가 옳은 것을 모두 고른 것은? (8월 15일 외에는 평일을 전제로 함)** 2020 행정사

> ㄱ. 대여일: 1월 31일 14시, 변제기: 2월 28일(윤년 아님) 24시
> ㄴ. 대여일: 3월 14일 17시, 변제기: 4월 14일 17시
> ㄷ. 대여일: 7월 15일 17시, 변제기: 8월 15일(공휴일)의 익일인 8월 16일 24시

① ㄷ ② ㄱ, ㄴ ③ ㄱ, ㄷ
④ ㄴ, ㄷ ⑤ ㄱ, ㄴ, ㄷ

정답해설

ㄱ. (○): 기간을 주·월·연으로 정하는 때에는 역에 의하여 계산하는데, 월의 일수의 장단은 문제되지 않는다. 따라서 초일이 2월 1일 0시로 한 1개월이므로 말일인 2월 28일(평년) 24시까지가 변제기일이 된다.

> **제157조【기간의 기산점】**
> 기간을 일, 주, 월 또는 연으로 정한 때에는 기간의 초일은 산입하지 아니한다. 그러나 그 기간이 오전 0시로부터 시작하는 때에는 그러하지 아니하다.
> **제160조【역에 의한 계산】**
> ① 기간을 주, 월 또는 연으로 정한 때에는 역에 의하여 계산한다.
> ② 주, 월 또는 연의 처음으로부터 기간을 기산하지 아니하는 때에는 최후의 주, 월 또는 연에서 그 기산일에 해당한 날의 전일로 기간이 만료한다.

ㄴ. (×): 초일이 3월 15일 0시로 한 1개월이므로 4월에 해당한 날의 전일인 14일 24시까지가 변제기일이 된다(제160조 제2항).

ㄷ. (○): 초일이 7월 16일 0시로 한 1개월이므로 8월에 해당한 날의 전일인 15일 24시까지가 말일이 되나 공휴일이므로 다음날인 익일인 8월 16일 24시가 변제기일이 된다(제161조).

> **제161조【공휴일과 기간의 만료점】**
> 기간의 말일이 토요일 또는 공휴일에 해당한 때에는 기간은 그 익일로 만료한다.

11 **2021년 5월 8일(토)에 계약기간을 '앞으로 3개월'로 정한 경우, 기산점과 만료점을 바르게 나열한 것은? (단, 기간의 계산방법에 관하여 달리 정함은 없고, 8월 6일은 금요일임)**

2021 공인노무사

① 5월 8일, 8월 7일
② 5월 8일, 8월 9일
③ 5월 9일, 8월 8일
④ 5월 9일, 8월 9일
⑤ 5월 10일, 8월 9일

정답해설

①, ②, ③, ④, ⑤ 제157조에 초일을 산입하지 않으므로 기산일은 5월 9일이다(제157조). 초일이 일요일이나 민법 제161조는 기간의 만료일이 공휴일에 해당하여 발생할 불이익을 막자고 함에 그 뜻이 있는 것이므로 기간의 초일이 공휴일이라 하더라도 기간은 초일부터 기산한다(대판 1982.2.23. 81누204). 3개월은 제160조에 따라 역에 의해 계산하여야 하므로, 월의 처음으로부터 기산하지 않기 때문에 최후 월에 해당하는 8월 9일 전일로 만료되므로 기간 만료일은 8월 8일이 된다. 그러나 8월 6일은 금요일이므로 기간의 말일인 8월 8일은 일요일인 공휴일이 된다. 이때는 제161조에 따라 그 익일인 월요일 8월 9일이 기간 만료일이 된다.

12 **기간에 관한 계산으로 옳지 않은 것은?**

2013 행정사

① 1993. 5. 30. 01시에 출생한 사람은 2013. 5. 30. 0시부터 성년자가 된다.
② 2013. 5. 15. 08시에 승용차를 빌리면서 12시간 후에 반환하기로 약정하였다면, 같은 날 20시까지 이행하여야 한다.
③ 2012. 3. 8. 14시에 돈을 빌리면서 1년 후에 변제하기로 약정하였다면, 2013. 3. 8. 24시까지 이행하여야 한다.
④ 2013. 3. 23. 토요일 13시에 매매목적물을 인도받으면서 1개월 후에 대금을 변제하겠다고 약정하였다면, 2013. 4. 24. 24시까지 이행하여야 한다.
⑤ 사단법인의 사원총회 소집을 1주 전에 통지하여야 하는 경우, 총회일이 2013. 5. 15. 10시라면 늦어도 2013. 5. 7. 24시까지는 총회소집의 통지를 발송하여야 한다.

Chapter 06

Answer 10 ③ 11 ④ 12 ④

정답해설

① 기간의 기산에서 초일은 산입하지 아니하나, 연령계산에서는 출생일을 산입하므로(제157조, 제158조), 1993년 5월 30일부터 19년이 되는 2012년 5월 29일 24시, 즉 2012. 5. 30. 0시부터 성년자가 된다(제4조).

> **제4조【성년】**
> 사람은 19세로 성년에 이르게 된다.
> **제157조【기간의 기산점】**
> 기간을 일, 주, 월 또는 연으로 정한 때에는 기간의 초일은 산입하지 아니한다. 그러나 그 기간이 오전 0시로부터 시작하는 때에는 그러하지 아니하다.
> **제158조【나이의 계산과 표시】**
> 나이는 출생일을 산입하여 만(滿) 나이로 계산하고, 연수(年數)로 표시한다. 다만, 1세에 이르지 아니한 경우에는 월수(月數)로 표시할 수 있다.

② 2013. 5. 15. 08시에 승용차를 빌리면서 12시간 후에 반환하기로 약정하였다면, 기간을 시로 정한 때이므로 즉시로부터 기산한다. 따라서 같은 날 20시까지 이행하여야 한다.

③ 초일은 산입하지 않으므로 기산점은 2012년 3월 9일 00:00이고, 월의 처음으로부터 기간을 기산하는 경우이므로 민법 제159조가 적용되어, 1년 후은 6월 말일로 기간이 만료하게 되므로 만료시점은 2013년 3월 8일 24:00이다.

> **제159조【기간의 만료점】**
> 기간을 일, 주, 월, 또는 연으로 정한 때에는 기간말일의 종료로 기간이 만료한다.

④ 초일은 산입하지 않으므로 기산점은 2013년 3월 24일 00:00이고 일요일이다. 기간의 초일이 공휴일이라고 해도 기간은 초일부터 기산한다(대판 1982.2.23. 81누204). 따라서 1개월 후에 대금을 변제하겠다고 약정하였다면, 월의 처음으로부터 기간을 기산하지 아니한 때로부터 1개월 후 기산일에 해당한 날의 전일인 2013. 4. 23. 24시까지 이행하여야 한다.

> **제160조【역에 의한 계산】**
> ② 주, 월 또는 연의 처음으로부터 기간을 기산하지 아니하는 때에는 최후의 주, 월 또는 연에서 그 기산일에 해당한 날의 전일로 기간이 만료한다.

⑤ 기산의 계산방법에 관한 민법의 규정은 순산으로서 일정시점부터 장래에 향한 기간의 계산에 관한 것이지만, 기산일부터 소급하여 계산하는 역산의 경우에도 유추적용된다. 따라서 사원총회일이 15일이기 때문에, 14일이 기산점이 되어 그날부터 역으로 7일을 계산한 날의 말일인 7일의 24시에 만료하기 때문에, 8일 0시 전까지는 소집통지를 발송하여야 한다(제71조 참조).

> **제71조【총회의 소집】**
> 총회의 소집은 1주간 전에 그 회의의 목적사항을 기재한 통지를 발하고 기타 정관에 정한 방법에 의하여야 한다.

13 민법상 기간에 관한 설명으로 옳은 것은?

2023 행정사

① 2023년 6월 1일(목) 14시부터 2일간의 기간이 만료하는 때는 2023년 6월 4일 24시이다.
② 2023년 6월 1일(목) 16시부터 72시간의 기간이 만료하는 때는 2023년 6월 4일 16시이다.
③ 2023년 4월 1일(토) 09시부터 2개월의 기간이 만료하는 때는 2023년 6월 2일 24시이다.
④ 2004년 5월 16일(일) 오전 7시에 태어난 사람은 2023년 5월 16일 24시에 성년자가 된다.
⑤ 민법 제157조의 초일불산입의 원칙은 강행규정이므로 당사자의 합의로 달리 정할 수 없다.

정답해설

① 2023년 6월 1일(목) 14시는 오전 0시로부터 시작하지 않아 초일을 산입하지 않으므로(제157조), 2023년 6월 2일부터 기산하여 2일 뒤인 2003년 6월 3일 24:00에 기간이 만료하여야 하지만(제159조), 그날과 그 다음날이 각각 토요일과 공휴일인 일요일이므로 일요일의 다음날인 2023년 6월 5일 24:00에 기간이 만료한다(제161조).

> **제157조【기간의 기산점】**
> 기간을 일, 주, 월 또는 연으로 정한 때에는 기간의 초일은 산입하지 아니한다. 그러나 그 기간이 오전 0시로부터 시작하는 때에는 그러하지 아니하다.
> **제159조【기간의 만료점】**
> 기간을 일, 주, 월, 또는 연으로 정한 때에는 기간말일의 종료로 기간이 만료한다.
> **제161조【공휴일과 기간의 만료점】**
> 기간의 말일이 토요일 또는 공휴일에 해당한 때에는 기간은 그 익일로 만료한다.

② 2023년 6월 1일 16:00부터 기산하여 72시간 뒤인 2023년 6월 4일 16:00에 기간이 만료한다.

> **제156조【기간의 기산점】**
> 기간을 시, 분, 초로 정한 때에는 즉시로부터 기산한다.

③ 2023년 4월 2일부터 기산하여 그 기산일에 해당한 날(2023년 6월 2일)의 전일인 2023년 6월 1일 24:00에 기간이 만료한다(제160조 제1항・제2항).

> **제160조【역에 의한 계산】**
> ① 기간을 주, 월 또는 연으로 정한 때에는 역에 의하여 계산한다.
> ② 주, 월 또는 연의 처음으로부터 기간을 기산하지 아니하는 때에는 최후의 주, 월 또는 연에서 그 기산일에 해당한 날의 전일로 기간이 만료한다.

Answer 13 ②

④ 2004년 5월 16일부터 기산하여(제158조), 19년(제4조) 후 그 기산일에 해당한 날(2003년 5월 16일)의 전일인 2023년 5월 15일 24:00(또는 5월 16일 00:00)에 성년이 된다.

> **제4조 【성년】**
> 사람은 19세로 성년에 이르게 된다.
> **제158조 【나이의 계산과 표시】**
> 나이는 출생일을 산입하여 만(滿) 나이로 계산하고, 연수(年數)로 표시한다. 다만, 1세에 이르지 아니한 경우에는 월수(月數)로 표시할 수 있다.

⑤ 기간의 계산은 법령, 재판상의 처분 또는 법률행위에 다른 정한 바가 없으면 민법 제6장 기간의 규정에 의한다(제155조). 초일불산입에 관한 민법 제157조는 임의규정이므로 당사자의 합의로 달리 정할 수 있다.

14 甲(1998년 3월 14일 17시 출생)은 자기 소유의 부동산을 법정대리인인 부모의 동의 없이 2016년 2월 19일 오전 10시경 乙에게 매도하였다. 甲이 직접 계약을 취소하려는 경우, 그 취소권은 언제까지 행사할 수 있는가? (기간 말일의 공휴일 등 기타 사유는 고려하지 않음)

2016 감정평가사

① 2020년 3월 13일 24시
② 2020년 3월 14일 24시
③ 2021년 3월 13일 24시
④ 2021년 3월 14일 24시
⑤ 2026년 2월 19일 24시

정답해설

취소권은 추인할 수 있는 날로부터 3년 내에, 법률행위를 한 날로부터 10년 내에 행사할 수 있다(민법 제146조). 우선 추인할 수 있는 날로부터 3년의 기간부터 계산해 보면, 추인할 수 있는 날은 취소의 원인이 소멸한 후이므로 미성년자가 성년자가 되어야 한다(제143조, 제144조). 연령계산에서는 출생일을 산입하므로(제157조, 제158조), 출생한 날인 1998년 3월 14일부터 기산하여 19년이 되는 2017년 3월 13일 24시에 성인이 된다(제4조). 따라서 2017년 3월 14일 0시부터 기산하여 3년이 되는 기간은 2020년 3월 13일 24시이다. 이때는 초일이 오전 영시부터 시작하므로 초일을 산입한다(제157조 단서).
그리고 법률행위를 한 날로부터 10년의 기간을 계산해 보면, 법률행위를 한 날은 2016년 2월 19일 오전 10시경이며, 기간의 초일은 산입하지 않으므로 기산일은 2016년 2월 20일 0시이다. 10년 후인 2026년 2월 19일 24시에 기간이 만료한다.
조속한 법률관계의 확정을 위한 제척기간의 성질상 위 두 기간 중 먼저 도달한 것이 있으면 그때 취소권은 소멸하게 된다. 따라서 먼저 도래하는 2020년 3월 13일 24시까지 취소권을 행사할 수 있다.

Answer 14 ①

ME
MO

행정사
백운정 민법총칙

CHAPTER

07

소멸시효

Chapter

07 소멸시효

제1절 총설

01 소멸시효와 제척기간에 관한 설명으로 옳지 않은 것은? (다툼이 있으면 판례에 따름)

2020 행정사

① 권리자의 청구로 소멸시효가 중단된 경우 그때까지 경과된 기간은 시효기간에 산입된다.

② 소멸시효가 완성되면 그 기산일에 소급하여 권리소멸의 효과가 생긴다.

③ 소멸시효의 이익을 포기하기 위해서는 원칙적으로 소멸시효의 완성사실을 알아야 한다.

④ 제척기간의 기산점은 특별한 사정이 없는 한 원칙적으로 권리가 발생한 때이다.

⑤ 제척기간은 그 성질상 기간의 중단이 있을 수 없다.

정답해설

① **제178조 【중단 후에 시효진행】** ① 시효가 중단된 때에는 중단까지에 경과한 시효기간은 이를 산입하지 아니하고 중단사유가 종료한 때로부터 새로이 진행한다.

② **제167조 【소멸시효의 소급효】** 소멸시효는 그 기산일에 소급하여 효력이 생긴다.

③ 소멸시효의 이익의 포기는 처분행위이므로, 처분능력과 처분권은 있어야 하고, 시효완성사실을 알면서 하여야 한다.

④ 제척기간은 권리자로 하여금 당해 권리를 신속하게 행사하도록 함으로써 법률관계를 조속히 확정시키려는 데 그 제도의 취지가 있는 것으로서, 소멸시효가 일정한 기간의 경과와 권리의 불행사라는 사정에 의하여 권리 소멸의 효과를 가져오는 것과는 달리 그 기간의 경과 자체만으로 곧 권리 소멸의 효과를 가져오게 하는 것이므로 그 기간 진행의 기산점은 특별한 사정이 없는 한 원칙적으로 권리가 발생한 때이고, 당사자 사이에 매매예약 완결권을 행사할 수 있는 시기를 특별히 약정한 경우에도 그 제척기간은 당초 권리의 발생일로부터 10년간의 기간이 경과되면 만료되는 것이지 그 기간을 넘어서 그 약정에 따라 권리를 행사할 수 있는 때로부터 10년이 되는 날까지로 연장된다고 볼 수 없다(대판 1995.11.10. 94다22682 · 22699).

⑤ 매매예약완결권은 형성권으로써 그 행사기간은 제척기간으로 해석되며, 소멸시효와는 달리 그 기간의 중단이 있을 수 없다(대판 1992.7.28. 91다44766).

✦ 소멸시효와 제척기간의 비교

	소멸시효	제척기간
제도취지	사회질서의 안정, 입증곤란의 구제, 권리행사 태만에 대한 제재	법률관계의 조속한 확정
구별기준	'시효로 인하여'라는 표현 ○	'시효로 인하여'라는 표현 ×
경과효과	시효완성으로 권리 당연소멸(절대적 소멸설)	제척기간 경과로 권리 당연소멸
소멸시기	시효완성으로 권리 소급적 소멸	제척기간 경과로 장래를 향하여 소멸
주장의 요부	○	×
중단 · 정지	○	×
포기제도	시효완성 후 포기 가능	불가
단축 · 경감	가능	불가
배제 · 연장	불가	불가

02 **소멸시효와 제척기간에 관한 설명으로 옳은 것은? (다툼이 있으면 판례에 의함)** 2022 행정사

① 소멸시효가 완성되면 그 기간이 경과한 때부터 장래에 향하여 권리가 소멸하지만, 제척기간이 완성되면 그 기산일에 소급하여 권리가 소멸한다.

② 소멸시효는 그 성질상 기간의 중단이 있을 수 없지만, 제척기간은 권리자의 청구가 있으면 기간이 중단된다.

③ 소멸시효가 완성된 이후 그 이익을 포기하는 것은 원칙적으로 인정되지만, 제척기간은 그 포기가 인정되지 않는다.

④ 소멸시효 완성에 의한 권리소멸은 법원의 직권조사사항이지만, 제척기간에 의한 권리의 소멸은 원용권자가 이를 주장하여야 한다.

⑤ 매도인의 하자담보책임에 기한 매수인의 손해배상청구권과 같이 청구권에 관하여 제척기간을 정하고 있는 경우에는 제척기간이 적용되므로 소멸시효는 당연히 적용될 수 없다.

정답해설

① 소멸시효에 의한 권리소멸은 기산일에 소급하여 효력이 있으나(제167조), 명문의 규정은 없지만 제척기간은 권리 행사기간으로 소급효가 없고 장래에 향하여 효력이 있다.

> **제167조【소멸시효의 소급효】** 소멸시효는 그 기산일에 소급하여 효력이 생긴다.

Answer 01 ① 02 ③

Chapter 07

② 소멸시효는 제168조에서 청구를 중단사유로 규정하고 있으나, 권리관계의 조속한 확정 때문에 제척기간에 관하여는 중단제도가 적용되지 않는다(대판 2003.1.10. 2000다26425).

제168조【소멸시효의 중단사유】
소멸시효는 다음 각 호의 사유로 인하여 중단된다.
1. 청구
2. 압류 또는 가압류, 가처분
3. 승인

③ 소멸시효의 이익은 미리 포기하지 못하고 시효완성 후에 포기 가능하나, 기간만료로 당연히 소멸하는 제척기간에는 포기가 인정되지 않는다.

제184조【시효의 이익의 포기 기타】
① 소멸시효의 이익은 미리 포기하지 못한다.

④ 소멸시효완성에 의한 권리의 소멸은 재판상 시효원용권자가 시효완성사실을 원용해야 하는 변론주의가 적용되나, 반면에 제척기간의 권리소멸은 당사자가 주장하지 않더라도 법원이 당연히 고려하여야 하는 직권조사사항이다(대판 1993.7.27. 92다52795).

⑤ 매도인에 대한 하자담보책임에 기한 매수인의 손해배상청구권과 관련하여 민법 제582조의 제척기간 규정으로 인하여 소멸시효 규정의 적용이 배제되지는 않는다. 즉 매도인에 대한 하자담보에 기한 손해배상청구권에 대하여는 민법 제582조의 제척기간이 적용되고, 이는 법률관계의 조속한 안정을 도모하고자 하는 데에 취지가 있다. 그런데 하자담보에 기한 매수인의 손해배상청구권은 권리의 내용·성질 및 취지에 비추어 민법 제162조 제1항의 채권 소멸시효의 규정이 적용되고, 민법 제582조의 제척기간 규정으로 인하여 소멸시효 규정의 적용이 배제된다고 볼 수 없으며, 이때 다른 특별한 사정이 없는 한 무엇보다도 매수인이 매매 목적물을 인도받은 때부터 소멸시효가 진행한다고 해석함이 타당하다(대판 2011.10.13. 2011다10266).

03 **제척기간에 관한 설명으로 옳지 않은 것은? (다툼이 있으면 판례에 의함)** 2022 세무사

① 제척기간에는 기간의 중단이나 정지가 인정되지 않는다.

② 매매예약완결권은 형성권으로서 제척기간의 적용을 받는다.

③ 제척기간은 기간의 도과로 권리가 소멸하므로 그 포기가 인정되지 않는다.

④ 미성년자의 법률행위를 취소할 수 있는 권리는 형성권으로서 그 취소권의 존속기간은 제척기간이라고 보아야 한다.

⑤ 매매예약완결권의 행사기간을 30년으로 약정하더라도 예약성립일로부터 10년간 예약완결권을 행사하지 않으면 그 예약완결권은 소멸한다.

정답해설

① 제척기간에 있어서는 그 성질에 비추어 소멸시효와 같이 기간의 중단이나 정지는 있을 수 없다(대판 2004.7.22. 20043두2509).

②, ⑤ 매매의 일방예약에서 예약자의 상대방이 매매예약완결의 의사표시를 하여 매매의 효력을 생기게 하는 권리, 즉 매매예약의 완결권은 일종의 형성권으로서 당사자 사이에 그 행사기간을 약정한 때에는 그 기간 내에, 그러한 약정이 없는 때에는 그 예약이 성립한 때부터 10년 내에 이를 행사하여야 하고 그 기간이 지난 때에는 예약완결권은 제척기간의 경과로 인하여 소멸한다(대판 2019.7.25. 2019다227817). 매매예약완결권 행사기간을 30년으로 약정한 경우 예약성립일로부터 30년간 예약완결권을 행사하지 않으면 그 예약완결권은 소멸한다.

③ 제척기간은 권리자로 하여금 해당 권리를 신속하게 행사하도록 함으로써 법률관계를 조속히 확정시키려는 데 그 제도의 취지가 있는 것으로서, 그 기간의 경과 자체만으로 곧 권리 소멸의 효과를 가져오게 하는 것이다(대판 2014.8.20. 2012다47074). 제척기간의 경우 그 기간 경과의 이익은 포기할 수 없는 것으로 해석된다.

④ 민법 제146조는 취소권은 추인할 수 있는 날로부터 3년 내에 행사하여야 한다고 규정하고 있는바, 이때의 3년이라는 기간은 일반 소멸시효기간이 아니라 제척기간으로서 제척기간이 도과하였는지 여부는 당사자의 주장에 관계없이 법원이 당연히 조사하여 고려하여야 할 사항이다(대판 1996.9.20. 96다25371).

Answer 03 ⑤

제2절 소멸시효의 요건

01 소멸시효의 대상이 되는 권리를 모두 고른 것은? 2019 행정사

ㄱ. 해제조건부 채권	ㄴ. 불확정기한부 채권
ㄷ. 소유권	ㄹ. 인격권

① ㄱ, ㄴ ② ㄱ, ㄷ ③ ㄱ, ㄹ
④ ㄴ, ㄷ ⑤ ㄴ, ㄹ

정답해설

ㄱ. (○), ㄴ. (○): 해제조건부 채권과 불확정기한부 채권은 채권이므로 소멸시효의 대상이다.

> **제162조【채권, 재산권의 소멸시효】**
> ① 채권은 10년간 행사하지 아니하면 소멸시효가 완성한다.

ㄷ. (×): 소유권은 항구성이 있는 권리이므로 소멸시효대상이 아니다.
ㄹ. (×): 소멸시효의 대상은 채권과 소유권 이외의 재산권이다. 따라서 신분권, 인격권 등 비재산권은 소멸시효의 대상이 아니다.

02 소멸시효에 관한 설명으로 옳지 않은 것은? (다툼이 있으면 판례에 따름) 2017 세무사

① 인격권과 같은 비재산권은 소멸시효에 걸리지 않는다.
② 동시이행의 항변권이 붙은 채권도 소멸시효에 걸릴 수 있다.
③ 점유권과 유치권은 성질상 소멸시효에 걸리지 않는다.
④ 피담보채권이 존속하는 경우 담보물권만이 독립하여 소멸시효에 걸리지는 않는다.
⑤ 공유물분할청구권은 소유권과 독립하여 소멸시효에 걸릴 수 있다.

정답해설

① 소멸시효의 대상은 채권과 소유권 이외의 재산권이다. 따라서 신분권, 인격권 등 비재산권은 소멸시효의 대상이 아니다.
② 부동산에 대한 매매대금 채권이 소유권이전등기청구권과 동시이행의 관계에 있다고 할지라도 매도인은 매매대금의 지급기일 이후 언제라도 그 대금의 지급을 청구할 수 있는 것이며, 다만 매수인은 매도인으로부터 그 이전등기에 관한 이행의 제공을 받기까지 그 지급을 거절할 수 있는 데 지나지 아니하므로 매매대금 청구권은 그 지급기일 이후 시효의 진행에 걸린다(대판 1991.3.22. 90다9797).
③ 점유권은 점유상태만으로 인정되는 권리이므로 소멸시효대상이 아니다. 유치물을 점유하고 있는 동안에는 그 권리를 계속 행사하는 것이기 때문에 유치권 자체는 시효로 소멸하지는 않는다.
④ 담보물권은 부종성에 의해 피담보채권과 분리되어 소멸시효에 걸리지 않는다.
⑤ 공유물분할청구권은 기초가 된 권리관계가 존속하는 한 독립하여 시효에 걸리지 않는다(대판 1981.3.24. 80다1888·1889).

03 소멸시효의 대상이 되지 않는 권리를 모두 고른 것은? (다툼이 있으면 판례에 의함)

2022 세무사

> ㄱ. 소유권에 기한 물권적 청구권
> ㄴ. 매수한 부동산을 인도받아 점유하고 있는 매수인의 소유권이전등기청구권
> ㄷ. 수급인이 보수(報酬)채권의 확보를 위해 완성물에 대하여 행사하고 있는 유치권

① ㄱ
② ㄷ
③ ㄱ, ㄷ
④ ㄴ, ㄷ
⑤ ㄱ, ㄴ, ㄷ

정답해설

ㄱ. (○): 매매계약이 합의해제 됨으로써 매수인에게 이전되었던 소유권은 당연히 매도인에게 복귀하는 것이므로 합의해제에 물권적 청구권이라 할 것이고 따라서 이는 소멸시효의 대상이 아니다(대판 1982.7.27. 80다2968). 소유권에 기한 물권적 청구권은 소멸시효의 대상이 아니다.

ㄴ. (○): 부동산에 관하여 인도, 등기 등의 어느 한 쪽만에 대하여서라도 권리를 행사하는 자는 전체적으로 보아 그 부동산에 관하여 권리 위에 잠자는 자라고 할 수 없으므로 매수인이 목적 부동산을 인도받아 계속 점유하는 경우에는 그 소유권이전등기청구권의 소멸시효가 진행하지 않는다(대판 1999.3.18. 98다32175).

ㄷ. (○): 피담보채권이 존속하는 한 유치권과 같은 담보물권만 독립하여 소멸시효에 걸리지 않는다. 유치권은 소멸시효 대상이 아니다.

✦ **법률행위로 인한 등기청구권의 소멸시효**

	법적 성질	점유 계속 중	점유상실	
			적극적 권리행사	제3자의 침탈
매매에 기한 소유권이전등기청구권	채권 10년 소멸시효	소멸시효 진행 ×	진행 ×	진행 ○
점유시효취득에 기한 소유권이전등기청구권	채권 10년 소멸시효	소멸시효 진행 ×	진행 ○	진행 ○

Answer 01 ① 02 ⑤ 03 ⑤

04 **甲이 자신 소유의 토지를 乙에게 매도하고 乙은 甲에게 매매대금을 모두 지급하였다. 甲과 乙이 행사하는 다음 등기청구권 중 소멸시효가 진행되는 경우를 모두 고른 것은? (다툼이 있으면 판례에 의함)** 2022 행정사

ㄱ. 乙이 甲을 상대로 위 매매계약에 기하여 X토지에 대해 소유권이전등기청구권을 행사하는 경우
ㄴ. 乙이 위 매매계약에 기하여 甲으로부터 X토지를 인도받아 사용·수익하고 있으나, 아직 甲의 명의로 소유권이전등기가 남아 있어 甲을 상대로 X토지에 대해 소유권이전등기청구권을 행사하는 경우
ㄷ. 乙이 위 매매계약에 기하여 甲으로부터 X토지에 대해 소유권이전등기를 경료받았으나 이후 甲과 乙의 매매계약이 적법하게 취소되어 甲이 乙을 상대로 소유권에 기한 말소등기청구권을 행사하는 경우

① ㄱ
② ㄴ
③ ㄱ, ㄷ
④ ㄴ, ㄷ
⑤ ㄱ, ㄴ, ㄷ

정답해설

ㄱ. (○): 매매에 기한 소유권이전등기청구권은 채권적 청구권이므로 민법 제162조에 의해 10년의 소멸시효에 걸린다. 乙이 甲을 상대로 위 매매계약에 기하여 소유권이전등기청구권의 소멸시효가 진행한다.

제162조【채권, 재산권의 소멸시효】
① 채권은 10년간 행사하지 아니하면 소멸시효가 완성한다.

ㄴ. (×): 부동산에 관하여 인도, 등기 등의 어느 한 쪽만에 대하여서라도 권리를 행사하는 자는 전체적으로 보아 그 부동산에 관하여 권리 위에 잠자는 자라고 할 수 없으므로 매수인이 목적 부동산을 인도받아 계속 점유하는 경우에는 그 소유권이전등기청구권의 소멸시효가 진행하지 않는다(대판(전) 1999.3.18. 98다32175). 乙이 X토지를 인도받아 사용·수익하고 있으므로 乙의 甲에 대한 소유권이전등기청구권의 소멸시효는 진행하지 않는다.

ㄷ. (×): 매매계약이 합의해제 됨으로써 매수인에게 이전되었던 소유권은 당연히 매도인에게 복귀하는 것이므로 합의해제에 따른 매도인의 원상회복 청구권은 소유권에 기한 물권적 청구권이라 할 것이고 따라서 이는 소멸시효의 대상이 아니다(대판 1982.7.27. 80다2968). 매매계약이 취소되어 甲이 乙을 상대로 행사하는 말소등기청구권은 소유권에 기한 물권적 청구권이므로 그 말소등기청구권은 소멸시효의 대상이 아니므로 소멸시효 여부는 문제되지 않는다.

✦ 법률행위로 인한 등기청구권의 소멸시효

	법적 성질	점유 계속 중	점유상실	
			적극적 권리행사	제3자의 침탈
매매에 기한 소유권이전등기청구권	채권 10년 소멸시효	소멸시효 진행 ×	진행 ×	진행 ○
점유시효취득에 기한 소유권이전등기청구권	채권 10년 소멸시효	소멸시효 진행 ×	진행 ○	진행 ○

05 **소멸시효에 관한 설명으로 옳지 않은 것은? (다툼이 있으면 판례에 의함)** 2024 행정사

① 부동산 매수인이 목적 부동산을 인도받아 계속 점유하고 있는 경우 매수인의 소유권이전등기청구권은 채권이므로 소멸시효가 진행한다.
② 소유권에 기한 물권적 청구권은 소멸시효에 걸리지 아니한다.
③ 판결에 의하여 확정되고 판결 확정 당시에 변제기가 도래한 채권은 단기소멸시효에 해당한 것이라도 그 판결의 당사자 사이에서 그 시효기간은 10년으로 한다.
④ 시효의 중단은 원칙적으로 당사자 및 그 승계인 사이에만 효력이 있다.
⑤ 점유권은 시효에 걸리지 아니한다.

정답해설

① 소유권이전등기청구권은 채권적 청구권이므로 10년의 소멸시효에 걸리지만 매수인이 매매목적물인 부동산을 인도받아 점유하고 있는 이상 매매대금의 지급 여부와는 관계 없이 그 소멸시효가 진행되지 아니한다(대판 1991.3.22. 90다9797).
② 매매계약이 합의해제된 경우에도 매수인에게 이전되었던 소유권은 당연히 매도인에게 복귀하는 것이므로 합의해제에 따른 매도인의 원상회복청구권은 소유권에 기한 물권적 청구권이라고 할 것이고 이는 소멸시효의 대상이 되지 아니한다(대판 1982.7.27. 80다2968).
③ 제165조 제1항, 2항

> **제165조 【판결 등에 의하여 확정된 채권의 소멸시효】**
> ① 판결에 의하여 확정된 채권은 단기의 소멸시효에 해당한 것이라도 그 소멸시효는 10년으로 한다.
> ③ 전2항의 규정은 판결확정 당시에 변제기가 도래하지 아니한 채권에 적용하지 아니한다.

④ **제169조 【시효중단의 효력】** 시효의 중단은 당사자 및 그 승계인 간에만 효력이 있다.
⑤ 물건을 사실상 지배하면 점유권이 발생하고, 물건에 대한 사실상의 지배를 상실하면 점유권이 소멸한다(제192조 제1항・제2항). 점유권은 소멸시효에 걸리지 아니한다.

Chapter 07

Answer 04 ① 05 ①

06 **소멸시효에 관한 설명으로 옳지 않은 것은? (다툼이 있으면 판례에 따름)** 2021 행정사

① 채권 및 소유권 이외의 재산권은 10년간 행사하지 아니하면 시효가 완성한다.

② 점유권은 시효에 걸리지 아니한다.

③ 시효는 권리 행사에 법률상의 장애사유가 없는 때로부터 진행한다.

④ 정지조건부 권리는 조건이 성취된 때부터 시효가 진행된다.

⑤ 부작위를 목적으로 하는 채권의 시효는 위반행위를 한 때로부터 진행한다.

정답해설

① **제162조【채권, 재산권의 소멸시효】** ② 채권 및 소유권 이외의 재산권은 20년간 행사하지 아니하면 소멸시효가 완성한다.

② 점유권과 유치권은 점유라는 사실상태에 의존하므로 시효소멸 문제가 전혀 발생하지 않는다.

③, ④ 소멸시효는 권리를 행사할 수 있는 때로부터 진행하며 여기서 권리를 행사할 수 있는 때라 함은 권리행사에 법률상의 장애가 없는 때를 말하므로 정지조건부권리의 경우에는 조건 미성취의 동안은 권리를 행사할 수 없는 것이어서 소멸시효가 진행되지 않는다(대판 1992.12.22. 92다28822). 정지조건부 채권의 소멸시효는 그 조건이 성취한 때로부터 진행한다.

> **제166조【소멸시효의 기산점】**
> ① 소멸시효는 권리를 행사할 수 있는 때로부터 진행한다.

⑤ **제166조【소멸시효의 기산점】** ② 부작위를 목적으로 하는 채권의 소멸시효는 위반행위를 한 때로부터 진행한다.

07 **민법상 원칙적으로 적용되는 소멸시효의 기산점에 관한 설명으로 옳지 않은 것은? (다툼이 있으면 판례에 따름)** 2020 행정사

① 변제기가 확정기한인 때에는 그 기한이 도래한 때부터 기산된다.

② 변제기가 불확정기한인 때에는 채권자가 기한도래의 사실을 안 때부터 기산된다.

③ 기한의 정함이 없는 채권은 그 채권이 발생한 때부터 기산된다.

④ 부작위를 목적으로 하는 채권의 소멸시효는 위반행위를 한 때부터 진행한다.

⑤ 정지조건부 채권은 조건이 성취된 때부터 기산된다.

정답해설

①, ② 확정기한부 채권은 기한이 도래한 때, 불확정기한부 채권은 기한이 객관적으로 도래한 때부터 소멸시효가 진행한다.

③ 부당이득반환청구권은 기한의 정함이 없는 채권으로 성립과 동시에 행사할 수 있으므로, 원칙적으로 그때부터 소멸시효가 진행한다(대판 2011.3.24. 2010다92612 등).

④ **제166조【소멸시효의 기산점】** ② 부작위를 목적으로 하는 채권의 소멸시효는 위반행위를 한 때로부터 진행한다.

⑤ 소멸시효는 권리를 행사할 수 있는 때로부터 진행하며 여기서 권리를 행사할 수 있는 때라 함은 권리행사에 법률상의 장애가 없는 때를 말하므로 정지조건부 권리의 경우에는 조건 미성취의 동안은 권리를 행사할 수 없는 것이어서 소멸시효가 진행되지 않는다(대판 1992.12.22. 92다28822). 정지조건부 권리는 조건이 성취된 때부터 소멸시효가 진행한다.

08 소멸시효의 기산점에 관한 설명으로 옳지 않은 것은? (다툼이 있으면 판례에 따름)

2017 행정사

① 채무불이행으로 인한 손해배상청구권의 소멸시효는 계약이 성립한 때로부터 진행한다.
② 확정기한부 채권의 소멸시효는 그 기한이 도래한 때로부터 진행한다.
③ 정지조건부 권리의 소멸시효는 그 조건이 성취된 때로부터 진행한다.
④ 부작위를 목적으로 하는 채권의 소멸시효는 위반행위를 한 때로부터 진행한다.
⑤ 동시이행의 항변권이 붙은 채권의 소멸시효는 그 이행기로부터 진행한다.

정답해설

① 채무불이행으로 인한 손해배상청구권의 소멸시효는 채무불이행시로부터 진행한다(대판 1995.6.30. 94다54269).

② 확정기한부 채권은 기한이 도래한 때부터 소멸시효가 진행한다.

③ 소멸시효는 권리를 행사할 수 있는 때로부터 진행하며 여기서 권리를 행사할 수 있는 때라 함은 권리행사에 법률상의 장애가 없는 때를 말하므로 정지조건부 권리의 경우에는 조건 미성취의 동안은 권리를 행사할 수 없는 것이어서 소멸시효가 진행되지 않는다(대판 1992.12.22. 92다28822). 정지조건부 권리는 조건이 성취된 때부터 소멸시효가 진행한다.

④ **제166조【소멸시효의 기산점】** ② 부작위를 목적으로 하는 채권의 소멸시효는 위반행위를 한 때로부터 진행한다.

⑤ 부동산에 대한 매매대금 채권이 소유권이전등기청구권과 동시이행의 관계에 있다고 할지라도 매도인은 매매대금의 지급기일 이후 언제라도 그 대금의 지급을 청구할 수 있는 것이며, 다만 매수인은 매도인으로부터 그 이전등기에 관한 이행의 제공을 받기까지 그 지급을 거절할 수 있는 데 지나지 아니하므로 매매대금 청구권은 그 지급기일 이후 시효의 진행에 걸린다(대판 1991.3.22. 90다9797).

Answer 06 ① 07 ② 08 ①

09 **소멸시효에 관한 설명으로 옳지 않은 것은? (다툼이 있으면 판례에 의함)** 2023 행정사

① 선택채권의 소멸시효는 선택권을 행사할 수 있는 때로부터 진행한다.
② 부작위를 목적으로 하는 채권의 소멸시효는 위반행위를 한 때로부터 진행한다.
③ 불확정기한부 채권의 소멸시효는 그 기한이 객관적으로 도래한 때로부터 진행한다.
④ 어떤 권리의 소멸시효기간이 얼마나 되는지에 대해서는 법원이 직권으로 판단할 수 없다.
⑤ 부동산에 대한 매매대금채권이 소유권이전등기청구권과 동시이행의 관계에 있는 경우 매매대금청구권은 그 지급기일 이후 시효의 진행에 걸린다.

정답해설

① 타인의 대리인으로 계약을 한 자가 그 대리권을 증명하지 못하고 또 본인의 추인을 얻지 못한 때에는 상대방의 선택에 좇아 계약의 이행 또는 손해배상의 책임이 있는 것인바 이 상대방이 가지는 계약이행 또는 손해배상청구권의 소멸시효는 그 선택권을 행사할 수 있는 때로부터 진행한다 할 것이고 또 선택권을 행사할 수 있는 때라고 함은 대리권의 증명 또는 본인의 추인을 얻지 못한 때라고 할 것이다(대판 1965.8.24. 64다1156).
② **제166조【소멸시효의 기산점】** ② 부작위를 목적으로 하는 채권의 소멸시효는 위반행위를 한 때로부터 진행한다.
③ 확정기한부 채권은 기한이 도래한 때, 불확정기한부 채권은 기한이 객관적으로 도래한 때부터 소멸시효가 진행한다.
④ 어떤 권리의 소멸시효기간이 얼마나 되는지에 관한 주장은 단순한 법률상의 주장에 불과하므로 변론주의의 적용대상이 되지 않고 법원이 직권으로 판단할 수 있다(대판 2013.2.15. 2012다68217).

✦ 소멸시효와 변론주의의 적용 여부

소멸시효의 기산점 → 주요사실, 변론주의 적용 ○
| 비교 | 소멸시효의 기간 → 법률사항, 변론주의 적용 ×

⑤ 부동산에 대한 매매대금 채권이 소유권이전등기청구권과 동시이행의 관계에 있다고 할지라도 매도인은 매매대금의 지급기일 이후 언제라도 그 대금의 지급을 청구할 수 있는 것이며, 다만 매수인은 매도인으로부터 그 이전등기에 관한 이행의 제공을 받기까지 그 지급을 거절할 수 있는 데 지나지 아니하므로 매매대금 청구권은 그 지급기일 이후 시효의 진행에 걸린다(대판 1991.3.22. 90다9797).

10 민법상 3년의 소멸시효 기간의 적용을 받는 채권이 아닌 것은? (다툼이 있으면 판례에 의함)

2023 행정사

① 의사의 치료에 관한 채권
② 세무사의 직무에 관한 채권
③ 도급받은 자의 공사에 관한 채권
④ 공인회계사의 직무에 관한 채권
⑤ 수공업자의 업무에 관한 채권

정답해설

①, ③, ④, ⑤ 3년의 단기소멸시효에 걸린다(제163조 제2호・제3호・제5호・제7호).

제163조 【3년의 단기소멸시효】
다음 각 호의 채권은 3년간 행사하지 아니하면 소멸시효가 완성한다.
1. 이자, 부양료, 급료, 사용료 기타 1년 이내의 기간으로 정한 금전 또는 물건의 지급을 목적으로 한 채권
2. 의사, 조산사, 간호사 및 약사의 치료, 근로 및 조제에 관한 채권
3. 도급받은 자, 기사 기타 공사의 설계 또는 감독에 종사하는 자의 공사에 관한 채권
4. 변호사, 변리사, 공증인, 공인회계사 및 법무사에 대한 직무상 보관한 서류의 반환을 청구하는 채권
5. 변호사, 변리사, 공증인, 공인회계사 및 법무사의 직무에 관한 채권
6. 생산자 및 상인이 판매한 생산물 및 상품의 대가
7. 수공업자 및 제조자의 업무에 관한 채권

② (1) 민법 제163조 제5호에서 정하고 있는 '변호사, 변리사, 공증인, 공인회계사 및 법무사의 직무에 관한 채권'에만 3년의 단기 소멸시효가 적용되고, 세무사와 같이 그들의 직무와 유사한 직무를 수행하는 다른 자격사의 직무에 관한 유추적용된다고 볼 수 없다.
(2) 세무사를 상법 제4조 또는 제5조 제1항이 규정하는 상인이라고 볼 수 없고, 세무사의 직무에 관한 채권이 상사채권에 해당한다고 볼 수 없으므로 세무사의 직무에 관한 채권에 대하여는 민법 제162조 제1항에 따라 10년의 소멸시효가 적용된다(대판 2022.8.25. 2021다311111).

Chapter 07

Answer 09 ④ 10 ②

11 **1년의 단기소멸시효에 걸리는 채권이 아닌 것은?** 2017 행정사

① 노역인의 임금 채권
② 의사의 치료비 채권
③ 여관의 숙박료 채권
④ 의복의 사용료 채권
⑤ 음식점의 음식료 채권

정답해설

①, ③, ④, ⑤ 모두 1년의 단기소멸시효에 걸린다(제164조 제1호부터 제3호).

제164조 【1년의 단기소멸시효】
다음 각 호의 채권은 1년간 행사하지 아니하면 소멸시효가 완성한다.
1. 여관, 음식점, 대석, 오락장의 숙박료, 음식료, 대석료, 입장료, 소비물의 대가 및 체당금의 채권
2. 의복, 침구, 장구 기타 동산의 사용료의 채권
3. 노역인, 연예인의 임금 및 그에 공급한 물건의 대금채권
4. 학생 및 수업자의 교육, 의식 및 유숙에 관한 교주, 숙주, 교사의 채권

② 3년의 단기소멸시효에 걸린다(제163조 제2호).

제163조 【3년의 단기소멸시효】
다음 각 호의 채권은 3년간 행사하지 아니하면 소멸시효가 완성한다.
2. 의사, 조산사, 간호사 및 약사의 치료, 근로 및 조제에 관한 채권

12 **민법상 1년의 소멸시효 기간의 적용을 받는 채권이 아닌 것은?** 2022 행정사

① 음식점의 음식대금채권
② 여관의 숙박대금채권
③ 판결에 의하여 확정된 채권
④ 의복 등 동산의 사용료 채권
⑤ 연예인의 임금채권

정답해설

①, ②, ④, ⑤ 모두 1년의 단기소멸시효에 걸린다(제164조 제1호부터 제3호).

제164조 【1년의 단기소멸시효】
다음 각 호의 채권은 1년간 행사하지 아니하면 소멸시효가 완성한다.
1. 여관, 음식점, 대석, 오락장의 숙박료, 음식료, 대석료, 입장료, 소비물의 대가 및 체당금의 채권
2. 의복, 침구, 장구 기타 동산의 사용료의 채권
3. 노역인, 연예인의 임금 및 그에 공급한 물건의 대금채권
4. 학생 및 수업자의 교육, 의식 및 유숙에 관한 교주, 숙주, 교사의 채권

③ 판결에 의하여 확정된 채권은 단기의 소멸시효에 해당한 것이라도 그 소멸시효는 10년의 적용을 받는다(제165조 제1항).

> **제165조【판결 등에 의하여 확정된 채권의 소멸시효】**
> ① 판결에 의하여 확정된 채권은 단기의 소멸시효에 해당한 것이라도 그 소멸시효는 10년으로 한다.

13 민법상 소멸시효기간에 관한 설명으로 옳지 않은 것은?

2017 세무사

① 소유권의 소멸시효기간은 20년이다.
② 음식점 음식료의 소멸시효기간은 1년이다.
③ 변호사 수임료의 소멸시효기간은 3년이다.
④ 단기소멸시효에 걸리지 않는 일반적인 민사채권의 소멸시효기간은 10년이다.
⑤ 단기소멸시효에 걸리는 채권에 대하여 재판상 화해가 이루어지면 소멸시효기간은 10년으로 연장된다.

정답해설

① 소유권은 항구성이 있고, 점유권은 점유상태만으로 인정되는 권리이므로 소멸시효대상이 아니다.
② **제164조【1년의 단기소멸시효】** 다음 각 호의 채권은 1년간 행사하지 아니하면 소멸시효가 완성한다.
1. 여관, 음식점, 대석, 오락장의 숙박료, 음식료, 대석료, 입장료, 소비물의 대가 및 체당금의 채권
③ **제163조【3년의 단기소멸시효】** 다음 각 호의 채권은 3년간 행사하지 아니하면 소멸시효가 완성한다.
5. 변호사, 변리사, 공증인, 계리사 및 사법서사의 직무에 관한 채권
④ **제162조【채권, 재산권의 소멸시효】** ① 채권은 10년간 행사하지 아니하면 소멸시효가 완성한다.
⑤ **제165조【판결 등에 의하여 확정된 채권의 소멸시효】**

> ① 판결에 의하여 확정된 채권은 단기의 소멸시효에 해당한 것이라도 그 소멸시효는 10년으로 한다.
> ② 파산절차에 의하여 확정된 채권 및 재판상의 화해, 조정 기타 판결과 동일한 효력이 있는 것에 의하여 확정된 채권도 전항과 같다.

Chapter 07

Answer 11 ② 12 ③ 13 ①

14 **甲의 乙에 대한 채권의 소멸시효기간이 가장 긴 것은? (甲, 乙은 상인이 아님)** 2024 행정사

① 甲이 연예인 乙에게 물건을 공급한 경우, 甲의 물건공급대금채권
② 甲의 동산을 乙이 사용한 경우, 甲의 동산사용료채권
③ 甲교사의 강의를 乙학생이 수강한 경우, 甲의 수강료채권
④ 甲이 乙에게 부동산을 매도한 경우, 甲의 매매대금채권
⑤ 생산자 甲이 乙에게 생산물을 판매한 경우, 甲의 생산물대금채권

정답해설

①, ②, ③ 모두 1년의 단기소멸시효에 걸린다(제164조 제2호~제4호).

제164조 【1년의 단기소멸시효】
다음 각 호의 채권은 1년간 행사하지 아니하면 소멸시효가 완성한다.
2. 의복, 침구, 장구 기타 동산의 사용료의 채권
3. 노역인, 연예인의 임금 및 그에 공급한 물건의 대금채권
4. 학생 및 수업자의 교육, 의식 및 유숙에 관한 교주, 숙주, 교사의 채권

④ 매매대금채권으로 10년의 소멸시효에 걸린다(제162조 제1항).

제162조 【채권, 재산권의 소멸시효】
① 채권은 10년간 행사하지 아니하면 소멸시효가 완성한다.

⑤ **제163조 【3년의 단기소멸시효】**
다음 각 호의 채권은 3년간 행사하지 아니하면 소멸시효가 완성한다.
6. 생산자 및 상인이 판매한 생산물 및 상품의 대가

15 **甲은 乙에게 1,000만 원을 대여하고 매월 10만 원의 이자를 받기로 하였다. 이에 관한 설명으로 옳지 않은 것은? (다툼이 있으면 판례에 따름)** 2017 세무사

① 원금 1,000만 원의 소멸시효기간은 10년이다.
② 이자의 소멸시효기간은 1년이다.
③ 乙이 원금의 반환을 이행지체하는 경우, 지연손해금의 소멸시효기간은 10년이다.
④ 甲이 乙에 대하여 압류 또는 가압류를 한 경우에는 소멸시효의 진행이 중단된다.
⑤ 甲이 乙의 파산절차에 참가한 경우에는 소멸시효의 진행이 중단된다.

정답해설

① 대여금채권이므로 10년의 소멸시효에 걸린다.

제162조【채권, 재산권의 소멸시효】
① 채권은 10년간 행사하지 아니하면 소멸시효가 완성한다.

② 민법 제163조 제1호에서 3년의 단기소멸시효에 걸리는 것으로 규정한 '1년 이내의 기간으로 정한 채권'이란 1년 이내의 정기로 지급되는 채권을 말하는 것으로서(대판 1996.9.20. 96다25302 참조) 1개월 단위로 지급되는 이자채권도 이에 해당하므로, 매월 지급되는 이자채권은 3년의 소멸시효기간이 적용된다.

제163조【3년의 단기소멸시효】
다음 각 호의 채권은 3년간 행사하지 아니하면 소멸시효가 완성한다.
1. 이자, 부양료, 급료, 사용료 기타 1년 이내의 기간으로 정한 금전 또는 물건의 지급을 목적으로 한 채권

③ 변제기 이후에 지급하는 지연이자는 금전채무의 이행을 지체함으로 인한 손해배상금이지 이자가 아니고 또 민법 제163조 제1호 소정의 1년 이내의 기간으로 정한 채권도 아니므로 단기소멸시효의 대상이 되는 것도 아니다(대판 1989.2.28. 88다카214). 금전채무에 대한 변제기 이후의 지연손해금은 금전채무의 이행을 지체함으로 인한 손해의 배상으로 지급되는 것이므로, 그 소멸시효기간은 원본채권의 그것과 같다(대판 2010.9.9. 2010다28031).

④ **제168조【소멸시효의 중단사유】** 소멸시효는 다음 각 호의 사유로 인하여 중단된다.

1. 청구
2. 압류 또는 가압류, 가처분
3. 승인

⑤ **제171조【파산절차참가와 시효중단】** 파산절차참가는 채권자가 이를 취소하거나 그 청구가 각하된 때에는 시효중단의 효력이 없다.

Answer 14 ④ 15 ②

16 민법상 소멸시효에 관한 설명으로 옳은 것은? (다툼이 있으면 판례에 따름) 2019 행정사

① 판결에 의하여 확정된 채권은 판결확정 당시에 변제기가 도래하지 않아도 10년의 소멸시효에 걸린다.

② 본래의 소멸시효 기산일과 당사자가 주장하는 기산일이 서로 다른 경우에 법원은 당사자가 주장하는 기산일을 기준으로 소멸시효를 계산해야 한다.

③ 소멸시효의 기산점이 되는 '권리를 행사할 수 있는 때'란 권리를 행사하는 데 있어 사실상의 장애가 없는 경우를 말한다.

④ 어떤 권리의 소멸시효기간이 얼마나 되는지에 대해서 법원은 당사자의 주장에 따라 판단하여야 한다.

⑤ 어떤 채권이 1년의 단기소멸시효에 걸리는 경우, 그 채권의 발생원인이 된 계약에 기하여 상대방이 가지는 반대채권도 당연히 1년의 단기소멸시효에 걸린다.

정답해설

① 판결에 의하여 확정된 채권이라도 판결확정 당시에 변제기가 도래하지 아니한 경우에는 10년의 소멸시효가 아니라 원래대로 단기의 소멸시효에 걸린다.

> **제165조【판결 등에 의하여 확정된 채권의 소멸시효】**
> ① 판결에 의하여 확정된 채권은 단기의 소멸시효에 해당한 것이라도 그 소멸시효는 10년으로 한다.
> ② 파산절차에 의하여 확정된 채권 및 재판상의 화해, 조정 기타 판결과 동일한 효력이 있는 것에 의하여 확정된 채권도 전항과 같다.
> ③ 전2항의 규정은 판결확정 당시에 변제기가 도래하지 아니한 채권에 적용하지 아니한다.

② 소멸시효의 기산일은 변론주의의 적용대상이므로, 본래의 소멸시효기산일과 당사자가 주장하는 기산일이 다른 경우에는 법원은 당사자가 주장하는 기산일을 기준으로 하고, 당사자가 주장하지 않은 때를 기산점으로 하여 소멸시효의 완성을 인정하게 되면 변론주의의 원칙에 위배된다(대판 1995.8.25. 94다35886). → 본래의 소멸시효 기산일과 당사자가 주장하는 기산일이 서로 다른 경우에는 변론주의의 원칙상 법원은 당사자가 주장하는 기산일을 기준으로 소멸시효를 계산하여야 하는데, 이는 당사자가 본래의 기산일보다 뒤의 날짜를 기산일로 하여 주장하는 경우는 물론이고 특별한 사정이 없는 한 그 반대의 경우에 있어서도 마찬가지이다.

③ 소멸시효는 객관적으로 권리가 발생하고 그 권리를 행사할 수 있는 때부터 진행한다고 할 것이며 따라서 권리를 행사할 수 없는 동안은 소멸시효는 진행할 수 없다고 할 것이고, 한편 "권리를 행사할 수 없는 때"라 함은 그 권리행사에 법률상의 장애사유, 예를 들면 기간의 미도래나 조건불성취 등이 있는 경우를 말하는 것이므로 사실상 그 권리의 존재나 권리행사 가능성을 알지 못하였거나 알지 못함에 있어서의 과실 유무 등은 시효진행에 영향을 미치지 아니한다(대판(전) 1984.12.26. 84누572).

④ 어떤 권리의 소멸시효기간이 얼마나 되는지에 관한 주장은 단순한 법률상의 주장에 불과하므로 변론주의의 적용대상이 되지 않고 법원이 직권으로 판단할 수 있다(대판 2013.2.15. 2012다68217).

⑤ 일정한 채권의 소멸시효기간에 관하여 이를 특별히 1년의 단기로 정하는 민법 제164조는 그 각 호에서 개별적으로 정하여진 채권의 채권자가 그 채권의 발생원인이 된 계약에 기하여 상대방에 대하여 부담하는 반대채무에 대하여는 적용되지 아니한다. 따라서 그 채권의 상대방이 그 계약에 기하여 가지는 반대채권은 원칙으로 돌아가, 다른 특별한 사정이 없는 한 민법 제162조 제1항에서 정하는 10년의 일반소멸시효기간의 적용을 받는다(대판 2013.11.14. 2013다65178).

✦ 소멸시효와 변론주의의 적용 여부

소멸시효의 기산점 → 주요사실, 변론주의 적용 ○ ‖ 비교 ‖ 소멸시효의 기간 → 법률사항, 변론주의 적용 ×

17 민법상 소멸시효에 관한 설명으로 옳은 것을 모두 고른 것은? (다툼이 있으면 판례에 따름)

2020 행정사

ㄱ. 소유권은 재산권이므로 소멸시효의 대상이 된다. ㄴ. 음식점의 음식대금채권의 소멸시효는 1년이다. ㄷ. 점유자가 점유를 상실하면 그때로부터 점유권의 소멸시효가 진행된다.

① ㄱ ② ㄴ ③ ㄷ
④ ㄴ, ㄷ ⑤ ㄱ, ㄴ, ㄷ

정답해설

ㄱ. (×): 소유권은 항구성이 있는 권리이므로 소멸시효대상이 아니다.
ㄴ. (○): 음식점의 음식대금채권의 소멸시효는 제164조 제1호 사유에 해당하여 1년이다.

제164조 【1년의 단기소멸시효】
다음 각 호의 채권은 1년간 행사하지 아니하면 소멸시효가 완성한다.
1. 여관, 음식점, 대석, 오락장의 숙박료, 음식료, 대석료, 입장료, 소비물의 대가 및 체당금의 채권

ㄷ. (×): 점유권은 점유상태만으로 인정되는 권리이므로 소멸시효의 대상이 아니다. 따라서 점유자가 점유를 상실하면 점유권 자체가 소멸할 뿐이지 소멸시효 문제는 발생하지 않는다.

Answer 16 ② 17 ②

제3절 소멸시효의 중단과 정지

01 소멸시효의 중단에 관한 설명으로 옳지 않은 것은? (다툼이 있으면 판례에 따름) 2021 행정사

① 채무자가 제기한 소에 대하여 채권자가 응소하여 그 소송에서 적극적으로 권리를 주장하고 그것이 받아들여진 경우 재판상의 청구가 될 수 있다.

② 시효완성 전에 한 채무의 일부변제는 특별한 사정이 없는 한 시효중단사유가 될 수 있다.

③ 현존하지 않는 장래의 채권을 시효진행이 개시되기 전에 미리 승인하는 것도 허용된다.

④ 임의출석의 경우에 화해가 성립되지 아니한 때에는 1월 내에 소를 제기하지 아니하면 시효중단의 효력이 없다.

⑤ 시효의 중단은 당사자 및 그 승계인 사이에만 효력이 있는 것이 원칙이다.

정답해설

① 민법 제168조 제1호, 제170조 제1항에서 시효중단사유의 하나로 규정하고 있는 재판상의 청구라 함은, 통상적으로는 권리자가 원고로서 시효를 주장하는 자를 피고로 하여 소송물인 권리를 소의 형식으로 주장하는 경우를 가리키지만, 이와 반대로 시효를 주장하는 자가 원고가 되어 소를 제기한 데 대하여 피고로서 응소하여 그 소송에서 적극적으로 권리를 주장하고 그것이 받아들여진 경우도 마찬가지로 이에 포함되는 것으로 해석함이 타당하고, 또한 응소행위로 인한 시효중단의 효력은 피고가 현실적으로 권리를 행사하여 응소한 때에 발생한다고 보는 것이 상당하다(대판 2005.12.23. 2005다59383・59390).

② 시효완성 전에 채무의 일부를 변제한 경우에는, 그 수액에 관하여 다툼이 없는 한 채무승인으로서의 효력이 있어 시효중단의 효과가 발생한다(대판 1996.1.23. 95다39854).

③ 소멸시효의 중단사유로서의 승인은 시효이익을 받을 당사자인 채무자가 그 권리의 존재를 인식하고 있다는 뜻을 표시함으로써 성립하는 것이므로 이는 소멸시효의 진행이 개시된 이후에만 가능하고 그 이전에 승인을 하더라도 시효가 중단되지는 않는다고 할 것이고, 또한 현존하지 아니하는 장래의 채권을 미리 승인하는 것은 채무자가 그 권리의 존재를 인식하고서 한 것이라고 볼 수 없어 허용되지 않는다고 할 것이다(대판 2001.11.9. 2001다52568).

④ **제173조【화해를 위한 소환, 임의출석과 시효중단】** 화해를 위한 소환은 상대방이 출석하지 아니하거나 화해가 성립되지 아니한 때에는 1개월 내에 소를 제기하지 아니하면 시효중단의 효력이 없다. 임의출석의 경우에 화해가 성립되지 아니한 때에도 그러하다.

⑤ **제169조【시효중단의 효력】** 시효의 중단은 당사자 및 그 승계인 간에만 효력이 있다.

02 **소멸시효에 관한 설명으로 옳은 것은? (다툼이 있는 경우에는 판례에 의함)** 2014 행정사

① 시효의 중단사유가 재판상의 청구인 때에는 중단까지 경과한 시효기간은 이를 산입하지 아니하고 재판이 확정된 때로부터 새로이 시효가 진행한다.

② 건물이 완공되지 않아 소유권이전등기청구권을 행사할 수 없었다는 사유는 그 청구권의 소멸시효의 진행을 막는 법률상의 장애사유가 되지 아니한다.

③ 근저당권설정등기청구권은 피담보채권에 부종하는 청구권이므로 독자적인 시효기간의 적용을 받지 아니한다.

④ 물상보증인이 피담보채무의 부존재를 이유로 제기한 저당권설정등기 말소청구소송에서 저당권자가 청구기각의 판결을 구하였다면 이를 직접 채무자에 대한 재판상 청구로 볼 수 있다.

⑤ 채무자는 소멸시효의 진행이 개시된 이후는 물론 그 이전에도 채무를 승인하여 시효를 중단할 수 있다.

정답해설

① **제178조【중단 후에 시효진행】** ① 시효가 중단된 때에는 중단까지에 경과한 시효기간은 이를 산입하지 아니하고 중단사유가 종료한 때로부터 새로이 진행한다.

② 소멸시효는 객관적으로 권리가 발생하여 그 권리를 행사할 수 있는 때로부터 진행하고 그 권리를 행사할 수 없는 동안만은 진행하지 않는바, '권리를 행사할 수 없는' 경우란, 권리자가 권리의 존재나 권리행사 가능성을 알지 못하였다는 등의 사실상 장애사유가 있는 경우가 아니라, 법률상의 장애사유, 예컨대 기간의 미도래나 조건불성취 등이 있는 경우를 말하는데(대판 2006.4.27. 2006다1381 등 참조), 건물에 관한 소유권이전등기청구권에 있어서 그 목적물인 건물이 완공되지 아니하여 이를 행사할 수 없었다는 사유는 법률상의 장애사유에 해당한다(대판 2007.8.23. 2007다28024·28031).

③ 근저당권설정 약정에 의한 근저당권설정등기청구권이 그 피담보채권이 될 채권과 별개로 소멸시효에 걸린다(대판 2004.2.13. 2002다7213).

④ 타인의 채무를 담보하기 위하여 자기의 물건에 담보권을 설정한 물상보증인은 채권자에 대하여 물적 유한책임을 지고 있어 그 피담보채권의 소멸에 의하여 직접 이익을 받는 관계에 있으므로 소멸시효의 완성을 주장할 수 있는 것이지만, 채권자에 대하여는 아무런 채무도 부담하고 있지 아니하므로, 물상보증인이 그 피담보채무의 부존재 또는 소멸을 이유로 제기한 저당권설정등기 말소등기절차이행청구소송에서 채권자 겸 저당권자가 청구기각의 판결을 구하고 피담보채권의 존재를 주장하였다고 하더라도 이로써 직접 채무자에 대하여 재판상 청구를 한 것으로 볼 수는 없는 것이므로 피담보채권의 소멸시효에 관하여 규정한 민법 제168조 제1호 소정의 '청구'에 해당하지 아니한다(대판 2004.1.16. 2003다30890).

⑤ 소멸시효의 중단사유로서의 승인은 시효이익을 받을 당사자인 채무자가 그 권리의 존재를 인식하고 있다는 뜻을 표시함으로써 성립하는 것이므로 이는 소멸시효의 진행이 개시된 이후에만 가능하고 그 이전에 승인을 하더라도 시효가 중단되지는 않는다고 할 것이고, 또한 현존하지 아니하는 장래의 채권을 미리 승인하는 것은 채무자가 그 권리의 존재를 인식하고서 한 것이라고 볼 수 없어 허용되지 않는다고 할 것이다(대판 2001.11.9. 2001다52568).

Answer 01 ③ 02 ①

Chapter 07

03 甲의 乙에 대한 채권을 담보하기 위해 丙이 자신의 부동산에 저당권을 설정해 준 경우, 甲의 乙에 대한 채권의 소멸시효 중단사유가 아닌 것은? (다툼이 있으면 판례에 따름)

2017 감정평가사

① 丙의 저당권말소등기청구의 소에 대한 甲의 응소
② 甲의 乙에 대한 채권에 기한 지급명령 신청
③ 乙의 재산에 대한 甲의 가압류 신청
④ 乙이 변제기 도래 후에 한 채무의 승인
⑤ 乙의 파산절차에 대한 甲의 참가

정답해설

① 물상보증인이 그 피담보채무의 부존재 또는 소멸을 이유로 제기한 저당권설정등기 말소등기절차이행청구소송에서 채권자 겸 저당권자가 청구기각의 판결을 구하고 피담보채권의 존재를 주장하였다고 하더라도 이로써 직접 채무자에 대하여 재판상 청구를 한 것으로 볼 수는 없는 것이므로 피담보채권의 소멸시효에 관하여 규정한 민법 제168조 제1호 소정의 '청구'에 해당하지 아니한다(대판 2004.1.16. 2003다30890).

비교 재판상의 청구라 함은 통상적으로는 권리자가 원고로서 시효를 주장하는 자를 피고로 하여 실체법상의 권리관계를 소송물로 하여 소의 형식으로 주장하는 경우를 가리키지만, 이와 반대로 시효를 주장하는 자가 원고가 되어 소를 제기한 데 대하여 피고로서 응소하여 그 소송에서 적극적으로 권리를 주장하고 그것이 받아들여진 경우도 이에 포함된다(대판(전) 1993.12.21. 92다47861).

② 지급명령이란 금전 그 밖에 대체물이나 유가증권의 일정한 수량의 지급을 목적으로 하는 청구에 대하여 법원이 보통의 소송절차에 의함이 없이 채권자의 신청에 의하여 간이, 신속하게 발하는 이행에 관한 명령으로 지급명령에 관한 절차는 종국판결을 받기 위한 소의 제기는 아니지만, 채권자로 하여금 간이, 신속하게 집행권원을 취득하도록 하기 위하여 이행의 소를 대신하여 법이 마련한 특별소송절차로 볼 수 있다. 그런데 재판상 청구에 시효중단의 효력을 인정하는 근거는 권리자가 재판상 그 권리를 주장하여 권리 위에 잠자는 것이 아님을 표명하고 이로써 시효제도의 기초인 영속되는 사실상태와 상용할 수 없는 다른 사정이 발생하였다는 점에 기인하는 것인데, 그와 같은 점에서 보면 지급명령 신청은 권리자가 권리의 존재를 주장하면서 재판상 그 실현을 요구하는 것이므로 본질적으로 소의 제기와 다르지 않다. 따라서 민법 제170조 제1항에 규정하고 있는 '재판상의 청구'란 종국판결을 받기 위한 '소의 제기'에 한정되지 않고, 권리자가 이행의 소를 대신하여 재판기관의 공권적인 법률판단을 구하는 지급명령 신청도 포함된다고 보는 것이 타당하다(대판 2011.11.10. 2011다54686).

제172조【지급명령과 시효중단】
지급명령은 채권자가 법정기간 내에 가집행신청을 하지 아니함으로 인하여 그 효력을 잃은 때에는 시효중단의 효력이 없다.

③ 가압류를 시효중단사유로 규정한 이유는 가압류에 의하여 채권자가 권리를 행사하였다고 할 수 있기 때문이다. 가압류채권자의 권리행사는 가압류를 신청한 때에 시작되므로, 이 점에서도 가압류에 의한 시효중단의 효력은 가압류신청을 한 때에 소급한다(대판 2017.4.7. 2016다35451).

④ 소멸시효의 중단사유로서의 승인은 시효이익을 받을 당사자인 채무자가 그 권리의 존재를 인식하고 있다는 뜻을 표시함으로써 성립하는 것이므로 이는 소멸시효의 진행이 개시된 이후에만 가능하고 그 이전에 승인을 하더라도 시효가 중단되지는 않는다고 할 것이고, 또한 현존하지 아니하는 장래의 채권을 미리 승인하는 것은 채무자가 그 권리의 존재를 인식하고서 한 것이라고 볼 수 없어 허용되지 않는다고 할 것이다(대판 2001.11.9. 2001다52568).

⑤ **제171조【파산절차참가와 시효중단】** 파산절차참가는 채권자가 이를 취소하거나 그 청구가 각하된 때에는 시효중단의 효력이 없다.

04 소멸시효 중단사유로서의 '승인'에 관한 설명으로 옳지 않은 것은? (다툼이 있는 경우에는 판례에 의함)

2013 변리사

① 승인은 소멸시효의 진행이 개시된 이후에만 가능하고 그 이전에 승인을 하더라도 시효가 중단되지 않는다.

② 승인으로 인한 시효중단의 효력은 그 승인의 통지가 상대방에게 도달한 때에 발생한다.

③ 승인을 함에는 상대방의 권리에 관한 처분의 능력이나 권한이 있음을 요하지 않는다.

④ 현존하지 않는 장래의 채권을 미리 승인하는 것도 사적 자치의 원칙상 허용된다.

⑤ 채무자의 승인이 있었다는 사실은 이를 주장하는 채권자 측에서 입증하여야 한다

정답해설

①, ④ 소멸시효의 중단사유로서의 승인은 시효이익을 받을 당사자인 채무자가 그 권리의 존재를 인식하고 있다는 뜻을 표시함으로써 성립하는 것이므로 이는 소멸시효의 진행이 개시된 이후에만 가능하고 그 이전에 승인을 하더라도 시효가 중단되지는 않는다고 할 것이고, 또한 현존하지 아니하는 장래의 채권을 미리 승인하는 것은 채무자가 그 권리의 존재를 인식하고서 한 것이라고 볼 수 없어 허용되지 않는다고 할 것이다(대판 2001.11.9. 2001다52568).

② 채권의 시효중단사유로서의 '승인'은 시효이익을 받을 당사자인 채무자가 그 시효의 완성으로 권리를 상실하게 될 자 또는 그 대리인에 대하여 그 권리가 존재함을 인식하고 있다는 뜻을 표시함으로써 성립한다고 할 것이며, 이때 그 표시의 방법은 아무런 형식을 요구하지 아니하고, 또한 명시적이건 묵시적이건 불문한다 할 것이나, 승인으로 인한 시효중단의 효력은 그 승인의 통지가 상대방에게 도달하는 때에 발생한다(대판 1995.9.29. 95다30178 등).

③ **제177조【승인과 시효중단】** 시효중단의 효력 있는 승인에는 상대방의 권리에 관한 처분의 능력이나 권한 있음을 요하지 아니한다.

⑤ 소멸시효의 중단사유로서 채무자에 의한 채무승인이 있었다는 사실은 이를 주장하는 채권자 측에서 입증하여야 하는 것이다(대판 2005.2.17. 2004다59959).

Chapter 07

Answer 03 ① 04 ④

05 소멸시효의 중단사유에 관한 설명으로 옳지 않은 것은? (다툼이 있으면 판례에 따름)

2018 행정사

① 지급명령 신청은 시효중단사유가 아니다.

② 부동산의 가압류로 중단된 시효는 특별한 사정이 없는 한, 가압류등기가 말소된 때로부터 새로이 진행된다.

③ 채무승인이 있었다는 사실은 이를 주장하는 채권자 측에서 증명하여야 한다.

④ 채무의 일부변제도 채무승인으로서 시효중단사유가 될 수 있다.

⑤ 시효중단의 효력이 있는 승인에는 상대방의 권리에 관한 처분의 능력이나 권한이 있음을 요하지 않는다.

정답해설

① 민법 제168조에서는 청구와 압류, 가압류, 가처분, 그리고 채무의 승인을 소멸시효 중단사유로 정하고 있다. 민법 제170조 제1항에 규정하고 있는 '재판상의 청구'란 종국판결을 받기 위한 '소의 제기'에 한정되지 않고, 권리자가 이행의 소를 대신하여 재판기관의 공권적인 법률판단을 구하는 지급명령 신청도 포함된다고 보는 것이 타당하다(대판 2011.11.10. 2011다54686). 지급명령 신청은 시효중단사유이다(제172조).

제168조【소멸시효의 중단사유】
소멸시효는 다음 각 호의 사유로 인하여 중단된다.
1. 청구
2. 압류 또는 가압류, 가처분
3. 승인

제172조【지급명령과 시효중단】
지급명령은 채권자가 법정기간 내에 가집행신청을 하지 아니함으로 인하여 그 효력을 잃은 때에는 시효중단의 효력이 없다.

② 가압류에 의한 시효중단은 경매절차에서 부동산이 매각되어 가압류등기가 말소되기 전에 배당절차가 진행되어 가압류채권자에 대한 배당표가 확정되는 등의 특별한 사정이 없는 한, 채권자가 가압류집행에 의하여 권리행사를 계속하고 있다고 볼 수 있는 가압류등기가 말소된 때 그 중단사유가 종료되어, 그때부터 새로 소멸시효가 진행한다고 봄이 타당하다(대판 2013.11.14. 2013다18622).

③ 소멸시효의 중단사유로서 채무자에 의한 채무승인이 있었다는 사실은 이를 주장하는 채권자측에서 입증하여야 하는 것이다(대판 2005.2.17. 2004다59959).

④ 소멸시효 완성 전에 채무의 일부를 변제한 경우에는 그 수액에 관하여 다툼이 없는 한 채무승인으로서의 효력이 있어 시효중단의 효과가 발생한다(대판 1996.1.23. 95다39854).

⑤ 시효중단사유로서의 승인은 시효이익을 받을 당사자인 채무자가 그 시효의 완성으로 권리를 상실하게 될 자 또는 그 대리인에 대하여 그 권리가 존재함을 인식하고 있다는 뜻을 표시함으로써 성립한다고 할 것이며, 그 표시의 방법은 아무런 형식을 요구하지 아니하고, 또한 명시적이건 묵시적이건 불문한다 할 것이다(대판 1992.4.14. 92다947 참조).
또한, 소멸시효 이익의 포기는, 시효의 완성으로 권리를 상실한 자 또는 그 대리인에 대하여 시효에 의한 이익, 즉 시효에 의하여 권리를 취득 또는 의무를 면한다는 이익을 받지 않겠다고 하는 의사를 표시하는 것으로서, 그로써 권리를 취득하거나 의무를 면하는 지위를 상실하는 것이 되므로, 포기하는 자는 처분의 능력 내지 권한이 있어야 할 것이고, 그 의사표시가 상대방에게 적법하게 도달한 때에 효력이 발생된다고 할 것이다(대판 2008.11.27. 2006다18129).

06 소멸시효에 관한 설명으로 옳은 것은? (다툼이 있는 경우에는 판례에 의함) 2014 행정사

① 시효의 중단사유가 재판상의 청구인 때에는 중단까지 경과한 시효기간은 이를 산입하지 아니하고 재판이 확정된 때로부터 새로이 시효가 진행한다.

② 건물이 완공되지 않아 소유권이전등기청구권을 행사할 수 없었다는 사유는 그 청구권의 소멸시효의 진행을 막는 법률상의 장애사유가 되지 아니한다.

③ 근저당권설정등기청구권은 피담보채권에 부종하는 청구권이므로 독자적인 시효기간의 적용을 받지 아니한다.

④ 물상보증인이 피담보채무의 부존재를 이유로 제기한 저당권설정등기 말소청구소송에서 저당권자가 청구기각의 판결을 구하였다면 이를 직접 채무자에 대한 재판상 청구로 볼 수 있다.

⑤ 채무자는 소멸시효의 진행이 개시된 이후는 물론 그 이전에도 채무를 승인하여 시효를 중단할 수 있다.

정답해설

① **제178조【중단 후에 시효진행】** ① 시효가 중단된 때에는 중단까지에 경과한 시효기간은 이를 산입하지 아니하고 중단사유가 종료한 때로부터 새로이 진행한다.

② 소멸시효는 객관적으로 권리가 발생하여 그 권리를 행사할 수 있는 때로부터 진행하고 그 권리를 행사할 수 없는 동안만은 진행하지 않는바, '권리를 행사할 수 없는' 경우란, 권리자가 권리의 존재나 권리행사 가능성을 알지 못하였다는 등의 사실상 장애사유가 있는 경우가 아니라, 법률상의 장애사유, 예컨대 기간의 미도래나 조건불성취 등이 있는 경우를 말하는데(대판 2006.4.27. 2006다1381 등 참조), 건물에 관한 소유권이전등기청구권에 있어서 그 목적물인 건물이 완공되지 아니하여 이를 행사할 수 없었다는 사유는 법률상의 장애사유에 해당한다(대판 2007.8.23. 2007다28024 · 28031).

③ 근저당권설정 약정에 의한 근저당권설정등기청구권이 그 피담보채권이 될 채권과 별개로 소멸시효에 걸린다(대판 2004.2.13. 2002다7213).

Answer 05 ① 06 ①

④ 타인의 채무를 담보하기 위하여 자기의 물건에 담보권을 설정한 물상보증인은 채권자에 대하여 물적 유한책임을 지고 있어 그 피담보채권의 소멸에 의하여 직접 이익을 받는 관계에 있으므로 소멸시효의 완성을 주장할 수 있는 것이지만, 채권자에 대하여는 아무런 채무도 부담하고 있지 아니하므로, 물상보증인이 그 피담보채무의 부존재 또는 소멸을 이유로 제기한 저당권설정등기 말소등기절차이행청구소송에서 채권자 겸 저당권자가 청구기각의 판결을 구하고 피담보채권의 존재를 주장하였다고 하더라도 이로써 직접 채무자에 대하여 재판상 청구를 한 것으로 볼 수는 없는 것이므로 피담보채권의 소멸시효에 관하여 규정한 민법 제168조 제1호 소정의 '청구'에 해당하지 아니한다(대판 2004.1.16. 2003다30890).

⑤ 소멸시효의 중단사유로서의 승인은 시효이익을 받을 당사자인 채무자가 그 권리의 존재를 인식하고 있다는 뜻을 표시함으로써 성립하는 것이므로 이는 소멸시효의 진행이 개시된 이후에만 가능하고 그 이전에 승인을 하더라도 시효가 중단되지는 않는다고 할 것이고, 또한 현존하지 아니하는 장래의 채권을 미리 승인하는 것은 채무자가 그 권리의 존재를 인식하고서 한 것이라고 볼 수 없어 허용되지 않는다고 할 것이다(대판 2001.11.9. 2001다52568).

07 소멸시효 중단에 관한 설명으로 옳지 않은 것은? (다툼이 있으면 판례에 의함) 2023 행정사

① 지급명령에 의한 시효중단의 효과는 지급명령을 신청한 때에 발생한다.

② 시효이익을 받을 본인의 대리인은 소멸시효 중단사유인 채무의 승인을 할 수 있다.

③ 가압류의 피보전채권에 관하여 본안의 승소판결이 확정되면 가압류에 의한 시효중단의 효력은 당연히 소멸한다.

④ 재판상의 청구로 인하여 중단한 소멸시효는 재판이 확정된 때로부터 새로이 진행한다.

⑤ 시효중단의 효력 있는 승인에는 상대방의 권리에 관한 처분능력이나 권한 있음을 요하지 않는다.

정답해설

① 지급명령이란 금전 그 밖에 대체물이나 유가증권의 일정한 수량의 지급을 목적으로 하는 청구에 대하여 법원이 보통의 소송절차에 의함이 없이 채권자의 신청에 의하여 간이, 신속하게 발하는 이행에 관한 명령으로 지급명령에 관한 절차는 종국판결을 받기 위한 소의 제기는 아니지만, 채권자로 하여금 간이, 신속하게 집행권원을 취득하도록 하기 위하여 이행의 소를 대신하여 법이 마련한 특별소송절차로 볼 수 있다. 그런데 재판상 청구에 시효중단의 효력을 인정하는 근거는 권리자가 재판상 그 권리를 주장하여 권리 위에 잠자는 것이 아님을 표명하고 이로써 시효제도의 기초인 영속되는 사실상태와 상용할 수 없는 다른 사정이 발생하였다는 점에 기인하는 것인데, 그와 같은 점에서 보면 지급명령 신청은 권리자가 권리의 존재를 주장하면서 재판상 그 실현을 요구하는 것이므로 본질적으로 소의 제기와 다르지 않다. 따라서 민법 제170조 제1항에 규정하고 있는 '재판상의 청구'란 종국판결을 받기 위한 '소의 제기'에 한정되지 않고, 권리자가 이행의 소를 대신하여 재판기관의 공권적인 법률판단을 구하는 지급명령 신청도 포함된다고 보는 것이 타당하다(대판 2011.11.10. 2011다54686).

第172조 【지급명령과 시효중단】
지급명령은 채권자가 법정기간 내에 가집행신청을 하지 아니함으로 인하여 그 효력을 잃은 때에는 시효중단의 효력이 없다.

② 소멸시효 중단사유인 채무의 승인은 시효이익을 받을 당사자나 대리인만 할 수 있으므로 이행인수인이 채권자에 대하여 채무자의 채무를 승인하더라도 다른 특별한 사정이 없는 한 시효중단 사유가 되는 채무승인의 효력은 발생하지 않는다(대판 2016.10.27. 2015다239744).

③ 민법 제168조에서 가압류와 재판상의 청구를 별도의 시효중단사유로 규정하고 있는데 비추어 보면, 가압류의 피보전채권에 관하여 본안의 승소판결이 확정되었다고 하더라도 가압류에 의한 시효중단의 효력이 이에 흡수되어 소멸된다고 할 수 없다(대판 2000.4.25. 2000다11102). 가압류 등기가 되어 있는 동안 시효는 계속 중단된 상태로 남아있게 된다.

④ **제178조 【중단 후에 시효진행】** ② 재판상의 청구로 인하여 중단된 시효는 전항의 규정에 의하여 재판이 확정된 때로부터 새로이 진행한다.

⑤ **제177조 【승인과 시효중단】** 시효중단의 효력 있는 승인에는 상대방의 권리에 관한 처분의 능력이나 권한 있음을 요하지 아니한다.

08 소멸시효의 중단에 관한 설명으로 옳은 것은? (다툼이 있으면 판례에 의함) 2023 소방간부후보

① 채권자가 주채무자의 재산을 압류하더라도 보증인에 대한 통지가 없으면 보증채무의 소멸시효는 중단되지 않는다.

② 한 개의 채권 중 일부에 관하여 판결을 구한다는 취지를 명백히 하여 소송을 제기한 경우 그 취지로 보아 채권 전부에 관하여 판결을 구하는 것으로 해석되더라도 소제기에 의한 소멸시효중단의 효력이 그 일부에 관하여만 발생하고, 나머지 부분에는 발생하지 않는다.

③ 확정판결에 의한 채권의 소멸시효기간의 경과가 임박한 경우 그 시효중단을 위한 소는 소의 이익이 있으나, 후소법원은 그 확정된 권리를 주장할 수 있는 모든 요건의 구비 여부를 다시 심리할 수는 없다.

④ 시효중단사유의 주장·증명책임은 시효완성을 다투는 당사자가 지며, 그 주장책임의 정도는 중단사유에 속하는 사실을 주장하는 것만으로는 주장책임을 다한 것으로 볼 수 없다.

⑤ 소멸시효 중단사유인 채무승인은 시효의 완성으로 인한 법적 이익을 받지 않겠다는 효과의사를 필요로 한다.

Chapter 07

Answer 07 ③ 08 ③

정답해설

① 민법 제169조는 '시효의 중단은 당사자 및 그 승계인 간에만 효력이 있다'고 규정하고 있고, 한편 민법 제440조는 '주채무자에 대한 시효의 중단은 보증인에 대하여 그 효력이 있다.'라고 규정하고 있는 바, 민법 제440조는 민법 제169조의 예외 규정으로서 이는 **채권자 보호 내지 채권 담보의 확보를 위하여** 주채무자에 대한 시효중단의 사유가 발생하였을 때는 **보증인에 대한 별도의 중단조치가 이루어지지 아니하여도 동시에 시효중단의 효력이 생기도록 한 것**이고, 시효중단 사유가 압류, 가압류 및 가처분이라고 하더라도 이를 보증인에게 통지하여야 비로소 시효중단의 효력이 발생하는 것은 아니다(대판 2005.10.27. 2005다35554·35561).

② 한 개의 채권 중 일부에 관하여만 판결을 구한다는 취지를 명백히 하여 소송을 제기한 경우에는 소제기에 의한 소멸시효중단의 효력이 그 일부에 관하여만 발생하고 나머지 부분에는 발생하지 아니하지만, 비록 그중 **일부만을 청구한 경우에도 그 취지로 보아 채권 전부에 관하여 판결을 구하는 것으로 해석된다면** 그 청구액을 소송물인 **채권의 전부로 보아야** 하고, 이러한 경우에는 그 채권의 동일성의 범위 내에서 그 전부에 관하여 시효중단의 효력이 발생한다(대판 2020.3.26. 2017다217724·217731).

③ 확정된 승소판결에는 기판력이 있으므로 당사자는 확정된 판결과 동일한 소송물에 기하여 신소를 제기할 수 없는 것이 원칙이나, 시효중단 등 특별한 사정이 있는 경우에는 예외적으로 신소가 허용되는데, 이러한 경우에 신소의 판결이 전소의 승소확정판결의 내용에 저촉되어서는 아니되므로, 후소 법원으로서는 그 확정된 권리를 주장할 수 있는 모든 요건이 구비되어 있는지에 관하여 다시 심리할 수 없다(대판 2018.4.24. 2017다293858).

④ 시효중단사유의 주장·입증책임은 시효완성을 다투는 당사자가 지며, 그 주장책임의 정도는 취득시효가 중단되었다는 명시적인 주장을 필요로 하는 것이 아니라 중단사유에 속하는 사실만 주장하면 주장책임을 다한 것으로 보아야 한다(대판 1997.4.25. 96다46484).

⑤ 소멸시효 중단사유로서의 채무승인은 시효이익을 받는 당사자인 채무자가 소멸시효의 완성으로 채권을 상실하게 될 자에 대하여 상대방의 권리 또는 자신의 채무가 있음을 알고 있다는 뜻을 표시함으로써 성립하는 이른바 **관념의 통지**로 여기에 어떠한 효과의사가 필요하지 않다(대판 2013.2.28. 2011 21556).

비교 시효의 완성으로 인한 법적 이익을 받지 않겠다는 효과의사를 필요로 하는 것은 '소멸시효 이익의 포기'이다.

제177조 【승인과 시효중단】
시효중단의 효력 있는 승인에는 상대방의 권리에 관한 처분의 능력이나 권한 있음을 요하지 아니한다.

09 소멸시효 중단에 관한 설명으로 옳은 것을 모두 고른 것은? (다툼이 있으면 판례에 따름)

2015 감정평가사

ㄱ. 채무자가 제기한 채무부존재확인소송에서 채권자가 피고로서 응소하여 적극적으로 권리를 주장하고 그것이 법원에 의해 받아들여진 경우, 채권의 소멸시효가 중단된다.
ㄴ. 비법인사단의 대표자가 총회결의에 따라 총유물을 매도하여 소유권이전등기를 해주기 위해 매수인과 함께 법무사 사무실을 방문한 행위는, 소유권이전등기청구권의 소멸시효 중단의 효력이 있는 승인에 해당한다.
ㄷ. 재판상 청구로 인하여 중단된 시효는 재판이 시작된 때부터 새로 진행된다.

① ㄱ
② ㄴ
③ ㄱ, ㄴ
④ ㄱ, ㄷ
⑤ ㄴ, ㄷ

정답해설

[ㄱ, ㄴ]이 타당하다.

ㄱ. (○): 채무자가 제기한 채무부존재확인소송에서 채권자가 피고로서 응소하여 적극적으로 권리를 주장하고 그것이 법원에 의해 받아들여진 경우, 채권의 소멸시효가 중단된다(대판(전) 1993.12.21. 92다47861 등).

ㄴ. (○): 비법인사단의 대표자가 총회결의에 따라 총유물을 매도하여 소유권이전등기를 해주기 위해 매수인과 함께 법무사 사무실을 방문한 행위는, 소유권이전등기청구권의 소멸시효 중단의 효력이 있는 승인에 해당한다(대판 2009.11.26. 2009다64383).

ㄷ. (×): **제178조 【중단 후의 시효진행】** ② 재판상의 청구로 인하여 중단된 시효는 전항의 규정에 의하여 재판이 확정된 때로부터 새로이 진행한다.

Chapter 07

Answer 09 ③

10 다음 중 채권의 소멸시효가 중단된 경우를 모두 고른 것은? (다툼이 있으면 판례에 따름)

2022 가맹거래사

ㄱ. 채권자에게 채무자가 담보를 제공한 경우
ㄴ. 임차권등기명령에 따라 임차인이 임차권 등기를 받은 경우
ㄷ. 이행청구의 소가 기각된 후 아무런 조치 없이 6개월이 경과한 경우
ㄹ. 타인이 실행한 경매절차에서 채권자가 배당을 요구한 경우

① ㄱ ② ㄱ, ㄹ ③ ㄱ, ㄴ, ㄷ
④ ㄴ, ㄷ, ㄹ ⑤ ㄱ, ㄴ, ㄷ, ㄹ

정답해설

ㄱ. (○): 甲이 대표이사로 있는 乙 회사가 丙에게 공정증서를 작성해 준 행위는 甲이 자신의 공사대금채무에 대한 담보를 제공할 목적으로 乙 회사로 하여금 甲의 공사대금채무를 병존적으로 인수하게 한 것으로 보아야 하므로, 甲이 자신의 공사대금채무의 존재 및 액수에 대하여 인식하고 있음을 묵시적이나마 丙에게 표시한 것으로 볼 수 있고, 丙의 甲에 대한 위 공사대금채권은 채무자인 甲의 위와 같은 乙 회사 명의의 공정증서 작성·교부를 통한 채무승인에 의하여 그 소멸시효가 중단되었다(대판 2010.11.11. 2010다46657).

ㄴ. (×): 「주택임대차보호법」 제3조의3에서 정한 임차권등기명령에 따른 임차권등기는 특정 목적물에 대한 구체적 집행행위나 보전처분의 실행을 내용으로 하는 압류 또는 가압류, 가처분과 달리 어디까지나 주택임차인이 주택임대차보호법에 따른 대항력이나 우선변제권을 취득하거나 이미 취득한 대항력이나 우선변제권을 유지하도록 해 주는 담보적 기능을 주목적으로 한다. 비록 주택임대차보호법이 임차권등기명령의 신청에 대한 재판절차와 임차권등기명령의 집행 등에 관하여 민사집행법상 가압류에 관한 절차규정을 일부 준용하고 있지만, 이는 일방 당사자의 신청에 따라 법원이 심리·결정한 다음 등기를 촉탁하는 일련의 절차가 서로 비슷한 데서 비롯된 것일 뿐 이를 이유로 임차권등기명령에 따른 임차권등기가 본래의 담보적 기능을 넘어서 채무자의 일반재산에 대한 강제집행을 보전하기 위한 처분의 성질을 가진다고 볼 수는 없다. 그렇다면 임차권등기명령에 따른 임차권등기에는 민법 제168조 제2호에서 정하는 소멸시효 중단사유인 압류 또는 가압류, 가처분에 준하는 효력이 있다고 볼 수 없다(대판 2019.5.16. 2017다226629).

ㄷ. (×): 이행청구의 소가 기각된 후 아무런 조치 없이 6개월이 경과한 경우 시효중단의 효력이 없다(제170조).

> **제170조 【재판상의 청구와 시효중단】**
> ① 재판상의 청구는 소송의 각하, 기각 또는 취하의 경우에는 시효중단의 효력이 없다.
> ② 전항의 경우에 6개월 내에 재판상의 청구, 파산절차 참가, 압류 또는 가압류, 가처분을 한 때에는 시효는 최초의 재판상 청구로 인하여 중단된 것으로 본다.

ㄹ. (○) : 채권자가 배당요구의 방법으로 권리를 행사하여 경매절차에 참가하였다면 그 배당요구는 민법 제168조 제2호의 압류에 준하는 것으로서 배당요구에 관련된 채권에 관하여 소멸시효를 중단하는 효력이 생긴다(대판 2022.5.12. 2021다280026).

11 **소멸시효에 관한 설명으로 옳은 것을 모두 고른 것은?** 2014 행정사

> ㄱ. 기한을 정하지 않은 권리의 소멸시효는 권리가 발생한 때로부터 진행한다.
> ㄴ. 소멸시효는 그 기산일에 소급하여 효력이 생긴다.
> ㄷ. 소멸시효의 중단은 그 당사자 사이에만 효력이 생긴다.
> ㄹ. 시효중단의 효력이 있는 승인에는 상대방의 권리에 관한 처분의 능력이나 권한 있음을 요하지 아니한다.

① ㄱ, ㄴ
② ㄱ, ㄷ
③ ㄷ, ㄹ
④ ㄱ, ㄴ, ㄹ
⑤ ㄴ, ㄷ, ㄹ

정답해설

ㄱ. (○): 기한을 정하지 않은 권리의 소멸시효는 권리가 발생한 때로부터 진행한다.
ㄴ. (○): **제167조【소멸시효의 소급효】** 소멸시효는 그 기산일에 소급하여 효력이 생긴다.
ㄷ. (×): **제169조【시효중단의 효력】** 시효의 중단은 당사자 및 그 승계인 간에만 효력이 있다.
ㄹ. (○): **제177조【승인과 시효중단】** 시효중단의 효력 있는 승인에는 상대방의 권리에 관한 처분의 능력이나 권한 있음을 요하지 아니한다.

Chapter 07

Answer 10 ② 11 ④

12 **소멸시효의 중단 또는 정지에 관한 설명으로 옳지 않은 것은? (다툼이 있으면 판례에 따름)**

2015 행정사

① 재판상의 청구는 그 소송이 취하된 경우에는 그로부터 6개월 내에 다시 재판상의 청구 등을 하지 않는 한 소멸시효 중단의 효력이 없다.

② 당연무효의 가압류·가처분은 소멸시효의 중단사유에 해당하지 않는다.

③ 부부 중 한쪽이 다른 쪽에 대하여 갖는 권리는 혼인관계가 종료된 때부터 6개월 내에는 소멸시효가 완성되지 않는다.

④ 승인은 소멸시효의 진행이 개시된 이후에만 가능하고, 그 이전에는 승인을 하더라도 시효가 중단되지 않는다.

⑤ 시효중단의 효력 있는 승인에는 상대방의 권리에 관한 처분의 능력이나 권한이 있을 것을 요한다.

정답해설

① 재판상의 청구는 그 소송이 취하된 경우에는 그로부터 6개월 내에 다시 재판상의 청구 등을 하지 않는 한 소멸시효 중단의 효력이 없다.

> **제170조【재판상의 청구와 시효중단】**
> ① 재판상의 청구는 소송의 각하, 기각 또는 취하의 경우에는 시효중단의 효력이 없다.
> ② 전항의 경우에 6개월 내에 재판상의 청구, 파산절차 참가, 압류 또는 가압류, 가처분을 한 때에는 시효는 최초의 재판상 청구로 인하여 중단된 것으로 본다.

② 사망한 사람을 피신청인으로 한 가압류신청은 부적법하고 그 신청에 따른 가압류결정이 내려졌다고 하여도 그 결정은 당연 무효로서 그 효력이 상속인에게 미치지 않으며, 이러한 당연 무효의 가압류는 민법 제168조 제1호에 정한 소멸시효의 중단사유에 해당하지 않는다(대판 2006.8.24. 2004다26287).

③ **제180조【재산관리자에 대한 제한능력자의 권리, 부부 사이의 권리와 시효정지】** ② 부부 중 한쪽이 다른 쪽에 대하여 가지는 권리는 혼인관계가 종료된 때부터 6개월 내에는 소멸시효가 완성되지 아니한다.

④ 소멸시효의 중단사유로서의 승인은 시효이익을 받을 당사자인 채무자가 그 권리의 존재를 인식하고 있다는 뜻을 표시함으로써 성립하는 것이므로 이는 소멸시효의 진행이 개시된 이후에만 가능하고 그 이전에 승인을 하더라도 시효가 중단되지는 않는다고 할 것이고, 또한 현존하지 아니하는 장래의 채권을 미리 승인하는 것은 채무자가 그 권리의 존재를 인식하고서 한 것이라고 볼 수 없어 허용되지 않는다고 할 것이다(대판 2001.11.9. 2001다52568).

⑤ **제177조【승인과 시효중단】** 시효중단의 효력 있는 승인에는 상대방의 권리에 관한 처분의 능력이나 권한 있음을 요하지 아니한다.

13 **소멸시효의 중단과 정지에 관한 설명으로 옳지 않은 것은?** 2013 행정사

① 파산절차참가는 채권자가 이를 취소한 때에는 시효중단의 효력이 없다.

② 임의출석의 경우에 화해가 성립되지 아니한 때에는 1월 내에 소를 제기하지 아니하면 시효중단의 효력이 없다.

③ 재판상의 청구를 한 후에 소의 각하가 있고 6월 내에 다시 재판상의 청구를 한 경우, 소멸시효는 다시 재판상의 청구를 한 때로부터 중단된 것으로 본다.

④ 천재 기타 사변으로 인하여 소멸시효를 중단할 수 없을 때에는 그 사유가 종료한 때로부터 1월 내에는 시효가 완성하지 아니한다.

⑤ 물상보증인의 부동산을 압류한 경우에 그 사실을 주채무자에게 통지한 후가 아니면 그 주채무자에게 시효중단의 효력이 없다.

정답해설

① **제171조【파산절차참가와 시효중단】** 파산절차참가는 채권자가 이를 취소하거나 그 청구가 각하된 때에는 시효중단의 효력이 없다.

② **제173조【화해를 위한 소환, 임의출석과 시효중단】** 화해를 위한 소환은 상대방이 출석하지 아니하거나 화해가 성립되지 아니한 때에는 1개월 내에 소를 제기하지 아니하면 시효중단의 효력이 없다. 임의출석의 경우에 화해가 성립되지 아니한 때에도 그러하다.

③ 재판상의 청구는 소송의 각하, 기각 또는 취하의 경우에는 시효중단의 효력이 없다(제170조 제1항). 그러나 이 경우에도 재판 외의 최고로서의 효력은 인정되므로, 6개월 내에 재판상의 청구, 파산절차 참가, 압류 또는 가압류, 가처분을 한 때에는 시효는 최초의 재판상 청구로 인하여 중단된 것으로 본다(제170조 제2항).

> **제170조【재판상의 청구와 시효중단】**
> ① 재판상의 청구는 소송의 각하, 기각 또는 취하의 경우에는 시효중단의 효력이 없다.
> ② 전항의 경우에 6개월 내에 재판상의 청구, 파산절차 참가, 압류 또는 가압류, 가처분을 한 때에는 시효는 최초의 재판상 청구로 인하여 중단된 것으로 본다.

④ **제182조【천재 기타 사변과 시효정지】** 천재 기타 사변으로 인하여 소멸시효를 중단할 수 없을 때에는 그 사유가 종료한 때부터 1개월 내에는 시효가 완성하지 아니한다.

⑤ 물상보증인의 부동산을 압류한 경우에 그 사실을 주채무자에게 통지한 후가 아니면 그 주채무자에게 시효중단의 효력이 없다(제176조).

> **제176조【압류, 가압류, 가처분과 시효중단】**
> 압류, 가압류 및 가처분은 시효의 이익을 받을 자에 대하여 하지 아니한 때에는 이를 그에게 통지한 후가 아니면 시효중단의 효력이 없다.

Chapter 07

Answer 12 ⑤ 13 ③

14 **소멸시효의 중단과 정지에 관한 설명으로 옳지 않은 것은? (다툼이 있으면 판례에 의함)**

2024 행정사

① 채무자가 제기한 소에 대하여 채권자가 응소하여 그 소송에서 적극적으로 권리를 주장하고 그것이 받아들여진 경우 재판상의 청구가 될 수 있다.

② 승소 확정판결을 받은 채권자가 그 판결상 채권의 시효중단을 위해 후소를 제기하는 경우 재판상 청구가 있다는 점에 대하여만 확인을 구하는 형태의 새로운 방식의 확인소송은 허용될 수 없다.

③ 상속재산에 속한 권리나 상속재산에 대한 권리는 상속인의 확정, 관리인의 선임 또는 파산선고가 있는 때로부터 6월 내에는 소멸시효가 완성하지 아니한다.

④ 화해를 위한 소환은 상대방이 출석하지 아니한 때에는 화해신청인이 1월 내에 소를 제기하지 아니하면 시효중단의 효력이 없다.

⑤ 천재 기타 사변으로 소멸시효를 중단할 수 없을 때에는 그 사유가 종료한 때로부터 1월 내에는 시효가 완성하지 아니한다.

정답해설

① 민법 제168조 제1호, 제170조 제1항에서 시효중단사유의 하나로 규정하고 있는 재판상의 청구라 함은, 통상적으로는 권리자가 원고로서 시효를 주장하는 자를 피고로 하여 소송물인 권리를 소의 형식으로 주장하는 경우를 가리키지만, 이와 반대로 시효를 주장하는 자가 원고가 되어 소를 제기한 데 대하여 피고로서 응소하여 그 소송에서 적극적으로 권리를 주장하고 그것이 받아들여진 경우도 마찬가지로 이에 포함되는 것으로 해석함이 타당하다(대판 2006.6.16. 2005다25632).

② 시효중단을 위한 후소로서 이행소송 외에 전소 판결로 확정된 채권의 시효를 중단시키기 위한 조치, 즉 '재판상의 청구'가 있다는 점에 대하여만 확인을 구하는 형태의 '새로운 방식의 확인소송'이 허용되고, 채권자는 두 가지 형태의 소송 중 자신의 상황과 필요에 보다 적합한 것을 선택하여 제기할 수 있다(대판 2018.10.18. 2015다232316).

③ **제181조 【상속재산에 관한 권리와 시효정지】** 상속재산에 속한 권리나 상속재산에 대한 권리는 상속인의 확정, 관리인의 선임 또는 파산선고가 있는 때부터 6개월 내에는 소멸시효가 완성하지 아니한다.

④ **제173조 【화해를 위한 소환, 임의출석과 시효중단】** 화해를 위한 소환은 상대방이 출석하지 아니하거나 화해가 성립되지 아니한 때에는 1개월 내에 소를 제기하지 아니하면 시효중단의 효력이 없다. 임의출석의 경우에 화해가 성립되지 아니한 때에도 그러하다.

⑤ **제182조 【천재 기타 사변과 시효정지】** 천재 기타 사변으로 인하여 소멸시효를 중단할 수 없을 때에는 그 사유가 종료한 때로부터 1월내에는 시효가 완성하지 아니한다.

Answer 14 ②

제4절 소멸시효 완성의 효력

01 소멸시효에 관한 설명으로 옳지 않은 것은? (다툼이 있으면 판례에 따름) 2021 행정사

① 시효기간 만료로 인한 권리의 소멸은 시효의 이익을 받은 자가 시효완성의 항변을 하지 않으면 그 의사에 반하여 재판할 수 없다.

② 시효를 원용할 수 있는 사람은 권리의 소멸에 의하여 직접 이익을 받는 사람에 한정된다.

③ 시효가 완성된 채권의 시효이익을 채무자가 포기하면 포기한 때로부터 그 채권의 시효가 새로 진행한다.

④ 시효는 법률행위에 의하여 이를 배제하거나 경감할 수 없다.

⑤ 시효는 그 기산일에 소급하여 효력이 생긴다.

정답해설

① 소멸시효기간 만료에 인한 권리소멸에 관한 것은 소멸시효의 이익을 받은 자가 소멸시효완성의 항변을 하지 않으면, 그 의사에 반하여 재판할 수 없다(대판 1980.1.29. 79다1863).

② 소멸시효를 원용할 수 있는 사람은 권리의 소멸에 의하여 직접 이익을 받는 사람에 한정되는바, 채권담보의 목적으로 매매예약의 형식을 빌어 소유권이전청구권 보전을 위한 가등기가 경료된 부동산을 양수하여 소유권이전등기를 마친 제3자는 당해 가등기담보권의 피담보채권의 소멸에 의하여 직접 이익을 받는 자이다(대판 1995.7.11. 95다12446).

③ 채무자가 소멸시효 완성 후에 채권자에 대하여 채무를 승인함으로써 그 시효의 이익을 포기한 경우에는 그때부터 새로이 소멸시효가 진행한다(대판 2009.7.9. 2009다14340).

제184조【시효의 이익의 포기 기타】
① 소멸시효의 이익은 미리 포기하지 못한다.

④ **제184조【시효의 이익의 포기 기타】** ② 소멸시효는 법률행위에 의하여 이를 배제, 연장 또는 가중할 수 없으나 이를 단축 또는 경감할 수 있다.

⑤ **제167조【소멸시효의 소급효】** 소멸시효는 그 기산일에 소급하여 효력이 생긴다.

Chapter 07

Answer 01 ④

02 **甲의 乙에 대한 채권의 소멸시효 완성을 독자적으로 원용할 수 있는 자를 모두 고른 것은? (다툼이 있으면 판례에 따름)** 2023 감정평가사

ㄱ. 甲이 乙에 대한 채권을 보전하기 위하여 행사한 채권자취소권의 상대방이 된 수익자
ㄴ. 乙의 일반채권자
ㄷ. 甲의 乙에 대한 채권을 담보하기 위한 유치권이 성립된 부동산의 매수인
ㄹ. 甲의 乙에 대한 채권을 담보하기 위해 저당권이 설정된 경우, 그 후순위 저당권자

① ㄱ, ㄴ
② ㄱ, ㄷ
③ ㄴ, ㄹ
④ ㄱ, ㄴ, ㄷ
⑤ ㄴ, ㄷ, ㄹ

정답해설

ㄱ. (○): 소멸시효를 원용할 수 있는 사람은 권리의 소멸에 의하여 직접 이익을 받는 자에 한정되는바, 사해행위취소소송의 상대방이 된 사해행위의 수익자는, 사해행위가 취소되면 사해행위에 의하여 얻은 이익을 상실하고 사해행위취소권을 행사하는 채권자의 채권이 소멸하면 그와 같은 이익의 상실을 면하는 지위에 있으므로, 그 채권의 소멸에 의하여 직접 이익을 받는 자에 해당하는 것으로 보아야 한다(대판 2007.11.29. 2007다54849).

ㄴ. (×): 소멸시효가 완성된 경우에, 채무자에 대한 일반 채권자는 자기의 채권을 보전하기 위하여 필요한 한도 내에서 채무자를 대위하여 소멸시효 주장을 할 수 있을 뿐, 채권자의 지위에서 독자적으로 소멸시효의 주장을 할 수 없다(대판 2014.5.16. 2012다20604).

ㄷ. (○): 유치권이 성립된 부동산의 매수인은 피담보채권의 소멸시효가 완성되면 시효로 인하여 채무가 소멸되는 결과 직접적인 이익을 받는 자에 해당하므로 소멸시효의 완성을 원용할 수 있는 지위에 있다고 할 것이나, 매수인은 유치권자에게 채무자의 채무와는 별개의 독립된 채무를 부담하는 것이 아니라 단지 채무자의 채무를 변제할 책임을 부담하는 점 등에 비추어 보면, 유치권의 피담보채권의 소멸시효기간이 확정판결 등에 의하여 10년으로 연장된 경우 매수인은 그 채권의 소멸시효기간이 연장된 효과를 부정하고 종전의 단기소멸시효기간을 원용할 수는 없다(대판 2009.9.24. 2009다39530).

ㄹ. (×): 소멸시효가 완성된 경우 이를 주장할 수 있는 사람은 시효로 채무가 소멸되는 결과 직접적인 이익을 받는 사람에 한정된다. 후순위 담보권자는 선순위 담보권의 피담보채권이 소멸하면 담보권의 순위가 상승하고 이에 따라 피담보채권에 대한 배당액이 증가할 수 있지만, 이러한 배당액 증가에 대한 기대는 담보권의 순위 상승에 따른 반사적 이익에 지나지 않는다. 후순위 담보권자는 선순위 담보권의 피담보채권 소멸로 직접 이익을 받는 자에 해당하지 않아 선순위 담보권의 피담보채권에 관한 소멸시효가 완성되었다고 주장할 수 없다고 보아야 한다(대판 2021.2.5. 2016다232597).

03 소멸시효에 관한 설명으로 옳지 않은 것은? (다툼이 있으면 판례에 따름) 2018 행정사

① 시효의 이익을 받은 자가 소송에서 소멸시효완성 사실을 주장하지 않으면, 그 의사에 반하여 재판할 수 없다.

② 천재 기타 사변으로 인하여 소멸시효를 중단할 수 없는 경우에는 그 사유가 종료한 때에 시효가 완성된다.

③ 부작위를 목적으로 하는 채권의 소멸시효는 위반행위를 한 때로부터 진행한다.

④ 파산절차에 의하여 확정된 채권이 확정 당시에 변제기가 이미 도래한 경우, 그 시효는 10년으로 한다.

⑤ 소멸시효는 그 기산일에 소급하여 효력이 생긴다.

정답해설

① 신민법상 당사자의 원용이 없어도 시효완성의 사실로서 채무는 당연히 소멸하고, 다만 소멸시효의 이익을 받는 자가 소멸시효 이익을 받겠다는 뜻을 항변하지 않는 이상 그 의사에 반하여 재판할 수 없을 뿐이다(대판 1979.2.13. 78다2157).

② **제182조【천재 기타 사변과 시효정지】** 천재 기타 사변으로 인하여 소멸시효를 중단할 수 없을 때에는 그 사유가 종료한 때부터 1개월 내에는 시효가 완성하지 아니한다.

③ **제166조【소멸시효의 기산점】** ② 부작위를 목적으로 하는 채권의 소멸시효는 위반행위를 한 때로부터 진행한다.

④ 파산절차에 의하여 확정된 채권이 확정 당시에 변제기가 이미 도래한 경우, 그 시효는 10년으로 한다(제165조 제2항 · 제3항).

> **제165조【판결 등에 의하여 확정된 채권의 소멸시효】**
> ① 판결에 의하여 확정된 채권은 단기의 소멸시효에 해당한 것이라도 그 소멸시효는 10년으로 한다.
> ② 파산절차에 의하여 확정된 채권 및 재판상의 화해, 조정 기타 판결과 동일한 효력이 있는 것에 의하여 확정된 채권도 전항과 같다.
> ③ 전2항의 규정은 판결확정 당시에 변제기가 도래하지 아니한 채권에 적용하지 아니한다.

⑤ **제167조【소멸시효의 소급효】** 소멸시효는 그 기산일에 소급하여 효력이 생긴다.

Answer 02 ② 03 ②

04 소멸시효의 효력에 관한 설명으로 옳지 않은 것은? (다툼이 있으면 판례에 의함)

2024 행정사

① 소멸시효는 그 기산일에 소급하여 효력이 생긴다.
② 주된 권리의 소멸시효가 완성한 때에는 종속된 권리에 그 효력이 미친다.
③ 소멸시효는 법률행위에 의하여 이를 배제할 수 없으나 연장할 수는 있다.
④ 소멸시효의 이익은 미리 포기하지 못한다.
⑤ 채무자가 소멸시효 완성 후 채권자에 대하여 채무 일부를 변제함으로써 시효의 이익을 포기한 경우 포기한 때로부터 새로이 소멸시효가 진행한다.

정답해설

① **제167조【소멸시효의 소급효】** 소멸시효는 그 기산일에 소급하여 효력이 생긴다.
② **제183조【종속된 권리에 대한 소멸시효의 효력】** 주된 권리의 소멸시효가 완성한 때에는 종속된 권리에 그 효력이 미친다.
③ **제184조【시효의 이익의 포기 기타】** ② 소멸시효는 법률행위에 의하여 이를 배제, 연장 또는 가중할 수 없으나 이를 단축 또는 경감할 수 있다
④ **제184조【시효의 이익의 포기 기타】** ① 소멸시효의 이익은 미리 포기하지 못한다.
⑤ 채무자가 소멸시효 완성 후에 채권자에 대하여 채무 일부를 변제함으로써 시효의 이익을 포기한 경우에는 그때부터 새로이 소멸시효가 진행한다(대판 2013.5.23. 2013다12464)

05 **소멸시효완성 후 시효이익의 포기에 관한 설명으로 옳지 않은 것은? (다툼이 있으면 판례에 따름)** 2018 행정사

① 시효완성 후 시효이익의 포기는 허용되지만, 시효완성 전 시효이익의 포기는 허용되지 않는다.

② 시효이익의 포기는 그 의사표시로 인하여 권리에 직접적인 영향을 받는 상대방에게 도달한 때에 그 효력이 발생한다.

③ 주채무자가 시효이익을 포기하면 보증인에게도 그 효과가 미친다.

④ 시효이익을 포기한 경우에는 그때부터 새로이 소멸시효가 진행한다.

⑤ 시효완성 후 당해 채무의 이행을 채무자가 약정한 경우에는 특별한 사정이 없는 한, 시효이익을 포기한 것으로 보아야 한다.

정답해설

① 소멸시효의 이익은 미리 포기하지 못한다(제184조). 즉 시효완성 후 시효이익의 포기는 허용되지만, 시효완성 전 시효이익의 포기는 허용되지 않는다.

> **제184조【시효의 이익의 포기 기타】**
> ① 소멸시효의 이익은 미리 포기하지 못한다.

② 시효이익의 포기와 같은 상대방 있는 단독행위는 그 의사표시로 인하여 권리에 직접적인 영향을 받는 상대방에게 도달하는 때에 효력이 발생한다(대판 1994.12.23. 94다40734).

③ 시효이익의 포기는 다른 사람에게는 영향을 미치지 않는다(상대적 효력). 따라서 시효이익을 받을 자가 여러 사람이 있는 경우에 그중 1인이 포기하더라도 그 효과는 다른 사람에게 미치지 않는다. 예컨대 주채무자가 시효이익을 포기하더라도 보증인이나 물상보증인에게는 그 효과가 미치지 않는다.

> **제433조【보증인과 주채무자항변권】**
> ① 보증인은 주채무자의 항변으로 채권자에게 대항할 수 있다.
> ② 주채무자의 항변포기는 보증인에게 효력이 없다.

④ 채무자가 소멸시효 완성 후에 채권자에 대하여 채무를 승인함으로써 그 시효의 이익을 포기한 경우에는 그때부터 새로이 소멸시효가 진행한다(대판 2009.7.9. 2009다14340).

⑤ 소유권이전등기청구권의 소멸시효기간이 지난 후에 등기의무자가 소유권이전등기를 해 주기로 약정(합의)한 바 있다면 다른 특단의 사정이 없는 한 이는 시효이익을 포기한 것으로 보아야 할 것이다(대판 1993.5.11. 93다12824).

Chapter 07

Answer 04 ③ 05 ③

06 **소멸시효에 관한 설명으로 옳은 것은?** 2017 행정사

① 시효중단사유가 종료하면 남은 시효기간이 경과함으로써 소멸시효는 완성된다.
② 주된 권리의 소멸시효가 완성되어도 종속된 권리에는 그 영향을 미치지 않는다.
③ 소멸시효중단의 효력은 당사자 사이에서만 효력이 있다.
④ 소멸시효는 특약에 의하여 이를 배제, 연장 또는 가중할 수 있다.
⑤ 판결에 의하여 확정된 채권은 단기의 소멸시효에 해당한 것이라도 그 소멸시효는 10년으로 한다.

정답해설

① **제178조【중단 후에 시효진행】** ① 시효가 중단된 때에는 중단까지 경과한 시효기간은 이를 산입하지 아니하고 중단사유가 종료한 때로부터 새로이 진행한다.
② **제183조【종속된 권리에 대한 소멸시효의 효력】** 주된 권리의 소멸시효가 완성한 때에는 종속된 권리에 그 효력이 미친다.
③ **제169조【시효중단의 효력】** 시효의 중단은 당사자 및 그 승계인 간에만 효력이 있다.
④ **제184조【시효의 이익의 포기 기타】** ② 소멸시효는 법률행위에 의하여 이를 배제, 연장 또는 가중할 수 없으나 이를 단축 또는 경감할 수 있다.
⑤ **제165조【판결 등에 의하여 확정된 채권의 소멸시효】** ① 판결에 의하여 확정된 채권은 단기의 소멸시효에 해당한 것이라도 그 소멸시효는 10년으로 한다.

07 **소멸시효에 관한 설명으로 옳은 것은? (다툼이 있으면 판례에 따름)** 2016 행정사

① 물상보증인이 채권자를 상대로 채무자의 채무가 모두 소멸하였다고 주장하면서 근저당권말소청구소송을 제기하였는데 채권자가 피고로서 응소하여 적극적으로 권리를 주장하고 받아들여진 경우에도 그 채권의 소멸시효는 중단되지 않는다.
② 비법인사단이 총유물을 매도한 후 그 대표자가 매수인에게 소유권이전등기의무에 대하여 시효중단의 효력이 있는 승인을 하는 경우에 있어 사원총회의 결의를 거치지 아니하였다면 그 승인은 무효이다.
③ 채권자가 물상보증인의 소유인 부동산에 경료된 근저당권을 실행하기 위하여 경매를 신청한 경우, 그 경매와 관련하여 채무자에게 압류사실이 통지되었는지 여부와 무관하게 소멸시효 중단의 효력이 발생한다.
④ 담보가등기가 경료된 부동산을 양수하여 소유권이전등기를 마친 자는 그 가등기담보권에 의하여 담보된 채권의 채무자가 시효이익을 포기한 경우 독자적으로 시효이익을 주장할 수 없다.
⑤ 대여금 채권의 소멸시효가 진행하는 중 채권자가 채무자 소유의 부동산에 가압류집행을 함으로써 소멸시효의 진행을 중단시킨 경우 그 기입등기일로부터 새롭게 소멸시효기간이 진행한다.

정답해설

① 민법 제168조 제1호, 제170조 제1항에서 시효중단사유의 하나로 규정하고 있는 재판상의 청구라 함은, 권리자가 시효를 주장하는 자를 상대로 소로써 권리를 주장하는 경우뿐 아니라, 시효를 주장하는 자가 원고가 되어 소를 제기한 데 대하여 피고로서 응소하여 그 소송에서 적극적으로 권리를 주장하고 그것이 받아들여진 경우도 포함되는 것으로 해석되고 있으나(대판(전) 1993.12.21. 92다47861 참조), 시효를 주장하는 자의 소 제기에 대한 응소행위가 민법상 시효중단사유로서의 재판상 청구에 준하는 행위로 인정되려면 의무 있는 자가 제기한 소송에서 권리자가 의무 있는 자를 상대로 응소하여야 할 것이므로, 담보가등기가 설정된 후에 그 목적 부동산의 소유권을 취득한 제3취득자나 물상보증인 등 시효를 원용할 수 있는 지위에 있으나 직접 의무를 부담하지 아니하는 자가 제기한 소송에서의 응소행위는 권리자의 의무자에 대한 재판상 청구에 준하는 행위에 해당한다고 볼 수 없다(대판 2007.1.11. 2006다33364).

② 비법인사단의 사원총회가 그 총유물에 관한 매매계약의 체결을 승인하는 결의를 하였다면, 통상 그러한 결의에는 그 매매계약의 체결에 따라 발생하는 채무의 부담과 이행을 승인하는 결의까지 포함되었다고 봄이 상당하므로, 비법인사단의 대표자가 그 채무에 대하여 소멸시효 중단의 효력이 있는 승인을 하거나 그 채무를 이행할 경우에는 특별한 사정이 없는 한 별도로 그에 대한 사원총회의 결의를 거칠 필요는 없다고 보아야 한다(대판 2009.11.26. 2009다64383).

③ 채권자가 물상보증인에 대하여 그 피담보채권의 실행으로서 임의경매를 신청하여 경매법원이 경매개시결정을 하고 경매절차의 이해관계인으로서의 채무자에게 그 결정이 송달되거나 또는 경매기일이 통지된 경우에는 시효의 이익을 받는 채무자는 민법 제176조에 의하여 당해 피담보채권의 소멸시효 중단의 효과를 받는다(대판 1997.8.29. 97다12990). 제176조에 따라 물상보증인의 부동산을 압류한 경우에는, 그 사실을 채무자에게 통지하여야 채무자에게 시효중단의 효력이 미친다.

제176조 【압류, 가압류, 가처분과 시효중단】 압류, 가압류 및 가처분은 시효의 이익을 받을 자에 대하여 하지 아니한 때에는 이를 그에게 통지한 후가 아니면 시효중단의 효력이 없다.

④ 시효이익의 포기는 상대적 효과만 있으므로, 포기자 이외의 다른 자에게는 영향을 미치지 않는다. 따라서 채권의 시효이익을 포기한 경우, 이는 포기한 채권자와 채무자의 관계에서만 효력이 생긴다. 담보가등기가 경료된 부동산을 양수하여 소유권이전등기를 마친 자는 그 가등기담보권에 의하여 담보된 채권의 채무자가 시효이익을 포기한 경우라도 독자적으로 시효이익을 주장할 수 있다.

⑤ 시효가 중단된 때에는 중단까지에 경과한 시효기간은 이를 산입하지 아니하고 중단사유가 종료한 때로부터 새로이 진행한다. 가압류에 의한 소멸시효중단의 효력은 가압류의 집행보전의 효력이 존속하는 동안 계속된다(대판 2006.7.4. 2006다32781). 따라서 가압류의 경우 절차가 종료된 때인 가압류등기가 말소된 때로부터 새로이 진행한다.

제178조 【중단 후에 시효진행】 ① 시효가 중단된 때에는 중단까지에 경과한 시효기간은 이를 산입하지 아니하고 중단사유가 종료한 때로부터 새로이 진행한다.

Answer 06 ⑤ 07 ①

08 **소멸시효에 관한 설명으로 옳지 않은 것은? (다툼이 있는 경우에는 판례에 의함)** 2013 행정사

① 채권은 10년, 소유권 이외의 재산권은 20년 동안 행사하지 않으면 소멸시효가 완성됨이 원칙이다.

② 음식점의 음식료에 대한 채권이 판결에 의하여 확정된 경우, 그 소멸시효기간은 1년이다.

③ 원본채권이 시효로 소멸하면, 변제기가 도래하지 아니한 이자채권도 소멸한다.

④ 부작위를 목적으로 하는 채권은 위반행위를 한 때로부터 소멸시효가 진행한다.

⑤ 소멸시효의 이익은 시효기간의 완성 전에는 포기할 수 없다.

정답해설

① 채권은 10년(제162조 제1항), 소유권 이외의 재산권은 20년 동안 행사하지 않으면 소멸시효가 완성됨이 원칙이다(제162조 제2항).

제162조【채권, 재산권의 소멸시효】
① 채권은 10년간 행사하지 아니하면 소멸시효가 완성한다.
② 채권 및 소유권 이외의 재산권은 20년간 행사하지 아니하면 소멸시효가 완성한다.

② 1년 단기의 소멸시효에 해당하는 음식점의 음식료에 대한 채권이 판결에 의하여 확정된 경우, 그 소멸시효기간은 10년이다(제165조 제1항).

제165조【판결 등에 의하여 확정된 채권의 소멸시효】
① 판결에 의하여 확정된 채권은 단기의 소멸시효에 해당한 것이라도 그 소멸시효는 10년으로 한다.

③ 원본채권이 시효로 소멸하면, 변제기가 도래하지 아니한 이자채권도 소멸한다(제183조).

제183조【종속된 권리에 대한 소멸시효의 효력】
주된 권리의 소멸시효가 완성한 때에는 종속된 권리에 그 효력이 미친다.

④ **제166조【소멸시효의 기산점】** ② 부작위를 목적으로 하는 채권의 소멸시효는 위반행위를 한 때로부터 진행한다.

⑤ **제184조【시효의 이익의 포기 기타】** ① 소멸시효의 이익은 미리 포기하지 못한다.

09 **甲은 乙에 대하여 1,000만 원의 채권이 있다. 이에 관한 설명으로 옳지 않은 것은? (다툼이 있으면 판례에 따름)** 2017 세무사

① 乙은 소멸시효 완성 전에는 미리 소멸시효의 이익을 포기하지 못한다.

② 乙이 소멸시효 완성 전에 500만 원을 갚은 경우, 다른 특별한 사정이 없는 한 나머지 500만 원에 대하여도 소멸시효가 중단된다.

③ 乙이 소멸시효 완성 후 500만 원을 갚은 경우, 다른 특별한 사정이 없는 한 그 채무 전체에 대하여 시효이익을 포기한 것으로 보아야 한다.

④ 위 ③항의 경우 500만 원을 갚은 시점부터 소멸시효가 새로이 진행한다.

⑤ 1,000만 원의 원금채권이 시효로 소멸하여도 그에 대한 이자채권까지 시효로 소멸하는 것은 아니다.

정답해설

① **제184조【시효의 이익의 포기 기타】** ① 소멸시효의 이익은 미리 포기하지 못한다.

② 일부변제는 액수에 다툼이 없는 한 시효완성 전에는 전부에 대한 시효중단이 되고, 시효완성 후에는 전부에 대한 시효이익의 포기로 해석된다(대판 2001.6.12. 2001다3580).

③ 채무자가 소멸시효 완성 후 채무를 일부 변제한 때에는 그 액수에 관하여 다툼이 없는 한 그 채무 전체를 묵시적으로 승인한 것으로 보아야 하고, 이 경우 시효완성의 사실을 알고 그 이익을 포기한 것으로 추정되므로, 소멸시효가 완성된 채무를 피담보채무로 하는 근저당권이 실행되어 채무자 소유의 부동산이 경락되고 그 대금이 배당되어 채무의 일부 변제에 충당될 때까지 채무자가 아무런 이의를 제기하지 아니하였다면, 경매절차의 진행을 채무자가 알지 못하였다는 등 다른 특별한 사정이 없는 한, 채무자는 시효완성의 사실을 알고 그 채무를 묵시적으로 승인하여 시효의 이익을 포기한 것으로 보아야 한다(대판 2001.6.12. 2001다3580; 대판 2012.5.10. 2011다109500).

④ 채무자가 소멸시효 완성 후에 채권자에 대하여 채무 일부를 변제함으로써 시효의 이익을 포기한 경우에는 그때부터 새로이 소멸시효가 진행한다(대판 2013.5.23. 2013다12464).

⑤ 원본채권이 시효로 소멸하면 이자채권도 역시 시효로 소멸한다(제183조). 1,000만 원의 원금채권이 시효로 소멸하면 그에 대한 이자채권도 시효로 소멸한다.

제183조【종속된 권리에 대한 소멸시효의 효력】
주된 권리의 소멸시효가 완성한 때에는 종속된 권리에 그 효력이 미친다.

Chapter 07

Answer 08 ② 09 ⑤

10 **소멸시효에 관한 설명으로 옳지 않은 것은? (다툼이 있으면 판례에 따름)** 2023 감정평가사

① 손해배상청구권에 대해 법률이 제척기간을 규정하고 있더라도 그 청구권은 소멸시효에 걸린다.

② 동시이행의 항변권이 붙어 있는 채권은 그 항변권이 소멸한 때로부터 소멸시효가 기산한다.

③ 채권양도 후 대항요건을 갖추지 못한 상태에서 양수인이 채무자를 상대로 소를 제기하면 양도된 채권의 소멸시효는 중단된다.

④ 비법인사단이 채무를 승인하여 소멸시효를 중단시키는 것은 사원총회의 결의를 요하는 총유물의 관리·처분행위가 아니다.

⑤ 채권의 소멸시효 완성 후 채무자가 채권자에게 그 담보를 위해 저당권을 설정해 줌으로써 소멸시효의 이익을 포기했다면 그 효력은 그 후 저당부동산을 취득한 제3자에게도 미친다.

정답해설

① 하자담보책임에 기한 매수인의 손해배상청구권과 관련하여 민법 제582조의 제척기간 규정으로 인하여 소멸시효 규정의 적용이 배제되지는 않는다. 즉 매도인에 대한 하자담보에 기한 손해배상청구권에 대하여는 민법 제582조의 제척기간이 적용되고, 이는 법률관계의 조속한 안정을 도모하고자 하는 데에 취지가 있다. 그런데 하자담보에 기한 매수인의 손해배상청구권은 권리의 내용·성질 및 취지에 비추어 민법 제162조 제1항의 채권 소멸시효의 규정이 적용되고, 민법 제582조의 제척기간 규정으로 인하여 소멸시효 규정의 적용이 배제된다고 볼 수 없으며, 이때 다른 특별한 사정이 없는 한 무엇보다도 매수인이 매매 목적물을 인도받은 때부터 소멸시효가 진행한다고 해석함이 타당하다(대판 2011.10.13. 2011다10266).

② 부동산에 대한 매매대금 채권이 소유권이전등기청구권과 동시이행의 관계에 있다고 할지라도 매도인은 매매대금의 지급기일 이후 언제라도 그 대금의 지급을 청구할 수 있는 것이며, 다만 매수인은 매도인으로부터 그 이전등기에 관한 이행의 제공을 받기까지 그 지급을 거절할 수 있는 데 지나지 아니하므로 매매대금 청구권은 그 지급기일 이후 시효의 진행에 걸린다(대판 1991.3.22. 90다9797). 소멸시효의 기산점은 권리를 행사할 수 있는 때로부터 진행하기 때문에 동시이행의 항변권이 붙어 있는 채권이라도 그 이행기로부터 진행한다.

③ 「민사소송법」 제265조에 의하면 시효중단사유 중 하나인 '재판상의 청구'(민법 제168조 제1호, 제170조)는 소를 제기한 때 시효중단의 효력이 발생한다. 그런데 채권양도로 채권은 그 동일성을 잃지 않고 양도인으로부터 양수인에게 이전되며 이러한 법리는 채권양도의 대항요건을 갖추지 못하였다고 하더라도 마찬가지인 점, 민법 제149조의 "조건의 성취가 미정한 권리의무는 일반규정에 의하여 처분, 상속, 보존 또는 담보로 할 수 있다."라는 규정은 대항요건을 갖추지 못하여 채무자에게 대항하지 못하더라도 채권양도로 채권을 이전받은 양수인의 경우에도 그대로 준용될 수 있는 점, 채무자를 상대로 재판상 청구를 한 채권 양수인을 '권리 위에 잠자는 자'라고 할 수 없는 점 등에 비추어 보면, 비록 대항요건을 갖추지 못하여 채무자에게 대항하지 못한다고 하더라도 채권의 양수인이 채무자를 상대로 재판상 청구를 하였다면 이는 소멸시효 중단사유인 재판상 청구에 해당한다고 보아야 한다(대판 2018.6.15. 2018다10920).

④ 비법인사단이 총유물에 관한 매매계약을 체결하는 행위는 총유물 그 자체의 처분이 따르는 채무부담행위로서 총유물의 처분행위에 해당하나, 그 매매계약에 의하여 부담하고 있는 채무의 존재를 인식하고 있다는 뜻을 표시하는 데 불과한 소멸시효 중단사유로서의 승인은 총유물 그 자체의 관리ㆍ처분이 따르는 행위가 아니어서 총유물의 관리ㆍ처분행위라고 볼 수 없다(대판 2009.11.26. 2009다64383).

⑤ 소멸시효 이익의 포기는 상대적 효과가 있을 뿐이어서 다른 사람에게는 영향을 미치지 아니함이 원칙이나, 소멸시효 이익의 포기 당시에는 권리의 소멸에 의하여 직접 이익을 받을 수 있는 이해관계를 맺은 적이 없다가 나중에 시효이익을 이미 포기한 자와의 법률관계를 통하여 비로소 시효이익을 원용할 이해관계를 형성한 자는 이미 이루어진 시효이익 포기의 효력을 부정할 수 없다(대판 2015.6.11. 2015다200227). 채권의 소멸시효 완성 후 채무자가 채권자에게 그 담보를 위해 저당권을 설정해 줌으로써 소멸시효의 이익을 포기했다면 그 효력은 소멸시효 이익 포기 후 저당부동산을 취득한 제3자에게도 미친다.

Chapter 07

Answer 10 ②

2025 박문각 행정사 1차

백운정 민법총칙 문제집

초판인쇄 | 2025. 2. 20. **초판발행** | 2025. 2. 25. **편저자** | 백운정

발행인 | 박 용 **발행처** | (주)박문각출판 **등록** | 2015년 4월 29일 제2019-000137호

주소 | 06654 서울시 서초구 효령로 283 서경 B/D 4층 **팩스** | (02)584-2927

전화 | 교재 문의 (02)6466-7202

저자와의
협의하에
인지생략

정가 28,000원

ISBN 979-11-7262-216-9